日独憲法学の創造力　上巻

謹んで
栗城壽夫先生に捧げます

執筆者一同

栗城壽夫先生

2002年12月撮影

日独憲法学の創造力

栗城壽夫先生古稀記念

上　巻

編集代表

樋口陽一・上村貞美・戸波江二

Die schöpferische Kraft der Japanischen und Deutschen Verfassungslehre

Festschrift für Hisao Kuriki zum 70. Geburtstag

信　山　社

栗城壽夫、または
独・日憲法学往還のなかの geistvolle Korrektheit

樋口陽一

一　栗城壽夫教授と出会い、有形無形の教えに浴す幸運に恵まれてきた私たち同僚、学友、門弟一同にとって、その古稀を祝う本書の執筆に参加する機会を得たことは、大きな名誉であり、また、心からのよろこびである。

栗城教授は、二七歳の若さで大阪市立大学に教職を得られ、三二歳ですでに『ドイツ初期立憲主義の研究』を公刊して、学界に確固とした地位を築かれた。同書の主題の展開としての意味を持つ年来の仕事を一書にまとめられたのが、一九九七年刊行の大著『一九世紀ドイツ憲法理論の研究』である。さらにつづけて、古稀を迎えられた現在、複数の著書の出版が予告され、学界で待望されている。

二　その間、教授の研究は、学界で、たえず別格の重みを持つものとして迎えられてきた。その理由として、わけても二つのことがらが重要である。

第一に、教授の学問上の営為が一貫して、ドイツの憲法と憲法思想・憲法学についての洞察を中心として組み立てられてきた、その仕方である（正確には「ドイツ語文化圏の」というべきであり、以下、「ドイツの」と簡略化して言うのは、その意味でのことである）。

かの地の巨匠たちの古典から今日世代の理論状況にいたるまで、ドイツについての最も包括的で的確な検討が、教授によって日本の憲法学界に提供されてきた。くわえて、教授の業績のなかで重要な意味を持つのは、ドイツに向けての発信をつづけて今に至っているということである。しかも、数多くのドイツ語論文は、日本についてのドイツに向けての発信にとどまらず、何より、当のドイツについての検討を彼ら自身に向けて提示してきた。そのうえ、教授は、ドイツの同僚たちと共にする研究企画にも、惜しみなくその力を割いてきている。わが「ドイツ憲法判例研究会」の目ざましい活動も、そのような教授の存在に支えられた厚味があってこそ、といわなければならない。

第二は、着実さを期す論証と抑制された筆致に徹し、しかしその読み手の知的想像力を刺戟せずにはいないその学風である。煉瓦作業のような根気と確実さは、一般には、「geistlos な正確さよりは、むしろ geistvoll な誤謬の方が学問のためになる」などと言わせがちになるものだが、栗城教授の丹念に積みあげる構築物は、geistvoll な正確さというものの一つの典型例を私たちに見せてくれる。

三　P・ヘーベルレの六五歳祝賀シンポジウムでの報告（Martin Morlok (Hrsg.), *Die Welt des Verfassungsstaates*, S. 175 f.）で、栗城教授は、ドイツと日本の「外見的立憲主義」の対比を、端的に、ドイツの外見的立憲主義は議院内閣制の欠如によるものだったのに対し、日本のそれは国家に対する個人権保障の不足の中に原因があった、と要約する。この対比のさせ方のなかに、すでに議会によるコントロール（議会立法と大臣責任制）と裁判による権利保障という、立憲主義の二大領域が、それぞれ別の歴史的系譜につながる存在であることが、暗示されている。

栗城憲法学の集大成として予定されている出版のなかで『一九世紀ドイツ憲法理論の研究』がまず刊行され

たことの意味は、時代を追って後に現代に及ぶ、というだけではないであろう。それは、一九六五年の最初の著書以来、教授の初期立憲主義＝Vormärz への関心、さらに遡って近代以前の「司法国家体制」への関心が持続されてきたことを、示すものであろう。実際、ドイツ立憲主義は、「外見的」とはいっても、いわば二種類の、正の遺産を持つことができていた。Vormärz は「自由と財産」を立法事項とすべきだとする思考を育てていたし、「司法国家体制」は私権としての既得権を保障することによって、公権論へと組みかえられるべき枠組を用意していたからである。

そのような角度から眺めると、一九世紀後半のドイツは、Vormärz の展望した議会によるコントロールを実現しなかったという意味で外見的立憲主義だったが、特権主体の既得権的私権保障をイエリネックの意味での公権保障に転化していったという意味で、外見的立憲主義だった、ということになろう（この点につき特に、『一九世紀ドイツ憲法理論の研究』一五九頁以下を参照）。ちなみに日本はどうか。明治の自由民権運動は Vormärz と同じく議会開設を求めて挫折したが、Vormärz と違って、「シビルは不自由にても、ポリチカルさえ自由なら」とみずから叫んだとおり、シビル＝権利保障システムの手がかりを残すこともできなかった。ドイツに戻り、その後のことを考えてみよう。

四　ワイマール憲法は、ドイツ外見的立憲主義の「外見」性の核心点だった大臣責任制の不在という問題を、一挙に解決した。議会＝立法の道による立憲主義制度装置の完成と直接民主主義的要素の導入は、しかし、同時にその悲劇的逸脱をもたらすことになる（一九三三年）。「ワイマールの教訓」を何より基本に置いて設計されたボン基本法は、もう一つの道による立憲主義の制度化、すなわち裁判国家の典型像をつくり出した。Vormärz が「何よりも政治過程、すなわち議会によるコントロールを」という選択をしたとすれば、一九四九年の（西）ドイツは、政治過程に対し裁判過程を重視することによって、その逆むきの選択をしたことになる。

周知のように、栗城憲法学の鍵概念として、「憲法の具体化・現実化」がある（予告されているつぎの著書の「仮題」も、まさしくそうなっている）。そして、その観点から、国家と社会の二元論に対して懐疑的、一元論に対して好意的な評価的態度が示されてきたことも、知られている（その詳細は予告されている近著の基礎をなす諸論文の中で展開されてきたが、『一九世紀ドイツ憲法理論の研究』では、例えば一七三頁以下）。ところで、憲法の具体化・現実化を積極的におし進め、「公的なもの」の領域を拡大しそれを「国民全体のコントロール」に服させるためには政治過程を重要視することが適合的であり、立憲主義をいわば防禦的に確保するのに適合的なのが裁判過程であろう。少なくとも、一般的・図式的にいえばそうである。

栗城教授にあっては、戦後（西）ドイツ社会が、憲法価値の防禦的擁護から歩をすすめてその積極的実現を追求するのに十分なほど成熟してきた、という認識が根底に置かれていると見てよいのであろうか。宮沢俊義による表現をここで借りるなら、「ワイマールのいましめ」と「ボンのそなえ」というあの課題は、戦後史のなかですでに消化されてきた、という認識が前提されていると見てよいのであろうか。他ならぬ日本の憲法状況について常に批判的な点検の視線をゆるめることのない教授が、ドイツについてこの点をどうとらえているのであろうか。

ボン基本法五〇年を記念するシンポジウムの報告（Ulrich Battis u. a. (Hrsg.), *Das Grundgesetz im Prozeß europäischer und globaler Verfassungsentwicklung*, S. 227 f.）では、「国民意思の多元的な構成諸要素」の表明の機会を与えるという裁判所の役割を日本の最高裁が不十分にしかひきうけていないことをも批判しながらであるが、社会の「能動的な諸要素」による憲法価値の実現が「むしろ裁判所によるより以上に」重要であるという視点がうち出されている。そして、そのような能動的要素として、立法・行政の制度化された諸要素だけでなく非制度的なそれ、とりわけＮＧＯやＮＰＯの活動の持ちうべき意義への言及がなされている。こうして、二一世紀の日本社会は、「ポリチカル」の自由と「シビル」の自由を同時に追求しつつ結合させるという課題に、いまあらためて対応させられている、ということが示されている。

五　ここまで、記述の客観性を期して「栗城壽夫」「栗城教授」という書き方をしてきたが、ここで「栗城さん」といつもの呼び方をすることをお許しねがいたい。栗城さんと同じ職場の同僚として過ごした六〇歳台前半の三年間は、短かすぎたとはいえ、私にとって、「もしそれが無かったとしたら」という仮定が考えられないほどの、意義あるものだった。折にふれ誘いあわせて昼食を共にすることも多かった。それよりは数少なかったが、ドイツとフランスのワインの味くらべをしながらの歓談の折を含めて、個々の話題から啓発されるだけではなかった。願わくは、名実ともになお現役の第一線に立って、geistvolle Korrektheit の健在を示しつづけられんことを。

（二〇〇二年一月）

目　次

〔執筆者一覧〕 © 2003 掲載順

樋《ひ》口《ぐち》陽《よう》一《いち》	早稲田大学法学部教授	初《し》宿《やけ》正《まさ》典《のり》	京都大学大学院法学研究科教授
渡《わた》辺《なべ》康《やす》行《ゆき》	九州大学大学院法学研究院教授	鈴《すず》木《き》秀《ひで》美《み》	日本大学法学部教授
青《あお》柳《やぎ》幸《こう》一《いち》	横浜国立大学大学院国際社会科学研究科教授	上《うえ》村《むら》都《みやこ》	名城大学法学部非常勤講師
押《おし》久《く》保《ぼ》倫《みち》夫《お》	兵庫教育大学学校教育学部助教授	井《いの》上《うえ》典《のり》之《ゆき》	神戸大学大学院法学研究科教授
小《こ》山《やま》剛《ごう》	慶応義塾大学法学部助教授	寺《てら》田《だ》友《とも》子《こ》	高岡法科大学法学部教授
西《にし》原《はら》博《ひろ》史《し》	早稲田大学社会科学部教授	古《ふる》野《の》豊《とよ》秋《あき》	桐蔭横浜大学法学部教授
斎《さい》藤《とう》誠《まこと》	東京大学大学院法学政治学研究科助教授	毛《もう》利《り》透《とおる》	京都大学大学院法学研究科教授
矢《や》島《じま》基《もと》美《み》	上智大学法学部教授	山《やま》本《もと》悦《えつ》夫《お》	熊本大学法学部教授
根《ね》森《もり》健《けん》	新潟大学法学部教授	前《まえ》田《だ》徹《てつ》生《お》	桃山学院大学法学部教授
嶋《しま》崎《ざき》健《けん》太《た》郎《ろう》	埼玉大学経済学部教授	小《こ》早《ばや》川《かわ》義《よし》則《のり》	桃山学院大学法学部教授
柏《かしわ》崎《ざき》敏《とし》義《よし》	千葉商科大学商経学部教授	戸《と》波《なみ》江《こう》二《じ》	早稲田大学法学部教授
松《まつ》本《もと》和《かず》彦《ひこ》	大阪大学大学院法学研究科教授	上《うえ》村《むら》貞《さだ》美《み》	香川大学法学部教授

日独憲法学の創造力　上巻

第一部　人権論の新展開

1　憲法学における「ルール」と「原理」区分論の意義

――R・アレクシーをめぐる論争を素材として――

渡辺康行

一　はじめに

現代ドイツにおける法哲学者・公法学者のなかで、現在の日本で最も注目されている一人は、ロベルト・アレクシーであろう。彼の理論は既に、法的議論の理論[(1)]、基本権規範の構造論[(2)]、私人間効力論[(3)]、比較衡量論[(4)]、比例原則[(5)]、法と道徳の関係[(6)]、基本権体系論[(7)]、人権の基礎づけ論[(8)]など、さまざまな論点に関して、紹介・検討されてきている。また、いくつかの翻訳も公にされている[(9)]。このような状況のなかで、本稿は彼の基本権論の出発点である、「ルール」と「原理」の区別論に焦点を合わせようとしている。既に多くの重要な論稿が存在するこのテーマに関して[(10)]、改めて小稿を起こすに際しては、その理由を予め示す必要があるであろう。

その第一は、「ルール」と「原理」区別論が、彼の基本権論にもつ重要性である。彼の基本権論について多少なりとも考察するためには、仮に部分的に屋上屋を架することになるとしても、このテーマは避けることはできない。第二は、日本における従来の研究状況にかかわる。これまでの研究は、基本的にアレクシーの叙述の紹介にとどまっていることが多く、彼の問題提起を受けて行われたその後の論争については、ほとんど考察されていない。しかしアレクシーをめぐる議論状況は、現代ドイツ基本権論における一つの問題関心のあり様を示すものとして、興味をそそる素材である。またそこでは、日本の憲法学が示唆を得ることができる見解が示されているようにも思われるのである。第三は、私の先行する研究との関係である。私はこれまでに、戦後ドイツにおける憲法解釈方法論史にかかわる論稿を公にしている[11]。しかしそこにおいては、アレクシーはきわめて重要な素材であるにもかかわらず、正面からは扱われないままとなっていた。本稿はこの宿題を、やや角度を変えた形で、果たそうとするものでもある。

以下、まず第二節で、アレクシーの「ルール」と「原理」区分論を簡単に概観した後、彼の主張の特徴を確認する。次に第三節では、彼のテーゼをめぐってなされている多様な議論のなかの主要なものを、いくつかに分類しつつ、紹介・検討する。第四節では、ドイツにおける論争状況を再確認した上で、日本憲法学が示唆を得ることができるものがあるかどうかについて、簡単な考察を行いたい。

(1) 亀本洋「法的議論における実践理性の役割と限界(一)〜(四・完)」判例タイムズ五五〇号四八頁以下〜五五五号五二頁以下(一九八五年)、植松秀雄「法的弁証理論の『非』存在論主義的地平について」岡山大学法学会雑誌四〇巻三・四号(一九九一年)九一頁以下、山本顯治「アレクシーの法的論証理論について」山下正男編『法的思考の研究』(京都大学人文科学研究所、一九九三年)五一五頁以下、田中成明「法的思考についての覚え書」山下編・前掲書五四七頁以下、など。

(2) 堀内健志「人権の法理論的分析」新正幸ほか編『菅野喜八郎先生古稀記念論文集・公法の思想と制度』(信山社、一九九九年)三頁以下、新正幸「憲法的自由の構造」新編・前掲書五五頁以下、など。

(3) 山本敬三「現代社会におけるリベラリズムと私的自治(一)(二)」法学論叢一三三巻(一九九三年)四号一頁以下、五号一頁以下、中野雅紀「第三者による侵害に対する基本権保護」中央大学大学院研究年報二二号法学研究科篇

（一九九三年）一頁以下、松原光宏「私人間効力論再考（二・完）」法学新報一〇六巻一一・一二号（二〇〇〇年）八八頁以下。

(4) 中野雅紀「基本権衝突の問題点」中央大学大学院研究年報二三号法学研究科篇（一九九四年）一五頁以下、長尾一紘「憲法上の利益衡量について」法学新報一〇四巻一二号（一九九八年）一頁以下。

(5) 山下義昭「『比例原則』は法的コントロールの基準たりうるか㈠㈢」福岡大学法学論叢三八巻二・三・四号（一九九四年）一八九頁以下、三九巻二号（一九九五年）二四三頁以下。

(6) 酒匂一郎「法と道徳との関連」九州大学法政研究五九巻三・四号（一九九三年）四三三頁以下、中野雅紀「憲法内在的道徳」中央大学大学院研究年報二四号法学研究科篇（一九九五年）一頁以下、阿部信行「『法的討議の社会理論』への道程」日本法哲学会編『環境問題の法哲学・法哲学年報一九九五』（有斐閣、一九九六年）一八五頁以下、など。

(7) 中野雅紀「基本権パラダイム論の諸問題」法学新報一〇八巻三号（二〇〇一年）一二九頁以下、など。

(8) 拙稿「討議理論による人権の基礎づけについて」憲法理論研究会編『憲法50年の人権と憲法裁判』（敬文堂、一九九七年）一五三頁以下、同「基本的諸自由の理論」法律時報七〇巻一二号（一九九八年）一〇七頁以下、など。

(9) 小山剛訳「主観的権利及び客観規範としての基本権㈠㈡」名城法学四三巻四号一七九頁以下、三二一頁以下（一九九四年）、青柳幸一訳「民主的憲法国家における基本権」横浜国際経済法学五巻二号（一九九七年）一九三頁以下、堀内健志訳「理性法体系の観念と構造」弘前大学人文学部人文社会論叢社会科学篇一号（一九九九年）六一頁以下、など。

(10) ここで行っている諸文献の位置づけは相対的なものであり、前掲の諸論稿は多かれ少なかれ、「ルール」と「原理」区分論に言及している。その他、亀本洋「法におけるルールと原理㈠㈡」法学論叢一二二巻二号（一九八七年）一八頁以下、一二三巻三号（一九八八年）九五頁以下、佐藤岩夫「信義則分析の基礎視角」『鈴木祿彌先生古稀記念・民事法学の新展開』（有斐閣、一九九三年）一頁以下、樺島博志「自由主義的基本権理論の再構築（一）（二・完）」自治研究七一巻一二号（一九九五年）一〇八頁以下、七二巻三号（一九九六年）一〇八頁以下、中野雅紀「何を基本権は含みうるのか」法学新報一〇三巻二・三号（一九九七年）二八一頁以下、赤間聡「公法上の不確定な法概念とその適用の合理化（二・完）」青山法学論集三八巻三・四号（一九九七年）三一頁以下、松原光宏「基本権の多元的理論をめぐって（二）〜（四・完）」法学新報一〇七巻（一九九七年）七号九七頁以下、八号六一頁以下、九号四五頁以下、西村枝美「実体的権利と手続の相補性」九大法学七五号（一九九八年）一頁以下、大久保邦彦「動的体系論と原理理論の関係に関する一考察」神戸学院法学三一巻二号（二〇〇一年）一八九頁以下、など。

(11) 拙稿「『憲法』と『憲法理論』の対話（一）〜（六・完）」国家学会雑誌一〇三巻一・二号（一九九〇年）一頁以下〜一一四巻九・一〇号（二〇〇一年）二五頁以下、同「『憲法』と『憲法理論』の対話・補遺」法律時報七四巻三号（二〇〇二年）一〇五頁以下。

二　アレクシーによる「ルール」と「原理」区分論の概要

1　三つの基本テーゼ

(1)　「ルール（Regeln）」と「原理（Prinzipien）」、ないし、それに相当する区分を論じたのは、アレクシーが初めてではない。[12] とりわけ重要で、かつアレクシーも議論をしかけているのが、R・ドゥオーキンである。[13] しかし、このような理論史についてはよく知られた先行研究があり、[14] かつ憲法学からあまりに離れてしまうことから、本稿では考察の対象外とする。以下では、ごく簡単に彼の議論の概要のみを示したい。

(2)　彼は自説を、三つの基本テーゼから成る、と説明している。その第一は、「最適化テーゼ（Optimierungsthese）」である。彼は次のように言う。

「原理」とは、「あることが、事実上のおよび法的な可能性に関して、可能な限り高い程度実現されることを命ずる規範である」。つまり、原理とは、「最適化命令（Optimierungsgebote）」（傍丸は原文における強調）である。それは、「原理が、さまざまな程度で実現されうるということ、およびその実現について必要とされる程度で事実上のだけではなく法的な可能性にも依存しているということによって特徴づけられている」。これに対して、「ルール」とは、「常に実現されうるかされえないかいずれかの規範である」。「あるルールが妥当している場合、それはそれが要求しているものを、より多くもより少なくもなく、厳密に行うことが必要である。このようにして、ルールは、事実上のおよび法的な可能性という領域における確定を含む」。したがってルールとは、「確定的命令（definitive Gebote）」である。以上のことは、「ルールと原理との間の区別が質的な区別であって、程度による区別にすぎないものではない」ことを意味している。「すべての規範は、ルールか原理かのいずれかである」[15]。

(3)　アレクシーによる第二のテーゼは、「衝突法則（Kollisionsgesetz）」である。彼の説明はこうである。「ルールと原理の間の区別は、原理の衝突（Prinzipienkollision）とルールの対立（Regelkonflikt）に際して、最も明らかに示される」。この両者は、二つの規範がそれぞれそれ自体として適用されると、相いれない結論、すなわち矛盾する二つの具体的な当為判断に導くという点で共通している。しかし両者は、対立の解消の仕方に関して根本的に異なっている。

「ルール間の対立は、二つのルールのいずれかに例外条項を組み込むか、少なくとも一方のルールを無効（ungültig）と宣言するかによってのみ、解消されうる」[16]。これに対して原理の衝突の解決の仕方は、全く異なっている。二つの原理が衝突する場合、例えば、一方があることを禁止し、他方がそれを許容する場合には、いずれか一方の原理が背後に退かなければならない。「しかしそのことは、背後に退いた原理が無効とされることも、そのなかに例外条項が組み込まれることも、意味しない。むしろ、一方の原理は他方の原理に、一定の状況の下で優先するにすぎない。したがって、別の状況の下では、優先関係が逆転することもありうる」。

つまり、原理は具体的な事例においてさまざまなウェイトをもち、その時々においてより大きなウェイトをもつ原理が優先する。表現を変えると、「ルールの対立は妥当性の次元で生ずるのに対し、原理の衝突は、そもそも妥当している原理だけが衝突しうるのであるから、妥当性の次元ではなく、ウェイトの次元で起こる」。(17)

(4) 第三のテーゼは、「衡量法則（Abwägungsgesetz）」である。彼は言う。

原理理論は、「最適化テーゼ」という形において、とりわけ比例原則との同等性ということによって特徴づけられうる。つまり、「原理理論は比例原則を含意しており、また比例原則は原理理論を含意している」。原理理論が比例原則を含意しているということは、その三つの部分原則である、適合性、必要性、狭義の比例性という原則が原理理論から論理的に推論され、厳格な意味で演えき可能である、ということを意味している。「それゆえ、原理理論を非難するものは、比例原則をも非難しなければならない」。そしてこの比例原則によって判断される諸事例のために、次のような「衡量法則」が定式化される。「一方の原理が実現されずまたは侵害される程度が高ければ高いほど、他方の原理が実現されることの重要性が大きくなければならない」。この定式にかかわる問題が、衡量が合理的な手続であるかどうかという問いをめぐる論争の主要テーマなのである。(18)

2 アレクシーによる主張の特徴

(1) 次節でアレクシーの所論をめぐる論争について考察する前に、彼の主張の特徴または意義を暫定的に確認しておくことは、読者にとっておそらく便宜となるであろう。しかしこの点も、既に周知の事柄であるため、ごく簡単にすませたい。

第一は、原理理論は、従来批判の多かった連邦憲法裁判所による価値理論を新たな装いの下で擁護するという意味をもつ、ということである。彼は「原理」と「価値」は相互に近似しており、違いは、「原理」が当為として「義務論」の領域に属するのに対し、「価値」は善を基本概念とする「価値論」の領域に属するという点にあるにすぎない、とする(19)。したがって原理理論は、従来価値理論に対して向けられてきた異議に答えなければならない。彼はそれを、「哲学的異議」「方法論的異議」「ドグマーティッシュな異議」に三分類しているが、最も重視するのは、次に述べる「方法論的異議」である(20)。

連邦憲法裁判所は、価値や価値秩序を援用することによって、合理的基礎づけの要請を掘りくずしている、としばしば批判されてきた。この批判は、「価値序列という意味における価値秩序」という構想と、「衡量」という構想に対するものである。

「価値秩序」に関して、彼は、すべての場合において基本権に関する判断を間主観的に必然的な仕方で確定するような「ハードな秩序」はあり得ない、とする。しかし、「ソフトな秩序」は可能であると論ずるところが、彼の所説の大きな特色である。このソフトな秩序は、第一に、「一定の価値または原理に有利な一応の(prima facie)優先」によって、第二に、「具体的な優先判断のネットワーク」によって成立する。前者に関して重要なのが、「論証責任(Argumentationslast)」の観念であり、後者は連邦憲法裁判所の判例を通じて形成される、とされている(21)。

連邦憲法裁判所の価値理論に対する批判は、第二に、「衡量」という構想にも向けられてきた。つまり、それは合理的なコントロールを可能にする方法ではない、といった批判である。これに対してアレクシーは、衡量に関する二つのモデルを区別することによって応答しようとする。第一の「決断モデル」においては、優先命題の確定は合理的にコントロールできない心的事象の結果である。これに対して第二の「基礎づけモデル」は、優先命題の確定に至る心的事象と、優先命題の基礎づけを区別する。優先命題が合理的に基礎づけられうる時に、衡量は合理的なのである。優先命題の基礎づけのために、基本権の論証のなかで可能な論拠のすべてが利用される。この点は、法的議論一般の基礎づけの場合と同じである。これに対して、優先命題の基礎づけの特殊性にかかわる命題として彼が提出したのが、前述した「衡量法則」であった。「全体としての衡量モデルは、衡量法則を合理的議論の理論と結びつけることによって基準を与えている。衡量法則は、何が合理的に基礎づけられなければならないかを述べている。このようにして、衡量法則は何も述べていないわけではなく、それゆえ空虚な定式ではない」[22]。これが彼の結論である。このような形で、原理理論が、彼の先行する著作である『法的議論の理論』[23]と結びつけられていることも、彼の所説の大きな特色である[24]。

(2) 法のシステムを「ルール／原理モデル」で捉える、前述したアレクシーの考え方は、一九七九年の論文などで主張されたものであった。しかしこの定式化は、一九八七年の論文以降[25]、「ルール／原理／手続モデル」へと展開しているということが、第二の注目点である。

彼は法システムの二つのモデルを区別する。一つは、「規範システムとしての法システム」である。前述した「ルール／原理モデル」は、この側面を説明していた。しかしそれに、「手続システムとしての法システム」という第二のモデルが付け加えられるようになった。この局面において彼は、四段階の手続モデルを構想していた。第一は「一般的実践的討議の手続」、第二が「国家的法定立の手続」、第三が「法的討議の手続」、第四が「裁判過程の手続」である。第二と第四の手続が制度化されているのに対し、第一と第三は制度化されていない。このモデルの意義は、「四つの手続の必要性を一歩一歩基礎づけ、それら相互間に存する関係を説明すること」にあった[26]。「ルール／原理モデル」は法システムの受動的な側面を示すにすぎず、手続のシステムがその積極的な側面を形づくる。この二つの次元を体系的に結びつけることで、「ルール／原理／手続」という「三次元モデル」が成立する[27]。これが彼の新しい説明であった。彼の原理理論は、それ自体前述したように、法的議論の理論と結びついたものであった。しかしこの「三次元モデル」によって、さらに大きな局面で、討議理論と法システムの理論の結びつきが示された。また、この結びつきの核となっているのが、「合理性を確保する手続は可能である」という命題に示される「実践理性」の概念であることが強調されたのである[28]。

(12) Robert Alexy, Theorie der Grundrechte, 1986, S. 72-75.

(13) R. Alexy, Zum Begriff des Rechtsprinzips (1979), jetzt in : ders., Recht, Vernunft, Diskurs, 1995, S. 177 ff.

(14) 亀本・前掲（注10）論文。

(15) R. Alexy, Zur Struktur der Rechtsprinzipien, in : Bernd Schilcher u. a. (Hrsg.), Regeln, Prinzipien und Elemente im System des Rechts, 2000, S. 32. なお、アレクシーによる説明は、どの論稿においてもほとんど同じである。vgl. ders., a. a. O.（Anm. 12）, S. 75-77. なお、原理にとって特徴的な適用の形式が「衡量」であるのに対し、ルールにとって特徴的な適用の形式は「包摂」である、と説明されることもある。ders., Zur Kritik des Rechtspositivismus, ARSP, Beiheft 37, 1990, S. 21.

(16) Ders., a. a. O.（Anm. 15, Zur Struktur）, S. 32-33 ; ders., a. a. O.（Anm.12）, S. 77-78.

(17) Ders., a. a. O.（Anm. 12）, S. 78-79.

(18) Ders., a. a. O.（Anm. 16）, S. 35-36.

(19) Ders., a. a. O.（Anm. 12）, S. 125-134. なお、本文のような説明についてはハーバーマスなどからの批判があるが、本稿では扱わない。vgl. ders., a. a. O.（Anm. 16）, S. 46 ff.

(20) Ders., a. a. O., S. 134 ff.

(21) Ders., a. a. O., S. 138-143. なお、アレクシーに先立って、基本権を「論証責任ルール」と捉えていたのは、シュリンクである。両者の異同について、簡単には、拙稿・前掲（注11）（六・完）五六―五七頁。なおアレクシーは、「ハードな秩序」を厚生経済学の仕方で解明しようとした例として、シュリンクの著作に言及している。ders., a. a. O., S. 141-142. 参照、拙稿・前掲二八頁以下。

(22) Ders., S. 143-152. なおアレクシーは、自らの「衡量モデル」が、ミュラーによって主張された「規範領域分析」の構想の短所を回避し、長所をもっていると論じている。ders., a. a. O., S. 152-154. この点については、拙

稿・前掲（注11）㈢国家学会雑誌一一一巻五・六号（一九九八年）一二五―一二六頁。

(23) R. Alexy, Theorie der juristischen Argumentation, 1978. 同書については、注1の文献を参照。

(24) 以上本文で述べたアレクシーの所説に関して、より詳細には、亀本・前掲（注10）㈡一〇六頁以下、松原・前掲（注10）㈢九〇頁以下、㈣六八頁以下を参照。

(25) R. Alexy, Rechtssystem und praktische Vernunft (1987), jetzt in : ders., a. a. O. (Anm. 13), S. 213 ff.

(26) R. Alexy, Idee und Struktur eines vernünftigen Rechtssystems, ARSP, Beiheft 44 (1991), S. 36-39. 堀内・前掲（注9）訳六七―七〇頁。なお四段階モデルについては、既に、ders., a. a. O. (Anm. 12), S. 498-501. で論じられていた。

(27) Ders., a. a. O., S. 43. 邦訳七三頁。ders., a. a. O. (Anm. 25), S. 227-228.

(28) 本文で簡単に述べたことに関して、田中・前掲（注1）五五七頁以下、五七三頁以下、山本・前掲（注3）㈡二三頁（注60）、中野・前掲（注10）二九〇頁以下、松原・前掲（注10）㈣・完七六―七七頁、西村・前掲（注10）三四頁以下など。

R. Alexy, a. a. O. (Anm. 25), S. 213 ff. S. 231. は、「立憲主義」と「リーガリスム」という、法システムの二つの基本構想を区別する。前者の例が連邦憲法裁判所の価値理論であり、後者の例がフォルストホフである。法システムの「三次元モデル」を通じて、彼は「穏健な立憲主義」を擁護しようとするのである。

三　アレクシーの主張に対する批判論

1　権利と原理

(1) 基本権は主観的な権利か客観的な原理かという問いを設定し、アレクシーの所説を後者への選択を基礎づけるものとして理解した上で、その帰結を批判的に論ずるのが、ベッケンフェルデやシュリンクである。この見解は、おそらく日本において最もよく知られたアレクシーへの批判論であろう。

ベッケンフェルデは、基本権を原理として性格づけることは、必然的帰結として、憲法構造の変容をもたらす、と主張する。その第一は、「法解釈学的機能」に関してである。原理としての規範は、最適化命令であり、必然的に比較衡量を受け入れる。この原理としての性格に、「未決定性、流動性、力動性（Dynamik）」が結びついている。その結果、基本権の適用は解釈から具体化へと変質する。「解釈とは……前もって与えられた何かあるものの内容と意義を突き止めることである。これに対し具体化は……その方向あるいは原理だけが確定された何かあるものを（創造的に）充填することである」。具体化は、通常の解釈ではなく、むしろ解釈を超えた法創造的事象であり、いわば、「外部から」内容を与えることである。第二は、「国家論的機能」である。「基本権は、原理としての規範というかたちで客観法的内容を獲得することにより、国家論的機能において国家権力のための任務規範となる。かくして憲法のなかに取り込まれた国家目的と国家任務は、主観的権利として請求可能となる。第三は、「憲法理論的機能」である。「この機能の本質は、立法と憲法裁判権の関係の変容にある」。「基本権の客観法的原則規範としての作用という徴表において——類型学的にながめた場合——議会における法形成と憲法裁判所における法形成が同列に置かれ、接近することになる。前者が本来の法の定立から具体化へと格下げされ、後者が解釈的な法の適用から法創造的具体化へと格上げされる」。「両者——立法者と連邦憲法裁判所——は、具体化というかたちで法を形成し、その点で競合する。この競合関係において、立法者は第一次的判断権を有するが、憲法裁判所には優越的判断権がある」。「連邦憲法裁判所は、原則規範の適用に際して、それが未決定であることから、自ら具体化を行い、まさにこの具体化がそこで憲法的地位を獲得し、立法者を再び拘束するため、既に存する立法者に対する拘束を強化することになる」。その結果、「議会による立法国家は、いつしか憲法裁判所による裁判国家へと移行する」。

そして彼は、「基本権解釈（Dogmatik）は正しい道を歩んでいるのか」という問いを設定し、次の二者択一を迫る。第一は、「基本権の主観的自由権への縮減」である。こうしたからといって、「基本権のいわゆる客観法的内容は、立法者にとってのあらゆる意味での嚮導作用（Orientierungswirkung）を全般的に失ってしまうわけではない。だが、客観法的内容を裁判により主張することはできず、立法者に対する拘束力を伴って憲法裁判所がこれを具体化により確定することはなくなる。その限りで立法は、倫理的・政治的諸原理（法原則）を適用と執行が可能な法へと本来的な意味で置き換えるという任務を保持する」。第二は、「基本権の客観的原則作用の堅持とその展開」である。この場合には、「憲法裁判国家へのさらなる前進は不可避」である。

こうした基本権解釈に関する二者択一は、憲法理解にも関係する。主観的自由権としての基本権理解に対応するのは、憲法を「枠秩序」とみなす考え方である。これに対して、客観的原則規範としての基本権理解に対応するのは、憲法を「共同体（Gemeinwesen）全体の法的基本秩序」とみなす考え方である。この対比は憲法裁判所の任務にも関係する。「憲法を枠の設定に限定する場合、憲法を守るべき裁判所が、その枠の充塡に介入すること、とりわけ個々の法的地位を確認することは、原則として許されない。これに対し、憲法が共同体の法的基本秩序である場合には、憲法は全方位に及ぶ嚮導的機能を有し、本質的法内容が問題とされる限りにおいて、個々の法的地位の確認さえも憲法裁判所の任務となる」。基本権解釈の二者択一は、法秩序を形成する権限をもつのは議会か憲法裁判所か、についての決断を迫っているのである。(29)

(2)　しかしながら、右のような批判は、アレクシーの見解と正面から切り結んではいない。前述したアレクシーの見解は、ルールと原理を規範構造論的に区別するものであった。この区別と、ベッケンフェルデなどが問題としている基本権の主観的次元と客観的次元の区別は分類の軸が違うというのが、アレクシーの主張である。彼によると、ルールと原理の区別は、主観的次元と客観的次元の区別に対して中立的である。主観的権利を付与する規範も、国家を客観的に義務づけるにすぎない規範も、ともに原理という性格をもちうる。原理がまるごとそのまま客観的次元に分類されるのではなく、単なる客観的原理だけが客観的次元に分類される、とされているのである[30]。

それにもかかわらず、ベッケンフェルデのような批判は、全く空振りに終わっているわけではない。憲法構造の変化に関する第一と第三の分析は、基本権を原理として構想する立場に対する批判であった。しかもこの二点は、その出発点におけるねじれにもかかわらず、アレクシー理論の特質に迫っているため、現在でも重要な意味をもち続けているのである。この点は後に再々触れることになるであろう。

2　ルールと原理

(1)　よりかみ合った批判となっているのは、アレクシーによる、ルールと原理という規範構造上の区分論に向けられたものである。

例えばレルヒェは次のように述べる。ルール以外のものをすべて、最適化という内容をもつ原理として一括することによって、素材のなかにある、実際に重要な区別の基準があまりにも一律に扱われることになる。言い換えると、実際に存する差異が、すべての原理が最適化という内容を備えていると考えられることによって、不明確になってしまう。しかし、そのような統一的で全般的なカテゴリーは、どこでも証明されえない。アレクシーの主張は、「過剰」である[31]。

これと類似した指摘をしているのが、イゼンゼーの下でHabilitationを著した、若手憲法学者イェシュテットである。ある規範がルールか原理かという、素朴なとは言わないにしても厳格な二者択一によって、法獲得の理論は、実定（憲）法のなかに見い出される、（憲法）規範における決定の強度と様式の多様性を描写し、コミュニケイト可能とすることが不十分にしかできなくなる。憲法（律）制定者が個々の憲法規定に原理という性格を付与したかどうかという問いに、すべての憲法規定に関して個々的に答えるという、はるかに面倒な道を歩んだならば、せいぜい個別的な最適化義務づけ規定が証明されうるにすぎないであろう。(32)

(2)　規範構造論のレベルでアレクシーを基本的に評価しつつ再構成を試みているのが、ルールと原理のモデルについて詳細な Dissertation を著したジークマンである。彼は、ラルフ・ドライヤー門下においてアレクシーの後輩にあたるだけに、批判は内在的である。彼はドゥオーキンとアレクシーによるルールと原理の区別論を分析した上で、およそ次のように結論する。確かに、論理的な基準に基づくルールと原理の区別は可能である。しかし、すべての規範をルールか原理かに分類することができる唯一の区別を想定することは、有意義ではない。むしろ両者の区別は複合的な性格をもっている。第一は、「厳格に妥当する規範」と「厳格には妥当しない規範」という区別である。(33) 前者は、「ある規範が完全に、すなわち、すべてのありうべき適用事例において妥当することが確実」であることを意味している。この規範が「狭義のルール」である。(34) 後者の「厳格には妥当しない規範」のなかで、「その妥当領域が純粋に記述的に規定されうる規範」と、「その妥当領域が衝突する諸原理との衡量を経て規範的に規定されうる規範」が区別される。後者はさらに、「自ら、その妥当領域にとって基準となる衡量に、他の規範との衡量に依存している規範」と、「補助的で（subsidiär）、衡量能力のない（nicht abwägungsfähig）与している規範」に区別されうる。(35) 前者は、「補助的で（subsidiär）、衡量能力のない（nicht abwägungsfähig）規範」であり、原理ではない。後者のみが原理とみなされるべきである。「厳格に妥当する規範」、「厳格には妥当しないが、その妥当領域が純粋に記述的に規定されうる規範」および「衡量に依存しているが、衡量能力のない規範」が、「広義のルール」である。(36) またさらに、原理のなかでも狭義と広義が区別されうる。「狭義の原理は、衡量のための根拠であり、それはある理念の実現を要求しており、したがって理念的性格をもつ目的規定である」。これに対して、「広義の原理」は、「衡量の対象であり、そのための前提として、理念的妥当命令の対象である規範」である。特徴は、その妥当様式にかかわっており、規範内容の構造や義務論的作用素（Operatur）においては、何らかの特殊性はない。[37]

(3)　右で若干の代表例を紹介したように、アレクシーによるルールと原理の規範構造上の区別論に対して、区別の基準を複合化したり、区別の結果を精密化して行こうという見解は少なくない。またそのような研究動向の意図も充分理解できるものである。しかし他方、アレクシー門下の若手研究者ボロブスキィが、ジークマンに対して師を擁護して次のように論ずるのは、もっともである。ジークマンの複合的な区別は適切である。しかし、基本的な区別は、原理がウェイトという次元を示し、自ら衡量のなかに組み込まれうるという点に存することは、より一層強調されなければならない。基本権規範を分析するに際して、アレクシーの区別に対するジークマンの複雑性が、それに見合った利点をもっているわけではない。原理理論の精密化は法理論的観点からは歓迎されうる。しかし、「複雑性が増大することによって、直観的な説得力が消えることは見落とされるべきではない。それによって、原理理論の一つの決定的な利点が失われる」[38]。そこで問題となるのは、ジークマンやイェシュテットのような批判者が、アレクシーに対してその複雑性に見合った利点をもつ代替理論を提供しえているかどうかである。しかしこの点を考察することは、本稿の任に余ることである[39]。ただ先に紹介したジークマンに関する限り、ボロブスキィの疑念に理由がないわけではなさそうではある。

3　最適化命令

(1)　原理とルールを区別すること、およびこの区別を質的なものとみることは、アレクシー固有の主張ではない。彼の特徴は、原理を最適化命令として性格づけた点にあった。したがって彼への批判の多くは、この理解の仕方に向けられることになった。

第一の批判は、最適化命令としての原理という定式化の概念的正確性に向けられている。代表的な指摘は、ここでもジークマンによってなされた。彼は最適化命令の対象と最適化命令を区別する。例えば、「刑事司法は機能を果たす能力があるべきである」という規範は、最適化命令の対象であって、それ自身は最適化命令ではない。これに対して、「刑事司法は、事実上および法的に可能である限り、機能を果たす能力があるべきである」という規範は、最適化命令である。しかしこのような最適化命令には、衡量されうるという特徴が欠けている。最適化命令という概念によっては、原理にとって本質的な、他の原理との関係が表現されている。最良の解決を実現するという命令には、合理的な体系であれば、例外は存在しえない。最適化命令は実現されうるかされえないかいずれかの規範であり、したがってルールである[40]。

同様な指摘は、他の論者によってもしばしばなされてきた[41]。そしてアレクシーも、このような批判の正しさを基本的に認めた。彼は、最適化されるべき命令と最適化するという命令を区別する。その上で、原理は、衡量の対象として、最適化命令ではなく最適化されるべき命令であることを承認したのである。しかし彼は、それにもかかわらず、最適化命令としての原理という言説には意味がある、と言う。それは、考えうる最も簡単な仕方で、原理に関して何が問題となっているかを表現している。理念的当為、すなわちそれ自体としての原理と、ルールとしての最適化命令との間には必然的な関係がある。前者は後者を含意しており、反対に後者は前者を含意している。これらは、同一の事柄の二つの側面なのである。「最適化命令」としての原理という特徴づけを維持して、必要な場合にのみ、より精密に区別することがよい。これがアレクシーの回答であった[42]。

(2) 最適化命令としての原理の定式化は、衡量という観念と密接に結びつけられていた。そこで彼への批判も、この点に向けられることになる。その一つは、衡量が恣意的である結果として法的安定性が失われる、といった趣旨の批判である[43]。先に紹介した、ベッケンフェルデによるアレクシー批判における、憲法構造の変容にかかわる第一の指摘、すなわち、基本権の原理としての性格に、「未決定性、流動性、力動性」が結びついているという分析(44)は、この代表的な例である。

そもそも、衡量という観念に対する類似の批判は、アレクシーの登場以前から根強く存在していた(45)。アレクシーが自説を組み立てる際には、当然ながら、前述したように、従来からの批判論に対して応答がなされていた。そのようなアレクシー説に則した批判の一つとして、ボン大学の若い研究者であるペータースによる論稿がある。

アレクシーは、最適化テーゼを、前述したように、連邦憲法裁判所の確立した判例理論である比例原則と密接に結びついたものであるとすることによって、正当化していた。これに対してペータースは、原理の衡量と比例原則は働く場面が異なっている、と論ずる。比例原則では、憲法より下位の法律がより高次の基本権に介入してもよいかどうか、が問題となる。これに対して、原理の衡量では同順位の基本権の間の優先関係の規定が問題となっている。比例原則は受忍の限界であるのに対し、原理の衡量は最適化の地点である(46)。こう論じたペータースに対して、反論論文を書いたのが、先にも登場したボロブスキィである。彼は、比例原則と原理の衡量は、同一の事柄を考察する二つの観点であることをペータースは誤解している、と主張する。ある法律の比例性審査の場合には、まず憲法原理の衡量が行われ、その結果とその法律が比較される。その際、立法者には裁量の余地があり、立法者がその裁量の余地の範囲内での客観的衡量を行っている限り、その法律は比例的である。この審査を制限された基本権の観点から見れば、「受忍性審査」と呼ぶことができる。しかし、そのことによって事情が変わるわけではない。ここでも、制限される憲法原理と、それを制限する法律を内容的に支える憲法原理という、同順位の憲法原理が衡量されているのである(47)。

連邦憲法裁判所による比例原則に関する判例理論を理論的に正当化できるのがアレクシーの議論であるとい

う理解は、おそらく一般的であると思われる(48)。これに対して、比例原則を別の形で理解しようとするのがシュリンクである。比例原則は、通常、第一に、ある手段の目的に対する「適合性」審査、第二に、手段の「必要性」審査、第三に、手段が関与する利益の「狭義の比例性」審査から成っている、と解されている。これに対してシュリンクは、「適合性」と「必要性」の審査に重点を置き、「狭義の比例性」審査を排除して、「最低限度の地位」の審査を導入していた。これは「狭義の比例性」審査で作用する衡量を、比例原則から取り除こうとする趣旨であった。しかし、このような理解の仕方には多くの批判があったことは、別稿で論じたところである(49)。

アレクシーが自説を擁護する第二の論法は、衡量に関して「決断モデル」と「基礎づけモデル」を区別した上で後者を選択し、原理理論を「法的議論の理論」の観点から正当化する、ということであった。この点に対してもペータースは異論を唱えていた。アレクシーは、基礎づけに際して、基本権の論証において可能な論拠のすべてが援用されうる、と述べていた。しかしそうであるならば、我々は論証の照準点に応じて、全く異なった、それどころか対立する結論に到ることがあるのではないか。基礎づけそれ自体は、合理的な土台の上に置かれているわけではない(50)。ボロブスキィは、この批判に対しても、アレクシーを擁護している。確かに、原理の衝突に際して、さまざまな人がさまざまな結論に到ることは、排除されえない。しかしこのことは、衡量という観念に特有の欠陥ではなく、規範的な問題を解決するすべての形式に常に生ずる現象である。ペータースによって推奨されている古典的な解釈の諸準則にとっても、さまざまな人がさまざまな結論に到りうるという事情は当てはまる。合理的な法的議論と結びついた原理理論は、自ら具体的な法的当為判断を基礎づけるのではなく、何が基礎づけられるべきかを正確に示す分析的なモデルを提供している。この功績は過小評価されるべきではない。さらに、個別的な事件における分析的な利点を超えて、多数の裁判判決から優位関係に関する首尾一貫したシステムが形成されうる。確かに、他の法適用者は先例から逸脱することができる。しかし、彼は基礎づけの責任を負っている。多数の先例に基づいて、非常に沢山の基本権事件のために、いかに連邦憲法裁判所が判断するかについて、相対的に確かな予測が示されうる。(51)

ペータースはこのような反論に、おそらく納得しないであろう。彼女は、アレクシー流の「ソフトな秩序」では、判決が常に若干の評価的要素に服し続けることを問題視する。アレクシーのように衡量を前面に出すのではなく、可能な場合にはそれを放棄するという、「衡量の最小化」が、彼女のめざす方向なのである。(52)アレクシーとの違いは、アレクシーが規範的な問題に関しては、相対的に最も合理的な判断を求めようとするのに対し、ペータースは、必然的に一般的に妥当する認識を要求しているという点にある。しかしそのような認識は、ボロプスキィも指摘するように、古典的な解釈準則によっても得られるわけではないであろう。(53)

(3)　衡量という観念への第二の批判は、立法者の形成の自由への裁判所による過度の制限によって、裁判国家へと到ることになる、といった趣旨のものである。(54)先に紹介した、ベッケンフェルデによるアレクシー批判における、憲法構造の変容にかかわる第三の指摘、すなわち、基本権を原理として性格づける結果として、「議会による立法国家は、いつしか憲法裁判所による裁判国家へと移行する」という分析は、(55)この代表的な例である。

このような批判も、アレクシーの登場以前から存在しており、衡量という観念への第一の批判は、通常、この第二の批判と結びつけられてなされていた。(56)このような異論に対してアレクシーが用意していた反論の道具立ては、「内容的または実体的（materiell）原理」と「形式的または手続的原理」の区別である。後者は、「民主的立法者は、社会にとって重要な判断を下すべきである」ということを述べている。「この形式的原理が、関係する社会利益にのみ仕える内容的原理とともに、個人権を保障する基本権と衡量されうる。先の形式的原理はさらに、連邦憲法裁判所が立法者に認めた広汎な裁量の余地にとっての根拠なのである」[57]。このような衡量モデルによって、憲法への実体的拘束と政治過程の意義との間に適切な妥協を見い出すことができる、とされるのである。[58]

しかし、このようなアレクシーの構想に対しても、批判が行われている。まず、実体的原理と形式的原理との間の衡量はそもそも可能なのか、それらは比較不能な内容をもっているのではないか、という疑問が出されている。[59]もっともこの疑問は、アレクシーの所論を正確に理解していないところから生ずるもののように思われる。既に引用したように、彼においては、形式的原理と実体的原理が直接衡量されるのではなく、「形式的原理が、関係する社会利益にのみ仕える内容的原理とともに、個人権を保障する基本権と衡量され」る、と説明されていたのである。[60]

より微妙な点にかかわるのは、次のような指摘である。最適化命令としての基本権の理解は、立法者の判断の余地を構造的に排除している。しかしアレクシーはこの帰結を無制限には保持せず、その限りで立法者の判断の余地を前提としている。彼のテーゼのそのような相対化は、彼の基本権理解を総体として疑問とする。基本権の最適化命令としての特徴づけは、それ自体再び原理となる。このことは、原理理論が、その厳格な形においては、基本権保障の重要な規律要素を適切には把握できないことを示している。[61]つまりこの批判は、先に見たように（三**3**(1)）、アレクシー自身がルールであることを最近明言した、最適化するという命令が、形式的原理という道具立ての導入によって、原理となってしまっている、とするのである。

以上の二つの指摘は、彼の試みの理論的な難点を示そうとしたものであった。これに対して、アレクシーによる応答の実際上の有効性に関しては、次のような指摘がある。つまり、立法者の地位の保障も対立する原理との衡量の対象となるのであり、しかもその判断は連邦憲法裁判所がするのであるから、形式的原理を衡量のなかに組み入れたとしても、最適化という構想に対する機能法的な疑問は除去されない、というのがそれである。[62] しかしアレクシーからすれば、連邦憲法裁判所が諸原理を考量して適切な判断を下すということは、議論の前提であった。[63] 衡量にかかわる第一の方法論的な論点についての見解の違いが、ここでも対立の基礎となっているのである。[64]

4　諸前提

(1)　アレクシーが明示的または黙示的に前提としている理論的な立場を批判する見解も、少なくない。先に紹介した、アレクシー理論が「裁判国家化」するという批判は、憲法を「枠秩序」として捉える立場を前提としていることが多い。[65] この代表がベッケンフェルデである。憲法を「枠秩序」と考えるならば、連邦憲法裁判所が「枠の充填に介入すること」などは、原則として許されない。これに対して、憲法を「共同体全体の法的基本秩序」と捉えると、「法秩序を形成する権限」が連邦憲法裁判所に委ねられることになる。これが彼の批判的分析の結論であった。[66]

もっとも、アレクシー自身は、憲法を「共同体全体の法的基本秩序」として、明示的に定義しているわけではない。彼の憲法理解を推測する一つの手がかりとなるのは、基本権規範が法システムに関してもつ意義について語っている論述である。意義の第一は基本権規範の「形式的基本性」であり、第二は「内容的基本性」である。前者の意義を説明するに際して、彼は憲法に関する二つの極端なモデルを提示する。一つは「純粋に手続的なモデル」である。ここでは、憲法はもっぱら組織・手続規範のみを含んでいる。二つ目は「純粋に実体的なモデル」である。ここでは、憲法はもっぱら実体的規範のみを含んでいる。しかしボン基本法という憲法はこのいずれでもなく、実体的および手続的性格が混在した性格をもっている。[67] こうしたアレクシーの説明からすると、基本法という憲法は、ベッケンフェルデの用語法を用いるならば、「枠秩序」であると同時に「共同体全体の法的基本秩序」である、と捉えられているようにみえる。もっとも「枠秩序」という概念は「純粋に手続的モデル」と完全に重なるものではなく、憲法が実体的な内容をもっていてもその具体化が基本的には立法者に委ねられていることを意味している。[68] このことを前提にすると、具体化をもっぱら立法者に委ねるわけではないアレクシーの憲法理解を「共同体全体の基本秩序」観の側に引きつけて捉えることも、全く的はずれというわけではなかった。しかしながら、アレクシー自身は最近の論文で、ある憲法は「基本秩序」であると同時に「枠秩序」であり、「枠秩序」と「衡量」という構想は両立する、と主張している。[69] ベッケンフェルデのアレクシー理解は、ここでも必ずしも正鵠を射てはいなかったようである。しかも後述するように、アレクシーの問題関心の重点は、ベッケンフェルデの二者択一とはややずれたところにあった。なおベッケンフェルデなどの批判は、アレクシーの憲法理解そのものだけを攻撃しているというよりは、むしろそれと結びついた機能法的帰結を問題としているものである。しかしこの対立は、前述したところからも示されるように、理論的にどちらが正しいと割り切れるようなものではない。

(2) アレクシーの（憲法）規範概念を別の形で批判するのが、フリードリヒ・ミュラーである。彼によると、アレクシーは、言語ルールに関する狭い概念、すなわち「ルール・プラトニズム的な（regelplatonisch）概念」を採っている。この「ルール・プラトニズム」とは、「言語のなかに、経験的に確定されうる客観的なルールが存在する」と考える立場である。これに対してミュラーは、言語ルールという概念やその実施を「法律学的な言語ゲームの意味論的実践の一部として」考察する。そのような立場からすると、「アレクシーによって規範から切り離された価値衡量として把握された問題は、大部分、基本法上の基本権の体系的解釈の内部へ位置づけられ、そのようなものとして議論されうる」、とされるのである。[70] またミュラーは次のように説く。アレクシーにおいては、「意味論（Semantik）は、客観的に予め与えられたと自称されているルールの認識に尽きている。そのようなルールは、判断の難しい事例においては当然証明されえないのであるから、意味論は規範から切り離された法的議論（juristische Argumentation）による補完を必要とする」。このような意味において、「アレクシーは、意味論と法的議論を、表面的に、単に足し算的に結合させているにすぎない」。しかし実際の法解釈の作業は、アレクシーのモデルが認めようとする以上に複雑である。「規範テクストから法規範を導く過程は、客観的な意味論的ルールの適用としては理解されえない。むしろそこでは、積極的な意味付与の過程（Semantisierungsvorgang）が問題となっている。法的議論のなかで始めて、単なるテクストはその意義を獲得し、ここで始めて判決の要旨が確立されるのである」[71]。

このような批判は、ミュラー自身の立場を前提としたものであるため、理解が難しいかもしれない。ミュラーに特有な議論を取り除いてごく単純化するならば、彼はアレクシーにおける既にできあがったものとしての規範理解を疑問とした上で、ルールについては包摂という解釈方法が可能と考えるアレクシーの解釈方法論をも不十分なものと論じている、とみなすことができるだろう。ミュラーの批判に対して、アレクシーもミュラー理論を批判的に分析して、議論の応酬が続けられている[72]。ここでは、前述したような、アレクシーが黙示的に前提としていた規範理解やルールに関する解釈の方法に疑問が出されていることを指摘するにとどめたい。

(3) アレクシーの法解釈の方法などに関して、詳細な分析をしているのが、イェシュテットである。彼はまず、立法者の法定立の余地という観念の位置づけに着目しながら、「正しい」基本権観をめぐる現代ドイツ憲法学における諸傾向を、大きくは三つに分類している。

第一は、「解釈やドグマーティクを主導する実質的基本権理論という観点」からのものである。これは、「憲法理論的アプローチ」と名づけられる。理念型的なモデルとしては、基本権を枠秩序として理解する立場と、価値秩序として理解する立場が、ここに属する。前者では、基本権が法定立のために形づくっている枠の内部で、立法者は枠の充填のためにいかなる手段を用いるかを自由に選択できる。これに対して後者では、立法者の法定立の余地は出発点ではなく、せいぜいのところ結果である。ここでは、基本権が打ち立てる秩序は枠のように所与のものではなく、課されたものの「現実化」のための秩序である。立法者の法定立の余地は、基本権の「実効化」についてのいくつかの可能性の間における自由な選択――つまり、かどうか（ob）ではなく、いかに（wie）についての選択――となるのがせいぜいのところである。(73) 第二は、「実定法的な問題を機能法的、制度的な問題設定へと移行する」傾向である。これが「機能法的アプローチ」と名づけられる。ここでは、解釈者の現実化の行為は「具体化」として把握される。立法者の法形成の余地は、連邦憲法裁判所の「具体化権限」に対して補完的に定められる、立法者の「具体化権限」と言い換えられる。つまり、立法者は、憲法裁判所の審査基準が厳格かどうかに応じて、その形成の余地が限界づけられるのである。(74) 第三は、「実体法的および機能法的な観点を共に含む、基本権の構造理論的把握」という方法である。これは「規範構造理論的アプローチ」と名づけられ、アレクシーの原理理論がこの代表とされる。原理理論に基づく規範構造理論的アプローチは、立法者の形成の余地を、第一次的には、ましてや排他的には憲法の解釈によって規定などしないという点で、機能法的アプローチと似ていないわけではない。しかし後者が法内容的に、つまり権限秩序を手がかりとして考えようとするのに対して、前者は基本権の規範構造のなかに鍵があるとする。具体的にアレクシーが展開したのが、「内容的または実体的原理」と「形式的または手続的原理」の衝突というモデルであったことは、既に前述した（三3(3)）。この原理理論は、立法者の形成の余地は基本権侵害の重大性に応じて規定されるという、広く流布したテーゼに対する理由づけを提供している。(75)

イェシュテットは、この三つの分類が相互に排他的ではないことを認めている。既に触れたように、「規範構造理論的アプローチ」は機能法的観点も含むものとされていた。また、「憲法理論的アプローチ」のなかに位置づけられた価値理論は、一方では「機能法的アプローチ」の特徴とされた、解釈を「具体化」として方法論的に把握することと両立可能である。またそれは他方で、「最適化命令」としての基本権という規範構造理論的見解とも両立可能である、とされていた[76]。このような事情は、彼の分類に疑念を引き起こしうるものである[77]。しかしこの三分類は、さしあたりのアプローチの違いは示すことができている。そしてこのことを前提とすれば、アレクシーによるルールと原理の区別論が採用していた黙示的前提、つまり規範構造理論的であるという特徴がここで示されていると言ってよいであろう[78]。またベッケンフェルデが提示した二者択一は、「憲法理論的アプローチ」内部での対立として位置づけられうるものであったが、アレクシーの問題関心の重点はさしあたってそれとは違ったところにあったということも、示している。ただしこれらがどれほど大きな違いであるのかは、後述するようにさらに疑問とする余地はある。

イェシュテットは、右のような三類型論を提示した上で、アレクシーによる、立法者の法定立の余地に関する原理理論に基づく再構成の試みを批判的に分析する。そこで最も重視されたのが、法解釈観である。結論のみを簡単に要約しておこう。第一の批判は、法獲得理解の実際上の取り扱いに向けられる。アレクシーは、ルールには包摂、原理には衡量という法認識手続が使用されるとしていた。しかし、いかなる法認識手続が具体的な場合に基礎に置かれるかの決定が解釈されるべき規範の規範構造に依存してなされるならば、認識手続の選択が法認識手続の適用の後にはじめて提供される前提に依存するというディレンマが生じることになる。というのも規範の構造は衝突形態によって規定されるが、この衝突形態はそれ自体当該規範の解釈によってのみ確認されうるからである[79]。第二の批判は、法獲得理解自身に向けられる。原理理論は出発点と理由づけにおいて「具体化」という構想を採用しているにもかかわらず、それは反対に、法適用は「何か所与のものの法認識の行為」であるということを強調している。しかし、法認識と法適用を同一視し、法適用と法定立を区別する考え方は説得力をもたない。裁判判決に規範定立の性格が欠けているということは判決の理由づけに関してのみあてはまるのであり、判決は実際には規範定立行為である。(80)

右のようなイェシュテットの批判的分析は重要な意味をもっている。もっとも、彼の第二の批判では、彼の意図が原理理論一般の分析であることから、論証の素材とされているのは、アレクシー自身ではなくアレクシーから影響を受けたジークマンやラーベであった。(81) しかしこの第二の批判は、前述したミュラーによるアレクシー批判とも符合しているだけに、アレクシーとしても自説のより明確な説明を迫られている点であるように思われる。

5　再構成の試み

(1)　アレクシーによるルールと原理区別論の意義を基本的に承認した上で、しかしそれを再構成して独自の見解を展開する試みが存在する。前述したジークマン（三**2**(2)）もその一人であったが、最も注目すべきは、現在フランクフルト大学教授で刑事法・法理論を専門領域とするギュンターの Dissertation である。(82) ハーバーマスの「普遍化原理（Universalisierungsprinzip）」を批判的に検討しながら、自説を展開していく行論については、日本においても法哲学者などによって既に紹介がなされているため、(83) ここで繰り返す必要はないであろう。

本稿の関連でまず第一に注目すべきギュンターの主張は、「基礎づけ討議」と「適用討議」の区別である。基礎づけに関しては、具体的な状況における規範の適用とは独立して、規範自身だけが重要である。そこでは、各人がその規則に従うことがすべての人の利益となっているかどうかが問題となる。これに対して適用に関しては、一般的な遵守がすべての人の利益であるかどうかとは関係なく、個々的な状況が重要である。ここでは、規則がある状況において、すべての特別な事情にかんがみて遵守されるべきかどうか、いかにそうされるべきかが問題となる。[84] このように、適用討議の独自性を抽出し、そこに焦点を合わせようとするのが、彼の著作の基本的特質である。本稿にとって興味深いのは、ギュンターが前述の区別を基に、アレクシーによる原理とルールの区別論も再構成されるべきだと論じていることである。アレクシーは、原理とルールの区別を規範構造上の区別と考えた。しかしそれはむしろ、複雑な状況における規範の適用とかかわっている、というのがギュンターの見解である。原理とルールに際して取り扱いの仕方が異なるということは、ルールの適用の場合には制度的な制限に基づいて適切性についての考慮が排除されているのに対して、原理の適用の場合にはそれが許されている、ということから帰結する。つまり、ある規範を状況に関する同一ではない特徴を考慮することなしに適用することによって、我々はその規範をルールとして扱う。これに対して、ある規範をある状況に関するあらゆる（事実上および法的な）事情を考慮して適用することによって、我々はその規範を原理として扱っている。[85]

注目すべき第二の点は、原理の適用に際して働くとされた適切性の論証とはいかなるものか、具体的な事件で生ずる対向する諸規範間の緊張はいかなる基準で解消されるのか、にかかわるギュンターの見解である。ここでもアレクシー理論が素材とされている。アレクシーは原理を最適化命令として特徴づけた。それによって彼は、最適化を命ずる準実質的内容を原理に与えることができている。この規範構造上の定義によって、アレクシーは「価値の専制」という批判からは免れているが、価値それ自体をもう一度原理の光のなかで、あるいは討議的手続のなかで批判しうる可能性は排除されている。[86] ギュンターによると、衝突する諸規範を衡量する際に依拠する基準は、実質的規準を含むべきではない。適切性にとって考慮されるべきは形式的基準、つまり

「その状況において適用可能なあらゆる他の諸規範や意義変種との規範の一貫性」のみである。その目的は、「いかなる規範が、ある状況において適用可能な他のあらゆる規範との関係において最も良く正当化されうるか、ということによって合致性を測定する」ということにある。(87) この「一貫性」という基準と対応する思考として、ギュンターが引き合いに出すのが、ドゥオーキンの「インテグリティ」という観念である。つまり、立法的および司法的判断を一貫した一般的政治理論によって正当化することというドゥオーキンの要求は、道徳的な原理論証と法規範に関する判断の間を橋渡ししている、と評価するのである。ドゥオーキンの提案の欠点は、彼が考慮されるべき諸原理を一つの政治的共同体のコンテクストに限定しているという点にある。それによって事実上の道徳が統合をする基準点となっている。けれどもインテグリティの原理は、ある政治的道徳の所与のコンテクストに必然的にその限界を見い出さざるをえないわけではない。(88)

(2) 以上のようなギュンターの見解に対して、アレクシーは反論論文を書いている。アレクシーも規範の基礎づけと適用が区別されうることは、基本的に承認している。しかしギュンターがそこから導いた広汎な帰結を疑問とするのが、反論の要点である。(89) まず一般的なコメントとして次のように説かれる。基礎づけ討議と適用討議の区別と接合についてのギュンターの中心的な論拠は、我々の知識の限定性、つまり、ある規範のあらゆる適用状況に関してあらゆるその特徴について予見することの不可能性である。そうであるならば討議理論にとって決定的な問題は基礎づけと適用の区別ではなく、むしろ理想的な討議と現実の討議の区別ではないか。ギュンターによって提案された、基礎づけ討議と適用討議の分割は、規範適用の中立性に関する討議理論的、普遍主義的解釈の最善の弁護となるのか。(90) このような問題関心の下でギュンターの提案が検討された結果、次のように論じられる。適用状況を参照することは基礎づけ討議においてもぜひ必要である。適用状況を参照することなしに、討議参加者は、ある規範がそれに関係する人々の関心に対していかなる帰結を恐らくもつかを確定することはできない。つまり、すべての適用討議は基礎づけ討議を含んでいる。また「ある一定の状況において何が正しい解決か」という問いと、「いかなる普遍的な規範が正しいか」という問いが区別されうるということから、二つの根本的に異なった討議形式が存在するということは導かれない。この二つの問いは一つの討議形式内部の二つの異なった手続に糸口を開いているにすぎず、一つの思考形式の二つの変種に導いているにすぎない(91)。

ギュンターによる基礎づけと適用の区別を好意的に取り扱っているのは、ハーバーマスである(92)。そのハーバーマスの法理論を分析した論稿のなかで、アレクシーは適用討議という理念についての彼の考えを、前述したものとは異なった仕方で示している。この理念は、「あらゆる観点を考慮するという古くからの解釈学的な要求を表現している限りで、正しい。それは、「いかなる観点がどのように考慮されるべきかを述べていないので あるから、空虚である」。最後にそれは、「普遍的ではない判決実務という危険を含んでいるがゆえに、誤解を招きやすい」(93)。

(3)　ギュンターは、原理の適用に関する討議においては、「一貫性」という形式的基準が適切性にとって考慮されるべきだ、としていた。これに対してアレクシーは、前述した反論論文のなかで、「一貫性」は適用討議に限定されず、基礎づけ討議においても使用可能である、ギュンターの提案は基礎づけ討議の希薄化を伴っている、といった批判を行っていた(94)。他方、「一貫性」に関する提案についても、ハーバーマスは、基本的にギュンターに好意的な態度をとっている(95)。しかしアレクシーは、ハーバーマスの見解についてここでも批判的な分析を行っている。一貫性についてのハーバーマスの分析は内部で分裂している。一方で彼はドゥオーキンから、「法システムの理想的に正当化された一貫性」という観念を受け継いでいる。しかし他方では、「法の一貫性理論」をその不確定性を理由として批判している。法の一貫性理論だけでは合理的な法適用という問題を解決することはできないという点では、ハーバーマスに同意できる。これに加えて、人と手続が必要である。また、ハーバーマスがそれにもかかわらず一貫性の理念に固執しているのも、正しい。なぜなら、一貫性は基本的な合理性の要請だからである。しかし不明確なのは、一貫性の役割である。[96]

ではアレクシーは、一貫性にいかなる役割を与えているのか。彼は、一貫性の場所は歴史的・制度的なるものと理性的・正当なるものの間にある、と言う。一貫性を支える手段は体系的な議論（die systematische Argumentation）であり、その最も重要な部分が原理の議論だとされる。[97] しかし、一貫性、原理、適用討議、適切性といった諸概念の助けのみによっては、判決の合理性という問題は解決されえない。解決は、「法的議論の理論」のなかにのみ存在しうる、とされるのである。[98] 彼が別著で展開している法的議論の理論に関する構想を、ここで詳しく紹介する余裕はない。基本権に関してごく簡単に言うと、彼は、「文言と意思」「先例」「実質的憲法理論」の三つを、基本権に関する議論の基礎としている。ここで「実質的憲法理論」とは、憲法の文言、制憲者の意思や連邦憲法裁判所の先例を引き合いに出して基礎づけられるが、それらの再現以上のもので憲法という権威や先例を直接的にはよりどころとすることができない。つまりそれは議論によって支えられるものであり、議論の過程のなかでさらなる議論のための基礎を形づくるのである。[99] ここで論及された「実質的憲法理論」が、ギュンターやハーバーマスが重視した一貫性と比較可能なものであろう。違いは、基礎づけと適用の区別に関する争点を除けば、さしあたり、アレクシーが用意している、議論の「基礎」と「過程」の区別といった法的議論に関する道具立てにある。もっともギュンターやハーバーマスは、その一貫性の概念が形式的性格をもつことを重視している。これに対してアレクシーは、実質的道徳理論は不可能だが、手続的な道徳理論は可能だという立場をとっていた。[100] この点においてギュンターやハーバーマスとアレクシーの間にはいかなる違いがあるのだろうか。また、ギュンターやハーバーマスが好意的に援用するドゥオーキンのインテグリティ概念は、本当に彼らの立場により近いものなのであろうか。そもそも「一貫性」が要請されているのは法体系か、判例か、あるいは解釈の基礎にある理論なのか。さらに論ずべき問題が残されているように思われる。(101)

(29) Ernst-Wolfgang Böckenförde, Grundrechte als Grundsatznormen (1990), jetzt in : ders., Staat, Verfassung, Demokratie, 1991, S. 185-199. ほぼ同一内容のベッケンフェルデ論文についての邦訳として、鈴木秀美訳「基本法制定四〇周年を経た基本権解釈の現在」E・W・ベッケンフェルデ著／初宿正典編訳『現代国家と憲法・自由・民主制』（風行社、一九九九年）三七一～三八三頁を参照。なお同論文が、ベッケンフェルデの憲法理論全体において占める位置にかかわって、拙稿・前掲（注11）（五）国家学会雑誌一一三巻五・六号（二〇〇〇年）一三頁以下。また、ベルンハルト・シュリンク、高田敏・松本和彦／共訳「原理としての基本権?」阪大法学四二巻一号（一九九二年）二四五頁以下も、基本的にはベッケンフェルデと同一方向の議論を行っている。この論文については、拙稿・前掲（注11）（六・完）六二頁。日本では、樺島・前掲（注10）が同様な立場を示している。

(30) R. Alexy, Grundrechte als subjektive Rechte und als objektive Normen (1990), jetzt in : ders., a. a. O. (Anm. 13), S. 270-271. 小山・前掲（注9）訳㈠一八六頁、㈡三三六頁（訳者あとがき）。

(31) Peter Lerche, Die Verfassung als Quelle von Optimierungsgeboten?, in : Festschrift für Klaus Stern, 1997, S. 206-208.

(32) Matthias Jestaedt, Grundrechtsentfaltung im Gesetz, 1999, S. 216-218. 法律の留保を論じた書物のなかで、ブムケが、「最適化という思考は、基本権の内容の多様性という観念とは合致可能ではない」としているのも、同じ趣旨の批判である。Christian Bumke, Der Grundrechtsvorbehalt, 1998, S. 167.

(33) Jan-Reinard Sieckmann, Regelmodelle und Prinzipienmodelle des Rechtssystems, 1990, S. 74.

(34) Ders., a. a. O., S. 58-59.

(35) Ders., a. a. O., S. 74-75.

(36) Ders., a. a. O., S. 58.

(37) Ders., a. a. O., S. 87.

(38) Martin Borowski, Grundrechte als Prinzipien, 1998, S. 88-89.

(39) アレクシーを前述のように（注32）批判するブムケも、アレクシーの原理理論の強みが、「きわめて様々な現象を一つの統一的な説明図式に還元できること」にあることは認めていた。C. Bumke, a. a. O.（Anm. 32）, S. 167. しかし彼はこのような統一的な説明図式の欠点の方をより重視して、より多様化した基本権モデルを求めようとした。このような試みの成否が問題となるのである。

(40) J.-R. Sieckmann, a. a. O.（Anm. 33）, S. 63-66, S. 75. この批判に基づいて、彼はむしろ「理念的目的規定」あるいは「理念的当為」という概念の方が、原理の特徴づけのためにより適切であるとする。ders., a. a. O., S. 66 ff. S. 75. この考え方が、本文で前述したルールと原理区分論の基礎となっているのである。

(41) Helge Rossen, Grundrechte als Regeln und Prinzipien, Christoph Grabenwarter u. a.（Hrsg.）, Allgemeinheit der Grundrechte und Vielfalt der Gesellschaft, 1994, S. 57 は、「原理の内容」と「最適化命令」は区別されなければならない、とする。Michaela Peters, Grundrechte als Regeln und Prinzipien, ZÖR 51（1996）, S. 169 ; P. Lerche, a. a. O.（Anm. 31）, S. 205.

(42) R. Alexy, a. a O.（Anm. 15, Zur Struktur）, S. 38-39. 同旨、Martin Borowski, Prinzipien als Grundrechtsnormen, ZÖR 53（1998）, S. 326-327.

(43) Jan-Reinard Sieckmann, Grundrechtliche Abwägung als Rechtsanwendung, Der Staat 41（2002）, S. 385 による批判論の要約。

(44) 本稿・注29の本文を参照。

(45) 私が別稿（注11）で検討した論者から例を挙げると、Ernst Forsthoff, Zur heutigen Situation einer Verfassungslehre（1968）, jetzt in : ders., Rechtsstaat im Wandel, 2. Aufl., 1976, S. 224 ; Bernhard Schlink, Abwägung im Verfassungsrecht, 1976, S. 134 ff. ; Friedrich Müller/Ralph Christensen, Juristische Methodik, Bd 1, 2002, S. 84 f.

(46) M. Peters, a. a. O.（Anm. 41）, S. 170.

(47) M. Borowski, a. a. O.（Anm. 42）, S. 325-326.

(48) 山下・前掲（注5）㈠一九二頁以下、拙稿・前掲（注11）㈥三三―三四頁。Laura Clérico, Die Struktur der Verhältnismäßigkeit, 2001.

(49) 拙稿・前掲（注11）㈥二八頁以下。なおシュリンクは最近の論稿でも、基本的には従来の自説を維持している。Bernhard Schlink, Der Grundsatz der Verhältnismäßigkeit, P. Badura, H. Dreier (Hrsg.), Festschrift 50 Jahre Bundesverfassungsgericht, Bd. 2, 2001, S. 445 ff. しかしそこでは、「最低限度の地位」の審査はもはや言及されず、代って平等原則、市民の信頼保護、遡及法律の禁止に関する審査の意義が指摘されている（S. 459 f.）。

(50) M. Peters, a. a. O.（Anm. 41）, S. 176.

(51) M. Borowski, a. a. O.（Anm. 42）, S. 312-314 ; ders., a. a. O.（Anm. 38）, S. 96-97. なお本文のような反論はボロブスキィ固有の議論ではなく、アレクシーの祖述である。vgl. R. Alexy, a. a. O.（Anm. 12）, S. 149 ff. S. 504 ff. ; ders., a. a. O.（Anm. 25）, S. 224-227.

(52) M. Peters, a. a. O.（Anm. 41）, S. 176-177. また、Karl-E. Hain, Die Grundsätze des Grundgesetzes, 1999, S. 150 f. も、原理に支えられた法的討議や、またそれを補完する一般的実践的討議は、判決の合理性や法的安定性を高めるものではない、と論じている。

(53) M. Borowski, a. a. O.（Anm. 42）, S. 314.

(54) J.-R. Sieckmann, a. a. O.（Anm. 43）, S. 385. による批判論の要約。

(55) 本稿・注29の本文を参照。

(56) 例えば、Ernst Forsthoff, Die Umbildung des Verfassungsgesetzes（1964）, jetzt in : ders., a. a. O.（Anm. 45）, S. 151 ; B. Schlink, a. a. O.（Anm. 45）, S. 190. アレクシーに対する直接の批判も少なくない。後述の他、ここでは、M. Peters, a. a. O.（Anm. 41）, S. 179 f.

(57) R. Alexy, a. a. O.（Anm. 12）, S. 120 ; ders., a. a. O.（Anm. 25）, S. 223-224 ; vgl. J.-R. Sieckmann, a. a. O.（Anm. 33）, S. 147 ff.

(58) M. Borowski, a. a. O.（Anm. 42）, S. 322 ; ders., a. a. O.（Anm. 38）, S. 158 ff.

(59) K.-E. Hain, a. a. O.（Anm. 52）, S. 136-137 ; M. Jestaedt, a. a. O.（Anm. 32）, S. 226.

(60) 本稿・注57の本文を参照。

(61) Arno Scherzberg, Grundrechtsschutz und „Eingriffsintensität", 1989, S. 175；Martin Gellermann, Grundrechte in einfachgesetzlichem Gewande, 2000, S. 71.

(62) K.-E. Hain, a. a. O.（Anm. 52）, S. 137.

(63) R. Alexy, a. a. O.（Anm. 25）, S. 231.

(64) 「裁判国家化」というアレクシーに対する批判に対して、彼を救う可能性のある道具立てとしてしばしば言及されるのは、行為規範（Handlungsnorm）と審査規範（Kontrollnorm）を区別する思考である。つまり、諸原理は、行動の基準としては、立法者に最適化を要求するが、審査の基準としては、ある原理の最適化が存在しているかどうかではなく、その範囲に関してより詳細に規定されるべき枠が遵守されているかどうかを裁判的に再審査することを許容しているにすぎない、という論法である。しかしこの議論の成立可能性に対しては、基本法一条三項、二〇条三項、七九条三項といった拘束条項によって、立法者と連邦憲法裁判所は同一の範囲で諸原理規範に拘束されている、立法者にとっての行為基準と連邦憲法裁判所にとっての審査基準を区別する手がかりは基本法上も連邦憲法裁判所法上も存在しない、といった批判も同時に行われている。A. Scherzberg, a. a. O.（Anm. 61）, S. 175 f.；E.-W. Böckenförde, a. a. O.（Anm. 29）, S. 191 ff.；K.-E. Hain, a. a. O.（Anm. 52）, S. 134 f.；M. Gellermann, a. a. O.（Anm. 61）, S. 72 f. 行為規範と審査規範の区別という発想は、ドイツでも一定程度受容され、また議論も多いものであるため、ここでは論点の所在を示すにとどめざるをえない。最近の文献の例として、M. Jestaedt, a. a. O.（Anm. 32）, S. 135 ff. 拙稿「ドイツ連邦憲法裁判所とドイツの憲法政治」ドイツ憲法判例研究会編『ドイツの憲法判例（第二版）』（信山社、近刊予定）一一頁以下。なおアレクシー自身は、「機能法的方法」の助けによって問題を解決しようとする最近の試みは一面的としており、前述したような応答をそのまま採用することはなさそうである。R. Alexy, a. a. O.（Anm. 12）, S. 497.

(65) Christian Starck, Buchbesprechung von Robert Alexy, Begriff und Geltung des Rechts, Der Staat 32（1993）, S. 475 f.；K.-E. Hain, a. a. O.（Anm. 52）, S. 131 ff.

(66) 詳しくは、本稿・注29の本文を参照。

(67) R. Alexy, a. a. O. (Anm. 12), S. 473-475.

(68) Ernst-Wolfgang Böckenförde, Die Methoden der Verfassungsinterpretation (1976), jetzt in ; ders., a. a. O. (Anm. 29), S. 86 ff.

(69) Robert Alexy, Verfassungsrecht und einfaches Recht—Verfassungsgerichtsbarkeit und Fachgerichtsbarkeit, in: VVDStRL 61, 2002, S. 14 ff. なお、「最適化」という構想と「枠秩序」としての憲法理解を共に採用する見解も存在する。Marcel Kaufmann, Europäische Integration und Demokratieprinzip, 1995, S. 65 ff. この見解に対しては、いまだ両者の緊張を解くことに成立していない、という批判がある。K.-E. Hain, a. a. O. (Anm. 52), S. 133 (Fußn. 241). なおハイン自身は、連邦憲法裁判所に、関係するすべての原理ができる限り実現されているかどうかを審査する権限ではなく、原理が最小限尊重されていることを統制する権限が承認されうる、という形で両者の緊張を解こうとする立場を示している。ders., a. a. O., S. 159.

(70) F. Müller/R. Christensen, a. a. O. (Anm. 45), S. 132.「ルール・プラトニズム」については、Ralph Christensen, Was heißt Gesetzesbindung?, 1989, S. 67. 亀本洋「法的思考の根本問題」井上達夫ほか編『法の臨界〔I〕』(東京大学出版会、一九九九年)一〇頁以下。

(71) F. Müller/R. Christensen, a. a. O., S. 214.

(72) ミュラーとアレクシーの論争について、より詳しくは、拙稿・前掲(注22)一二二―一二六頁。

(73) M. Jestaedt, a. a. O. (Anm. 32), S. 71, S. 72-80.

(74) Ders., a. a. O., S. 71, S. 135-140.

(75) Ders., a. a. O., S. 71, S. 206-212.

(76) Ders., a. a. O., S. 77 (Fußn. 28).

(77) ブムケは、立法者の形成の余地について区別を提案する点で、イェシュテットと共通している。しかし彼は、憲法を枠秩序として捉える立場では立法者は「実体法的な形成の自由」をもつが、基本権を最適化命令と捉えると立法者は機能法的に「事実上の決定・予測の余地」しかもたないという、簡単な二分法を行っていた。C. Bumke, a. a. O. (Anm. 32), S. 168.

(78) 規範理解などの点でアレクシーと対立しているミュラーも、「規範構造理論的アプローチ」を採っているという点では、アレクシーと共通している。

(79) M. Jestaedt, a. a. O.（Anm. 32）, S. 231-232.

(80) Ders., a. a. O., S. 232-241.

(81) Vgl. J.-R. Sieckmann, a. a. O.（Anm. 33）, S. 158（Fußn. 47）; Marius Raabe, Grundrechte und Erkenntnis, 1988, S. 306. ラーベの所説について、簡単には、拙稿・前掲（注64）一三―一四頁。

(82) Klaus Günther, Der Sinn für Angemessenheit, 1988. 関連して、Klaus Günther, Ein normativer Begriff der Kohärenz für eine Theorie der juristischen Argumentation, Rechtstheorie 20（1989）, S. 163 ff.; Matthias Kettner, Warum es Anwendungsfragen, aber keine „Anwendungsdiskurse" gibt, Jahrbuch für Recht und Ethik 1（1993）, S. 365 ff.; Klaus Günther, Warum es Anwendungsdiskurse gibt, Jahrbuch für Recht und Ethik 1（1993）, S. 379 ff.

(83) 平井亮輔「討議倫理学における適用問題」日本法哲学会編『法哲学年報一九八九・現代における〈個人―共同体―国家〉』（有斐閣、一九九九年）一八九頁以下、阿部信行「生ける直観・思慮ある服従・適用討議」東北法学十二号（一九九四年）七五頁以下。最近では、内村博信「ハーバーマスのディスクルス倫理学と九〇年代ドイツの人権政治(1)」千葉大学法学論集一七巻四号（二〇〇三年）一頁以下。

(84) K. Günther, a. a. O.（Anm. 82, Angemessenheit）, S. 55.

(85) Ders., a. a. O., S. 268-274.

(86) Ders., a. a. O., S. 274-276.

(87) Ders., a. a. O., S. 300-307.

(88) Ders., a. a. O., S. 351.

(89) Robert Alexy, Normbegründung und Normanwendung（1993）, jetzt in: ders., a. a. O.,（Anm. 13）, S. 52.

(90) Ders., a. a. O., S. 55-57.

(91) Ders., a. a. O., S. 66-70.

(92) Jürgen Habermas, Faktizität und Geltung, 1992, S. 267-268. ユルゲン・ハーバーマス著、河上倫逸・耳野健二訳『事実性と妥当性(上)』（未来社、二〇〇二年）二五五頁以下。

(93) Robert Alexy, Jürgen Habermas' Theorie des juristischen Diskurses (1995), in : ders., a. a. O.（Anm. 13), S. 171. なお近年でこの論点を扱っている文献として、K.-E. Hain, a. a. O.（Anm. 52), S. 123 ff. があるが、彼はアレクシーに好意的立場を示している。

(94) R. Alexy, a. a. O.（Anm. 89), S. 64-66.

(95) J. Habermas, a. a. O.（Anm. 92), S. 268-272, S. 317. 邦訳(上)二五八―二六一頁、三〇三―三〇四頁。

(96) R. Alexy, a. a. O.（Anm. 93), S. 166-167.

(97) Ders., a. a. O., S. 167.

(98) Ders., a. a. O., S. 172.

(99) R. Alexy, a. a. O.（Anm. 12), S. 501 ff. 拙稿・前掲（注11・補遺）一〇七頁。

(100) Ders., a. a. O., S. 499 ; ders., a. a. O.（Anm. 25), S. 230.

(101) ハインは、次のように言う。原理自身には、その適切性について、一定の状況を顧慮して再審査されうる内容が欠けている。したがって原理は、「状況に関連づけられた一貫性審査」に何らの材料も提供しないので、「状況に関連づけられた一貫性という基準は空をつかんでいる」。いまだ相対化されていない原理の内容が状況に関連づけられた判断のために動員されるべきならば、そのことは状況に特殊な事情を手がかりとして、状況に関連づけられた規範的内容にいたるために、関連する原理的な主導理念が相互に論証的に関係づけられるということによってのみ起こりうる。原理の内容と構造によって要求されたこの適用方法は、対抗する原理の衡量という観念に対応している。K.-E. Hain, a. a. O.（Anm. 52), S. 129-131. ハインはこのようにして、ギュンターやハーバーマスを批判してアレクシーを擁護しているのである。しかし、彼が対比するほどにギュンターなどに論証的な要素がないのかは、さらに考慮する余地があるように思われる。またこの関連でも、ハーバーマスが、ドゥオーキンの「モノローグ的な立場」を批判すると同時に、「インテグリティ」の観点こそが「モノローグ的になされる理論構築の孤独からヘラクレスを解放してくれるはずのもの」と論じていることは注目に値する。J. Habermas, a. a. O.

(Anm. 92), S. 272-273. 邦訳[上]二六二頁。本文で述べたような私の問題関心と対応する研究としては、Susanne Bracker, Kohärenz und juristiche Interpretation, 2000が注目される。日本では、神江沙蘭「現代における民主的立法の規範的位置」国家学会雑誌一一六巻五・六号(二〇〇三年)一五四頁以下、特に一七四頁以下。

四 ドイツにおける議論状況の確認と日本憲法学への架橋点

1 ドイツにおける議論状況の確認

(1) アレクシーをめぐる論争状況の概観が予定以上に長くなってしまったため、ここで若干の確認をしておく必要があるだろう。

まず、議論されていないことについてである。本稿では、先に(二2(2))アレクシーによる主張の特徴を紹介した際に、彼の法システム論が「ルール/原理モデル」から、「ルール/原理/手続モデル」へと展開していることに触れた。またそれと関連して、彼が四段階の手続モデルを構想していることにも言及した。このような状況は、日本においては比較的よく知られていることである。しかしながら、本稿で紹介しているドイツにおけるアレクシーをめぐる議論では、右の点にはほとんど論及されていない。しかしこの相異は、私が目を通している文献が憲法学を中心としたものであることからする限定性から生ずるものであるかもしれないため、そこから何らかの帰結を導くことには慎重であるべきであろう。

(2) ベッケンフェルデは、アレクシーによる原理としての基本権論によって基本権の適用が解釈から具体化へと変質してしまう、という批判的分析を行っていた。これは、「解釈とは前もって与えられた何かあるものの内容と意義を突き止めることである」、という立場からのアレクシー批判であった。これに対してミュラーやイェシュテットは、アレクシーが具体化という構想を採用しているにもかかわらず、法適用は「何か所与のものの法認識の行為」であるという見解を保持していることを指摘し、かつ批判していた。このようにアレクシーの法規範理解や法解釈観についての見方は、一致していない。規範理解や法解釈観自体について、一般的に妥当する正しい解答があるわけでもないであろうから、一定のありうべき見解をとっていること自体を批判することは、本来容易ではない。ここでは、おそらく日本で流布していると思われる、ベッケンフェルデ的なアレクシー理解には疑問とする余地があるということだけを確認しておきたい。

(3)　ベッケンフェルデのアレクシー批判には疑問とすべき点がいくつかあるものの、原理理論が憲法裁判国家への道を拓くものだという指摘は、現在においても典型的な批判論として機能している。これに対してアレクシーが用意していた道具立ては、内容的原理の他に、「民主的立法者は、社会にとって重要な判断を下すべきである」という形式的原理を想定するというものであった。しかしそれに対しては、理論的および実際上の見地からの疑問も出されていた。

なお、アレクシーはその後、この憲法裁判権と民主制という問題を、別の観点から、およそ次のように論じている。民主的立憲国家という概念が、既に、民主的過程に対する不信を表している。討議という理念は、民主的な過程においてのみ実現されうるわけではない。憲法裁判権も討議的性格をもっている。その上、憲法裁判所における議論は、政治的意思形成過程における議論よりも、討議的な理念により近い。また、何人も自己の事柄について裁判官であるべきではないという命題が、憲法裁判権を擁護している。憲法裁判所によるパターナリズムという危険は、最終的には、憲法裁判所の論拠と市民の討議が事実上結びつけられることによってのみ避けられうる。このことが可能なのは、公衆（Öffentlichkeit）、立法者および憲法裁判権の間の反映過程（Reflexionsprozeß）が永続的に安定している場合である。[102] このように近年では、討議理論および政治学的な視点が重視されるようになっているのである。

(4) 憲法を枠秩序として捉えるか、あるいは価値秩序、客観的原則規範として捉えるかは、ベッケンフェルデやイェシュテットが指摘するように、憲法理論上の対立である。イェシュテットは、これに対してアレクシーの原理理論を「規範構造理論的アプローチ」であるとして、類型論的な区別を行っていた。前者は実体法的なアプローチであるのに対して、後者は実体法的および機能法的観点を共に含む、とされるのである。またアレクシーは、適用討議における論証の基礎として、「文言と意思」「先例」を「実質的憲法理論」と並んで挙げ、憲法理論の果たす役割を相対化しようとしていることも、同時に想起することができる。しかし、憲法理解を実体法的に議論する場合も、常にその機能法的な帰結が念頭に置かれていることは、ベッケンフェルデが分析したところである。またアレクシーの規範構造理論の背後に、討議理論のより大きな全体構想があることは、先の憲法裁判権の正当化が示唆している。さらに、アレクシーが「文言と意思」を論証の基礎としているとは言え、その機能は限定的であることは、彼自身が承認している。[103] また「先例」についても、基本権的論証の安定に「不可欠なもの」ではあるが、それだけでは「十分ではない」と位置づけられていた。[104] このように、アレクシーにおいて憲法理論は、論証の基礎および自身の規範構造論を支える全体構想という二つの場面で登場する、とみることができる。そしてこの両場面において、憲法理論は依然として重要な役割を占めているように思われる。ギュンターやハーバーマスが適用討議において重視した「一貫性」という構想との異同を含めて、アレクシーの憲法理論の内容・性格については別に論じる機会をもつとして、ここではイェシュテットの類型論の相対性だけを改めて指摘しておきたい。

(5) 本稿で扱ったアレクシーをめぐる議論を補う視点を提供しているのが、田中成明教授である。教授は、アレクシーによる法的議論の論理的分析の意義を評価しつつも、「全体的に、実践的議論のルール・手続のいわば下降的具体化という傾向が強く、論理主義的・手続主義的な禁欲的姿勢や、法的議論手続と裁判過程手続との段階的区別などによるものと思われるが、……問題・事例に定位した問題思考には程遠く、論拠自体の性質に関連する合理性・正当性基準がほとんど視野の外におかれ、裁判の対象・手続面での制約原理によるいわば上昇的規制に関するルールの考察が欠けていることは、やはり致命的な限界であろう(105)」と述べている。右の文章は、論旨を集約的に表現しているため、本来解説が必要であろう。しかしここでそのような解説を行う余裕はないため、原論文の参照を推奨することで、それに代えたい。

2　日本憲法学への架橋点

(1)　アレクシーの議論は、最終的に、衡量を行う裁判所、とりわけ連邦憲法裁判所に対する信頼、あるいは連邦憲法裁判所の論拠と市民の討議が事実上結びつけられる過程が機能することへの信頼に基づいている。したがってそのような信頼がないところでは、彼の議論は導入しづらいということになる。他方、アレクシーへの批判論は、連邦憲法裁判所が立法部の権限を脅かすほど活発に行動することへの危惧を背景としている。したがって、憲法裁判権がそのような活動をしたこともないようなところでは、この批判も切迫感が薄くなる。しかし私の現在における基本的志向は、いったんは前述のような信頼に基づく体系を作ってみることにある。しかしここで論じたいのは、そのことではない。むしろ、本稿で扱ってきた素材のなかに、日本憲法学における論争を従来とは異なった観点から見るような視角を見い出すことができないかどうか、がここでの関心事である。

(2)　ルールと原理の区別という思考は、従来の日本憲法学では、おそらく明示的には存在しなかった。もちろん、「衆議院議員の任期は、四年とする」といった規範と、「表現の自由は、これを保障する」といった規範の性格が同一だと受けとめられていたわけではないが、それを区別するためのわかりやすい表現は与えられてこなかった。ルールと原理の区別という思考は、さしあたり憲法規範構造理解の明確化に仕えることができる。

ただ日本国憲法に関する解釈論上の論争を、この区別を使って整理することは難しい。例えば、「表現の自由は、これを保障する」という規範をルール＝確定的命令として受けとって、名誉やプライバシーといった他の価値を保護する原理規範との衡量が排除される形で適用されると考える学説は存在しないであろう。では、「戦力は、これを保持しない」にかかわる解釈論はどうだろうか。一見すると、従来の憲法学における通説がこの規範をルールとして考えてきたのに対し、とくに最近のいくつかの学説はこの規範を原理＝最適化命令として扱って、自衛隊の存在を承認する道を探っていると再構成できそうである。しかしながら従来の通説においても「戦力」概念のなかに衡量的な要素がないとは、換言すれば確定的なものとは扱ってこなかったと思われる。このように、おそらくほとんどの憲法規範は従来から原理とみなされており、ある規範がルールか原理かということで解釈論が分かれているという状況ではなさそうである。アレクシーの意義は、原理の衡量の過程を分析的に示したということになるだろう。

(3)　日本憲法学において注目を集めている争点の一つに、人権論の基礎に「強い個人」モデルを設定するか、「弱い個人」モデルを設定するかという問題がある。[106] この問題を考える際に参考となると思われるのが、ギュンターとアレクシーなどの間で行われた、基礎づけ討議と適用討議の区別をめぐる論争である。「強い個人」モデルは、ギュンターの発想を借用するならば、人権は「強い個人」モデルによって基礎づけられるが、適用の場面では「弱い個人」にも保障が及びうるという主張であると再構成できるもののように思われる。これに対してアレクシーによる、すべての適用討議は基礎づけ討議を含んでいるという考え方からすれば、「弱い個人」にも保障が及ぶのであれば、そのことは基礎づけの場面でも考慮に入れられるべきだ、という見解が出てくるのではないかと思われる。もしこのような推論が可能だとすると、「強い個人」モデルには、基礎づけと適用をいつまでも分離しておくことの適切性に対する疑念に答える必要が出てこよう。他方「弱い個人」モデルには、適用の場面での考慮を基礎づけの場面でいかに定式化するか、という課題が課されることになるだろう。

(4)　日本における「立法裁量」に関する研究の多くは、最高裁の判例を分析し、違憲審査の場において使用されるべき立法裁量論を提示しようとする志向をもっている。[107] これに対して、日本において「立法裁量」の性格に関する理論的考察は、ほとんどなされていない。わずかに、ドゥオーキンを援用しながら、「裁量を行使する者が、その裁量の行使に関して与えられている基準の適用にあたって何等かの自由な判断余地を持っていること」と、「裁量を行使する者が、その裁量の行使について終局的な決定権を持っていること」という二つの裁量概念を区別する見解が注目される程度である。[108] 他方本稿で扱ったドイツにおける議論のなかでは、イェシュテットやブムケが、憲法概念の捉え方の違いによって、「立法者の形成の余地」の性格が、実体法的か機能法的かという形で異なってくる、という指摘をしていた。つまり、これらの研究では、考察の対象を研究者の理論体系にとった分析的な作業がなされていた。またアレクシーは、連邦憲法裁判所の判決を素材としつつ、立法裁量について、「構造的な裁量」と「認識様態的な裁量」を区別し、さらにそれぞれを細分類する考察を行っている。[109] この二つの区分も、イェシュテットやブムケの提示する、実体法的か機能法的かという区分論と対応するものである。本稿はドイツにおける立法裁量にかかわる文献を包括的に扱ったようなものではないのであるから速断することはできないが、ドイツと日本の憲法学における立法裁量論にかかわる問題関心は、かなり違いがあるようである。日本憲法学が立法裁量論を実践的な問題関心によって考察している背景はよく理解できるし、それが意味があることも当然である。しかし少なくとも、他の考察手法も存在しうることを認識しておくことも、無意味なことではないであろう。

(102)　Robert Alexy, Grundgesetz und Diskurstheorie, Winfried Brugger (Hrsg.), Legitimation des Grundgesetzes aus Sicht von Rechtsphilosophie und Gesellschaftstheorie, 1996, S. 358-360.

(103) R. Alexy, a. a. O.（Anm. 12), S. 501-504.

(104) Ders., a. a. O., S. 508. なお、ドゥオーキンにおいては、主に「先例」とのインテグリティを求めることから、「実質的憲法理論」が獲得されるという形になっているものと思われる。この点は、ヘルメノイティクの影響を受けたドゥオーキンとアレクシーの間での違いである。

(105) 田中・前掲（注1）五七四頁。なお、松原・前掲（注10）（四）」八三―八四頁も、同じ箇所を肯定的に引用している。アレクシーの「四段階手続モデル」についても、田中論文五五七―五六二頁の指摘が重要である。

(106) さしあたり、拙稿「人権理論の変容」『岩波講座・現代の法1現代国家と法』（岩波書店、一九九七年）七四頁以下、辻村みよ子「近代人権論批判と憲法学」全国憲法研究会編『憲法問題13』（三省堂、二〇〇二年）七頁以下。

(107) 代表的な例として、戸松教授による、「立法裁量論の広い適用」「立法裁量論の狭い適用」「立法裁量論の不適用」という類型化がある。戸松秀典『立法裁量論』（有斐閣、一九九三年）三〇頁以下。この見解に対する批判として、小林武「憲法訴訟と立法権の関係をめぐる若干の問題」南山法学九巻三号（一九八六年）一六頁以下、松井幸夫「立法裁量論と憲法四七条および表現の自由」島大法学三一巻二号（一九八八年）六五頁以下など。

(108) 大貫裕之「『立法裁量』の一考察」、新正幸・鈴木法日児編『憲法制定と変動の法理・菅野喜八郎教授還暦記念』（信山社、一九九一年）四九一頁以下。なお関連して、戸松・前掲三頁以下、四一頁以下参照。

(109) R. Alexy, a. a. O.（Anm. 69), S. 15 ff.

五　結　び

本稿は栗城壽夫教授に捧げられる。栗城教授の諸業績は、日本語で著されている場合でも、ドイツ憲法学を素材としつつ、ドイツ憲法学に対して問題提起するような水準で自説を展開するものであった。本稿は、ドイツの地で準備・執筆されたにもかかわらず、そのような域には全くいたらないものとなってしまった。教授からの学恩に十分答えることができていない仕儀はお詫びするほかかない。

2　アメリカにおけるヒト・クローン禁止をめぐる憲法論
——生殖の権利論——

青柳幸一

はじめに

クローン羊"Dolly"誕生が報告された(1)一九九七年二月以来、ヒト・クローンの禁止あるいは規制をめぐる問題は、宗教、倫理学、生物学、法哲学、憲法学など多くの領域で論じられてきている。その報告から六年が経過しようとしている現在においても、ヒト・クローン禁止をめぐる各国の対応は様々であり(2)、論争はなお決着を見ることとなく続いている(3)。

筆者は、これまで、ヒト・クローンの作製などの先端科学／技術の規制問題でキーワードとなっている人間の尊厳論について、ドイツの議論を中心に若干の検討を行ってきた(4)。本稿では、人間の尊厳に関してその基本的認識においてドイツとは異なるアメリカの議論を中心に、ヒト・クローン禁止問題の憲法論を検討したい。その主要な理由は、以下の二点である。

第一に、アメリカでも、ヒト・クローン禁止合憲論と違憲論が対立しており、議論が積み重ねられている。その議論の仕方は、人間の尊厳規定を規制のための「切り札」として用いるドイツとは異なり、具体的・個別的である。アメリカでも、ヒト・クローン禁止論者に「共通する反対理由」[5]は、人間の尊厳に対する深刻な脅威である。その代表的論者のひとりである George J. Annas（医事法）は、人間の尊厳やアイデンティティに基づいて、体細胞核移植でヒト・クローンを作製することは非人道的なことであり、ヒト・クローンは、「私たち自身についての定義そのものを根本的に改変するものであり、禁止されるべきである」[6]と主張している。他方で、ヒト・クローン禁止違憲論の代表的論者である John A. Robertson も、「私たちすべての人間の尊厳が尊重されることを欲する」[7]と述べており、人間の尊厳の尊重を語っている。しかし、その人間の尊厳の内容は、ヒト・クローン禁止論者のそれとは異なる。権利基底的リベラリズムをその基本哲学とする[8] Robertson は、人間の尊厳を自律、決定する自由、選択の自由のなかに見出す。[9] Robertson は、人間の尊厳に基づく禁止論に対して、人間の尊厳の「内容を特定するさらなる努力をしない」で禁止を正当化していると、批判する。[10]

禁止根拠として機能する人間の尊厳論に対する Robertson による批判は、ドイツ的な義務基底的人間の尊厳論とアメリカ的な権利基底的人間の尊厳論という基本的哲学の違いの表明に過ぎないのであろうか。しかし、そうとは言い切れない。たとえば、Robertson とは異なり共和主義の立場に立つ Cass R. Sunstein も、人間を手段として用いてはならないという、いわゆる「客体定式」が生殖目的でヒト・クローンを作製することを禁止するための「より強い論証」であり、「最も興味深い」論証であることを認めつつも、「客体定式」に反するという理由だけで「厳格な審査」（strict scrutiny）の基準を「満たすことは容易ではない」と指摘している。[11]

禁止根拠としての人間の尊厳論に対する「さらなる特定の努力」が必要であるという指摘自体は、誤りではない。アメリカの（法）哲学者も、Immanuel Kant の「客体定式」が「近代倫理学における最も感動的な一節のひとつ」[12]であり、「法の哲学にとって最も重要で、最も大きな影響を与える」[13]命題であることを認めつつも、その具体的内容は「まったく明瞭ではない」[14]のであり、「多くの異なる解釈に開かれた」[15]命題であると批判している。このような指摘は、アメリカに特有なものであるわけではない。すでに別稿で見てたように、ドイツにおいても「客体定式」の具体的内容における抽象性は指摘されている。[16]そうだとすると、ヒト・クローンをめぐる憲法上の権利論が、そしてその制約論が具体的に論じられているアメリカにおける議論を検討することは、ヒト・クローン禁止法の合憲性を考察するために意味があろう。

第二の理由は、"Dolly" 以後連邦法によるヒト・クローン禁止の動きがあったにもかかわらず、間接的規制しか行えなかったアメリカが、二〇〇一年七月三一日に下院がヒト・クローン禁止法を成立させたことである。それは、いかなる目的でもヒト・クローン技術を公的にも私的にも利用することを全面的に禁止する法律である。[17]

アメリカ合衆国憲法（以下、合衆国憲法と略称）において、クローンという方法によって子どもを産む権利を含む憲法上の権利として主張されているのは、生殖の権利である。[18]生殖の権利は合衆国憲法上明文で規定されてはいないので、連邦最高裁判所（以下、連邦最高裁と略称）の判例法が重要な鍵を握る。連邦最高裁の判例法において決定的であるのは、当該人権制約の合憲性審査を「支配する［審査］基準の選択」[19]である（［ ］内は、青柳）。審査「基準の選択」を決めるのは、連邦最高裁判例によれば、当該権利・自由が、憲法上の特別な保護を付与される基本的権利（fundamental right）とされる否か、である。[20]

本稿では、体細胞核移植クローニングを使用して子どもを産む権利を含む生殖の権利の「基本的権利」性を強調し、ヒト・クローン禁止違憲論を主張する代表的な論者であるJ. A. Robertsonの議論を中心にして検討したい。なぜなら、Robertsonが「生殖の権利に関する第一級の研究者のひとり[21]」であり、ヒト・クローニングを含めた「生殖補助技術をめぐる法的問題に関する主要な権威[22]」であるからである。Robertsonの見解に賛成しえないとしても、アメリカにおけるヒト・クローン禁止違憲論の代表的見解を軸に検討することは、all or nothingではない議論を行う上で意義があると思われる。

(1) See Wilmut et al., Viable offspring derived from fetaland adult mammalian cells, Nature vol. 385, at 810-813 (1997).

(2) 禁止・規制に関する最近までの各国の動向あるいは現状については、総合研究開発機　構・川井健編『生命科学の発展と法』(二〇〇一年)、中村かおり「各国のクローン規制と生殖医療法の現状」レファレンス六〇二号一三九頁以下、六〇四号七五頁以下（二〇〇一年）など参照。

(3) 宗教団体ラエリアン・ムーブメントの関連会社は、二〇〇二年一二月二六日クローン人間の女児を世界で初めて誕生させたと発表した（朝日新聞二〇〇二年一二月二七日夕刊、同一二月二八日朝刊）。〔その後も、同社は複数のクローン人間を誕生させたと発表しているが、第三者によるＤＮＡ鑑定は行なわれていない（朝日新聞二〇〇三年一月二五日朝刊など参照)。〕

(4) ドイツ基本法一条一項の人間の尊厳条項については、青柳『個人の尊重と人間の尊厳』五―四四頁、七一―七五頁（一九九六年)、同「人間の尊厳と個人の尊重」ドイツ憲法判例研究会編『人間・科学技術・環境』三六七頁（一九九九年）などがある。また、人間の尊厳と先端科学技術については、青柳「先端科学技術と憲法・序説」ホセ・ヨンパルト教授古稀祝賀『人間の尊厳と現代法理論』(二〇〇〇年)〔後に、青柳『人権・社会・国家』所収（二〇〇二年)〕、同「科学技術の進歩と人間の尊厳」ジュリスト一二二二号三〇頁（二〇〇二年）がある。

(5) Note, Human Cloning and Substantive Due Process, 111 Harv. L. Rev. 2348, 2350 (1998).

（6）Annas, Human Cloning: Should the United States Legislate Against It? Yes: Individual Dignity Demands Nothing Less, 83 May A. B. A. J. 80 (1997). See also Cloning? Challenges for Public Safety: Hearing on Before the Subcomm. On Public Health and Safety of the Senate Comm. On Labor and Human Resources, 105 th Cong. [Hereafter cit. Hearings]（March 12, 1997）(statement of G. J. Annas).

（7）Robertson, Liberalism and the Limits of Procreative Liberty, 52 Wash. & Lee 233, 265 (1995).

（8）See id., at 233–234, 249.

（9）See generally Robertson, Children of Choice, 1994, at 16. 人間の尊厳を自律・決定する自由・選択の自由と捉える見解はRobertson特有の見解ではなく、別稿でも既に見たように（青柳・前掲注（4）、ジュリスト一二二一号三二一―三三頁）、アメリカの伝統的立場である（See in generally Jay Katz, Experimentation with Human Beings 521 [1972]）。

（10）Robertson, Liberty, Identity, and Human Cloning, 76 Tex. L. Rev. 1371, 1410 (1998).

（11）Sunstein, Is There a Constitutional Right to Clone?, 53 Hastings L. J. 987, 1000–1001 (2002)

（12）Wright, Treating Persons as Ends in the Themselves, 36 U. Rich. L. Rev. 271, 271 (2002).

（13）Ewald, Comparative Jurisprudence (1): What Was it Like to Try a Rat?, 143 U. Pa. L. Rev. 1889, 2001 (1995).

（14）Wright, supra note 12, at 271.

（15）Gordon, Truth and Consequences, 141 U. Pa. L. Rev. 1741, 1761 n. 97 (1993).

（16）青柳・『人権・社会・国家』前掲注（4）、一一八―一一九頁参照。

（17）H. R. 2505 "Human Cloning Prohibition Act of 2001". これについては、たとえば、Williams, Technology and the Environment: Cloning and the Constitution, 2001 Colo. J. Int'l Envtl. L. & Pol'y 215, 217–219 (2001) など参照。なお、（二〇〇三年一月三一日現在、上院では禁止法が成立していない。）

（18）アメリカにおける生殖の権利論については、避妊や中絶をめぐる判例の紹介や検討は数多く行われている。しかし、産む権利まで含めて生殖の権利について論じているものは少ない。管見に属する限り、渋谷秀樹「生殖の自由と生命の尊厳」岩波講座現代の法14『自己決定権と法』三三三頁以下(一九九八年)、そして大野友也「先端科学技術の規制と憲法(二)」早稲田大学大学院法研論集一〇三号四一六—四三八頁(二〇〇二年)がある。大野論文は、アメリカの生殖の権利論ばかりでなく、研究の自由についても論じようとしている。なお、花見常幸「ヒトのクローニングと実体的デュー・プロセス」創価法学二九巻三号二五三頁以下(二〇〇〇年)は、Harvard Law Review 一一一巻八号(一九九八年)に掲載されたNote (supra note 5) の翻訳である。

(19) Sunstein, supra note 11, at 999.

(20) 連邦最高裁判例における審査基準論の最近の動向については、簡単なものであるが、青柳『個人の尊重と人間の尊厳』前掲注(4)、二〇五—二〇六頁参照。

(21) Katz, The Clonal Child, 8 Alb. L. J. Sci. & Tech. 1, 48 (1997).

(22) Coleman, Procreative Liberty and Contemporaneous Choice, 84 Minn. L. Rev. 55, 74-75 (1999).

一 禁止合憲論と禁止違憲論

1 アメリカにおける議論の動向

世論調査によると、九〇%以上のアメリカ人が、"Dolly" 報告直後も今も変わることなく、ヒト・クローンに反対している。[23] アメリカ政府も、周知のように、ヒト・クローン問題には素早く反応した。[24] 連邦議会でも禁止法案が提出されたが、このときは成立に至らなかった。[25] その後も、ヒト・クローニング禁止法制定への動きの強弱は、ヒト・クローニング計画の動きに応じて変化してきた。下院でのヒト・クローニング禁止法成立(二〇〇一年七月三一日)へと駆動したのは、とりわけ、二〇〇一年一月に、ケンタッキー大学名誉教授であるPanay Iotis Zavos(遺伝学者)が、イアタリアの医師Severino Antinoriと共同して、一年以内にヒト・クローンを作製する計画があると公表したことであるように思われる。[26]

専門家の見解にも、時間の経過のなかで変化が見られる。体細胞核移植クローン羊“Dolly”の作製グループの代表者であるIan Wilmutは、一九九七年七月に行われたアメリカ議会（上院）での公聴会において、人間をクローニングするという考えは恐ろしく、不快な考えであり、非人道的行為であるので、行うべきではないと述べている。[27] アメリカ生殖医学協会（The American Society for Reproductive Medicine）のArthur F. Haneyは、下院での公聴会で、科学者と医師にとって科学研究の自由が最高次の価値を有する自由の一つであり、科学研究の規制は不承不承に受け容れられるものにすぎないと主張しつつも、ヒト・クローニングは不承不承にでも受け容れざるをえない規制である、と述べている。[28] 多くの専門家組織も、ヒト・クローニングは倫理的に受け容れられないという声明を発していた。[29]

勿論、当初から、ヒト・クローニングに賛成する声もあった。[30] しかし、全般的にいえば、当初は、専門家の間でも、ヒト・クローニングに対して圧倒的に否定的あるいは消極的であったといえよう。このような圧倒的に否定的な状況に変化の兆しが現われ始めたのは、一九九七年一二月頃からであるように思われる。[31] ここでいう「変化」とは、ヒト・クローン禁止論から是認論への変化を意味するものではない。そうではなく、all or nothingではない考察への動きを意味している。憲法学の領域でも、このような「変化」を象徴する論稿が公にされた。それは、Laurens Tribeの論稿である。

Tribeは、一九七三年に執筆した技術評価に関する論文において、人間は唯一無二の存在であり、人間であること自体が本質的な価値であるという考え方に立って、ヒト・クローニングが人間という概念と実体への脅威になりうるとし、その規制を支持していた。[32] それに対して、一九九八年に書いた論文では、「現在、ヒト・クローニングは人間の個別性の意味を脅かすかという根源的な問いに［かつて］『イエス』と答えたのは間違いだったと言いたい衝動に駆られている」[33]（［　］内は、青柳）と告白した上で、「クローニングの出現で、何か本質的なものが危機にさらされるのだろうか」と自問し、「今なら私の答えはこうだ——そうかもしれないし、そうでないかもしれない」と自答している。[34] Tribe は、「はっきりと結論の出せない灰色の部分がある」ヒト・クローニング問題では、全面的是認でも全面的禁止でもなく、「いかに」(how)を論じることの必要性を強調する。[35]

勿論、現在でも、ヒト・クローン禁止論は根強く主張されている。たとえば、George W. Bush 大統領によって二〇〇一年八月に新たに「生命倫理委員会」議長に任命された Leon R. Kass(哲学者、医師)は、「不快感を与え、不自然で、ぞっとさせ、嫌悪を催し、そして胸が悪くなる[という言葉が]……ヒト・クローニングの展望に関して最も普通に聞かれる言葉である」([ ]内は、青柳)と述べている。[36] Kass は、このような言葉で表されるものは「深い叡智の感情的な表現であり、それを完全に説明する理性の力を超えた[37]」表現であると主張している。先に挙げた世論調査の結果からすると、この Kass の言葉は大多数の国民によってなお共有されている、とも言えよう。

アメリカ国民の間に「理性の力を超えた」素朴な反対の声が強いことは確かであるが、ヒト・クローニングをめぐる憲法理論はまず何よりも「理性の力」で構築される必要がある。なぜ許されないのか。許されるとしたら、どのような憲法上の根拠に基づいて許されるのか。そして、何が許され、何が許されないのか。より詳細で、より具体的な検討が必要である。

2 「クローン」の意味

ヒト・クローン禁止合憲論・違憲論の対立点は、多数存在する。この論争の争点を明らかにし、かつ正確に把握するために、最初に確認しておかなければならないことは、議論の対象である「クローン」の意味である。

「クローン」、そしてそれを作製するプロセスを意味するクローニングという言葉は、多義的な言葉である。(38)「クローン」という言葉は、世俗的には、「多数の、まったく同一のコピーを作ること」(39)を意味する言葉として使われている。(40)学問的には、より精錬された定義が必要である。なぜなら、「クローン」(41)の言葉の定義問題は、クローニングを「生殖」行為と捉えるのか否か、そしてクローニングと他の生殖補助技術との相違という争点にかかわる問題であるからである。

クローニングそれ自体は、周知のように、とりわけ植物界において古くから行われており、"Dolly"とともに始まる新しい観念ではない。動物に関するクローニングとしては、二つのものがある。一つは、胚分割(embryo splitting)という技術である。胚分割クローニングは、同じ遺伝子構造の胚を多数作製するために胚細胞を分割する方法である。したがって、この方法で作製された子ども同士は、同一の遺伝子を有することになる。他の一つが、"Dolly"を作り出す基となる技術の一つである核移植クローニングである。"Dolly"を作り出した技術である体細胞核移植クローニングでは、雌の成体細胞から細胞核を採取し、それを除核した卵子に移植する方法で「クローン」が作製される。(42)胚分割クローニングによる「クローン」の場合には、新しく産み出される個体同士が同一の遺伝子を有することになる。それに対して、体細胞核移植クローニングで作製される「クローン」は、一人の親と同一の遺伝子を有することになる。

体細胞核移植クローニングによって作製された「クローン」の意味をめぐって、「複製」(replication)と捉える立場と「同一の遺伝子を有する」個体と捉える立場とが基本的に対立している。たとえば、Annasは、「クローニングは生殖ではなく複製であり、人類が種を維持するしてきた方法に関する程度の変更ではなく、種類の変更を意味する」と主張する。(43)ただ、マスコミの取り上げ方がそうであるように、(44)「複製」という言葉が、クローニングによって生まれる人のひととなりまでもが同一であるかのような誤ったイメージを人々に植え付ける可能性があることは否定できない。少なくとも、その人のひととなりは、遺伝子によって決定し尽くされるわけではないので[45]、「クローン」を厳密に定義するにあたっては、「複製」とか「複写」（carbon copy）いう言葉は避けた方が良いと思われる。体細胞核移植というクローニングの特徴を踏まえれば、「クローン」とは、単に「同一の遺伝子を有する固体」ではなく、「単一の親と同一の遺伝子を有する個体」を指すものと把握することが適切であると思われる[46]。

(23) Time/Cnn による世論調査では、一九九七年の「Dolly」報道直後に行われた世論調査で九三%、二〇〇一年二月に行われた世論調査で九〇%がヒト・クローンに反対している（http://www.time.com/time/health/printout/0,8816,99005,00.html）。

(24) この間の状況については、Cantrell, International Response to Dolly, 13 J. L. & Health 69, 82-83（1998-99）; Hawkins, Protecting, Human Dignity and Individuality, 14 Transnat'l Law 243, 274-76（2001）; Garvish, The Clone Wars, 2001 Duke L. & Tech. Rev. 22 など参照。

(25) See Kolata, Commission on Cloning: Ready-Made Controversy, N. Y. TIMES, June 9, 1997, at A 12.; Stolberg, Small Spark Reignites Debate on Human Cloning, N. Y. TIMES, Jan. 19, 1998, at A 11. なお、州レベルでは、二〇〇二年二月五日現在、California, Luisiana, Michigan, Rohde Island, Virginia の五州がヒト・クローニング禁止法を制定し、Missouri 州がヒト・クローニング研究への州の補助金支出を禁止する州法を制定している（http://www.nesl.org/programs/health/genetics/rt-shcl.htm）。

(26) See Hawkins, supra note 24, at 283.

(27) Scientific Discoveries in Cloning: Challenges for Public Policy: Hearing Before the Subcomm. On Public Health and Safety of the Senate Comm. On Labor and Human Resources, 105 th Cong. 22（1997）（statement of Dr. Wilmut).

(28) Banning Federal Funds for Human Cloning Research: Hearing Before the Subcomm. On Technology of the House Comm. On Science, 105 thCong.（1997）（statement of Dr. Haney). なお、科学研究の自由について

は、別稿で論じる。

（29） See National Bioethics Advisary Commission, Cloning Human Beings, at 97（1997）.

（30） たとえば、Ruth Macklin（生命倫理学）は、体細胞核移植クローニングが不妊カップルにとって有益であると述べていた（Macklin, Human Cloning?, U.S.News & World Rep.Mar. 10, 1997, at 64; See also Kolata, For Some Infertility Experts, Human Cloning is a Dream, N.Y.TIMES, June 7, 1997, at A 8）。

（31） See Kolata, On Cloning Humans, 'Never' Turns Swiftly Into 'Why Not', N.Y.TIMES, Dec. 2, 1997, A 1, A 24.

（32） Tribe, Technology Assessment and the Fourth Discontinuity, 46 S.Cal. L.Rev. 617, 648-649（1973）.

（33） Tribe, On Not Banning Cloning for the Wrong Reason, in Clones and Clones, M.C.Nussbaum and C.R.Sunstein（ed.）, 223.（ローレンス・トライブ「間違った理由でクローニングを禁止しないで」ナスバウム／サンスタイン編『クローン、是か非か』二四八―二四九頁［一九九九年］）。See also Tribe, Second Thoughts on Cloning, N.Y.TIMES, Dec. 5, 1997, at A 31.

（34） Tribe, On Not Banning Cloning for the Wrong Reason, supra note 33, at 224（訳書二四九頁）.

（35） Id., at 221（訳書二四五頁）.

（36） Kass, The Wisdom of Repugnance: Why Should Ban the Cloning of Humans, 32 Val. U.L.Rev. 679, 686（1998）; See also Kass, Why We Should Ban the Cloning of Human Beings, 4 Tex.Rev.L.& Pol.39（1999）.

（37） Id. at 687.

（38） See Ira H.Carmen, Introduction to Cloning and the Constitution XIII（1985）; See also Forsythe, Legal Perspectives on Cloning, 32 Val. U.L.Rev. 469, 480（1998）.

（39） American Heritage Dictionary of the English Language, p. 359（3 d ed., 1992）.

（40） 「クローン」が「生物学的なカーボン・コピー」という意味で使われるようになった始まりについては、Silber, Public Policy Crafted in Response to Public Ignorance is Bad Public Policy, 53 Hastings L.J. 1037, 1038（2002）参照。

(41) 現在の「生殖補助技術」が「単なる『補助』の域を超え、生殖と人の誕生に深く介入しそれを操作するものとなっている」ことからすると、「生殖技術」という用語が「いちばんいい」(橳島次郎『先端医療のルール』一一八頁(二〇〇一年))と思われるが、本稿では一般に定着している「生殖補助技術」という用語を用いておく。
(42) See Wilmut et al, supra note 1, at 810-13.
(43) Annas, supre note 6, 83 May ABA J., at 80.
(44) See Robertson, supra note 10, at 1384; Davis, What's Wrong with Cloning?, 38 Jurimetrics J. 83, 87 (1997); Elshtain, The Hard Questions: Ewegenics, New Republic, March. 31, 1997, at 25.
(45) 遺伝子決定論と環境影響論については、一般的に、Stanley L. Greenspan, The Growth of the Mind, 133-60 (1997) 参照。
(46) Silberは、クローンという言葉を好まず、それに替わる新しい言葉として「単一の親」(monoparental) と表現している (Silber, supra note 40, at 1040)。

二 連邦最高裁判所と生殖の権利

1 子どもを産まない権利——消極的生殖の権利

(1) 消極的生殖の権利

合衆国憲法にも、他の国の憲法と同様に、生殖の権利あるいは自由 (right to procreate, right to reproduce, procreative liberty, reproductive liberty) を規定する条文は存在しない。したがって、生殖の権利の憲法上の位置づけ、内容などについて、連邦最高裁判例が注目されることになる。

生殖の権利にかかわる判示をしている初期の判決として、一九二三年の Meyer v. Nebraska (262 U.S. 390) がある。Meyer 判決は、八年生以下のクラスで英語以外の言語を教えることを禁止する州法の合憲性に関する判決であるが、その傍論で、修正一四条のデュー・プロセス条項の「自由」の利益は「疑いもなく、単なる身体的抑制からの自由ばかりでなく、……結婚し、家庭を築き、そして子どもを育てる個人の権利を意味する」[47]と述べている。そして、後述するように、一九四二年のSkinner判決が「出産」（procreation）の権利が「基本的権利」であると述べた。しかし、連邦最高裁は、子どもを産む権利、すなわち、積極的生殖の権利の内容や範囲については、本節⑵で見るように、明瞭に判示していない。他方で、連邦最高裁は、子どもを産まない権利、すなわち、消極的生殖の権利については、明瞭に判示している。

消極的生殖の権利は、妊娠することを回避する避妊の自由と、懐胎した胎児を出産することをやめる中絶の権利とに区分することができる。これらの権利をめぐる連邦最高裁判例については、日本でもすでに紹介・検討する多くの文献[48]がある。ここでは、第二章で論ずることになる積極的生殖の権利とかかわる限りで、判例の動向を確認しておきたい。

Ａ　避妊の自由　　連邦最高裁は一九六五年に、周知のように、初めて避妊の権利について応答した。夫婦が避妊具を使用することを禁止する州法を違憲とした一九六五年のGriswold v. Connecticut（381 U.S. 479）判決において、連邦最高裁は、いわゆる修正一条、三条、四条、五条、そして九条の各条項からの放射によって形成される「半影」（penumbras）を根拠に夫婦のプライヴァシーとして避妊の自由を認めた。一九七二年のEisenstadt v. Baird（405 U.S. 438）判決は、避妊の自由の保障を婚姻関係にない男女の間にも拡大した。法廷意見を執筆したBrennan裁判官は、その有名な傍論で、「もしプライヴァシーの権利がなにがしかの意味があるならば、それは、子どもを産むか否かの決定のような人に基本的に影響を与える事柄に不当な政府の侵入から自由である個人の結婚していてもあるいは独身でも、個人の権利である」[49]と述べている。さらに、一九七七年のCarey v. Population Services International（431 U.S. 678）は、避妊の自由を未成年者にも保障した。Brennan裁判官は、避妊の自由を「最も親密な」（the most intimate）人間関係と行為にかかわり、そして「最も個人的で繊細なもの」にかかわる権利である、と述べている。[50]

Carey 判決に関しては二つの点に留意する必要があろう。一つは、避妊の権利の憲法上の根拠を修正一四条の「自由」としたことである。他の一つは、成人の場合には必要不可欠な利益が必要である（厳格な審査の基準）が、未成年者の場合には重要な決定が成人よりも劣ることを理由に、重要な利益によって規制が正当化される、と判示したことである。Carey 判決は、いわゆる「中間の審査基準」（intermediate review of standard）を採用した。

B　中絶の権利　　連邦最高裁は一九七三年に、初めて中絶の権利について応答した。それは、周知のように、医学的助言によって母体の生命を救済するために行われる中絶以外を処罰する州法を違憲とした Roe v. Wade（410 U.S.113）判決である。

七対二と意見が分かれた Roe 判決の多数意見は、修正一四条のデュー・プロセスによって保護される「自由」に根拠付けられるプライヴァシーの権利に基づいて女性の中絶を承認した。多数意見によれば、基本的自由あるいは「秩序付けられた自由（ordered liberty）」に潜在的に含まれると思われる個人的権利に関してのみプライヴァシーのある領域が保障され、そして「基本的権利」とされる個人のプライヴァシーの権利は中絶の決定を含む。そして、多数意見は、「厳格な審査」の基準を適用して当該州法の合憲性を審査する。多数意見は胎児が修正一四条の「人」（person）には当たらないとしたうえで、胎児の生命における州の利益は中絶するか否かを決定する女性の権利に優越しない、と判示した。しかし、多数意見は、女性の中絶の権利が絶対的権利であるという主張は退けている。多数意見は、胎児が母体外でも生存可能となる時点を基準として妊娠期間三区分アプローチを採用し、胎児が母体外で生存可能となる第三期には母親の健康と胎児の生命を保護する州の利益が必要不可欠（compelling）になる、と判示した。

連邦最高裁は、中絶禁止だけではなく、実質的に中絶の権利を制約する諸制度を違憲としてきた[51]。しかし、連邦最高裁は、一九八九年のWebster v. Reproductive Health Services（492 U.S. 833）判決で、Roe判決からの離脱を始めた。Webster判決は、治療目的ではない妊娠中絶のために公立病院などの公的施設を利用することを規制する州法の合憲性を支持した。Rehnquist首席裁判官ら三名の裁判官による相対多数意見は、Roe判決の妊娠期間を三つに区分した上で厳格に審査する方法に疑問を投げかけている。さらに、Scalia裁判官の反対意見は、Roe判決を覆すべきであると主張している。

一九九二年のPlanned Parenthood of Southeastern Pennsylvania v. Casey（505 U.S. 833）判決は、先例拘束性を理由にRoe判決は確認してはいるが、五対四判決であった。Rehnquistら四人の裁判官による反対意見は、Roe判決は誤って下されたとしてその破棄を主張し、そして中絶の権利はそもそも修正一四条によって保護された「自由」に含まれないし、仮に含まれたとしてもその制約の合憲性は合理的基礎のテストによって審査されるべきである、と主張した。O'Connorら三人の裁判官の意見は、Roe判決を確認しつつも妊娠期間を三つに区分する枠組みを否定するとともに、審査基準としては「中間の審査基準」に相応する「不当な負担」（undue burden）テストを採用している。

このように、判例法によれば、中絶の権利の「基本的権利」性は動揺している。現時点で客観的に言えることは、Roe判決は、なお覆されてはいないが、後退しているということである。

2　子どもを産む権利――積極的生殖の権利

(1)　Skinner判決

では、子どもを産む権利、すなわち、積極的生殖の権利はどうであろうか。積極的生殖の権利に関する判例法は、消極的生殖の権利に関する判例法に比べて圧倒的に明瞭ではない。その理由としては、政府が子どもを産む権利を制約するのは稀なことであるので、子どもを産む権利を直接問題とする事件が裁判所に持ち込まれることもほとんどない、ということも挙げられるであろう。

積極的生殖の権利に関する最も重要な判決のひとつは、一九四二年の Skinner v. Oklahoma（316 U.S. 535）判決である。道徳的に卑しい重罪の常習者に対する強制的断種を定める州法を違憲とした Skinner 判決において、連邦最高裁は、「結婚と出産（marriage and procreation）は、［人］類の存在と存続にとって基本的であ」り、当該州法は「人間の基本的な市民権の一つ」を侵害する、と判示した[52]（［ ］内は、青柳）。Skinner 判決は、確かに、「出産」の権利を憲法上特別な保護が付与される「基本的権利」と位置付けた。しかし、「出産」の権利の内容や範囲に関しては、Skinner 判決自体はほとんど何も語っていない。Skinner 判決が「出産」にかかわって述べているのは、強制的断種が州による「取り返しのつかない」生殖能力の破壊であるということである[53]。

(2) Skinner 判決以降の判決

Skinner 判決を引き継ぐ判例は、子どもを産む権利をどのように位置付け、そして積極的生殖の権利の範囲をどこまで拡大している、あるいは拡大していないのであろうか。

一九七二年の、Stanley v. Illinoi（405 U.S. 645）判決は、傍論ではあるが、Skinner 判決および May v. Anderson（345 O.S. 528〔1953〕）判決の一節を引用しつつ、「妊娠する権利と自分の子どもを育てる権利」は、「人間の基本的な市民権」であり、「財産権よりも……はるかに貴重な権利」である、と判示した[54]。

妊娠した女性教師は出産予定日前五ヵ月間教職を離れなければならず、かつその間は無給とする規則を違憲とした、一九七四年の Cleveland Board of Education v. LaFleur（414 U.S. 632）判決は、Skinner 判決を引用しつつ、妊娠に関する決定を「子どもを産むことに関する人間の最も基本的な権利の一つ」[55]であると判示し、また「結婚と家族生活の事柄における個人的選択の自由」[56]を承認している。LaFleur 判決は、二つの方向で Skinner 判決を拡大している。[57]第一に、LaFleur 判決が Skinner 判決を子どもを産む決定、すなわち、積極的生殖行為を保護する判決として位置付けていることである。第二に、LaFleur 判決が身体の完結性（bodily integrity）が争点となっていない事案においても適用できることを証明したことである。なぜなら、LaFleur 判決で違憲とされた制約は、女性の身体の完結性を直接侵害するものではなく、子どもを産むという女性の決定を不利にするものであったからである。[58]

このような Skinner 判決を引き継ぐ判例法から、二つのことが読み取れる。第一に、「出産」の権利が「子どもを産む決定」、すなわち、積極的生殖の権利と捉えられていることである。このような判示は、消極的生殖の権利に関する判例のなかにも見出だすことができる。一九七二年の Eisenstadt 判決の傍論では「子どもを産むか否かに関する決定」[59]が「親密な決定」の一つとして挙げられている。すでに見た中絶の権利に関する Casey 判決でも、「結婚、出産、避妊家族関係、子どもの養育……にかかわる個人的な決定に憲法上の保護を与える」[60]と述べている。また、自殺補助器具によって「死を早める権利」を否定した、一九九七年の Washington v. Glucksberg（521 U.S. 702）判決も、「基本的権利」[61]として判例法が認めたものとして、避妊の自由や中絶の権利などとともに、子どもを持つ権利を挙げている。

第二に、生殖の権利が、子どもをつくることと家族を形成することという二つの必要不可欠な要素を含んでいることである。[62]判例法が子どもを持つことと家族を一体のものと捉えていることは、本節の冒頭で挙げた Meyer 判決[63]でも明らかである。

Skinner 判決が明示し、Glucksberg 判決が確認しているように、判例法において子どもを持つ権利という

される積極的生殖の権利の具体的内容と範囲である。積極的生殖の権利が「基本的権利」として位置付けられていることは、間違いない。問題は、「基本的権利」と

3 生殖補助技術を使用する権利——積極的生殖の権利

(1) 最高裁判例の不在

積極的生殖の権利をめぐる核心的争点は、自然的生殖行為における子どもを産む権利ではない。それは、前述したように、異論なく承認される。その核心的争点は、人工授精や体外受精などの生殖補助技術(64)を用いて子どもを産む権利、すなわち、積極的生殖の権利が生殖補助技術を使用する権利を含むか否かである。しかし、連邦最高裁は、この問題についてその判断を直接示す機会をいまだもっていない。

(2) 下級審判決

ただし、下級審判決には、直接的ではないが、生殖補助技術を用いて子どもを産む権利についてその判断を示した判決がいくつかある。ここでは、州最高裁判決、連邦地裁判決、そして連邦控訴裁判決から四つの判決を取り上げておきたい。

代理母問題をめぐる有名な Baby M 事件(65)において、New Jersey 州最高裁は、本件の代理母契約が養子縁組を規制する制定法に反するとともに公序良俗に違反するとしてそれを無効にしつつ、Baby M の実母である代理母と実夫のどちらが看護権をもつべきかを「子どもの最善の利益」のテストによって判断し、実夫に引き渡すことを認めた。生殖補助技術のなかでも、最も議論のある代理母について、本判決は、代理母契約を無効としたが、傍論においてそれが有効とされる可能性も残した。

胚の売買や胚を用いた実験を禁止した州法の合憲性が争われた Lifchez v. Hartigan; 914 F. 2 d 260 (7 th

Cir. 1990）判決において、第一審連邦地裁（735 F. Supp. 1361（N. D. Ill. 1990）は、Griswold 判決、Roe 判決、Carey 判決を引き合いに出したうえで、当該州法は「女性のプライヴァシーの基本的権利、とりわけ、彼女たちの選択への政府の介入から自由に生殖的選択を行う女性の権利を許容し得ずに制限する」[66]、と判示した。

人工受精で妊娠した未婚の女性教師に対する契約更新拒否が公民権法第七篇の「性差別の禁止」にあたるかが争われた Cameron v. Board of Education（795 F. Supp. 228〔S. D. Ohio 1991〕）判決で、連邦地裁は、「連邦最高裁の先例は明瞭である。女性は、彼女の生殖機能をコントロールする憲法上のプライヴァシーの権利を有する。したがって、女性は人工受精によって妊娠する権利を有する」[67]と判示した。

最後に、二〇〇一年に下され、そして生殖補助技術に最も関連性を有すると思われる Gerber v. Hickman 判決（264 F. 3 d 882（9 th Cir.））がある。本件は、州の服役囚が、妻との体外受精をするために精子を実験室へ郵送することを許可しなかったことが彼の実体的デュー・プロセスの権利、とりわけ生殖の権利を侵害したとして訴えた事件である。第九巡回控訴裁は、生殖の積極的権利が存在することを明瞭に認めたうえで、服役囚にもその権利が保障されることを認めた[68]。

このように、連邦地裁レベルでは、人工授精に関して明確に肯定した判決がある。また、Gerber 判決を、少なくとも刑務所外では、積極的生殖の権利が生殖補助技術を使用する権利を含むことを認めていると読み取る論者[69]もいる。しかし、下級審においてもなお、生殖補助技術を使用する権利を全面的に肯定していると確定できる状況にはない。

（47）Meyer, 262 U. S., at 399.

（48）個別判決の判例評釈を含めて多くの文献があるが、ここでは関連判例の動向を整理している、渋谷・前掲注

（18）（三六―三八、四二―四三頁）を挙げておく。
(49) Eisenstadt, 405 U.S., at 453.
(50) Carey, 431 U.S., at 690.
(51) たとえば、Roe判決と同じ日に下されたDoe v. Bolton（410 U.S. 179）判決では、認可された病院でなければ中絶を行ってはならないとする規定、中絶には病院の委員会の事前承認を必要とする規定、そして二人の医師による確認を必要とする規定が違憲とされた。ただし、すべての中絶規制規定が違憲とされているわけではない。また、Maher v. Roe（432 U.S. 464［1977］）判決では、メディケイド基金の使用を医学的に必要であると思われる中絶に限定する規定を、州は「普通の子どもの誕生を有利に扱う政策選択をするための必要不可欠の利益を示す」必要はないとして、合憲としている。中絶規制法に対する判例の動向については、樋口範雄「妊娠中絶と合衆国憲法」憲法訴訟研究会・芦部信喜［編］『アメリカ憲法判例』二七四―二七五頁（一九九八年）、松井茂記『アメリカ憲法入門［第四版］』二六六頁以下（二〇〇二年）など参照。
(52) Skinner, 262 U.S., at 541.
(53) Id., at.
(54) Stanley, 405 U.S., at 651.
(55) LaFleur, 414 U.S., at 640.
(56) LaFleur, 414 U.S., at 639.
(57) Cf. Wu, Family Planning Through Human Cloning: Is There a Fundamental Right?, 98 Colu. L. Rev. 1461, 1481-82（1998）.
(58) LaFleur, 414 U.S., at 640.
(59) Eisenstadt, 405 U.S., at 453.
(60) Carey, 431 U.S., at 851.
(61) Glucksberg, 521 U.S., at 720.
(62) 生殖と家族に関係する判例について記述する判決のなかで、家族を形成することは「おそらく私たちの社会の最も基本的な社会制度」(Robertson v. United States Ja ycees, 468 U.S. 609, 619 (1984)) と述べられている。

(63) Meyer, 262 U.S., at 399.

(64) 科学者は、生殖補助技術を多様な方法で定義している。生殖補助技術は多くの方法からなるが、少なくとも人工授精、体外受精など七つの方法があるようである (See Daar, Assisted Reproductive Technolgies an d the Pregnancy Process, 25 Am. J.L. & Med. 455, 620, 620 n.41-47 [1987])。

(65) In re Baby M, 537 A.2d 1227 (N.J. 1987). 本判決については、樋口範雄「代理母訴訟判決」法学教室九六号七六頁以下(一九八八年)が紹介している。

(66) Lifchez, 735 F. Supp., at 1376.

(67) Cameron, 795 F. Supp., at 237.

(68) Gerber, 264 F.3d, at 887.

(69) Foley, Human Cloning and the Right to Reproduce, 65 Alb. L. Rev. 625, 633 (2001).

三 Robertson の生殖の権利論

1 基本的権利としての生殖の権利

(1) Robertson 説の基本的枠組

ヒト・クローン禁止違憲論に立つ論者には、三つの事柄について論証することが求められる。まず第一に、生殖の権利、とりわけ積極的生殖の権利の憲法上の位置づけである。第二に、生殖の権利のなかにヒト・クローンを産む権利が含まれることの論証である。そして最後にヒト・クローンを産む権利の制約の問題を考察するにあたって、ヒト・クローンを産む権利が「基本的権利」といえることの論証である。「生殖の自由と生殖補助技術の傑出した擁護者」(70) である J.A. Robertson は、どのような論証をするのであろうか。

Robertson は、生殖の権利にかかわる多くの論稿を発表している。中絶や避妊、体外受精、胚の地位、ヒト・クローニングなど、生殖にかかわるさまざまな問題を論じてきている。[71] その多くの論文のなかでRobertsonが目指しているのは、「生殖の自由の重要性を示すこと」である。[72] 「重要性を示す」とは、生殖の権利が「基本的権利」であることを示すことを意味する。

Robertsonの議論の基本的枠組は、Gilbert Meilaenderも指摘するように、[73] どの論文においても本質的に同一である。そこには、二つの特徴が見られる。

第一の特徴は、「同一」性の強調である。まず、Robertsonは議論を、「基本的権利」性を最も明瞭に肯定している避妊の自由と中絶の権利に関する判例に依拠しつつ、生殖しない権利（right not to reproduce）＝「基本的権利」論から始める。[74] 次に、Robertsonは、それを生殖する権利（right to reproduce）へと拡大し、子供を産む自由も「基本的権利」であると主張する。この「拡大」は、「同一」性の論拠によって遂行される。Robertsonは、個人にとっての生殖の重要さを強調したうえで、子供を産まない自由と子供を産む自由のどちらの場合にもその重要さは「同一」であると主張する。そして、Robertsonは、生殖能力を有するカップルも不妊カップルも子供を産むことへの動機と欲求は「同一」であることを強調する。

Robertsonの論証方法の第二の特徴は、「目的」と「手段」の、いわば一体化である。これによって、Robertsonは、生殖の重要さを実現するすべての「手段」が「基本的権利」として保障される、と主張する。

(2) 生殖の権利の基本的権利性

Robertsonは、生殖の権利を「子孫を持つか持たないかを決定する自由」[75] と定義する。より広範に、「子孫を持ち、そして育てる自由」[76] とも定義している。なぜ、Robertsonは、本来の生殖概念に含まれるとは必ずしもいえない「育てる」という要素を加えるのであろうか。それは、生殖補助技術の使用とかかわっている。生殖補助技術を用いて子どもを産む場合、生殖が行われたか否かを決定することにおける遺伝子の役割の意味がである。[77]

Robertson によれば、子どもを持つか持たないかの「選択の決定が、生殖の自由にとって本質的である」。[78] Robertson は、選択の自由としての生殖の権利が「第一の、そして最も重要な個人的利益」[79]であると位置付ける。その理由は、生殖が個人にとって中心的意義を有するからである。Robertson は、「生殖という経験が……意義とアイデンティティという人としての観念にとって中心的」であり、「極めて重大な自己の意味を明らかにする経験」[80]を与えてくれ、生殖という目標を達成することは「生殖を通して自らを定義する人々の自由の中心的側面」[81]であり、生殖は「人間のアイデンティティにとって、尊厳にとって、そしてその人の人生の意義にとって中心的である」[82]と、繰り返し強調する。

このように生殖を位置付けるがゆえに、Robertson は、生殖の権利の「基本的権利」性を主張する。Robertson によれば、「個人的選択に有利な強い推定は、生殖問題において本質的である。なぜなら、それらが非常に親密で個人的であり、そして非常に私たちの人生と私たちの周り人たちの人生にとって意味に満ちているからである」。[83] Robertson は、生殖の権利が絶対的と主張しているわけではなく、伝統的リベラリズムも認める危害原理による生殖の権利の制限を認めている。[84] しかし、Robertson は、生殖の権利への制約を正当化する害悪は生じないとする。[85] Robertson は、生殖の「重要性」(importance) いうよりも、むしろ生殖の権利の「至上性」(primacy) を主張しようとしているように思われる。[86]

2　基本的権利としての積極的生殖の権利

(1)　積極的生殖の権利肯定説

第二章二節および三節で見たように、連邦最高裁は、憲法上特別な保護が与えられる積極的生殖の権利の範囲について明瞭に判示していない。学説は、生殖補助技術を使用する権利を含むか否かをめぐって、積極的生殖の権利肯定説と否定説が対立している。この対立は、Skinner 判決の「解釈」に遡る。

積極的生殖の権利否定説(87)は、Skinner 判決を限定的に理解する。否定説は Skinner 判決の現実的争点を、「出産」そのものではなく、強制的に行われる断種と州による生殖能力の「取り返しのつかない」破壊と捉える。したがって、否定説によれば、Skinner 判決の唯一の価値は身体の完結性（bodily integrity）の保護の点にあり、Skinner 判決は自然の生殖能力だけを保護している(88)。また、否定説は、生殖補助技術を用いて子どもを産むことにおける「性」の不在を問題にする。Griswold 判決が避妊の自由を認めたのは、夫婦の親密さを保護することに特別な関心を示したからである。生殖行為における「性」の不在は、そのような親密さを欠くことを意味する。したがって、生殖補助技術を用いて子どもをもうける権利は憲法上の特別な保護を付与される「基本的権利」ではない、と否定説は主張する(89)。

それに対して、積極的生殖の権利肯定説は、Robertson をはじめとして多くの論者がこの見解に組するので(90)あるが、まず、Skinner 判決は単なる自然的生殖能力以上のものを保護していると主張する。その根拠は、判決が用いた広い意味をもった言葉、すなわち、「出産」の権利を「子孫を持つ能力に関する権利」ではなく、「子孫を持つ権利」と広い言葉で定義していることである(91)。さらに、第二章二節で見た関連判例が述べる言葉などから、すなわち、母親あるいは父親が「子どもをもうける」（Eisenstadt 判決）あるいは母親あるいは父親が「子どもをもうけるか否かを決定する」（Carey 判決）という表現などから、判例法は身体の完結性だけではなく、より広範な「積極的な生殖の自律」を保障している、と主張する。[92]そして、性的結合による生殖も性的結合によらない（生殖補助技術を用いた）生殖も、子どもをつくり、家族を形成する点で、そして親になるという欲求を実現する点で違いはない、と主張する。[93]また、生殖行為における「性」の不在を「親密さ」の欠如を意味すると主張する否定説に対しては、そのような主張は相互依存性と相互関連性とを混同しており、生殖と夫婦の性的親密さは、夫婦が依存するのではなく、お互いに関係し合うことによって、それぞれ独立した価値と目的を有する、と主張する。[94]こうして、積極的生殖の権利肯定説は、生殖補助技術を用いて子どもを産む権利も保障されると主張する。

ただし、肯定説は、どのような生殖補助技術を用いることを認めるかによって、見解が分かれる。[95]その分岐点は、代理母問題である。また、肯定説は、婚姻関係にない男女にも認めるか否かでも、見解が分かれる。Robertson は、代理母も肯定し、[96]婚姻関係にない男女にも生殖補助技術を用いて子どもを産む憲法上の権利の享有を認める。[97]

(2)　生殖補助技術を使用する権利

積極的生殖の権利が生殖補助技術を用いて子供を産む権利を含むか否か、という核心的争点に関しても、Robertson は「同一」論によってそれを肯定する。

消極的生殖の権利の「基本的権利」の理由として、Robertson は、妊娠・出産によってもたらされる女性の大きな負担を挙げている。[98]したがって、そこでは妊娠を回避する、あるいは出産を回避する選択の自由の至上性が強調される。他方で、積極的生殖の権利に関しては、Robertson は子どもを持つことの意義を強調する。Robertson によれば、「生殖の欲求が人を自然や将来の世代と結びつけ」、「人が子どもを育て、親になることを可能にする」ので、子どもを産む自由も「また重要である」。[99]前述したように、個人にとって中心的な意義を有する点で、消極的生殖の権利も積極的生殖の権利も同一である。

積極的生殖の権利論における「主体」をめぐる議論の中心は、不妊カップルである[100]。不妊カップルは、Robertson が言う「生殖を通して自分自身の意味を明らかにする」機会さえ奪われることになる。自然的生殖行為によって子供を産むことができるカップルも、不妊カップルも、「彼ら自身を複製し（replicate）し、遺伝子を伝え、そして生物学上の関係を有する子供を育てる」ことを希望し、欲求する点で「同一である」[101]。それゆえ、自然的生殖行為によって子供を持つ権利と同様に、不妊カップルが子供を持つ権利が保障されなければならない[102]。ということは、不妊カップルが子供を持つためには生殖補助技術が必要不可欠であるので、積極的生殖の権利は生殖補助技術を使用する権利を含むことになる[103]。

Robertson の積極的生殖の権利論は、「生殖という目標を達成するために［生殖補助］技術を使用する個人的選択あるいはカップルの選択[104]」（［ ］内、青柳）の自由ということになる。Robertson にとって「子どもの誕生」がすべてであり、その「目的」を実現するすべての「手段」も「基本的権利」として保障されることになる[105]。

3　基本的権利としてのヒト・クローニング

(1)　クローニングと生殖補助技術

子どもの誕生という「目的」を実現するすべての「手段」のなかに、ヒト・クローニングも含まれるのであろうか。この問題は、生殖補助技術を使用する権利が積極的生殖の権利に含まれるという立場からすると、クローニングと他の生殖補助技術との間の相違の問題に帰着する。

Robertson は、一九九四年に出版した著書では、クローニングは他の生殖補助技術とは異なる性質をもった技術なので、クローニングを用いて子どもを産む自由は基本的権利とは言えない、と述べていた。[106] だが、Robertsonは、同じく一九九四年に発表した論文では、ヒト・クローニング擁護論に変わっている。[107] そして、“Dolly”誕生後に行われた連邦議会での公聴会では、Robertsonは、クローニングは生殖の自由によって保護されており、クローニングによって「他者への明確な害悪が……もたらされることが示されうる」場合以外は制約してはならない、と主張している。[108]

なぜ、Robertsonは見解を変えたのであろうか。クローニングと他の生殖補助技術との相違を検討する際に、何が問題となるのであろうか。

Robertsonは、「クローニングに関する鍵となる問題」として、クローニングが「生殖をし、子どもを持ち、育てることは価値のある行為であるという理解といかに密接に適合するか」という問題を措定する。[109] Robertsonは、生殖補助技術。そしてさらにクローニングと自然生殖から離れるにつれて生殖、家族、親、そして子どもの意味が「不明瞭になる」ことを認識しつつも、[110] Robertsonは、胚の分割あるいは核移植によって行われる胚のクローニングが「生殖の自由と密接に関連していると思われる」と、結論づける。その理由は、この技術によって「カップルが生物学的にお互いに関係を持った子どもを育てることができることが目指されている」からである。[111] しかし、この論述は、胚分割クローニングにはあてはまるとしても、精子と卵子との融合という過程を経ない体細胞核移植クローニングには必ずしもあてはまるとはいえない。

Robertsonも、体細胞核移植クローニングが他の生殖補助技術や遺伝子操作と「重要な点で異なる」[112] ことを認めている。彼が認める相違点は、体細胞核移植「クローニングは子どもをつくることだけにかかわるのではなく、むしろ遺伝子の特定の組をもった子どもをつくることとかかわる」[113] 点である。このような重要な相違を認めているにもかかわらず、Robertsonは、体細胞核移植「クローニングのある形態も同様に生殖の自由のある側面を共有する」[114]ことを理由に、体細胞核移植クローニングを使用する権利も、他の生殖補助技術を使用する権利と同様に、積極的生殖の権利に含める。

さらに、Robertsonは、クローニングが「生殖の選択に通常与えられる特別な保護を受けるに値する生殖の自由の実施であるか否か」という問題に突き進む。この重要な問題に関しても、Robertsonは、クローニングを使用する権利を生殖補助技術を使用する権利と同視するので、後者の「基本的権利」性をめぐる議論の延長線上で応答する。そこでのポイントは、すでに見たように、子どもの誕生という生殖の「目的」を実現可能にする「手段」ということであった。Robertsonは、体細胞核移植クローニングについても、遺伝子にかかわる相違論から生殖の「目的」である子どもの誕生という点での同一性論に議論を簡単に移し替えることで、その「基本的権利」性を肯定する。[115]

Robertsonは、ヒト・クローニングが「基本的権利」であることの論拠として、平等違反の論点も加えている。つまり、子どもを産む点で生殖能力を有するカップルと不妊カップルとの差別の問題である。Robertsonは、等しく子どもを持つことができるためには、不妊カップルが子どもを産むためにどのような手段でも使用できなければならない、と主張する。[116]

(2)　生殖目的ヒト・クローニングの二つのモデル

「生殖の自由のある側面を共有する」とされる「クローニングのある形態」とは何であろうか。

Robertsonは、一般に行われているのと同様に、まず、ヒト・クローニングを治療目的のヒト・クローニングと生殖目的のヒト・クローニングとに区別する。組織や器官を得るためのクローニングである治療目的ヒト・クローニングを、Robertsonは当然のごとく肯定する。それに対して、治療目的クローニングにも反対する見解もある。たとえば、Sunsteinは、生殖目的ヒト・クローニングばかりでなく、治療目的ヒト・クローニングにも反対している。その理由は、治療目的から生殖目的にいつ、どのように変わるかわからないので、生殖目的のヒト・クローニングを禁止するためには治療目的のヒト・クローニングも禁止する必要がある、というものである。(117) この点に関してRobertsonは、ある技術の受容し得る使用（A）が受容し得ない使用（B）を導くかもしれない危険性は、二つの技術の間に明確な線を引く理由にはなるが、AがBを引き起こすことができることを理由にAを禁止する「理由にはならない(118)」と主張する。治療的ヒト・クローニングを認めることは生殖目的ヒト・クローニングへの「滑りやすい坂道」になるという批判論に対しても、Robertsonは、その「滑りやすい坂道」は「不可避ではない。後者が起こり得る単なる可能性は、前者を禁止する十分な根拠ではない(119)」、と反論する。

さらに、Robertsonは、生殖目的ヒト・クローニングを二つのモデルに区別すべきことを主張する。その区別の基準は、クローニングを求めている当事者が性的結合あるいはクローニング以外の生殖補助技術による性的な生殖、すなわち、精子と卵子の受精による生殖が可能であるか否か(120)である。「モデル1」は、育てている親と遺伝子的あるいは生物学的につながりをもった子どもを持つ唯一の方法であるゆえに、不妊カップルが生殖目的ヒト・クローニングに頼る場合である。(121) それに対して、「モデル2」は、個人あるいはカップルが性的に生殖することは可能であるが、しかしかれらのあるいは第三者のＤＮＡをもった子どもを持つために性的生殖をさし控える方を好む場合である。(122)

生殖目的ヒト・クローニングをこのような二つのモデル間に区別することは、Robertsonによれば、「モデル2」が「ヒト・クローニングの最もぎょっとするイメージを広げるので、重要である(123)」。そして、Robertsonは、「モデル2の場合のクローニングは遺伝的につながった子どもを持ち、育てるという価値ある経験を成就するのに不必要である(124)」ので、「モデル2」の生殖目的ヒト・クローニングは「基本的権利」ではない(125)、と主張する。

Robertsonは、治療目的のヒト・クローニングばかりでなく、「モデル1」の生殖目的ヒト・クローニングを認める。この「クローニングのある形態」は、不妊カップルがクローニング以外の手段では子どもを持つことができない場合のことを指すことになる。つまり、「生殖の自由のある側面を共有」しているとは、子どもの誕生という生殖の権利の「目的」を実現するために必要不可欠な「手段」を指している。

（70） Note, supra note 5, at 2354.

（71） Robertsonは、多くの論稿を発表している。ここでは、とりわけ基本的な文献のみを挙げておく。Robertsonの生殖の権利に関する基本文献は、一九九四年に公刊されたChildren of Choice（supra note 9）である。さらに、生殖の権利に関する重要文献として、Embryos, Families and Procreative Liberty, 59 S. Cal. L. Rev. 939（1986）〔hereafter citing Embryos〕; Decisional Authority Over Embryos and Control of IVF Technology, 28 Jurimetrics J. of Law, Science & Technology 285（1988）〔hereafter citing Decisional Authority〕; In the Beginning: the Legal Status of Early Embryos, 76 Va. L. Rev. 437（1990）; Procreative Liberty and Human Genetics, 39 Emory L. J. 697（1990）〔hereafter citing Procreative Liberty〕; Assessing the Quality of Life, 25 Ga. L. Rev. 1243（1991）; Posthumous Reproduction, 69 Ind. L. J. 1027（1994）; Liberalism and the Limits of Procreative Liberty, supra note 7; Genetic Selection of Offspring Characteristics, 76 B. U. L. Rev. 421（1996）; Assisted Reproductive Technology and the Family, 47 Hastings L. J. 911（1996）; Wrongful Life, Federalism, and Procreative Liberty, 38 Jurimetrics 69（1997）; Crossing the Ethical Chasm: Embryo Status and Moral Complicity, 2 Am. J. of Bioethics 33（2002）; Procreative Liberty and the Control of Conception, Pregnancy and Childbirth, 69 Va. L. Rev. 405（1983）; The Right to Procreate and In-Utero Fetal Therapy, 3 J. of Legal Med. 333（1982）などがある。

ヒト・クローニングについては、Human Cloning: Should the United States Legislate Against It?, ABA J. May 1997, at 81; Liberty, Identity, and Human Cloning, supra note 10; Human Cloning and the Challenge of Regulation, 339 New England J. of Med. 119 (1998); Two Models of Human Cloning, 27 Hofstra L. Rev. 609 (1999); Why Human Reproductive Cloning Should Not in All Cases Be Prohibited, 4 N. Y. U. J. of Legis. & Pub. Pol'y 35 (2000/2001) がある。

(72) Robertson, supra note 9, at 3–4.

(73) Mailaender, Products of the Will, 52 Wash. & Lee L. Rev. 173, 173 (1995).

(74) Robertson, supra note 9, 28–29, 45–48; Robertson, Embryos, supra note 71, at 955 n. 50; Robertson, Procreative Liberty, supra note 71, at 405 n. 3. 中絶の権利に関するRobertsonの見解については、Robertson, supra note 9, at 51–53 参照。

(75) Robertson, supra note 9, at 5.

(76) Id., at 119.

(77) Id.

(78) Id., at 152.

(79) Id., at 22.

(80) Id., at 4.

(81) Id., at 18.

(82) Id., at 16.

(83) Robertson, supra note 10, at 1403.

(84) See Robertson, supra note 9, at 17.

(85) See id., at 153, 173–94, 221, 222.

(86) See Massie, Regulating Choice, 52 Wash. & Lee L. Rev. 135, 135 (1995).

(87) Id., at 159–62; Massie, Restricting Surrogacy to Married Couples, 18 Hastings Const. L. Q. 487, 500–15 (1991); Rao, Constitutional Misconceptions, 93 Mich. L. Rev. 1473, 1483–89 (1995).

(88) Massie, supra note 86, at 150.

(89) Id., at 160–61.

(90) Robertson以外では、Attanasio, The Constitutionality of Regulating Human Genetic Engineering, 53 U. Chi. L. Rev. 1274, 1288–89 (1986); Stumpf, Note: Redefining Mother, 96 Yale L. J. 187, 198–201 (1986); Eggen, The "Orwellian Nightmare" Reconsidered, 25 Ga. L. Rev. 625, 645–48 (1991); Chin, Assisted Reproductive Technologies, 8 Loy. Consumer L. Rep. 190, 198–214 (1996); Coleman, Comment: Playing God or Playing Scientist, 27 Pac. L. J. 1331, 1362–67 (1996); Gunsburg, Note: Frozen Life's Dominion, 65 Fordham L. Rev. 2205, 2231–38 (1997); Lal, Comment: The Role of te Federal Government in Assisted Reproductive Technologies, 13 Santa Clara Computer & High Tech. L. J. 517, 536–38 (1997); Wu, supra note 57, at 1474–85 (1998); Note, supra note 5, at 2353–54などがある。

(91) See Wu, supra note 57, at 1480.

(92) See id., at 1480–1485.

(93) See generally id., at 1484–85.

(94) See generally id., at 1488.

(95) Chester, Cloning for Human Reproduction: One American Perspective, 23 Sydney L. Rev. 319, 323 (2001).

(96) Robertson, supra note 9, at 140. See also Robertson, Surrogate Mothers, Hastings Center Report, Oct. 1983, at 28; Robertson, Surrogate Contracts Not Against Policy, New Jersey L. J., Feb. 26, 1987, at 28.

(97) Robertson, supra note 9, at 38. 他に、Chin, supra note 90, at 205–06; Note, Reproductive Technology and the Procreation Rights of the Unmarried, 98 Harv. L. Rev. 669, 674–80 (1985) が同じ見解をとる。

(98) Robertson supra note 9, at 38–40.

(99) Id., at 18.

(100) なお、Robertsonは、不妊カップルだけではなく、未婚の女性 (Robertson, supra note 9, at 128)、未婚者 (Robertson, Embryos, supra note 71, at 962–64, 1003; Robertson, Procreative Liberty, supra note 71, at 418,

433, 459–60)、同性愛者（Robertson, Embryos, supra note 71, at 1031）にも、生殖の権利を保障している。

(101) Robertson, supra note 9, at 32.

(102) Id., at 39.

(103) See Robertson, Procreative Liberty, supra note 71, at 430.

(104) See Robertson, supra note 9, at 18.

(105) 同じ見解に立つものとして、Foley, supra note 65, at 640, 648（2002）などがある。Robertson と同様に、ヒト・クローニング禁止違憲説を主張する Foley の見解については、さらに、Foley, The Constitutional Implications of Human Cloning, 42 Ariz. L. Rev. 647（2000）参照。

(106) Robertson, supra note 9, at 41, 149–72.

(107) Robertson, The Question of Human Cloning, supra note 71, at 9–14. なお、"Dolly" 誕生以前にクローニングを含む法的・憲法的問題に言及している文献として、Robertson 以外に、Loisell, Biology, Law and Reason, Man as Self-Creator, 16 Am. J. Juris 1（1971）; Kindregan, State Power over Human Fertillity and Individual Liberty, 23 Hastings L. J. 401（1972）; Pizzulli, Asexual Reproduction and Genetic Engineering, 47 S. Cal. L. Rev. 476（1974）; Carmen, supra note 38; Eggen, supra note 85; Duffy, To Be or Not to Be, 21 Rutgers Computer & Tech. L. J. 189（1995）がある。

(108) Ethics and Theology: A Continuation of the National Discussion On Human Cloning: Testimony Before the Subcomm. on Public Health and Safty Comm. on Labor and Human Resources, 105 th Cong., 1 st Sess. 4（1997）（testimony of J. A. Robertson）.

(109) Robertson, Liberty, supra note 10, at 1392.

(110) Id., at 1403.

(111) Id., at 1403.

(112) Id., at 1400.

(113) Id., at 1396.

(114) Id., at 1398.
(115) Id., at 1409.
(116) Robertson, Decisional Authority, supra note 71, at 291.
(117) Sunstein, supra note 11, at 1004.
(118) Robertson, Two Models of Human Cloning, supra note 71, at 614.
(119) Id.
(120) Id., at 618.
(121) Id.
(122) Id.
(123) Id., at 627–628.
(124) Id., at 627.
(125) Id., at 628.

四 ヒト・クローニングの非「基本的権利」性

1 生殖の権利の「基本的権利」性

(1) 実体的デュー・プロセス論と基本的権利

連邦最高裁は、周知のように、修正一四条の実体的デュー・プロセス論および平等保護条項において憲法上の特別な保護が付与される権利・自由を「基本的権利」と呼んでいる。基本的権利とされた場合、その権利の制約は、規制目的が必要不可欠な利益に仕えるものであることが要求される。さらに、規制手段は当該目的を実現するために必要な手段でなければならず、目的実現のために厳格に仕立て上げられていなければならない(126)。

今日まで、判例が修正一四条の実体的デュー・プロセス論のなかで「基本的権利」と認めた権利・自由は、一九九七年のWashington v. Glucksberg（521 U.S. 702）の整理によれば、[127]すでに見た、結婚の権利（Loving v. Virginia, 383 U.S. 1 [1967]）、子どもを持つ権利（Skinner判決）、自分の子どもの教育と躾を指図する権利（Meyer判決; Pierce v. Society of Sisters, 268 U.S. 510 [1925]）、夫婦のプライヴァシー（Griswold v. Conneticut, 381 U.S. 479 [1965]）、避妊具を使用する権利（Griswold判決; Eisenstadt判決）、身体の完結性（Rochin v. California, 342 U.S. 165 [1952]）、そして中絶の権利（Casey判決）である。しかし、連邦最高裁は、「基本的権利」性を肯定した判決あるいは否定した判決において、「基本的権利」基準を与えていない。「多くの曖昧さを残しているし、そのドクトリンは非常に首尾一貫性を欠いている」[128]。ここでは、「基本的権利」に関する二つの「基準」について整理しているGlucksberg判決におけるRehnquist首席裁判官による法廷意見について見てみることにしたい。

(2) 伝統アプローチ

一つの「基準」は、Renquist首席裁判官やScalia裁判官[129]などが採るアプローチで、歴史や伝統を基準とするアプローチ（以下、伝統アプローチと表記）である。この伝統アプローチの例は、Glucksberg判決におけるRehnquist首席裁判官の法廷意見である。

Rehnquist法廷意見によれば、Cruzan v. Director, Moo. Dept. of Health（497 U.S. 261 [1990]）[130]では「判断能力ある人は生命維持のための水分・栄養分補給を拒否する憲法上の権利を有すると仮定」したが・A「自分自身の死を早める権利」があるとしたわけではない。前者の権利は、コモン・ローなどで長く保護されてきた伝統を有するが、後者の権利はそのような保護を受けたことがない[131]として、自殺幇助器具を用いて「死を早める権利」を否定した[132]。

しかし、そもそも、伝統アプローチには困難な問題が内在している。

まず第一に、歴史や伝統が修正一四条の適正手続における「基本的権利」判例において首尾一貫した決定基準であるといえるかが問題になる。

「基本的権利」性を承認した判例のすべてを純然たる伝統アプローチで理解することはできない。その最も明瞭な例は、Roe 判決である。中絶の権利を確立する明瞭なアングローアメリカンの伝統は存在していなかった。婚姻関係のないカップルが避妊する権利も、ずっと昔からの伝統によってその正しさを立証することはできない。結婚する一般的な権利さえ、アングローアメリカンの伝統のなかには存在しない。結婚に関する伝統をそのように理解することが正しいとすれば、人種を超えた婚姻を禁止する州法を違憲とした Loving v. Virginia（388 U.S.1（1967）判決も、結婚の権利が基本的権利であることを認めた Zablocki 判決も、伝統アプローチで説明することは困難である。

伝統アプローチが抱えている第二の困難は、より内在的で、本質的な問題である。それは、どこの国でも同様であろうが、アングローアメリカンの伝統も、「多くの善を含むが、［同時に］重大な混乱と不正義も含む[133]」ことである（［ ］内は、青柳）。このことは、とりわけ人権問題において伝統を体系的に信頼することはできないことを意味する。

(2)　「高度に個人的で親密な決定」アプローチ

もう一つの「基本的権利」性の判定基準は、「高度に個人的（personal）で親密な（intimate）決定」アプローチである。Robertson も、生殖の権利の基本的権利性を語るところで、それが「個人的で親密な関係にかかわる決定であると述べており[134]、「基本的権利」性の判定基準として「高度に個人的で、親密な決定」のアプローチを採っていることを窺わせる。

「高度に個人的で、親密な決定」のアプローチを採る判例として、たとえば、Casey 判決を挙げることができる。中絶の権利への規制の合憲性が争われたCasey判決には、次のような判示がある。

「私たちの法は、結婚、出産、避妊、家族関係、子どもの養育、そして教育……に関する決定に憲法上の保護を与える。人が人生において行うであろう最も親密で個人的な選択を含むこれらの事柄は、そしてそれらの選択は個人の尊厳と自律にとって中心にあるのだが、修正一四条によって保護された自由にとって中心にある」[135]。そして、「自由の核心に有るのは、存在、意味、世界、そして人間生命の神秘を自分自身でどのように捉えるのかを決定する権利で有る。これらの事柄に関する信念は、州によって強制的に形成されたのでは、人格の属性を定義できない」[136]。

確かに、Griswold判決のように、「高度に個人的で、親密な決定」アプローチで説明することが可能である判例もある。しかし、「高度に個人的で、親密な決定」アプローチは、判例法を首尾一貫して説明するためにはむしろ「ほとんど助けとならない」[137]。そのことは、同性愛者のソドミーの権利を拒否したBower v. Hardwick（478 U.S.186［1986］）判決や、共同生活をする結社の権利を拒否したVillage of Belle Terre v. Boraas（416 U.S.1［1974］）判決をみれば明らかである。ホモ・セクシュアルの性的権利や共同生活をするための結社の権利それ自体は「高度に個人的で、親密な決定」といえるにもかかわらず、連邦最高裁は、そこで争われた権利自体を憲法上の権利として認めることを拒否している。したがって、「デュー・プロセス条項によって保護されている権利・自由の多くが人間としての自律にかかわるからといって、すべての重要で親密で個人的な決定が同様に保護されているとは一概にはいえない」[138]と述べるGluksberg判決のRehnquist法廷意見は、判例法の動向に関していえば、正しい認識を示していると言えよう。

このように、「高度に個人的で、親密な決定」アプローチも、「基本的権利」性を決定する首尾一貫した判例法の基準ということはできない。したがって、クローニングを含む生殖補助技術を用いて子どもを産む権利という積極的生殖の権利が「基本的権利」であるか否かは、Robertson のように生殖が「高度に個人的で、親密な決定」であるという主張するだけでは、十分な正当化理由とはいえない。他方で、確かに、判例法には、「むすびに」で指摘するように、当該事案で問題となっている権利の定式化に関連して問題がある。「高度に個人的で、親密な決定」というアプローチの場合には、伝統アプローチとは異なり、そのアプローチ自体の問題ではなく、むしろ当該権利の定式化の妥当性の問題があることは否定できない。しかし、当該事案で問題となっている権利の定式化を訂正したとしても、なお、「高度の個人的で、親密な決定」のすべてが「基本的権利」性を認められるわけではない、という問題は存在する。したがって、なお、生殖補助技術自体に、そしてクローニング自体に関する憲法上の検討が必要である。

2　積極的生殖の権利の「基本的権利」性

(1)　判例法と積極的生殖の権利

連邦最高裁は、確かに、生殖の自由という子どもを産むことも含む広範な原理に言及しているが、子どもを産む権利の内容および範囲について直接、そして具体的に判示してはいない。

生殖の権利に関する最も重要な判決の一つである Skinner 判決は、道徳的に卑しい重罪の常習犯とその他の重罪の常習犯との区別が恣意的であることを理由とする、平等条項違反判決である。Skinner 判決自体は、自然的生殖行為によって子どもを出産する権利を「基本的権利」と承認していることは間違いないが、それを超えて「出産の権利」の内容や範囲に関して積極的に何かを判示してはいない。二**2**(2)で概観した Skinner 判決以降の判決が、一般的な「出産の権利」を子供を産む決定（とりわけ、LaFleur 判決参照）と積極的に把握していることは確認できる。そして、子供を持つ権利が「基本的権利」と認定されていること（Glucksberg 判決）

も間違いない。しかし、二3(1)で見たように、連邦最高裁が生殖補助技術を用いて子供を産む権利について直接語る機会をいまだ有していない。また、生殖の権利に関連する判例法からも、自然的生殖行為によって子どもを産む権利を超えて、生殖補助技術を用いて子どもを産む権利までも肯定していると確定できる判示を見出だすことはできない。

勿論、判例法を超えて、あるいは判例法を批判して、判例法とは異なる見解を主張することは可能である。その際問われるのは、判例法の場合と同様に、そのような主張の論証の説得力である。Robertson の生殖補助技術を使用する権利を包含する積極的生殖の権利論の論証には、説得力があるであろうか。

(2)　生殖の意義

Robertson の議論の出発点である、その生殖の意義論から検討してみたい。

子どもを持つか、持たないかが、Robertson が主張するように、個々人にとって重要な事柄であることは疑いがない。そして、生殖に関する決定が、Robertson が主張するように、個人の自律の中心にあるもののひとつであることにも同意できる。しかし、その人のアイデンティティや尊厳、そして人生の意義にとっての中心的であるという Robertson の生殖の意義論が、子どもを産むためのすべての「手段」が「基本的権利」として保障されるという結論に直線的に結び付いているだけに、その生殖の意義の強調には問題があると思われる。[139]

Robertson は、積極的生殖の権利の文脈では、選択の自由としての消極的生殖の権利とは異なり、子どもを産むことの価値を強調している。そのことと表裏一体となって、Robertson は不妊の社会的・生物学的・感情的「悲劇」を強調する。[140] Robertson は、「自己充足を追及するためのすべての行為が自動的に保護されるわけではない」[141] ことを認めながら、不妊の「悲劇」を強調することによって、子どもの誕生という「目的」を実現する

ための すべての「手段」が「基本的権利」として保障されると主張する。しかし、結果として子どもを持てなかったとしても、そのことは「不運」なことかもしれないが、子どもを持てないと自己のアイデンティティや尊厳、あるいは人生の意義を喪失するわけではない。

この論点は、規範論そのものの問題ではない。それは価値評価の問題であり、それぞれの真否を客観的に決することはできない類いの問題である。個人の自律を強調する Robertson のような議論における規範的問題点は、前節(2)で見たように、個人の自律の中心にある決定の自由・選択の自由すべてが「基本的権利」と認められているわけではないことである。

(3) 「行わない」権利と「従事する」権利

ここで「積極的」生殖の権利とは何かを確認しておきたい。そこでいう「積極的」とは、Robertson が説明するように、社会保障受給権のような「国家による自由」を意味するものではない。Robertson によれば、消極的権利が「行わない」権利であるのに対して、ここでいう積極的権利は「従事する」権利を意味する。(142)

まず、法論理のうえから、「行わない」ことの保障が「従事する」ことの保障を伴うといえるのか、が問題となる。確かに、現象的には、生殖に関して、子どもを産まないことと子どもを産むこととはコインの両面のようなものと捉えることもできるかもしれない。しかし、問題は、現象の把握ではなく、権利としての保障である。権利保障という点では、「行わない」権利と「従事する」権利とは、一方が認められればもう一方も当然に認められるという関係にはない。(143)

もし積極的生殖の権利が憲法上の権利として承認されるとすると、理論的には、子どもを産む権利の承認は、それを実現する「手段」に関する選択の自由をも含むと主張することは可能である。しかし、注意しなければならないことは、そのことはあらゆる「手段」が「基本的権利」として保障されることを直ちに意味するわけではないことである。たとえば、表現の自由の保障は、それを表現するための「一切の」手段に関する選択の自由の保障も含むといえる。しかし、表現の自由が優越的地位にある自由であっても、当該表現「手段」に対する規制法の合憲性が、すべて「厳格な審査」の基準によって審査されるわけではない(144)。それぞれの「手段」の保障の程度は、それぞれ個別に検討されなければならない。

3　ヒト・クローニングの「基本的権利」性

(1)　ヒト・クローニング規制

伝統アプローチを採るScalia裁判官も、長い歴史や伝統によって認められてきている権利という、いわば積極的な伝統の定義の問題点を認識している。それゆえ、Scalia裁判官は、「基本的権利」性の、いわば消極的判定基準についても語っている。それによると、歴史と伝統に深く根付いていると認めるに十分なほど長い歴史を有しない行為でも、「少なくとも」それを否定する法律の制定という歴史や伝統がまったく存在しない場合にも、当該権利の「基本的権利」性が承認される(145)。

アメリカでは、現在のところ、代理母を除いて、ＩＶＦなどの生殖補助技術を正面から規制する連邦法や州法は存在しない(146)。したがって、Scalia裁判官の判示に従えば、規制の不在という歴史・伝統は、生殖補助技術を使用する権利が「実体的デュー・プロセスの保護を承認する有利な関連要素(147)」といえるかもしれない。

しかし、ヒト・クローニングに関しては、「基本的権利」性の消極的判定基準でも、その「基本的権利」性を肯定することは困難になりつつある。それは、食品・薬物監督庁（ＦＤＡ）によるヒト・クローニングに関する規制(148)であり、二〇〇一年七月三一日の下院におけるヒト・クローニング禁止法の成立である。

(2)　クローニングと生殖補助技術の相違

規範論としては、従来の生殖補助技術と体細胞核移植クローニングとを生殖補助技術として同視できるか否かが問題となる。

両者を同視する見解[149]は、クローニングを「生殖」の一手段と位置付ける。同視説は、「生殖」を子どもを産むことと把握する。すでに見たように、Robertson は、クローニングと他の生殖補助技術との間に重要な相違があることを認めつつも、子どもを「産む」という点で両者には違いがない、とする。ここでも、第三章一節(1)で指摘した「同一」論という Robertson の論証方法の特徴を見出すことができる。他方、両者を異なるものと見る見解[150]は、「生殖」を単に子どもを「産む」ことだけではなく、精子と卵子の隔合（授精）という要素をも踏まえて把握する。他の生殖補助技術による「生殖」の場合には、精子と卵子の融合ということは行われている。胚分割クローニングでも、精子と卵子の融合は存在する。それに対して、体細胞核移植クローニングは、精子と卵子の融合を必要としない単性生殖である。それは、単一の親と同一遺伝子を有する個体を作製する方法である。その点が、最も明瞭な相違である。この相違は、私見によれば、無視することはできないように思われる。

確かに、体細胞核移植クローニングも、生殖という言葉の言語学的意味、すなわち、子どもを「産む」ということからすると、生殖の一「手段」といえるかもしれない。子どもの誕生ということだけでいえば、人工授精や体外受精などの他の生殖補助技術と変わらないし、勿論自然的生殖行為とも相違はない。しかし、問題の核心は、「単一の親と同一の遺伝子を有する」子どもという点である。従来の生殖補助技術では、いずれにしても、生物学的意味での両親の遺伝子の組み合わせから子どもは産まれる。クローニングは、単一の親の遺伝子と同一の子どもを産み出す点で、従来にない、きわめて特異な手段である。しかも、他の方法では、二人の親の遺伝子の組み合わせは偶然の産物[151]であるのに対して、体細胞核移植クローニングの場合には、意図的に単一の親の遺伝子がそのまま受け継がれる。

このような相違は、規範論としても意味を有すると思われる。なぜなら、権利の保障という点で、子どもを産むという実体的な選択の自由の必要不可欠性が、直ちにそれを実現するあらゆる「手段」の必要不可欠性を帰結するわけではないからである。つまり、子どもを産むという実体的な選択の自由の保障の程度（「基本的権利」）と、子ども産むことを実現する「手段」の保障の程度が必ず同一である、というわけではない。子どもを産むという生殖の「目的」がいかに個人にとって重要で、意義深いことであったとしても、ただそのことだけで当該「目的」を実現するいかなる「手段」も憲法上の特別な保護が与えられる、とする論証は単純すぎるように思われる。

生殖が人類という「種の実在と存続[152]」を支え、家族が「全般的な、社会的そして政治的安定[153]」を促進するものであるならば、生殖や家族に影響を及ぼすヒト・クローニング問題は、慎重に検討されるべき問題といえる。さらに、ヒト・クローニングの安全性という「最も重くのしかかっている問題[154]」も存在する。このような、基本的で重要な問題を内在させているクローニングを使用する権利は、生殖の権利の個人にとっての重要性を考慮しても、ほぼ規制を違憲とする「厳格な審査」によってその合憲性が判定される「基本的権利」とはいえないと思われる。一方で生殖の権利の重要性、そして他方でクローニングが内在させる重要な問題からして、クローニング禁止法の合憲性は「中間の審査基準」で判定すべきものと思われる。

(126)　「厳格な審査」の基準一般については、たとえば、Laurens H. Tribe, American Constitutional Law (2 d. ed. 1988), Chap. 11-1 to 4, 15-9 to 11, 16-6 to 7 参照。

(127)　Glucksberg, 521 U.S., at 720. なお、Glucksberg 判決については、松本哲治「憲法上の死ぬ権利の行方」奈

良法学会雑誌一一巻二号三七頁以下（一九九八年）および松本論文八〇頁注27に挙げられている文献参照。

(128) Sunstein, supra note 11, at 989.

(129) See Micael H. v. Gerald D., 491 U.S. 110, 127–28 n.6 (1989) (Scalia, J., plurality opinion).

(130) Cruzan 判決については、高井裕之「死ぬ権利」英米法判例百選〔第三版〕八六頁（一九九六年）、樋口範雄「植物状態患者と『死ぬ権利』」ジュリスト九七五号一〇二頁（一九九一年）など参照。

(131) Glucksberg, 521 U.S., at 710–19. なお、同性愛者のソドミーが問題となった Bower v. Hardwick (478 U.S. 186 [1986]) 判決では、伝統アプローチと「秩序付けられた自由の観念に潜在的に含まれる」自由という「秩序付けられた自由」アプローチが挙げられていた。Glucksberg 判決では、「秩序付けられた自由」のアプローチは伝統アプローチに吸収されているといえよう。

(132) Glucksberg, 521 U.S., at 728.

(133) Sunstein, supra note 11, at 991.

(134) Robertson, supra note 9, at 16.

(135) Casey, 505 U.S., at 815.

(136) Id.

(137) Sunstein, supra note 11, at 992.

(138) Gluksberg, 521 U.S., at 729.

(139) Robertson, supra note 9, at 16.

(140) Robertson, supra note 7, at 265.

(141) Id., at 267.

(142) Robertson, Procreative Liberty, supra note 71, at 406 n.4.

(143) 行わないことと従事することとの違いについては、Massie, supra note 86, at 153–62; Meilaender, supra note 73, at 189–92 など参照。

(144) See Forsythe, supra note 38, at 490–98.

(145)　Michal H. v. Gerald D., 491 U.S, at 123 n.2.

(146)　アメリカにおける生殖補助技術規制法の不在の歴史については、Janet L. Dolgin, Defending the Family; Lorio, Alternative Means of Reproiduction, 44 La. L. Rev. 1641, 1675-76; Chin, supra note 90, at 19など参照。

(147)　147) Foley, The Constitutional Implications of Human Cloning, 42 Ariz. L. Rev. 647, 700 (2000). ただし、生殖補助技術の使用に対する間接的な規制は存在すること留意する必要がある。(See id.))

(148)　FDA. のヒト・クローニング規制権限については、Rokosz, Human Cloninng: Is the Reach of FDA Authority Too Far a Stretch?, 30 Seton Hall L. Rev. 464 (2000) など参照。

(149)　同視説をとるものとしては、Wu, supra note, Note 90, supra note 5などがある。

(150)　相違説をとるものとしては、Kass, The Wisdom of Repugnance, in Leon R. Kass & James Q. Wilson, The Ethics of Human Cloning 3, 19 (1998); Annas, Hearing, supra note 5, at 44; Gross, Thinking Twice About Cloning, N.Y. TIMES, Feb. 27, 1997, at B1などがある。

(151)　遺伝子操作により遺伝子の組み合わせが、必ずしも偶然の産物ではなくなってきている。シルバーは、生殖技術と遺伝子工学が交わるところで、デザイナー・チャイルドが誕生する未来を描いている（シルバー・前掲注41、二七八―九三頁参照）。

(152)　Annas, Hearing, supra note 6, at 44.

(153)　Hafen, The Constitutional Status of Marrige, Kinship, and Sexual Privacy, 81 Mich. L. Rev. 463, 482 (1983).

(154)　Note, supra note 5, at 2351.

むすび に

実践的観点からすると、ヒト・クローニング全面的禁止法が制定され、ヒト・クローニングを実行することを禁止されてしまった者がプライヴァシーの権利（生殖に関する自己決定権）を侵害されたとして違憲訴訟を提起した場合に、連邦最高裁はどのように判断するのかが問題となる。

この実践的問題の「答え」は、現在通用していると思われる判例法の枠組み、すなわち、Glucksberg 判決が示した実体的デュー・プロセス論に関する枠組みに基づいて導かれることになる。それによれば、ヒト・クローニング禁止違憲説に立つ Foley 自身も認めるように、連邦最高裁はクローニングによって子どもを産む権利は基本的権利であるという主張を「却下しうるであろう」(155)。

Glucksberg 判決に見られる近時の実体的デュー・プロセス論は、当該事案で問題となっている権利・自由を「詳細に記述する」(156)ことを求めている。「詳細に記述する」(157)ことの要求は、判例法の実際においては、当該権利・自由をより狭く定式化する方向に機能している。したがって、近時の判例法によれば、ここで問題となる権利は生殖に関する自己決定権ではなく、ヒト・クローンを産む権利あるいはクローニングを使用して子どもを産む権利と定式化されることになるであろう。そうすると、そのような権利は、「基本的権利」とは認められないことになる。まず第一に、そのような権利は、それが革新的で新しい技術を用いることを内容とするものなので、アングローアメリカンの歴史や伝統に深く根付いているとはいえない。第二に、それを全面的に禁止しても、自由や正義を犠牲にすることもないし、「秩序付けられた自由」の観念を侵害しないであろう。したがって、クローニングを使用して子どもを産む権利を全面的に認めない法律の合憲性は、緩やかな審査基準である「合理性の基準」によって審査され、正当な禁止目的も、その目的と禁止との合理的関連性も肯定され、合憲ということになるであろう(158)。

しかし、そもそも、近時の判例法が採る、このような権利の「狭い定式化」は適切なものとは言い難い(159)。なぜなら、問題となっている権利を非常に限定的な用語で定式化することは、その権利を「先に確立された権利から分離する」(160)し、裁判所がその判決を基礎づける先例が存在しない新奇な判決を下したことになるからであ(161)

る。「狭い定式化」は、伝統アプローチからして「基本的権利」性を否定する機能を果たす。たとえば、Bower判決でも、同性愛者のソドミーの自由ではなく、親密な関係においてどのような行為をするかについて選択する自由と捉えれば、それは「放っておいてもらう権利」の問題となり、違う結論の判決になったかもしれない。Glucksberg判決も、自殺補助の器具を使用して死を早める権利ではなく、尊厳死（death with dignity）の問題と捉えたら、結論は違ったかもしれない。

クローニングを使用して子どもを産む権利も、先例でも用いられていた一般性をもった用語で定式化すると、「生殖に関する選択の自由」と捉えることができる。そうすると、「生殖に関する選択の自由」は、先例において「基本的権利」と位置付けられているので、クローニングを使用して子どもを産むことも「基本的権利」というこどもできるかもしれない。Robertsonをはじめとするヒト・クローニング禁止違憲説は、すでに見たように、このように主張する。

Robertsonの、「同一」論や「目的・手段一体化」論に基づいて前提から、いわば一直線に結論を導き出す論証方法の問題性は、Robertsonの権利基底的リベラリズムに内在する問題点ともかかわる。Robertsonの権利基底的リベラリズムに対して、二つの異なる、しかしある意味で通底しあう批判が投げ掛けられている。一つは、Robertsonの主張があまりに個人主義的すぎるという批判である。[162] それは、Robertsonのクローニングをめぐる害悪論に向けられた批判である。つまり、Robertsonがクローニングがもたらす害悪、たとえば他者（クローニングによって産まれる子ども）の権利や社会的責任やコミュニティの必要性や女性にかかるリスクなどを軽視している、という批判である。もう一つの批判は、第一の批判とものであるが、Robertsonのリベラリズムには功利主義アプローチが潜んでいるという批判である。[163] つまり、Robertsonは、自ら伝統的リベラリズムといいつつも、実は不妊カップルの「最大幸福」を目指す主張になっている、という批判である。不妊カップルの「最大幸福」を目指す主張であるからこそ、クローニングが惹起する害悪論を軽視しているともいえるので、両者は通底しあう批判ともいえる。

体細胞核移植クローニングと他の生殖補助技術との違いは、**四3**(2)で述べたように、「比較的小さな相違[164]」とは言い難い。精子と卵子の融合というステップの有無は、「生殖」の本質にかかわる相違であると思われる。この相違は、二つの次元で問題を惹起する。

一つは、原理的問題である。単一の親と同一の遺伝子を有する子どもを誕生させる体細胞核移植クローニングが、Annasの主張するように、人類の「種類の変化[165]」を惹起するとすれば、一九九四年のフランス憲法院判決[166]がヒト・クローニングを禁止する生命倫理法を合憲とした根拠、すなわち、「種の尊厳」論につながる問題となる。「種の尊厳」論は、「人間の尊厳」論からしても原理的に考察しなければならない重要な問題である。

他の一つは、ヒト・クローニングがもたらす有益論と、ヒト・クローニングが惹起する害悪論との憲法上の比較衡量である。

原理的問題も害悪論・有益論の比較衡量も、いずれも、重要で、かつ困難な問題であるが、すでに予定されていた紙幅は大幅に超えてしまっている。これらの問題の考察・検討は、それぞれ別稿に譲らざるを得ない。

(155) See Foley, supra note 69, at 641–43.
(156) Glucksberg, 521 U.S., at 721.
(157) See Lawton, The Franken Stein Controversy, 87 ky. L.J. 277, 339–42, 349–52 (1998/1999).
(158) Id., at 351.
(159) See Tribe & Dorf, On Reading the Constitution 73–80 (1991).
(160) Id., at 75.
(161) See id., at 79.

(162)　Robertson 自身が自らの著書の最終章で彼の「生殖の自由への批判」を取り上げている（Robertson, supra note 9, at 220-35）。

(163)　See McCormic, Blastmere Separation, Hastings Ctr. Rep., Mar. -Apr. 1994, at 14. これに対する Robertson 自身の反論については、Robertson, The Question, supra note 71, at 6 参照。

(164)　Chester, supra note 95, at 335 (2001)

(165)　Annas, supra note 6, at 80.

(166)　一九九四年フランス憲法院判決については、小林真紀「生命倫理法と人間の尊厳」（フランス憲法判例研究会編『フランスの憲法判例』八七―八九頁〔二〇〇二年〕）およびそこに掲げられている参考文献参照。

3 「個人の尊重」と拘禁者の労働賃金制
——解釈基準としての憲法一三条前段による基礎づけ——

押久保倫夫

一 はじめに

本稿の目的は、日本国憲法一三条前段の「個人の尊重」によって、拘禁者[1]の「労働賃金制」、即ち刑務作業において自由労働と同一の賃金を請求する権利の保障を、憲法上の要請として基礎づけることである（本稿第四節）。しかしこの主張を実定法的に展開するには、様々な困難が存在する。

これを否定するものとして従来から言われてきたことは、日本においては「懲役」が刑罰の一つであり、それは労働の強制を内容として含むこと、そして特別権力関係論が影をひそめた後も維持されている「特別な法律関係」論が、在監者に適用されることである。また憲法一八条に「犯罪に因る処罰の場合を除いては、その意に反する苦役に服させられない」とあり、その反対解釈から刑罰としての「苦役」を肯定しているとする見解などが挙げられる。本稿はこれらの障害を乗り越えなければならない。

さらにこれらに加えて問題となるのは、憲法一三条前段の適用方法である。その後段がいわゆる「幸福追求権」として今日ではその権利性が肯定されているのに対して、前段は有力な権利説が存在するものの(2)、学説の多数はそれを原理・原則規範として捉えている(3)。それゆえ「個人の尊重」を労働賃金制の根拠条文とするには工夫が求められよう。

それゆえ本稿ではこれらの困難の克服を模索する手がかりとして、ドイツにおける拘禁者の報酬をめぐる議論を検討することにする（第三節）。かの国では、報酬の多寡、そして労働賃金制をめぐる議論が、憲法上の次元においても論じられているからである。

しかしまずその前に、日本の拘禁者の労働報酬の現状及びそれに関する議論を見ておく必要があろう（第二節）。日本でも学説においては戦前から労働賃金制が主張されてきたが、実務はそれと遠くかけ離れている。

なお、ここで受刑者に「個人の尊重」という人権の中核規定を適用する実践的意義について一言しておきたい。人権が「人間がただ人間であるという理由のみによって保障されるもの」である限り、学説上は受刑者の人権享有主体性が否定されることはありえない。しかし一般の人々にとっては、それは被疑者・被告人の権利以上に想起しにくい、あるいは少なくとも関心が薄いものであることは否めないだろう(4)。近年、犯罪被害者の人権に関心が集まりつつあり（その事自体は大変好ましいことである）、「被害者をさし置いて加害者の人権ばかり保護してきた」ことに対する批判的風潮さえある。

しかしながら、人権が現実には「少数者」にとって意味があるように、それは権力関係において弱い立場に立たされた者にとってこそ重要である。社会的非難にさらされ、外部から監視されることが少なく、法的にも一定の自由の制限が正当化される受刑者は、それに最もあてはまる者である。このような者の保護される人権の範囲こそ、その中核理念に立ち戻って検討されねばならない。本稿で拘禁者の労働報酬を「個人の尊重」によって論じる所以《ゆえん》である。

二　日本の現状と学説

日本では刑事施設において被収容者に行わせる労務を刑務作業と言い、これには懲役受刑者に強制される「定役」と、禁錮・拘留受刑者および未決拘禁者である被勾留者に出願によって許される「請願作業」がある。(5) そしていずれも監獄法二七条一項によって、「作業ノ収入ハ総テ国庫ノ所有トス」とされている。刑務作業従事者には同条二項によって「作業賞与金ヲ給スル」にすぎない。

犯罪白書によれば、二〇〇二年三月三一日現在、禁錮受刑者の八九・三%、未決拘禁者の一〇・七%が請願作業に従事し、刑務作業全体としては一日平均五万人余りの者が就業している。作業時間は一日八時間で、これは休憩や食事の時間を換算しない、実働時間である。週五日制が原則で、二〇〇一年度の刑務作業による歳入総額は約九二億円であり、全額国庫収入となる。(6)

そしてこのような労働に与えられる「作業賞与金」は、月額で一人平均四、二一五円である。これは一般社会では日給にも満たない額である。しかもそれは月ごとに受刑者に支払われるわけではなく、原則として釈放の時にまとめて支給される。(7) しかも監獄法五九条、六〇条一項九号によれば、「在監者紀律ニ違ヒタルトキハ」「作業賞与金計算高ノ一部又ハ全部」削減することもできる。

このように刑務作業によって与えられる報酬は、一般社会では想像もできないほど、極めて低額である。そしてその理由は、「作業賞与金」という名称に示されているように、それが就労の対価ではなく、恩恵的・作業奨励的なものと考えられているからである。(8) 即ち刑務作業は私的な労働関係とは全く異なる公法関係にあり、その対価を請求する権利は認められず、作業賞与金は公法的な配分であるとされる(9)。

このような刑務作業報酬の実状とその背後にある法理論に対しては、学界において激しい議論が闘わされてきた。

既に戦前から、いわゆる近代学派の立場に拠って、主に受刑者の更生改善の為に「賃金主義」を精力的に主張する議論が、正木亮氏によって展開された。即ちそれは「今日の監獄作業は、その倫理的・法律的意味に於て受刑者に労働趣味を啓発するように賦課せられねばならぬ(10)」という基本的立場に立つ。そして賞与金制を批判して「作業を以て感化手段であるとする以上、就業者の希望を増大ならしむる為に之に賃金を認める必要がある(11)」とする。そして賃金の使い道とその効用として、次のように言う。「一定の賃金の中から被害の賠償及び家族の保護に要する費用を支出せしめ且監獄内に於ける自己の生活費をその中より支弁せしむることは、やがて彼等に自立自営の意識を昂揚せしめると同時に犯罪に対する贖罪的道徳観念を全うし得しめることとなるのである(12)」。

このような作業賃金制の主張の背景にあるのは、周知のように牧野英一氏を指導者とする新派ないし近代学派の理論であり、旧派の道義的責任論に対する社会的責任論である。「社会的責任論が新しく台頭し、累進制度の観念が行刑の重心点とされるに及んでから、囚人の賃金請求権の問題は竟《つい》に理論の問題より実行の問題へと進まねばならなくなったのである(13)」。そしてこれは旧派の応報としての刑罰に対して、改善刑の主張につながる。正木氏は「刑罰の目的」は「犯人をして社会の良民たらしめるにある」として、「作業の目的は囚人に労働の尊厳 dignity of work 自力独行 self-reliance 又は他人に対する責任を教えることであり、その手段が彼等に報酬を与えることである(14)」とする。そしてこのような刑による受刑者改善の根本的考え方は、氏の次のような言葉に端的に示されていると言える。「わたくしの真の希望は囚人を人間とすることである(15)」。

このような基本思想は、人権を論じる際、一定の倫理観に基づく抽象的・一般的人間像を想定することを批判してきた筆者にとっては、問題があるように思われる。(16)勿論右の言葉は、「良民」になる前の囚人の人間性を否定するものではない。それどころか逆に、「まだまだ囚人が人間としての生活を与えられるには遠い行手路のある」現状に対し改善を求め、「囚人は、自分が人間であることを悟り、同時に、役人も亦、彼ら囚人も亦人間である、ということを徹底して理解しなければ、囚人を人間にすることはむずかしい」としているように、厚いヒューマニズムに立脚するものである。(17)しかしながら、「良民」という言葉に示されているように、そこに一定の道徳観に基づくあるべき人間像が想定されていることは否定できないように思われる。この問題は次節で検討する、社会復帰目的の処遇の是非に関係してくることになる。

さて、このように賃金制の主張自体は早くからなされてきたが、実務は勿論学説においてもそれは未だ主流にはなっていない。

現在では刑務作業は社会復帰を主たる目的として捉えられていると言える。例えばある実務家は、(18)施設内の規律の維持や経費軽減も目的として否定されないが、「近時における刑務作業の運用は……社会復帰上の目的に主導されるようになってきた」とする。(19)さらに学説においてはこの立場から、現行のあまりに僅少な作業報酬に対する批判が強い。即ち刑務作業が受刑者の改善・社会復帰の手段であるとすると、「作業によって得られる金銭が、少なくとも社会復帰に役立つ程度の金額であることが望まれるであろう」(20)とされる。さらには「作業賞与金をある程度権利的なものにすることは、立法上できないことではない」(21)とも言われる。

しかしそれらの学説も、労働賃金制については否定的なものが多い。その理由としては「受刑者は作業の義務を負うのであるから……理論上は労働の対価としての賃金という観念を入れる余地はない」とされ、禁錮・拘留受刑者、未決拘禁者の請願作業も許可によるものであり、広い意味では処遇の一環である以上、賃金制の余地はないとされる。(22) さらに現実の問題として次のように指摘される。賃金制においては受刑者もまた一般労働者と同じように税金、衣食費等を支払わねばならない。しかし刑務所の生産性は民間企業に比べ格段に低いことから、国庫から多額の援助を余儀なくされ、また十分な賃金を得られず実際上生活保護を受けるほかなくなる。これでは社会復帰を促進させる目的は達成することができない。(23)

これに対して、賃金制を肯定する学説は、現在ではその論拠において、それが受刑者の社会復帰に役立つとするものと、受刑者の人権の観点から自由労働と同一の賃金を求めるものがある。前者においては例えば賃金制を否定する刑務作業の低生産性の論拠に対して、刑務作業の生産高や費用を示して「受刑者一人当りの生産額は、業種によっても異なるが、衣食の費用を控除してもかなりの金額が配分されうるはずである」と主張する。そしてその賃金は所内で必要な物品の購入、家族への送金、被害者への賠償、出所後の更生資金等にあてられ、社会復帰も含めて「非常に多面的に行刑に対して好ましい影響を及ぼすであろう」とされる。(24)

これと異なり、「労働賃金制」を帰結するものであっても、刑罰労働を受刑者の改善矯正ないしは社会復帰の手段とする考えを批判し、(25)「受刑者も、刑罰内容以外は一般国民と同じ」であるという立場から、一般の「勤労生活と同じものとしての刑務作業」(26) という基本理念に基づいて賃金制を精力的に主張しているのが吉岡一男氏である。

氏はドイツにおける賃金制の学説史を跡づけ、(27) それを「賃金制の主張が、社会復帰目的の掲揚によって一旦は支援を受け（るように見え）ながら、逆にそれによって変容もしくは否定されていく過程」(28) として捉える。そして「社会復帰目的の重視は、それを強調し徹底させると、単なる外界労働と同じ当然の賃金支給という考えには止まらず、それを乗り越えて、より合目的的に組織された作業報酬に向かうもの」であり、「受刑者の作業報酬問題を専ら政策的考慮の問題とする態度と、その根底において相通じるものとして働く」。以上のような検討から「社会復帰思想は、賃金制主張の真の支持者としては働き得ない」と結論する。(29)「社会復帰」に換えて吉岡氏が強調するのが「受刑者も一般国民と基本的には同様の権利義務を持っている」ことであり、「類型的に一般人と違った者として犯罪者を捉えて受刑者のイメージをそれと重ねることは否定すべきこと」である。(30)これは「自由刑の執行中も奪われることのない勤労の権利・義務を受刑者にも認める立場」となり、「自由刑受刑者に対しても、その労働の対価としての通常的な賃金制の実施が、いわば当然のものとして肯定される」ことになる。(31)

このような労働賃金制の主張は、拘禁者の更生改善という、主として社会の側からのアプローチから、受刑者の側に視点を転換し、その基本的人権を何より中心に置いて構成されるものである。そして受刑者の人権を扱う場合は、「彼に許される基本的人権は何かという発想方法によってではなく、彼から奪われるものは何かを明確にすることによって解決されるべきであろう」(32)と述べられているが、この基本的態度は憲法学の立場からも首肯できると言える。

そして本稿で注目したいのは、このような基本的視点が、個人の意思の尊重から生じていると見られることである。氏は受刑者の社会復帰の為の処遇に参加するかどうかの決定権も受刑者が持つべきだとして、「究極的には、個人の生き方は個人の選択に委ねるべきであり、国家は、彼が利用しうる資源の提供者にとどまるべきではなかろうか」(33)としているのである。

このような考えに基づいて、刑務作業のあり方は次のように描き出される。基本的には外界での労働関係が維持されることが望ましく、受刑の開始時に職を有する者にはそこへの通勤を継続させ、職を有しない者に対しては国が職業の紹介・斡旋を行う。拘禁確保のため、一日じゅう施設収容を必要とする者に対しては、刑務所内工場での作業等が設定される。そして彼らには外界における類似産業と同様の賃金が支給され、その使用

においても自由が認められる。そして病気等により作業に従事しえない者は、生活保護を受けることになる。(34)

このような構想は、受刑者にとって現在の状況を根本的に改善するものであることは間違いない。しかしここで注意したいのは、それは個人主義から帰結される厳しさも含んでいることである。氏は自己の賃金から自己及び外界の家族等の生活費を支出するものとし、収容中の諸費用の分担の仕方によっては「多くの者にとって賃金の大部分が生活費にあてられることになるかもしれない」とする。さらに、「資産もなく、生活保護の資格も欠く者が怠役することは、その餓死の可能性のみを生じうる」としているのである。(35)

さて、以上のわが国の現状と学説をまとめると次のようになろう。日本での刑務作業の収入はすべて国庫に帰属し、拘禁者には原則として釈放の際、極めて低額の「作業賞与金」が支払われるにすぎない。学説はこの現状に批判的であるが、刑務作業のとらえ方としては原理的に二つに分けられる。一方は刑務作業をあくまで受刑者の改善、社会復帰のための処遇として位置づけるものであり、他方は受刑者の人権を基礎に構成するものである。(36)労働賃金制については前者の場合、懲役刑の存在や刑務作業の低生産性からこれを否定する学説と、逆に賃金制が受刑者の改善・社会復帰に効果的であるとしてこれを肯定する学説に分かれる。(37)後者は刑務作業を基本的に自由労働と同様のものと捉える立場から賃金制を主張することになる。

これらのうちどの立場が妥当であり、憲法学的にはそれはどのように根拠づけられるのか。その考察の前に、この問題に関するドイツの議論を次節で検討しておこう。そこでは賃金制を主張する先駆的学説が唱えられ、この問題についての憲法的論議もなされてきているからである。

三　ドイツにおける議論

1　労働報酬の状況

まずドイツにおける拘禁者の労働の現状から確認しておく。一九七六年に制定された現行の行刑法（Strafvollzugsgesetz）は、その二条において「拘禁者が将来犯罪を犯すことなしに社会的責任ある生活を送ることができるようになること」を自由刑の目的として掲げている。(38) そしてその重要な方法として釈放後の就業能力獲得の為に、拘禁者には原則として労働義務が割り当てられる(39)（行刑法三七条一項、四一条一項）。割り当ての際は、拘禁者の能力・嗜好を考慮しなければならず（三七条二項）、職業教育等が適切とされた者にはそれが施される（同条三項）。

このように拘禁者の労働は社会復帰を目的として義務づけられる。そしてこの労働に対しては一定の報酬を得ることが規定されている（四三条一項一文）。これは日本における恩恵的な「賞与金」と異なり、拘禁者はこの労働報酬に対する法的請求権を有するものとされる。(40)

そしてその報酬額であるが、これについては最近、ドイツ連邦憲法裁判所の判決に基づく変更があった。行刑法四三条一項二文は、労働報酬の算定には社会保障法の基準値を基礎とすることとしている。(41) そしてその基準値は、同法二〇〇条一項により「社会保障法第四編第一八条による基準値の五％を基礎としなければならない」と定められていた。ここで社会保障法の基準値とは、労働者及びサラリーマン（Arbeiter und Angestellte）のうち、年金保険のすべての被保険者の一昨年における平均労働報酬のことである。この計算では例えば一九九七年には、旧西ドイツ地域で基準値は五一、二四〇マルクであったので、その五％は二、五六二マルクとなり、月額にすると二一三・五マルクにすぎない。旧東ドイツでは同年の基準値は四三、六六〇マルクでその五％は二、一八四マルク、月額わずか一八二マルクである。

このようにドイツでは日本と異なり労働報酬が法的に請求できるといっても、その額は極めて低額で、月額が自由労働の日給の平均をわずかに超える程度であった(42)。これは前節で見たような、月額報酬が一般労働の日給にも満たない日本よりも僅かばかりましという状態であった。

しかしながら、行刑法二〇〇条一項は不充分な報酬を帰結するものとして、一九九八年ドイツ連邦憲法裁判所によって憲法違反と宣言された(43)。それによって二〇〇条は改正され、現在では基準値は「社会保障法第四編第一八条による基準値の九％」を基礎とすることになった。

これは従来から比較すると、報酬額がおよそ二倍弱になることを意味するが、それが元々極めて低額であったことからすると、若干の改善が見られただけと言っていいだろう。このように日本でもドイツでも、拘禁者の労働報酬はその額からして、一般労働とは遠くかけ離れているのが実状である。

さてこのように拘禁者の労働報酬については、連邦憲法裁判所の判決が関わっている。実はドイツにおいては右の判決だけではなく、当該裁判所がたびたび行刑に関する決定を下し、その制度・実務に影響を及ぼしてきている。よって以下では学説と共に、判例の議論も検討していくことにする。

2　特別権力関係（特別な地位関係）論

そもそも現行の行刑法の制定に、ドイツ連邦憲法裁判所が一定の役割を果たしているのである。まず、受刑者の手紙を差し押さえたことに対する一九七二年の決定(44)が重要である。そこでは「受刑者の基本権も法律によってあるいは法律に基づいてのみ制限できる(45)」とし、立法者に行刑法を制定する義務を説いた(46)。さらに一九七五年の当該裁判所の決定では、行刑法の速《すみ》やかな公布への期待を示し(47)、これらを契機に七六年の同法の制定、翌年の施行へとつながっていくのである。

七二年の決定では、いわゆる「特別権力関係」論を批判し、基本法一条三項による基本権の三権に対する直接的拘束を指摘して、「行刑において基本権が任意にあるいは裁量により制限されうるとすれば、国家権力に対するこの包括的拘束に反するだろう」とし、受刑者の基本権も法律に基づいてのみ制限されうるとしている。しかしそれには但し書きがついており、「可能な限り狭く限定された一般条項」による基本権の制限を否定できないとしている。(48) このことから本判決は、特別権力関係論から決別したものとは、必ずしも言えないであろう。(49)

ドイツにおける今日の憲法学説では、特別権力関係論は「立憲君主主義時代の国法教義」に由来するものとして、(50) 概《おおむ》ね否定的に捉えられている。例えばカネンギーサーはそれを「今日では時代遅れのものである」とし、(51) ヤラスも、公務員や兵役関係等においても基本権の侵害は法律の留保かそれに対立する憲法を根拠にしなければならないとする。(52) さらにドライアーも、特別権力関係に属するとされているものも、互いに異なった法関係であることを指摘し、それらにおいても基本権による原理的拘束は基本法一条三項が指示するところであるとする。(53)

しかし、特別権力関係に代わる内容ないし呼称として、「特別な地位関係（Sonderstatusverhältnisse）」を肯定する論者も多い。例えばシュタークは次のように言う。「特別権力関係」はもはや適切な機能を負わず、明確化の為「特別な地位関係」という中立的な表現を用いる方がよい。この関係に対しても基本法一条三項が妥当し、基本権が適用される。特別な地位関係は憲法の中に根拠が見い出されねばならず、公務員、兵役、代替役務、行刑及び学校がそれにあたる。これらのうち兵役と代替役務には基本法において特別な基本権の制限が規定されている。そしてその他の場合も、特別な地位関係の目的やその背後にある法益等を考慮すれば、行刑において人身の自由、通信の秘密、移転の自由は極めて広範に制限することができる。また公務員は守秘義務に対して意見表明の自由を援用することができない。しかし特別な地位関係における基本権の制限は常に、適合性、必要性、(狭義の)比例性という厳格な基準によってなされなければならない(54)。

以上のシュタークの議論に対しては、「特別な地位関係」における基本権侵害に対しても、法律の留保が適用され(55)、比例原則による厳格な審査がなされるとすると、一般の国民と国家との関係と区別して、「特別な地位関係」という概念を用いる必要があるのかという疑問が生じる。この点、ヘッセはこれらの関係の憲法における重要性を強調して、次のように述べている。

「憲法が特別な地位関係を憲法秩序に取り込んでいるところでは、基本権によって保障された生活関係のみではなく、その特別な秩序の生活関係も憲法にとって重要となる」。そこでは基本権と特別な地位関係の双方が最適な実効性を得るような均衡のとれた位置づけを必要とする。また特別な地位関係は統一的なものではなく、多数の異なった関係であるが、その共通性は国民の一般的地位を変更する点にある。但しその基本権の制限の問題については「国民の一般的地位における場合と何ら異なるところはない。この問題の解決は同じ準則に従わねばならない」とする(56)。

この見解については、基本権の制限の問題が国民一般と同じ準則によって判断されるにもかかわらず、特別な地位関係の共通性とされている国民の一般的地位の変更とは、如何なる意味かが問われねばならないだろう。いずれにせよここでは、シュタークやヘッセにおいても、特別な地位関係における基本権制限の問題が一般の国民と同様に扱われ、またそれに属するとされる諸関係を一律に扱おうとはしていないことを確認する必要がある。これらを踏まえて、この問題は次節**1**項で再びとりあげる。

3 社会復帰の要請

さて、前項で確認したように、連邦憲法裁判所の特別権力関係論批判を契機に行刑法が成立したわけだが、既述のように当該法律は受刑者の「社会復帰」を「行刑目的」と明示している。行刑の目的を社会復帰に置く思想は、一九世紀以来有力となり、ドイツにおいては第二次大戦後行刑改革の指導理念となった。例えば行刑法についての代表的コメンタールは次のように言う。一九四五年以来の改革論議の一貫したライトモチーフは再犯の防止と犯罪者の社会復帰であった。この行刑目的は自由刑の機能を時代に即応した態様で定式化したものである。それゆえ行刑法は、行刑の現状を今日の社会科学を考慮してさらに発展させることを求める改革立法として理解されねばならない。(57)

しかし今日では、社会復帰目的を肯定的に捉える学説(58)ばかりではなく、むしろその限界や弊害が指摘されている。他の行刑法のコメンタールでは、それは次のようにまとめられている。「目的としての社会化、行刑手段としての処遇は、ますます科学的に批判されてきた……処遇モデルへの批判は概略次の三点に要約される(59)」。一つはこれまでの処遇の試みに、あまり効果が認められないことである。二つめはそれは犯罪を個人的欠陥に結びつける理論に還元され、その理論が二重の点で不適当なこと、即ち犯人を全く異質の者とする原因仮設が、何の一般的犯罪理論も生み出さず、またそれが犯人の特定のグループに対する処遇理論としても役に立たず、現実をゆがめるものであることである。三つめは処遇モデルが処罰に余分な抑圧的契機を持ち込むことである。(60)

しかし学説上現在ではこのような批判を受けているにもかかわらず、「社会復帰」は連邦憲法裁判所によって憲法上の要請とされた。行刑法成立以前の一九七三年、いわゆるレーバッハ判決で当該裁判所は次のように述べる。「憲法上、社会復帰の要求は、人間の尊厳を価値秩序の中心とし、社会国家原理に拘束されている共同体の自己理解に適合する。人間の尊厳に由来し、その保護を保障する基本権の主体として、有罪となった犯人は刑の終了後再び共同体に順応する機会が与えられねばならない。犯罪者の側からすれば、社会復帰の利益は基本法一条と結びついた二条一項の基本権から生ずる。……社会復帰はとりわけ共同体自身の保護にも役立つ」[61]。

その後の判例でも、この社会復帰という目的は憲法上の要請として確立していく。一九七七年の判決では終身刑を合憲とする前提として、単なる拘禁から「処遇行刑」への転換とそこにおける社会復帰の要請をあげて、終身刑を宣告された者も自由を獲得する機会があるとしている[62]。こうして終身刑にも社会復帰が目的として憲法上要請されることになったのである。

さらに本節**1**項で触れた一九九八年の判決[63]も、社会復帰の観点から労働報酬の算定基準を違憲としたものである。即ち「行刑において拘禁者に労働義務として課される労働は、行われた労働が適切な評価を受ける場合のみ、効果的な社会復帰の手段となる」。よって、「行刑法二〇〇条一項による労働報酬の算定は、憲法上の社会復帰の要請に反する。……なぜなら拘禁者は自分が実際に手にする報酬によっては、収益労働が生活の基礎を築くのに意義のあることだという最低限の確信も持てないからである[64]」。

この判決については、当時のあまりに低額な労働報酬を帰結する算定基準ゆえに、その上昇が緊急の課題であったことなどから、これを評価する学説もあり[65]、「レーバッハ判決以来のドイツ行刑史における最も重要な判決に確実に属する[66]」とまで言うものもある。しかしその判断基準として従来の社会復帰思想を行刑目的として維持したことについては批判も当然存在する。例えば労働賃金制等を求める論者は、それが社会復帰の信仰を頑なに守っているとして、「一九九八年七月一日の判決は、もはやほとんど死亡宣告されている社会復帰原則のマグナ＝カルタである」と皮肉っている[67]。

さて、以上のように裁判所によって確立した社会復帰について憲法学説の側は、とりわけそれを「一般的人格権」によって基礎づける。即ち「一般的人格権は、個人が社会において固有の責任ある形態の役割を得る機会の獲得を求めるが、これはとりわけ『社会復帰の基本権』として、受刑者に意義のあるものとなる」(68)。そしてこの社会復帰を求める権利は、一般的人格権の中でも「自己決定の権利」の一つとされたり(69)、「人格的展開の基礎条件」を保障するものに分類されたり(70)している(71)。

しかしこの社会復帰を目的とすることへの疑義が、正にその根拠条文の一つである基本法一条一項によって呈されている。ポートレヒは次のように言う。「国家権力は、例えばテロリストの政治的確信による犯罪行為を許容してはならない。しかし国家権力は拘禁施設において、そのような確信を『破壊』してはならない（アイデンティティーの破壊の禁止）」。それゆえ、そのような効果を狙った行刑措置は人間の尊厳に反する。社会復帰の任務もこの人間の尊厳によって限界を画され、社会を傷つける行為を帰結するアイデンティティーであっても、それを放棄させることは正当化されない(72)。

エンダースもこの議論を受けて(73)さらに次のように述べている。「社会国家原理とそれによって要請された社会復帰を背景として理解される『処遇行刑』の概念によって、犯人を社会及びその価値秩序へ誘導する試みと、犯人を社会工学の未熟な客体として機能化し、犯人の主体性を疑問とする『処遇』との間の、極めて危うい綱渡りが今やなされている。人間の尊厳と結びついた目的禁止（Zweckverbot）の思想は、国家行為のそのような目標設定に正にいつでも対立する」「人間の内的領域は、国家に対して閉じられていなければならない(74)」。

このような批判はどう受けとめるべきか。まずポートレヒやエンダースの言う通り、社会復帰の名の下に個人の精神を根本的に改造することを目的とした処遇行刑が行われるとすれば、それは正に受刑者の自律を根元から否定するものであり、人間の尊厳に反することになろう。これはエンダースの言うように受刑者を社会工学の客体としてその主体性を否定するもので、いわゆる「客体定式(75)」からしても基本法一条一項に違反することになる。国家は精神的・倫理的にあるべき人間像を指定して「より良い人間」になることを強制してはいけないのである。(76)(77)

そうすると、受刑者の内的領域の変革を目的としない方法で社会復帰へ導くべきことになるが、これはかなり微妙な問題をはらむことになろう。なぜなら外的行動の矯正は、常にその対象者の内面と関わりを持たざるをえないからである。エンダースの言う「危うい綱渡り」とは、そのような意味として受けとめることができる。そして以上の検討から言えるのは、行刑に「社会復帰」の要素を認めるとしても、それは受刑者の人間の尊厳を始めとする基本権によって当然に限定され、それが侵害されないよう細心の注意を払って行われねばならないことである。次項での賃金制の主張は、主としてこの受刑者の権利の側に立つものである。

4　労働賃金制と「人間の尊厳」

ドイツにおける賃金制の主張は、一九世紀後半ヴァールベルクにより先鞭がつけられ、(78)今世紀になってフロイデンタールによって展開された。そこでは民事訴訟と同様に「行刑も法関係である」とされ、「刑を執行されている国民の法的地位は、罪を犯していない国民の権利から、行刑により適法に削られた権利を差し引いたものであることは、国法的に言って疑いない。換言すれば受刑者の権利は、ほかでもない国民の権利と裁判官が認定した刑の執行をする国家の権利との差である」と定式化される。(79)彼はこのような法理論に基づいて、自由刑から財産刑的要素を取り除き、刑を純化させて「囚人は自らの労働の完全な対価を請求する権利を有する」と主張するのである。(80)

フロイデンタールがこのように受刑者の権利を中心に据えて、厳密な法的思考によって賃金制を論証していった議論は、なお今日でも意義を失っていないように思われる。その後の賃金制の主張はこのような側面の他、刑罰の効果等をめぐって議論が展開される。

行刑法成立以前、受刑者の労働報酬が日本と同様に賞与金制であった時、それは次のように批判されている。「現行制度は受刑者を非社会化へと導く」「今日の賞与金制は、法的請求権などとは無縁に拘禁者をわずかばかりの『時給』で追い払い、業績の増加を促さずに、場合によるとそのうち受刑者の一部をして家族に対する扶養義務も、犯罪の犠牲者に対する補償も、未来に対する備えも考慮させなくする」(81)。また、とりわけ被害者への損害賠償を重視して賃金制を主張するものもある。「刑期終了後の社会復帰に向けた困難な時代に、拘禁中に支払われた損害賠償は大きな負担軽減となり、累犯を防止するものとなりえよう。自由な保護観察の際と同様に拘禁中の刑期においても、刑の目的からして私法上の損害賠償請求権に多少とも公法的性質を敢えて付与すべきであろう。但しそうすると今日の賞与金制は、法的請求権としての労働賃金に変えられるべきことになろう」。そこでは支払われた賠償の程度と刑期を連動させることまで提案されている(82)。

さて、労働賃金制をこのような行刑上の効果の面を論拠として主張するものと異なり、これを基本法において基礎づけようとする試みが判例においてなされている。前項の行刑における社会復帰の要請を憲法上批判する学説は、その根拠を「人間の尊厳」に置いていた。そして賃金制を基本法上において積極的に主張する際も、一条一項が用いられることになる。それは、本節**1**・**3**項でも触れた、一九九八年の行刑法二〇〇条一項を違憲とした判決の、少数意見である。

そこではクルーイス裁判官が判決の結論に同意しながらも、多数意見が憲法の社会復帰の要請のみを基準としたことを批判して、「当法廷は基本法一条一項の観点からして、労働の人間学的意義を無視してはならない」とする。この意義について彼は次のように言う。「人間は——理由はどうあれ——要求される労働と適切な（正当な）賃金との関連が自分にとって原理的に失われてしまう秩序に置かれると、実存的精神状態に問題が生じる。そして客体におとしめられた人間に対する搾取が問題として確認できることは、一九世紀以来我々の社会にとって周知のことである（強調原文）」。それは社会的権力によろうと国家によろうと変わりはない[83]。

即ちここでは、搾取される人間は、精神状態に問題が生じ、またそれは客体におとしめられることであり、「人間の尊厳」を侵害されているとするのである。そしてこの「人間学的状況」は、立法者が基本法一二条三項により行刑上の労働義務を引き出す際も考慮されねばならないとして、次のように賃金制を主張していく。「連邦憲法裁判所は、一九八七年一月一三日の決定[84]で、労働義務と人間の尊厳の密接な関係を認め、不当な労働を排斥した。……正当な報酬についての手がかりは、例えばまず労働協約に基づく賃金が提供してくれるだろう。……労働報酬は真の対価であらねばならない[85]」。

さて、このような「人間の尊厳」に基づく労働賃金制の主張は成功していると言えるだろうか。クルーイス裁判官は一九世紀以来の「搾取」を問題としているところから、マルクス経済学における労働価値説[86]に立つものと推論すると、その場合あらゆる労働者が搾取されていることになり、その「人間の尊厳」の回復は現行経済体制では不可能となる。よってここではドイツの現在の資本主義あるいは「社会的市場経済」体制における賃金水準に報酬が満たない場合を、搾取された状態としていると解される。

さて、そのような場合、精神に問題が生じ客体におとしめられていると言えるだろうか。精神に問題を生じさせるかどうかは搾取の程度にもよろうし、一般の労働契約よりも多少報酬が下回る程度の場合を含めて拘禁者が客体として扱われていると認定するのは難しいように思われる。客体として扱われていると言うならば、現行の行刑においては前項で検討してきたように、むしろ処遇行刑、あるいは「社会復帰」の目的を強制するところに求める方が適切であろう。以上の検討からすると、拘禁者、受刑者という日のあたらない立場にある者の権利を、基本権の根底にある「人間の尊厳」によって救済しようという姿勢は共感できるが、その論証は難しいように思われる。

そうすると、賃金制の主張も憲法の次元では、右の処遇行刑への批判から出発しなければならないであろう。そこでは社会復帰目的の行刑が受刑者の同意なしに行われることが憲法上問題とされていた。それは「個人」の意思やアイデンティティーを何より重視する考え方である。

この「個人の意思の尊重」という立場は、前節で検討した通り、賃金制を主張する吉岡氏の考え方の基本にあると見られるものである。さらに言えば、行刑の効果の面から賃金制を主張する者も、被害者への損害賠償や家族の扶養において、各人の労働能力等に従って多様性即ち「個性」(87)を発揮しうる制度にしようとするものだとも捉えられる。こう見てくると、同じ人権ないし基本権の中核規定でも、日本国憲法一三条前段の「個人の尊重」の方が、拘禁者の労働賃金制を基礎づけるのに適しているように思われる。そこで次節で、この人権の中核規定を中心として、賃金制を憲法上の要請として論証することを試みる。

四　「個人の尊重」による労働賃金制の定礎

1　消極的論証

前節までの検討を踏まえて、本節では日本においては拘禁者の労働賃金制が憲法上要請されていると言えるのかを考察していく。それにはまず賃金制を否定しうる憲法上の論拠を検討することから始めねばならないだろう。

日本国憲法の明文規定としては、一八条の「犯罪に因る処罰の場合を除いては、その意に反する苦役に服させられない」が問題となる。即ちこれを反対解釈して、行刑においては「苦役」を肯定しており、懲役はそのようなものでなければならぬという見解である。ここではまず「苦役」をどう解するかが問題である。これを文字通り「苦痛を感ずる労役」とすると、その苦痛が主観的なものか客観的なものとするかに捉え方が分かれる。主観的なものとすると、苦痛を感ずる程度は人によって異なり、労役の強制自体を苦痛と感じる人も存在するところから、「苦」の字にとらわれる必要はなくなる。(88)

他方これを「通常人が多少とも苦痛を感ずる程度の労役(89)」として客観的に捉えるものもあるが、その場合も憲法一八条は、犯罪の処罰の場合は必ず「苦役」を課さなければならないことを命じているわけではないことを指摘しなければならない。この前提の下で現行の「懲役」をどのような刑罰と解すべきか。(90)

これを考える場合、第二節で記したように、懲役において強制される刑務作業とほとんど同様の扱いを受ける「請願作業」が、禁錮・拘留受刑者、被勾留者によってなされていることが重要である。これは禁錮・拘留受刑者にとって刑の一部ではないし、未決の被勾留者にとっては断じて刑罰であってはならない。そうすると「懲役」が禁錮や拘留と異なるのは、単に労働を強制するということだけだと解さねばならない。(91)さらに第二節でも見たように、刑罰としての刑務作業の目的は、社会復帰のほか所内の規律維持等様々なものがあったが、苦痛の付与自体を目的として肯定するものは今日ではほとんど見当たらない。あえて言えば「懲役刑において作業が刑罰内容の一部として強制される点(92)」が苦痛なのであり、懲役制度はそれを超えて、強制される労働が一般労働より苦痛であることを求めるべきではないのである。

次に問題となるのは、賃金請求権のみならずおよそ拘禁者の人権を法律の根拠なくして制限しうるとする「特別権力関係」論である。前節**2**項で概観したように、これはドイツでは概ね否定的に捉えられているが、それに代えて「特別な地位関係」論を主張する学説が存在する。周知のように日本でも同様に「伝統的な特別権力関係論の説く法原則は、到底そのままでは通用しえない(93)」とされている。しかしそれは「特別な法律関係」「特別な公法関係」など、やはり名称・内容を変えて維持されている。そこでは人権制限は特別の法律関係を維持するのに必要最低限のものでなければならない、とされてはいる。しかし「従来、特別権力関係理論が典型的な形で適用された[94]」在監関係においては、「憲法が在監関係とその自律性を憲法的秩序の構成要素として認めていること[95]」を理由に、法律の明示なしに基本権が制限される[96]と言われる。これによって賃金請求権は否定すべきものとなるのだろうか。

　特別権力関係論を広く検討し、おそらく最も徹底的な批判を加える論者は、結論的に次のように言う。「本来、公法上の特別権力関係とされている諸法関係を、一般的に公権力の特殊な発動関係とすること自体が、基本的に誤っているものと考えられるのである（強調原文）」。このように言う論者も、一般権力関係と異なる内部規律的法律関係が存在することは認める。しかしそれらを一括して特別権力関係とすることを排斥するのである。「そこでの公法原理を一般的に論じることは否定されなくてはならない」のであり、公権力が一方の当事者であろうと私人相互であろうと「それぞれに具体的な法原理を究明しなくてはならないのである[97]」。

　前節で検討した通り、ドイツにおいては「特別な地位関係」論を肯定する者も、そこにおいては一般市民と同様に基本権が妥当するとし、またそれらを一律に扱うことを否定していた。これを右の日本の学説と比較すると、当該関係に属するとされるものの法関係を、一括して論じることを否定する点では共通していると言える。即ち、公務員、在監、国立大学等の様々な関係を一律に捉えることの無意味さの認識は共通して存在するのである。これらには、一般の国民の法関係とは違う要素があるかもしれない。しかしそれらは、各々互いに異なった性質のものである。それらを十把一絡《から》げにせずに、「個別的に[98]」法的関係を考察していかなければならない。

　そうすると、刑務所における在監関係も、刑罰の執行のあり方として固有の法関係を究明していかなければならないことになる。そしてその場合重要なのは、ドイツの学説に一致して見られるように、「特別な法律関係」等であっても法治主義、基本的人権の要請は一般と変わらないことであり、それが制限されるとしたら刑の執行に伴う何らかの正当化が必要だということである。そして既述の憲法一八条及び現行の「懲役」制度の考察からすると、日本国憲法において、拘禁者が憲法二七条二項を基礎とする法律に則り定められる一般労働者と同様の労働賃金を請求する権利を積極的に否定する論拠は、存在しないことになる。

2　原則規範・解釈基準としての憲法一三条前段

さてそれでは、以上のような消極的論証を超えて、憲法上「労働賃金制」を積極的に主張することは可能だろうか。筆者はこれを展開しようとすれば、人権の中核規定である日本国憲法一三条前段の「個人の尊重」を中心に据えるべきだと考える。前節のおわりにドイツ連邦共和国基本法の「人間の尊厳」単独で賃金制を論証することは困難であると述べたが、「個人の尊重」は拘禁者の労働賃金制を支持するより強い論拠となり、当該規定による人権解釈により、賃金制を憲法上の要請として基礎づけることができるのである。

これまで諸々の論文でくり返し述べているように、「人間の尊厳」の「人間」は類概念としての意味を持ち、そこから何らかの一般的抽象的な人間像を想定することが可能となる。実際そこでは理性や人格を基礎とする理念的人間像が呈示され、（少なくとも伝統的見解においては）それは「個人主義」と対立するとされている。それに対して「個人の尊重」の「個人」という主体規定は、必然的に「個性」を伴う存在を意味し、個性とは各人の違い即ち「多様性」を本質とする。(99) これを「尊重」するということは、様々に異なる各人の性質とそれに基づく多様なあり方をどこまでも尊重する「個人主義」を意味する。そしてこのような「個人の尊重」こそが、懲役・禁錮等の刑の枠内においても受刑者が個性を発揮しうる基礎としての「賃金制」を要請するものだと言える。

しかしながら、「個人の尊重」は人権条項全体の指導理念であり、個々の具体的な問題に直接適用するには問題があろう。一三条前段は人権の中核規定であるからこそ、その内容が他の人権条項と比較して抽象的なのであり、それゆえ多くの学説では第一節で述べたように、「個人の尊重」を原理・原則規範と捉えている。これに対して、これを主観的権利としての人権であると主張する有力な学説も存在する。しかし筆者は現在のところ、「個人の尊重」は客観的法規範にとどまるべきであり、主観的権利性を認めるべきではないと考えている。紙幅の都合上詳しく論じることはできないが、以下私見を示していきたい。

筆者は旧稿(100)で、「人間の尊厳」の権利性について考察し、結論としてはそれを主観的権利としての基本権であることを認めた。そこで検討した基本法一条一項の権利性を否定する学説が根拠として挙げていたのは、人間の尊厳の内容は二条以下の基本権条項によって保障されており、一条一項を基本権と認める必要はないこと、人間の尊厳は絶対的性質を持つはずだが、基本権であるとするとその相対化の危険があることなどだった。これに対して筆者は、人間の尊厳の絶対性を保持する為に厳格な限定解釈を採ることを条件に、その基本権性を認めた。そしてそのような限定解釈の下でも、他の基本権には含まれない固有の保護領域が一条一項に存在すること、またその侵害が他の基本権侵害と重なる場合でも、「人間の尊厳違反」とされると、基本法一条の改正が明文で禁止されているところから、他の基本権侵害とは法的帰結が異なり、一条一項違反を認定する実益が存在することなどを論じた。

この議論との比較において、日本国憲法一三条前段に、主観的権利性を認めるべきか否かを考察していくことにする。そしてその場合、まず指摘しなければならないのは、「人間の尊厳」は(エンダースがこれを「人間が権利主体であることの正当性」としているように(101))自由の前提ないし基盤でありうるのに対して、「個人の尊重」は、個人の意思、個性、多様性の尊重という、自由ないし人権の内容そのものの構成的要素であることである。それゆえ前者においてはそれは個人の自由と直結するとは限らず、現にドイツ連邦憲法裁判所の判例において基本法一条等から引き出された「共同体拘束的人間像」は基本権の制限や義務の根拠として用いられてきたし(102)、学説においては一条一項から人間の「動物の保護」の責任を主張するものさえある(103)。それに対して後者の「個人の尊重」は、各自の個々の意思を何よりも重視し、自由ないし人権の主要な内実である自己決定の契機と必然的に結びつく(104)。

そして「人間の尊厳」は、自由そのものとのズレゆえにこそ、独自の保護領域を持つと考えられる(105)。しかし自由の内実と必然的に結びつく「個人の尊重」は、自由権の各条項においてその内容が具体化されていると言える。そしてそれらの条項でカヴァーできず、しかも「個人の尊重」に不可欠な法益は、幸福追求権による「新しい人権」を認める方法で保障すればよい。このように見てくると、「個人の尊重」に独自の保護領域を認める必要はなくなる。

さらに人間の尊厳は、既述のように憲法改正からも明文で保護されていることから、その違反は二条以下の基本権侵害とは異なった法的帰結をもたらすが、個人の尊重の場合は明文上のそのような違いは存在せず、他の条項と保護領域が重なった場合ことさら「個人の尊重違反」とする実益に乏しい。さらに付け加えれば、基本法一条一項は「尊厳」という荘重な価値を規定しているところから、その絶対性より、保護領域を厳格に限定することが要請される。しかし個人の「尊重」は、例外を一切許さない絶対的なものではなく、それゆえそれを主観的権利と認めると、その保護領域は際限なく広がる危険性がある。

以上の考察より、「個人の尊重」は多数説の通り、客観的原則規範と捉えるのが妥当である。

さて、憲法一三条前段が客観的法規範であっても、それが実定法上無意味ではないことは言うまでもない。この点で示唆を与えてくれるのが、ドイツにおける基本権の客観法的機能である。周知のように連邦憲法裁判所はリュート判決以来、基本権を一般法の解釈・適用に影響を与えるものとしてきた。そして基本法自体を基礎づける「人間の尊厳」は、解釈基準として諸々の基本権に影響を与えてきた(106)。あるいはそれは二条以下の基本権と明示的に結合して、「一般的人格権」等の基本権を創設した(107)。

人間の尊厳と同様に人権・基本権の中核規定である「個人の尊重」にも、同様の機能を付与することが可能である。しかし、ドイツのような明示的規範結合の方法は、日本ではなじみが薄く受け入れられ難いだろう。それよりは憲法一三条前段を、各人権条項の解釈基準として機能させるのが妥当と思われる。これは例えば一三条後段の「幸福追求権」によって新しい人権を保障していく際、「人権のインフレ」とならないようにそれが同条前段の要請からして不可欠かを検討していく(108)、というように、既に黙示的にでも行われていることであり、新奇なものではない。

既述のように「個人の尊重」は自由の内実を表しており、人権各条項はこれを具体化したものとも見ることができる。これを踏まえれば、解釈基準としての一三条前段のあり方も、自ずと明らかになる。それは多くの人権、とりわけ自由権条項においては、既に規範内容として含まれており、それゆえそれらの適用にあたっては通常「個人の尊重」は自明の前提であって、わざわざそれを持ち出す必要はない(109)。しかしそれが明確でない条文、あるいは問題解決にあたってそれが忘れ去られている時、人権条項の背後にある「個人の尊重」の原則を顕現《けんげん》させなければならないことになる。

3　積極的論証

それでは、労働賃金制に関わる直接の憲法上の条文は何か。日本国憲法において刑罰のあり方を規定しているものとしては、一八条、三一条、三六条が挙げられる。これらのうち、ここで考察の中心としなければならないのは三一条である。それは学説上、適正手続のみならず刑罰の実体についてもその適正を要求していると解されており、(110)広く「刑事の領域に関する基礎的な一般的規定」(111)とされているからである。

このような認識を共有しながらも、憲法学はこれまで刑罰のあり方、(112)とりわけ拘禁者の扱いについては、それを特別権力関係論ないし特別な法律関係論との関連において取りあげる以外は、充分な体系的検討が行われてこなかったように思われる。これが憲法学の課題であることは疑いないが、その考察にあたっては正に、人権の中核規定である「個人の尊重」を指導理念として顕在化させる必要がある。

受刑者は、第一節で触れたように権力関係において最も弱い立場に立たされるだけではない。反社会的人間として、その人格をまるごと否定されがちである。そこでは受刑者の「個性」は犯罪を惹起するものとして「矯正」の対象となり、その「尊重」などはおよそ考えられることはない。即ち受刑者は「個人の尊重」を最も否定されやすい状況に置かれるのである。

しかしながら、受刑者の個性は、犯罪行動に結びつくもののみではない。人間は複合的な存在であり、各人の個性には犯罪と関係ないものも数多く包括されている。行刑においても少なくともその側面は尊重されなければならない。即ちそこでは受刑者を「人間」として遇するのみならず、「個人」としてその個性を尊重しなければならないのである。

このような現実と理念の大きな乖離《かいり》を克服する為に、憲法三一条に基づいて適正な刑罰を考察する場合は、当該条項の背後にある、人権の中核規定としての「個人の尊重」を解釈基準として顕在化させねばならないのである。行刑を憲法的に検討する際には、常にこのことが銘記されなければならない。

それではこのような枠組みにおいては、受刑者の刑務作業はどうあらねばならないか。その考察にあたっては筆者は、「個人の尊重」の形式的意味と実質的意味を分けて議論していくべきだと考える。即ち「個人の意思」の尊重と、「多様性」の確保即ち、各人が個性を発揮する生き生きした社会の保障である。[113] これは勿論、メダルの裏表にすぎないが、本稿では一三条前段のこの二側面から、拘禁者の「労働賃金制」の積極的論証を行うことにする。

前者の形式的意味、即ち「個人の意思の尊重」は、一三条前段の文言から直ちに帰結されるところである。しかしそれはいついかなる場合でも個人の意思の貫徹を要求するものではない。それを尊重するということは、個人の意思の制限は正当な理由のある例外的事由に限られるということである。これを別の形でより明確に表現しているのが一三条前段を受けた同条後段であり、「公共の福祉」によって正当化される例外的事由以外は、「国民の権利」が保障されるべきことを規定している。[114]

それでは憲法一三条前段のこの側面からは、三一条によって要請される適正な刑罰のあり方は、どのようなものであろうか。まず原則として確認しなければならないのは、科せられる刑罰以外は各受刑者の意思・権利が尊重されねばならないことである。この点で、実務において中心となっている、社会復帰目的の処遇行刑をまず問題としなければならない。前節**3**項で検討したように、ポートレヒやエンダースは、社会復帰の為の処遇行刑においても、個人の内面に立ち入ることを否定していた。これをつきつめれば、吉岡氏の言うように、処遇に参加するかどうかの決定も受刑者自身が行うことになろう。これは徹底した個人主義の考え方である。

しかし、刑罰が社会防衛を目的とする限り、[115] 刑罰の要素から社会復帰の要素を取り去ることは妥当ではないように思われる。[116] 個人の尊重は人間の尊厳と異なり、他の利益との比較衡量を許さない絶対的なものではない。但しそれは、課せられた刑罰の範囲で行われねばならない。自由刑であったら、例えばそれは拘禁施設内での生活における非強制的な配慮によってである。処遇目的より、個人の尊重に基づく受刑者の人権が優先するのである。権利の制限が正当化されるのは、科せられた刑罰に必然的に伴う措置のみである。

そうすると、刑務作業においては、それによる社会復帰目的の効果如何に先行する議論として、懲役受刑者における作業の強制と、拘禁上の必要に伴う職場の限定以外は、受刑者は一般の国民と同じ権利を有することを確認しなくてはならない。それゆえ禁錮・拘留受刑者は勿論、懲役受刑者も労働を強制されること以外は、通常の労働者と同じに扱われるべきことになる。よって憲法二七条二項に基づいて定められている法律が刑務作業にも適用され、それらに則り約定されている賃金、即ち一般労働者と同等の賃金を受刑者も得る権利を有することになるのである。

さて、憲法一三条前段のもう一つの側面、即ち「個人の尊重」の実質的意味である、各人の多様性が確保されその個性を発揮しうる状況の実現の要請からすると、適正な刑罰のあり方としての刑務作業の態様、とりわけその報酬という問題はどのように考えるべきか。この考察にあたってはまず、現行の「賞与金制」が如何なる事態をもたらしているかを確認する必要がある。第二節で述べたように、刑務作業の報酬はすべて国庫に帰属し、拘禁者には原則として釈放の際、極めて低額の報酬が与えられるにすぎない。しかもこの報酬も紀律違反を理由に「一部又ハ全部」を削減されることもありうるのである。

これでは、刑務作業において拘禁者に意欲がわかないのは当然だろう。賃金制に反対する重要な根拠として持ち出される作業の低能率・低生産性は、これを主要な契機としていると思われる。そしてやる気のない拘禁者を所内の懲罰で脅して作業に向かわせる姿は、正に受刑者の個性の無視と、その結果としてもたらされる沈《ちん》鬱《うつ》な状況を表している。

言うまでもないことだが、受刑者は犯罪を犯したということでは共通していても、その置かれている事情は様々である。例えば家族関係、経済状態、被害者への責任など。また受刑者各人の個性も様々であり、その中の重要な要素として、労働に関する嗜好、能力が含まれる。

一般の人々はこのような自らの置かれた状況、労働への嗜好と能力を勘案して自主的に職場を選ぶ。そして多くの人にとっては、自らの生活時間の多くがこの労働に占められている為、それは本人にとって主要な自己実現の場である。そしてその成果等に基づいて得られる収入は、正に本人の個性の結晶である。

「個人の尊重」を基準として適正な刑罰のあり方を採れば、刑務作業も、このような多様な自己実現をもたらす個性の発揮の場としての一般労働に近づけていかなければならないことになる。ただ通常の労働者と異なるのは、懲役受刑者に働かないという選択は許されないということのみである。そうすると、吉岡氏の言うように、外界での労働を基本とし、拘禁確保のため終日施設収容が必要な者だけ所内での作業を設定し、職種も受刑者の意思を尊重すべきことになる。そして一般的に労働においてとりわけ重要なのはその報酬であり、受刑者も各人の職種と成果に応じた賃金の正当な報酬を受け取る制度、即ち「労働賃金制」が採用されるべきである。

そしてその金銭は勿論、刑務所にいる時から定期的に支給されることになる。その場合、行刑にかかる費用をどれだけ受刑者に負担させるかは議論のあるところだが、完全な賃金制を採る以上、生活費の支払いは義務づけるべきだろう。そして残る賃金収入は、受刑者各人の違いに応じて支出されることになる。

一般的には、まず刑務所内の生活に必要な物品の購入が考えられるが、これは画一的な刑務所生活を、多少とも各人の嗜好に応じた個性あるものにする物質的基礎となる(117)。その支出は後述の被害者への賠償の責任等を負っている者でも、生活保護法の適用を受ける場合の支給額から所内での生活費を引いた額までは、許容して良いと考えられる。

その他の用途としては、扶養家族を抱えている者は、その者へ送金をすることになり、被害者への損害賠償の義務がある者は、その支払いにあてることになる。また出所後定職が見つかるまでの生活のために、貯蓄の必要もある。それらは受刑者によって異なってくる。例えば他に扶養義務者がいない扶養家族を多数有する者はその送金が主となり、重大な犯罪等により多額の賠償義務を課せられている者は、その支払いに多くを割くことになる。(118) そしてこれは正に受刑者各個人の事情の違いに応じて決めていくことになる。(119)

このようにして、ある者は自分の家族を養うため、またある者は被害者に賠償金を少しでも支払うことを目的に、そして他の者は出所後の生活の安定を目指して、自己の能力を最大限に生かして働き、それに応じた収入を得る姿こそ、受刑者の個性が刑の範囲内で発揮される、生き生きした状況ではないか。このようにして受刑者が各々の個性と置かれた事情によって、互いに異なった刑務所生活を構想することを可能にしていくことこそ、正に憲法一三条前段の「個人の尊重」が求める適正な刑罰のあり方なのである。

4　労働賃金請求権の法的性格

以上、憲法一三条前段を基準として三一条を解釈すれば、「個人の尊重」の形式的意味からも実質的意味においても、二七条二項を基礎とする法律に基づき定められる、一般労働と同様の賃金を拘禁者も請求する権利を有する「労働賃金制」を帰結することが示された。それではこの請求権の憲法上の性質はどうなるのだろうか。

本稿では憲法一三条前段は主観的権利ではなく客観的法原則であることを前提としている。しかしながら「労働賃金制」の要請の直接の根拠は憲法三一条である。即ち「個人の尊重」は三一条の背後にあって、その解釈を指導する基準としての地位にある。そして憲法三一条の、刑事法における適正さの要求は、人身の自由の一般的規範として、三権を直接拘束する。(120) よって賃金制に基づく要請は憲法三一条の主観的権利としての人権の一内容である。

そして賃金制は、拘禁者の労働も刑の範囲で可能な限り一般労働と同様の扱いをしようとするものであるから、各人の報酬額は職種等によって変わってくることとなる。具体的には厚生労働省の統計により算定される産業ごとの平均労働賃金等が一つの基準となり、それと同等の額を定めることになろう。また施設内外での私企業における労働を認める場合は、その企業の一般就労者と同じ約定賃金が支払われることになる。[121]

以上のような仕組みが法制度として整えば、拘禁者の賃金請求権が充全の意味で法的保護を受けることは言うまでもない。そしてそのような制度が存在せず、一般労働の賃金よりも明確に低い報酬[122]しか支給されない場合の法的救済手段としては、憲法一七条に基づく国家賠償法による損害賠償請求によって、このような立法の作為ないし不作為の違憲性を問うことになる。そしてその際、憲法一三条前段の「個人の尊重」を解釈基準とする憲法三一条によって、現行監獄法等関係法令の作業収入等に関する規定が憲法違反であることを主張していくことになろう。

五　おわりに

以上、日本国憲法一三条前段の「個人の尊重」により、「労働賃金制」が定礎され、拘禁者は賃金請求権を有することが示された。受刑者の人権の次元の議論としてはこれで充分と思うが、その過程で示唆されたのは、労働賃金制が、拘禁者の社会復帰や被害者への賠償といった、刑事政策的見地からもより良い効果が期待できることである。

即ち、扶養者への送金が可能になり、家族との紐帯が保たれる。また出所後のための貯蓄は、定職を得るまでの生活を支え、再犯の可能性を減少させる。[123]そして自己の労働に応じた正当な収入を得ること自体が、労働の意義を真に受刑者に体得させることになろう。

また、自由刑はこれまで、被害者への賠償に障害をもたらしてきたとされるが、これも刑務所にいる間に労働賃金を得て、それを賠償に用いることができるようになれば、この障害もなくなる。第一節で言及したように、近年犯罪被害者の立場からの施策を求める声が強まっているが、その中で犯人と被害者の関係修復を中心とした刑事政策も唱えられてきている。「労働賃金制」が実施され、早期の損害賠償が現実のものとなれば、被害者も癒《いや》され、加害者との関係修復も容易になるであろう。

このように、拘禁者の労働賃金制は、憲法上の要請であるのみならず、受刑者各人の個性が刑の範囲内で生き生きと発揮される状況をもたらすことにより、犯罪者の社会復帰や被害者への早期賠償・和解に大きく貢献するものと思われる。これに対しては、第二節で記したように、現在の刑務所の低い生産性からして、賃金制が実施されても多くの者が生活保護を受けることになり、そのような状況は生まれない、という反論があろう。しかし既述のように、現行の生産性を基準としても、受刑者一人あたりの生産額はかなりのものになるという計算もある。筆者は、現行の生産性が仮にそれ程のものでないとしても、賃金制の導入により労働意欲が刺激され、生産性は高まっていくと考えている。しかし当初は、受刑者が従来の「賞与金制」に長年慣れてきていることにより、直ちには拘禁者の意欲は高まらないかもしれない。

しかしながら筆者は、仮に当初は相当の収入を得る者が少数であっても、労働賃金制は導入すべきであると主張する。各人の個性が多様な展開を見せる生き生きした状況が直ちに現実のものとならなくても、将来各個人がそれを少しずつでも実現していくことを期待して、その可能性を保障することこそが、「個人の尊重」を中核とする人権の、そして日本国憲法の要請だからである。

（1） 労働賃金制の対象は何よりも「受刑者」であるが、本稿の標題等で「拘禁者」という言葉を用いるのは、「刑務作業」が、懲役、禁錮、拘留受刑者の他、未決の被勾留者の作業も含むものとして使われている（「勾留」は刑ではないので用語上は問題がある）からである。

（2）　粕谷友介「憲法一三条前段『個人の尊重』」法教八九号（一九八八）一五―六頁、根森健「人権としての個人の尊厳」法教一七五号（一九九五）五五頁、同「人権の基本原理としての『個人の尊厳』」憲法理論研究会編『人権保障と現代国家』（一九九五）八九頁、青柳幸一「『個人の尊重』規定の規範性」ドイツ憲法判例研究会編『未来志向の憲法論』（二〇〇一）七七頁。
（3）　宮沢俊義『憲法Ⅱ〔新版〕』（一九七一）二一三頁、種谷春洋「個人の尊厳と生命・自由・幸福追求権の概念」芦部信喜編『憲法Ⅱ人権⑴』（一九七八）一三四頁、芦部信喜『憲法学Ⅱ』（一九九四）三三九頁、佐藤幸治『憲法〔第三版〕』（一九九九）四四四―五頁、辻村みよ子『憲法』（二〇〇〇）一八七―八頁等。
（4）　大学の講義においてこれに類似したことを痛感した筆者の体験として、拙稿「外国人労働者の人権」法セミ四六〇号（一九九三）四六―七頁参照。
（5）　この他に、作業時間外に一定の条件で希望者に許される「自己労作」があるが、これは刑務作業に含まれず、収益は自己のものとなる。
（6）　平成一四年版犯罪白書一二〇頁。
（7）　但し監獄法施行規則七六条に基づき、刑務所にいる間に賞与金を一定の限度で、家族への送金、被害者への賠償あるいは物品の購入にあてることができる。しかし作業賞与金自体が極めて低額であることから、多くの受刑者にとっては微々たるものにすぎない（参照、菊田幸一『受刑者の人権と法的地位』（一九九九）一八三―四頁）。
（8）　平成一四年版犯罪白書一二〇頁。
（9）　森下忠『刑事政策大綱〔新版第二版〕』（一九九六）二三三頁参照。
（10）　正木亮『刑事政策汎論』（一九三八）四一八頁。引用では新字体、現代かなづかいに改めた。以下同様。
（11）　同四二五―六頁。
（12）　同四二六頁。
（13）　正木亮『行刑上の諸問題〔増補版〕』（一九五八）一五〇―一頁。
（14）　同一四八―九頁。
（15）　同「増補版の序」二頁。

(16) 拙稿「『個人の尊重』の意義――ドイツにおける『人間像』論を検討して――」時岡弘先生古稀記念『人権と憲法裁判』(一九九二)四二一―五三、六七―八頁、同「自己決定と『人間の尊厳』――本人の決定に対立する『尊厳保護』の問題について――」東亜法学論叢六号(二〇〇一)八四―七頁、同「『人間の尊厳』は基本権か――基本法一条一項の権利性について――」兵庫教育大学研究紀要二二巻第二分冊(二〇〇二)五一頁。
(17) 正木・前掲注(13)「増補版の序」二頁。
(18) 実務家によって書かれたもので、社会復帰を刑務作業の主な目的とするものとして、藤井武彦「刑務作業」朝倉京一他編『日本の矯正と保護 第一巻 行刑編』(一九八〇)一一三頁、法務省矯正局「矯正の現状」法曹時報四七巻四号(一九九五)一三五頁。
(19) 宮本恵生「刑務作業と職業訓練」大塚仁・平松義郎編『行刑の現代的視点』(一九八一)一〇三―五頁。
(20) 大谷實『刑事政策講義〔第三版〕』(一九九四)二六二頁。
(21) 森下・前掲注(9)二三三頁。
(22) 大谷・前掲注(20)二六四頁。但し森下氏は禁錮・拘留受刑者の作業については賃金制を採用することは可能だとする。しかし刑務作業の生産性の低さから、矯正処遇の理念に適合しない状況となるのを懸念している(森下・前掲注(9)二三五頁)。
(23) 大谷・前掲注(20)二六四―五頁。また「刑務所の生活全体を総合的な矯正処遇の過程とみるとき、刑務作業だけを自由労働としてこの過程からきりはなして考えるのは適当でない」(平野龍一『矯正保護法』(一九六三)七三頁)とするものもある。
(24) 前野育三『刑事政策論〔改訂版〕』(一九九四)二一九―二一頁。そこでは賃金制の人権としての側面にも言及されている(同二一九頁)。
(25) 吉岡一男「『犯罪者処遇』をこえて」(一九九〇)『刑事制度論の展開』(一九九七)二三八頁以下参照。
(26) 吉岡一男『刑事制度の基本理念を求めて』(一九八四)四二頁。
(27) 同五―一八頁。
(28) 同七七頁。

(29) 同八八―九頁。
(30) 吉岡一男「刑務作業の問題点」(一九七五)『自由刑論の新展開』(一九九七) 一三七頁。
(31) 吉岡一男「刑罰労働と賃金制」(一九八五)『自由刑論の新展開』一六九頁。
(32) 吉岡・前掲注(26)九〇頁。
(33) 同九五頁。
(34) 吉岡一男「監獄法改正と刑務作業」(一九七六)『自由刑論の新展開』一四九―五四頁。
(35) 同一五一、一五三頁。但し「餓死寸前の者には、それなりの福祉的措置が講じられることは予想される」(同一五三頁) としている。
(36) 勿論これは二律背反のものではない。「社会復帰処遇が刑罰の人道化に寄与した事実も否定できない」(福田平「社会復帰処遇は時代錯誤か」刑政九四巻九号 (一九八三) 七九頁)。
(37) 理論的には、社会復帰の為の処遇としての行刑においては、その目的に効果的ならば報酬において一般国民の労働より優遇する制度も考えられうる。
(38) ドイツでは自由刑は単一であり、日本のように懲役と禁錮のような区別はない。
(39) 六五歳以上の者や妊婦及び授乳中の母親の一部には適用されない (行刑法四一条一項三文)。
(40) Rolf-Peter Callies/Heinz Müller-Dietz, Strafvollzugsgesetz, 6. Aufl., 1994, § 43 Rn. 1.
(41) 但し業績などを考慮して段階づけすることは可能としている (行刑法四三条二項)。
(42) 一九九七年の旧西ドイツでは、基準値は本文で記したように五一、二四〇マルクで、日給にすると二五〇で割って (行刑法四三条一項参照)、約二〇五マルクである。同様に旧東ドイツ地域は約一七五マルクとなる。拘禁者の労働報酬の月額はこれらを少しばかり上回るにすぎなかった。
(43) BVerfGE 98, 169. この判決については拙稿「拘禁者の労働報酬」自治研究七六巻七号 (二〇〇〇) 参照。
(44) 同決定では通信の秘密を保障する基本法一〇条一項違反の主張は認めず、侮辱的内容を含むゆえに手紙を差し押さえたことを五条一項に反するとした (BVerfGE 33, 1 [11 ff.])。
(45) BVerfGE 33, 1 [9].

(46) BVerfGE 33, 1〔10〕.

(47) BVerfGE 40, 276〔284〕.

(48) BVerfGE 33, 1〔10 f.〕.

(49) 参照、室井力「受刑者の基本権の制限と法律の留保」ドイツ憲法判例研究会編『ドイツの憲法判例』（一九九六）二三一頁。

(50) Christian Starck, in: von Mangoldt/Klein/Starck, Das Bonner Grundgesetz, Bd. I, 4. Aufl., 1999, Art. 1 Rn. 255.

(51) Christoph Kannengießer, in: Schmidt-Bleibtreu/Klein, Kommentar zum Grundgesetz, 9. Aufl., 1999, Vorb. vor Art. 1 Rn. 23.

(52) Hans D. Jarass, in: Jarass/Pieroth, Grundgesetz für die Bundesrepublik Deutschland, 6. Aufl., 2002, Vorb. vor Art. 1 Rn. 39 a.

(53) Horst Dreier, in: derselbe（Hrsg.）, Grundgesetz, Kommentar, Bd. I, 1996, Art. 1 III Rn. 47, Vorb. vor Art. 1 Rn. 84. 但しドライアーは、「特別な地位関係」において、より強く自由が制限されることを認めている（Ebenda, Art. 1 III Rn. 47）。

(54) Starck, a. a. O.（Anm. 50）, Art. 1 Rn. 258 f.

(55) Vgl. ebenda, Art. 1 Rn. 256.

(56) Konrad Hesse, Grundzüge des Verfassungsrechts der Bundesrepublik Deutschland, Neudruck der 20. Aufl., 1999, Rn. 323-7. 阿部照哉他訳「西ドイツ憲法綱要」（一九八三）一六七―九頁（但し邦訳は一三版のものである）。

(57) Callies/Müller-Dietz, a. a. O.（Anm. 40）, Einl. Rn. 16.

(58) ミューラー＝ディーツは、社会復帰に対する懐疑が北米等で示されているにもかかわらず、「行刑から〝再社会化〟、社会復帰の発想を取り去ることは出来ず、そのようなことは実現不可能である」としている。ハインツ・ミューラー＝ディーツ、宮沢浩一「ドイツ連邦共和国における行刑改革の発展と展望」刑政一〇四巻六号（一九九三）一八頁。

(59) Johannes Feest, in: Kommentar zum Strafvollzugsgesetz (Reihe Alternativkommentar, hrsg. von Rudolf Wassermann), 3. Aufl., 1990, vor § 2 Rz. 5.

(60) Ebenda, vor § 2 Rn. 6 ff.

(61) BVerfGE 35, 202〔235 f.〕この判決については、小山剛「放送による犯罪報道と人格権」ドイツ憲法判例研究会編・前掲注(49)参照。

(62) BVerfGE 45, 187〔231 f., 238 f.〕. この判決については、日笠完治「終身自由刑と人間の尊厳」ドイツ憲法判例研究会編・前掲注(49)参照。なお、終身刑が宣告されてもその完全な執行は例外的であり、多くは恩赦により釈放されている。

(63) これは拘禁者の労働義務やその報酬及び保険、外部通勤行刑などに関する四つの憲法異義と一つの具体的規範統制に対する判断である。詳しくは拙稿・前掲注(43)一三七―八頁参照。

(64) BVerfGE 98, 169〔201, 212 f.〕.

(65) Guido Britz, Leistungsgerechtes Arbeitsentgeld für Strafgefangene? ZfStrVo 1999, 195〔195 ff.〕.

(66) Frieder Dünkel, Minimale Entlohnung verfassungswidrig!, Neue Kriminalpolitik, 1998, Heft 4, S. 15.

(67) Ulrich Kamann, Das Urteil des Bundesverfassungsgerichts vom 1. 7. 1998 (StV 98, 438) zur Gefangenenentlohnung, ein nicht kategorischer Imperativ für den Resozialisierungsvollzug, StV 1999, 348〔348, 350〕.

(68) Philip Kunig, in: von Münch/Kunig (Hrsg.), Grundgesetz-Kommentar, Bd. I, 5. Aufl., 2000, Art. 2 Rn. 36.

(69) Bodo Pieroth/Bernhard Schlink, Grundrechte Staatsrecht II, 18. Aufl., 2002, Rn. 374. 永田秀樹他訳『現代ドイツ基本権』（二〇〇一）一二六頁（但し邦訳は一五版のものである）。同書では一般的人格権の内容を「自己決定」「自己保全」「自己叙述」の三つに分けている（Ebenda, Rn. 373. 邦訳一二六頁）。

(70) Dreier, a. a. O. (Anm. 53), Art. 2 I Rn. 54. そこでは一般的人格権の保障内容は、「自己決定」「自己叙述」「自由な人格的展開の基礎条件」に分類されている（Ebenda, Art. 2 I Rn. 50）。

(71) その他、ヤラスは社会復帰の権利を「社会国家原理が援用された一般的人格権」から生じるとし（Jarass, a. a.

O. (Anm. 52), Art. 2 Rn. 53)、ブロックマイヤーはその要請は「社会国家原理と結びついた人間の尊厳の不可侵性」から判例上生じたとする (Hans Bernhard Brockmeyer, in: Schmidt-Bleibtreu/Klein (Hrsg.), a. a. O. (Anm. 51), Art. 20 Rn. 53)。

(72) Adalbert Podlech, in: Kommentar zum Grundgesetz für die Bundesrepublik Deutschland (Reihe Alternativkommentar, hrsg. von Rudolf Wassermann), Bd. 1, 2. Aufl., 1989, Art. 1 Abs. 1 Rz 37.

(73) Christoph Enders, Die Menschenwürde in der Verfassungsordnung, 1997, S. 85.

(74) Ebenda, S. 465.

(75) 客体定式とは、「具体的な人間が、客体、単なる手段、代替可能な存在におとしめられるとき」、人間の尊厳が侵害されるとするものである (Günter Dürig, Der Grundrechtssatz von der Menschenwürde, AöR 81 (1956), 117 〔127〕)。

(76) Vgl. Günter Bemmann, Zur Reform des Strafvollzugsgesetzes, ZfStrVo 1999, 204 〔204〕.

(77) そうすると、ドライアーが社会復帰の要請を、未成年者の債務の制限や自らの血筋を知る権利と共に、人格的展開の基礎条件としての一般的人格権と位置づけている (Dreier, a. a. O. (Anm. 53), Art. 2 I Rn. 54) ことには問題がある。彼自身はいわゆる基本法の人間像論についてその倫理的哲学的見解との結びつきとそれに伴うイデオロギー性を批判し、「基本法は『人間像』という言葉を知らない」としている (Ebenda, Art. 1 I Rn. 99)。しかし未成年の債務の制限等が外的条件なのに対して、社会復帰は個人の内面に関わってくる。そうするとそれを人格的展開の基礎条件とすることは、人格的展開を行える倫理的人間像を想定していることになるのではないか。

(78) Hofrath Wahlberg, Das Recht der arbeitspflichtigen Sträflinge auf einen Antheil an dem Arbeitsertrage, Zeitschrift für das Privat- und öffentliche Recht der Gegenwart, Bd. 11, 1884, S. 349 ff.

(79) B. Freudenthal, Der Strafvollzug als Rechtsverhältnis des öffentlichen Rechtes, ZstW 1911, 222 〔222 f.〕.

(80) Ebenda, ZstW 1911, 222 〔239 f.〕.

(81) Robert Schmidt, Zur Neuordnung der Gefangenenarbeit, JZ 1969, 655 〔658〕.

(82) Hans Kühler, Gedanken zur Wiedergutmachung des vom Täter herbeigeführten Schadens während des

Strafvollzuges, JZ 1955, 232〔234〕. これらに対して、「完全な賃金を求めるという理想的要求」がもたらす「大きな困難」を指摘するものもある。即ち今日でも総ての施設で多くの人間にふさわしい労働が準備されているわけではなく、また完全な賃金制は格差を生み出し、新しい階層形成をもたらすとする（Thomas Würtenberger, Reform des Strafvollzugs im sozialen Rechtsstaat, JZ 1967, 233〔240〕)。後者の主張に対しては、賃金は異なっても施設収容期間中に使える分をほぼ同じにすることができるという反論がなされている（ルドルフ・シュミット（宮沢浩一監修　野阪滋男・筑間正泰訳）「将来の行刑における作業と作業賃金」刑政八〇巻八号（一九六九）九〇頁）。

(83) BVerfGE 98, 169〔217 f.〕.

(84) BVerfGE 74, 102〔120 f.〕. そこでは基本法一二条二項及び三項が人間の尊厳と密接な関係を有し、憲法制定者はそれを侵害しうる強制的な動員を禁じているとしている。

(85) BVerfGE 98, 169〔217 f.〕.

(86) カール・マルクス（向坂逸郎訳）『資本論(一)』（一九六九、岩波文庫）七〇―八頁参照。

(87) 「個性」という概念は多様性を本質とする。参照、拙稿・前掲注(16)（一九九二）六八頁、同「『個人の尊重』か『人間の尊厳』か」法の理論一九（二〇〇〇）二〇五―六頁。

(88) 浦部法穂「第一八条」樋口陽一他『憲法Ⅰ』（一九九四）三六七頁。

(89) 法学協会編『註解日本国憲法上巻〔改訂版〕』（一九五三）三九四―五頁。

(90) 参照、杉原泰雄「刑罰権の実体的限界」芦部信喜編『憲法Ⅲ人権(2)』（一九八一）二六五頁。

(91) 参照、吉岡・前掲注(26)二五―六頁。

(92) 宮本・前掲注(19)一〇四頁。

(93) 芦部信喜（高橋和之補訂）『憲法〔第三版〕』（二〇〇二）一〇二頁。

(94) 阿部照哉「特別の法律関係における人権」芦部信喜編・前掲注(3)一二三頁。

(95) 芦部・前掲注(93)一〇四頁。参照、阿部・前掲注(94)一二三頁。

(96) 阿部・前掲注(94)一二二頁。

(97) 室井力『特別権力関係論』(一九六六) 四二三―六頁。
(98) 同四二六頁。なお、小林直樹『憲法講義(上)〔新版〕』(一九八〇) 二九七―八頁も、個別的思考を強調している。
(99) 以上について、拙稿・前掲注(16) (一九九二) 四四―九、六七―八頁、同・前掲注(87) (二〇〇〇) 二〇五―六頁等参照。
(100) 拙稿・前掲注(16) (二〇〇二)。
(101) Enders, a. a. O. (Anm. 73) S. 501 ff.
(102) 拙稿・前掲注(16) (一九九二) 四八―九頁参照。
(103) 拙稿「環境保護と『人間の尊厳』」ドイツ憲法判例研究会編『未来志向の憲法論』(二〇〇一) 一五七―六七頁参照。
(104) 拙稿・前掲注(16) (二〇〇一) 九二頁。
(105) 基本法一条一項独自の保護領域について、参照、拙稿・前掲注(16) (二〇〇二) 五二頁、同「死刑廃止規定と『人間の尊厳』」東亜大学研究論叢二四巻二号 (二〇〇〇) 八、一七頁。
(106) Vgl. Tatjana Geddert-Steinacher, Menschenwürde als Verfassungsbegriff, 1990, S. 136 ff.
(107) ホルスト・ドライアー (拙訳)「人間の尊厳の原理 (基本法一条一項) と生命倫理」ドイツ憲法判例研究会編『人間・科学技術・環境』(一九九九) 七九頁。
(108) 参照、赤坂正浩「人格の自由な発展の権利」法学五〇巻七号 (一九八七) 一二〇三―四頁、拙稿「自己情報の訂正請求権」時岡弘編『人権の憲法判例〔第五集〕』(一九八七) 二六頁。
(109) 例えば表現の自由は、表現行為についての個人の意思及びその多様性の尊重を必然的に含んでいる。
(110) 杉原泰雄「適法手続」芦部編・前掲注(90)九一―五頁、芦部・前掲注(93)二二一―三頁、辻村・前掲注(3)二九〇―一頁。
(111) 佐藤幸治「第三一条」樋口陽一他『憲法Ⅱ』(一九九七) 二六一頁。
(112) 杉原・前掲注(90)二五〇頁は、刑罰権について憲法学はこれまで体系的検討を怠ってきたとする。

(113) これは多様性を規範的に求めるものであり、規範的相対主義の範疇に入るものである。井上達夫『共生の作法』(一九八六)一二、一四頁参照。
(114) 拙稿「死刑と残虐な刑罰」芦部信喜他編『憲法判例百選Ⅱ〔第四版〕』(二〇〇〇)二六三頁参照。
(115) 平野・前掲注(23)六頁。
(116) 平野龍一『刑法総論Ⅰ』(一九七二)二五頁参照。
(117) 前野・前掲注(24)二二〇頁参照。
(118) 同二二一—二頁参照。
(119) この使い道は、本人の完全な自由に任されるのではなく、扶養家族や賠償額等の事情と労務能力に応じて、関係者の話しあいや場合によっては裁判所の決定により、支出割合等を決めることになろう。
(120) 社会権と異なり自由権は三権を直接の名宛人とすることについて、大須賀明『生存権論』(一九八四)九九—一〇〇頁参照。
(121) 参照、吉岡・前掲注(26)二九頁、同・前掲注(34)一五一頁。
(122) 例えば所在地の都道府県が定める最低賃金にも満たない額しか支給されない場合である。
(123) 前野・前掲注(24)二二一頁参照。

4 憲法・民法九〇条・「社会意識」

樋口陽一

一 栗城論文に触発されて

栗城壽夫教授の憲法学は、日本の憲法学の領域で他の追随をゆるさないほどにドイツ語圏——特にドイツ——の学問状況を自家薬籠中のものとしたうえで周到に組み立てられている点に、何よりの特徴がある。もとよりそれは、かの地の学問を——その歴史的背景とともに——正確に理解する点でぬきんでているだけではない。ドイツの学界にむけて彼らの言語で書かれた、教授のドイツ理論研究を知るものにとっては、それ以上の贅言は必要としないであろう。

その栗城教授が、ドイツ理論への造詣をふまえたうえで日本の憲法状況にむけて発言した論稿[1]のなかで[2]、「憲法を国家における社会的共同生活全体のための最高法規、換言すれば、すべての人のための最高法規として理解」することを提唱している。そして、「自律の思想の支配のもとでは、憲法はすべての人によって……現実化されるべき」なのであり、「分野・領域に応じて憲法の規制力が異なる」ことを前提としつつも、「私人相互間の契約も最もゆるやかな程度においてではあるが、憲法を判断基準とする評価に服すると考えるべきである」とのべている。

この論説は、基地の用地買収にかかる契約という、国の私法上の行為と憲法九条の関係が問われた事例の最高裁判決（最三小判一九八九（平元）六・二〇民集四三巻六号三八五頁——百里基地事件）を批判的に点検する見地から書かれたものであった。最高裁判決は、問題となっている国の行為を、まず、憲法九八条一項にいう「国務に関するその他の行為」に当たらないとして、憲法が直接に適用される対象の外に置く(3)。国の私法上の行為という位置づけをそれに与えることによって、民法九〇条が適用される問題場面が、そのようにして設定される。そのうえで、同条の公序良俗違反の要件は、「私法的な価値秩序のもとにおいて、社会的に許容されない反社会的な行為であるとの認識が、社会の一般的な観念として確立している」こと、と定式化される。

このようにして、判例の立場では、民法九〇条の枠組のもとでの「公序」は、もっぱら、行為の反社会性についての「社会の一般的な観念」をきめ手として設定されることとなる。一般的な社会意識ならば、それは多かれ少なかれ政治部門の実行の中にすでに反映しているであろう。現に、判決は、「自衛のための措置やそのための実力組織の保持は禁止されていないとの解釈のもとで制定された法律」の存在に言及して、反社会性の認識が一般化していないと結論している。私人間の関係であっても、およそ「社会の一般的な観念」からして許されないような行為は、もともと、憲法規定の私人間適用という手段にうったえるまでもなく、完結した「私法的な価値秩序」の内部で公序良俗違反とすることができるはずであろう。

憲法価値の私人間関係への導入を、少なくとも三菱樹脂事件が示した建前としての枠組をみとめたうえで一つの課題として考えるならば、「社会意識」へのいわば「丸投げ」によって答を出すことは背理といわなければならないはずである。

（1）一九七五年の日本公法学会（共通テーマ「戦後三十年間における世界の公法学の潮流」）でおこなった総会報告「西ドイツ公法理論の変遷」で、栗城教授は、「公的なもの」と「私的なもの」を峻別して法治国家原理を強調する「旧傾向」と、「公的なもの」を基本的視座に据え社会国家原理と民主政原理を強調する「新傾向」を対置し、そのような「変遷」を積極的にとらえる見方を提示した（『公法研究』三八号、一九七六年――ちなみに、同じ総会報告の枠組のなかで、私は、同教授と並んで「戦後フランス憲法思想の転換」と題する報告を担当する名誉に浴した）。

（2）栗城壽夫「憲法の現実化と裁判所――百里基地訴訟最高裁判決を契機として――」ジュリスト九四二号（一九八九年）四八―三三頁。

（3）もっとも、そのようなこの判決の枠組と、例えば市体育館建設の際の地鎮祭に公費を支出した行為について憲法の政教分離規定との適合性を正面から判断している先例との整合性を、どう理解するかは別の問題である。

二　「社会意識」対「実定法」？

最近の二つの判決を手がかりとしよう。十一ケ月の時間差で、同じ裁判所の同じ部（合議の三裁判官のうち、裁判長を含む二裁判官は共通）で言渡された判決があった。両方とも、女性の従業員（現ないし元）を原告とし、それぞれの勤務先の会社を被告とする第一審の判決である。［Ⅰ］第一の判決（大阪地判二〇〇〇（平一二）・七・三一（平成七年(ワ)第八〇〇九号賃金等請求事件））は原告の請求をすべて棄却し、［Ⅱ］第二の判決（大阪地判二〇〇一（平一三）・六・二七（平成七年(ワ)第一二五六六号地位確認等請求事件））は会社に対する損害賠償請求を一定範囲で容認した。

職場での男女差別の主張を論点とする二つの訴訟で――もとより、事実認定にかかる次元での違いにかかわる相異は別として――、部分的にせよ対照的な結論が導かれたことになる。その限りでの対照をもたらした要因として考えられるもののなかから、ここで一つだけ論点をひき出してみよう。

［Ⅱ］判決は、被告会社における既婚女性差別について、労働基準法という制定法で認められた具体的な権利の行使を制限する違法なものと判断する枠組を、前提にすることができた。それに対し、［Ⅰ］判決は、同時期入社の同学歴の男性従業員に比べて受けてきた不利益な処遇について、もっぱら民法九〇条を媒介とする憲法の私人間適用の問題として扱っている。

もとより、民法九〇条にいう公序良俗という観念に憲法価値を充填するという手法については、そのような枠組の成立を一般論としてみとめた三菱樹脂事件最高裁判決（最大判一九七三〔昭四九〕一二・一二民集二七巻一一号一五三六頁）があり、憲法価値の充填という場面で消極的な傾向を見せる裁判例が多いなかで、それとは反対に積極的な立場をとったいくつかの裁判例が並立している。そのようななかで、あらためて、憲法論としての民法九〇条の取扱いが、問題とされてよいであろう。

もともと、公法私法二元論のもとでのリベラルな立場から、「私法の世界に公法は立ち入るな」という意味で、契約外在的な法令であれば法令違反だからといって一律に契約を無効とすべきでない、という主張が説かれていた。当事者の意思にもとづく契約の領域（＝私的自治）は公法（＝公権力）への従属から自由であるべきだ、というわけである。(4)

戦前の末弘理論をそのように受けとめて示唆に富む論考を展開する大村敦志教授は、そのうえで、つぎのようにつづける。(5)

図式的に表現するならば、問題となる法令は、取引とは直接には関係しない価値を実現するための法令（「警察法令」と呼んでおこう）から、取引と密接な関連を有する法令（「経済法令」と呼んでおこう）へと変化している、ということができる。そして、後者の経済法令のなかには、個々の取引において当事者の利益を保護することを目的（の一つ）とする法令（「取引利益保護法令」）と取引の環境となる市場秩序の維持を目的とする法令（「経済秩序維持法令」）とが含まれる。

　警察法令によって取引が犠牲とされるのを避けるという観点からは、公法上の規制と私法上の効力とを切り離すことが望ましいということになる。すなわち、法令違反であっても私法上の効力は否定されないのが原則であるという方向が指向される。これが末弘説以来の（民法）学説の大きな流れであった。しかし、経済法令が登場すると、発想の転換が必要となる。法令の目的と取引の効力はもはや無縁のものではありえない。……

　さて、大村教授は、右のような指摘の延長線上に、より一般的に、「公法」秩序が「私法」秩序を「支援」し、「私法」秩序が「公法」秩序を「強化」する、という図式を構想する。こうして、「公法の領域に属する法令をより積極的に私法上の公序に組み込むべきではないか。逆に、法秩序の実現のためには、個人の権利を左右するということが必要なこともあるのではないか[6]」、という課題が明確化される。問題となる「公法」が他ならぬ基本権規定である場合、右の定式化は、まさしく、憲法上の基本権の私人間効力と呼ばれてきた問題を論ずる場を、提供することになるであろう[7]。

　ところで、憲法上の基本権一般についていえば、その私人間効力は、憲法規範の側からの要求を受ける形で、問題となる。そのなかで、「個人ノ尊厳ト両性ノ本質的平等」という憲法価値は、民法一条ノ二に明記されることによって、その私人間効力の確保が、民法自体の側からの要求ともなっている[8]。憲法二四条の定める「個人の尊厳」と「両性の本質的平等」という価値は、民法自身の要求として、それを「旨トシテ」「本法〔＝民法〕……ヲ解釈スヘシ」とされているからである。そして「本法」のなかに民法九〇条が入ることは、もとよりいうまでもない。

こうして、民法九〇条という枠組のなかで複数の憲法価値の間で調整をしようとするとき、その場面で、男女平等という価値は、民法（一条の二）という制定法上の根拠を持つことを主張できるはずだったことになる。(9)そのことを確認しておいた上で、［Ｉ］判決の論理構造に立ちもどってみよう。

この稿の最初にひき合いに出した百里基地事件の最高裁判決は、民法九〇条の枠組のもとで公序良俗違反となるための要件を、「反社会的な行為であるとの認識が、社会の一般的な観念として確立している」こと、と定式化することによって、憲法論を議論の土俵から追い出していた。

それに対し、［Ｉ］判決は、行論のなかで「社会意識」に大きな意味を持たせているという点ではそれと共通であるが、その文脈が最高裁判決と同じでないことは、重要な相違となっている。この判決は、憲法価値の確定という場面では、被告会社による女性従業員の処遇について、「……これは男女差別以外のなにものでもなく、性別による差別を禁じた憲法一四条の趣旨に反する」と明言しているからである。判決はそのうえで、「他方では、企業にも憲法の経済活動の自由（憲法二二条）や財産権保障（憲法二九条）に根拠付けられる採用の自由が認められている」として、「これらの諸権利間の調和が図られなければならない」とするのであり、「社会意識」が登場するのは、その場面でのことである（傍点引用者）。

すなわち、一方で「憲法一四条の趣旨」としての男女差別禁止という憲法的価値、他方で「憲法の経済活動の自由や財産権保障に根拠付けられる採用の自由」という憲法的価値が対置され、両者の「調和［を］図」るという場面で、「社会意識」が、前者に対する後者の優位をひき出すのである。そこでは、「調和」を図る対象として二つの価値がひとまず憲法的なものとして対置されながら、実は、一方はもっぱら「社会意識」――世間がどう見ていたか――が、他方は「経済活動の自由」や「財産権保障」を定めている無数の制定法――判決の言う「実定法」(10)――が、秤にかけられている。「採用における男女差別が、実定法上初めて禁止されたのは平成九年に均等法を改正した『雇用の分野における男女の均等な機会及び待遇の確保に関する法律』五条によってであり……」とのべている箇所は、判決の論理を知るために重要である。「実定法」の欠如が、もっぱら一方の側についてだけ指摘されているからである。

こうして、調整の対象とされている憲法的価値のうち、採用の自由の方は（判決から見れば）強固とした「実定法」が私人間に存在しているのに対し、男女差別禁止の方はそのような「実定法」のないまま生《なま》の「社会意識」が問題とされる。これでは、「実定法」を持たない方は、到底勝算がないであろう。まして、「裁判官の意識において、過去において緻密な論理構成によって展開された財産的利益尊重という考え方があり、法一般の価値序列において財産権が優位を占める傾向にある」[11]のであってみれば、なおのことである。

しかし、考えてみれば、民法一条ノ二は、一九四七年以降、「実定法」であるはずではないだろうか。民法という「実定法」が明文で、憲法二四条にかかわる憲法的価値を受容していることをあらためて正面から確認するならば、民法九〇条を媒介とする憲法的価値の「調和を図る」場面で、「社会意識」対「実定法」という仮象の対置図式からぬけ出すことができるはずである。

それにしても、民法という「実定法」の特定の条文が明示的に憲法的価値を受容していることを現在のように軽視することができているのは、なぜだろうか。この疑問は、ザ・人権宣言とでもいうべきもの（一七八九年宣言）を持つと同時に「実定法」としての民法のモデル（一八〇四年民法典）を持つフランスに、眼を向けさせるだろう。

（4）　この点につき、大村敦志『生活民法研究Ⅰ・契約法から消費者法へ』（東京大学出版会、一九九九年）一七八頁。なお、私的自治と意思自治の関係という大きな問題がその背景にあるが、そのことにつき、特に、星野英一『民法論集』第七巻（有斐閣、一九八九年）所収の「意思自治の原則、私的自治の原則」（初出一九八四年）を参照。

(5) 大村・前出二〇一頁。

(6) 大村・前出二〇二頁。

(7) まさにその問題場面であえてなお、憲法九条を、「私法的な価値秩序とは本来関係のない優れて公法的な性格を有する規範である」ことを強調するのが、百里基地事件の最高裁判決であった（傍点引用者）。

(8) 広中俊雄『民法綱要』一一巻（総論・上）（創文社、一九八九年）六三頁は、民法一条ノ二の定める解釈指針の重要性を強調し、「一九世紀末に公布・施行された民法典の諸規定について、歴史的意味内容に従った解釈に終始することをしりぞけ」たのだとする。

(9) 民法一条ノ二で指示されている「個人ノ尊厳」は、「両性ノ本質的平等」と組み合わされて、何より憲法二四条の受容という意味を持つのであるが、同時に、「個人として尊重」することを掲げる憲法一三条に対応するという、より広い射程をも持つと考えられる。その点では、民法一条ノ二は、法人と個人それぞれの権利主張の調整という場面でも、効果を発揮できるはずである。

(10) この言い方は、憲法を非実定法と理解しているわけではないであろう。ここでいわれている「実定法」とは、具体的には、立法府による制定法を指すと理解しておくべきであろう。

(11) 伊藤正己「憲法学と憲法裁判」（『公法研究』五九号、一九九七年）四三頁。

三 「憲法の民法化」と「民法の憲法化」

憲法と民法についてそれぞれ人権宣言とナポレオン法典という二つの基本文書を備えるフランスで、この二つの法領域の関係が、近年、ひとつの論題とされている。[12]

もともと、「社会の constitution としての民法典」（J・カルボニエ）という言い方があり、他方で、周知の宣言一六条は、「権利の保障が確保されず権力の分立が定められていない社会はおよそ、constitution を持たない」と定式化している。つぎの項目であらためて問題とすることにしたいが、ここには、civil すなわち社会と politique すなわち国家とを、その語源どおり（ギリシャ語のポリスとラテン語のキィヴィタスの同義性）に同一のものとして観念したフランス型思考が、顔をのぞかせている。そういうなかで、「憲法の民法化」「民法の憲法化」という言葉がよく使われる。「あいまいな表現[13]」とも評されるこの言葉は、人によってそれぞれの含意を負わされて用いられるが、ここでは、次のように受け取っておく。

「憲法の民法化」――憲法規範によって定められていることがらが民法の内容として受容され、私人間で実現されること。

「民法の憲法化」――民法規範によって定められていることがらが憲法規範の意味として受容され、立法をも拘束するものになること。

通常裁判所と憲法裁判所の二元制を採っているフランスでは、「憲法の民法化」によって、民事裁判所（その頂点に破毀院）は憲法の実質を私人間の法的紛争の解決の基準とし（＝α）、「民法の憲法化」によって、憲法院は立法を拘束する基準の中に民法の実質をとり入れる（＝β）。

αについては、憲法裁判所制度が設けられる前からのことであるが、しばしば引用されるのは一九四七年一月二二日セーヌ民事裁判所判決で、一九四六年憲法前文一項（人種による差別の禁止）を援用して、「受遺者がユダヤ人と結婚した場合には遺贈を取消すという遺言条項は違法であり、書かれていなかったものとみなす」という判断を下した。人種にもとづく差別は、民法九〇〇条にいう「不能な条件」に当たる、とされたわけである。

βについては、一九五八年憲法で設けられた憲法院が、一九七一年の一判決以来[14]、違憲審査機関としての役割をみずから引き受けてきた中で、いわゆるPACS法（婚姻外共同生活協定法としての実質を持つ）の合憲判決(一九九九年一一月九日)[15]が、興味深い素材を提供している。この判決は、民法一三八二条に規定された文章をそのまま——法律名と条文番号を指示することなしにであるが——のべて、それを、一七八九年宣言四条から「帰結する」としたからである。宣言四条は、「自由とは、他人を害しないすべてのことをなしうることにある」という規定であり、そこから「帰結」するとされた民法一三八二条は、「他人に損害をひき起こした者のいかなる行為も、非行(faute)によって損害を生じさせた者をして、損害を賠償する義務を負わせる」という文言で書かれていた。こうして、「民法典一三八二条の巧妙な憲法規範化」によって、民法規定の実質が、立法の憲法適合性審査をする準拠規範グループ——フランスでいう憲法ブロック(bloc de constitutionnalité)[16]——の一部にまで、その形式的効力を高められたのである。

このような座標の上に、われわれが議論の素材としてきた大阪地裁の[I]判決を置いてみよう。それは、民法九〇条の「公序」の中身として憲法的価値相互の間の調整をする段階で、男女差別禁止について「憲法の民法化」(＝α)に消極的であった反面、経済活動の自由と財産権保障については「民法の憲法化」(＝β)を連想させるアプローチをしていたことになる。「連想」という言い方をするのは、いうまでもなく、ここでは立法の審査基準が問題になっていたわけではないからであるが、憲法二二条や二九条の「経済活動の自由」や「財産権保障」に依拠する「採用の自由」を、同じく憲法(一四条)に根拠を持つはずでありながら「社会意識」だけに依存せざるをえない性差別禁止より優位に置いたとき、そこには、「採用の自由」の領域をカヴァーする「実定法」によって、憲法二二条や二九条を充填する論理があったはずである。

この点に関連して付言すれば、立法を拘束する憲法規範そのものとして民法の実質内容をとりこんだ「民法の憲法化」そのものといえる裁判例を、われわれは知っている。森林法の共有林分割請求制限規定を違憲とした最高裁判決(最大判一九八七(昭六二)四・二二民集四一巻三号四九〇頁)が、単独所有の原則性を強調することによって、共有林の分割請求権に、憲法二九条による保障を与えているからである。この判決は、「共有物分割請求権は、各共有者に近代市民社会における原則的所有形態である単独所有への移行を可能ならしめ、右のような〔＝「物の効用を十分に発揮させる」という〕公益的目的をも果たすものとして発展した権利であり、共有の本質的属性として、持分権の処分の自由とともに、民法において認められるに至ったものである」とのべ、それにすぐ続けて、「したがって」「分割請求権を共有者に否定することは、憲法上、財産権の制限に該当」する、とのべているのである（傍点引用者）[17]。

かように、「民法の憲法化」（＝β）としてすでに顕著な例があるのであってみれば、日本でも、「憲法の民法化」（＝α）という発想について、フランスの考え方を、検討してもよいのではないだろうか。

かの地では、そもそも違憲審査制が無かった段階で、民事裁判所が――今日でも公権力の行為に対する違憲審査権を持たない――、「憲法の民法化」と呼ばれる実例を作っていたのであった。そこでは、元来は立法（およびそれより下位の段階の公権力の行為）を制約するものとしての憲法規範を私人間にも適用するという、いわば下降法のアプローチではなく、はじめからそれとして問題がとらえられていた。そのような発想は、どのような文脈で理解したらよいのだろうか。

(12)　大村敦志『法源・解釈・民法学――フランス民法総論研究』（有斐閣、一九九五年）三五一頁以下。日本でも、大村教授自身のほか、特に、山本敬三教授が、「現代社会におけるリベラリズムと私的自治――私法関係における憲法原理の衝突――(一)(二)」法学論叢一三三巻四号、五号（一九九五年）以来、ドイツの状況を素材にして、民法学の例からこの問題を深めている（同『公序良俗論の再構成』有斐閣、二〇〇〇年）。民法と憲法の関係という大きな視角からの論点の摘示として、星野英一＝樋口陽一「対談・社会の基本法と国家の基本法」ジュリスト一一九二号（二〇〇一年）二頁以下。かねてからこの主題の重要性を指摘する星野教授は、特に、フランス民法典と人権宣言の関係を重視してきた（例えば、星野『民法のすすめ』（岩波書店、一九九八年）を見よ）。

(13) 大村・前出注(12)三五九頁。

(14) 一九七一年七月一六日憲法院判決である。これについて、樋口陽一「第五共和制フランスにおける違憲審査制の最近の展開――憲法院判決における『憲法』観念の拡大傾向」(『現代民主主義の憲法思想――フランス憲法および憲法学を素材として――』創文社、一九七七年)七七頁以下を参照。一九七一年判決は、憲法院がみずからの判決を契機として違憲審査制を確立させたという意味で、「フランスのMarburry v. Madison」といってもよいであろう。しかも、アメリカの場合以上に、一九五八年憲法の起草・制定時の理解では明示的に否定されていた役割をみずからのものとした点で、憲法院自身の積極的な姿勢はさらに際立っている。

(15) この判決につき、さしあたり、樋口陽一「憲法規範の私人間適用と、私法規範の「憲法化」」(憲法理論研究会叢書9『立憲主義とデモクラシー』敬文堂、二〇〇一年)一九頁以下でとりあげておいた。そこで紹介しておいたように、他方では、「法のマジック」という評もある。

(16) このことにつき、前出注(14)論文を参照。

(17) この点への疑問を含めて、前出注(15)論文二三―二四頁、および、その箇所の本文に対応する注を参照。

四　フランス型の枠組とドイツ型の枠組

くり返すが、フランスでは、一九五八年憲法以前――正確を期すなら一九七一年の画期的判決以前――には、違憲審査による基本権保障の制度が無かった。一九七〇年代以降になって、にわかにこの領域への憲法学の関心が高まり、比較違憲審査制論――さかのぼって、基本権保障一般の比較研究――が活況を呈するようになる。

そうした中で、基本権規定の私人間効力の問題が、特に隣国ドイツでのこの領域についての議論の蓄積との比較を意識しながら、とりあげられている。[18] 一例として、エクス・アン・プロヴァンス大学のいわゆる「憲法裁判学派」の共著になる体系書での説明の仕方を見てみよう。

この本は、「基本権によって義務づけられる者」[19]という項目の中で「公権力」につづけて「私人」をとりあげる。基本権が公権力に対して持つ「垂直的効力」と対照させて、それが私人に対して「水平的効力」を持つかどうかの点に関し、ドイツの第三者効力論、アメリカの state action 論に言及する。それとともに、イタリア、スペイン、ポルトガルで基本権の「水平的効力」が肯定されていること、構成国相互間で国籍による差別を禁止するECローマ条約七条が私人にも義務を課していることを指摘し、こうつづける。――

「それにひきかえフランスでは、重要な実際上の利益にかかわるものでありながら、この問題は、あまり関心を引かなかった。私人間関係への基本権の効果という問題へのこの相対的無関心は、大部分、私人が憲法によって保障された基本権によって義務づけられた者でありうることを、フランスの理論が一般に困難なしに承認しているという事実によって、説明されうる」（傍点引用者）[20]。

実際、「困難なしに承認」されてきたことを示すのは、容易である。

ジャック・ロベール（前憲法院判事）の基本権論の教科書は、「誰に対する関係での」自由か、と問題を出し、まっさきに「他人に対する関係で」として一七八九年宣言四条に言及したうえで、第二に「集団に対する関係で」、第三に「国家に対する関係で」という記述の仕方をしている[21]。フィリップ・アルダンは端的に、「立法権者も命令制定権者もすることができないことを私人が実行できる、ということを承認」できるものだろうか、とのべている[22]。「エクス学派」の総帥ルイ・ファヴォルーは、彼のいう「憲法ブロック」の定義を示すなかで、「憲法の効力を持つ原理と規範の総体で、その尊重が立法権と執行権、より広くすべての行政および裁判諸権力、そしてもちろん私人に義務づけられているもの」という言い方をしている[23]。

ここには、先に指摘しておいたフランス型思考、すなわち、politique なるものと civil なるものをその原意（ポリスとキヴィタス）に従って同一のものと見る観点が、露頭をあらわしている。もともと、「人は人にとって狼」だからこそ、人びとは契約をとり結んで civil *or* political society（ここでの *or* は、それによって繋がれた二つのものの同義性を示す）を設定したはずであった。それは近代社会のいわば母斑とでもいうべきものであり、国家と市民社会の分離は、一つのものを意味していたpolitiqueとcivilが、ちがった意味を持つものとして分裂する段階になって共通の認識となるのであって、けっしてアプリオリな議論の前提ではないのである。(24)

ところで、私人が基本権によって義務づけられることを「困難なしに承認」してきたとされるフランスの理論は、公権力と私人とをあわせて「義務を課されている者」（débiteurs, obligés）としてひっくるめることによって、いわばストレートに、その「承認」をひき出すという議論の仕方をしている。(25)そのことの意味を再点検することはわれわれにとっても示唆を与えるはずであるが、そのことはそれとして、日本のこれまでの一般の議論の組み立て方にとって相対的になじみやすいのは、ドイツ流の論法であろう。

大部の体系書の「基本権の受範者」（Grundrechtsadressaten——前出の用語でいえばdébiteurs, obligésにあたる）と題する章の執筆を担当したW・リュフナーは、つぎのように言う。——

「私法における基本権の効果は、立法・裁判に対する基本権拘束のひとつの帰結なのであって、市民相互の関係での市民に対する基本権拘束の問題なのではない。なるほど、一般的に定式化された基本権条項から、私法への効果が生ずるが、市民間での行為の義務が規則的に市民に課されるわけではない。その限りで、「第三者効力」という表現からしてすでに、誤解を生む。基本権の受範者は、私法における基本権の効果についても国家権力なのであり、立法者と裁判官の作用においてのことなのである」。(26)(27)

この議論は、日本国憲法の条文に即するなら、九九条の裁判官の憲法擁護義務、そして、七六条一項に明示された裁判官に対する憲法の拘束を援用することによって、当面、フランス型の枠組よりも、これまでの問題設定の仕方との連続性を保ちながら主張できるのではないだろうか。

(18) Louis Favoreu (coordinateur), *Droits des libertés fondamentales*, Dalloz, 2000, p.182 et s.

(19) Louis Favoreu, supra note (18), p.180. 項目に出てくるdébiteurs des droitsは、普通に訳せば「債務者」であるが、ここでは意味内容を採って「権利によって義務づけられた者」と訳する。débiteursと互換的にobligésという言葉も、この本で使われている。
(20) Louis Favoreu, supra note (18), p.183.
(21) Jacques Robert, *Droits de l'homme et libertés fondamentales*, 6 éd., Montchrestien, 1996, p.22-23.
(22) Philip Ardant, *Dalloz*, 1978, p.541.
(23) Louis Favoreu, supra note (18), p.183.
(24) 参照、樋口陽一『近代国民国家の憲法構造』（東京大学出版会、一九九四年）一四一頁以下。また、同『憲法 近代知の復権へ』（東京大学出版会、二〇〇二年）第14章、特に二〇六—二〇七頁。
(25) 他方、基本権の享有主体（bénéficiaires）、および、その中でも裁判を請求できる訴権者（titulaires）を、基本権の名宛て人（destinataires）と呼ぶ。これらの用語の使い方については、Louis Favoreu, *op. cit.*, p.119-134.
(26) Wolfgang Rüffner, *Grundrechtsadressaten*, in Isensee/Kirchhof (Hrsg.), Handbuch des Staatsrechts, Bd. V, Heidelberg, C.F.Müller, 1992, S.551.
(27) 日本で、あらためて憲法の「決定力」という言葉を用いて、それは「基本的には下位法令に対するものであって、……侵害者個人に対するものではない筈である」と説く論者（君塚正臣「第三者効力論の新世紀——日本の憲法学は憲法の私人間効力をどのように考えているのか——（二・完）」関西大学法学論集五〇巻六号（二〇〇一年））の主張も、同じ趣旨であろう。

5　基本権の内容形成──概念と類型

小山　剛

一　はじめに

基本権の保障が憲法の次元ですでに規範的に完了しているのであれば、基本権と法律との関係は、比較的単純に描くことができる。憲法は、規律対象が競合する法律について、それが基本権を過剰に制限しないかどうかだけを監視すればよい。

しかしながら、実際の基本権と法律との関係は、やや複雑である。日本国憲法でいえば、二五条一項の生存権は、抽象的権利説に立つ限り、法律による適切な具体化を通じて初めて現実の生命を得る。さらに、法制度という規範的インフラを離れて、憲法二九条の財産権、二四条の婚姻の自由、さらに契約自由等の保障を観念することは難しい。そこでは、基本権と法律とは忌避の関係ではなく、むしろ親和的な関係に立ち、法律は、基本権の制限ではなく、基本権が実際に保障される規範的前提(1)ないしは基本権の内容形成（Ausgestaltung）として現れる。[2]――ベトゲの表現を借りれば、「……立法者は基本権を具体化する。立法者は、基本権のプログラム的地層を露わにする。立法者は憲法内在的な基本権の限界を敷き写しする。立法者は、社会国家または基本権が動因となった憲法上の委託を転換する。立法者は、給付国家に求められる基本権の諸前提を創設する。立法府は、基本権の保護すべき内容を造形する。立法府は、組織法・手続法上の手段を整備する」[3]。

もっとも、基本権と法制度との親和的関係はこのように多様であり、それに応じて、「内容形成」という概念も厳密ではない。従って、この概念の意義と内容形成的法律に対する憲法的拘束のあり方を考えるには、①内容形成の具体例を通してその概念の明確化を図ることと、②立法行為の憲法による拘束が問題となる場面を、法制度の形成、改善、後退などの場面に分けて、それぞれの場面における拘束の意味と内容を問うことが求められると思われる。本稿は、基本権の内容形成を、規範的構成（normative Konstituierung）、規範的輪郭付与（normative Konturierung）、そして規範的具体化（normative Konkretisierung）に三分類したゲラーマン[4]の見解を取り上げ、内容形成という概念の明確化という視点から、基本権内容形成論の意義について考察する。

（1）基本権の前提という観念は、*J. Isensee*, in: Isensee/Kirchhof, Handbuch des Staatsrechts der Bundesrepublik Deutschland（HStR）, Bd. V, 2. Aufl. 2000, §115 で用いられている。

（2）基本権と法律との親和的関係については小山剛「基本権的自由と法制度」名城法学五〇巻別冊八一頁以下（二〇〇〇年）を参照。

（3）*H. Bethge*, Grundrechtseingriff, in: VVDStRL 57（1998）, S. 7 ff.（29）.

（4）*M. Gellermann*, Grundrechte in einfachgesetzlichen Gewande, 2000, S. 90 ff., 177 ff., 230 ff.

二　基本権の制限と内容形成

1　基本権の内容形成と比例原則

(1)　防御権保障の構造

基本権が保障する自由に対する制限は、一定の「正当化の強制」に服する。[5] 基本権はそれぞれ固有の保護領域（Schutzbereich）を持っている。この保護領域に対する国家の介入は「侵害（Eingriff）」[6] と呼ばれ、憲法に適合した法律の根拠を要求される。ドイツ基本法は、すでに基本権条項の中で、留保のない基本権、単純な法律の留保、特別な法律の留保を区別しているほか、基本権の制限にかかわる通則（基本権の制限の制限）として、一九条一項・二項において個別事例的法律の禁止、制限される基本権の明示、基本権の本質的内容の不可侵を明文で定めている。[7] 加えて、連邦憲法裁判所は、不文の「制限の制限」である比例原則（過剰侵害禁止原則）を用いて、法律および法律に基づく具体的処分に統制を加えてきた。[8]「法律の留保から比例的法律の留保へ」[9] という言葉に示されるように、比例原則は、とりわけ重要な「制限の制限」として作用している。

しかしながら、これらを内容とした正当化の強制は、基本権と法律との特定の関係を前提として成り立つものであって、これをそのまま、すべての基本権と法律との関係に準用できるわけではない。防御権は、法的にすでに存在する「何かあるもの」が侵害された場合に意味を持つ。「その『何かあるもの』が法秩序によって初めて生じる場合に、そのような法規範を同時に制限ないし侵害と捉えることはできない」[10] とすれば、その「何かあるもの」が法律によって確定され、あるいは具体化される基本権については、上述した正当化の強制を発動するための前提が欠けることになる。

(2) 基本権の造形――レルヒェ

(a) まさに比例原則の適用範囲という視点から基本権と法律との非制限的関係に最初に深い考察を加えたのは、レルヒェであったとされる[11]。レルヒェは、基本法の条文におかれた法律の留保の差異を指標にとり[12]、基本権にかかわる法律を、①侵害的規範（eingreifende Normen）、②すでに引かれている限界を明確にするだけの明確化規範（verdeutlichende Normen）、③基本権領域の中へと切り込むのではなく、しかしながら基本権領域の限界を解釈するだけでもない規範であり、基本権領域自体を構築する規範である基本権造形規範（grundrechtsprägende Normen）、④基本権の濫用的行使があった場合に法的結末を科すことを授権する濫用防止規範（mißbrauchswehrende Normen）[13]、そして⑤競合解決規範（konkurrenzlösende Normen）、に分類した[14]。その大まかな結論だけを示せば、侵害的規範と濫用防止規範は、基本権の領域（Bezirk）へ侵害に等しい介入を行う規範であるため、比例原則発動の前提を満たす[15]。他方、基本権造形規範と基本権明確化規範については比例原則は発動しない[16]。競合解決規範については、比例原則が適用されるが、独自の「色彩」を帯びるとされる[17]。

なお、後にレルヒェは、類型を一部組み換え、次のように整理した。新しい類型では、基本権にかかわる法律は「基本権の造形」と「基本権の侵害」とにまず大別され、前者は、①基本権的構成と、②基本権の具体化とに二分される[18]。基本権的構成は、例えば所有権の基本権上の実体を創りだす基本法一四条一項の「内容確定」や基本法一二条一項の「規律」の委託などである[19]。基本権の具体化は、さらに明確化規範（「集会」などの憲法上の概念を定義する規範）、保護規範（基本権保護義務の具体化）、間接的具体化（手続的前提の創設）に分けられる[20]。

(b) しかしながら、レルヒェの見解に対しては、内容形成論一般に対する批判[21]をさておいても、次のような批判が加えられた。それは、法律の留保の文言上の差異には偶然の要素もあり、基本権規範と法律との関係を適切に整理するための指標とはなり得ないという批判である。[22] ゲラーマンは、基本法の文言にはせいぜい状況証拠としての意義が認められるにすぎないとし、[23] 基本権と法律との関係を実質的に問うべきだとする。

右の批判に加えて、彼が選択した表記――「基本権の造形」もまた定着しなかった。[24] 造形（Prägung）という語は、「規範により造形された保護領域（normgeprägter Schutzbereich）」という結合で用いられることがあるが、一般には、「内容形成」または「具体化」という言葉が、基本権にかかわるが基本権を制限するのではない法規範を指す表記として用いられている。[25]

2　広い内容形成概念とその対極としての防御権的構成

しかしながら、表記や個々の分類の指標以上に重要なのは、基本権にかかわるが基本権の侵害ではなく、従って、比例原則による正当化をただちに適用する条件を満たさない法律が存在するという指摘である。それによって、基本権論には、いくつかの難題が突きつけられることになる。憲法の優位（基本法二〇条三項）と基本権の拘束力（一条三項）は、憲法（基本権）の次元と法律の次元との分離が可能なことを前提としている。しかし、内容形成は、二つの次元の境界をあいまいにする。これによって、基本権による立法権の拘束は空転するか、トートロジーに陥るのではないか。[26] あるいは、内容形成という基本権と法律との協働関係のもとで、基本権規範が法律による補充を通じて初めて法的作用を展開しうる場合、どこからが基本権として保障され、どこまでが下位の法規範に基づく権利ということになるのであろうか。[27]

これに対してありうる応答の一つは、制限と内容形成の質的差異を相対化し、基本権の制限と内容形成を同じ枠組みで捉えることである。それには、基本権の実現という視点から、内容形成の概念を基本権の制限にも拡張する議論と、基本権の制限（侵害）の概念を拡張し、内容形成とみなされる法律についても、その中に

「制限」を見出し、これを防御権と同じ正当化の強制の下に置く議論とが考えられる。

(1) 広い内容形成概念

(a) このうちの第一の道をとったと見ることができるのがヘーベルレである。ヘーベルレは、『基本法一九条二項の本質的内容の保障』という著書の中で、「侵害―制限思考（Eingriffs- und Schranken Denken）」を批判し[28]、制度的基本権理論と呼ばれる基本権理解を打ち出した。ヘーベルレは、基本権の内容形成を広く定義し、第三者の基本権を顧慮してある基本権を制限する法律——これには刑法も含まれる——をも内容形成であるとしている。

彼の見解についてはわが国でもすでに多くの紹介があるため[29]、詳細には立ち入らず、次の点だけを引用しておくことにしたい。すなわち、ヘーベルレによれば、刑法の立法もまた、「ある者の基本権を他の者の同等の基本権に対して確保することにより、全体としての基本権を形成する……[30]」。「基本権のみならず、基本権の限界もまた、立法者の内容形成的活動の対象である[31]」。「基本権のあらゆる限界づけは同時に、一片の内容決定である。限界づけと内容決定は一つである[32]」。

(b) 基本権と法律との多様な関係のうち、何を内容形成と呼ぶかは、ひとまずは定義の問題であるとしても[33]、それが基本権の制限と内容形成の区別を実質においても相対化する趣旨であれば、「基本権理論」のレベルで次のような問題が生じる。

ベッケンフェルデが指摘するように、この基本権理論に従えば、「法律およびあらゆる法規範による規律は、第一次的には基本権的自由に対する制限あるいは侵害ではなく、むしろ基本権的自由を可能とし、実現するものであるとみなされる。このため、基本権の内容を確定し、形成する（だけの）法律は、基本権制限的な法律から区別され、法治国的配分原理より派生し、立法者の規制権限に課せられた厳格な制約を免れる[34]」。

そうであるならば、法律による基本権保護領域の内容形成に著しく広範な余地を与えるこの見解は、単なる内容形成の定義の問題ではない。この主張は、法律による制限も自由を成り立たしめる構成要素であるという理由で制限と内容形成の差異を相対化することと、さらに言えば、基本権の第一次的性格を各人の自己決定の空間を保障する対国家的防御権にではなく、基本権により保護された生活領域の客観的秩序原理に求めること[35]と、不可分のものなのである。

(2)　その対極としての防御権的構成

防御権が要求する正当化の強制を内容形成的法律に求めるためには、内容形成的法律の立法行為に、「侵害」的性格が認められなければならない。

(a)　リュッベ＝ヴォルフによれば、防御権発動の要件である国家の侵害は、国家が直接的・合目的的に各人の「自然的自由（natürliche Freiheit）」を縮減した場合にのみ認められるのではない[36]。防御権は、法律によって創設された各人の法的地位を国家が侵害した場合、すなわち、①法律の解釈に誤りがあったために、各人の然るべき法的地位を侵害した場合[37]、②既存の法律を廃止し、その結果各人の法的地位に侵害を加えた場合[38]にも発動の要件を満たす。②は、規範存続の保障と呼ばれる。

規範存続の保障とは、具体的には、次のような主張である。保護義務のリーディング・ケースである第一次堕胎判決では、ドイツ刑法二一八条を改正して堕胎罪を緩和した立法行為が基本法二条二項、一条一項の命じる保護義務に違反すると判示された。しかしながら、リュッベ＝ヴォルフによれば、法改正によって発生した保護の欠缺は、それまでの刑法上の保護を立法者が作為によって縮減したのであるから、これを国家による侵害の一類型――従って、防御権の問題であると構成してよい[39]。同じことは、所有権や契約自由などの、「法により構成された自由」にもあてはまる[40]。

(b)　このリュッペ＝ヴォルフの主張は、「自然的自由」と「法により構成された自由」とを区別しつつ、「事例解決のための技術」[42]という観点から、侵害および防御権概念を後者にまで拡張するものである[41]。従って、この規範存続保障論について問われるのは、従前の法制度が付与していた法的地位の廃止は確かに立法者の積極的行為によるものであるとしても、なぜそれが比例原則による正当化の強制に服することになるのか、という実質的理由の妥当性であろう。規範存続の保障があらゆる種類の法律の改廃について主張されているのではなく、まさに基本権を保護ないし促進する法律の改廃について主張されている以上、この問いに対する解答は、そもそも当初の法制度の形成に対して基本権による拘束が及ぶのかどうか、また、及ぶとして、それがいかなる内容であるかという、基本権の内容形成についての考察を不要とするものではなく、むしろ要求するものなのである[43]。

3　固有の考察の必要

このように、基本権の制限と内容形成を区別すべきであり、後者は比例原則による正当化の強制になじまないとすれば（あるいは、どの限りでこの正当化の強制に服するのか自体が議論の対象であるとすれば）、内容形成の固有の構造と、内容形成的法律に固有の憲法的拘束のあり方について考察することが、避けられないことになる。

以下では、内容形成的法律を、ひとまず、基本権にかかわるが基本権を制限するのではない法律——アレクシーの表現では原理としての基本権の実現を妨げるものではなく、従って、原理としての基本権に含意された比例原則が発動しない法律[44]、ゲラーマンの表現では「基本権上の委託を履行するために制定された規範または少なくとも基本権の客観法的内容の展開に貢献する規範[45]」——と緩やかに定義しておき、その類型に目を向けることにしたい。

（5）　防御権に関する詳細な研究として、松本和彦『基本権保障の憲法理論』（二〇〇一年）を参照。

（6）　以下の論述における混同を避けるため、若干の用語の整理をしておくことにしたい。“Eingriff”という言葉にはいくつかの訳し方があるが、本稿では、「侵害」という訳語をあてた。また、本稿では、法律が基本権の保護領域それ自体の画定にかかわる場合には、「限定」と表現し、保護領域に含まれる行為等に対する規制となる場合には、「侵害」または「制限」を、区別せず用いている。なお、侵害概念をめぐる諸問題および類似の用語との区別の必要性については、*B. Weber-Dübler,*（前掲注3）VVDStRL 57, S. 57 ff. および S. 96 ff. の討論を参照。

（7）　基本法一九条一項、二項に規定された「制限の制限」には、これまでほとんど実践的意義が与えられてこなかったが、その一方で、再評価の動きもある。赤坂正浩「法律の一般性とボン基本法一九条一項一文」新正幸ほか編『公法の思想と制度』（一九九九年）二五五頁以下を参照。

（8）　過剰侵害禁止原則（比例原則）について詳しくはK・シュテルン（小山剛訳）「過度の侵害禁止（比例原則）と衡量命令(1)(2)」名城法学四四巻二号一五三頁以下、四四巻三号一二五頁以下（一九九四年）を参照。

（9）　例えばB・ピエロート／B・シュリンク（永田秀樹ほか訳）『現代ドイツ基本権』（二〇〇一年）欄外番号二六九を参照。

（10）　*J. Ipsen,* Gesetzliche Einwirkungen auf grundrechtliche Schutzgüter, JZ 1997, 479.

（11）　このことの指摘を含めて、*M. Sachs,* in: K. Stern, Das Staatsrecht der Bundesrepublik Deutschland, Bd. III/1, 1988, S. 594 ff. を参照。

（12）　*P. Lerche,* Übermaß und Verfassungsrecht, 1961, S. 105.

（13）　*Lerche,*（前掲注12）S. 117.

（14）　*Lerche,*（前掲注12）S. 98 ff., 106 ff.

（15）　*Lerche,*（前掲注12）S. 134 ff., 137 ff.

（16）　*Lerche,*（前掲注12）S. 140 ff., 153 ff.

(17) *Lerche,*（前掲注12）S. 151.

(18) *P. Lerche,* Schutzbereich, Grundrechtsprägung, Grundrechtseingriff, in: HStR V（前掲注1），§ 121, Rn. 37 ff.

(19) *Lerche,*（前掲注18）Rn. 39.

(20) *Lerche,*（前掲注18）Rn. 40 ff.

(21) *J. Schwabe,* Probleme der Grundrechtsdogmatik, 1977, S. 128 ff.

(22) *Gellermann,*（前掲注4）S. 85 m. w. N.

(23) *Gellermann,*（前掲注4）S. 87.

(24) ただし、内容形成の各類型の表記については、ゲラーマンも、レルヒェに従っている。*Gellermann,*（前掲注4）S. 89を参照。

(25) 比較的最近の判例では、所有権についてBVerfGE 95, 173（188）; 親権についてUrteil des Ersten Senats vom 29. Januar 2003; 放送の自由についてBVerfGE 73, 118（166）; 契約自由についてBVerfGE 89, 214（231 f.）などがある。

(26) 「立法者の手による基本権」としてこれを論ずるものとして、*R. Herzog,* Grundrechte aus der Hand des Gesetzgebers, in: Festschrift für W. Zeidler, Bd. II, 1987, S. 1415 ff. を、「基本権のワイマール化」を問うものとして *M. Nierhaus,* Grundrechte aus der Hand des Gesetzgebers?, AöR 116（1991）, S. 72（76）を参照。

(27) 問題の指摘として、*Sachs,*（前掲注11）Staatsrecht III/1, S. 597, 603を参照。

(28) *P. Häberle,* Wesensgehaltgarntie des Art. 19 Abs. 2 GG, 1. Aufl. 1962, S. 31 ff., 51 ff., 197, 222 ff., 3. Aufl. 1983, S. 342 FN 104.

(29) ヘーベルレに関する邦語文献については、畑尻剛「ペーター・ヘーベルレ著作一覧及び関連邦語文献（改訂版）」城西大学研究年報人文・社会科学編二二＝二三号五五頁以下（一九九九年）を参照。

(30) *Häberle,*（前掲注28）3. Aufl. S. 189.

(31) *Häberle,*（前掲注28）3. Aufl. S. 191.

(32) *Häberle,*（前掲注28）3. Aufl. S. 179.

(33) *R. Alexy,* Theorie der Grundrechte, 1985, S. 302は、制限と狭義の内容形成を合わせた上位概念として（広義の）内容形成という言葉を用いるのであれば、それは定義の問題であるとする。しかし、アレクシーも、ヘーベルレ説に対しては、単なる定義の問題ではないと批判する。

(34) E—W・ベッケンフェルデ（小山剛訳）「基本権理論と基本権解釈」初宿正典編訳『現代国家と憲法・自由・民主制』（一九九九年）二八七頁。

(35) ベッケンフェルデ（前掲注34）二八六頁。

(36) *G. Lübbe-Wolff,* Grundrechte als Eingriffsabwehrrechte, 1988, S. 42 ff. なお、侵害概念の拡張と防御権論の再構成については、さらに松本和彦「防禦権としての基本権の意義と可能性」阪大法学一五九号二四三頁以下（一九九一年）を参照。

(37) *Lübbe-Wolff,*（前掲注36）S. 105 ff.

(38) *Lübbe-Wolff,*（前掲注36）S. 125 ff.

(39) *Lübbe-Wolff,*（前掲注36）S. 136 ff.

(40) *Lübbe-Wolff,*（前掲注36）S. 153 ff.

(41) *Lübbe-Wolff,*（前掲注36）S. 75 ff.

(42) *Lübbe-Wolff,*（前掲注36）S. 23.

(43) 組織・手続を求める権利との関連においてであるが、*Alexy,*（前掲注33）S. 436を参照。

(44) *Alexy,*（前掲注33）S. 300, 306. なお、アレクシーの原理としての基本権についてはR・アレクシー（小山剛訳）「主観的権利及び客観規範としての基本権(1)(2)」名城法学四三巻四号一七九頁、四四巻一号三二一頁（一九九四年）を参照。なお、アレクシーは比例原則を基本権の原理としての性格に結びつけるが（*Alexy,*〔前掲注33〕S. 100 ff.）、一般には比例原則は、法治国家原理の構成要素であると解されている（シュテルン〔前掲注8〕名城法学四四巻二号一五三頁以下）。基礎づけの違いによって比例原則の適用範囲に相違が生じるかどうかについては、以下では立ち入らない。これに関連して、*Lübbe-Wolff,*（前掲注36）S. 88 FN 44を参照。

(45) *Gellermann,*（前掲注4）S. 87.

三　基本権の規範的構成と具体化

既述のように、ゲラーマンは、基本権の内容形成を①規範的構成、②規範的輪郭付与、③規範的具体化に分けた。以下ではまず、第①類型と第③類型のメルクマールおよび具体例に目を向けることにしたい。

1　基本権の規範的構成

(a)　法律による規範的構成を要する基本権の例として挙げられているのは、基本法一四条一項の所有権、六条一項の婚姻の自由、二条一項で保障される契約自由、九条三項の団結の自由である。これらの基本権は、「規範により造形された」保護領域を持つ基本権、あるいは「決定的に（maßgeblich）規範により造形された」保護領域を持つ基本権であり、とりわけ前二者は、個々具体的な権利の保障のほかに制度保障という内実を持つ基本権であると解されている。(46)

ゲラーマンが、ある基本権的保障が規範的構成であることの重要な特徴として挙げるのは、①その自由が単純法律によるインフラ・ストラクチャーに依存しており、そのため、必要とされる規範的基礎工事は、防御権の問題とはならないこと、②必要な規律の整備を求められる立法者に対する基本権的拘束は、制度保障という内実を持つこと、の二点である。(47)

以下では、所有権についてゲラーマンの説明を見ることにしたい。(48)ちなみに、基本法一四条一項は、一文において「所有権および相続権は保障される」と規定し、二文において「内容および限界は、法律によって定められる」と規定する。この法律による内容決定の意味と、一文と二文の関係がここでの主題となる。連邦憲法裁判所は、一四条一項二文の内容決定を、「憲法の意味において所有権と解されるべき法益について立法者が権利・義務を一般的・抽象的に確定すること」であり、「内容決定とは、所有権の『内容』を、法律の発効の時点から将来に向けて確定するような客観法的規定の規範化である」と定義している。(49)

(b) 基本法一四条一項の所有権は、市民の国家に対抗する防御権を保障する。(50) この消極的保障を受けるのは、私法上の権利および、一定の条件を満たした公法上の権利である。「財産的価値のある権利」という所有権の保護の客体は、所有権の保障が、生命、表現の自由、移転の自由などの「自然的自由」と、明らかに異なることを示している。自然的自由が、人間に固有のものであり、国家には依存せずに認められるものであるのに対して、所有権は、「法秩序の産物」である。「自然的所有権」というものは存在しない。法規範による構成を要する基本権的保障は、国家の法に先行して存在するものではなく、法規範による仲介を必要とするのである。(51)「基本法一四条一項は、法的に承認され、その内容と射程について単純法律の諸規範により詳細が定められた財産的価値のみを保護する」。(52)

保護の客体が法的に造形されなければならないとしたら、その法律は侵害的性格を持たない。「所有権を創りだす法律が同時に所有権を侵害することはあり得ない」ためである。(53) 基本法一四条一項による個人的権利の保障の対象は、憲法から直接に導き出されるのではなく、所有権の構成を行う単純法律の諸規定から明らかとなる。(54) 規範的「構成」とは、各人の財産的価値のある法的地位の基礎となる法的インフラを提供することであり、国家の介入に対する防御権の発動は、その後に初めて問題となりうる。(55)「比喩的に言えば、個人の自由な活動という形式で『基本権上のゲーム』が行われるための詳細な規準となる、一般的ルールを構築し、維持し、さらに発展させることが立法者に課せられる」のである。(56)

同じことを契約自由について見るならば、法律は、契約上の形成力の創出、限定、制限を一体として行う。(57)

2　基本権の規範的具体化

(a)　この類型に属するのは、国家の基本権保護義務、狭義の給付義務、組織・手続に対する基本権の要請など、国家の広義の給付義務である。これらの法的作用の課題は、「規範的裏打ち」ではなく、また、次に取り上げる規範的輪郭付与のような保護法益の具体的限定（Bemessung）でもない(58)。基本権保護義務などの法的作用は、基本権の客観法的側面から発するものであるが、国家に対しては、原則として作為の方向を指し示すのみである。このため、これらの法的作用は、「詳細の具体化を必要とし、単純法律による置換に依存することにより、……規範的具体化という形象の適用の場となるのである(59)」。

(b)　この意味における具体化の必要は、基本権保護義務については、次のように説かれている(60)。基本権保護義務は、基本権的自由をとりわけ第三者の侵害から防護するために、保護的に行動することを国家に要求する。しかし、どのようにして国家がこれを履行すべきかについては、基本権の要請としては定まっていない。基本権保護義務は、国家の保護的活動についてその目標ないしは結果を与えるのみであり、目標達成のためにとるべき手段については定めない。手段の選択は、保護の義務を負う国家機関にゆだねられており、当該国家機関には、種々の事情、とりわけ危険の性質、接近性、程度を考慮して、自己責任において手段を決定する判断余地が与えられている。このような基本権保護義務の特徴から、保護義務は具体化を必要とするが、法治国家原理と民主制原理により、この具体化の要請は、立法者に向けられることになる。

立法による具体化の必要は、狭義の給付義務についても認められる(61)。給付義務は、各基本権主体がいかなる時にでも彼の望む方法で自由を現実に行使できるようにすることの保障を国家に命じているのではない。国家は、自由の前提として不可欠なものを創設し、確保することを要請されているが、この義務づけはあまりに一般的である。給付請求としての基本権は、拘束力のある目標規定ないしは国家任務であるにとどまり、その履行にかかわる詳細までも確定したものではない。このような給付義務の未決定性、開放性を前に、現実の与件、対抗する利益、その他の国家任務との優先順位等を考慮しながらこの国家任務を具体化し、同時に市民が利用可能となるようにすることは、民主的国家機関である立法府にゆだねられている。この立法者の決定は、基本権上の委託と行政の具体的作為義務ないし市民の請求権とのあいだの「交換所」として機能するものであり、そのために必要な規範的具体化なのである。

3　制限との差別化の可能性

以上、規範的構成および具体化という、二つの類型を見てきたが、その類型としての意義を評価するには、①基本権の制限との区別という点で有効な類型であるかどうか、②基本権と法律とのかかわり方という点で類型相互の区別が可能かつ合理的か、という二点を問うことが必要であろう。以下では、①の問題に目を向ける。

(1)　基本権の具体化と制限

基本権の制限との区別という点でもっとも問題が少ないのが、基本権の具体化であろう。[62] 基本権保護義務や給付請求権を具体化する法律は、基本権の次元では保護または給付の目標のみがうたわれ、保護または給付の具体的内容について未決定であったものに、具体性を与えるものであるため、当該基本権との関係では「制限」ではあり得ない。基本権保護義務について、「侵害による保護（Schutz durch Eingriff）」という正当な指摘があるが、[63] この「侵害」は加害者の基本権との関係において生じることであり、被害者の基本権との関係においてではない。

それでもなお、基本権保護義務等を具体化する立法が当該基本権の制限であると主張するとすれば、ありうる理論構成は、次のものであろう。すなわち、基本権保護義務を具体化する法律は、その法律で規制されていない私的人権侵犯を許容する趣旨を同時に含意しており、被害者は、規制されていない私的人権侵犯を受忍しなければならない。この受忍義務ゆえに法で規制されていない私的人権侵犯は国家に帰責し、私的人権侵犯は国家による侵害に転化する、という理論構成である(64)。しかしながら、このような理論構成に対しては、ドイツにおいても多くの理論的な難点が指摘され、支配的な見解とはならなかった(65)。

そのため、保護義務等の具体化と防御権とが競合しうる、残された領域は、リュッベ＝ヴォルフが言うところの規範存続の保障ということになる。しかしながら、これは法制度の後退という限られた場面においてのみ問題となるものであり、さらに、たとえ規範存続の保障を認めるとしても、制限と内容形成とのあいだの原理的な区別を疑問視するものではないことは、すでに述べたとおりである(66)。

(2)　基本権の規範的構成と制限

(a)　法規範による基本権の構成という類型については、基本権の具体化と同様に規範存続保障論との関係で制限との差別化が問題となるほか、次のような、この類型に固有の問題が発生する。それは、所有権や婚姻自由、契約自由について、憲法に直接依拠しうる「自然的自由」という内実も存在するのではないか、あるいは、自然的自由ではないとしても、自由に対する制限として構成できる場合があるのではないか、という問題である。

創設・限定・制限は一体かつ同時に行われるというゲラーマンの主張に従えば、婚姻の自由に制限を加えているかに見える民法の規定――おそらくこれには、わが国で問題となっている夫婦同氏の強制や女性の待婚期間なども含まれるであろう――も、婚姻の自由との関係においては防御権の問題ではない(67)。契約自由には、契約内容についての自己決定が含まれるが、これに介入する公序良俗等の規定も、契約自由に対する制限ではない。[68]所有権については、法律による所有権の「内容」の決定と「限界」の決定[69]（基本法一四条一項二文）は、単に実際上の区別が困難だという消極的な理由からではなく、内容の決定と限界の決定はまさに理論的に一体であるという積極的理由から、不可分となる。[70]

(b)　このような主張に対しては、周知のように、基本法一四条二項の「内容」を定める法律と「限界」を定める法律の可分論や、婚姻の自由・契約自由を構成する法律の侵害的性格を肯定する見解が対立している。[71]

まず、内容形成の誤りは単なる違憲の内容形成なのか、基本権侵害なのかという一般的な問題について、ベトゲは、――特段の説明なしに――「内容形成の誤りは基本権侵害に転換する」と主張する。[72]また、所有権については、――同じく特段の説明なしに――ヤラスが、「あらゆる内容および限界の決定は、比例原則を尊重しなければならない」と解する。[73]他方、ザックスは、内容決定と限界決定とは区別しうるとし、時間的前後関係の視点に従った――その意味では絶対的ではなく、相対的な――区別を提唱する。[74]さらに、ヴェントは、比較的最近の学説では区別肯定論が次第に有力になったとし、「内容規範は所有権および所有権に結びついた諸権能を一般的かつ義務中立的に確定する」ものであり、一方、「限界規範とは、そのように承認された所有権の行使から生じる、市民相互間あるいは市民と国家とのあいだの紛争を規律の対象とするものであり、これに応じて、作為義務、不作為義務、受忍義務を課すものである」[75]と主張する。

(c)　以上の見解のどちらが妥当なのかについての検討は、すでに本稿の目的を超えることになる。いずれにせよ、上述の批判説は、どのような場合に防御権によって対応できるかという問題にかかわるもの、換言すれば、内容形成と制限の境界あるいは内容形成に固有のロジックが支配する領域と防御権的構成が可能な領域の境界を問うものであり、所有権等の保障が法制度に依存し、法が所有権や契約自由の内容形成を行うという命題自体を否定するものではない。従って、基本権の規範的構成についても、ひとまず基本権の制限と区別することに理由のある類型であるとすることができよう。

（46） 所有権についてはBVerfGE 58, 300（339）、婚姻と家族についてはBVerfGE 6, 55（72）; 76, 1（41）; さらに最近の判例としてBVerfG, Urt. v. 17. Juli 2002＝生活パートナー法などを参照。なお、契約自由について連邦憲法裁判所は、単に内容形成という言葉を用い、制度保障という表現を用いていないが（とくにBVerfGE 89, 214［231 f.］を参照）、実質的には制度保障論を採っているものと考えられる。

（47） *Gellermann*,（前掲注4）S. 93.

（48） 契約自由については小山剛「私的自治と人権」ジュリスト一二四四号八三頁以下（二〇〇三年）を参照。

（49） BVerfGE 72, 66（76）; 52, 1（27）.

（50） 以下につき、*Gellermann*,（前掲注4）S. 93 ff. を参照。

（51） *Gellermann*,（前掲注4）S. 270.

（52） *Gellermann*,（前掲注4）S. 94.

（53） *Gellermann*,（前掲注4）S. 96.

（54） *Gellermann*,（前掲注4）S. 105.

（55） *Gellermann*,（前掲注4）S. 99.

（56） *Gellermann*,（前掲注4）S. 270.

（57） *Gellermann*,（前掲注4）S. 147. これについてはさらに、小山（前掲注48）ジュリスト一二四四号八三頁以下を参照。

（58） *Gellermann*,（前掲注4）S. 231.

（59） *Gellermann*,（前掲注4）S. 231.

（60） 以下につき *Gellermann*,（前掲注4）S. 237 f. を参照。

（61） 以下につき *Gellermann*,（前掲注4）S. 253 f. を参照。

（62） あわせて *Gellermann*,（前掲注4）S. 233 ff., 284 f. を参照。

(63) *R. Wahl/J. Masing*, Schutz durch Eingriff, JZ 1990, S. 553 ff.
(64) 大筋においてこのような内容の主張として、*Schwabe*,（前掲注21）S. 213 ff.; *D. Murswiek*, Die staatliche Verantwortung für die Risiken der Technik, 1985, S. 91 ff., 101 ff. がある。なお、給付請求権についての同様の主張については、*Gellermann*,（前掲注4）S. 245 ff. の紹介を参照。
(65) 本稿では問題点の詳細に立ち入ることはできない。私見も含め、小山剛『基本権保護の法理』（一九九八年）一四三頁以下を参照。
(66) 上述二2(2)(b)。
(67) *Gellermann*,（前掲注4）S. 129 f.
(68) *Gellermann*,（前掲注4）S. 138 ff. とくにカナーリスに対して向けられた批判の中で、ゲラーマンは、契約内容に介入する強行法規や任意法規を「侵害」と捉えることに明確に反対している。
(69) この問題についてはさらに *U. Hösch*, Eigentum und Freiheit, 2000, S. 238 ff. を参照。
(70) *Gellermann*,（前掲注4）S. 276.
(71) 契約自由については、とくにカナーリスの見解（C―W・カナーリス〔山本敬三訳〕「ドイツ私法に対する基本権の影響」法学論叢一四二巻四号一頁〔一九九八年〕）を参照。
(72) *Bethge*,（前掲注3）VVDStRL 57, S. 30. なお、*Ch. Starck*, Diskussionsbeitrag, VVDStRL 57, 103 も参照。
(73) *H-D. Jarass*, in: Jarass/Pieroth, GG-Kommentar, 6. Aufl. 2002, Art. 14 Rn. 33.
(74) *M. Sachs*, Verfassungsrecht II Grundrechte, 2000, S. 448 Rn. 25.
(75) *R. Wendt*, in: Sachs, Grundgesetz, 2. Aufl. 1999, Art. 14 Rn. 55.

四 基本権の規範的輪郭付与

最後に、基本権の輪郭付与という類型に立ち入ることにしたい。

1 基本権の「規律領域」と「保護領域」

(a) 基本権の輪郭づけを行う法律とは、基本権による保護の射程がどこまで及ぶかを画定する法律を指す[76]。規範による構成を要する基本権とは異なり、規範による輪郭づけを要する基本権においては、基本権の保障する自由は、法律によって初めて行使が可能となるわけではない。この点で、輪郭付与は規範的創設と異なる。「基本権自身においては完結した輪郭が描かれていない保護の客体に詳細な姿を刻み、これに外形を与えることによって、基本権規範においては示唆されていたにとどまる輪郭を敷き写しにする」ことが、この類型の内容形成であるとされる。

この類型の内容形成が成立する前提となるのは、基本権の規律対象（Regelungsbereich）と保護領域（Schutzbereich）の区別である。「基本権の規律領域は、その保護領域と一致することもあるが、常に一致するとは限らない[77]」とすれば、この保護領域を切り出し、基本権の射程を画定する法律は、基本権に対する制限とは別種のものだという理解が成り立とう。その法律は、基本権の規律領域と比べれば各人の自由を一見、切り詰めているが、そこで行われているのは保護領域の画定であり、保護領域に含まれる行為に対する制限ではない、という説明である。

(b) 基本権の規律領域と保護領域が異なる具体例として、ゲラーマンは、基本法八条一項の集会の自由を挙げる。基本法八条一項は、「すべてのドイツ人は、……平穏に、かつ武器を携帯せずに、集会する権利を有する」と定め、集会の自由に、「平穏に、かつ武器を携帯せずに」という限定を加えている。その結果、基本法八条一項による「規律」の対象となるあらゆる集会のうち、この基本権の保護を受けるのは、平穏かつ武器を携帯しない集会だけに限られる。この限定は、基本権の保護領域自体の限定であり、いわば消極的構成要件メルクマールとして、「基本権という規準の次元で、その一部をなすものとして、保障の保護客体に対して限定を加える」ものである[78]。

このような保護領域自体の限定は、集会の自由のように憲法条文に直接の言及がある場合に限られるものではないとされる。その例証として、続いてゲラーマンは、基本法五条二項の三留保のうち、個人的名誉権を挙げる。基本法五条は、一項で意見自由を保障し、二項において「これらの権利は、一般的法律の規定、少年保護のための法律上の規定、および個人的名誉権によって制限を受ける」と定めている。ゲラーマンは、「一般的法律」および「少年保護のための法律上の規定」という文言と、「個人的名誉権」という表現の仕方とは明らかに異なっており、「一般的人格権の一部として憲法により直接に確定された内実を持つ個人的名誉権」については、該当する表現を基本法五条一項の保護客体から除外する構成要件メルクマールである――従って、名誉侵害的表現はそもそも意見自由の保護領域に含まれず、さらに、そのような表現は法律上の規定なしに禁止されてもよい――と指摘する[79]。

2　法律による保護領域の限定

(a)　このような五条二項の解釈には当然のことながら異論があり得ようが[80]、法律による基本権の輪郭付与というテーマとの関連でさしあたり重要であるのは、以上のような憲法条文による直接的な限定と、憲法規範の相互参照から憲法の次元で生じる限定のほかに、法律という下位の法規範による保護領域の限定を認めてよいのかである。これについてゲラーマンは、次のような一般論を展開する。すなわち、文言上は包含される行態であるが、「少なくとも特定の状況下において、その行態に対する保護を留保することがその基本権規範から認識でき、しかし基本権規範自体はそれがどのような場合なのかを確定しておらず、その詳細の特定を、一定の指令を付して立法者の任務としている場合」には保護客体の輪郭づけを否認することはできない[81]。これによって、いわば「ナマの素材（Rohsubstanz）」が、具体的な形象を得る。このような輪郭づけの委託は、基本権の客観的側面から生じるものであるとされ、これによって立法者に課せられる義務を、ゲラーマンは「整備義務（Einrichtungspflicht）」と呼んでいる。(82)

ここでゲラーマンが、整備義務に基づく規範的輪郭付与の例としてあげるのが、放送の自由の内容形成と、基本権の不文の限界である。

(b) 基本法五条一項二文の放送の自由については、個人権的に解釈する見解と客観法的次元を強調する見解との対立があるが、ゲラーマンは、基本権の輪郭付与という類型をこれに適用することによって、次のような説明を試みる。(83) ゲラーマンによれば、立法者が基本権の規範目標ないし秩序目的を実現するために放送法上の規定を制定する場合、それはひとまず、立法者の整備義務の履行であると解される。放送法は、放送への参加を国家の認可にかからしめ、また、番組内容についても多様性、注意義務などの要請を課すことによって、基本法五条一項二文の規律対象に縮減を加える。しかしそれは、侵害防御の諸ルールを発動させるような基本権の制限なのではない。これを防御権の問題であると見る見解は、放送の自由が他の基本権とは異なり人格発展のために保障されたものではなく、自由な個人的意見形成・公的意見形成という目標を実現するために保障されているという点を看過している。「基本法五条一項二文は、その規範目的と合致し、規範目的の実現に奉仕するような、放送にかかわる活動の特定の種類および態様を保障する」。この保障に内在した、目的による拘束は、自由な個人的・公的意見形成というこの規範目的にそぐわない放送事業の自由について、防御権による保障から除外する。法制度によって放送事業者に生じる負担は、「防御権を発動させる侵害ではなく、基本権の保護領域の詳細な限定という、侵害以前の段階のもの」なのである。(84)

(c) ゲラーマンが規範的輪郭付与のもう一つの例としてあげるのが、不文の基本権の限界である。(85) 以下では、単純化のために、法律の留保を持たない基本権のみを取り上げる。

法律の留保のない基本権について、連邦憲法裁判所は、「第三者の基本権およびその他の憲法上の法益のみが、憲法の一体性および憲法により保護された価値秩序の総体を顧慮することにより、本来制限することのできない基本権を個別の関係において例外的に制限することができる」としてきた[86]。ゲラーマンが出発点とするのも、――さまざまな論者が自説の例証としてあげてきた――この玉虫色の説示である。このような第三者の基本権による制限（真正な基本権の衝突）およびその他の憲法法益による基本権の制限（不真正な基本権の衝突）について、ゲラーマンは、次のように結論づける。「基本権上の衝突の解決は、侵害防御の枠組みによって捉えることもできなければ、初めから存在し、すでにそれ自体として有効な限界の単なる宣言であると捉えることもできない。この状況の特殊性を正しく捉えるためには、これら二つの立場の中道を進まなければならない。それは、規範的輪郭付与という考え方によって敷かれた道である[87]」。

第三者を害し、それゆえ禁止されてしかるべき私人の活動――例えば、他人の名誉を害する芸術表現や他人の家屋に勝手にスプレー画を描く行為――が、留保のない基本権である基本法五条三項の芸術自由の保護領域に含まれるのか否かについては、周知のように、基本権の広い構成要件説と狭い構成要件説との対立があった[88]。ゲラーマンの「中道」とは、一方において、第三者を害する芸術行為の規制を基本権の保護領域に含まれる行為に対する制限であると捉える見解を否定し、他方において、第三者の基本権と衝突する芸術行為を、あらゆる意味において初めから芸術自由の保護客体から排除することにも反対するものである。

(d)　従って、この「中道」路線に対しては、一方ではなぜ限界の「単なる宣言」による保護客体からの排除ではないのか、他方では、なぜそれが侵害ではないのかという、二つの別方向からの批判が加えられることになろう。

まず、前者について、ゲラーマンは次のように説明する。[89] 第三者に対して著しい侵害を加える行為——例えば舞台の上での殺人や芸術の創作を目的とした画材の窃盗など——に基本権による保護が初めから及ばないのは明らかだが、これはそもそも、基本権の衝突の事例ではない。なぜなら、初めから保護領域外の行為については、基本権の衝突も発生し得ないためである。基本権の衝突とは、このような明白に有害な攻撃に至らない、典型的な活動について語られるものである。この場合、基本権に内在する限界がどこに引かれているかは、「おのずと明らかになるもの」ではない。実際の基本権の衝突は多種多様であり、しかも、市民相互に要請される配慮の程度は、時代とともに変化する社会の考え方にも左右される。従って、基本権の内在的限界は、いかなる活動が第三者への配慮を欠くのかについて立法者が確定して初めて定まるのであり、基本権主体の共生への配慮という憲法上の要請から、どのような場合に基本権の保護から除外されるかについての明確な基準を取り出そうとするのは、憲法に対する過大な要求であるとされる。

このように、ゲラーマンの輪郭付与論は、初めから基本権によるあらゆる意味の保護を排除するものではないという限りで広い構成要件論と共通の理解に立つが、[90] 立法者による基本権衝突の調整を、基本権の制限および制限の正当化の問題として考えるのではなく、基本権の保護領域の具体化と捉える点において狭い構成要件論と共通するものであると言えよう。

(e) しかし、あらゆる意味の保護を初めから排除するものではないとすれば、なぜそれが基本権の制限ではなく、保護領域の具体化ないしは内容形成なのか、という別の問題が生じる。これについてゲラーマンは、基本法の人間像・基本権像を援用する。[91] 基本法の人間像は共同体と結びつき、共同体に拘束された人間であり、基本法の基本権像は、形式的な自由の理解ではなく、市民の共生を織り込んだ自由を前提とする。そのため、国家が私人間の紛争に審判者として登場する場合、その国家の活動は侵害的ではなく、調整的と解されるべきである。[92] なぜなら、このような国家の活動は、「すでに存在し、また要請されている、第三者の基本権への配慮から生じる限界を敷き写しする」だけである。「相互に対立する自由の重複領域において要求される相互的配慮の確定が、たとえ衡量的な……識別判断によって行われるとしても、そのことは、基本権の新たな制約ではなく、すでに基本権に含意されている限界の明確化……である」という性質を変えるものではないためである。[93]

果たしてこれらが、輪郭付与を基本権の制限から区別する理由となるかどうかが、ただちに問われることになろう。次に、これについて検討することにしたい。

(76) 以下につき、*Gellermann,*（前掲注4）S. 280 ff. を参照。
(77) *Gellermann,*（前掲注4）S. 178.
(78) *Gellermann,*（前掲注4）S. 179.
(79) *Gellermann,*（前掲注4）S. 179 f.
(80) 後述五3(1)を参照。
(81) *Gellermann,*（前掲注4）S. 181.
(82) *Gellermann,*（前掲注4）S. 182.
(83) 以下につき、*Gellermann,*（前掲注4）S. 184 ff., 205 f.
(84) *Gellermann,*（前掲注4）S. 205, 206.
(85) *Gellermann,*（前掲注4）S. 208 ff.
(86) BVerfGE 28, 243 (261). なお、基本権の衝突を扱ったわが国の文献に、中野雅紀「基本権衝突の問題点」中央大学大学院研究年報二三号（一九九四年）がある。
(87) *Gellermann,*（前掲注4）S. 226.
(88) この議論について、とくに *Alexy,*（前掲注33）S. 278 ff. を参照。また、わが国の研究では、中野雅紀「ドイツにおける狭義の基本権構成要件理論」法学新報一〇二巻九号一四三頁以下（一九九六年）がある。
(89) 以下につき、*Gellermann,*（前掲注４）S. 221 f., 224 f. を参照。
(90) 従って、アレクシーがF・ミュラーに対して加えた批判のうちの「内容上の」批判（*Alexy,*［前掲注33］S. 280 ff., 284）に、ゲラーマンの主張は、ひとまず答えていると言うことができよう。残るのは、なぜそれが制限の問題ではないのかという、「形式」の批判である。
(91) 以下につき、*Gellermann,*（前掲注４）S. 216 ff.
(92) *Gellermann,*（前掲注４）S. 214.
(93) *Gellermann,*（前掲注４）S. 220.

五　規範による輪郭付与と制限

制限との区別の可能性という点でもっとも大きな問題をはらむのが、規範による輪郭付与という類型であろう。なぜなら、この類型に属する法律は、基本権の保護領域の「創出」ではなく、限定（Bemessen）のみを行うためである。

1　区別の指標

それでは、基本権に（単に）輪郭を付与する法律と、基本権を制限する法律とを区別する判断の指標は、どこに求められているのであろうか。ゲラーマンは、それは「法律の作用」ではないとする。[94] なぜなら、たとえ立法者の整備義務の履行である基本権の輪郭付与であっても、基本権で記述された「ナマの素材」に縮減を加えることには変わりなく、各人の自由の領域を縮減するという限り、基本権の制限と区別されるものではないためである。これにかえてゲラーマンは、規範目的（Normzweck）による区別、すなわち、「ある法律規範が立法者に課せられた基本権上の目標規準（Zielvorgaben）に指向し、その実現に奉仕するのか、それとも、この委託とは無関係な別の目的を実現するために制定されたのか」による区別を提唱する。[95] なお、ここでいう規範目的とは、立法者の主観的意図のことではなく、規定の内容等から探求される客観的目的である。[96]

例えば放送の自由については、法律の規範目的が、放送を通じた「自由で包括的な、真実にかなった意見形成」の保障という、放送の自由の任務を追求するものであれば、その規範は基本権上の整備義務の履行であり、従って内容形成的である。[97] 他方、ある法律規範が、放送活動によって影響を受ける別の保護法益を守るために、放送の自由に規制を加えるのであれば、その法律規範は内容形成とはみなされない。

規範目的による区別は、基本権の不文の限界にも妥当するとされる。例えば真正な基本権の衝突においては、第三者の等しい権利に配慮した基本権的自由を保障することが整備義務の目標となる。従って、相互に重なり合う法的区画（Rechtsbezirke）の調整を行う法律上の規定は内容形成的であり、反対に、「立法者が他の目的、とりわけ憲法法益ではない法益の保護のために規範を制定する場合には、その規律は侵害的であり、従って、侵害防御の指令に照らして審査されなければならない[98]」。

2　批判説

基本権の衝突あるいは基本権の輪郭付与については、当然のことながら多くの学説の言明があり、その少なからぬ数は、基本権の衝突を輪郭付与であるとして比例原則の支配から外すことに、批判的である。

(a)　まず、ザックスは、基本権の保護領域に対する侵害よりも前の段階において基本権に干渉する法律上の規定が存在することは承認する。しかし、ザックスは、結論として、規範的輪郭付与を基本権の制限と同様に扱うべきであると主張し、先行して保護領域に加えられる限定にも、比例原則の適用を求めるのである。

ザックスによれば、擬似構成要件的限定（quasi tatbestandliche Begrenzungen）とは、それぞれの基本権の法律効果が発生するための消極的前提条件である。ある行為等がこの消極的前提条件に該当する場合には、その基本権規定による保護は、他の事情いかんにかかわらず、発動しない[99]。つまり、そのような行為等の規制は、「はじめから」、当該基本権に対する違反とはなり得ない。擬似構成要件的限定は、消極的構成要件メルクマールと同様に、それだけで、基本権による審査を「基本権侵害は存在しない」という結論で終わらせるものなのである[100]。

ザックスが問題とするのは、下位の規範による基本権の射程の完成、すなわち「基本権間接的な擬似構成要件的限定[101]」が認められるかどうかである。ザックスは、この議論が、「憲法が特定の事例について、はじめから基本権による保護を排除しているが、その最終的な定義を憲法自身は行わず、これを……単純法律にゆだねている」ことから出発し、それゆえ、そのような法律は、基本権を制限するものではなく、基本権という規準を間接的に完成させるものであるため、基本権の制限に要求される一般的規制に服さない、という結論をもたらすと警告し、基本権間接的な擬似構成要件的限定には意義を認め難いとする。むしろこの帰結を回避するために、ザックスは、「審査の段階としては基本権侵害に対して求められる要請を、基本権侵害の構成要件上の諸前提という前の段階に前倒しすること」、そして、「結果として、間接的な構成要件擬似的な基本権限定を行う法律を、あらゆる主要な点について基本権を制限する法律上の規律と同様に扱う」ことが必要だとしている[102]。

(b) さらに、真正な基本権の衝突を端的に基本権の制限であると解する見解は、枚挙にいとまがない。例えばリュッベ＝ヴォルフは、第三者を害する行態（あるいは「基本権の濫用」）もまた基本権の保護領域に含まれるのか、それとも基本権の保護領域はあらかじめ整形されている（präformiert）のか、という問題[103]を立てた上で連邦憲法裁判所の判例を分析し、次のように結論づけている。「連邦憲法裁判所の判例は、一般的にも、また、留保なき基本権という特別な場合にも、あらかじめ整形された基本権の保護領域を基礎においていると見ることはできない」[104]。「基本権により保護された自然的自由は、自然法または憲法上の価値決定によって整形された自由ではなく、事前の限定を受けていない恣意の自由なのである」[105]。

3 隠れた基本権制限の余地

(1) 憲法の次元における輪郭付与

基本権の保護領域には、二重の機能がある。保護領域は、これに含まれる行為等に制限が加えられた場合に、比例原則を中心とした、その正当化の強制を命じる。その一方で、保護領域は、これに含まれない行為等について、そのような正当化を不要とする。比例原則による正当化の対象とならない行為を除外するという、保護領域の消極的機能に目を向ければ、内容形成を広く認めることは、「隠れた基本権制限」[106]に道を開くことである。このような観点から見ると、ゲラーマンの主張には、いくつかの問題があるように思われる。

まず、基本法八条一項の「平穏に、かつ武器を携帯せずに」については、これを保護領域の限定ではなく、制限の記述であると解する見解も有力であることを指摘するにとどめる[107]。

次に、基本法五条二項の「個人的名誉権」の留保は同項に規定された他の二留保と異なり、法律の規定を要しないという主張については、すでに多くの批判のあるところである。個人的名誉権が単に基本法五条二項において言及されているだけではなく、一条一項（人間の尊厳）と結びついた二条一項（人格発展の権利）に基礎を持つ、それ自体が一個の基本権であるという理解は、判例においても学説においても一般的である。しかし、そのことから学説の多くが要請するのは、一項の意見表明の自由との衡量にあたって、個人的名誉権を他の二留保と質的に区別することであって、法律の根拠の要否ではない[108]。

(2) 法律による輪郭付与

この問題をさておき、法律による輪郭付与という本来のテーマに限っても、ゲラーマンの説く意味での規範的輪郭付与を承認する必然性に乏しいように思われる。

(a) ゲラーマンが強調するように、基本権は、条文で記述された行為等に何らかのかかわりを持つすべての行為等を保障するとは限らない。基本権の「規律領域」と「保護領域」が一致するとは限らず、後者は前者よりも狭いことがある、というゲラーマンの指摘は、その限りでは正当であろう。問題となるのは、規律領域と保護領域とのあいだに、どの程度のズレを認めるべきかである。

例えば連邦憲法裁判所は、アウシュヴィッツにおけるユダヤ人虐殺を否定する「アウシュヴィッツの嘘」発言を規制しうるかが争われた事件(109)において、次のように説示している。「基本法五条一項一文の保護の対象は意見であり、その内容および言明の形態がいかなるものであろうとも保護領域から除外されるものではない(110)」。「事実の主張」は、「厳密な意味では意見表明ではないが、意見形成の前提となっている限りにおいて保障される。……この観点の下では、虚偽の情報、つまり意識的な虚偽の主張あるいは真実ではないことが証明されている事実の主張は保護に値しない利益である(111)」。アウシュヴィッツの嘘については、「このような主張が事実ではないことが、数えられないほどの目撃証言と証拠書類、多くの刑事裁判所による事実認定および歴史学的確認から証明されている。従って、この主張は、意見自由の保護を享受するものではない(112)」。また、基本法一二条一項の「職業」についても、連邦憲法裁判所は、「許容された活動」のみがこれに含まれるとし(113)、さらに、信仰の自由については、監獄においてタバコを取引材料に、ある宗教からの離脱を促す行為が「基本法四条一項の保護を受けるものではない」とした判例がある(114)。

しかしながら、ゲラーマンの主張する規範的輪郭付与は、これよりもはるかに広いばかりではなく、発想において質的に異なっているように思われる[115]。むしろアウシュヴィッツの嘘事件は、ある表現を基本権の保護領域から除外することについて、連邦憲法裁判所が極めて慎重な態度で臨んでいること——換言すれば、保護領域からの除外は一般的な出来事ではなく、あくまでも例外であることを示しているように思われるのである[116]。

(b)　既述のように、ゲラーマンは、基本法の人間像と基本権像を、規範的輪郭付与が基本権の制限ではなく、内容形成であることの主たる論拠の一つとしている。共同体に拘束された人間像という指摘はそのとおりであるとしても[117]、ここで問われなければならないのは、この人間像およびそこから導かれる基本権像が、基本権衝突の調整について、保護領域に対する制限という構成を排除し、保護領域自体の限定という構成だけを基本法に合致する基本権理解として支持するほどの意味を持つのかどうかである。むしろ、リュッベ＝ヴォルフが言うように、基本権は無限定な、恣意に従い共同体を害するような自由の行使にまで効果的な保護を与えるものではない、という自明の事柄と、それを保護領域の次元で処理するか、それとも制限の段階で処理するかという問いとを、分けて考える必要があるのではないか[118]。この点において、ゲラーマンの主張は、基本権の「規律領域」と「保護領域」の区別を求めるだけではなく、「保護領域」と「効果的保障領域（effektiver Garantiebereich)」の同一化[119]という、それ以上のものを含んでいるのであり、そのような同一化を指向した解釈が憲法の要請であるかどうかについてまで、人間像ないし基本権像が、一刀両断の解答を与えるとは思えないのである。

(c)　仮にゲラーマンの主張が、リュッベ＝ヴォルフの言うところの「整形された保護領域」論に単純に依拠するのではないとすれば[120]、基本権の内在的限界を明らかにする法律は輪郭付与であって制限ではないとする主張の背後には、おそらくは、その典型である真正な基本権衝突が生じた場合の、次のような判断枠組みの変形があるのではないかと思われる。

ベッケンフェルデは、基本権保護義務や基本権の照射効において用いられる比例原則が、警察法上の比例原則とは構造の異なるものとなることを指摘し、これを「最適性の比例性（Angemessenheits-Verhältnismäßigkeit）」と呼んだ。[121] すなわち、警察法上の比例原則は「法律・法規範の目的という確固とした連結点を有し、この目的との関係において適合性・必要性・狭義の比例性を確定する。しかし、客観法的な基本権内容相互間の衡量の場合には、このような確固たる連結点が存在しない。ここで用いられる比例性は、最適性の比例性である。最適性の比例性は、古典的比例性の第三構成部分とも異なるものである」。[122]

立法者による内容形成に対する基本権による実体的拘束のあり方について、ゲラーマンは、これをまず、「核心部分」にかかわる拘束と、周縁部分における拘束に分けて考察する。[123] 後者の周縁部分における拘束のあり方について、判例・学説は、比例原則を含むさまざまな要請を唱えてきたが、ゲラーマンによれば、その実質は「適切性（Angemessenheit）」[124] であるとする。すなわち、立法者は、「客観的な基本権の内実によって与えられた目標を、放棄し得ない最低限度を超えて、事実にかかわる与件と利益状況に対応して実現すること」、あるいは「……『事実にかかわる諸関係を考慮した』、……適切（angemessen）な結論を提供すること」が要請される。[125] これは、比例原則の第三の構成要素である、狭義の比例性の要請と同じ要請である。[126]

なお、ベッケンフェルデとゲラーマンとで、「最適性」ないし「適切性」と狭義の比例原則との関係についての理解が異なっているが、本題から外れた議論であるため、ここでは立ち入らない。[127] 重要であるのは、内容形成については比例原則が（そのままの形では）妥当しない、という主張である。比例原則の三要素を私人間における基本権の衝突にそのまま適用できるかを問われれば、確かに変形を認容せざるを得ないであろう。[128] しかし、そこから逆に、比例原則の三要素をストレートに適用できない国家の行為は基本権の「制限ではない」、とする必然性には乏しいように思われるのである。[129]

(d)　ゲラーマンの見解は、基本権の保護領域よりも広い規律領域を持ち出すことによって、基本権の衝突を規律領域相互の調整という衡量問題として構成することを可能にすると同時に、この調整は防御権=保護領域に対する制限の問題ではないという説明を可能にしたものであり、従来の狭い構成要件論に対して向けられた批判の一部に答えているが、なぜそれを制限の問題として処理してはならないのかという問いに対しては、十分な理由を提供し得ていないと評すべきであろう。[130]

(3)　放送の自由の輪郭付与

なお、ゲラーマンが法律による基本権の輪郭付与のもう一つの典型であるとした放送の自由については、基本権の衝突とは問題の所在と構造を異にしているため、[131]上述の批判はあてはまらないものと思われる。その場合、放送の自由についてのみ規範的輪郭付与という類型を認めるのか、それとも放送の自由を規範的構成または規範的具体化のいずれかに組み入れるべきかは、放送の自由という具体的基本権にかかわる解釈の問題であり、[132]本稿では立ち入らない。

(94)　以下につき *Gellermann,*（前掲注4）S. 282.
(95)　*Gellermann,*（前掲注4）S. 282.
(96)　*Gellermann,*（前掲注4）S. 283 f.
(97)　*Gellermann,*（前掲注4）S. 283.
(98)　*Gellermann,*（前掲注4）S. 283.
(99)　*M. Sachs,* in: Stern, Das Staatsrecht der Bundesrepublik Deutschland, Bd. III/2, 1994, S. 230.
(100)　*Sachs,*（前掲注99）Staatsrecht III/2, S. 231.
(101)　以下につき、*Sachs,*（前掲注99）Staatsrecht III/2, S. 293.
(102)　*Sachs,*（前掲注99）Staatsrecht III/2, S. 293.

(103) *Lübbe-Wolff*（前掲注36）S. 87.
(104) *Lübbe-Wolff*（前掲注36）S. 98.
(105) *Lübbe-Wolff*（前掲注36）S. 98.
(106) *Jarass*, in: Jarass/Pieroth（前掲注73）Vorb. vor Art. 1 Rn. 32.
(107) *Alexy*,（前掲注33）S. 259 f.
(108) 法律の根拠を要求するものとして、*Ch. Starck*, in: v. Mangoldt/Klein/Starck, Das Bonner Grundgesetz, Bd. I, 4. Aufl. 1999, Art. 5 I II, Rn. 131; *E. Schmidt-Jorzig*, in: Isensee/Kirchhof, HStR Bd. VI, 2. Aufl. 2001, § 141 Rn. 48 ff. を参照。また、*Pieroth/Schlink* は、第三版においては法律の根拠を要しないとしていたが、最近の版ではそのような記述を削除している。判例では、BVerfGE 33, 1 (17) が、法律による具体化が必要であることを明言している。
(109) BVerfGE 90, 241. 研究として、ドイツ憲法判例研究会編『ドイツの最新憲法判例』（小野寺邦広）、上村都（後掲注116）論文がある。
(110) BVerfGE 90, 241 (247).
(111) BVerfGE 90, 241 (247).
(112) BVerfGE 90, 241 (249).
(113) BVerfGE 7, 377 (397).
(114) BVerfGE 12, 1 (4 f.).
(115) *Lübbe-Wolff*（前掲注36）S. 92 は、「意見」表明からの意図的な虚偽の事実主張の除外や「職業」からの許容されていない活動の除外は、価値づけ的観点とは無関係に跡づけることができる、文言解釈の問題であるとしている。この指摘が正しいかどうかをさておいても、これらの判例が整形された保護領域論を採ったものではないという指摘は正当であろう。

なお、イーゼンゼーは、「基本権解釈の原則として、できる限り保護領域の次元で限定すべきである」と主張する。このような「原則」が思考経済に資するのかどうかについては疑問の余地があるが、そのイーゼンゼーもまた、具体例としては平穏ではない、あるいは武器を携行した集会が基本法八条の保護を受けないこと、意図的な誤った引用が意見自由の保護を受けないことを言うにとどめている。もっとも、イーゼンゼーは、これら二つの例から、暴力の禁止は基本権侵害ではない、違法な行為の禁止は基本権侵害ではない、という一般化を行っており、具体的状況しだいでは、ゲラーマンの見解に接近する余地はあろうか。*Isensee*, Diskussionsbeitrag, VVDStRL 57, S. 109 f.

(116)　上村都「集団に対する侮辱的表現」日本法政学会法政論叢三六巻一号一四七頁（一九九九年）、同「意見表明の自由と集団の名誉保護」名城法学論集二五号一頁（一九九八年）は、意見自由の保護領域からの除外が、「アウシュヴィッツ事件判決についてのみあてはまるもので、第二の適用事例を見いだすことは難しい」、というシュルツ・フィーリッツの指摘を紹介し、その例外性を強調する。また、同判決では、アウシュヴィッツの嘘発言を基本権の保護領域から除外する論証と平行して、「アウシュヴィッツの嘘」をドイツ政治に対する脅迫という問題に関する意見形成の前提であるとみなし、これを意見表明の自由の保護領域に含めた場合にも規制は合憲である、という論証を行っているが、これについても同論文を参照。

(117)　田口精一『基本権の理論』（一九九六年）一三八頁。

(118)　*Lübbe-Wolff,*（前掲注36）S. 87.

(119)　無論、ゲラーマンに対して向けられた批判ではないが、*Lübbe-Wolff,*（前掲注36）S. 97 は、保護領域の事前の整形を指向すればするほど、保護領域と効果的保障領域の同一化に近づくことを指摘している。なお、効果的保障領域という言葉については、同書 S. 87 を参照。

(120)　ゲラーマン自身は、基本権の衝突を排除するものではないこと（前注90を参照）を理由に、自分の見解が事前に整形された自由観にくみするものではないとしている。*Gellermann,*（前掲注4）S. 221 を参照。

(121)　E―W・ベッケンフェルデ（鈴木秀美訳）「基本法制定四〇周年を経た基本権解釈の現在」初宿編訳（前掲注34）三四五頁以下。

(122)　ベッケンフェルデ（前掲注121）三七一頁。

(123)　*Gellermann,*（前掲注4）S. 314 ff.; 328 ff.

(124) „Angemessenheit" は多義的な言葉であるが、本稿では、それぞれの論者の含意するところに応じて、ベッケンフェルデについては「最適性」、ゲラーマンについては「適切性」という訳語をあてた。
(125) *Gellermann,*（前掲注4）S. 350.
(126) *Gellermann,*（前掲注4）S. 351.
(127) ベッケンフェルデはアレクシーの原理＝最適化の要請としての基本権という主張に対する批判として「最適性の比例性」という言葉を用いており、一方、ゲラーマンは、アレクシーの基本権理解を否定した上で内容形成に対する憲法的拘束を問う中で「適切性」という言葉を用いている。この点については、*Gellermann,*（前掲注4）S. 361 を参照。
(128) この問題をめぐる議論については小山（前掲注65）九七頁以下を参照。
(129) もっとも、ゲラーマンの思考過程は、少なくとも形式的には「制限」と「内容形成」（この場合には、規範的輪郭付与）の区別から始まって、次に統制の枠組みに進んでいるが。
(130) 関連して、前注（90）および *Alexy,*（前掲注33）S. 285 f. を参照。
(131) 例えば、放送の自由についても個人の人格発展の意義を強調するのか、それとも自由な公的意見形成という客観的機能を強調するのかという問題がそれである。
(132) ドイツにおける放送の自由の憲法解釈に関する詳細な研究として、鈴木秀美『放送の自由』（一九九九年）を参照。

六　むすびにかえて

以上の考察から、ゲラーマンの三類型のうち、法律による基本権の規範的輪郭付与については「隠れた基本権制限」をもたらす恐れがあり、慎重な対応が必要であること、一方、基本権の規範的構成と基本権の具体化については、基本権の「制限」と区別すべき合理的理由がある類型であり、基本権の「内容形成」とみなすことができるという結論に至った。しかしながら、以上の考察においては、基本権の規範的構成と具体化を区別することに意義があるのかどうかについては検討していない。さらに、内容形成がどのような場合に制限に転化するのか、あるいは内容形成的法律をどの限りで比例原則による正当化の強制のもとに置くことができるのかについても検討していない。

1 規範的構成と具体化の距離

(a) 基本権の規範的構成と具体化は、いずれも基本権の内容形成として、基本権の制限とはひとまず区別して観念することができる。この内容形成の二つの類型――規範的構成と具体化――を区別することに意義があるのかどうか、また、どのような観点から区別すべきかは、日本国憲法における制度保障（例えば二九条一項）と抽象的権利（例えば二五条一項）の相互の関係にも直接にかかわる問題である。しかしながら、以下では、ゲラーマンの記述に従い、保護義務と制度保障の関係にまず目を向け、続いて保護義務と整備義務との関係について、彼の見解の要旨を紹介しておくことにしたい。

(b) ゲラーマンの類型に従った場合、規範的構成と具体化との重複領域は、典型的には所有権や契約自由などの制度保障と基本権保護義務とのあいだで生じ、それぞれの守備範囲をどのように区画するのかの問題として提起されることになる。これに対するゲラーマンの回答は、保護義務ではなく、制度保障、従って規範的構成という類型の守備範囲を広くとることに特徴がある。[133]

すなわち、基本権の規範的構成を行うに際して、立法者は、基本権の内容を確定するだけではなく、それと同時に、第三者との関係において各人にどの程度の自由を与えるかについても決定を行う。そのため、自由の形成という立法者の任務と、保護のための活動とを、明瞭に分けることはできない。所有権についても、立法者の保護の任務は、所有権の形成を行う義務と、不可分である。憲法で保障された所有権の客体が何であるかは基本法一四条一項では最終的には決定されておらず、所有権の内容および限界は立法者の決定に留保されている。その際、立法者は、「すでに制度保障に基づく委託の一部として、所有権にかかわる利益の調整を行うのである。立法者には、市民の『所有権上の領域』を相互に区画することが課せられている」[134]。立法者が私人による「攻撃」を許容したとしても、それは保護任務を履行しなかったことになるのではなく、内容および限界決定の誤りとして論じられる。反対に、立法者が私人間における特定の介入を禁止したとしても、それは、保護義務の履行として説明されるのではない。第三者のある行為が禁止されたということと、立法者が所有者にその権利の内容として与えたということとは、一体であるためである。このようにして、保護義務が登場する余地は、具体化によって創設された介入禁止の、行政および司法による貫徹が問題となる場面に限定されることになる[135]。

(c)　基本権の規範的輪郭付与という類型については、すでにこの類型自体に問題があることを指摘したが、ここで保護義務と整備義務との関係について、ゲラーマンの見解を簡単に見ておくことにしたい[136]。それによれば、基本権の衝突という場面では、基本権保護義務が登場する余地はない。例えば小説による人格権侵害は、基本法一条一項と結びついた二条一項で保障される人格権に対する私的侵犯――従って、国家はこれを「保護」しなければならない――なのではなく、基本権主体の共生という基本法の基本権観に基づいた、輪郭付与の問題として構成される。立法者は、両者の「自由の領域の調整」を行うが、その調整において立法者は、「行為者の自由に侵害を加えるわけではないし、被害者に保護を与えるわけでもない[137]」。これは、整備義務に基づき行われるもので、整備義務が登場する限り、保護義務が登場する余地はない。

(d)　以上のようなゲラーマンの見解は、規範的構成および輪郭付与がかかわる限りで基本権保護義務を排除するという点で、独自のものである。ここでは保護義務のみをとりあげたが、規範的構成および輪郭付与によって排除されるのは、保護義務という基本権の客観法的内容の一作用だけではない。それは同時に、防御権をも排除するのである。

このような帰結の妥当性については、本稿では立ち入らないことにしたい。[138] いずれにせよ、保護義務と防御権は、定義上必然的に、運命をともにする。[139]

2　残された課題

本稿では、基本権にかかわるが基本権を制限するのではない法律――従って、基本権の制限とは区別されるものとして内容形成を捉えてきたが、内容形成を行う法律が同時に基本権の制限でありうるのか、さらに、どの場合に防御権による正当化の強制を、内容形成的法律に（類推的にであれ）要求しうるのか、という問題については意図的に検討を避けてきた。ゲラーマンのように、内容形成は定義上必然的に防御権的構成を排除する、という見解を採らない限り、防御権的構成の可能性は、別途、検討されなければならないであろう。さらに、ゲラーマンと同様に認識に立つ場合でも、内容形成論の妥当する範囲――とりわけ、基本権の規範的構成の妥当する範囲――が具体的に問われなければならない。その際、制度後退の場面においてリュッベ＝ヴォルフが説く規範存続の保障が論点の一つとなることは言うまでもないが、基本権の内容形成が基本権の二重の性格のうちの客観法的側面から生じるものであることに鑑みれば、各人の主観的権利との関係において基本権と法律との関係を捉えなおす必要がないかどうかが別の論点となろう。つまり、基本権の客観法的側面との関係においては親和的な、従って基本権の制限ではない法律であっても、各人に対するその作用いかんでは別の性格づけが可能であり、必要とならないか、という問題である。これらについては、後の課題としたい。

(133)　以下につき、*Gellermann*,（前掲注4）S. 240 f. を参照。

(134) *Gellermann*, (前掲注4) S. 240.

(135) *Gellermann*, (前掲注4) S. 241.

(136) 以下につき、*Gellermann*, (前掲注4) S. 241 f. を参照。

(137) *Gellermann*, (前掲注4) S. 242.

(138) なお、契約自由について、小山(前掲注48)ジュリスト一二四四号八三頁以下において簡単な考察を加えている。

(139) 保護義務と防御権は、「既存の法益」の保護というところに共通性がある(小山[前掲注65]一三九頁参照)。基本権の規範的構成および輪郭付与が、既存の法益(あるいは基本権の保護領域)自体を確定ないし画定するものであるという理由で保護義務の適用を排除するならば、その結論は、当然に防御権に対しても妥当することになる。

6 基本権保護義務論の位相と「平等の法律による具体化」について

西原博史

一　課題の設定

世紀転換期の日本における基本権理論の課題として、「人権」あるいは「基本権」の概念それ自体を見つめ直し、検証することが必要となっている。この概念は、多方面にわたって揺らぎを見せているが、その中でも、基本権の客観法的な側面と呼ばれるものをどう位置づけるかという論点は、最も重要なものの一つである。

この点は、栗城壽夫が基本権解釈の新傾向として紹介した動向[1]とどう向き合うかという問題と関わる。基本権の価値理論に端を発して、法実証主義的な人権観を克服しようとする動きは、国家に対抗するための防禦権という基本権理解で十分に取りこめていない利益を法的に確保する道を拓き、ドイツ憲法学の発展に本質的な形で貢献してきた。もとより、栗城が見ていた理論動向は、単にドイツの地において現れる特殊なものではなく、我が国において部分的にはすでに消化されながら、部分的に未整理に残っていた課題にも関わっている。従って、日本国憲法の人権規定を解釈する上でも、基本権の客観法的意義をどう構成していくのかという点は、喫緊の課題となる。

本稿では、そうした問題状況の中から、いわゆる「基本権（的）保護義務論」が提起する論点を意識しながら、一見した所は常識的な言葉づかいの裏にひそむ理論的問題を切り取ることを狙いとする。ここで問題としたいのは、「基本権を法律によって具体化する」という言い回しである。この定式だけで、基本権基礎理論にまつわる数多くの論点を浮かび上がらせる。その中でも、本稿では、対象を平等権に絞って考察を続ける。

なぜ「法律による具体化」が問題になるのか、なぜ平等なのかを説明するに先だって、本稿が解答しようとする問題を提示しておこう。具体的にいうなら、「民間企業における性差別を禁止する法律と、民間企業におけるアファーマティヴ・アクションを定める法律は、それぞれ、憲法一四条とどのような関係に立つか？」という問題。もっと一般的に表現すると、「憲法上の差別禁止が作動する特定の特徴——たとえば性別——との関係で、私人間における差別的取扱を禁止する法律と、機会の平等を実現するために優先的取扱を命令する法律は、憲法上の差別禁止規定の具体化として、等価なものか？」という問題である。

（1）栗城壽夫「西ドイツ公法理論の変遷」公法研究三八号（一九七六年）七六頁。

二　基本権保護義務論をめぐる悩み

1　私人間効力論の行き詰まりと基本権保護義務論の利点

差別を禁止する法律の位置づけをめぐる問題設定が基本権保護義務論を意識している点は、容易に理解されるところであろう。保護義務論を採用すれば、こうした法律は、憲法によって立法者に課せられた義務を履行するものと説明される。こうした説明によって、現実的に行き詰まりを見せている課題のいくつかを解く鍵が見つかることになる。

その課題の中で最大のものは、いわゆる「人権の私人間効力」にまつわるものであろう。私人間の法関係において基本権規範がどのような形で妥当するのかという問題設定に対して、我が国の通説・判例は、間接効力説の承認という形で一応の解答を示している。この立場によれば、基本権規範は直接には私人間に妥当せず、憲法で保障された基本権の意義を読み込んだ私法の一般条項を媒介にして、間接的に適用されるに過ぎないとされる。ただ、この解答が実際にさほどの有用性を示すものでないことは、すでに共通した認識になっているといえよう。特に、間接効力説は、どのような場合に、どのような基本権が、どのような一般条項を媒介に、どのような程度で、妥当するべきかに関して何の基準も含んでいない。そこから、最高裁の三菱樹脂判決流の立場が成立するわけであり、間接効力説と無効力説の壁は限りなく薄くなっている。(2)

この行き詰まりを突破するためには、私人間効力の問題をも取り込む大きな理論枠組が必要となる。そして、基本権保護義務論は、確かに、上位の理論枠組として役に立つものとなる。(3)

基本権保護義務論は、憲法上保障された基本権を非国家的主体による侵害からも保護する義務を国家が負っていることから出発する。そして、この義務は憲法上の義務であって、義務懈怠があった場合には、それは憲法違反と評価される。もとより、百パーセントの保護は不可能であって、国家に義務づけられるのは最低限度の保護措置でしかない。しかしそれでも、その最低限度を下回り、実際の侵害を前に手が出せなかった場合に、果たして国家に憲法上の責任が帰属するものだったかどうかが問われるわけである。

この理論を前提にすれば、私人間効力は、問題となる基本権侵害を想定した法律上の保護ルールがない場面で、裁判所が既存の法律を解釈することを通じて、どこまで保護義務の履行を行うことが要請されているかという問題になる。間接効力説は、裁判所が保護義務を履行する道筋を確保するためになされた確認である。だとすれば、不十分にしか基本権規範の意義を読み込まなかったために、実際の私人による侵害に対して十分な保護を提供できなかった判決は、保護措置の最低ラインを下回るものとして、憲法違反の判決だったことになる。間接効力を通じて確保されるべき基本権の実質は、憲法のレヴェルで、決まっていることになる。

2　保護義務論の核心としての立法義務をめぐる評価

ただ、裁判所が保護義務の履行を迫られる領域は、むしろ周辺に位置する。保護義務論をめぐる議論の核心は、立法者がどのような措置を憲法上、義務づけられているかという点にある。そして、これこそが、保護義務論の評価を難しくしている問題である。保護義務を承認することによって、基本権を守るための国家による規制措置が広い範囲で憲法上の正当性を獲得し、対国家の関係で保障されてきた基本権、特に個人の自由が、かなりの部分で相対化していくのではないかという懸念が生じるからである。

保護義務論を採る論者は、この懸念が杞憂であると主張している。保護義務は、あくまで伝統的に承認されてきた防禦権に付け加わる要素であって、それに取って代わるものではないとされる。そして、「正当性は合法性の代わりにならない」という命題の下、保護義務を実現するための規制も、常に防禦権を基準とした審査に耐えなければならないのであって、防禦権に対する過度の侵害であってはならないとされる。我が国において保護義務論の意図を肯定的に捉える見解、特に小山剛の著作も、その点にはっきりとした強調を置く。(4)

保護義務論に関する問題の多くは、この命題の真偽に関わる。ここに直感的に危険を感じる受け止め方のほうが、我が国ではむしろ一般的といえよう。こうした保護義務論が、一般化した場合に「人権の不当な制限を招くおそれが少なくない」とする芦部信喜の表現が典型的であろう。(5) また、戸波江二は、自己決定と保護義務論が「究極的には架橋できない」点を認識すべきことを説き、保護義務論に内在しているはずの「国家の過剰な関与を規制するという視点」を常に踏まえるべきことを明らかにする。(6) さらに、ドイツ流の保護義務論が

「たたかう民主制（憲法忠誠）と通底する、管理された（規制された・秩序付けられた）自由論を前提にして初めて採用できる」ものだとする根森健の指摘[7]が、構造的な問題を言い表している。

3　支配的見解による保護義務論に対する承認と限定

こうした批判にもかかわらず、たとえば芦部は一定の類型の権利・自由について保護義務論が日本でも成り立つことを認めているし[8]、根森も「個人の尊厳権」を憲法一三条の最大尊重義務の対象とする限りで防禦権に留まらない基本権の意義を認めている[9]。直接の作為義務として定式化されていない基本権に関して、私人による侵害を前にした場合に国家が介入する法的義務を明示的にすべて否定し去る見解は、ドイツの基本権保護義務論を意識した議論の中では、少なくとも一般的ではない。

このことは、問題をさらに複雑にする。一定範囲で基本権保護義務が認められるとする見解が広く受け容れられていながら、その厳密な射程が明らかにされているわけではない。基本権保護義務という言葉が独り歩きする中で、どのような根拠でどのような基本権がどのような範囲で、国家に対して保護する直接の法的義務づけを引き起こすのかという点について、全く合意が得られていない状態が見られる。理論の実践的帰結として、これ以上の脅威はない。もともと国家による人権規制活動の正当化という方向性を示す概念が、出身国で予定されているような国家機関相互の権限（作為権限と権限行使の不作為の許容性）に対する明確な法的制限という実質を伴わないまま、流行語として行政実務・裁判実務に入っていくわけである。

4　基礎理論なき部分的承認がもたらす危険

国民が生活関係の「安全」を求める風潮が表に立つ中、人権保護のための法律であることを謳いながら、警察などの行政機関が市民生活に介入するための権力的権限を強める形の立法が、世紀転換期と前後して、目立つようになっている。二〇〇〇年制定のストーカー規制法がその一つの典型であろうし、〇三年制定の個人情報保護法や、〇二年に国会に提出された人権擁護法案も、そうした系譜の立法活動に属する。現実的に被害が発生する状況で特定類型の行為を「犯罪」化し、また、刑罰による威嚇によって十分に保護の効率性が達成できない場面で予防的な介入措置を講じることは、当然、政策的選択としてあり得ることである。これは、社会契約論に基づく国家の理解においても、個人の権利を擁護するところに国家の役割があるとおりであって、何も基本権保護義務を持ち出すまでもない話である。

にもかかわらず、我が国で今、問題になっているのは、人権保護を謳うことによって、これまで当然であった法治主義的な権力制限が掘り崩され始めていることである。個人情報保護法における処罰規定の持ち方などは、その典型的な例であろう。処罰対象となっているのは、権利侵害でも、その危険を引き起こす行為でもなく、権利侵害が切迫していると主務大臣が認定して発した命令に違反する行為でしかない。命令違反が形式犯として処罰されるならば、そこでは、対立する権利――たとえば、表現の自由――に対する侵害が憲法上許容される範囲に収まっているかどうかを事後的に検証する手段すらなくなりかねない。

ここには、法治国家原理に基づく、国家に対する防禦権と構成された自由権的基本権に対する本質的な攻撃が見られる。我が国におけるこうした実務の動向を保護義務論と結びつけるのは、本来、八つ当たりの誹りを免れないはずだった。保護義務論の基本的な狙いは、国家による自由侵害の正当化ではなく、私人による侵害から個人を保護するための国家の介入行為に対する法的ルールの設定なのであるから。にもかかわらず、少なくとも我が国の理論的な現状においては、国家行為をコントロールする実質を得られないまま、「一定範囲で国家は保護義務を負う」という命題だけが流通している。理論的に危険な状態といえよう。

5　問題としての「価値秩序としての基本権」

一方で基本権保護義務論に、基本権理論としての実践的利点が――ドイツにおいて妥当している理論的前提を共有できると仮定した際には――一定程度で認められるにもかかわらず、理論として全面的に採用することに多くの論者が逡巡する背景には、いくつかの理由がある。一つが、この理論がドイツの連邦憲法裁判所を担い手とする制度的枠組、特にその中でも憲法訴願制度を前提として初めて採用できるものではないかという、理論が成立する制度的条件に関する疑いが残ることである。しかし、〈憲法による基本権保障が非国家的主体による侵害から個人を保護する義務を国家に課す〉という命題が成り立つか否かに関しては、その義務違反を誰がどのような手続に基づいて認定するのかという手続法的論点とは独立して、結論を出すことが――実益があるかどうかは別にして――可能なはずである。

やはり問題は、この基本権保護義務論を採用することによって、基本権がこれまで果たしてきた防御権としての機能が掘り崩されるのではないかという不安が、どうしても除去できないところにあると考えられる。そうした観点で見れば、確かに法解釈論の次元で〈保護義務は防御権の効力に影響を及ぼさない〉という命題が主張できたとしても、一歩下がった基本権基礎理論のレヴェルで、やはり防御権の相対化という結果を招来することに関する危惧が拭えないことになる。

芦部は、保護義務論への警戒感を表現する際、「価値秩序、客観的原理としての基本権という側面が、個人の権利としての基本権という側面に優越する、いわば基本権の中核を占めるまでになってきている」ことを踏まえ、基本権保護義務論が「国の実体を具体的に問うことなく、そういう客観的原理としての基本権の考え方を前提」にしていることを問題とする。(10)　先に引用した根森の保護義務論批判も、観点は異なるものの、構造としては同じ問題を見ているものとも理解できる。芦部があえてこの点を強調したことは、自らの栄光に矢を向けるものであるがゆえに、よほどのことと理解すべきであろう。というのも、棟居快行が指摘するように[11]、ドイツで基本権が客観法的・「道徳的」な意義をもつことを踏まえて展開されていた間接効力説を、どろどろした薄気味悪い土着の地盤から切り離して、きれいな上澄みにして日本に導入しようとしたのが、芦部自身であったからである[12]。基本権とは何かという基礎理論的背景を見ずに、解釈論的帰結として有意義そうなものだけ導入を図っても、その思いは達せられないことが意識されるのである。

6　条件プログラムから目的プログラムへの質的転換？

ここで明らかになるように、保護義務論の基本的な問題は、〈価値秩序としての基本権が個人の権利を踏み越える〉かの如き様相を呈する所にある。私見では、これは、基本権という規範がもっている構造の根本的転換に関わる問題である。

伝統的な議論では、防禦権として理解された基本権は、前国家的な核をもってすでに内容の定まったルールである。棟居の「人権観」体系論[13]を借りるまでもなく、この意味での基本権は、特定の条件を満たした場合に常に効力を発すべき準則という意味で、条件プログラムとしての構造を有するものと整理される。それに対して、基本権が「客観的価値」などを媒介に客観法化された場合、できるだけ実現される状態に置かれることを求める原理という意味での目的プログラムに変質することになる。そして、保護義務論が設定する三局的な問題状況をどう構造化するのかという問いは、この基本権の位置づけに関する解答を逃げ道なく設定するものである。

防禦権的な意義を踏まえ続ける限り、法律が個人の基本権保護領域に介入的に作用してきた場合、条件プログラムとして確立している技術によって、侵害の存在がまず一義的に確認され、次にその許容性が判断できるはずの構造になっている。法律が誰の何を守ろうとするのかは、ここでは原理的に無関係であって、侵害構造の成立に相違をもたらすものではない（その意味で、最高裁が経済的自由との関係で採用する積極規制・消極規制の二分論は、構造化の困難な理論だが、ここでは無視しよう）。違憲審査基準論がもともと鏑矢を放っていた上に組み立てられた、松本和彦の防禦権論[14]に現れるように、我が国の議論でも、その条件プログラムの内容を明示するための理論的蓄積は、かなりの水準に達している。

ところが、保護義務論を踏まえた場合、状況は異なる。保護義務を実現するための法律は、常に、目的プログラムとしての基本権規範によって正当化されていることになる。それに対して、規制される側の防禦権が問題になる時には、これは、基本権衝突と位置づけられ、目的間競合の事例となる。目的プログラム間の対立に際しては、防禦権的な条件プログラムの適用によって問題を解決することはできず、あくまで衡量という、主観的な価値の混入するプロセスに解決を委ねざるを得ない。そこでは必然的に、基本権解釈は政治的なプロセスとなり、憲法学が学問として提供してきた、誰でもが適用できる客観的な基準を用いた純粋に法的な営みとしての性質を失っていく。それが、基本権保障という構造を法体系が組み込んだ時のそもそもの目的に反しないのか。

7　問題としての主観的権利と客観法の切り分け――栗城テーゼをめぐって――

基本権が主観的な防禦権としての意義において有する条件プログラムという構造にこだわろうとするのが、日本で法学としての憲法学が歩んできた道だったはずである。にもかかわらず、現時点で、基本権からあらゆる客観法的意義を拭い去ることは、理論的に簡単ではない。防禦権的な組み立ての中にも、純粋に個人の主観的権利として整理しきれない要素を多く含み込んできている（一つだけ例を挙げると、政教分離は、条件プログラムとして構成されてはいるが、個人を主体とする主観的権利としての構造をもつものではない。それでも、政教分離は信教の自由という基本権と無関係であるという言い方には違和感があるであろう。)。

こうした状況の中で、主観的権利と客観法的基本権内容とを切り分ける基準を考えることで、日本において保護義務論を評価する枠組を設定しようとするのが、栗城の議論である。彼はいう。

「国家秩序・法秩序全体の基本原理としての基本権から具体的な効果が基本権の客観法的内実として直線的に・無媒介的に導出され得るとするのではなくて、国家秩序・法秩序全体の基本原理としての基本権のなかに主観的権利的内容と客観法的内容とが含まれていると考え、前者は基本権から直線的・無媒介的に導出され得るが、後者は基本権についての解釈論的・原理論的な実質的論証を経て始めて導出され得ると考えることが重要と思われる(15)」。

非常にバランス感覚に溢れた――しかし含蓄に富む分、難解な――課題設定である。

ここで栗城が踏まえるのは、ベケンフェルデの提示する、基本権の主観的内容と客観法的内容の関係についての二つのモデルである(16)。そこでは、①主観的権利を（上位の）客観法に吸い上げて、その客観法としての基本権を実効化する道と、②（上位の）主観的権利の内容から客観法的意義を導き出し、主観的権利の実効化に奉仕する限りで客観法的側面をも追加的に保障する道とが区別される。

上に引用した文章において栗城は、一旦は①の立場に対する留保を表明するが、②のモデルを承認する方向に向かうものではない。そこに、栗城とベケンフェルデの基本的な問題意識の違いがある。ベケンフェルデも、②をそのまま持ち上げるのではなく、②の道を進んでも結局は①に転落する可能性を常に意識しつつ、最終的には①／②の選択よりも上の次元における二者択一状況しかないことを示そうとする。すなわち、（a）防禦権一元論に立ち戻り、防禦権を越えた内実の決定を政治過程を通じた議会による決定に委ねるか、（b）客観法的内実を憲法解釈によって特定可能であるとする道を進み、本質的な決定を連邦憲法裁判所に委ねて議会が

立法によって実現されるべき価値、という理解の間の古典的対立を焼き直したものに過ぎない。[17]
新傾向と旧傾向の対立として紹介した、(a) 憲法＝立法が踏み越えられない枠、という理解と、(b′) 憲法＝憲法実現のみを行う司法国家を徹底するか、という二者択一である。これは、まさに栗城が七〇年代において

8　基本権相対化に対抗する理論的安全装置

栗城は七〇年代において、枠・土俵としての憲法理解 (a″) と、実現のプロセスとしての憲法理解 (b″) との間の対立を前にして、国家と個人の自由の二元的対立図式を克服する必要を主張し、参加の要素に重きを置いた道、あるいは、相対立するファクターの実践的調和を可能とする道を提示しようとしていた。[18] その中で彼は、裁判所による憲法実現という把握を積極的に肯定する立場に傾斜する。そして、上で引用した一九九四年の文章においても、「基本権についての解釈論的・原理論的な実質的論証」というプロセスを重視しながら、実現すべき客観法的内実を基本的に裁判所による憲法解釈によって決定することを排除しない枠組を採用していく。

問題となるのは、栗城のこの立場によって、主観的な防禦権としての基本権を相対化から守れるかである。上の引用文に即していえば、「主観的権利的内容……は基本権から直線的・無媒介的に導出され得る」点を強調することによって、客観法的内容に関して要請される「解釈論的・原理論的な実質的論証」に巻き込まれる心配はなくなるのか、という問題である。

私見では、基本権の客観法的内容を自由原理という方向の目的プログラムとして構成した段階で、他面において純粋な条件プログラムとしての防禦権を維持することにかなりの無理が生ずるものと理解せざるを得ない。基本権衝突の事例を目的プログラムの対立として把握し、最適値を探す方向で事態を解決しようと思うなら、

基本権の構造に関する変質が生じていることを意識する必要があると思われる。

その意味では、ベケンフェルでのモデルでいう①の要素を極力排除して、基本権に何らかの客観法的側面を認めるとしても、②の方向を逸脱しないよう細心の注意を払う必要がある、と私には思えてくる。そう考えるならば、ベケンフェルデが恐れる、①の方向への最終的屈伏を、条件プログラムとして理解された主観的防御権の構図を守ることによって、どこまで防げるかが課題となる。

9　所与の内容をもつ条件プログラムの擬制

ベケンフェルデが基礎に置く、基本権の防禦権としての主観的内容は、国家の権限を原理的に制限されたものと捉える、C・シュミット流の配分原理[19]を踏まえて導き出される。そのため、基本権が法的な意味で前国家的な個人の権利であることが出発点に置かれ、国家によって創設されるものではなく、ただ存在するものとして国家によって承認されるだけの形となる。[20]こうした考え方に基づけば、基本権は具体化するための国家の法律など必要とはせず、常にそのままで執行可能なはずだということになる。現在の理論状況で啓蒙主義的な自然権論にそのまま依拠することには困難があるとしても、まさにドイツ基本法が草案一条で追求していたように、「国家のために人間があるわけではなく、人間のための国家がある」ことを認識論的な出発点に置く方法的個人主義を踏まえた場合に、立法に対する基本権内容の先行を唱えることにはなおも説得力がある。

にもかかわらず我が国でも、前国家性を頼るだけで基本権内容に関する論争を遮断する立場に対して批判的な見解が唱えられている。前国家性をもつ普遍的な規範としての「人権」を、意識的に「憲法が保障する権利」（本稿の用語では「基本権」）から区別する、奥平康弘の人権体系書が、そうした流れに属する。[21]彼にとって「人権」とは、「超実定法的あるいは実定法挑戦的な性格の強い、その意味では政治的要求的、イデオロギー的な風味を伴う観念」であり、「野性味ゆたかで生きのいいじゃじゃ馬」と理解される。その「人権」を「憲法的秩序に適合するように飼い馴らす」ことによって「憲法が保障する権利」となるわけである。

問題は、そこから引き出される帰結である。奥平にとって、「権利」というものは、主観的なものと客観的=制度的なものをつなぐ接点の上に存在することになる。こう考えてくると、〈基本権が法律による具体化なしに執行可能〉という、上に挙げた命題の前提も見えてくる。もちろん、憲法上保障された基本権は、対国家的な防禦権としての意義において、法律によって具体化されるまでもなく直接に妥当する権利であって、それを脅かされた者であれば常に裁判上主張可能である。しかしこれは、国家権力抜きで、人権実現が常に可能だという論理に基づくものではない。自由権を侵害する法律が無効であり、その無効を裁判所が判断できるという法的命題が意味をもつのは、あくまで、裁判所が違憲立法審査権を行使できる制度的枠組があってのことである。

法システム外の視点から見た場合に基本権の権利性が実定憲法による権利保障システムの制度化に依存するという確認は、我々を、もっと深い悩みに導いていく。基本権が国家の作り上げる制度に依存していることを認めた瞬間に、通常の立法者による生活関係のルール化が基本権にとって所与の枠組となる理論的可能性が生まれる。その道を歩む場合、人権理念との結びつきを意識した時に前国家的に内容が決まっているはずの権利は、いつの間にか、具体的な立法によって特定の形態を与えられ、具体化された権利に転換していく。これが、基本権の制度的理解によって開かれる道筋である。

10　制度的基本権理解への対抗

基本権の客観法的意義を認める場合に現れる最大の危険は、この基本権の制度的理解を正面から肯定することにつながり得る点に存する。防禦権としての基本権にとって最も破壊的で危険な理論を組み立てたのが、ヘーバーレの一九六二年の著作であった。[22] この著作において彼は、共同体の価値に従って人格的存在になるために法律に「正しい」自由の行使のしかたを媒介してもらうような人間を前提に据え、共同体の秩序を規範複合として受容しながら立法者が自由を一定の形態に制度化していくことに向けた、立法者に対する形態づけ委託という意味で基本権を理解していく。

建前上はヘーバーレも、客観的・制度的な意味とは別に、主観的権利としての防禦権が存在することを認めはする。ただ、その主観的権利は、配分原理を踏まえ、所与の内容をもって先行するものではなく、あくまで立法者によって具体的な形態を付与されて初めて妥当するような性質のものである。彼が実現しようとする自由は、原理的に無制約の恣意などではなく、課題を担った自由でしかない。ここに、自由の名による良心の強制に限りなく近い構造が成立するわけである。[23]

共同体の価値から出発し、基本権をこの価値に連動させながら、立法を通じて実現していく方向を採った場合、共同体から独立の存在であろうとする個人の法的地位はここまで無力化することになる。もともと、共同体があえて積極的に守ろうとする自由は、個人の恣意ではなく、共同体にとって価値ある行為の自由を指向しがちな傾向が成り立つ。保護義務論も、立法による実現を期待する限りで、こうした共同体で共有された価値のための手段に堕していく危険を秘めるわけである。[24]

11 「基本権の法律による具体化」の罠と可能性

このように、一方で〈基本権が法律によって具体化される〉という構造を認める場合、主観的な防禦権としての基本権の内実が掘り崩される危険を犯すことになる。そのため、こうした制度的理解を否定する自由主義的な理論は、基本権の内容が立法を通じて決まるわけではないことにこだわる。法律は、所与の内容をもった自由の限界線を画定するだけであって、外在的に自由を制約するものであると位置づけられる。

これがまさに、条件プログラムとしての構造をもつ主観的な防禦権として基本権が法的意義を展開していく普通の道筋である。ところが、基本権の作用は、現代国家にあってはこうした典型的な構造のものに限られない。芦部が、客観的価値秩序となった基本権が主観的な防禦権を凌駕する危険を尖鋭に意識しながら、なおも一定範囲で「国家による自由」が登場し得る場面を認めるとおりである。

特に問題になるのは、憲法上の基本権条項が保障しようとする意味内容を私人間の法関係の中で実現しようとする場合、あるいは、対国家の関係においても基本権の内実が単なる不作為請求に尽きず、具体的な給付システムの構築や制度的枠組の確保を要請する場面である。そうした所では、基本権が法律によって具体化されることにより、輪郭を獲得し、発展していく場合が認められそうな気がする。

法律によって基本権が具体化されるように見える領域が存在する。基本権保護義務をめぐる議論を飼い馴らし、法的にコントロール可能な枠組を踏み外さないようにするためには、この法律による具体化に際し、個人の主観的自由にとって異質な要素を排除するしくみを設定しておかなければならない。客観法的内容と主観的権利としての内容の関係についてのベケンフェルデのモデルに立ち戻ると、防禦権的内実を上位の規範的準拠点としながら法律による基本権の具体化を語ることができるかどうかが問われてくるわけである。

以下、古典的な基本権の中で防禦権的な中核の最も見えにくい平等を素材にしながら、この問題を考察していこう。

（2）　最大判一九七三年一二月一二日民集二七巻一一号一五三六頁。

（3）　小山剛『基本権保護の法理』〔成文堂・一九九八年〕五六頁、二一二頁以下、山本敬三「現代社会におけるリベラリズムと私的自治（一～二・完）」法学論叢一三三巻（一九九三年）四号一頁、五号一頁（四号一六頁以下）。保護義務一般に関し、中野雅紀「第三者による侵害に対する基本権保護」中大院研究年報二二号（一九九三年）一頁、鈴木隆「ドイツにおける保護義務の基礎」早大法研論集七六号（一九九六年）八五頁、同「ドイツにおける国家任務としての保護（一～二・完）」早大法研論集八一号（一九九七年）二四五頁、八二号（同年）一六三頁、竹市周作「保護請求権としての基本権」中大院研究年報三〇号法学研究科篇（二〇〇一年）二七頁以下等。

（4） 小山・前掲書（注(3)）六八頁。

（5） 芦部信喜『憲法』〔新版補訂版・岩波書店・一九九九年〕一一一頁。同旨、芦部信喜「人権論五〇年を回顧して」公法研究五九号（一九九七年）一頁（一三頁）。

（6） 戸波江二「国の基本権保護義務と自己決定のはざまで」法律時報六八巻六号（一九九六年）一二六頁（一三〇頁）。

（7） 根森健「憲法上の人格権」公法研究五八号（一九九六年）六六頁（七七頁）。

（8） 芦部・前掲書（注(5)）一一一頁。そこでいう「一定の類型の権利・自由」とは、「国家による自由」が成立する領域、すなわち、社会権等と、自由権が作為請求権的な意義を展開する場面を指すものと理解できる。芦部信喜『憲法学Ｉ』〔有斐閣・一九九二年〕五四頁、同『憲法学Ⅱ』〔有斐閣・一九九四年〕八五頁。

（9） 根森・前掲（注(7)）六七頁。

（10） 芦部・前掲公法研究（注(5)）一三頁。

（11） 棟居快行『憲法学の新構成』〔信山社・一九九二年〕一頁以下。

（12） 芦部信喜『現代人権論』〔有斐閣・一九七四年〕一頁以下、同「私人間における人権の保障」芦部編『憲法Ⅱ人権（1）』〔有斐閣・一九七八年〕三九頁（八〇頁）。

（13） 棟居快行『憲法学再論』〔信山社・二〇〇一年〕二四四頁。

（14） 松本和彦『基本権保障の憲法理論』〔大阪大学出版会・二〇〇一年〕。

（15） 栗城壽夫「最近のドイツの基本権論について」憲法理論研究会編『人権理論の新展開』〔敬文堂・一九九四年〕九三頁（一〇四頁）。

（16） *Ernst-Wolfgang Böckenförde*, Grundrechte als Grundsatznorm, in: *ders.*, Staat, Verfassung, Demokratie, Frankfurt/M. 1991, S. 159 (S. 180 ff.). 同旨、ベッケンフェルデ（鈴木秀美訳）「基本法制定四〇周年を経た基本権解釈の現在」初宿正典編訳『現代国家と憲法・自由・民主制』（風行社・一九九九年）三四五頁（三六八頁以下）。

（17） 栗城・前掲公法研究（注（1））七六頁以下。

（18） 栗城・前掲公法研究（注（1））一〇九頁以下、同「ドイツにおける『国家と社会の分離』をめぐる議論について」社会科学の方法一三八号（一九八〇年）一〇頁（一五頁）。彼のコンセンサスに対する関心も、もちろん、そうした問題意識からくる。栗城壽夫「憲法学におけるコンセンサス（一～五・完）」大阪市立大学法学雑誌二八巻一号（一九八一年）一頁、二八巻二号（一九八二年）一頁、三〇巻三・四号（一九八四年）一二八頁、三一巻三・四号（一九八五年）一一三頁、三二巻三号（一九八六年）一頁。

（19） *Carl Schmitt*, Verfassungslehre, 5. Aufl., Berlin 1970, S. 126 f. ＝シュミット（阿部照哉／村上義弘訳）『憲法論』（みすず書房・一九七四年）一五四頁以下。

（20） Ernst-Wolfgang Böckenförde, Grundrechtstheorie und Grundrechtsinterpretation, in: ders., a. a. O. (Anm. 16), S. 115 (S. 119, 143)＝ベッケンフェルデ（小山剛訳）「基本権理論と基本権解釈」初宿編訳・前掲書（注（16））二七九頁（二八二頁、二九九頁）。

（21） 奥平康弘『憲法Ⅲ憲法が保障する権利』（有斐閣・一九九三年）一頁以下。

（22） *Peter Häberle*, Die Wesensgehaltsgarantie des Art. 19 Abs. 2 GG, 3. Aufl., Heidelberg 1983 (1. Aufl., 1962), S. 23 ff., 70 ff.

（23） 拙稿「基本権的給付請求権と基本権理論」早稲田法学会誌三八巻一三五頁（一六八頁以下）における批判的分析を参照。

（24） 拙稿「ドイツにおける社会国家的基本権解釈の源流」大須賀明編『社会国家の憲法理論』（敬文堂・一九九五年）五三頁（七四頁以下）。

三　差別禁止の法律による具体化をめぐって

1　客観的法原則としての一般的平等原則

平等は権利か、という問いが成り立ち得る。そもそも、平等取扱を求める権利が法的に成り立つわけはない。法というものは、区別を行うためのものである。特定の要件を充足する人々を選び出し（例：人を殺した者を抽出）、充足された要件に特定の法的効果を結びつける（例：死刑または無期もしくは三年以上の懲役）。法が法として機能するために、絶対的な平等取扱の権利を認めることはあり得ない。

いわゆる「新定式」が確立するまでの時期において、ドイツ基本法三条一項で保障された一般的平等原則は、主観的権利であったとは言い難い。便宜的に個人に訴権を付与するものではあったが、その本質において客観的法原則としての実質をもっていたと理解する方がわかりやすい。そして、その時期におけるドイツの理論を受容した日本における平等理解についても、基本的に同じことがいえる。

この時期の平等理論において大きな役割を果たしたのは、ヴァイマール憲法下で「恣意の禁止」の理論を構築したライプホルツであった[25]。彼が平等を考える上で基礎に置いた原理も、個人に固有の権利ではない。そこでは、「等しいものは等しく、等しくないものは異なって扱う」という、アリストテレス由来の古典的な正義の原理が基軸を成す[26]。これはもとより、個人の権利として主観化可能な命題ではない。ライプホルツがこれをあえて権利として構成したのも、等しい者が等しく扱われているかどうかを裁判上もコントロールできるようにするための、手続法的なトリックだった。

そして実際、一般的平等原則違反の主張があった時に適用される違憲性審査も、侵害される権利に顧慮することのない、客観法的な原則違反の有無を確認する方向に向かう。異なって扱われた者がいた場合に、その両者の間で置かれた事情が等しいか否かという問いは、事実認識に関わるものではなく、むしろ何をもって本質的に等しいとするかに関する規範的決断の問題であった。そのために、立法者に第一次的判断権を認めざるを得ず、裁判所のコントロールはあくまで、いかなる合理的根拠も成立し得ないような立法者の恣意的決定を排除することしかできない。

法律の合憲性推定が働く所で明白性原則に基づく司法審査が行われるのは、特に珍しいことではない。むしろ特徴的なのは、この審査が、権利侵害とされるものの実質に全く関与しない点である。「侵害」の対象となるような、前国家的とされる所与の権利内容は、ここには存在していない。平等が国家行為の態様に関する基本権であるという、八〇年代においてザックスが唱えていたような理解[27]が、そこに成立することになる。

2　平等から権利を抽出する試み

ドイツでも一九八〇年代以降、こうした主観性を没却した平等認識を反省する動きが進み、いわゆる「新定式」の採用につながった。それによれば、平等基本権は、「規範名宛人の一つのグループが、他の規範名宛人と比較した場合に、その二つのグループの間に不平等な取扱を正当化できるような性質と比重を有する相違がないにもかかわらず、異なって扱われた場合には、侵害されたことになる」となる[28]。この基準は、個人的・人格的な特徴に基づいた区別に対して厳格なコントロールをかけることを狙い、区別の基準となる特徴が基本法三条三項で列挙されたものに近づけば近づくほど立法者に対する拘束が強まるものと把握されている。ドイツにおいてはここで初めて、一般的平等原則に関して主観的な核を求める動きが具体的な手がかりに行き着くわけである。

こうした判例・通説の理論動向には、様々な背景がある。その一つとして、基本法三条二・三項で保障された男女同権に関する論争の深化を挙げることも許されよう。一九七〇年代以降、性別に基づいて区別を行う法律の合憲性を審査する上で、立法者に認められる規範的決断の余地は、次第に狭まる傾向にあった。これは、性差別に関する意識が社会的に変わっていったことと相互作用を営むことになる。そうした解釈論的帰結の変化が、平等に関する基礎理論に一部分で変化を持ち込んだのも、自然な流れであった。

ただ、たとえば家族法の領域において、婚姻パートナーとしての男女間の関係は、法律に基づく規律を受ける対象であった。そのため、基本的な生活関係を規律する法律で男女間の関係をどのようにルール化しているかによって、派生的な法律上の関係や、私人間における男女それぞれの取扱に対して、憲法論の帰結としてどのような評価が妥当するかにズレが生じることになる。基本権の制度的理解を採れば、この関係は非常にすっきりと整理できる。社会の中における意識に対応して、法律によって具体化された形で男女平等に関する憲法上の規範が成り立つ、という命題ですべてが説明できてしまうからである。しかし、このような考え方を採る場合、社会の中で差別的意識が浸透している時には、憲法上の差別禁止が無意味化されざるを得ない構造になる。まさにこれが問題であったがゆえに、平等の中に権利を探す動きにつながるわけである。

ここでは、ドイツにおける男女平等・性差別に関する理論動向をもう少し検討していきたい[29]。「法律による具体化」という規範構造にまつわる問題を探る上で有用であると考えるからである。

3 正義指向モデル①：生物学的・機能的相違論

ドイツの連邦憲法裁判所が、基本法三条二・三項に保障された性別による不利益付与の禁止を解釈するに際して、制度的理解を前提とし、法律による家族法の制度化を踏まえて現実の差別を容認した、比較的早い時期の判決がある。寡婦年金に比べて寡夫年金に厳格な要件を課す法律上の規律が差別禁止違反でないとした、一九六三年七月二四日の第一次寡夫年金判決である。そこでは、夫が死んだ場合に常に妻の扶養状態が悪化するという認定がなされ、寡婦年金が常に認められる状態が正当化されるが、その背景にあったのが、「妻は自らの責任において家事を行う。妻は、婚姻・家族の中における義務に反しない限りにおいて、就業を行う権利を有している」と規定していた、一九五七年「同権化法」による改正を受けたドイツ民法典一三五六条一項であった。連邦憲法裁判所はこれを受けて、家事が「女性の天職であり、本質的な扶養に対する貢献」であると述べる(30)。

この立場は、後に修正されるに至る。一九七五年三月一二日に連邦憲法裁判所は、この同じ年金法の規定がなおも合憲であるが、長期的には違憲になる方向に向かっているとする、違憲警告判決を出した。そこでは、国民の一般的な考え方が変化したことによって、民法典の規定から妻の家事義務が演繹できなくなってきていると論じた(31)。解釈論的帰結はここで変化するが、国民の「一般的な考え方」が差別だと思わなければ差別でなくなるという、論証の構造は変わっていない。

こうした構造を支えていたのが、「生物学的・機能的な相違」の理論であった。基本的には一九九〇年代に連邦憲法裁判所が論証枠組を根本的に転換するまで採用され続けたこの理論は、男女間の事実上の相違に対応するものである場合は、性別によって異なった取扱をしても基本法三条二・三項の差別禁止条項に違反しないとするものであった。これは、「等しいものの等しい取扱」を求めるものとしての一般的平等原則理解を特別法である差別禁止に適用したものであった。憲法上の差別禁止が設定される特徴の下で、合理的な根拠さえあれば区別が許されるというものではないが、この規範的な帰結は、列挙された特徴が法的に常に無関係であるとする規範的な決断が下されたからではなく、単に列挙された特徴が多くの場合に合理的な区別の根拠でないことが多いという判断の類型化に基づいて求められるに過ぎないことになる。「生物学的・機能的な相違」がある場面では、そうした不合理の推定が働かないため、異なった取扱の許容性が認められることになる[32]。

ここで「機能的相違」とされていたものは、法律の構造などに基づいて、特定の性別の社会的な生活条件が他の性別と異なっている状況を指す。もっといえば、法律によって主婦婚が標準化されている場合には、伝統的な役割分担を求める心情が社会の中に存在することそれ自体が「機能的相違」となる。一九七〇年代も末になると、連邦憲法裁判所は、「単なる伝統的な観念」をこの「機能的相違」から排除する論述を行うようになり、「機能的相違」の適用範囲を実質的にゼロまで縮小していく。その典型が、独立の所帯を有する女性職員のみに家事労働を行うための休暇を認めることが男女同権規定に違反するとした、一九七九年一一月一三日の家事労働休暇日決定であった[33]。そこでは、独身女性と独身男性が置かれた状況が等しいことから、区別の合理性が否定されることになる。

4 正義指向モデルの帰結としての制度的保障論

「機能的相違」の適用が排除された後も、「生物学的相違」がある場合に区別が許容されるという論証構造は維持される。生物学的とされる相違が——一九八七年一月二八日の年金開始年齢決定[34]において、あらゆる理論的な抑制を失って、恣意的な様々な違いを指摘しては「生物学的」と形容する形で暴走するまでは——以前よりも厳格に認定されるようになるだけであった。

この時期における連邦憲法裁判所の平等理解は、結局、「等しいものの等しい取扱」という基本的格率からの演繹を超えるものではなかった。男女で置かれた状況が異なっていれば、そこに基本法三条三項が禁ずる「不利益付与」と呼べる実態が存在しなくなる、という論法[35]がすべてを物語る。そして、何が「等しいもの」であるかの判断は、社会的なコンセンサスから切り離せないものとして、立法者の決定に服するという構造になる。

「生物学的・機能的相違」の論法を確立した一九五七年五月一〇日のホモセクシュアル判決は、該当部分の直前において、特に具体的な帰結を意識せずに「基本法三条は人間を社会に関連した人格と見ている」とする確認を置く。ただ、この確認は、一九五〇年代における連邦憲法裁判所の基本的な方法論を分析する上で、鍵となる。押久保倫夫が指摘するように、この「社会に関連し、社会に拘束された人格」という定式は、一九五四年四月二〇日の投資助成法判決(36)以来、連邦憲法裁判所の基本権に関わる論述の柱となるものであるが、同時に、倫理的価値への被拘束性を意識したデューリッヒの人間像論(37)と結びついてくる。(38)最終的に、一九五八年一月一五日のリュート判決(39)で「客観的価値秩序論」へと発展していく種を、もともと内包させていたと考えるのが適切であろう。

このように、平等の核を、「等しいものの等しい取扱」という基本的格率に見る正義指向的な理解は、正義を実現する立法者の決定と、その決定を支える国民の間におけるコンセンサスに重きを置いた平等観につながっていく。そうした見方の中で、連邦憲法裁判所は、女性に対して課される実質的な不利益にはそれなりに敏感であったが(40)、男性と異なった女性であるというだけ（あるいはその逆）の理由で特定の生き方を国家によって押しつけられる点には、別段、問題を感じるところはなかったわけである。その意味で、区別して扱われることそれ自体が何らかの意味での権利侵害を生じさせるという発想は、この時期の連邦憲法裁判所には無縁であったことになる。社会の秩序を法律によって制度化してあることを前提に、その法律を基準として平等の内容を語る発想は、かくして、主観的権利としての意義を最初から没却する平等理解に対応していたことがわかる。

5　正義指向モデル②：パリティ論

こうした連邦憲法裁判所の判例理論を批判するのに、性差別禁止に主観的権利としての要素を読み込む道を進まずに、別の正義の基準を対置させる手法がある。グループ・ライツを構成する立場だが、権利主体としての個人から目を離す限りで、これは必然的に正義指向モデルに依拠することになる。

ドイツでこうしたフェミニズム論を最もはっきりと憲法解釈に導入するのは、スルーピックである。彼女は、「女性というグループに共通した社会的運命」なるものを出発点に据え、「両性間の社会的な力関係における均衡の作成」という目的を追求し、基本法三条二項の客観法的次元として国家の女性支援義務を要請していく(41)。ただ、「社会的な力関係の均衡」という目的を承認したとしても、実際に何をもって均衡した状態と考え、そこに向かって進むべき道筋をどう考えるかは、権利内容として確定可能なものではない。グループ・ライツは、必然的に、立法者による制度化を前提として初めて法的議論の上に登場する資格を認められる。

ただ、その場合に生じる具体的危険についても、現在では十分な認識が広まっている。「力関係の均衡」が男女同権を導く基本的な観念だとされた場合、パリティ論は個人を性別グループにとっての「戦力」としか捉えず、所属する性別グループに固有な行動様式を個人に強制していくものであって、自己決定の主体としての尊重を認めるものではない。集団間の権力闘争は政治システムを舞台として展開されるべきゲームである。これを権利論に取り込んだ場合には、まさに政治システムの論理によって侵食されることなく合理的な国家の決定システムを維持しようとしてきた法の根本的な機能が失われるであろう。

従って、一九九四年に改正された基本法三条二項に追加された、「国家は、男女の同権が事実の上でも貫徹することを支援し、現存する不利益の除去に向けて働く」という憲法委託は、法律による実現を法的に義務づけるものではあるが、直接に個人の権利内容を左右することのない、客観法的次元の規範と考えるべきであろう。たとえばアファーマティヴ・アクションの採択は、状況によっては正当化されるものであったとしても、他の基本権との対立関係において憲法上の衡量結果が前もって示されているものではなく、あくまで他者の基本権と衝突する場合には、「侵害」として許容されるかどうかの確認が必要なものと位置づけられる。

6　権利指向モデルとしてのEC法

実際にドイツを舞台としたアファーマティヴ・アクションの許容性をめぐる論争に最終的な決着を付けたのは、基本法三条に基づく判断ではなく、EC指令七六／二〇七号で構成国に求められた平等取扱原則の適用であった。この指令は、EC条約一四一条の男女同一賃金原則や、他の平等取扱指令（同一報酬指令七五／一一七号、平等社会保障指令七九／七号、指令九六／九七号で改正された企業内平等社会保障指令八六／三七八号、独立事業者平等指令八六／六一三号等）と相俟って、男女平等取扱の原則を設定する。

EC法における平等取扱は、権利としての実質を備えるものであった。その点は、アファーマティヴ・アクションに対する対処の方法にも典型的な形で現れる。指令七六／二〇七号の二条四項は、平等取扱の例外として機会均等を実現するための措置を挙げるが、EC裁判所が一貫して採用してきた論法によれば、平等取扱に対する例外は権利侵害にあたるものであるから狭く解釈すべきであって、指令が明文で例外を設けるに至った目的を達成するために必要な範囲に限られるべきものとされる[42]。そのため、公募において同点で並んだ候補者に関して女性を優先して昇進することを求める種類のアファーマティヴ・アクション計画も、他の観点に配慮しない自動的な優遇となる場合には男性の権利を必要以上に侵害するものとして、違法とされる[43]。

ここで比例原則が適用されていることが、EC法における男女平等取扱原則が権利指向モデルを踏まえるものであることを例証する。比例原則が成り立つためには、比較衡量の相手方たる権利の侵害が必要であり、侵害の成立する核をもった個人的権利が必要である。まさにそうした核を特定するために、ＥＣ法では平等「取扱」が語られている。何らかの正義に適った取扱が平等なものと評価されるのではなく、同じ取扱を求める権利があり、異なった取扱は仮想的な権利侵害と考える。この規範的な決断が、ＥＣ法の平等取扱原則の背景に存在する。(44)

7　違いをもって存在する自由としての平等権

アファーマティヴ・アクション計画との関係で、どの程度まで異なった取扱が憲法上許容できるのかという問題が成り立つ時点で、正義指向モデルは完璧に行き詰まる。正義の基準に鑑みて男女の間に異なった取扱を正当化する事実上の違いがあるかどうか、という問いしか発せられない構造の下では、侵害される側に立った衡量基準を確立することは論理的にあり得ないことになるからである。そこから連邦憲法裁判所も、一九九〇年代に入って「生物学的・機能的相違」論を放棄し、「性質上、男性あるいは女性のどちらか一方に限って生じる問題を解決するために、どうしても必要な場合」には異なった取扱が許容されるという「必要性審査」に移行する。(45)

一般的平等原則の領域で権利の核心が構成できないこととの対比でいえば、本人に責任のない特徴に基づいた差別的取扱の禁止を語る場面では、全く事情が異なっている。そこでは、一種の自由権が問題になっている。国家に対して求められるのは、差別という要件を充足する行為態様の不作為である。これは一見、客観法的な禁止規範にも見えるが、その背後を伺えば、すぐにそこに権利問題が存在していることがわかる。そこで構成できる権利の本質は、違いをもつことによって不利益を受けない権利、すなわち、キルヒホーフの発想を借りれば、違いをもって存在することの自由である。(46)もともと、市民革命期の人権宣言において平等が常に自由と並置されて出てくるのは、そうした構造上の類似性に根拠があった。

性差別を例にとれば、特定の性別に属しているという理由で国家から特別の扱いを受けることが権利侵害を構成する。そこで問題になるのは、特定の性別に属することによって不利益を課されない権利であり、その性別グループで標準と考えられている生き方を国家によって強制されない権利である。

8　権利指向モデルに基づく保護義務論

ＥＣ法が構成国に対して平等取扱原則の実施を指令の形で命令している。これは一体、どのような現象として理解すればよいのか。何らかの意味で、平等取扱を求める前国家的な人権と関係するのか。

もともとローマ条約に男女同一賃金の保障が盛り込まれたのは、賃金差別を容認する国に籍を置く企業によって社会的ダンピングが発生することを防止する、経済政策的な目的のものであった。それが後に平等取扱指令が制定される時期になると、社会政策的な目標を追求していることが意識されるようになる。ただ、そうした政策遂行は、他方でＥＣ法の一般原則としてＥＣ機関に課されるＥＣ基本権の基準と合流していき、最終的に平等基本権の体系が成立していくことになる(47)。

もとより、ＥＣは構成国内にいる者の基本権について包括的な権限を有するものではない。そのため、ＥＣ法の側から見た場合、男女平等取扱の体系は、必ずしも基本権保障そのものとは意識されてこなかった。しかし、構成国の側から見れば、各国の憲法で保障する基本権としての男女平等・性差別の禁止に関して、ＥＣの側が認定基準を作っていくことになり、基本権理解の競合関係が生み出されることになった。一九九〇年代のドイツにおける理論的転換も、そうした競合関係の所産である。

その具体的な帰結は、私人間における差別禁止の徹底に見られてくることになる。ＥＣ裁判所は、一九八四年四月一〇日の二つの判決で、ドイツの公務員関係と民間雇用関係における採用差別を違法とし、かつ、その差別に対して救済を与えられないドイツの法律上の構造をＥＣ法違反であると断定した。[48] 当時の民法典六一一ａ条解釈では、差別があった場合の損害賠償の上限を、公募手続における「信頼から発生した損害」に限定しており、郵便代を超える額の、効果的な損害賠償額の請求が排除されていたのである。

連邦憲法裁判所は、一九九三年一一月一六日の決定で、ＥＣ法による基準設定を、ドイツ国内に関して基本権保護義務の実施であると位置づけた。法律の解釈が、その規定が踏まえる基本権保護の目的を根本的に踏み外す場合、基礎にある基本権の侵害が認められるとされたのである。[49]

9　制度的前提を法律が作り出す場面における保護

連邦憲法裁判所の一九九三年決定は、この裁判所が保護義務の基盤であるとしてきた客観法的意義を前面に押し出すものであるがゆえに、「男女の生活関係の共通化」という準拠点を設定することになる。もとよりこれは、ＥＣ法の枠組で要求されている権利指向モデルから逸脱するもので、将来に向けて不安定要因を組み込んだものであった。それに対して、防禦権としての核を民間の雇用関係でも法的に貫徹することに向けた、立法者の作為義務を語ることは、理論的には可能だったはずである。

この事例の場合には、純粋に保護義務の問題ですらない。民法六一一ａ条の規定は、文言どおりに読めば、損害賠償の上限を設定することにより、むしろ使用者に対して差別をしやすくするという機能を営むことになる。そこでは、ムルスヴィークやシュヴァーベが保護義務類似の現象を防禦権的構成で説明する際に用いる、「国家による侵害の認容」が生じている。[50] だとすれば、基本権保護義務を語る前に、まず、侵害状況の（共同）責任が国家にも帰属しないかどうかを深刻に考える必要が認められよう。[51]

そして、国家による侵害が語れない場合にすぐに保護義務に飛ぶ前に、私法の様々な法原則にできることを考えておく必要がある。ベケンフェルデは、個別法分野の原則だったものが憲法原則に置き換えられていく過程を批判的に眺めるが[52]、不法行為法を通じて差別されない権利を守れるかどうかは、もとより憲法学との相互作用の中ではあっても、独立の法分野に関する解釈論的作業として、追求される必要があろう。

10　我が国の男女平等論にとっての帰結

翻って、我が国の憲法一四条解釈の問題として、性差別を受けない権利は、どこまで「法律によって具体化される権利」とされているのであろうか。憲法一四条の下で早い時期に家族法等における法的差別を除去することに成功した我が国の場合、対国家の関係において、差別されない権利が法律によって漸進的に実現してくるという理解を採る必要はなかったという事情がある。民法七三三条で女性のみに課された待婚期間を合憲とした一九九五年一二月五日の最高裁判決[53]のように、防禦権としての差別されない権利の適用において、この権利の意義が十分に考慮されたかどうかに疑問の残る判例はある。ただ、これは違憲審査基準の確定とその適用に関わる問題であって、防禦権としての意義がそれ自体として相対化しているといった類いの問題ではない。

それに対し、民間の使用者との関係では、差別されない権利は、私法上の一般条項を解釈する上で救済できる場面を除いては、法律によって具体化されることがなければ実現の困難な場面が少なくない。最近の事例を例に挙げれば、性別に基づいて自動的に振り分けが行われるコース制について、二〇〇二年二月二〇日の野村證券事件東京地裁判決は、新均等法施行以降の実務についてのみ違法を認定した[54]。

ここで、冒頭の問いに戻ろう。私人間における性差別禁止と女性優遇措置の命令を行う法律は、それぞれ、憲法一四条とどのような関係に立つのか。後者については、基本的に関係ないという評価が可能であろう。性別ごとの権力パリティが追求される場合、これは、個人の人権・基本権とは何の関係もなく、単に政治的課題と考えれば足る。「女性」という閉鎖的グループが過去に被った不利益の埋め合わせという発想も同じである。

それに対して、差別禁止を徹底する法律は、差別されない個人の基本権と密接な関係に立つ。保護義務論の体系化に成功したディートラインが、基本権の客観法的意義がもともとの防御権としての核を離れてはならないと強調する文脈で、男女別定員制が基本法三条に基づく保護義務として正当化できないのに対して、差別禁止法が防禦権としての基本権に基づいて正当化可能であるとすることにも、これは現れる。(55)ある個人に対して、所属する性別を理由に正当な配慮を拒むことは、その者の人格に対する直接の攻撃である。これは、対国家の関係で妥当するだけではなく、対私人の関係でも原則的に正しい命題である。

11　「基本権の客観法的意義」が位置づく議論の次元

性差別は私人間においても権利侵害である。仮にこう言えたとして、問題になるのは、この命題が、どのレヴェルの推論に位置づくのかという点にある。

この命題が憲法解釈論に関わるものであるとするのが、保護義務論であり、広く基本権の客観法的意義を認める立場である。この立場に基づけば我が国でも、できあがった差別禁止法制を後から憲法論の上で正当化することは、容易になる。また、実効性のある差別禁止法制を作る立法府の義務を主張することは、憲法解釈が獲得する政治的なインパクトという意味でも、無意味なものではない。もともと我が国の憲法学は、「憲法の精神」などを語ることによって、内野正幸に批判されたように(56)「運動論や政治主義の侍女になる」ことをあえて厭わなかったのだから。

ただ、客観法的意義を語り始めた場合に、やはりパリティ論や、その他様々な正義の基準によって基本権が侵食される危険を意識しておく必要があろう。「平等の精神」を語ろうとする場合、積極的差別解消措置を視野から完全に排除することには、多くの抵抗があろう。だとすると、防御権としての「差別されない権利」からの距離という点において違いがある、同心円的な理念体系がそこにあると考えられる。憲法解釈の境界線をどの円の外周に重ねるのか、ということが問題なのである。

だとすれば、少なくとも狭い意味で法学的営みとしての憲法解釈の上では、客観法的意義という論法を可能な限りで排除しようとする立場が成り立つのではなかろうか。もちろんその場合には、憲法解釈論の外における営為として、他の法分野の解釈論や、政治的理念の実現を目指す運動論に、適切な守備範囲を認めることが必要になる。直観的に人権がらみと思われるすべての個別問題について、利害関係を有する当事者による要求実現に向けた政治的な動きをさしおいて、憲法解釈という作業によって解決を図れると考えることは、思い上がりであり、憲法の法規範としての効力を脅かすものであろう。

その場合には、もう一度、「人権」理念と「基本権」の関係を考えることになろう。憲法典で保障された「基本権」の上位にある理念体系との関係を問い、そしてその「人権」理念が憲法上の「基本権」に結実している部分と、他の法分野の諸原則に結実している部分を分けて考える姿勢が必要になる。この分野を憲法学が独占することに本当に意味があるのか、深刻に考えてもよさそうである。

(25) *Gerhard Leibholz*, Die Gleichheit vor dem Gesetz, Berlin 1925, S. 45. この著作につき詳しくは、熊田道彦「恣意の禁止としての平等原則論」田上譲治喜寿『公法の基本問題』〔有斐閣・一九八四年〕三頁（二八頁以下）参照。

(26) アリストテレス（高田三郎訳）『ニコマコフ倫理学』〔岩波文庫版・岩波書店・一九九七年〕一七九頁。

(27) *Michael Sachs*, Grenzen des Diskriminierungsverbotes, München 1987, S. 32.

(28) BVerfGE 55, 72 (88); 60, 329 (346); 68, 287 (301); 75, 348 (357); 81, 156 (205); 第一法廷の確立した判例。

詳しくは、井上典之「平等保護の裁判的実現（一〜四・完）」神戸法学雑誌四五巻三号（一九九五年）五三三頁、四六巻一号（一九九六年）一二七頁、四六巻四号（一九九七年）六九三頁、四八巻二号（一九九八年）三〇一頁参照。

(29) 以下の考察は、拙著『平等取扱の権利』〔成文堂・二〇〇三年〕およびそのオリジナル版としての *Hiroshi Nishihara*, Das Recht auf geschlechtsneutrale Behandlung nach dem EGV und GG, Berlin 2002 の成果に依拠した論述を含む。併せ参照を乞う。

(30) BVerfGE 17, 1 (20).

(31) BVerfGE 39, 169 (185 ff.).

(32) BVerfGE 6, 389 (422 f.); それ以降の確立した判例。拙著『平等取扱の権利』二〇七頁以下参照。

(33) BVerfGE 52, 369. 光田督良「女性だけへの労働免除日設定と男女平等処遇」ドイツ憲法判例研究会編『ドイツの憲法判例』〔信山社・一九九六年〕八二頁参照。

(34) BVerfGE 74, 163.

(35) BVerfGE 6, 389 (422 f.). 本稿の論証に直接は関係しないが、この判決では、男性ホモセクシュアル行為のみを処罰の対象とすることを男女同権に反しないと判断するために、「生物学的相違」ありと論証する上で、〈男性が入り込む側、女性が受け入れる側〉とする「生理学的機能」という名の偏見や、「女性にあっては肉体的な欲求（セクシュアリティ）と細やかな感受性（エロティシズム）がほとんど常に融合しているのに対して、男性にあっては両者が分離したままである」という主観的な極めつけが根拠になっていた。

(36) BVerfGE 4, 7 (15 f.).

(37) *Günter Dürig*, Die Menschenauffassung des Grundgesetzes, JR 1952, S. 259.

(38) 押久保倫夫「『個人の尊重』の意義」時岡弘古稀『人権と憲法裁判』〔成文堂・一九九二年〕三三頁（四六頁以下）参照。

(39) BVerfGE 7, 199 (205 f.).

(40) BVerfGE 10, 59; 15, 337; 48, 327; 63, 183.

(41) *Vera Slupik*, Die Entscheidung des Grundgesetzes für Parität im Geschlechtsverhältnis, Berlin 1988; *dies.*, Gleichberechtigungsgrundsatz und Diskriminierungsverbot im Grundgesetz, JR 1990, S. 317.

(42) Case 222/84 "Johnston", [1986] ECR 1651.

(43) Case C-450/93 "Kalanke", [1995] ECR I-3051; Case C-409/95 "Marschall", [1997] ECR I-6363.

(44) 拙著『平等取扱の権利』一〇〇頁以下参照。

(45) BVerfGE 85, 191 (206 ff.); BVerfGE 92, 91 (109 ff.). 参照、青柳幸一「女性労働者の深夜労働を禁止する規定の合憲性」ドイツ憲法判例研究会編『ドイツの最新憲法判例』〔信山社・一九九九年〕八一頁、齋藤純子「女子の夜業禁止に対する違憲判決と積極的差別是正措置」日本労働研究雑誌四〇一号（一九九三年）八〇頁、前田徹生「男性のみに消防奉仕活動・消防活動負担金を義務づける州法の合憲性」ドイツ憲法判例研究会編・前掲『ドイツの最新憲法判例』九二頁。なお、必要性審査がどこまで権利モデルを基盤に置くのか、正義モデルの伝統的要素がなおも混入しているのではないか、という点については争いがある。詳しくは、拙著『平等取扱の権利』二六三頁以下。

(46) *Paul Kirchhof*, Die Verschiedenheit der Menschen und die Gleichheit vor dem Gesetz, München 1996, S. 14; *ders.*, Der allgemeine Gleichheitssatz, in: Isensee/Kirchhof (Hrsg.), Handbuch des Staatsrechts, Bd. V, 2. Aufl., Heidelberg 2000, §124 (Rn. 107); *ders.*, Gleichmaß und Übermaß, in: FS für P. Lerche, Müchen 1993, S. 133 (S. 137 f.).

(47) *Christine Langenfeld*, Die Gleichbehandlung von Mann und Frau im Europäischen Gemeinschaftsrecht, 1990, S. 31 ff. 拙著『平等取扱の権利』一二四頁以下。

(48) Case 14/83 "von Colson", [1984] ECR 1891; Case 79/83 "Harz", [1984] ECR 1921.

(49) BVerfGE 89, 276 (285 ff.)

(50) *Dietrich Murswiek*, Die Staatliche Verantwortung für die Risiken der Technik, München 1985, S. 107; *Jürgen Schwabe*, Bundesverfassungsgericht und "Drittwirkung" der Grundrechte, AöR 100 (1975), S. 442 (460).

(51) この方向が示唆する可能性を強調するものに、松本和彦「防禦権としての基本権の意義と可能性」阪大法学四一巻一号(一九九一年)二四三頁(二五七頁)。
(52) *Böckenförde*, Grundrechte als Grundsatznorm, a.a.O. (Anm. 16), S. 195; ベッケンフェルデ(鈴木秀美訳)・前掲(注(16))三八〇頁。
(53) 判時一五六三号八一頁。
(54) 判時一七三一号三四頁。
(55) *Johannes Dietlein*, Die Lehre von den grundrechtlichen Schutzpflichten, Berlin 1991, S. 85 f.
(56) 内野正幸『憲法解釈の論理と体系』(日本評論社・一九九一年)三頁。

四 国民による憲法創造の陥穽

憲法理念の実現を自らの課題としていた栗城は、憲法典制定と、その下位における国政運営の通常過程を「憲法の具体化」として体系化していく。[57] ここで彼が追求していたのは、主体において開かれた憲法解釈＝憲法創造への参加であり、そうして作られた憲法が有する規範力の実質化である。こうした痛切な問題意識は、現在の日本において忘れてはならないものであり、広く共有されるべき部分を含む。

にもかかわらず皮肉なことに、そうした「具体化」の枠組としてドイツで要請されてきた基本権の制度的理解や保護義務論が作り出してきた現実は、むしろ憲法の空洞化だったのではなかろうか。これは、「規範」を事実と厳格に峻別して捉えれば、当然の流れであった。基本権が規範としての鋭さを発揮するのは、専門技術者集団としての司法と法学に共有された意味内容で、多数決に抗して実現される場面である。ところが、立法者によって実現される自由は、所詮、多数者にとって有利であると考えられる自由でしかない。そして、価値あるものとして国家が保護する自由は、もはや国家を突き抜ける「恣意の自由」ではなく、既存の共同体にとって価値ありとされる行為の自由でしかない[58]。

基本権解釈に民主主義の観点を持ち込むことによってもたらされる危険に、やはり憲法学はもっと敏感であるべきではないのか。基本権保護義務論の危険性は、その意味で、まさに多数者受けする点に存在する。

(57)　栗城・前掲「憲法におけるコンセンサス（五・完）」（注(18)）大阪市大法学雑誌三二巻三号一六頁。

(58)　拙稿・前掲（注(24)）七四頁以下。

7　人権保護における行政と司法
——ドイツとの比較から——

斎藤　誠

はじめに

基本的人権を保護する国家の義務というコンセプトは、ドイツでの議論の展開を紹介・分析する業績の積み重ねにより、日本の公法学においても一定の地歩を占めるにいたっている(1)。

日本法解釈の場でも、例えば、江橋崇教授は「自己実現」の権利への人権概念の変容を「新しい人権理論は、旧来の人権論のように国家と個人の緊張関係を強調して自立の説教という袋小路に入り込んでしまうことから脱して、市民の自助努力を軸にして、公的な諸制度による支援を配置する人権論の構築に向かうことになる(2)」と表現した上で、人権擁護施策推進法二条「国は、すべての国民に基本的人権の享有を保障する日本国憲法の理念にのっとり……人権が侵害された場合における被害者の救済に関する施策を推進する責務を有する」を、国が負う憲法上の積極施策義務の確認規定であるとする(3)。

しかし、抽象レベルの責務とは区分された、基本的人権の具体的保護について、司法機関が（特に第三者による侵害に対し）どのような措置を取り得、さらに、司法機関以外の組織が、どのように関わるべきかについては、理論的な深化を待たずに、国際機関による要請――「国内人権機構」――への対応が求められることになった(4)。

本稿では、基本的人権の具体的救済措置に行政組織が関与することの法理論的な含意の一端につき、ドイツでの制度・議論と対照して(5)検討を試みる。

（1） 例えば、公法研究六一号、一九九九年の関連諸論考、小山剛『基本権保護の法理』一九九八年、七頁以下、三一七頁以下、山本隆司『行政上の主観法と法関係』二〇〇〇年、三三〇頁以下、参照。ドイツ行政法における受容については、Schmidt-Aßmann, E., Das allgemeine Verwaltungsrecht als Ordnungsidee, 1998, S. 58 ff. が簡明である。最近の総括的論考として、Vgl. Jarass, H. D., Die Grundrechte: Abwehrrechte und objektive Grundsatznormen, in Badura/Dreier (hrsg.), F. S. 50 Jahre BverfG, 2001, S. 35 ff. Dolderer, M., Objektive Grundrechtsgehalte, 2000, S. 177 ff. Jubilar は、基本権の客観法的内容は、「基本権から直線的・無媒介的に導出される」ものでなく、解釈論・原理論的な論証により、また議会と裁判所の共同により導出されるとして、当該論点を、法治主義と民主主義の相互浸透・相互制約という大きな文脈に位置づけている。栗城壽夫「最近のドイツの基本権論について」憲法理論研究会編『人権理論の新展開』一九九四年、九三頁以下、参照。

（2） 江橋崇「国民国家の基礎概念」『岩波講座現代の法一　現代国家と法』一九九七年、一五頁。

（3） 江橋「自己決定権を支える人権行政」『岩波講座現代の法一四　自己決定権と法』一九九八年、二四三頁。「人権」と憲法の関係につき、樋口陽一「憲法規範の私人間適用と、私法規範の『憲法化』」憲法理論研究会編『立憲主義とデモクラシー』二〇〇一年、一九頁以下、特に三〇頁注一八、石川健治「人権論の視座転換」ジュリスト一二二二号、二〇〇二年、二頁以下、参照。

（4） もちろん、人権擁護行政の沿革を踏まえた刷新という国内的な要請があったことも周知ではある。人権擁護推進審議会「人権救済制度の在り方に関する中間とりまとめ」（二〇〇〇年一一月）四頁以下、参照。

（5） 前掲注（4）「中間とりまとめ」の「諸外国の国内人権機構等一覧」（四九頁以下）では、ドイツについては、それが存在しないこと（のみ）が記載されているが、他との対比でいえばその通りとしても――例えば、連邦司法省に存在するMenschenrechtsbeauftragteなる機関（職）は、欧州評議会の各種委員会との人権保護推進施策における共同作業や、欧州裁判所に提訴された人権事件でのドイツ政府の代理人といった任務を担当するが、人権救済措置に関する権限を持つものではなく、「人権オンブズマン」「人権監察官」と訳すことは必ずしも適切ではなかろう――、なぜ存在しないのかを考察することにも意味はあるはずである。

一　公権力の行使と裁判外の救済

1　違法な公権力の行使に対する裁判による救済は、法治主義の要請するところである(6)。それに加えて、どのような救済システムが国家により提供されなければならないのかは、憲法レベル、立法政策のレベル両方の問題として構成される(7)。

そして、司法権との関係は双方において課題となる。例えば、裁判外救済システムが、裁判上の救済を縮減し、あるいは機能不全にすることは、裁判上の救済保障の阻害、ないし司法機関に付与された権限の侵害として憲法問題となりうる(8)と同時に、両救済制度の適切な役割分担という制度設計の問題となる(9)。では、逆に裁判上の救済(10)が十全には機能しない領域に関しては、違法な公権力の行使に対する裁判外の救済制度を構成することが、憲法上要請されるのか否か、要請されるとすれば、制度をどのように構成すべきなのか。さらに、十全に機能する領域での重畳的保護に関する制約はなにか。

2　領域と制度の両者において、理論的な検討を行うに際しての手がかり、あるいは外的な刺激として、規約人権委員会が、日本・ドイツ共通に求めたのは、警察行政分野における人権侵害の調査及び救済申立て機関である[11]。しかし、規約人権委員会のこの勧告に対するドイツ政府の反応は、連邦・州ともにネガティブなものであった[12]。政治的な文脈はさておき、法的な理由としては以下が挙げられた[13]。

第一に、ドイツは、独立かつ機能的な裁判制度をもった法治国であって、警察の行為により権利を侵害された市民には出訴の途が開かれている（ボン基本法一九条四項）。

第二に、刑事訴訟法上、検察官が訴追可能なすべての犯罪行為を起訴する義務を負い（一五二条二項）、何人も根拠のある刑事告発によって、検察庁の捜査を始動させることができる（同一六三条二項）ことから、警察職員の犯罪行為も当然その対象となる。そして、被疑者としての警察職員には、刑事訴訟法上の防御権が与えられなければならない。

確かに、裁判による違法行政の是正と権利救済は、法治国の要諦であり、一般行政法・警察行政法の理論レベルでまずは通用力を持つ議論である。そして行政裁判所による救済が十分に実効的であれば、システムをあえて複線化することは、かえって権利救済を阻害する面がある――「コントロールの Doppelgleisigkeit は避けなければならない[14]」。しかし、現実の機能・実効性のレベルで、裁判によるコントロールを補完するものが必要な領域として、警察分野があるのではないか。この疑問は、ドイツにおいても、規約人権委員会（やAI）という政府外部からの指摘以外に存在しないわけではなく、規約人権委員会の勧告とは独立に、一九九八年に実定化されている。ハンブルク州における警察委員会（Polizeikommission）[15]である。

3　同州では、一九九五年来、司法警察の外国人被疑者に対する行き過ぎた取り調べ等が問題となり、州議会に調査委員会が設置された。個々の行為に対しては、調査委員会は訴追された行為に対する検察庁の判断について、「疑わしきは被告人の有利に」原則を適用したとの心証を得た、として是認した[16]。しかし、委員会は同時に、警察の過誤について、調査・勧告する独立委員会の設置を勧告した。

同勧告をもとに、一九九八年「警察委員会に関する法律」が制定・公布され、以下のような組織・権限を持った委員会が、州内務省に設置された。[17]

①　委員会は、州議会が任命する三名の名誉職委員からなり、内一名は裁判官資格を持たねばならない。委員は男女から構成されねばならず、刑事訴訟法上の訴追義務は追わない。任期は四年で再選を妨げない（一条）。

②　「委員会の任務は、警察の内部における誤った方向への展開、及び、そこから生ずる、警察の法治国に則った対応を保持することの危機、を認識し報告することである」（二条一項）。

③　委員は、職権の行使について、所轄官庁の指揮・指図に拘束されず、法監督及び公勤務上の監督のみに服する（同二項）。

④　委員会の権限として、全ての警察官署に対する、質問権、書類閲覧権、及び立入調査権が規定されている。収集した情報については、情報保護法の規律が及ぶ（四条）。

⑤　委員会は、年に一度、州議会に対して活動報告書を提出する。適切な範囲で、任務と活動について、公共に対しても情報を提供できる。認知した個別の案件について、権限を有する官署に報告できる（五条）。

⑥　「何人も、委員会に対して、委員会の任務と関連した要望・関心事項を提示するための申し立てができる。州公務員の場合には、その際に、職務上の手続きをとる必要はない。」（六条一項）。申立てを理由とする不利益取り扱いは許されない（同二項）。

⑦　委員会には、事務局が設置されるが、その職員は委員会の発議により任命され、委員会の指示にのみ拘束される。刑事訴追義務は負わず、委員会の決議があった場合には、四条所定の権限を職員が行使することもできる（七条）。[18]

委員会は、個々の案件について権利救済を図るものではない。我が国での議論に引きつければ、制度・行政運営の改善を目的としたオンブズマンということになろう。[19] 権利救済に関する裁判所の権限との抵触は生じない。[20] しかし、行政活動のコントロールという、法治主義の持つもう一つの、いわばマクロの面において、裁判によるコントロールとの関係を考えなければならない。[21]

権力分立に関する「機能適正な機関構造」のアプローチ――「組織、構成、機能、手続きの点で、最適条件を満たす機関に担われる国家行為が正しい」(BverfGE, 68.1)――からしても、同様のコントロールの重畳は避けるべきである。しかし、裁判所及び議会によるコントロールが難しい、あるいは透明性を欠き、非違行為に走る危険の多い領域についての、補完的なオンブズマンの投入はドイツにおいても既に正統化されている。[22]

翻って、人権擁護法案に至る日本の人権救済機関構想においては、公権力による人権侵害のうち、差別・虐待に該当するものについて、具体的救済としての、「調停、救済、勧告、公表、訴訟援助」等の「積極的救済」が提示されており、[23] マクロのコントロールのみならず、権利救済の場面での司法との関係も問いの対象となる。以下では、権利保護機関としての司法の現在における位置を計測して、人権保護の領域での行政・司法組織の権限問題に接近を試みる。

(6) 塩野宏『行政法Ⅱ［第二版］』七頁。奥平康弘「『人権』ということばを問う」法時七三巻二号、二〇〇一年、六頁は、公権力は、「人権侵害」の有無を問わず民主主義的統制・法的規律の対象であるから、「違法な行政処分」については、人権救済機関とは別のオンブズマン等での簡便迅速な処理がすじであるとする。

(7) 日本における、行政上の不服申立て制度と憲法の関係について、塩野前掲注(6)・七頁は、行政過程全体における適正手続の保障という観点と広い立法裁量の余地を指摘し、事後救済制度調査研究委員会「行政救済制度の課題」ジュリスト一一三七号、一九九八年、一六四頁以下は、手続保障に加えて、内閣・行政機関の行政責任・自己制御という視角を提示する。

(8) 例えば、田中二郎「現実に行政救済を阻むもの」同『行政争訟の法理』一九五四年所収は、訴願前置主義のもとで「殆ど守り得ない短期」の申立期間制限を置くことにつき、「法適用の保障機能」を三一条に明記した、憲法の趣旨に違反する疑いあり、と指摘していた（同、一七三、一八〇頁）。また、Groß, T., Ökonomisierung der Verwaltungsgerichtsbarkeit und des Verwaltungsprozessrechts, in Die Verwaltung, Bd. 32, 1999, S. 393 f. は、公法における事後的な仲裁（行政手続代替的な事前の調整・仲裁に比して議論の蓄積は少ないが）について、行政裁判所による権利保護を「補完」するものであればボン基本法一九条四項はそれを排除しておらず、仲裁が私人による場合も、それが、拘束的決定の非国家的なところへの移行を事実上もたらすことのないよう留意すれば可能とする。

(9)　救済対象・手続きの錯綜を回避できれば、安念潤司「人権救済機関」法教二四九号、二〇〇一年、二頁、のいう「重畳的な管轄権」も構想可能ではあろう。同曰く「国民としては、救済機関はいくらあっても邪魔になるものではなく、複数のシステムが制度間競争を展開してくれてこそ、使い勝手が良くなる」。

(10)　行政訴訟自体の救済システムとしての実効性の向上という問題については、ここでは扱わない。

(11)　日本の報告書に対する委員会の最終見解は、一九九八年一一月、ドイツの報告に対する見解は、一九九六年一一月に出されている。

(12)　連邦レベルの対応については、Menschenrechtsbeauftragte の Voelskow-Thies 女史から教示を得た。併せて、裁判外人権救済制度と、ドイツの警察行政法・民事訴訟法の懸隔について、Würtenberger, Leipold 両教授（フライブルク大学）の示唆を得た。バーデン・ヴュルテンベルク州での反応につき、Vgl. Die Polizei, Heft. 5/97, S. 158.

(13)　警察に独立のコントロールシステムが欠如していることを指摘した同委員会報告は、前年（一九九五年）に出されたアムネスティー・インターナショナル（以下ＡＩと略記）の報告書と連動していると受け取られた。ＡＩの同報告書は、ドイツ警察の「外国人敵対性」を摘発し、連邦政府・州政府による反発を招いていた。一九九七年にＡＩは再度、「新しい事例・古い範型――ドイツ連邦共和国における警察の虐待行為」と題する報告書により、自らの主張を繰り返し、政府による反論も繰り返された。Vgl. Maier-Borst, M., Die Berichte, Die Polizei, 99/3. S. 80 ff. Die Polizei, 97/3. S. 300.

(14) Art. Ombudsman, in Deutsches Rechts- Lexikon, 2 Aufl., 1984, S. 1243. そもそも、「オンブズマンはヨーロッパ大陸法の行政裁判所の組織と機能を英米法の中に取り入れようとする動きでもある」とすれば（園部逸夫・枝根茂『オンブズマン法［新版］』一九九七年、二〇頁におけるローワット教授の言）、行政救済型オンブズマンは、実効的な行政裁判制度のもとでは、屋上屋であろう。Vgl. Franke. M. Ein Ombudsmann für Deutschland?, 1999, S. 39.（デンマークとドイツの公法上のコントロール・権利保護システムを比較し、ドイツにおける一般オンブズマンの立法試案を提示した論文）。佐藤英世「議会による行政統制の新たな展開（二・完）」産大法学三五巻一号、二〇〇一年、八〇頁以下も参照。

(15) Kommission には、委員会という訳を当てる。もっとも、(Menschenrechtsbeauftragte の場合とは異なり) 内容からすると警察監察委員会なり、警察オンブズマンと意訳することも可能である。

(16) Der parlamentarische Untersuchungsausschuß 》Hamburger Polizei《, DS 15-6200 von 13. 11. 1996. Vgl. Maier-Borst, a. a. O., S. 83 ff.

(17) HGVB., 1998, S. 93 ff. Vgl., Die Polizei, 99/1, S. 4.

(18) その他、守秘義務（八条）、日当（九条）、経過措置（最初に任命される委員は二年任期、一〇条）が規定されている。一九九八年十月から、同委員会は活動を開始している。当初任命委員は、弁護士二名（男女）と、刑事政策の Fritz Sack 教授であった。Vgl. Die Polizei, 99/1, S. 4.

(19) 園部・枝根前掲注(14)『オンブズマン法（新版）』一四頁以下、大橋洋一「市町村オンブズマンの制度設計とその運用」同『行政法学の構造的変革』一九九六年所収、一三九頁以下、参照。

(20) それに対して、Lisken, H. Für eine demokratische Polizeiverfassung, in ZRP, 1998, Heft 7, S. 274. はデータ保護オンブズマンによる権利救済の可能性を示唆する。しかし、そこではデータ保護オンブズマン自身は、暫定的な介入権を持つにとどまるので、政府への申し送りや、憲法裁判への依拠がなお必要とされている。

(21) さらに、議会民主主義の観点から、議会によるコントロール（とりわけ請願権への対応による）との関係が問題になるが、ここでは立ち入らない。Vgl. Franke. M., a. a. O., S. 53 ff. S. 135 ff. Fuchs, M., Verwalten durch Beauftragte, in DÖV, 1986, S. 372. 佐藤前掲注(14)七五頁以下、参照。

(22)　憲法典に根拠を置く議会型オンブズマンとしての国防オンブズマン等、後掲二を参照。「機能適正な機関構造」につき斎藤誠「国法の規律と地域性」『行政法の発展と変革（下）〔塩野宏先生古稀〕』二〇〇一年、四〇六頁参照。
(23)　前掲注(4)「中間取りまとめ」九頁以下、同審議会「人権救済制度の在り方について（答申）」（以下「答申」という）（二〇〇一年五月）一二頁以下。

二　法・権利保障の司法独占？

――「分節化された憲法現実化過程の意義がこの過程に参加する諸国家機関の相互的補完にもとずく協働の達成というところにあるとすれば、それぞれの機関が独自の機能を発揮し、独自の任務を果たす必要がある」[24]。

1　権利保護が、司法機関の中核任務であることは参照対象の外国法の如何を問わず議論の前提とされるが[25]、他組織による権利保護への参入にいかなる限界があるのか。ドイツでは、他国家組織による参入を超えて、司法サービスの民間化が議論されており[26]、そこには既存の限界線測定に資する指摘もある。例えば、ホフマン＝リーム「協働国家における司法サービス」は以下のようにいう。

「（規制国家への様々な過剰な要求に対する）反応の一形態として、国家のスリム化、国家の負担軽減ないし、規制緩和、民営化、少なくとも規制の再編、を巡る今日的な議論がある。そのなかでは、司法作用は民営化に適さない、との言明が一般的になされるが、それは、国の裁判所による裁判判決作用、及び刑罰執行のうち一義的に高権的なセクターには妥当する。しかし、そうした領域の外に、国家抜きの紛争克服活動が広範囲に存在し、また、司法機関もその任務遂行に当たり私人の支えを用いうることも強調さるべきである。ボン基本法は、国家に留保された法・権利の付与独占なるものは知らない。より強く言えば、法治国の実現は、国家に課されているが、決して国家に留保されているのではない」「国の裁判所は、通常は失敗した法関係のみを把握する。法規範への考慮の通例ではなく、（主張される）その侵害という病理事例が裁判所の任務領域を画する。換言すると、国の裁判所による把握は、社会の自己制御の断念の表現である」[27]。

そして、紛争解決における（社会の側の）自己規律的な要素の投入による、裁判判決以外の部分での司法機関の負担軽減の在り方を類型化して提示する。

① 社会の自己規律――国家機関を介在させない紛争防止・克服の試み（例：業界団体の組織する紛争処理・仲介機関）

② 高権的に規制された社会の自己規律――紛争解決手段に対する手続的な国家規律（例：仲裁裁判）、裁判外に国家が創設する仲介・調停機関（例：ハンブルク州の法律相談・調停機関）

③ 高権的規律の枠内における自己規律的要素――例：裁判における当事者主義、刑事法における行為者・被害者間の和解、被害者補償

（④高権的、命令的規律）

裁判外の紛争処理制度と、裁判制度との選択は当事者にとって任意であるから、前者を利用するメリットが提示されなければならないが、社会的な承認を獲得するための刺激として、ホフマン＝リームは以下の点を指摘している。

・国家規律による支援（裁判外手続における弁護士手数料の増額、執行可能性の拡大）

・当事者が、フェアなチャンスがあるという印象を得ること、機会平等・情報シンメトリーの実現（仲裁・仲介手続の整備）

・得られる結果の、裁判と対比してのメリット（対象事項の幅広さ――紛争に絡む感情的な問題、「訴訟対象」と

するには具体性を欠くが「紛争克服対象」にはなる対象）

そして、そうしたメリットの提示先は、紛争処理において裁判に重きを置いてきた伝統を持つところであるから、以下のように「文化」論に筆が及ぶことになる。

「紛争克服へのあり得べきオプションの多様性を、裁判外の道をより多く利用することによって確保するならば、協働的なやり方を強める方向で、紛争克服の文化をさらに発展させるチャンスも存在しよう。高い裁判官密度と結びついた、国家の、裁判による紛争克服への市民の強い信頼は、ドイツに特有の、国家に向けられた紛争文化の表明ないし確認である。他の産業社会は他の文化を発展させ、裁判外の紛争克服の可能性をより広範囲に利用している。自己規律的な紛争克服の文化がドイツでも拡張する可能性は閉ざされてはいない」[28]。もっとも、裁判外紛争処理における法の役割は、類型論・「刺激」論双方で十分に重視されており、法によらない紛争解決への傾斜を示すものではない[29]。

次いで、司法機関から他の国家機関・高権の担い手への任務の移転も、自己制御的な要素の投入を含み、司法の新たな役割規定や、より遠い組織への任務移転へとつながるものとして、ホフマン＝リームは分析・類型化の対象とする[30]。

(a)　他の直接国家行政の担い手への任務移転——非訟事件の行政機関への移転（例　戸籍役場が離婚事件を扱う可能性）

(b)　間接国家行政の担い手への任務移転——商業登記業務を商工会議所へ、弁護士登録を弁護士会へ、（離婚等の場合の）年金の配分調整を年金事業者へ

(c)　その他の公的機能の担い手への移転——公証人の機能拡大論

(d)　インソーシング——任務の国家への再移転

ここでも、任務処理における「品質保証」「中立性の確保」が課題とされ（特に(b)）、任務移転自体――「単にやせ細るという、司法のスリム化」――に優先すべき価値があるとは言えないとされる。狭義の裁判判決手続は、こうした移転の対象としては、そもそも念頭に置かれていない（(a)）。

逆に、(d)では国家とくに司法機関の持つ「シンボル効果」から、新たな制度化が求められている場面を紹介している[31]。

最近の事象を分析・類型化した上で、ホフマン＝リームは以下のように結ぶ[32]。

「（司法行政だけでなく――筆者注）法の実現、すなわち狭義の司法の領域においても、様々な形で私人に信を置くことができる。冒頭に定式化したテーゼ――国家に留保された、規範的な権利供与の独占なるものは存在しない――は、そうした独占が実際にも存在しないことで確認された。しかし、実定法は、法における、法を通じての問題克服についての国家の支援の形成に優先的に取り組んでいる。基本法九二条が「裁判権」を裁判官に委ね、その裁判所による行使を規定するとき、それは国家権力と国家の裁判所のコンテクストによっている。ここに憲法上の保障が定式化されている。公権力によるあり得べき権利侵害に対して裁判による保護を規定する、同一九条四項という特別規定にも同じことが妥当する。そこで保障されたRechtswegは、出訴の道として理解される。権利保護のこの国家なるものへの固定は、近代法治国の形成と、私的なとりわけ封建国家の法実現の解体とに結びついていた。近代法治国が十分な成果をもって形成され、そして同時に全ての紛争が必ずしも国家の指揮において最善に処理されるものではないことが見通せるようになった後は、法における、法を通じての紛争処理の可能性のオファーのパレットを構想的に広げるのに、期が熟している。……社会は主観的利益へと強められた利益より多く、そして、また別の利益を知っている。利益保護は権利保護より幅広い。国家と社会の利益紛争を処理する能力が決定的である。それは、国家のみにより、まったく以て国家の権利保護により可能なものではないのだから、社会はオプションのより大きなパレットを必要とする。」「現代に適合的な法・利益保護の水準を保持し、その際に私人と国家の間のより強化された責任分担のポテンシャルを利用する構造を見いだすことが法政策的課題となる。……かくて、司法がどのように品質保証という利益において最善のその『本質的なもの』に集中するか……明らかにできる。[33]」

最後に引用した部分からも明らかなように、ホフマン＝リームの分析は、従来司法機関が事実上独占して処理に当たっていた事柄のうち、権利保護「裁判判決」以外の部分において、協働なりアウトソーシングの実をあげることを通じて、権利・利益保護の現代に適合的な水準を確保しようとするものである。

「権利保護」が裁判により十全に図られない領域について、他の救済システムを構築すること如何、という本稿の問題関心からは、やや遠い位置にあるかにも見える。しかし、保護の対象となるべき「権利」には、従来の考え方だと、裁判上の「権利」性が問題となったり、「利益」保護・調整の問題に還元されるものもありうるのだから[34]、「裁判による権利保護」の周縁部の開放性を示す点では、参照に値する。

そして、行政のコントロールというマクロのレベルでも、実効的なコントロール・水準確保のために、裁判外の制度を組み合わせることが、アプリオリには排除されないことが読みとれよう（「法治国の実現は、国家に課されているが、留保されてはいない」）。

2　司法組織と他組織、裁判と他のシステムを隔てる膜が、従来の見方よりは浸透性に富んでいるとしても、システムの中心に投入されるものまで相互に浸透するものではなかろう。裁判による権利保護が十分に機能する領域について、他の保護メカニズムを重複的・補完的に組み込む必要性は疑わしい（「単に司法がやせ細るというスリム化には意味がない」）。

私人による人権侵害という、日本では人権救済機関の救済対象としてクローズ・アップされている事項は、そうした領域に属するのか否か、あるいはそのうちのどの部分が、その領域からはずれるのか。人権擁護推進審議会の答申は、「様々な理由から自らの力で裁判手続を利用することが困難な状況にある被害者がおり、司法的救済には、このような被害者との関係では有効に機能しないという限界があるが、一般に差別や虐待の被害者はその典型である」として、「被害者の属性」ではなく、「人権侵害の態様に着目して、積極的救済の対象」を確定している。(35)

私人による人権侵害を裁判で救済することの実効性と限界は、日本の憲法学上は、基本的人権規定の私人間関係への適用という場で問われてきたが、ドイツでの制度・議論を見ると、同じ問題は、もう少し広い背景のもとに置かれるようである。

すなわち、私人による人権侵害の類型のうち、民法上の権利侵害に還元されるものは、憲法上の規定を持ち出すまでもなく処理されうる。(36)労働法の分野でも同様である。刑法上の諸規定にも、女性や子供を虐待から保護する規定がある。その意味で、鳥瞰的には、この問題に関する憲法上の権利の各裁判所における援用と憲法裁判所への憲法異議申し立ては、権利保護の土台に対するプラスαを構成するものということになる。

裁判上の救済対象となる権利を対象に、さらに補完的なものを組み込むモティヴェーションが連邦政府に乏しいのも、一理あるところといえよう。逆に裁判上の救済が実効的に見込めず、議会による通常のコントロールも及びにくい分野に、調査・勧告権限を持ったオンブズマンを置くことは実務的にも、理論的にも排除されていない（連邦国防オンブズマン、連邦データ保護オンブズマン、ラインラント・プファルツ州の市民オンブズマン等）。(37)

日本の場合、理念的には裁判上の救済の対象となる事象を前提とした上で、実際の救済が及びにくい侵害類型を想定して、積極的措置の設計がなされている。司法的救済との重畳可能性を維持するのならば、長期的には、（質的・量的拡充を見通して）裁判上の救済への支援に純化するというモデルもあり得よう。[38]

逆に、裁判上の救済対象となる権利（実定法としての憲法上の権利、民法上の権利…）と、人権救済機関の措置の対象となる「人権」（「普遍妥当性をもつ人権」）を切り離すという発想も既に存在する。[39] 後者の存在ないし運用によって、前者を所管する司法機関の権限との衝突・競合がありうることは、既に論じたところであるが、なおかつ国際人権法の、国内裁判所における妥当性要求の水準・射程との関係も問われよう。

人権救済機関の措置に対する司法的救済の位置づけ[40]については、このような憲法上の権利と普遍妥当性を持つ人権の二元的構成を採る方が、明確さは増す。すなわち、「積極的措置」の対象は、裁判上の救済対象となる（憲法上の）権利である必要はなく、積極的措置に対する不服（人権の侵害者・被害者双方）に司法的救済の途が開かれるとすれば、被侵害者の場合当該措置を求める行政法上の法的地位が根拠となり、侵害者の場合当該措置による打撃が根拠となるからである。

二元的構成によらない場合には、同一の人権を対象とした、直接的な司法的救済と、行政のフィルターを一旦通した上での司法的救済の関係につき、整序しなければならない。[41] 極めてラフながら、昨今の基本権保護義務論、司法権論を念頭に見取り図を描いておく。

①憲法の規定する基本的人権のうち、（公権力の行使による侵害以外の）第三者による侵害があり得るものを対象に、国家の保護義務を措定する。[42]

②保護義務は第一次的には立法者に向けられている。

③よって、民事訴訟・刑事訴訟等、既存の訴訟制度によって、第三者による侵害から保護される問題領域――当該人権が民法上の権利に（憲法上立法者に課される保護水準を落とすことなく）トレースされる場合や、契約の解釈において人権の私人間効力論の作動する場面――については、その保護が実効的であれば、立法者の

保護義務は果たされているものと解する。[43]

④③に該当しない問題領域について、国家の保護義務を履行すべく、行政組織を人権保護のために投入するという立法判断は、それ自体が憲法上の司法・行政の権限配分に違背するものではない。

⑤権利保護機関としての司法機関との関係で、行政機関を投入する手法について、当事者の訴訟支援に重点をおくことは、「機能適正な機関構造」という権力分立論に適合的である。[44]

⑥私人間の人権侵害の問題のうち、訴訟支援等の手段を投入してもなお司法機関による直接的な権利の実現を期待できない問題領域について、侵害の有無についての認定判断と救済方法につき行政機関の高権的判断を先行させ、その判断に対する司法審査という形で、人権の実現（ないし、侵害者に擬せられたものの権利救済）を図る制度は、司法機関による権利保護を阻害しない限度で、合憲である。[45]

⑦⑥における「司法機関による権利保護を阻害しない限度」は、侵害側に帰属する人権による特別な制約（検閲の禁止等）を顧慮しなければならないことも含め、衝突する権利間の調整の手続ルールを形成する立法者の判断を拘束する。[46]

3　人権擁護審議会の提案した人権救済制度の案にあっては、⑥の高権的判断に該当するものとして、裁判代替的な行政審判・裁定といった仕組みは構想されていない。司法的救済の対象となるかどうかが問題となるのは、積極的措置としての「勧告・公表」である。[47]

「勧告・公表」の位置づけは、答申によれば以下の通りである。

「人権侵害の加害者に対し、人権侵害の事実を指摘して任意に救済措置を講ずるよう促す勧告は、それ自体に勧告の遵守を強制する効力はないが、人権救済機関の権威を背景にした相応の指導力を期待することができるとともに、その不遵守に対する公表は、一般に対する啓発効果のほかに、相手方にとっては事実上間接強制の効果を持ち得る」[48]。

答申の表現からすると、ここでの公表（法的仕組みとしての「勧告・公表」に組み込まれた行為手法）は、人権救済機関における案件処理についての国民への情報提供にとどまらず、相手方に対する事実的侵害（かつ被害者の人権保護に資するという目的的侵害）のモーメントを含んでいる[49]。公表の訴訟対象性を肯定する議論はその点で、説得性を持つ[50]。

裁判所との権限配分という観点からの制度設計としては、(a)裁判による実効的な救済の対象となりうる領域について、裁判との重畳を避けるのであれば、より相手方の任意協力に待つ手段（勧告の不遵守ではなく、勧告という事実ないし案件処理のプロセスのみの公表が、それに該当するかどうかも、検討の余地はあろう）と訴訟支援に特化するという方向がある。逆に、(b)裁判による始審的救済に欠ける領域については、⑥を正面から法定することも可能である。

公表による人権の間接的救済とその司法審査という組み合わせは、行政による実効的な権利保護という意図を超えて、(a)における審査ルート・対象の複雑さ——侵害者側の、公表の差止めないし取消を求める訴訟と、被侵害者側の、侵害差止訴訟が同時に提起された場合など——をもたらすことになる。

(24)　栗城壽夫「違憲審査制」栗城・樋口著『憲法と裁判』一九八八年、一四七頁。

(25)　中川丈久「行政事件訴訟法の改正」公法研究六三号、二〇〇一年、一三五頁、一七九頁以下、山本隆司前掲注(1)四三八頁以下、新堂幸司『民事訴訟制度の役割』一九九三年、四七頁以下、一〇一頁以下、小早川光郎「非主観的訴訟と司法権」法教一五八号、一九九三年、一〇〇頁、参照。

(26)　Vgl. Hoffmann-Riem, W., Justizdienstleistungen im kooperativen Staat, in Schuppert, G.F. (hrsg.), Jenseits von Privatisierung und “schlankem” Staat, 1999 S.159 ff.（JZ, 1999, S.421 ff. に、若干簡略化されたもの

が収録されている)。「保証国家」観を基礎にした司法改革構想としてVgl., ders., Modernisierung von Recht und Justiz, 2001, S. 15 ff.

(27) Hoffmann-Riem, a. a. O.,(JZ), S. 422. 国家と社会の規律分掌の類型については、既にders, Öffentliches Recht und Privatrecht als wechselseitige Auffangordnungen, in Hoffmann-Riem/Schmidt-Aßmann (hrsg.), Öffentliches Recht und Privatrecht als wechselseitige Auffangordnungen, 1996, S. 300 ff. で提示されている。斎藤誠「行政組織と制裁のあり方」ジュリスト一二二八号、二〇〇二年、一〇九頁以下、参照。

(28) Hoffmann-Riem, a. a. O.,(JZ), S. 425.

(29) ADRのドイツにおける位置づけについて、Vgl., AK-ZPO-Röhl, vor § 1025, 1987. 同曰く、「未開社会、近代日本、及び社会主義諸国の社会裁判、に関する報告は、法化と裁判化——それは、近代産業社会において紛争規律の優先媒体としての枢要な位置を占めているが——が決して天然必然の現象ではないことを示す」。

(30) Hoffmann-Riem, a. a. O.,(JZ), S. 425 ff.

(31) Hoffmann-Riem, a. a. O.,(JZ), S. 427. 具体的には同性愛者の生活共同体を巡る議論である。

(32) Hoffmann-Riem, a. a. O.,(JZ), S. 429 f. 結語の前で、司法の部分民営化として、刑事罰の執行と司法行政における最近の動向も分析の対象になっているが、本稿の問題関心との関連は薄いのでここでは取り上げない。

(33) Hoffmann-Riem, a. a. O.,(in Jenseiz) S. 192 ff.

(34) この点で、人権救済機関の保護対象を明確に分類する必要がある。奥平前掲注(6)参照。

(35) 前掲注(23)。「答申」一二頁。公権力の行使による侵害についても、積極的救済の対象は、この基準によっているが(同二〇頁)、マスメディアによる人権侵害については、「犯罪被害者とその家族、……等に対するプライバシー侵害や過剰な取材等」という「特に救済の必要性の高い……分野」が対象となっている。

(36) 前注(12)日本法についても、内野正幸「プライバシー権についての控えめな考察」公法研究五八号、一九九六年、八八頁が、こうした方向を示唆する。

(37) いずれも、原語ではBeauftragteであるが、任務内容からするとオンブズマン・監察官と訳しうる。Beauftragte の行政組織上の位置づけについては、Loeser, R., System des Verwaltungsrechts Bd. 2, 1994, S. 124,

Fuchs, M., a.a.O., S. 363 ff. 連邦国防オンブズマンにつき、Franke, a.a.O. S. 103 ff., Busch, E., Der Wehrbeauftragte, 4 Aufl., 1991, 連邦データ保護オンブズマンにつき、藤原静雄「個人データの保護」『岩波講座・現代の法一〇・情報と法』一九九七年、所収、一九五頁以下、山下義昭「ドイツにおける個人情報保護の一側面」クレジット研究二四、二〇〇〇年、一二七頁以下、ラインラント・プファルツの市民オンブズマンにつき、Hagen, M., Der Bürgerbeauftragte, 1981, Kempf, U., Bürgerbeauftragte, 1976. 参照。なお、EU機関の活動を対象とした、EU市民オンブズマンについて、Franke, a.a.O. S. 165 ff. 参照。

(38)　審議会答申では、訴訟援助は「勧告・公表までの手法によっても被害者救済が図れない場合の対応」として位置づけられている（「答申」二四頁、「中間とりまとめ」二〇頁）。英米法系の研究者が、行政と裁判の「機能的な結びつき」を軸に、民事不介入からの転換を求めた制度（「行政機関による私的訴訟の援助」）が、ごく一部ではあれ具体的な制度設計の場に登場したことにはなる。田中英夫・竹内昭夫『法の実現における私人の役割』一九八七年、一一八頁以下、二二四頁、参照。紙谷雅子「人権救済制度のあり方」法時七三巻二号、一六頁は、「私人間の権利の衝突」に関しては、「司法判断回避」「代替」型の裁定ではなく、「証拠収集や手続続行を代理できるような補助的な仕組」の整備を司法権の行使との関係で主張する。

(39)　石川前掲注(3)「人権論の視座転換」二頁以下。国際人権法の日本の人権論に対するインパクトについて、例えば、江橋前掲注(3)「自己決定権を支える人権行政」二三七頁以下、参照。国際人権法と国内法の関係論の現在につき、安藤仁介「国際人権保障の展開と問題点」国際外交法雑誌九八巻一・二号、一九九九年、三一頁以下、藤井俊夫「国際人権と国内人権の交錯」ジュリスト一二二二号、二〇〇二年、四四頁以下、参照。

(40)　「特定の事案に関する強制的手法」（「答申」二五頁、「中間とりまとめ」二一頁）に、人権救済機関が裁判所に侵害行為の排除を求める手法が挙がっているが、「中間とりまとめ」では、その検討課題として「司法制度との適合性の点も含め、三権分立の下での行政と司法の在り方が問題となる」と指摘していた（二一頁）。行政機関による裁判所利用（独占禁止法の緊急命令等）につき、「非訟」としての位置づけを要検討とする中川前掲注(25)「行政事件訴訟法の改正」一三四頁、参照。

(41)　この背景にある問題につき、斎藤誠「私人間紛争に対する行政の権力的関与」西谷剛他編『政策実現と行政法

『成田頼明先生古稀』所収、一九九八年、参照。

(42) Vgl., Dolderer, a. a. O., S. 177 ff. 小山前掲注(1)、三一七頁以下、山本前掲注(1)、三三六頁、参照。保護義務の成立要件、根拠論(基本的人権規定自体、国家目的、生命・身体という法益の特殊性)には、ここでは立ち入らない。

(43) Vgl., Schuppert, G. F./Bumke, C., Die Konstitutionalisierung der Rechtsordnung, 2000, S. 16 ff., 72 ff. 私人間効力論の現在については、小山前掲注(1)、二二二頁以下、棟居快行『人権論の新構成』一九九二、一頁以下、君塚正臣「第三者効力論の新世紀(一・二完)」関法五〇巻五号、六号、二〇〇一年、参照。Vgl., Singer, R., Vertragsfreiheit, Grundrechte und der Schutz des Menschen vor sich selbst, in JZ 1995, S. 1133 ff. Jarass, H. D. a. a. O., S. 35 ff.

(44) 斎藤誠「憲法と地方自治」法教二四三号、二〇〇〇年、七六頁以下、参照。

(45) 紙谷前掲注(38)、一六頁は、「裁判所で処理できない、しない問題」についても、その該当判断を含め、公権力・公的機関の判断を先行させることを疑問とするが、対象領域を限定し、なおかつ行政機関における高権的判断過程を明晰なものにすれば(手続保障等)、本文のように定式化することは可能ではなかろうか。前審としての行政機関を認める憲法七六条二項と、ボン基本法九二条のもとで、独立の裁判所のみが行いうる決定・手続という視角から裁判「機能」にアプローチする BverfGE 103, 111.(評釈・栗城壽夫・自治研究七九巻二号、二〇〇三年、一三三頁以下)、参照。

(46) 調整に関する実体ルールの形成の問題にはここでは立ち入らない。

(47) 人権救済機関が裁判所に侵害行為の排除を求める手法(前注(40))についても、行政が差止を求める行為自体(「提訴権の付与」)を高権的行為であると類型化することもできよう。しかし、提訴の是非も含め裁判所の始審的判断が予定されるのであれば、⑥で想定する枠組みからは、ずれることになる。

(48) 「答申」二四頁。併せて、同二二頁は、私人間の人権侵害における積極的救済について、「その救済手続が一面で相手方や関係者の人権を制限するものでもあることから」、予測可能性を確保するために、救済対象を明確化する必要があると指摘する。

(49) 山本前掲注(1)、四一五頁以下、大橋前掲注(19)「市町村オンブズマンの制度設計とその運用」一六二頁、参照。法律の根拠が必要となる類型であることに加え、相手方に対する手続保障にも配慮しなければならない。
(50) 奥平前掲注(6)、一三頁以下。対するに、法的な拘束力がないので(国家賠償の対象となりうることは別論として)行政争訟の対象とはならないというのが政府見解である。田島・梓澤・佐久間「人権擁護法案の検討」法時七四巻八号、二〇〇二年、八〇頁以下、参照。

むすび――人権保護と行政・司法・立法

――「国の保護義務に言う『国』の実体を具体的に問う姿勢を欠いてはならないのではないか」[51]。

公権力の行使に対する裁判外のコントロールシステムと、私人の人権侵害に対する裁判外救済は、(国内法上は)法的根拠の点で相異なる[52]。人権という共通の根拠を求めるとしても、国家に対する防御権か、それとも第三者の侵害に対する保護義務か、根拠となる面を異にする。そして、権利救済システムとして司法との関係で重なり合う部分があっても、他の局面での違いに留意しなければならない。

すなわち、公権力の行使に対するコントロールにおいては、本稿において分析の対象とした具体的権利救済の場面での司法権との関係の他[53]、マクロの視点での、議会による行政コントロールとの関係をも問わなければならない。人権救済機関が、マクロのコントロール機能を果たすとすれば、その設置母体が行政か議会かという形をとって、この問題が表れるはずで[54]、機関が政府からどのような「独立性」を持つべきか、というのはその先の話ではなかろうか。

私人の人権侵害に関しては、①から⑦の枠組みを提示した実定的な権利・義務についての司法権との関係以外では、設置母体の問題は、そのような形では登場せず、柔軟かつ迅速な――ホフマン＝リームの言う「利益紛争」への対応にも類似した――救済システムを実効的に構築しうるのは行政・議会どちらか、という機能の面が正面に据えられよう。引用文の言うごとくに「『国』の実体」に着目すると、行政・議会いずれもイニシアティブをとる主体として機能適正でなく、裁判による救済の充実と柔軟化、プラス訴訟支援という手法に光明を見いだすことになるのかも知れない。そうした法事実（Rechtstatsache）の問題への接近[55]も含め、今後の課題としたい。

(51) 芦部信喜「人権論五〇年を回想して」公法研究五九号、一九九七年、一三頁。

(52) 人権擁護審議会答申は、「国営・公営事業等における差別的取り扱いや虐待」は、私人間におけるものと「基本的に同様の態様」とする（「答申」一九頁）。公的主体の私経済活動に対する規律が、私企業と同様かどうかについてはなお検討を要するのではないか。奥平前掲注(6)、六頁も参照。

(53) 行政による救済システムとしての行政不服審査制度との関係もある。Vgl., Groß, a. a. O., S. 391 ff.

(54) 議会設置のオンブズマンと、連邦政府によるオンブズマンの中立性・自律性の議論を参照。Franke, a. a. O. S. 161 ff.

(55) Voßkuhle, A., Verwaltungsdogmatik und Rechtstatsachenforschung, VerArch. 85, 1994, S. 567 ff. 斎藤誠「現代行政法と『公・私』論」成田頼明他編『行政の変容と公法の展望［河中一學氏喜寿］』、一九九九年、二〇〇頁以下、参照。

〔追記〕校了時に、本稿で触れた「二元的構成」に論拠を投ずる高橋和之「『憲法上の人権』の効力は私人間に及ばない」ジュリスト一二四五号、二〇〇三年、一三七頁以下に接した。

8　日本国憲法における「個人の尊重」、「個人の尊厳」と「人間の尊厳」について

矢島基美

一　はじめに

日本国憲法一三条は、その前段において、「すべて国民は、個人として尊重される」と定める。一般に、「個人の尊重」として説かれている規定である。もともと一三条は、その後段にいう「幸福追求権」についてであれ、あるいは、「公共の福祉」についてであれ、かねてより多くの論争を招き、今日なお活発な議論を呼ぶところとなっている。「個人の尊重」もまた、その例外をなすものではなく、たとえばその趣意についていえば、すでによく知られているように、それが「人間の尊厳」（たとえば、よく引かれるドイツ連邦共和国基本法（いわゆるボン基本法）一条一項の「人間の尊厳（Die Würde des Menschen）は不可侵である。これを尊重し、かつ、保護することは、すべての国家権力の責務である」にいうところのそれ）と同じものか否かをめぐって争いがある。

いうまでもなく、「個人の尊重」と「人間の尊厳」の異同を検討するにあたっては、それぞれの文言が規定されるに至った背景ないし経緯を始めとして、考慮されるべき事項は種々あろう。しかし、少なくとも言葉そ

れ自体を取り上げた場合、「人間の尊厳」が「人間」一般に着目した何らかの固有の価値を前提としているのに対して、「個人の尊重」には、「個」の尊重とも「人」の尊重とも受け止められうる、いわば両義的な要素が含まれているのであって、(1)この点を看過することはできない。(2)これまでのところ、両者を同義とする見解が通説的地位を占め、この問題についてはすでに論じ尽くされたかの観さえ呈しているが、右の点を踏まえるとき、一概に両者を同義であると断じるわけにもいかないように思われる。

しかも、この問題に関しては、日本国憲法に固有の厄介さが潜んでいる。それは、日本国憲法が、「配偶者の選択、財産権、相続、住居の選定、離婚並びに婚姻及び家族に関するその他の事項に関しては、法律は、個人の尊厳と両性の本質的平等に立脚して、制定されなければならない」と定め（二四条二項）(3)、「個人の尊重」とも「人間の尊厳」とも異なる、「個人の尊厳」なる言葉を別にまた用いているからである。(4)もっとも、学説は、一般に、そこにいう「個人の尊厳」についても、一三条にいう「個人の尊重」との相違に頓着せず、当然のごとく両者を同義に理解する傾向にある。しかし、ここでも、「尊厳」と「尊重」とが字義において異なることを念頭に置けば、その理解の仕方にはいささかなりとも厳密さを欠くきらいがあるように思われる。

このような学説状況のなか、生命倫理と法のかかわりをわが国で初めて本格的に取り扱う法律が制定されるところとなった。いわゆるクローン規制法、「ヒトに関するクローン技術等の規制に関する法律」(5)が、それである。この法律によれば、人クローン個体の産生が禁止され、その違反者には刑事罰が科されるが、ここでの主題のかぎりでいえば、クローン規制法が、その規制根拠の一として、「人の尊厳の保持」を挙げている（一条）ことが何よりも注目される。なるほど、クローン技術の人への適用をめぐっては、国際社会として、また、とりわけヨーロッパ諸国において、これを規制する趨勢にあるが、その根拠は一般に「人間の尊厳」原理に求められている。しかし、クローン規制法に持ち込まれたのは、「人間の尊厳」なる用語ではない。それだけに、右法律にいう「人の尊厳」とははたして何か、問題となろう。

そこで、本稿においては、人クローン規制法にいう「人の尊厳」を契機として、日本国憲法における「個人の尊重」および「個人の尊厳」と「人間の尊厳」との関係について本稿なりの検討を加えてみることにする。すなわち、まずは、わが国における「個人の尊重」、「個人の尊厳」と「人間の尊厳」の関係をめぐる学説状況を整理し（二）、次いで、人クローン個体産生の規制をめぐる国際的な状況を瞥見したうえで、クローン規制法の内容を述べ、そこにいう「人の尊厳」の憲法学説上の位置づけを試みるものである（三）(6)。

二　「個人の尊重」、「個人の尊厳」と「人間の尊厳」をめぐる学説状況

1　通説的見解

日本国憲法において明示的に用いられている「個人の尊重」と「個人の尊厳」について、学説は、通例、両者を同義のものとして理解する。たとえば、一三条前段にいう「『個人として尊重される』とは、個人主義の原理を表明したものであ」り、「この点で、第二四条第二項の『個人の尊厳』と同じ意味に解していい(7)」、あるいは、一三条前段は「いわゆる個人主義原理・個人主義的国家原理の宣言であ」って、二四条二項にいう「個人の尊厳」は「一三条の『国民は個人として尊重される』と同じ思想である(8)」、のごとくである。それゆえ、今日では、憲法一三条前段について、「個人尊重主義とか『個人の尊厳』の原理などとよばれる」旨の互換可能的な説明を施したり(9)、むしろこれをもっぱら「個人の尊厳」原理として説明したりすることにもなる(10)。

このような通説的理解を、便宜的に「個人の尊重＝個人の尊厳」説と呼ぶとすれば、この説にあっては、「尊重」と「尊厳」との相違が格別に問題とはされていないことになる。それを可能ならしめているのは、おそらくは、「個人」なる言葉に潜む両義性――「個人」は「個」であると同時に「人」であるという――では

なかろうか。すなわち、そこでは、「個人」が「尊重」され、あるいは、「個人」が「尊厳」をもつ論拠を、「個」性もさることながら、「個人」が「人格」を有する存在、いわば「『人格』の担い手」[11]であることに求めているからである。[12]それは、この説における「個人の尊重＝個人の尊厳」原理の定義に明らかであろう。いわく、「国政によって、個人の人格を尊重するという基本原理」ないし「個人人格の尊重を優先して宣言する憲法上の基本原理」[13]。あるいはまた、「各個人を最高かつ固有の価値を有する人格として尊重する原理」[14][15]。

しかし、結論的に「尊重」と「尊厳」の相違を問題としないこの解釈は、その点をも一つに挙げて疑問視する、後述のような批判的見解を登場させることになる。そして、その影響もあってか、「個人」なる言葉から「人格」を読み取ろうとする姿勢は、通説的な見解において一層支配的なものとなっているといえよう。たとえば、「［一三］条前段の『個人』は、ときには解されがちなように単純に個人性ないし個性というような意味ではなく、『人格』概念との結びつきにおいて理解される必要がある」[16]、としつつ、「個人の尊重」は、「個々の人間がそのまま尊いというよりも、一人ひとりがもつ人格性の故に尊厳なる存在であるということであると解すべき」である、[17]とさえ主張されているからである。

もっとも、「個人」において「人格」を重視することは、「個人の尊重＝個人の尊厳」説が「個人の尊重＝個人の尊厳＝人間の尊厳」説に向かう契機ともなる。「人間の尊厳」も、ボン基本法の解釈論においてみるとき、必ずしも一義的ないし絶対的な概念ではなく、むしろ状況依存的なものといわれているが、人間が「人格」と結びつけて把握されていることは周知のとおりである。[18]しかも、そのような「人格主義」において「個人」が没却されてしまっているかといえば、決してそういうわけでもない。そこで想定されている人間像は、「個人の〔固有の〕価値」が損なわれることなく「人間共同社会の生活の現実のなかに存在する具体的な人間」であり、あくまでも「極端な」個人主義が否定されているにとどまるからである。[19]

もともと、一三条の「個人の尊重」が表明する「個人主義」原理とは、「人間社会における価値の根元が個人にあるとし、なににもまさって個人を尊重しようとする原理をい」い、それは、「一方において、他人の犠牲において自己の利益を主張しようとする利己主義に反対し、他方において、『全体』のためと称して個人を犠牲にしようとする全体主義を否定し、すべての人間を自主的な人格として平等に尊重しようとする[20]」旨、説かれている。このような理解を前提にすれば、右にいう「個人主義」とボン基本法にあらわれている「人格主義」とは、さして異なるものでもないことになる。それゆえ、ボン基本法が「人間の尊厳は不可侵である」旨、定めているのも、「本条と同じ趣旨である[21]」と説かれ、それが一般に支持されたのである[22]。

2　批判的見解

右にみてきたような通説的見解に対して、「個人の尊重」をあくまでも「個」にまつわるものとして受け止めるならば、「個人の尊重＝人間の尊厳」をそのまま肯定するわけにはいかない。ここに、通説的見解に対する批判が生じうる。そのような批判的見解（ここではやはり便宜的に「個人の尊重≠人間の尊重」説と呼ぶ）は、その立論の仕方によっていくつかに分けることができよう。

第一の批判的見解[23]は、通説的見解の解釈論には曖昧さないし不十分さがみられるとして、最初にこれを論難することになったものであるが、「尊厳」を「人間の固有の価値、他のものに見られない価値[24]」であるとし、したがって、「人間の尊厳」とは、「人間の人格としての尊厳と〔して〕理解され」なければならない、と説く。この観点からすれば、「人間の尊厳」は、「個性」ないし「個体」を含意するところの「個人」の尊重と結びつくものではない。まさしく「人間は個人として尊厳を有するものではなく、逆に個人は人間として（人間である故に）尊厳を有する[25]」というべきであって、「人間の尊厳は個人の尊重を含むが、個人の尊重だけでは人間の尊厳は説明されない」[26]。それゆえ、この見解によれば、日本国憲法において「個人の尊重」原理はみられるものの、本来的に人権の基底に据えられるべき――ボン基本法においてそうであるように――「人間の尊厳」原理を直ちに読み取ることはできない[27]。

もっとも、ここで注意を要するのは、この批判的見解が、「個人の尊重≠人間の尊厳」に立脚するからといって、日本国憲法の解釈論において「人間の尊厳」原理を払拭すべき旨の主張を行おうとしているわけではない、という点である[28]。そこでは、たとえば、一二四条二項の「個人の尊厳」を「個人の〔、〕人間としての尊厳と読むべき」であるとし[29]、むしろこのような「補充解釈」を通じて「人間の尊厳」原理を充填していこうとする姿勢がみられるからである[30]。その意味では、この説も、通説的見解と同様に、人権をめぐる議論において何らかの形で「人格」を組み入れることを前提にしているのである。

これに対して、「個人の尊重＝人間の尊厳」を否定する点では一致しつつも、上述のような「人間」ないし「人格」概念を剥ぎ取ることによって立論しようとする、第二の批判的見解がみられる[31]。すなわち、それは、日本国憲法の解釈論として、「人間」一般ではなく、「『個人』という主体規定の独自の意義」[32]にこだわる――その意味では、「あくまでも『個人の尊重』を人権の基底的概念と捉える立場」[33]によるものである。そして、このような立論を行おうとするのは、一方で、「個人」という「多様性を必然的に含む概念」を用いれば、「人間」という類概念からもたらされるところの「何らかの『人間観』による、人権主体の規範的評価及びその限定」が斥けられること、他方で、「団体」の前に「個人」が埋没させられがちなわが国の人権ないし法状況のもとでは、何よりも実践論的な意味があることを意識するからにほかならない[34]。

あるいはまた、右のような問題意識は措くとしても、憲法の想定する「人間像」において通説的見解と大きく異なる見地から立論する、第三の批判的見解がある。この見解によれば、人間は、通説的見解で説かれるような、「道徳的・人格的・理性的」存在では必ずしもなく[35]、したがってまた、人間の価値は「人格的自律性にはなく、個別性にある」[36]。とすれば、「個人の尊重」と「人間の尊厳」を同義に解することはできないのであって、後者が、「道徳的な本質的価値」を内容とする「人間存在の共通性を強調した概念である」とすれば、前者は、「個人個人の属性の個別・多様性に配慮されることをい」い、そのような意味において、『個人の尊重』を支えるものは、道徳的・理性的存在としての人間共通の特性ではなく、各人の違い、すなわち、個別性[37]」ということになる[38]。

3　小　括

このように、等しく「個人の尊重＝人間の尊厳」説あるいは「個人の尊重≠人間の尊厳」説といっても、その立論の仕方はさまざまである。しかし、右に述べたところからすでに明らかなように、それらを分かつことになるポイントを指摘することはできよう。すなわち、それは、結論的にいえば、日本国憲法の解釈論として「人間の尊厳」概念をあくまでも排除するのか否か（第二および第三の批判的見解と通説的見解および第一の批判的見解との分岐）、「個人の尊重」概念に「人格」概念を組み入れることを拒絶するか否か（三つの批判的見解と通説的見解との分岐）にあるといってよい。

三　人クローン個体産生の規制と「人の尊厳」

1　クローン技術規制に関する国際的な動向

一九九七年二月、「ドリー」と命名された一匹の雌羊の誕生が報じられ（実際の誕生は、九六年七月）、世界に衝撃が走った。周知のように、ドリーは、成体（雌）の凍結保存した体細胞（乳腺細胞）を、あらかじめ除核した未受精卵（別の雌から得た）に移植する（体細胞核移植技術）ことによって生まれたクローン羊である。この方法によれば、提供元（ドナー）の体細胞と同一の遺伝子をもったクローン動物を無限に作ることが理論上可能となる。(39) それゆえ、無性生殖によって生まれた世界初の哺乳動物、ドリーの誕生は、クローン技術の人への適用が近い将来に現実化するおそれを抱かせるに足りるものであった。それだけに、そのような可能性をあらかじめ排除することが何よりも緊要であるとし、これを制約する動きが国際的にみられるようになる。(40)

その場合、その規制根拠として一般に掲げられているのが、「人間の尊厳」である。たとえば、ヨーロッパ評議会による「人クローン議定書(41)」においては、「遺伝的に同一の人間の意図的な作出による人間の道具化は人間の尊厳に反」する（前文）と説いたうえで、「他の人間と遺伝的に同一の人間の作出を目的とするいかなる医療行為も禁止」する（一条一項）ことが明確にされている。また、ユネスコによる「ヒトゲノムと人権に関する世界宣言(42)」においては、ヒトゲノムに関する研究が「人間の尊厳、自由及び人権、並びに遺伝的特徴に基づくあらゆる形態の差別の禁止を十分に尊重すべきことを強調し」つつ（前文）、「ヒトのクローン個体の産生のような人間の尊厳に反する行為は、許されてはならない」（一一条）とする姿勢が表明されている。

もっとも、ヨーロッパ諸国のなかには、すでに一九九〇年代前半に、生殖補助医療技術等の進展に対応した国内法の整備が図られ、それによってクローン技術の人への適用が明文で禁止され、あるいは、そこに含意されるものと受け止められている。前者の例としては、ドイツのいわゆる胚保護法（一九九〇年制定(43)）があり、これによれば、他の胚、胎児、人間（死者も含まれる）と同一の遺伝情報を有するヒト胚を作ったり、これを女性に移植したりする行為が処罰の対象となる（六条）。また、後者の例としては、フランスを挙げることができる。いわゆる生命倫理法（一九九四年制定）によって、「人の種（espèce humaine）の完全性」の侵害、「人の選別（sélection des personnes）の組織化を目的とする優生学上の行為」および「人（personne）の子孫を変えるための遺伝形質の作り替え」が禁止され(44)、ここにクローン技術の人への適用の禁止が読み取られるところとなっている(45)。

その際、「人間の尊厳」が、ドイツの場合のように、憲法規範として明示的に謳われているとは限らない。フランスの場合もまさにそれにあたり、右の生命倫理法においてこそ、「人（personne）の優越性」、「生命の始まりからの人（être humaine）の尊重」といった原則が掲げられているが、これに相当する明文規定は憲法に見出せない(46)。この点で、生命倫理法の合憲性審査を付託された憲法院は、現行一九五八年憲法がその前文で引く一九四六年憲法前文の、「人間（personne humaine）を隷従させ品位を傷つけることを企図した体制」を否定し、「すべての人間（être humaine）が、人種、宗教、信条による差別なく、譲り渡すことのできない神聖な権利を有することを宣言する」という一文に、「あらゆる形態の隷従と品位を傷つける取扱いに対する人間（personne humaine）の尊厳の保護」なる憲法規範（「憲法的価値を有する原理」（principe à valeur constitutionnelle）性）を見出しているのである(47)。

2　クローン規制法における「人の尊厳」

わが国もまた、右に述べたような動向を受け、クローン技術の人への適用に対する立法的措置を検討することになったが、その賛否をめぐっては大いに議論を招いた(48)。すなわち、すでに指摘されているように、一方で、生命科学の領域で、クローン技術に限って法的規制を加えることの是非——少なくとも生殖補助医療技術については統一的ないし網羅的な法の整備を行う必要があるのではないか——が問われ(49)、他方で、かりにそれが是であるとしても、これを刑罰の対象とするだけの具体的根拠——およそ一般的抽象的な、たとえば「人間の尊厳」に求めることはできないのではないか——が問題となりうるからである(50)。その意味で、その立法化にあたっては、このような問いかけに応えることがあらかじめ要請されており、結果的に制定されるに至ったクローン規制法にもそれが反映している。

一つは、刑事罰の対象とされる行為が限定されていることである。クローン規制法が禁止するのは、「クローン技術等のうちクローン技術…により作成される胚を人又は動物の胎内に移植すること」、いわゆる人クローン胚等の母胎移植のみであって（一条、三条参照）[51][52]、クローン技術全般ではない[53]。もう一つは、そのような規制が加えられる根拠を「人の尊厳の保持、人の生命及び身体の安全の確保並びに社会秩序の維持」に対する重大な影響の可能性に求めている（一条）ことである。これらの根拠が「並びに」によってつながれていることからすれば、立法者意思として、これらの一をもって根拠にするつもりでないことは明らかであろう。

もっとも、規制根拠が並列的であるということは、(a)「人の尊厳の保持」には、(b)「人の生命及び身体の安全の確保」にも(c)「社会秩序の維持」にもあたらない、固有の内容が想定されているということでもある。そうはいっても、(b)の趣旨が比較的容易に読み取れるのに比べ、(a)のそれは、(c)の場合と同様、必ずしも明瞭ではない。そこで、これを検討するにあたって、クローン規制法制定の方向づけをなした科学技術会議生命倫理委員会報告[54]に言及することが許されよう[55]。すなわち、そこで示されたのは、次のような「基本認識」であった（①以下の記号は筆者が適宜付したもの）。

クローン技術の人個体産生への適用については、①人間の育種や手段化・道具化に道を開くものであり、また、②生まれてきた子どもは体細胞の提供者とは別人格を有するにもかかわらず常に提供者との関係が意識されるという人権の侵害が現実化する。このため、個人の尊重という憲法上の理念に著しく反することとなる。さらに③無性生殖であることから、人間の命の創造に関する我々の基本的な認識から逸脱するものであり、④家族秩序の

> 混乱等の社会的弊害も予想される。
> また、⑤クローン技術による人個体の産生については、安全性に関する問題が生じる可能性を否定できない。
> このように、クローン技術による人個体の産生には人間の尊厳の侵害等から重大な問題があり、その弊害の大きさから、法律により罰則を伴う禁止がなされるべきである。

この「基本認識」において指摘されるべきは、第一に、クローン規制法にいう「人の尊厳」なる用語が一切みられない、第二に、「個人の尊重」と「人間の尊厳」とが異なるコンテクストで用いられている、第三に、「人間の尊厳」の内容については何も具体的に述べられていない、といった点であろう。第一の点については、「人間」なる言葉がわが国の法令用語として一般に使われていないことからすれば、あながち不思議なことでもない。法文化に際して、「人間の尊厳」をそのまま持ち込むことを避けたとも考えられるからである。しかし、それならばなぜ「個人の尊厳」を用いなかったのか、疑問が残ろう。それを明かしてくれそうなのが、第二の点である。そこには、「人間の尊厳」を上位概念とし、そのもとに憲法一三条にいう「個人の尊重」を位置づけ、しかも、①および②のみを「個人の尊重」の侵害とする認識がうかがえる。これをそのまま立法者意思とみるわけにはいかないが、少なくとも「個」にまつわるもの以外の何らかの意味が「人の尊厳」には込められていることになろう。

そして、それを踏まえるならば、「人の尊厳」は「人間の尊厳」に重なり合うものとも考えられる。しかし、第三の点で触れたように、「基本認識」に示された「人間の尊厳」の内容は決して明瞭ではない。⑤がクローン規制法にいう「人の生命及び身体の安全の確保」を損なわせることは明らかであるから、「基本認識」における「人間の尊厳の侵害等」（傍点は筆者）という表現自体は納得がいくとしても、それ以外の①ないし④がそのまま「人間の尊厳の侵害」、したがってまた、「人の尊厳」の侵害に該当すると理解してよいものか、判断に苦しむ。「基本認識」のかぎりではそれが可能であるにせよ、クローン規制法には「社会秩序の維持」も掲げられているからである。もとより、①ないし④が「人の尊厳の保持」と「社会秩序の維持」のいずれにかかわるか、截然と区別できるものでもないのかもしれないが、後者の要素を敢えて取り除いて「人の尊厳」は理解されるべきであると考えるからである。

なるほど、論者によっては、①から④は「いわば『人間の尊厳』から派生する論理であ」り、このうちの①は、「人間をかけがえのない大切なものとして尊重すべきであるという人間の尊厳の思想と密接に関連する」、と説くものもある。(56) これによれば、①ないし④は、暗黙のうちに「人の尊厳」のもとで括られることになろう。他方、先に述べたような要請を真正面から受け止めつつ、人クローン個体の産生とキメラ・ハイブリッド個体の作成とに分けて論じる立場がみられる。(57) これによれば、前者が禁止・処罰される理由については、「およそ個人は独自の人格を持った一回限りの存在として尊重されなければならない」とする、憲法の「個人として〔の〕尊重」および「個人の尊厳」に含まれる趣旨からして、「特定の個人の遺伝的形質を複製することによって個人の尊厳を侵害するという、この行為に特有の問題」に求めるべきであり、また、後者のそれについては、「人間の種としてのアイデンティティを曖昧にする行為であ」る点に求めるべきである。そのうえで、結論的には「人の尊厳の保持」を理由とすることが「基本的に正当である」と説く以上、そこでは、「人の尊厳」が右のような二つの内容をコアにして理解されていることになろう。

3　憲法学説からみた「人の尊厳」

このように、クローン規制法にいう「人の尊厳」は、必ずしも一義的に明瞭な概念ともいいがたい。しかし、右に述べてきたような議論を踏まえ、これを「人間の尊厳」に類する概念として理解するとき、一に述べた憲法学説との関係においてどのように位置づけられるのであろうか。

まずは、通説的見解においてである。「個人の尊重＝個人の尊厳＝人間の尊厳」説に立つこの見解によれば、「人の尊厳」もまた、これらと等号で結ばれることになろう。なるほど、「基本認識」で示されている③ないし④は、①および②のように、「個人の尊重という憲法上の理念に著しく反する」ものとはされておらず、また、「人間のアイデンティティ」といった問題も「個人」の次元に解消できるものでもない。しかし、この見解における「個人の尊重＝個人の尊厳」原理は決して「個人」にとどまるわけではなく、「人格」を通じて「人間」の固有性をすくい上げているからである。もっとも、一三条前段の「個人の尊重」は、一般に、後段の「幸福追求権」と結びついて「包括的な主観的権利」を基礎づけるものと解されている。(58) とするならば、その「個人の尊重」に「人の尊厳」を読みとり、これを規制根拠とすることは問題にならないのであろうか。

これに対して、「個人の尊重≠人間の尊厳」説に立つ批判的見解においては、どうか。第一の批判的見解によれば、一三条の「個人の尊重」に「人の尊厳」を直ちに読み取ることはできない。それは、「尊重」と「尊厳」の用語上の相違においてそうであると同時に、「基本認識」で示された①、③および④の問題ないし弊害や「人間のアイデンティティ」といった内容に照らしてもそうである。もっとも、この見解においては、それでもなお「人間の尊厳」原理を日本国憲法の解釈論に導入しようとするのであり、その意味では、それによって右の内容上の問題も取り込まれることになるはずである。しかし、「人の尊厳」を憲法のなかに見出す――「補充解釈」によるにせよ、他の方法によるにせよ――ことは、はたしてどこまで可能なのであろうか。

さらに、第二および第三の批判的見解の場合は、どうか。ここにあってもやはり、一三条の「個人の尊重」に「人の尊厳」を読み取ることはできない。むしろ、これらの見解が「個人」の多様性・個別性を前提にしていることからすれば、人クローン個体の産生はそのように多様であるべき「個人」に対する侵害行為として評価され、これを根拠に規制されるべきであると説かれることになるのかもしれない。[59] あるいは、これと異って、「人の生命及び身体の安全の確保」(「基本認識」にいう⑤)に規制根拠を求めることになるのかもしれない。もっとも、前者の立論に対しては、人クローン個体の産生が直ちに「個人」の多様性・個別性を損なわしめることになるか、疑問が寄せられよう。[60] また、後者のそれについては、憲法上の根拠をどこに見出すのか、問題となろうし、かりに安全性をめぐる問題がクリアーされてしまうならば、それはもはや規制根拠たりえないことになるはずである。かくして、この見解にあっては、充分な規制根拠たりうるものはおよそ存在せず、人クローン個体の産生は許されてよいと結論づけることになるのであろうか。

四　おわりに

日本国憲法一三条前段の「個人の尊重」については、「人間の尊厳」との概念上の重なりをまったく無視するわけにはいかないが、しかし、これと同視することもできないように思われる。[61] その理由として、まずは、同視できないとする点についていえば、一において整理した三つの批判的見解がそれぞれに指摘するところのもの――それらの言葉本来の字義、憲法の制定経緯からする日本国憲法の理念、さらには、人権論における「人格」性の過剰さの回避などの点に大なり小なり求められてよい。

加えて、本稿では正面から取り上げきれなかったが、ボン基本法一条一項の「人間の尊厳」にみられる機能の複合性といった問題を指摘せざるをえない。すなわち、同条項は、連邦憲法裁判所の確立した判例のなかで「根本的憲法原理」として位置づけられ、さらには、「あらゆる基本権の根源」とも称されているが、[62] その一方で、行為自由を制約する一般的な根拠ともなっている。換言すれば、まさに「保護領域拡張機能」と「保護領域制約機能」ないし「基本権制約機能」として指摘されている問題である。[63] そうした事情を踏まえるとき、すでに言及したところであるが、一三条にいう「個人の尊重」について、もっぱら国家に対する国民の権利・自由を基礎づけるものと解してきたわが国の議論と重ね合わせることはできないように思われるからである。

それでは、第二および第三の批判的見解が説くように、人権にかかわるあらゆる問題が、多様であり個別的であるところの「個人」に収斂させることによって対応し切れるのかと問われれば、正直なところ、ある種の疑問ないし懸念を覚えざるをえない。そのような疑問ないし懸念は、本稿で題材としたような、人クローン個体の産生などの極めて今日的かつ深刻な生命倫理にかかわる問題において、より一層深まる。もともと「個人」もまた「人」である以上、これによりかかるかぎり、「個人の尊重」と「人間の尊厳」との重なりは否めないことになるが、実のところ、右に述べた疑問ないし懸念が、両者の概念上の重なりを無視しえないとする、冒頭の理由づけに大きく影響を及ぼしているのである。

もっとも、「人間の尊厳」原理をそのまま一三条前段の「個人の尊重」に読み取らないとするならば、はたしてそれに相当するものを日本国憲法のどの条項に見出すことができるのか。この点で、第二の批判的見解にあっては、「共同体」による拘束という観点からではあるが、「その〔自由の限定〕機能は『公共の福祉』で代替されうるし、実際代替されてきたと言っていい」旨の考えが示されている。[64] かりにそうであるとしても、そのためには、日本国憲法における「公共の福祉」が再検討されなければならないはずであり、[65] 何よりも憲法一三条前段の規範性、前段と後段との関係を改めて問い直す必要に迫られることにもなろう。[66] 本稿においては、そのいずれの問題も取り上げることができなかった。おのずと、次なる課題とせざるをえない。

(1) 広辞苑〔第五版〕によれば、「個人」とは、「国家または社会集団に対して、それを構成する個々別々の人。単一の人。一個人。私人」をいう。この説明には、「全体」に対する「個」という意味合いが強いが、「個人」が

「人（人間）」であることはもとより当然の前提である。
（2）「個人」に限らず、言語学的検討をも重視しつつこの問題を最初に論じたものとして、ホセ・ヨンパルト「日本国憲法解釈の問題としての『個人の尊重』と『人間の尊厳』（上）（下）」判タ三七七号（一九七九）八頁、三七八号（同）一三頁。
（3）このくだりの部分に限って英文訳をみてみるならば（以下、下線は引用者による）、laws shall be enacted from the standpoint of individual dignty and the essential equality of the sexes である。ちなみに、一三条前段の英文訳は、All of the people shall be respected as individuals で、「人間の尊厳」は、通例、human dignity と英訳される。
（4）法律においても、「個人の尊厳」を用いる場合が多く、その用語例として、たとえば民法一条ノ二（本条の場合、民法という法領域との関係で、二四条二項にいう「個人の尊厳」を援用する要請が働いたのであろうか）、教育基本法（昭二二法二五）前文第二段を挙げることができる。なお、「人間の尊厳」については、一九五四年に全面改正されるまでの警察法（昭二二法一九六）前文にその例がみられる。
（5）この法律は、二〇〇〇年一二月六日に公布され（平一二法一四六）、翌年六月六日に施行された。詳しくは、大洞龍真「ヒトに関するクローン技術等の規制に関する法律について」ジュリ一一九七号（二〇〇一）四四頁、町野朔「ヒトに関するクローン技術等の規制に関する法律」法教二四七号（二〇〇一）八六頁参照。なお、立法化の動きについて詳論するものとして、位田隆一「ユネスコ『ヒトゲノム宣言』の国内的実施」法学論叢一四六巻五・六号（二〇〇〇年）四五頁がある。
（6）したがって、本稿では、規制根拠としての「人の尊厳」の当否、さらには、かかる規制根拠に基づくクローン規制法の憲法適合性の問題が直接に論じられるわけではない。
（7）宮沢俊義〔芦部信喜補訂〕・全訂日本国憲法（日本評論社、一九七八）一九七頁。なお、同・憲法Ⅱ〔新版〕（有斐閣、昭和四九）二一三頁。
（8）佐藤功・憲法（上）〔新版〕（有斐閣、昭和五八）一八四頁、四一六頁。
（9）高井裕之「幸福追求権」ジュリ増刊憲法の争点〔第三版〕（平成一一）七〇頁。

(10)　「個人の尊重」を正面から「個人の尊厳」として説くものとして、芦部信喜編・憲法Ⅱ人権（1）（有斐閣、昭和五三）一三三頁〔種谷春洋執筆〕、佐藤幸治・憲法〔第三版〕（青林書院、平成七）四四四頁、野中俊彦ほか・憲法Ⅰ〔第三版〕（有斐閣、平成一三）二五〇頁〔野中執筆〕等がある。

(11)　佐藤・前掲（10）四四四頁。

(12)　やはり前出の広辞苑によれば、「人格」とは、「人がら。人品」と説明されるが、ここでは、単に各々の個性というよりも、人間を人間たらしめている価値といったニュアンスを濃くしたものとして解されている。

(13)　芦部編・前掲（10）一三三～一三四頁〔種谷春洋執筆〕。

(14)　芦部信喜・憲法学Ⅱ（有斐閣、一九九四）五八頁。

(15)　佐藤・前掲（8）一八四～一八五頁もまた、「近代的民主主義思想の根底というべき個人の人格の尊厳の理念（個人の人格の尊厳こそ最高の価値であるとする理念）を示したものである」という。

(16)　樋口陽一ほか・憲法Ⅰ（青林書院、一九九四）二四八頁〔佐藤幸治執筆〕。

(17)　樋口ほか・前掲（16）二五〇頁〔佐藤幸治執筆〕。

(18)　この指摘については、田口精一「ボン基本法における人間の尊厳について」法学研究三三巻一二号（一九六〇）一八〇頁以下、青柳幸一「『個人の尊重』と『人間の尊厳』」横浜経営研究Ⅶ巻四号（一九八七）一八頁以下、押久保倫夫「『個人の尊重』の意義」時岡古稀記念・人権と憲法裁判（成文堂、平成四）四四頁以下等参照。

(19)　田口・前掲（18）一八一～一八二頁参照。

(20)　宮沢（芦部補訂）・前掲（7）一九七頁。なお、同・前掲（7）二一三頁。

(21)　宮沢（芦部補訂）・前掲（7）一九七～一九八頁。なお、同・前掲（7）二一三～二一四頁。

(22)　たとえば、芦部・前掲（14）五八頁、樋口ほか・前掲（16）二四八頁〔佐藤幸治執筆〕等。

(23)　ヨンパルト・前掲（2）のほか、同『人間の尊厳』と『個人の尊重』」法教八八号（一九八八）四八頁、同・人間の尊厳と国家の権力（成文堂、一九九〇）第一部、同「人間の尊厳と自己決定権」法時六九巻九号（一九九七）四四頁〔辻村みよ子との対論による〕、同「再び、『個人の尊重』と『人間の尊厳』は同じか」法の理論19（二〇〇〇）一〇三頁。

(24) ヨンパルト・前掲(23)法時四四頁。
(25) ヨンパルト・前掲(2)(上)一五頁。
(26) ヨンパルト・前掲(23)法時四六頁。
(27) こうした批判的見解を受け止めつつ議論を整理し、検討を行ったものとして、青柳・前掲(18)七頁がある。これによれば、「個人の尊重」と「人間の尊厳」の関係は、①「人間の尊厳」の第一義的意味、②「個人主義」と「人格主義」の相違という二つのレヴェルに分けて論ずるべきで、①の点では、「個人の尊重」もそれと同様の意味をもち、②の点では、両憲法で想定される人間像に相違はないが、「個人主義」と「人格主義」とでは理論的出発点が異なり、「個人の尊重」は「個人主義」に立脚している。なお、同「人間の尊厳と個人の尊重」ドイツ憲法判例研究会編・人間・科学技術・環境(信山社、一九九九)三六八～三七二頁参照。
(28) このような指摘については、押久保倫夫「『個人の尊重』か『人間の尊厳』か」法の理論19(二〇〇〇)一九九～二〇一頁参照。
(29) ヨンパルト・前掲(23)法時四六頁。また、ヨンパルト・前掲(23)法教五一頁では、「この『個人』は人間としての個人の意味で、又はこの『尊厳』はただ『尊重』の意味で理解する必要があろう」という。
(30) ヨンパルト・前掲(23)(成文堂)八三～八六頁。
(31) 押久保・前掲(18)三三頁、同・前掲(28)一九七頁。
(32) 押久保・前掲(18)六七頁。
(33) 押久保・前掲(28)二〇七頁。
(34) 押久保・前掲(18)六七～七〇頁。
(35) 阪本昌成・憲法理論Ⅱ(成文堂、一九九三)「まえがき」vi頁。
(36) 阪本・前掲(35)一四一頁。
(37) 阪本・前掲(35)一三六～一三九頁。
(38) この批判的見解において、「個人の尊厳」がどのように理解されているかは、必ずしも明らかではない。「個人の尊厳」を「人格的価値」と並列的に扱っている(阪本・前掲(35)二六五頁)ところからすると、「人間の尊厳」に類するもの――したがって、「個人の尊重」とは異なるものとみているようである。

（39）　クローンについては、たとえば、今井裕・クローン動物はいかに創られるのか（岩波書店、一九九七）に詳しい。

（40）　これをクロノロジカルに述べれば、九七年にかぎっても、五月、世界保健機構による「クローン技術に関する決議」、六月、デンバーサミットにおける「八ヶ国首脳宣言」、一一月、ヨーロッパ評議会第一〇一回閣僚委員会における「人クローン議定書」の採択（翌年一月、加盟国間で調印され、二〇〇一年三月、発効した）、同月、ユネスコ第二九回総会における「ヒトゲノムと人権に関する世界宣言」と続いた。こうした国際的な動向については、さしあたり、位田・前掲（5）四五頁、青柳幸一「先端科学技術と憲法・序説」ヨンパルト古稀祝賀・人間の尊厳と現代法理論（成文堂、二〇〇〇）六三一頁、また、各国の対応については、位田・前掲（5）五四頁のほか、科学技術庁科学技術政策研究所（第二調査研究グループ・國谷＝大山＝伊藤＝木場）・先端科学技術と法的規制〈生命科学技術の規制を中心に〉（一九九九）、総合研究開発機構＝川井健編・生命科学の発展と法（有斐閣、二〇〇一）第二部第五章〔橳島次郎執筆〕等参照。

（41）　正式な名称は、「人クローン禁止についての、生物学及び医学の応用に関する人権及び人間の尊厳の保護のための条約に対する追加議定書」（Additional Protocol to the Convention for the Protection of Human Rights and Dignity of the Human Being with regard to the Application of Biology and Medicine, on the Prohibition of Cloning Human Beings）で、邦訳として、たとえば、ドイツ憲法判例研究会編・前掲（27）五七六頁〔嶋崎健太郎訳〕参照。

（42）　原タイトルは、Universal Declaration on the Human genome and Human rightsで、邦訳として、たとえば、位田隆一「ユネスコ『ヒトゲノムと人権に関する世界宣言』の考察」法学論叢一四四巻四・五号（一九九八）六五頁。併せて、同・前掲（5）四五頁参照。

（43）　正式な名称は、「胚の保護のための法律」（Gesetz zum Schutz von Embryonen）で、邦訳としては、たとえば、「立法紹介・ドイツ」外国の立法三〇巻三号（一九九一）九九頁〔齋藤純子解説・訳〕。併せて、ドイツ憲法判例研究会編・前掲（27）五五〇頁〔柏崎敏義訳〕参照。

（44） 生命倫理法は総称であって、周知のように、三つの個別法律からなっており（J.O. du 2 juillet 1994 p. 9559, J.O. du 30 juillet 1994 pp. 11056 et suiv.）、この禁止規定はいわゆる人体尊重法（「人体の尊重に関する一九九四年七月二九日法律」）三条（民法一六条の四として挿入された）による。生命倫理法の邦訳文献としては、「立法紹介・フランス」外国の立法三三巻二号（一九九四）一頁〔橳島次郎解説、大村美由紀訳〕、北村一郎「フランスにおける生命倫理立法の概要」ジュリ一〇九〇号（一九九六）一二〇頁、建石真公子「フランスにおける生命倫理法と憲法」宗教法一五号（一九九六）五五頁等がある。なお、クローン技術に関する議論は、生命倫理法の制定過程ではまったく行われていなかった。

（45） このような理解は、生命・健康に関する国家倫理委員会（ＣＣＮＥ）報告（Réponse au Président de la République au sujet du clonage reproductif, n° 54, 22, avril, 1997）を受けたシラク大統領によっても表明されている。もっとも、コンセイユ・デタは、一九九九年一一月、人クローン産生を明文で禁止すべき（民法一六条の四への挿入による）旨提言し（Conseil d'Etat, Les loi de bioéthique: cinq ans après, la Documentation française, 1999, pp. 13~16 et 71）、これを受けた政府提出法案が、二〇〇一年六月、国会に上程され、現在なお審議中である。

（46） いずれの原則も、人体尊重法二条（民法一六条として挿入された）。これら以外にも、「人体の不可侵性及び非財産的性格」、「人体の完全性」（いずれも人体尊重法三条（同様に、それぞれ民法一六条の一、一六条の三））を挙げることができる。後述の憲法院判決は、これらと「人の種の完全性」とを併せて、「人間の尊厳の保護」なる憲法原理を構成するものと判示している（Cons. 18）。ちなみに、ミッテラン大統領の命により設置された憲法改正諮問委員会（いわゆるヴデル委員会）報告（一九九三年二月答申）では、人権保障の強化のため、「何人も、私生活及び人としての尊厳（dignité de sa personne）の尊重を受ける権利を有する」なる一文を憲法六六条に挿入すべき旨の提案がなされ、これを受けて閣議決定された憲法改正案（同年三月）でも、改正一条最終節として、「フランスは、人（personne）の私生活及び尊厳を尊重することを保障する」と規定することとされていた（Association française des constitutionnalistes, La révision de la Constitution, Economica, 1993, pp. 288 et 304）が、実現されなかった。）

（47） Décision n° 94-343, 344 DC, 27 juillet 1994, Rec., p. 100（GD N. 47）. 邦語文献として、たとえば、前掲（44）

の北村、建石論文等参照。なお、憲法院に付託されたのは、生命倫理法の三法のうち、前記人体尊重法といわゆる移植・生殖法（「人体の構成要素及び産物の提供及び利用、生殖への医学的補助並びに出生診断に関する一九九四年七月二九日法律」）のみである。

(48)　制定の経緯については、大洞・前掲（5）四四〜四五頁、町野・前掲（5）八七〜八九頁参照。

(49)　このような問題意識から発して、包括的な立法措置が必要であるという立場から「生命倫理法試案」を提言するものとして、総合研究開発機構＝川井編・前掲（40）第一部、第二部第一章〔川井健執筆〕。

(50)　いみじくも、クローン規制法の制定過程にも与った刑法学者の言を借りるならば、「およそ倫理的に不当であるという一事をもって、法によって行為を禁止し、処罰することはできない。法と倫理とは異なるのであり、行為が人々の法益を侵害するときに初めて法による禁止の問題となりうる。」町野・前掲（5）八九頁。

(51)　人クローン胚のほか、ヒト動物交雑胚、ヒト性融合胚およびヒト性集合胚を含む。これらの定義は、他の多くの用語のそれとともに、二条においてなされている。

(52)　ちなみに、これに違反した場合、一〇年以下の懲役もしくは一千万円以下の罰金、または、両者の併科に処される（一六条）。最初の法案では、懲役、罰金ともにこの半分であったことからすれば、罰則強化の意向が強く働いたとみられる。

(53)　「人クローン胚」等の「特定胚」の作成そのものは禁止されておらず、その作成等が行政的な監視のもとに置かれ（四条以下）、これを用いた研究については行政的ガイドラインによる規制に服するにとどまる。

(54)　科学技術会議生命倫理委員会「クローン技術による人個体の産生等について」（平成一一年一二月二一日）。同委員会は、広く生命倫理に関わる課題を検討するため、一九九七年九月、内閣総理大臣の諮問機関である科学技術会議のなかに設置された。

(55)　ここに示された「基本認識」は、科学技術会議生命倫理委員会クローン小委員会「クローン技術による人個体の産生等に関する基本的考え方」（平成一一年一一月一七日）をほぼ受け継いでいる。そこにおいては、「人間の尊厳の侵害」として、まずは、①および②を挙げ、これを容認することは「人間の個人としての自由な意志《ママ》や生存が尊重されている状態とは言えず、すべての国民は個人として尊重されるという憲法上の理念に著しく反することとなる〔個人の尊重の侵害〕」と述べ、次いで、③および④を挙げ、これとは別に「安全性の問題」として、⑤を挙げて説明している。その読み取り方については、位田・前掲（5）五七～五八頁参照。
（56）戸波江二「学問の自由と科学技術の発展」ジュリ一一九二号（二〇〇一）一一三～一一四頁。
（57）町野・前掲（5）八九頁。
（58）たとえば、佐藤・前掲（10）四四五頁。
（59）必ずしも同じ観点からする議論ではないが、ヒト遺伝子の多様性の必要性を指摘するものとして、戸波・前掲（56）一一四～一一五頁、加藤尚武・脳死・クローン・遺伝子治療（PHP研究所、一九九九）一三一頁等参照。
（60）DNA同一＝身体同一＝人格同一とはいえないと論じるものとして、加藤・前掲（59）一〇八頁以下、遺伝的多様性が喪失される危険性が直ちにあるとはいえないと指摘するものとして、葛生栄二郎＝河見誠・新版いのちの法と倫理（法律文化社、二〇〇〇）六六頁以下参照。
（61）憲法二四条二項にいう「個人の尊厳」も、このかぎりで、「人間の尊厳」と同視するわけにはいかない。
（62）たとえば、ホルスト・ドライヤー〔押久保倫夫訳〕「人間の尊厳の原理（基本法第一条一項）と生命倫理」ドイツ憲法判例研究会編・前掲（27）七〇頁、七九頁参照。
（63）青柳・前掲（40）六四〇～六四一頁。
（64）押久保・前掲（28）二一八頁注（64）。
（65）この点については、竹中勲「憲法学とパターナリズム・自己加害阻止原理」佐藤幸治還暦記念・現代立憲主義と司法権（青林書院、一九九八）一六七頁（特に、一九五頁以下）にみられる議論が興味深い。
（66）一三条前段の規範性については、青柳幸一「『個人の尊重』規定の規範性」ドイツ憲法判例研究会編・未来志向の憲法論（信山社、二〇〇一）五七頁参照。

9　科学研究の自由の限界と「人間の尊厳」
――人クローン個体産生研究の禁止を素材に――

根森　健

一　はじめに――ヒト・クローン（人クローン）研究の法的規制をめぐる動きと本稿の課題

1　ヒト・クローン（人クローン）研究をめぐる法的規制の動き

一九五三年のJ・ワトソンとF・クリックによるDNA立体構造の解明は、「神の領域」にまで踏み込むバイオテクノロジーへの路を開くことになった。わけても、一九九七年二月の『ネイチャー』誌での、イギリスのロスリン研究所による、成体の羊の体細胞（乳腺細胞）の核移植技術を用いて誕生した生後六ヵ月のクローン羊「ドリー」の紹介は、「動物にできることなら人間にもできる」といわれる生命科学の領域で、クローン技術を用いた「クローン人間の複製」がこれまでのSFの世界の話からいよいよ現実の話となったことを告げるものであったから、世界に大きな衝撃を与えるものであった(1)。

このこともあって、直ちに、国際社会で、これまでの先端生殖医療技術に対する独仏等での法的規制の経験を踏まえて、クローン技術の人間への応用を禁止する決議・宣言・条約などが公表された（例えば、一九九七年五月の、WHOでの、クローン技術の人間への応用禁止決議、同六月の、デンバー・サミットでのクローン禁止宣言)。同年一一月の、UNESCOでの、クローン禁止を含む「ヒトゲノム及び人権に関する世界宣言」や、欧州評議会での、ヒト・クローンの製造を目的とする行為(intervention)の禁止を規定した「クローン議定書」(正式名:生物学及び医学の応用に関する人権及び人間の尊厳の保護のための条約に対する、ヒトのクローンの禁止についての追加議定書)の採択(九八年一月署名開放、二〇〇一年五月現在二九ヵ国署名、うち六カ国で批准、発効)(2)、などがそれである。その場合、ヒト・クローンの禁止の根拠として第一に挙げられるのは、後述するように日本でもそうであるが、「人間の尊厳に反する」ということである。例えば、欧州評議会の「クローン議定書」の前文では、「遺伝的に同一の人間の意図的な製造による人間の道具化は人間の尊厳に反し、従って生物学と医学の悪用となる」と謳われている。(3) ここでは、人間の尊厳に反する理由として、「人間の道具化」が挙げられている。

2 日本における「クローン技術規制法」の成立に至るまでの流れ

日本でも、国際社会での反応を踏まえて、ヒト・クローン研究については、九七年三月に、文部省学術審議会や科学技術庁科学技術会議政策委員会で、それぞれ科学研究費課題の停止や研究費配分の差し控えの決定が行われ、文部省がこれらの措置の大学等への周知を図るための通知を行った。その後、クローン技術の人間への応用について、一九九八年七月三日に学術審議会のバイオサイエンス部会で『大学等におけるクローン研究について』という最終報告がまとめられ、この報告書に基づいて、文部省は、「ヒトのクローン個体の作製を目的とした研究、又はヒトのクローン個体の作製をもたらすおそれのある研究、及び研究でのヒトの体細胞(受精卵・胚を含む)由来核の除核卵細胞への核移植」をモラトリアム的に禁止する『大学等におけるヒトのクローン個体の作製に関する研究の規制に関する指針』を告示した（九八年八月三一日）。他方、科学技術会議に新設の生命倫理委員会では、同委員会クローン小委員会が中間報告（九八年六月一五日）を経て有識者アンケート（九八年六月一五日）を基にまとめた『クローン技術による人個体の産生等に関する基本的考え方について』（九九年一一月一七日）という題名の最終報告（以下では、『基本的考え方』とも略記）を了承し、それを踏まえた短い『クローン技術による人個体の産生等について』という見解をとりまとめた（一九九九年一二月二一日）。前述の文部省学術審議会の報告書が「ヒト・クローン個体の作製」と表現していたのに対し、この科学技術庁科学技術会議生命倫理委員会の『見解』では「クローン技術による人個体の産生」「人クローン個体の産生」という表現が採られていることに端的に表れているように、より倫理的な観点からの議論が重視されている。(4) また、同委員会の『見解』では、規制の対象となる研究・技術応用の主体が、単に大学等の研究機関にとどまらないこともあって、とくに人クローン個体の産生、人と動物とのキメラ個体やハイブリッド個体の産生に対して刑罰を伴う法律による禁止の必要性を強調するものとなった。(5)

この科学技術庁科学技術会議の生命倫理委員会（とそのクローン小委員会）の見解を具体化したのが、内閣提案で二〇〇〇年四月に国会に上程された「ヒトに関するクローン技術等の規制に関する法律案」であったが、会期末期の上程であったこともあって、結局審議に入ることなく廃案となった。この法案は、罰則強化の上、改めて第一五〇回国会に提出され、二〇〇〇年一一月三〇日に参議院本会議で可決・成立、二〇〇一年六月から施行されている（「ヒトに関するクローン技術等の規制に関する法律」（法律一四六号［平一二・一二・六公布］。同法は、文部科学省筋では、「クローン技術規制法」などと略記している。本稿でも、これを用いることにする）。

3 「クローン技術規制法」の内容と最近の動き

同法は、「人の尊厳の保持、人の生命及び身体の安全の確保並びに社会秩序の維持に重大な影響を与える可能性があることにかんがみ」（第一条）、クローン技術等のうちクローン技術又は特定融合・集合技術により作成される胚、すなわち「ヒトクローン胚、ヒト動物交雑胚、ヒト性融合胚又はヒト性集合胚を人又は動物の体内に移植」することを何人に対しても禁止する（第三条）ものであり、これに「違反した者は、一〇年以下の懲役若しくは千万円以下の罰金に処し、又はこれを併科する」（第一六条）。同法では、その他に、上述の胚を含む「特定胚」の作成、譲受、輸入及びそれらの行為後の取扱いの適正を図るために、生命現象の解明に関する科学的知見を勘案し、総合科学会議の意見を聴取の上、文部科学大臣は特定胚の取扱いに関する指針の策定（変更）をし、これを公表しなければならない（第四条）、となっている。(6) また、同法の附則二条では、施行後三年以内に見直す趣旨の規定がおかれてる。(7)

しかし、この成立した「クローン技術規制法」に対しても、いったん廃案になった法案同様に、ヒト胚の複製や胚性肝細胞を利用した生殖医療も同じように「人間の尊厳」に反するという立場や、さらには人工授精のあり方を含め生殖医療全体をきちんと見据えてもっと包括的に規制すべきだという立場からは、その他の「人間に有用な生殖医療」の生き残りのための一種のスケープ・ゴート的に「人クローン個体産生のみ」が禁止される法になっているとの、同法のご都合主義的性格を批判する声が寄せられよう。(8)

このように、日本および国際社会において、人クローン技術規制の問題は、単に人クローン個体産生の禁止だけでなく、さらに人クローン胚やヒト受精胚の規制をどうするかという点に移っている。これに関して、クローン人間づくりの禁止を目指す国際条約を作成するための国連委員会が、二〇〇二年三月一日まで、ニューヨークで開かれていたが、会議で、日本、ドイツ、フランス代表は、多くの国が賛成しているクローン人間禁止に条約の対象を限定し、早期作成を目指すべきと主張したが、他方、米国、スペインなどはヒト・クローン胚作成も禁止対象とすべきだとして、医療研究目的のヒト・クローン胚づくりも禁止すべきかどうかについて参加国の意見が対立、同年秋からの第二回委員会で継続審議されることになった（毎日新聞「毎日インタラクティヴ」二〇〇二年三月二日報道）。

4　本稿の考察課題――生殖科学研究の自由の限界としての「人間の尊厳」の機能

今日、生命科学・技術に関わる研究領域において、その発展・進展に伴って次々と生じてくる具体的な課題に対して、前述のユネスコの「ヒトゲノム宣言」にしても、欧州評議会「生命倫理条約」にしても、科学研究の自由の必要性を確認しながらも、とりわけ人クローン個体産生については、間髪を入れずに、各国、国際社会で広範に「規制の合意」が形成され、厳格な法的禁止の立法的措置さえ採られている（採ることが許される）のだが、いうほどに禁止という強い規制を支える根拠（「人間の尊厳」侵害等）ははっきりしているのだろうか。本稿は、日本におけるこの「人クローン個体の産生」に関する昨今の法的規制の動きの中に表れた、研究に対する規制の理由付けの議論を素材に、愚直に、「人クローン個体」の産生およびその研究は、いかなる意味で、「人間の尊厳」に抵触するものなのか、を問い、そこで、科学研究（学問）の自由の保障の限界（禁止）の論拠として「切り札」のように提示される「人間の尊厳」という理由付けが、憲法理論上、いかなる機能を果たすものなのか、を考察するものである。とはいえ、本稿は、筆者の力量不足・時間不足で十分に考察されないまま、スケッチ風に提示されるに留まらざるを得ない(9)。

(1)　小枝を意味する、ギリシア語を語源とする、クローンとは、無性生殖的に生じる、遺伝子組成が全く同一な生物個体群を指すが、従来の受精後発生初期（胚）の細胞を用いたクローン動物の産生とは異なり、「ドリー」の場合は、成体の体細胞を使用したものであり、理論的に、新しく産生される個体が持つ遺伝子の構成は元の体細胞の遺伝子とほとんど同一になる点やクローンを無限に産生できる点で、まさに「ヒトの複製（コピー）」、たとえば「ヒトラーのクローン」とかが許されるものなのかといった議論が一層切実なものと受け止められたのである。このクローン技術を応用した「クローン人間の創成」は、生殖革命の究極に位置する最終的なパラダイム・シフトだとも言われる（クローン技術研究会『クローン技術』日本経済新聞社、一九九八年、二三七頁［西義介執筆］）。

（2）総合研究開発機構・川井健編『生命科学の発展と法――生命倫理法試案――』（有斐閣、二〇〇一年）や総合研究開発機構編・藤川忠宏著『生殖革命と法――生命科学の発展と倫理――』（日本経済評論社、二〇〇二年）参照。

（3）ドイツ憲法判例研究会編（編集代表：栗城壽夫・戸波江二・青柳幸一）『人間・科学技術・環境』（信山社、一九九九年）附録五七六頁以下（嶋崎健太郎訳）参照。

（4）このような両者の対象に向かう姿勢の違いを反映した表記のちがいについては、当時の文部省の、学術審議会特定研究領域推進分科会バイオサイエンス部会の報告『大学等におけるクローン研究について』自体の中で、「生物種としての「ひと」を指す語の表記としては、本報告では、学術用語でもある「ヒト」を用いているが、科学技術会議のクローン小委員会中間報告では、倫理的な観点からの議論をより重視し、社会的な存在としての人間の意味をも込め「人」の語を用いている」と言及している（http://www.monbu.go.jp/singi/gaksin/00000212/）。

このように、生命科学・工学においては、人間に関する胚や細胞等についての表記として、人間も動物の一種と価値中立的に捉える立場から、「ヒト」と表記される。ただ、前述のように、人間のそうしたものの使用についての倫理性を問題とするときには、あえて「人」との表記も選ばれることがあるようである。本稿が具体的考察事例とする日本のいわゆる「クローン技術規制法」では、中立的な「ヒト」が使われているが、文部科学省のホームページから参照できる「ヒトクローン技術」の説明の中での同法の解説では、関連特定胚の説明中で、他の「ヒト胚分割胚」「ヒト集合胚」等々に混じって、唯一「クローン」と連結する表記の場合だけ、「人クローン胚」といった用語が今も使われていることが注目される。なお本稿では、検討対象とする議論との関係もあって、

「ヒト・クローン（個体の作製）」と「人クローン（個体の産生）」とを併用するが、原則として、倫理上の非難の意味を込めてというのではなく、倫理上の議論が対象となっているがゆえに、その点を直視するという意味で、端的に「人クローン」という表記を使っていくことにしたい。なお、「ヒト・クローン」という表記と同義で、社会的には「ヒトクローン」という表記も広く用いられている。

（5）このような強い法的規制が打ち出された背景の一つには、九八年実施の総理府によるクローンに関する有識者アンケート調査の結果などもあると思われる。なお、これらの近年の日本における人クローン研究の規制をめぐる動きと議論の内容及びそれについてのより立ち入った検討は、二〇〇〇年の日独シンポジウムに論文で参加している、光田督良「日本における人クローン産生研究規制」に譲る。

（6）この「特定胚の取り扱いに関する指針」は、文部科学省告示一七三号（二〇〇一年一二月五日）として公表されている。この指針では、一歩踏み込んで、特定胚のうち作成できるものを、「当分の間、動物性集合胚とし、」作成目的は、ヒトに移植可能なヒトの細胞に由来する臓器作成に関する研究に限るとしている（人クローン胚作成の禁止。同指針二条）。

（7）この見直し期間の項は、国会で唯一修正された点で、当初の内閣提出案では、この期間が「五年以内」となっていた。

（8）このような批判的な立場から、例えば、もっと包括的に、「生命倫理の観点より、生殖補助医療や人の発生操作研究の適正な実施のための規制を行うことを目的とする」『生命倫理法試案』が、総合研究開発機構（NIRA）によって、公表されている（総合研究開発機構・川井健編『生命科学の発展と法——生命倫理法試案——』（有斐閣、二〇〇一年）や総合研究開発機構編・藤川忠宏著『生殖革命と法——生命科学の発展と倫理——』（日本経済評論社、二〇〇二年）参照。

（9）本稿は、栗城壽夫教授が共同代表を務められるドイツ憲法判例研究会とフライブルク大学のライナー・ヴァール教授のグループとの共同研究プロジェクトの一環として、二〇〇〇年九月四日—六日にフライブルク大学で開催された「日独共同研究：人間・科学技術・環境」の第二回シンポジウムでの私のドイツ語報告「Grenzen der Wissenschafts- und Forschungsfreiheit in der Verfassung Japans und das Klonen von Menschen: Zum

Beispiel des Gesetzesentwurf über das Verbot der Herstellung des Menschenklons」の姉妹編をなすものである。本稿は、その報告を用意する過程で持たれた何度かの準備研究会で述べた、科学研究の自由、とりわけ生殖医療に関する研究の限界を画するとされる「人間の尊厳」とはどのような内容・機能のものかという問題意識をさらにささやかに展開したものである。なお上記報告は、後日、日独双方から活字化されることになっていたが、本稿執筆時点では、なお未刊である。

二　科学研究（学問）の自由とその限界を考えるための枠組みについて

1　前提的考察として——科学研究者の自律性とそれを取り巻く社会環境

以上の本稿での課題に取り組むのに先立って、ここでは、私の愚直で、「抵抗勢力」的な「いかなる理由で研究の禁止という強い措置さえもが許されるのか」の問いかけにとって重要な考慮項目「科学研究者の自律性」について、あえて、規制の対象となるそうした生命科学研究・技術に従事する側からの意見——いささか科学者（の自律）への信頼過剰の嫌いがないではないが、生化学研究者・ジャーナリストの柳澤桂子氏が啓蒙的な小著の中で提示している意見——等に、論点毎に小分けしながら耳を傾けておこうと思う。(10)

(1)　規制するのはやむ得ないとして、その場合、科学研究の連続的発展性という特徴をどう評価するべきか。何の研究がどの段階から禁止等の規制を被るのか?

「[科学の研究の流れには] 流れが無数にあり、どの流れがどのように発展をするかということを長期的に予測することはむずかしい。科学は邪悪なものであるから、研究を凍結すべきであるという意見もある。……ウニの受精卵を二つにわける実験から、クローン・ヒツジの誕生までの研究の流れのなかで、研究を凍結すべき点はどこにあったのであろうか。」

(2)　規制すべきなのは、（基礎）科学研究ではなく、研究を使用する技術段階ではないのか、とはいえ、そもそも生殖医療の領域でこのような峻別はいまも可能なのか？

(i)　生殖医療領域での、基礎研究と応用技術との不可分性は？

「私自身は、基礎科学の研究成果は人間の精神によって生みだされたものとして、すばらしいものであると考えている。ただ、そこから派生した技術が人間の欲によって利用されたときに非常に困ったことがおこる。そのような事態がおこることを憂えて、すべての科学研究を禁止するのでなく、研究はおこなうが、それを技術として使うときに、自分たちを抑えることができるような人間に成熟することこそ必要なのであると考えている。」

(ii)　生殖医療の領域での産学連携による研究と応用技術を貫通する「企業の論理」の存在をどう考えるか。とりわけ、国立大学の独立法人化が実際に動き出せば、生殖医療の領域での大学等の研究機関自体の企業経営的努力はいっそう当然のこととして起こってくることになる。このときにも、研究行為に独自の保障論理を維持できるのか？

「〔万が一、基礎研究が誰も予測しなかった危険な方向に発展することがおこっても、〕危険な応用を凍結する勇気と決断力さえもっていれば、遅すぎるということはないはずである。純粋に知的な興味からの研究には、ほとんど危険はないというのが、実際に実験にたずさわってきた者としての実感である。一番こわいのは人間の欲である。」「現在の経済機構では、科学技術が企業の利益のために利用されるのはしかたのないことかもしれないし、すべての技術の応用が悪いわけではない。企業の倫理観、それを構成している個人の倫理観の成熟をまたねばならないが、そのためにも、できるだけ多くの人の意見を反映するようなかたちでの活発な議論が望まれる。」

加えて、国際社会での議論、日本での議論について、他の先端医療技術については法的規制（法律による禁止）といった規制措置は採らないのに、なぜ「人クローン個体の産生」にはそうした強い規制が採られうるのか、また、同じ人クローンに関する科学技術のうちで、人クローン個体産生だけがとくに強い法的禁止の対象となるのか、といったことを考える際には、いうまでもないが、その国の先端科学技術政策そのものの在り方にも注意を向けておく必要があろう。次の大沢教授の指摘はこの点に関するものである。

「近年原子力研究のような大規模技術、高度の医療技術などの先端技術分野の進展に伴って、研究成果の濫用が懸念され、また事故が生じた場合には広く人々の生命、身体、環境に対して取り返しのつかない損害をもたらすのではないかが危惧されるようになってきた。そのため有力な学説は、これらの分野における研究に法規制を設けるべきことを主張している。たしかに科学研究の自由の濫用の結果として予想される社会的影響が非常に大きいとき、何らかの法的規制が求められることはありえようが、他方これらの技術が往々にして国家が強くかかわって行われていることにも配慮しておくことが必要であろう[11]」。

2　問題の法的考察のための一般的な枠組みの提案例から

(1)　国際社会での法的考察のための一般的な枠組みについて

当時フランス憲法院判事でもあった、ジャック・ロベール教授は、一九九五年来日時の講演「生命倫理と法」の中で、「生命倫理が提起する問題についての立法的に解決を図る際の基本的原則」として、大部分の国内法や大きな国際的宣言に同時に見いだされる七つの基本的な大原則を挙げている。①人と物の区別、②身体と精神の不可分性、③人間の尊重、④親子関係の構造の尊重、⑤健康に対する権利および私的生活に対する権利、⑥研究の自由、⑦手段と目的の均衡性についての原則がそれであるが、研究の自由を挙げる際に、教授は、「しかし、もし、研究の自由を要求するのであれば、その限界を確定する必要はないのであろうか。科学者自身が、彼らの発見の恐るべき含意と結果に直面して、自らの負うべき責任の広大さを前にして、越えてはならないであろう境界線を法律家が極めて正確に画定することを要求しなかったであろうか」とのコメントを付している。いわば、「研究の自由のための法的規制論」である。(12)

ここでまとめられている基本的大原則が七つでよいのか、研究の自由がその中の一つに相対化され、六番目に挙げられているのでよいかといったことを吟味するのは、本稿の主題ではない。ここでは控え目に、こうした考慮項目の中で、他の①から⑤までと研究の自由での関わりいかんや調整の在り方、調整の場合の⑦を含めた「ものさし」がどうあるべきかがさらに問題になることだけを確認しておきたい。換言すると、日本において、本稿で対象にするクローン技術の人への応用に関わる研究や、あるいはさらにヒト胚性肝細胞研究やヒトゲノム研究との関連で、研究に法的規制が講じられるとき、科学研究（学問）の自由の境界画定はどのように試みられているだろうか、また、どのように試みられるべきだろうか。日本国憲法が明文で、個人の尊厳・個人の尊重（第一三・二四条）を保障し、また、学問の自由（第二三条）を保障していることは、そのような境界画定の試みの中にどのように反映しているだろうか、また、どのように反映すべきであろうか、という問題の存在確認をである。

(2)　例としての「ヒトゲノム研究における憲法的文書」における枠組みの考え方

今回のクローン技術規制法案の枠組みを形作った「報告・見解」をまとめた、前述の科学技術会議生命倫理委員会では、さらに二〇〇〇年六月一四日に、焦眉のヒトゲノム研究にたずさわる研究者や医師などの関係者が遵守すべき倫理規範として、それと同時に、ヒトゲノム研究に必要な試料を提供する立場の人や、広く一般社会が念頭におく基本的考え方となるべきものとして、自ら、「ヒトゲノム研究における憲法的文書」と位置づける『ヒトゲノム研究に関する基本原則について』という報告書をまとめ、公表した（同報告書は、「研究を行うにあたり遵守すべきより詳細な事項については、この基本原則を踏まえて「指針」が定められる必要がある」と述べている）。研究者及び研究機関の側が守るべき原則を掲げた、同『基本原則』の「第三章ヒトゲノム研究の基本的実施要件」中の、第二〇項（人の尊厳と研究の自由）では、「1．人の尊厳に反する研究は行ってはならない。2．科学研究の自由は尊重される。3．ヒトゲノム研究とその応用は、人の尊厳と人権とを十分に尊重して行われなければならない。」と謳い、また、続く第二一項（研究の基本と研究計画の設定）で、「1．ヒトゲノム研究は、生物学上、遺伝学上および医学上の有意義な成果が見込まれるものでなければならない。2．ヒトゲノム研究は、明確で詳細な研究計画に基づいて行われなければならない。[13]」とも述べている。

このようなヒトゲノム研究についての『基本原則』の、「人の尊厳と研究の自由」についての考え方は、後述の箇所（「4．科学研究の自由の限界とヒト・クローン研究」）での引用からもわかるように、政府（当時の科学技術庁）が上述のクローン技術規制法案をまとめる際に依拠した、前述の生命倫理委員会の『見解』や同クローン小委員会の『基本的考え方』も共有するところと言って良いであろう。さらに言えば、おそらくは、このヒトゲノム研究の『基本原則』は、日本のライフサイエンスやバイオサイエンス一般についての「憲法的文書」とも位置づけうるような基本的スタンスを確認したものと解してもよいと思われる。この『基本原則』では、わけても、「1．人の尊厳に反する研究は行ってはならない。2．科学研究の自由は尊重される」との位置づけが考察の対象となることを確認しておきたい。

(10)　『生命の奇跡――DNAから私へ』（PHP新書、一九九七年）一八三頁以下。
(11)　大沢秀介『憲法入門』（成文堂、一九九八年）一四二頁。
(12)　ジャック・ロベール（野村豊弘訳）「生命倫理と法」日仏法学二一号（一九九八年）一四六頁以下、一八四頁。

（13）（当時の）科学技術庁のホーム・ページ（http//www.sta.go.jp/shimon/cst/rinri/gensoku 00614.html）より引用。

三　日本国憲法における科学研究の自由と「人間の尊厳」

1　日本国憲法における科学研究の自由――高められた保障

日本国憲法は、周知のように、比較憲法的には、ドイツの基本法と同様に明文で科学研究の自由を保障する数少ない憲法の一つである。旧憲法体制下でのとりわけ精神的諸自由への抑圧の反省として成立した、日本国憲法の精神的自由に関する個々の基本権規定は、この第二三条の規定を含め、法律の留保などを伴わない、無留保型の徹底した保障規定となっている。

他の精神的自由に関する保障規定に加えて、第二三条の学問の自由規定がある理由としては、①日本における学問の自由・大学の自治に対する弾圧の歴史を克服し、それらを真に確立する上で、「権力による抑圧から学問の自由を保護し、とくに研究・教育機関に従事する者の自由を確保することが必要と考えられた」ためと解されている[14]。②科学研究の自律性とも言うべき特質が挙げられる。最高裁判所もポポロ事件（最大判一九六三・五・二二刑集一七―四―三七〇）で、科学研究（学術）＝創造的な真理探究行為ととらえ、当該学問分野で受け入れられた手続・方法に基づく真理の探究の自律性を確保すること、とりわけ政治や行政による科学研究への介入・干渉を防ぐことに特別の意義を憲法も認めたものと解している[15]。

科学研究の自由は、このように、精神的自由権の一環をなすものとして、科学研究の自律性にも支えられて、独自の（高められた）憲法的保障を受ける理由を有すると解される[16]。

2　科学研究の自由の規制（限界）についての考え方

従って、まず科学研究の自由は内面的活動にとどまる限りは絶対的保障を受けるが、科学研究の自由も、その成果の発表や外部に現れた研究・実験遂行のための諸活動などがその他の重要な人権や法的利益との衝突を生み出し、とくにそれらを直接・具体的に侵害する危険が明白であるような場合には、規制を受けざるをえないことにもなる。その場合、科学研究の自由に対する国家権力による規制は、規制の目的においてその目的が極めて重大な（compelling）ものであり、目的との関係において採られる規制の手段・態様・程度について、必要最小限のものでなければならない。しかも、その場合、極力国家による介入を避け、自主的規制によるべきだとするのが学説における科学研究の自由の限界についての考え方だということができよう。

もちろん、日本でも、近年、原子力研究のような大規模技術や遺伝子・生殖に関する研究や技術など科学技術の急激な進展によって、人間の生存、身体、環境の根幹を揺るがすおそれのあるような研究・学問も出現し、これに対する法的規制の是非が憲法学でも議論されている。この領域の憲法問題に精力的に取り組んでいる戸波教授は、ヒト・クローン研究や受精卵の実験使用の禁止など、特定内容の研究の限界を国のガイドラインによってではなく、法律によって画定することも必要とする見解を採る。(17) 戸波教授も指摘しているように、規制を法律によって行うべきとする理由には、研究の自由という大切な人権を制限する以上、国民代表の作る法律で明確に限界を画定して、研究者まかせの自主判断の尊重がかえって研究の萎縮を招くことになるのを防ぐという、学問・研究の自由の保障に繋がる面もある。確かに規制の手法としてこれと対置される、国によるガイドライン方式が、場合によっては、かえって国による恣意的な規制をもたらすことも十分ありうるし、ガイドライン違反に対して研究助成金や研究指定機関等の優遇措置の取消などのペナルティーが事実として随伴したりすることを考えると、一概に後者より劣るとは言えないのも事実である。ただ、法律による規制が今回の

「クローン技術規制法」のように刑罰による禁止を伴うことが殆どであることを考えると、筆者は、「法的規制が「両刃の剣」であることからすれば、学問の自由の観点から規制に対して慎重に対応せざるをえないであろう」[18]、といった、憲法学界に依然として有力な法的規制慎重論を支持するものである。規制の手法としては、学会等によるガイドライン等による医師、研究者の自主的規制によるべきだというのが、筋の通った議論であろう。筆者は、その際に、「市民による熟慮」の観点・プロセスが仕組みにも反映した形での自主規制の方法が一層模索され、実行されるべきだと考えている。従って、次善の策として、仮に国によるガイドライン方式を採る場合にも、その前提として、ガイドラインの策定に当たって、策定手続および策定する内容に、学会や医師、研究者が、さらに「市民（の熟慮）」が十分に参加し、その意見が反映するものになっている必要がある。その意味では、第三者機関によるガイドライン策定が望ましい。今回成立したクローン技術規制法は、特定胚について文部科学大臣による指針策定を規定する際に、「大臣は、指針を定め、又はこれを変更しようとするときは、あらかじめ、関係行政機関の長に協議するとともに、総合科学技術会議の意見を聴かなければならない」（第四条三項）としているが、これで十分かにはなお疑問が残る。

3　規制の論拠としての憲法上の「人間の尊厳」（「個人の尊厳」）

前述の『ヒトゲノム研究に関する基本原則について』が、そしてまた、後に少しく検討する生命倫理委員会の『見解』が、「このように、クローン技術による人個体の産生には人間の尊厳の侵害等から重大な問題があり、その弊害の大きさから、法律により罰則を伴う禁止がなされるべきである」と「基本認識」を結んでいるように、法的規制を基礎づける論拠の第一のものは、国際的な取り決めや各国での立法におけるのと同様に、「人間の尊厳」である。国連の人権文書や各国憲法（たとえばドイツ基本法）で言及・規定されているように、今日では、「基本的人権の保障」の基礎には「人間の尊厳の不可侵」というものがあることが共通認識となったと言っても過言ではないであろう。筆者は、日本国憲法の場合も、憲法二四条二項と結びついた一三条によって、人間の尊厳を含む個人の尊厳（個人の尊重）が基本的人権保障の基礎（根底）にあると考えている。[19]

筆者の試論的、日本国憲法の規定する「個人の尊厳」保障理解をまとめると、「個人の尊厳」は、各人が人として当然に持つものとして措定された「人間の尊厳」にふさわしく一人ひとりが生きていくこと（「私が一人の人間として生きていること」）を、(a)「私が生きていること」の場面、(b)「私が人間でいること」の場面、そして、さらに各人に(c)「私が私でいること」の場面で保障するものである。(a)は、生命権、(b)は、いわゆる「人間の尊厳」保障で言われる「人間に値する処遇・取扱い」、すなわち、(i)「人間の法的平等」、(ii)「人間の同一性と不可侵性」、(iii)「刑事手続上の人権」、(iv)「個人生活や社会生活の確保」の保障である。生殖医療の場面では、とくに、そのうちの「生命権」、「人間の同一性と不可侵性」が問題となるし、加えて、例えば、人工妊娠中絶では、妊婦の「私が私でいること」に関わる自己決定権が問題となる。場合によっては、憲法の保障する、「個人の尊厳」がそれぞれに保障する、（仮に、胎児を人権の享有主体と位置づける立場に立つと）胎児の生命権と妊婦の自己決定権とが衝突することになる。[20]

規制論拠としての「人間の尊厳」に関して予め指摘しておきたいのは、既に、ドライヤー（H. Dreier）教授、青柳教授が、そして最近の戸波教授も、正当に指摘しているように、例えば個人の生殖医療に関わる自己決定権・幸福追求権や科学研究の自由といった基本的人権の規制・制約根拠として——青柳教授の表現を借りれば、「切り札」として——援用されることの多い、「人間の尊厳」は、一般には、絶対的性質を持つ憲法原理（根本規範）ではあるが、尊厳概念の曖昧さもあって、極めて抽象性の高いものであり、そこからただちに、個別・具体的な問題に対する法的に是か非かの判断が出てくるといった類のものではないということである。このことは、「客体定式（Objektformel）」、すなわち、カントの「自分の人格のうちにも他の誰もの人格のうちにもある人間性を、自分がいつでも同時に目的として必要とし、決してただ手段としてだけ必要としないように、行為しなさい」(21)という定言命法をベースにG．デューリヒが打ち出した客体定式（「具体的な人間が、客体、単なる手段、代替可能な存在に貶められるとき、人間の尊厳そのものが傷つけられのである。」）にも当てはまる。その安易な使用が戒められる所以である。(22)

(14)　芦部信喜『憲法学Ⅲ』（有斐閣、一九九八年）二〇二頁。
(15)　七〇・八〇年代をリードした代表的な教科書は、「学問の自由は、真理の究明には創造的な自由が不可欠だという認識のほかに、さらに、研究・教授に携わる専門家の良心と判断が、政治や行政の判断や要求に優先しなければならぬ、というもう一つの合理的な理由をもふくんでいる。だから、そうした意味での研究者の任務や独立性を尊重する社会的雰囲気を欠けば、学問の自由を支える社会力もそれだけ乏しくなる。学問の自由の実質的な裏づけには、何よりも学問に対する一般社会の敬意や期待や理解がなくてはならない」と述べている（小林直樹『憲法講義〔新版〕（上）』東京大学出版会、一九八二年、三八一頁）。
(16)　筆者の学問の自由理解については、さしあたり、「科学技術の発展と学問の自由――あるドイツの憲法草案との対話」『法学教室』一九九六年四月号（No. 187）四四～五一頁所収参照。
(17)　戸波江二「科学技術規制の憲法問題」ジュリスト一〇二二号八五頁、同『憲法（新版）』（ぎょうせい、一九九八年）二七九頁。
(18)　辻村みよ子『憲法』（日本評論社、二〇〇〇年）二六四頁。
(19)　筆者の人間の尊厳・個人の尊厳については、さしあたり、「人権としての個人の尊厳」『法学教室』一九九五年四月号（No. 175）五二～五七頁所収参照。
(20)　もっとも、私は、胎児すべてを人権の享有主体に数え入れる立場を採らない。少なくとも、母の身体から離れても生存可能な段階にまで成長する必要があると考える。
(21)　I．カント（平田俊博訳）『人倫の形而上学の基礎づけ』（岩波書店・カント全集第七巻、二〇〇〇年）六五頁。

(22) H．ドライヤー「人間の尊厳の原理（基本法第一条一項）と生命倫理」前掲・註（3）『人間・科学技術・環境』六九頁以下、戸波江二「科学技術の発展と人間の尊厳」同一〇三頁以下、青柳幸一「先端科学技術と憲法・序説」ホセ・ヨンパルト教授古稀祝賀『人間の尊厳と現代法理論』（成文堂、二〇〇〇年）六三一頁以下。

四　科学研究の自由の限界としてのヒト・クローン研究

1　クローン技術規制法案の根底にある科学研究の自由の限界についての考え方について
――生命倫理委員会クローン小委員会の見解を中心に

既述の「クローン技術規制法案」の必要性を支持し、法案の内容を用意した、科学技術会議の生命倫理委員会が簡単な『見解』を付して、了承した同クローン小委員会の最終報告『基本的考え方』（「クローン技術による人個体の産生等に関する基本的考え方」）は、その「第三章　規制に関する検討」の「1．クローン技術の人個体の産生への適用」の「(4)研究の自由との関係」の箇所で、同委員会の科学研究の自由とその限界についての考え方を次のように述べている。

「研究者がどのような研究を行うかは、内面的な活動にとどまらない場合には無制限に自由であるものではなく、社会に対する責任との関係で議論されるべきである。人クローン個体の産生のように、必然性が乏しく、さらに、人間の尊厳上の問題、安全上の問題等社会に対する負の影響があり、また、国民の間に幅広い反対意識がある場合には、研究者自身が社会的責任を十分に自覚して対処しなければならないことは当然であるが、更に、必要な範囲で適切な規制を設けることは、研究の自由の不当な制限につながるとはいえない」(23)。

ここでは、科学研究の自由の限界画定に当たって、比較衡量の手法が採られている。ヒト・クローン研究のうち、人クローン個体の産生のみを取り出し、その産生には「必然性が乏しい」から規制しても逸失利益は無い（に等しい？）。他方、規制によって保護される利益は、「（人間の尊厳上の問題や安全性の問題等）社会に対する負の影響」の回避である。後者の提示は、社会に対するいかなる負の影響はここでは明示されていない点、また、そこでは負の影響の質的・量的問題に言及されていない点において、表現としてかなり曖昧なものになっている。「社会に対する負の影響」は大きいものである必要さえなくて良いという趣旨であろうか。

科学研究の自由に対する規制の方法として、生殖医療に関する先端科学技術に対するこれまでの、自主規制か自主規制に基づく国のガイドラインでという対応を超えて、クローン技術の人への適用のうち、とくに人クローン個体産生だけにあえて法的規制（罰則付きの禁止）方式を取り込むことに踏み出すために、この飛躍を正当化する決め手を、『基本的考え方』では、「国民の間に幅広い反対意識がある」ことにも求めている。

このような考え方に対しては、まず、高められた憲法的保障を受ける精神的自由について、このようなアドホックな比較衡量のアプローチですますことができるかは大いに疑問が残る。加えて、非配偶者間人工授精を望まぬ夫婦における不妊治療の一つとしてや同性愛カップルの「我が子」願望の実現として、また亡くなった子どもの人クローン個体の出産を望む両親の願望などそれなりに想定される当事者個人たちの切実な「自己決定」を考えてみると、その願望等に答えようとする研究者・医者・技術者の人クローン個体の産生への取り組みを、そのように簡単に「必然性がない」と切り捨てても良いのだろうか、という疑問も湧く。

さらに、当該科学研究に反対する国民の幅広いコンセンサスの存在が、規制そのものおよび必要な範囲での適切な規制を正当化するものでないことは、旧憲法下での科学研究の自由の弾圧の歴史を踏まえたとき、日本国憲法の厳密な解釈からは問題となる。理論的に言うと、真理の探究としての学問には、いわゆる思想の自由市場論が一般の表現活動のようにはあてはまらない特質がある。「学問上の真理は、個別の学問分野において受け入れられた、合理的な手続と方法によってある理論や仮説の正しいこと（あるいは誤っていないこと）が証明されるか否かによって決まるものであり、社会全体の多数決で決まるわけではない[24]」ということもあえて指摘しておきたい。

2　人クローン個体産生等の法的規制（刑罰による禁止）の論拠について

(1)　生命倫理委員会『見解』等の立場

クローン羊「ドリー」誕生後急速に人クローン研究・作製を禁ずる動き世界的に広まった背景には、言いしれぬ社会的な不安や懸念、不快感や嫌悪感があった。だが、科学研究の自由の限界を人クローン個体産生に関する研究が構成するのか否かを法的に吟味しようとする場合、当然だが、レオン・カス（Leon R. Kass）のような、「極めて重大なケースでは、嫌悪感は深い知恵の情緒的表現であり、理性の力を越えておりそれを十分に明確化することはできない」として、「嫌悪感という知恵（wisdom of repugnance）」を倫理的判断の重要な規準に据える議論を、法的規制（禁止）の論拠に援用することはそのあまりの漠然さからいっても許されない[25]。また、しばしば不安・懸念や不快感・嫌悪感の拠り所にもなる誤った認識を論拠に並べるべきでももちろんない（例えば、「DNAが同一であれば、二つの個体といえども、人格は同一であるから、人格の尊厳を侵害する」といった意味での「人格の尊厳侵害」という論拠は、一卵性双生児の例を見てもわかるように誤りであろう[26]）。

この点、今回のクローン技術規制法につながる考えを打ち出した、当時の科学技術庁の生命倫理委員会の『見解』やクローン小委員会の『基本的考え方』は、ある程度論拠を絞って、それを人間の尊厳の侵害や安全性の問題として法的規制（禁止）の論拠に据えている。まず、生命倫理委員会の『見解』では、主に、次のような「基本認識」を示していた。

「クローン技術の人個体産生への適用については、人間の育種や手段化・道具化に道を開くものであり、また、生まれてきた子どもは体細胞の提供者とは別人格を有するにもかかわらず常に提供者との関係が意識されるという人権の侵害が現実化する。このため、個人の尊重という憲法上の理念に著しく反することとなる。さらに無性生殖であることから、人間の命の創造に関する我々の基本認識から逸脱するものであり、家族秩序の混乱等の社会的弊害も予想される。

また、クローン技術による人個体の産生については、安全性に関する問題が生じる可能性を否定できない。

このように、クローン技術による人個体の産生には人間の尊厳の侵害等から重大な問題があり、その弊害の大きさから、法律により罰則を伴う禁止がなされるべきである[27]」。

この『見解』は、生命倫理委員会クローン小委員会報告『基本的考え方』を踏まえたものだが、短い文書であるため記述が簡単すぎるところもあり、また両者ではそれぞれの論拠の内容把握や位置づけにニュアンスや評価の違うところもあるので、以下では、『基本的考え方』での議論と併せながら、人クローン個体産生に関する法的規制（刑罰による禁止）の具体的な論拠づけを検討してみたいと思う。

ところで、この生命倫理委員会の『見解』が掲げる具体的論拠は、大別すると、（おそらくは、クローン小委員会の『基本的考え方』と同じく）「人間の尊厳の侵害（個人の尊重違反）の問題」と「安全性に関する問題」とからなっているものと思われる。第一の「人間の尊厳の侵害の問題」としては、(a)人間の育種、人間の道具化・手段化（に道を開くこと）、(b)体細胞提供者と異なる人格であるにもかかわらず、（他者・社会によって常にその関係が意識され、人クローンを理由に、）産まれてくる子に対する人権侵害が現実化・明白化すること、(c)有性生殖を基に成り立つ、人間の命の創造に関する基本認識からの逸脱、(d)（親子関係等の）家族秩序の混乱等の社会的弊害、が挙げられているが、このうち、もっとも代表的な論点である(a)はともかく、(b)や(c)(d)は、「人間の尊厳」とどのように関わるのだろうか（それとも、生命倫理委員会の『見解』では、安全性の問題も含め、列挙したそれらの具体的論拠を、「人間の尊厳の侵害等の重大な問題」(傍点は筆者)と括ってもいる。筆者の理解とは異なり、(b)(c)(d)は、「人間の尊厳」とは別の論拠と解されているのだろうか)。また、上記の『見解』では、(a)と(b)の論拠を並べた後に、それらは日本国憲法第一三条第一文の「個人の尊重」の憲法理念に対する著しい違反となることも指摘している。だとすると、「人間の尊厳」と「個人の尊重」とはいかなる関係にあるのだろうか。これらの疑問も含めて、(a)(b)(c)(d)のさらなる検討は、項を改めて、次の「(ii)具体的論拠としての「人間の尊厳」と「個人の尊重(個人の尊厳)」」の所で行うことにしたい。

もう一つの安全性の問題については、生命倫理委員会の『見解』の方は単に「安全性に関する問題」というだけでそれ以上の具体化はない。クローン小委員会の『基本的考え方』では、もう少し論述がなされている。筆者は、人クローン個体産生を含め、生殖医療に関する研究の法的規制の憲法的論拠としては、「人間の尊厳」よりはこの「安全性」の方が意味あるものだと、考察の結果として思っているが、ただ、本稿では、考察を「人間の尊厳」に関連する論拠に絞っているので、クローン小委員会の「安全性」に関する論拠付けの検討は、別稿に譲ることにする。(28)

(2) 個別の具体的論拠と「個人の尊厳」または「人間の尊厳」

(a) 人間の育種(品種改良)、人間の手段化・道具化?

クローン小委員会の『基本的考え方』では、「人のクローン個体の産生は、従来の人の生殖が、先端医療技術を用いる場合を含め、全て有性生殖の過程を経て行われてきたのに対して、意図的に遺伝的に同じ個体を産み出せるものであるという点で、これまでと全く異なる人の生命誕生の在り方を開くもの」であるとの認識に立って、上記の親委員会の『見解』とは異なり、はっきりと、①人間の尊厳の確保の観点からの問題点と②安全性の問題点とに絞って、人クローン個体産生に対する法的規制の論拠となるべき論点について『見解』よりは詳しく触れているので、それをまず見てみよう。

「①人間の尊厳の侵害　クローン技術の人個体の産生への適用については、以下のように、人間の尊厳の確保の観点から問題がある。

・動植物の育種と同様、クローン技術の特色である予見可能性を用いて、特定の目的の達成のために、特定の性質を持った人を意図的に作り出そうとすること（人間の育種）や、また、人間を特定の目的の達成のための手段、道具と見なすこと（人間の手段化・道具化）に道を開くものであること

・人クローン個体に固有の問題として、既に存在する特定の個人の遺伝子が複製された人を産生することにより、体細胞の提供者とは別人格を有するにもかかわらず常にその人との関係が意識され、実際に生まれてきた子供や体細胞の提供者に対する人権の侵害が現実化・明白化すること

社会的な観点からは、上記二点の問題を容認することは、人間の個人としての自由な意志や生存が尊重されている状態とは言えず、すべての国民は個人として尊重されるという憲法上の理念に著しく反することとなる（個人の尊重の侵害）。

・遺伝子が予め決定されている無性生殖であり、受精という男女両性の関わり合いの中、子供の遺伝子が偶然的に定められるという、人間の命の創造に関する基本認識から著しく逸脱するものであり（人間の生殖に関する基本認識からの大きな逸脱）、かつ、親子関係等の家族秩序の混乱が予想されること

このように、クローン技術を、医療以外の目的に便宜的に用いる場合はもちろんのこと、生殖医療に使用し得る技術と捉えた場合であっても、その人個体の産生への適用は、人間の育種、手段化・道具化との側面を否定し得ない上、個人の尊重及び人間の生殖に関する基本認識をも大きく侵すものである。

②安全性の問題　クローン技術を用いて人個体を産み出した場合、正常の受精に比較して、前述したよ

うな安全性に関する問題が生じる可能性を否定できない現状では、産まれてくる人個体の安全性の確保は保証できず、そのような状況下で、クローン技術を適用することには重大な問題がある。」[29]。

この『基本的考え方』では、「人間の尊厳の侵害」という見出しの下に(a)人間の育種や人間の道具化・手段化に道を開くものであること、(b)(他者や社会によって)人クローンであることが常に意識され、産まれてくる子や体細胞提供者への人権侵害が現実化すること、(c)(有性生殖を基に成り立つ)人間の生殖に関する基本的認識からの大きな逸脱、(d)親子関係等の家族秩序の混乱が挙げられている。上述の生命倫理委員会の『見解』とほぼ同じ論拠が挙がっていると言えるが、『見解』との興味深い違いも認められる。

『見解』や『基本的考え方』でまず最初に挙げられている(a)人間の育種や人間の道具化・手段化という論拠は、ある人を他の人や国家が人間にふさわしく扱う(処遇する)ことに関わる問題である。ここでは、「客体定式」(「具体的な人間が、客体、単なる手段、代替可能な存在に貶められるとき、人間の尊厳そのものが傷つけられるのである。」)が想起される。この客体定式にしても、この定式が依拠するカントのかの定言命法にしても、「単なる手段としての取扱い」を戒めるものであることをきちんと考えると、『見解』『基本的考え方』が挙げている(a)の論拠については、次のことを少なくとも指摘することができる。その一つは、人間の育種(品種改良)にしても、人の手段化・道具化にしても、人クローン産生行為の全てが常にそうした意図の下に、またそうした意図だけで行われるわけではないということである。『見解』や『基本的考え方』が、「人クローン産生は人間の育種や人間の手段化・道具化そのものである」と述べるのではなく、「人間の育種や人間の手段化・道具化に道を開くものである」と述べているのも、この点を意識してのことかも知れない。いずれにしても、そうだとすると、どうしても規制・禁止するというのなら、「人間の育種や人間の手段化・道具化とする目的での人クローン産生に限っての規制・禁止」とするのが筋であろう。第二に、人クローン個体産生が人間の育種や人間の手段化・道具化に「道を開くもの」であるとするなら、それに至る極めて高い蓋然性があることを、誰にもわかるように示すことが必要であろう。第三に、すでに人工授精や体外受精などでも精子銀行のように、このような意図をもって行われることもあるのであり、なぜ、人クローン産生だけが規制・禁止されるのかといった指摘も出てこよう。第四に、仮に人クローン産生に携わる研究者・技術者やそれを望む親がそうした意図をもっていたとしても、奴隷なみに取り扱おうとでもするものでない限り、一概に生まれてきた子どもを人間として扱おうとしていないとはいえないであろう。

ところで今の考察では、『見解』や『基本的考え方』と同じく、一つの想定を、すなわち「人間の育種（品種改良）及びそれに関わる研究は人間の尊厳に反するが故に認められない（法的規制（禁止）される）」という想定を前提にしている。だが、この場合、H．ドライヤー教授が生殖遺伝子医療一般に関してではあるが確認しているように、消極的（遺伝病の治療を目的とした）及び積極的（人間の品種改良を目的になされる）優生学の間の境界は当然には存在しないという難問がある[30]。このことをいま本稿では度外視するとして、もう一つの問題は、なぜ「完全な一致が見られるほどに、人間の品種改良をねらうことが、憲法で禁じられているのか」という点である。これにつき、ドライヤー教授は、「その理由は、基本法の規定は、諸個人の個性、個々のアイデンティティーを保護すべきことにあるからである。しかし全体に目的のある操作によって生み出された人は、この種の人的個性をほとんど獲得することができないだろう。……基本法第一条一項は客観法的命題として、今日の関係者が後に続く世代の個性の刻印を無に帰せしめるようなことは何もしないように義務づけられているからである[31]」とする。その上で、このことは、人間の品種改良だけにでなく、「他の人間存在の遺伝子上のコピーのみが作られる」にすぎない、人へのクローン技術の適用（即ち一卵性双生児の人為的な作製）にもあてはまるとしている[32]。人クローンの場合、前述したように、遺伝子上のコピーであっても、置かれた環境や偶然の作用によって、コピー元の人間とは全く別個に独自の人格と才能の発揮と人生とをもつのであるから人的個性をほとんど獲得できないとは言えないのではないだろうか。また、人間の品種改良について展開している、「全体に目的のある操作によって生み出された人は、この種の人的個性をほとんど獲得することができないだろう」という指摘は、なぜそう考えられるのかもう少し説明が必要であろう。

以上のように見てみると、「人間の尊厳侵害」との関係ではもっとも理由のある規制・禁止理由と思われた(a)についても、まだまだ論証しなければならないことがあることに気づく。

(b) 生まれた人クローン個体（子ども）（ら）に対する人権侵害の現実化？

『基本的考え方』の掲げる(b)の論拠はいかなる意味で、「人間の尊厳」に関わるのだろうか？ここでは、(a)の論拠とは異なり、「人間の尊厳」の内容が問題となっているのではなく、本来あるべきではない「人クローン」である子ども（と体細胞提供者）といえども、「人間の尊厳」を有するのであるから、それらの者たちを「人クローン産生」を理由に差別する他者や社会は、「個人の尊重」や「人間の尊厳」を侵害することになる、というものであろう。

このような意味での「個人の尊重」（「人間の尊厳」）侵害は、当該人クローン個体側の問題ではなく、それをむかえる側の問題である。この問題については、次のような倫理学者からのコメントこそ、憲法学も共有すべきものだと考える。

「クローンとして生まれた子どもは、通常と異なる仕方での出生のゆえにさまざまな仕方で不利益を被るかもしれない。それは、例えば他人の精子や卵子を用いての体外受精で生まれた子どもについても言えることであろう。私は、このような子どもを差別的に扱わないということに人間の尊厳への尊重が現れるのだと思う。つまり、人種、家柄、能力、出生の仕方（例えば、通常の出生、体外受精、クローン）等にかかわらず、人間として生まれてきた者を、権利の主体として、また権利を保護されるべき対象として扱うことが、人間の尊厳の基礎にはあるのではないだろうか。そうであれば、人間の出生の仕方に関する社会通念に基づいて行う人間の尊厳の侵害の主張は、説得力に乏しいといわざるをえない。(33)」

このことを踏まえた上で、それでもなお差別的な社会の現実的で（差し迫った）重大な、人クローンである子（や体細胞提供者）への人権侵害（のおそれ）がある場合には、初めて人クローン個体産生の法的禁止も含めて、立法による救済や保護の問題が出て来るであろうが、その場合に、人クローン個体産生の法的禁止が選択肢として選ばれるのは極めてまれであろう。

(c)（有性生殖を基に成り立つ）人間の生殖に関する基本的認識からの逸脱？

生命倫理委員会の『見解』が、続いて掲げる論拠は、人クローンが「無性生殖であることから、人間の命の創造に関する我々の基本認識から逸脱するものであり、家族秩序の混乱等の社会的弊害も予想される」という点である。ここでは、(c)「人間の命の創造に関する我々の基本認識からの逸脱」という指摘は、次に続く(d)「家族秩序の混乱等の社会的弊害も予想される」の理由付けとして機能しており、それ自体では独立の論拠としては挙げられていないようにも読める（あるいは、法的規制（禁止）の論拠としての重点が(d)に移っていると言うべきだろうか）。この点、クローン小委員会の報告『基本的考え方』は、(c)「人間の生殖に関する基本認識からの大きな逸脱（=遺伝子が予め決定されている無性生殖であり、受精という男女両性の関わり合いの中、子供の遺伝子が偶然的に定められるという、人間の命の創造に関する基本認識から著しく逸脱するもの）」かつ(d)「親子関係等の家族秩序の混乱が予想されること」と、この両者がそれぞれ対等な具体的な論拠として挙げられる形になっていた。

周知のように、この(c)の論拠は、一九九七年に、「ドリー」事件を契機にフランスのシラク大統領が人クローンに関する法的規制の検討を同国の「生命科学と医療のための国家倫理諮問委員会」に指示した際に、同委員会が人クローン個体の産生は、既存の法律で既に禁止されていると解釈できるとの回答を行ったときの重要な論拠であった。同委員会では、「生殖に男女の両性が関与し、かつ、偶然性が介在することにより、各個人の唯一性が確保されることが、人間の尊厳保護の基本的要件である」と判断したのである。ここで論点になるのは、人間の尊厳とのかかわりでの、各人の「唯一性」・「同一性」や「個体性」と、それを支える「偶然性」である。そこでいう「唯一性」・「同一性」が人格的なものをさすのであれば、遺伝子が同一であっても、一卵性双生児がそうであったように、各人の個性の中核をなす人格は、時代や環境や教育に大きく依存するのであるから、人格の同一性は損なわれるものではない、と考えられる。さらに、「個体や個人を決定するのは、クローンにおける核移植に際して与えられるドナー側の染色体上の遺伝情報だけではないこと、細胞質のなかにも、個体の形成に関与するものがあり、そうしたものすべての総合的な働きから、個人は形成されていくことも判っている[34]」のであれば、なおのこと「個人の唯一性」は確保される。そうだとすると、上の論拠で意味を持ってくるのは、「有性生殖による偶然性の介在」という点に意味があるのであろうか。たしかに、この点で、人クローン個体と一卵性双生児とは決定的に違う。だが、「有性生殖による偶然性の介在」と「人間の尊厳」との関連は、「人間の尊厳」論のなかにある種宗教的なものを読み込まない限り、つかないのではないだろうか。

(d) 親子関係（等）の家族秩序（等）の混乱

上述のように、生命倫理委員会の『見解』では、いま見た(c)「人間の命の創造に関する我々の基本認識からの逸脱」がもたらすと予想される、(d)「家族秩序の混乱等の社会的弊害」こそが法的禁止の論拠として指摘されているとも読める程に(d)が重要視されている。この生命倫理委員会の『見解』での議論は、もはや、「人間の尊厳侵害」という観点には包摂しきれない形になっているとも言えよう。

「（親子関係等の）家族秩序の混乱」という論拠についてだが、『基本的考え方』にさらに先立つ、クローン小委員会の一九九八年六月に公表された中間報告『クローン技術に関する基本的考え方について』では、同委員会での議論を経て、「家族関係の崩壊等」にかかわる論拠ははずされていた。議論の中で、そもそも「人間の尊厳」が多義的な概念であることなどとともに、「家族観の崩壊」というものは、社会の変化によって随分と変わるものであること、あるいは家族観の崩壊は、第三者の精子による人工授精なども家族観を混乱させたり、崩壊させたりするという議論が他の国などでもすでに存在し、クローンだけとくに禁止するということにはならないのではないかといった意見がだされたことなどの反映であるといわれている。(35)言ってみれば、このようなやりとりをへて、一端論拠としてはずされたものが、一年後の同クローン小委の最終報告『基本的考え方』では、「崩壊」という強い表現こそ避けられているが、「人間の尊厳」確保の基本的要件との関わりを持たせた上で復活させられ、そしてそれが親委員会である生命倫理委員会では「社会的弊害」という論拠へと変容的に成長したということになるのであろう。

人クローン個体の産生が、「親子関係等の家族秩序」に大なり小なり混乱をもたらすことは考えられる。だが、それがどのような規模で生じるのかは、民法等の立法による事前の整備や、人クローンに対する社会への国家や専門家によるきちんとした情報公開などによって変わってくるように思われる。学説の中にも、家族共同体の人格的意味という観点の下に、親子関係や兄弟姉妹関係等を遺伝的つながりを重視して考える立場に立って、体外受精等の人工授精がもたらす親子関係等の家族秩序の混乱と、人クローンがもたらすそれは、前者の下では「誰が親なのか」という親子関係内部での位置づけが不確実になるだけだが、後者においては「親子関係それ自体」が不確実なものになるのであり、この点で、決定的違うのだとして、人クローン個体産生の

みを一律に法律により禁止できる唯一の論拠に、この親子関係等の家族秩序の融解・崩壊を挙げる者もある。(36)

だが、「家族共同体の人格的意味」という表現が何を包含するものか今ひとつ判らないが、言葉どおりに、「人格的」意味での家族につき考えるというなら、親と子とのつながり、兄弟・姉妹のつながりは、遺伝子の後先とか同一かどうかとかといったことで、ただちに決まるわけではなく、むしろ、その後の「関係づくり」の中で、親は親に、子は子に……と、人格的意味づけがされてくるのではないだろうか。また、今日の人工生殖の下ではもちろんだが、旧来からの養子制度でも親子関係等の混乱等につながる問題は少なからず含まれていた（とくに明治憲法下での「家督相続制度」「イエ制度」では、血筋を絶やさぬための養子制度がいろいろな形で多用されていたのである）。人クローンの個体産生についても、人間の知恵によって十分に「混乱」を回避できるように思われる。

ところで、この項で取り上げた「家族秩序の混乱」との関連で付言すれば、ドライヤー教授は、「［ある人が］特定の世代に属していることが、それに応じた血縁関係の枠組みや家族構成の枠組みに組み込まれていることを含めて、自然的なアイデンティティーやパーソナリティー（個性）に数えられるとすれば、人クローン作製についてと同様に、世代を飛び越えた人工授精や体外受精についても基本法第一条一項（人間の尊厳の原理）違反との異議にさらされる」と述べている。(37) ここでは、(i)自然的なアイデンティティーやパーソナリティーの保持ということが、「人間の尊厳」の内容として挙げられ、その中に、血縁関係の枠組みや家族構造を含めての、特定の世代に属していることが数え上げられている。また、(ii)この点での人クローンがもっている問題点は、凍結受精卵や凍結精子などを利用した人工授精や体外受精も共有しており、ひとり人クローンだけの問題に留まらないことが指摘されている（したがって、日本での議論で、人クローンだけを規制するのでよいのかというレベルでも、法的規制のあり方・範囲の妥当性を再考させる指摘であろう）。

ドライヤー教授の(i)の指摘について言えば、おそらく「家族秩序の混乱」といった問題を「人間の尊厳」に関わる問題として位置づけるとすると、このような論拠付けの仕方にならざるを得ないのではないだろうか。ただし、「人間の尊厳」の核心の保障にとって、どうしてもそのような「自然的な」アイデンティティやパーソナリティーを持ち出す必要があるのかは、より慎重に吟味してみなければならない。「自然的」という形容詞―環境保護の問題を含めて、暴走する人工的な・人為的な「発展・進歩」をチェックする際に「自然的」であるかを問うことの果たす重要な意義を認めた上でなお―を持ち出すことが、結局は単に「非自然的＝人為的・人工的＝許されないこと」を言うだけに終わるおそれがあるように思われる。また、前述の(c)での「偶然性」ともども、「自然性」の強調は、「得体の知れぬおぞましいものへの不安」を理知的に言い換えたにすぎないようにも、筆者には思える。

以上、生命倫理委員会と同クローン小委員会の文書を手がかりに、人間の尊厳侵害という観点の下に提示されている規制の具体的論拠について、検討してみた。その結果として、あらためて、「人間の尊厳」という言葉で直感的に許されないのではないかとか、自分個人の倫理観からは許されるべきではないと思われた人クローン個体産生の研究でさえ、少なくとも、その目的・態様を問わずにそれを一律禁止にできるほどに、説得力のある論拠が無いという考察結果に筆者の場合はたどりついたのだが、どうだろうか。

(23)　科学技術庁のホーム・ページ（http://www.sta.go.jp/shimon/cst/rinri/clo 91227_1.html）より引用。
(24)　長谷部恭男『憲法』（新世社、一九九六年）二三四頁。
(25)　Leon R. Kass, "The Wisdom of Repugnance" *New Republic* (June 2, 1997), p.17. のちに、Leon R. Kass, James Q. Wilson, *The Ethics of Human Cloning*, The AEI Press, 1998. もっとも、Kassも、クローン作製に反対するいくつかの議論を提示していないわけではない。以上のKassの見解については、高橋隆雄「ヒト・クロー

ン作製をめぐる倫理的諸問題」（高橋隆雄編『遺伝子の時代の倫理』九州大学出版会、一九九九年）一五六頁以下より重引。

(26) 加藤尚武『脳死・クローン・遺伝子治療』（ＰＨＰ研究所、一九九九年）一〇八頁以下、村上陽一郎『科学の現在を問う』（講談社、二〇〇〇年）八七頁以下など参照。

(27) 科学技術庁のホーム・ページ（http://www.sta.go.jp/shimon/cst/rinri/clo 00215.html）より引用。

(28) 「安全性」に関する論拠の私の検討については、前掲（註９）の私の日独シンポジウム報告参照。クローン小委員会の委員でもあった、生命倫理学者の加藤尚武教授は、人クローン問題も扱った市民向けの啓蒙的な著作の中で、クローン小委員会の中では受け入れられなかった自説を提示して、クローン人間を作ることを禁止する理由として、「人格の尊厳の侵害」が正当な理由とはならない以上、唯一可能な規制の論拠となるのは、安全性論法しかないと述べている。その上で、安全性に問題がないとわかった時点で、なおクローン人間を作ることが、それを永久に禁止し、刑法上の処罰の対象とするほどの「強い禁止」の対象となる資格を備えているかどうかには、疑問があると述べて、次のような指摘を行っている。

「しかし、クローン人間を作ることに刑事罰の対象となるような違法性を見いだすことができないからといって、クローン人間を作ることが好ましいということでもない。人間の出産イコールクローン人間というような事態を招くことは絶対に避けなければならない。もしもそのために刑法で「クローン人間産出罪」という罪名を定めることが、クローン人間の出生の日常化を妨げる唯一の手段であるというのであれば、刑法で禁止することも便宜上、やむをえない。しかし、これは刑法の便宜的な利用である。刑法という最後の手段を使わなくても実効性のある規制ができるなら、その方がいい。必要なことは日本独自の『クローン人間規制』法案を作成することであるよりは、研究の現状を把握することだろう」（前掲註（26）『脳死・クローン・遺伝子治療』第三章。とくに一三六頁以下）。

安全性の観点から、人クローン個体産生につながる研究を強い形で法的に規制しようとする場合、上述のような「明白かつ現在の危険」の存在が前提になると考えると、加藤教授が言うように「人間の出産イコールクローン人間」といった「クローン人間の出生の日常化」というような事態に至る必然性が明白である必要があるのではないだろうか。

(29) 科学技術庁のホーム・ページ（http//www.sta.go.jp/shimon/cst/rinri/clo 91227_1.html）より引用。

(30) H・ドライヤー・前掲・註(22)「人間の尊厳の原理（基本法第一条一項）と生命倫理」九四頁。教授は、「むしろどの遺伝子の欠陥が治療を必要とする病気として段階づけられるかについての、社会的コンセンサスが必要である」と述べている。

(31) 同上。

(32) 同九五頁。

(33) 高橋隆雄・前掲・註(25)「ヒト・クローン作製をめぐる倫理的諸問題」一六九頁。

(34) 村上陽一郎・前掲・註(26)『科学の現在を問う』九三頁。

(35) 高橋隆雄・前掲・註(25)「ヒト・クローン作製をめぐる倫理的諸問題」一七〇頁。

(36) 葛生栄二郎・河見誠『新版・いのちの法と倫理』（法律文化社、二〇〇〇年）七一頁以下。

(37) H・ドライヤー・前掲・註(22)「人間の尊厳の原理（基本法第一条一項）と生命倫理」九六頁。

五　まとめに代えて——憲法倫理としての「人間の尊厳」？

1　間違った理由で科学研究の自由を規制しないことの必要性

「クローン人間の産生は容認できないとする国際的認識」（二〇〇一年二月二日内閣府総合科学技術会議での当時の森首相の発言より）を支える「人間の尊厳に反する」という論拠は、その圧倒的な「国際社会の素早いクローン人間だけは絶対いけないという反応」のゆえに、私たちに、その「反する」とされた行為の「禁止」という措置を思わず納得させてしまうほどの強い「説得力」を持っているように見える。しかしながら、以上の本稿での私の重箱の隅をつつくような考察から、私自身が得た結論は、「なぜ、『人間の尊厳』に反するのか？」「なぜ『遺伝的に同一の人間の意図的な製造』は『人間の道具化』となるのだろうか？」を改めて、問いかけてみると、最初に私たちが「直感」したほどに、その答えが未だ明白ではないようにも思える、ということであり、また人クローン個体の産生だけを取り出して法的規制（しかも刑罰による強い禁止規制）を行う論拠として提示されたものは、その厳格な合憲性審査に耐えるだけの説得力を科学研究の自由との関係では持たないということであった(38)。

クローン小委員会のメンバーでもあった、科学史・科学哲学研究者の村上陽一郎教授も、クローン技術だけをとり出してそれだけを規制しようとすることは不合理であり、人クローン批判も、考えられているほど自明ではないとした上で、次のように、一度廃案となった法案についてであったが、クローン技術規制法案に見られる「場当たり的な規制」の提示の仕方に根本的な疑問を述べていた。

「クローン技術だけが倫理的に何かグロテスクなものである、という形で法規制の対象とし、……医学的に有用な研究に関しては規制から外すというような例外規定を設ける、というような形で、この問題が処理されること自体が、私にはあまり健全でないように思われる……。……今日、不妊技術のなかで行われているような様々な胚や胎児の扱いも含めて、もっと総合的な視点から、日本社会として受精卵も含めて、人間の生命をどのように考え、どのように守っていくのか、という点を、じっくりと議論する機会を作るべきなのである。そうした広い視野に立った議論の成果の一つの応用例としてクローン技術への対処もあるべきなのである(39)。」

ローレンス・トライブ（Lawlence Tribe）教授が言うように(40)、間違った理由でクローニングを禁止しないためにも、このような「総合的な生命を扱う倫理」とその責任ある担い手の育成への取り組みこそが、日本の生命科学・研究にとっての緊要な課題であろう。

2　生命科学と憲法倫理としての「人間の尊厳」

国際法学の見地から、科学技術と人権の国際的保護の課題に、精力的に取組み、国際法学界をリードしている、位田隆一教授は、国連憲章、世界人権宣言、国際人権規約等の国連人権文書および人道法関連文書をフォローして、「『人間の尊厳』が、実定国際法（国連人権法）の概念として完全に確立しているとは必ずしもいえない。しかし、……生命科学の分野では、生命倫理を媒介として、まさに人間の尊厳が問題になっているのであって、人の尊厳は生成しつつある人権法概念と言え、法律家はこれを見逃すことはできない」と述べ、その叙述の関連で、「もっとも、『尊厳』は、多様な内容を包括的に含みうる「便利な概念」であるが、他方でその法的内容が必ずしも明確でなく、外延は幅があるので、尊厳概念によって生命科学関連のあらゆる問題を取り扱おうとするのは誤りであり、注意を要する」と述べている。また、欧州では、欧州人権裁判所等の判例の集積等を通じて、「人間の尊厳が法的価値をもつ概念として捉えられてきているといえる。ただしそれは最初から厳密な法的性格を持つ概念ではなく、むしろ人権保護の発展の中で人権保護にいわば哲学的倫理学的基礎を与えてきているように見える」とも述べている。(41)

翻って、憲法学ではどうだろうか。位田教授のそれらの言及で用いられている「法的概念」や「法的価値」の意味することについて必ずしも理解できているわけではないので、たぶんに恣意的になるかもしれないが、イメージ豊かな教授の言及を借りてまとめてみると、私の憲法学における「人間の尊厳」（「個人の尊厳」）とは、①実定憲法の概念としての「人間の尊厳」も、たとえば、それがもっとも論理的に人権と憲法の保障する基本権とに結びつけられて導入されているドイツ基本法にしても、「個人の尊重」「個人の尊厳」として規定されている日本国憲法にしても、国際人権文書等と同様に、各憲法規定自体が「尊厳」の定義をしているわけでもないから、その意味では、「完全に確立した概念とはいえず、生成しつつある憲法概念である」。②しかし、そのような概念を規定に取り込んだ各憲法では、人間の尊厳・個人の尊重と人権に関する学説・判例の集積を通じて、「憲法の中核的な構成原理として、憲法的価値を持つ概念と捉えられている。」③この憲法原理としての「人間の尊厳」(「個人の尊厳」)は、厳密な法的性格を持つ概念として、きわめて限定された場面(局面)では、憲法(解釈)問題の「切り札」(=憲法判断の最終論拠)として機能する(憲法原理としての「人間の尊厳」は、客観的には政府の採らなければならない行為・採ってはならない行為を法的に画する原則として、主観的には基本権として具体的機能を果たす)。④いわゆる「Objekt-Formel」は、ごくごく限定された問題ではそのような機能を果たしうる(たとえば、私見では、死刑制度の違憲性は、この定式から導き出せる数少ないものではないかと考えている)。⑤ただし、本稿が取り上げた、「人クローン個体産生」という究極の「許されない行為」と認定されたものを含めて、生命医療補助の領域で、法的規制の論拠として打ち出されている「人間の尊厳」は、「それは未だ厳密な法的性格を持つ概念ではなく、むしろ人権保護の発展の中で人権保護にいわば哲学的倫理学的基礎を与えてきている」ものであり、なおそのような機能を果たすものにとどまる、のではないだろうか。その場面(領域)で「人間の尊厳」が果たしている役割は、「政治的倫理的基礎」を与え、社会における合意形成・政策形成を指導することであり、人間が未知の領域へ踏み出す際の「不安・おそれ」を検証するために、その「不安・おそれ」を暫定的に正当化するイデオロギー的な機能を果たしているのではないだろうか。この意味で用いられる「人間の尊厳」は、厳密な憲法的判断の「切り札(決め手)」として、つまり違憲審査の基準としては十分なものとは言えないが、暫定的な法的規制の論拠として事実上機能をしている(または、そのような機能を容認されている)。「人間の尊厳」原理の果たしているこうした機能を、本稿では、とりあえず、「憲法倫理としての人間の尊厳」と位置づけておきたい[42]。

(38) 本稿では、人クローン個体の産生について、あくまで科学研究の自由との関連で見てきた。人クローン個体産生を望む不妊夫婦や婚姻によらずに自己の人クローンを子どもとして持ちたいと望むような個人の「人クローン個体産生」の自由、ないし「作る権利」についても、「人間の尊厳」等との関係で、そもそもそうした人権が保障されているのか、保障されているとしたら、その根拠法条はどうか、また、その保障の強度はどうか等々の論点を検討する必要がある。

(39)　村上陽一郎・前掲・註（26）『科学の現在を問う』九四頁以下。

(40)　ローレンス・トライブ（Lawlence Tribe）「間違った理由でクローニングを禁止しないで」マーサ・C・ナスバウム／キャス・R・サンスタイン編（中村桂子・渡会圭子訳）『クローン、是か非か』（産業図書、一九九九年）二四五頁以下所収。

(41)　「科学技術と人権の国際的保護――生命科学の発展と人権保護――」国際法学会編『日本と国際法の一〇〇年・第四巻・人権』（三省堂、二〇〇一年）二二三頁、二二四頁、二三二頁註（16）。

(42)　本稿は、元々は、註（9）で触れたような経緯から、二〇〇〇年夏までに主要な考察部分はまとめられたものを踏襲している。その後に、憲法研究者が本稿にかかわる主題を扱ったものとして、光田督良「ヒト・クローン技術の法的規制とその論拠」ドイツ憲法判例研究会編（栗城壽夫・戸波江二・青柳幸一編集代表）『未来志向の憲法学』（二〇〇一年、信山社）五一九頁以下、青柳幸一「科学／技術の進歩と人間の尊厳」ジュリスト一二二二号（二〇〇二年）三〇〜三五頁及びそこに引用・掲記の諸文献、さらに、大野友也「先端科学技術の規制と憲法（一）――アメリカにおけるクローン技術規制をめぐる議論――」早稲田大学大学院法研論集一〇三号（二〇〇二年）（二五）〜（四七）頁（四三八〜四一六頁）等がある。

10　生命の権利と人間の尊厳

嶋崎健太郎

はじめに

本稿は、憲法上の生命の権利（以下、生命権）と人間の尊厳の関係について考察するものである。

今日、生命権と人間の尊厳は、生殖技術、生命操作などいわゆる生命倫理問題の法的規律に関するキーワードとなっている。例えば、二〇〇一年六月六日に施行された、わが国の「ヒトに関するクローン技術等の規制に関する法律[1]」（以下、クローン規制法）は、その立法目的に、人の尊厳の保持と人の生命および身体の安全の確保（ならびに社会秩序の維持）を挙げている。また、一九九六年にヨーロッパ評議会（Council of Europa）が採択した「生物学および医学の応用に関する人権および人間の尊厳の保護のための条約」（以下、生命倫理条約[2]）も人間の尊厳および同一性とならんで身体の完全性の尊重をその立法目的に挙げる[3]。

ところで、クローン規制法は、母体への移植による人クローン個体の産生を禁止しつつも、（法律それ自体としては）人クローン胚および受精卵を破壊して作られるES細胞の作成・研究は禁止していない。また、生命倫理条約およびその後採択された同条約の追加議定書[4]（クローン議定書、一九九七年採択）も、余剰胚の実験利用やクローン胚の作成自体は禁止していない。

これらの規制立法に対して抱く素朴な疑問は、許容されている人クローン胚、ES細胞の作成・その実験利用などが、立法目的である人間の尊厳（人の尊厳）および（または）人の生命保護になぜ反しないのか、逆に禁止されている人クローン個体の産生は人間の尊厳および（または）生命保護になぜ反するのか、さらにそれらとならんで、人間の尊厳と生命保護とはどのような関係にあるのか、という疑問である。

この疑問は単に道徳や法律解釈のレベルにとどまるものではない。けだし、人間の尊厳[5]も生命権[6]も、わが国において、その憲法上の根拠や内容について（とくに人間の尊厳をめぐって）争いがあるものの、日本国憲法においてもドイツの基本法と同様に何らかの形で保障されていることはほぼ共通の了解があるからである。わが国においても、生命操作技術、生殖保護医療の発達を前にして、憲法学上、生命権と人間の尊厳との関係について考えることが必要になっている。

しかし、わが国においては、人間の尊厳（個人の尊重）と生命権との関係は、従来ほとんど意識されず、本稿の素材とするドイツのように鮮明な対立点にはなっていない。これは、わが国においては、日本国憲法一三条の個人の尊重とドイツ基本法の人間の尊厳の概念との異同について関心が集中したこと、他方、生命権が一三条の幸福追求権の中に埋没して独自の権利とされず関心が薄かったこと、そのため両者の関係についてさし当たって関心がなかったためであろう。最高裁は、死刑の合憲性に関する有名な判決の中で、「生命は尊貴である。人の生命は、全地球よりも重い。死刑はまさにあらゆる刑罰のうちでもっとも冷厳な刑罰であり、またまことにやむを得ざるに出ずる究極の刑罰である。それはいうまでもなく、尊厳な人間存在の根源である生命そのものを永遠に奪い去るものだからである」[7]と判示し、素朴に生命（の尊厳）と人間の尊厳とを同一視しているようである。しかし、この判決は、学説中、この判決と同様に人間の尊厳と生命権とを結合させる立場（本稿における「連結説」に対応）から、人間の尊厳の「根源」である生命を奪う死刑は、人間の尊厳を（も）奪うものであり、むしろ人間の尊厳を侵害しているとの批判を受けている。[8] 他方、近年、とくに死刑の合憲性をめぐって、人間の尊厳と生命権とを区別しようとする説[9]（本稿における「分離説」に対応）が主張されるようになった。私も、別稿において何回か、生命権と人間の尊厳の区別につき言及してきたが、[10] 本稿ではその点を意識的に扱うものである。

本稿は以上の関心に基づくものであるが、いくつかの観点の限定を付しておきたい。

第一に、本稿の考察では、その素材をドイツの議論に求める。ドイツにおいては、従来、連邦憲法裁判所が人間の尊厳と生命権とを強く結びつける見解（「連結説」）を採り、学説も一般にそれを支持してきたが、近年これを批判し、両者を切り離す見解（「分離説」）が有力になりつつある。したがって、本稿の問題関心である、人間の尊厳と生命権との異同について興味深い素材を提供している。

第二に、本稿は、生命権からみた、人間の尊厳との関係に興味を持っている。本稿のタイトルを「生命の権利と人間の尊厳」としたのもその趣旨である。また、それゆえに、人間の尊厳それ自体を包括的に扱うものではない。

第三に、本稿は、近年の生殖医療、生命操作技術、延命医療の発達など、いわゆる「生命倫理」の問題に対する憲法学からのアプローチの一環である。その際注意すべきことは、それらの問題は、宗教的・哲学的価値観同士のむきだしの対立に陥りやすいこと、宗教的、道徳的レベルの議論と法的レベルの議論とが混同されやすいことである。[11] 確かに、生命倫理の問題を憲法学が扱う場合、完全な脱倫理的な議論は不可能であろう。し

かし、そうであるがゆえに、なおさら「神々の闘い」から距離を置く自覚が必要であると考えている。(12)

（1） 同法につき、戸波江二「学問の自由と科学技術の発展」ジュリスト一一九二号（二〇〇一）一一二頁以下、橳島次郎『先端医療のルール』（講談社、二〇〇一）一〇頁以下参照。

（2） 嶋崎健太郎訳「生物学および医学の応用に関する人権および人間の尊厳の保護のための条約」ドイツ憲法判例研究会編（編集代表：栗城壽夫、戸波江二、青柳幸一）『人間・科学技術・環境』（信山社、一九九九）五六〇頁以下。

（3） また、ドイツの胚保護法（Embryonenschutzgesetz, 一九九〇）も、目的条項を持たないものの、解釈上その立法目的として、胚の生命・身体の不可侵、人間の尊厳の保護が指摘されている。Vgl. Rolf Keller/Hans-Lutwig Günther/Peter Kaiser, Embryonenschutzgesetz, 1992, S. 121.

（4） 嶋崎健太郎訳「生物学及び医学の応用に関する人権及び人間の尊厳の保護のための条約に対する、人のクローンの禁止についての追加議定書」ドイツ憲法判例研究会編・前掲書（注2）五七六頁以下。

（5） 日本国憲法の人間の尊厳（個人の尊重）につき、とりあえず、ホセ・ヨンパルト「日本国憲法の解釈問題としての『個人の尊重』と『人間の尊厳』（上）（下）」判例タイムス三七七号・三七八号（一九七九）、青柳幸一「『個人の尊重』規定の規範性」ドイツ憲法判例研究会編（編集代表：栗城壽夫、戸波江二、青柳幸一）『未来志向の憲法論』（信山社、二〇〇一）五七頁以下、遺伝子操作技術と人間の尊厳の関係につき、保木本一郎『遺伝子操作と法』（日本評論社、一九九四）二三九頁以下、戸波・前掲論文（注1）一〇三頁以下、青柳幸一「先端科学技術と憲法・序説」『人間の尊厳と現代法理論』（ホセ・ヨンパルト教授古稀祝賀）（成文堂、二〇〇〇）六三一頁以下参照。

（6） 生命権について、山内敏弘「基本的人権としての生命権の再構成」杉原先生古稀記念『二一世紀の立憲主義』（勁草書房、二〇〇〇）三二五頁以下、嶋崎健太郎「憲法における生命権の再検討—統合的生命権に向けて—」法学新報一〇八巻三号（二〇〇一）三二一頁以下参照。わが国の通説は、生命権の保障それ自体は肯定するものの、日本国憲法一三条の「生命」「自由」「幸福追求権」の三者は切り離しえず、統一的に「幸福追求権」として把握され、生命権が独立に保障されているわけではないこと、また、生命に関しては、一八条、三一条、三三条から三九条など詳細な規定が存在するので、独立に論ずる実益はないとして、生命権には特別な関心を払ってこなかった。これに対して、私は日本国憲法一三条後段の生命権は、独立の基本権であり、かつ一三条以外の生命・身体の不可侵に関する規定は、一三条の生命権を中心に統合的に把握されるべきであり、またその実益もあることを主張した（嶋崎・前掲論文六〇頁）。

（7）最大判昭和二三年三月一二日刑集二巻三号一九一頁［一九二頁以下］。

（8）山内敏弘教授は死刑制度につき、本稿でいう「連結説」的観点から、「『個人の尊重』は生命の尊重＝生命の否認をその核心的要素として内包すると解すべきであろう」とし、人間の生命を剥奪する死刑は、「『個人の尊重』規定にも違反することにならざるをえないと思われる」とする。山内敏弘「生命権と死刑制度」一橋法学一巻一号（二〇〇二）四二頁。また同様に、根森健教授は、日本国憲法二四条二項の「個人の尊厳」に着目し、「結果として『個人の尊厳』＝『個人の尊重』だとした上で、「日本国憲法の規定する『個人の尊厳』は、当然に持つものとして措定された『人間の尊厳』を各人が保持するために、たとえ各人がどのような人間であろうとも、各人が『私が人間として生きていること』つまり、……『私が生きていること』＝生命権……を保障するものである」とし、「死刑制度は狭義・広義の人間の尊厳を支える事物の論理と真っ向から矛盾するものであり、端的に一三条前段違反と構成してもよいだろう」とする。根森健「人間の基本原理としての『人間の尊厳』―『人間の尊厳＋α』としての『個人の尊厳』」憲法理論研究会編『人権保障と現代国家』（敬文堂、一九九五）八三頁、八九頁以下。根森説に対する批判として、青柳・前掲論文（注5「先端科学技術…」）七〇頁以下参照。

（9）ホセ・ヨンパルト教授は、「人間としての生命」と「人間としての尊厳」は混同すべきでないと主張している。ホセ・ヨンパルト『法の世界と人間』（成文堂、二〇〇〇）二三二頁以下。また、押久保倫夫助教授も、「分離説」的立場から、「まず議論の出発点としては、『生命に対する権利』と『人間の尊厳』を明確に区別すべきことを確認するところから始めなければならない」とする。そして、日本国憲法の解釈として、死刑制度に対しては、「人間の尊厳という概念は使用せず、あくまで日本国憲法の明文規定である『生命に対する権利』と一三条の規範構造に即して」死刑は違憲とする。押久保倫夫「死刑廃止規定と『人間の尊厳』」東亜大学研究論叢二四巻二号（二〇〇〇）一六頁、四頁、同「死刑と残虐な刑罰」芦部・高橋・長谷部編『憲法判例百選Ⅱ［第四版］』二六三頁。なお、死刑と生命権につき、嶋崎・前掲論文（注6）五五頁以下も参照。

(10) 嶋崎健太郎「未出生の生命の憲法上の地位と人工生殖・生命操作技術」ドイツ憲法判例研究会編・前掲書(注5)五〇九頁、嶋崎・前掲論文(注6)六〇頁。
(11) 葛生英二郎・河見誠『いのちの法と倫理(新版)』(法律文化社、二〇〇〇)vii頁。
(12) 根森・前掲論文(注8)七七頁、九一頁。

一 連結説

ドイツの基本法は、一条一項において、人間の尊厳を、「人間の尊厳は不可侵である。これを尊重し、かつ、保護することは、すべての国家権力の責務である」と規定し、二条二項で生命権を、「各人は、生命への権利……を有する。……これらの権利は法律の根拠に基づいてのみ、これを侵害することが許される」と規定する。一条一項と二条二項は、人格の自由な発展権(二条一項)によって分断されており、人間の尊厳と生命権は同一の条項ないしは連続の条項で保障されているわけではない。それゆえに、憲法規定の配列上、ごく形式的にみれば、両者は一応別個のものである。(13)

しかし、歴史的に見れば、周知のように、人間の尊厳が無数の人間を辱め迫害したナチスの独裁に対する反省に立っているのと同様に、(14) 生命権も歴史上前例を見ないナチスの犯罪(生存に値しない生命の抹殺、民族浄化、強制断種、生体実験など)に対するリアクションである。(15) したがって、両者はその成立史において関連性を有することは明らかである。

この成立史は、生命権の解釈に決定的影響を与えた。すなわち、連邦憲法裁判所において、生命という保護法益は人間の尊厳を中心とするドイツの基本権の価値秩序における最高価値とされた。(16) また、生命権規定は人間の尊厳の保障とともに、基本権を単なる主観的権利としてのみならず、客観的法としても保障する価値理論の出発点となった[17]。さらに、この価値理論は、人間の尊厳と生命権をてがかりに、国家の基本権保護義務の根拠ともなった。連邦憲法裁判所は、こうした流れの中で、内容的にも生命権と人間の尊厳とを緊密に連結させることになった[18]。それを端的に表現しているのが、連邦憲法裁判所の二度の「堕胎判決[19]」である。

1　連邦憲法裁判所の判例

（1）　人間の尊厳の不可欠の基盤としての生命権　一九七五年の第一次堕胎判決は、生命権は「人間の尊厳の不可欠の基盤と他のすべての基本権の前提[20]」を提供するとする。それゆえに、人間の生命は基本法の価値秩序の中において、人間の尊厳と同様に「詳細な根拠づけは必要なく、一つの最高価値を示している[21]」とした。この判例はその後も踏襲される[22]。また、一九九三年の第二次堕胎判決も第一次判決を踏襲し、生命権は「根本的かつ譲渡しえない権利であり、この権利は人間の尊厳に由来する[23]」とする。

（2）　生命権と人間の尊厳の保護の同時性　連邦憲法裁判所によれば、「人間の生命が存在するところ、その生命に人間の尊厳が与えられる[24]」。そして、「生命の担い手がその尊厳を意識しているかどうか、担い手自身が尊厳を守る能力を有するかどうかは重要ではない。最初から人間的存在にそなわった潜在的能力によって十分人間の尊厳を根拠づけることができる[25]」。したがって、連邦憲法裁判所によれば、出生前の人間の生命にも、生命権の保護のみならず人間の尊厳の保護が認められる[26]。連邦憲法裁判所の判例によれば、生命権も人間の尊厳もその保護の始期は同一ということになる[27]。

（3）　基本権保護義務の根拠としての生命権と人間の尊厳の連結　生命の権利も人間の尊厳もそれぞれが国家に対する単なる主観的防禦権であるのみならず、国家の客観法的な基本権保護義務の根拠となる点で結びつく。

「すべての人間の生命を保護すべき国家の義務は直接には［生命権を保障する］基本法二条二項一文から導かれる」が、それ以外にも［人間の尊厳の保護を規定する］基本法一条一項二文の明文規定から導かれる」(28)。

このように、第一次堕胎判決では、生命保護義務の根拠は直接には生命権規定であり、補助的に基本法一条一項二文の人間の尊厳保護義務が援用されていた。第二次堕胎判決では、生命保護義務の根拠の重心は人間の尊厳に移されたものの、生命保護の詳細は二条二項の生命権により画定されるとされる(29)。また別の判例では、二つの規定が「結びついて（in Verbindung mit）」保護義務の根拠とされており(30)、この点では、国家の生命保護義務については、両者の結びつきは依然維持されているとみることができる(31)。

また、「国家の［基本権］保護義務は、当該法益が基本法の価値秩序の中で高いランクを有すれば有するほど、強く課せられている(32)」とされる。

2 ライスナー説

生命権と人間の尊厳を連結させるこの判例の立場は、一般に学説においても(33)、支持をえてきた(34)。ここでは、判例の立場をより徹底させた説として、ライスナー（Walter Leisner）の説を取り上げる。ライスナーは、連邦憲法裁判所の判例中とくに「人間の尊厳の不可欠の基盤と他のすべての基本権の前提」としての生命権を強調・発展させる。

(1) 生命権の最高性　彼はまず、連邦憲法裁判所の判例を引きつつ、人間の生命は、「人間の尊厳の不可欠の基盤と他のすべての基本権の前提である」がゆえに、「基本法の体系の中で最高の価値の一つである」とする。

仮に、この生命権の価値に反対して、「一般的に、一定の形態の生命、または、具体的に、個々の生命が

『無価値』である」とすれば、その根拠は、①「生命が、別のより高次の価値（国民の健康、国家の存立、人種の統一）に譲歩しなければならない」とするか、または、②「生命が、その生命の担い手にとって、（最高の）価値ではない」とするかのどちらかである[35]。

しかし、「これらすべての考え方は基本法に違反する。」なぜならば、「『生命＝他のすべての人間の価値の基盤』よりも高い唯一の価値が存在」しえないからである。また、「他の価値を生命よりランクが高いと認める者も、いずれにせよ、それによって生存に値しない生命というカテゴリーを導入」することになるからである[36]。「以上から、生命よりも高い価値はまったく存在しない、生命と同等の価値はつねに他人の生命だけである、という連邦憲法裁判所によって黙示的に示された原則が導かれる。いかなる形態の自由もつねに生命に劣位する」。生命は「抹殺されてはならない。なぜならば、人間の尊厳は抽象的な『人間の尊厳』ではなく、なによりもまず具体的な基本権であり、この人間の尊厳の基本権は、自らの『不可欠の基盤』から切り離されるとき、消滅するからである。」「『生命は最高の法益ではない』との命題は、基本法に違反する。なぜならば、もしもこの命題が妥当すれば、生きるに値しない生命が存在することになるからである[37]」。

（2）　生命権の不可侵性　　生命権が最高の法益であるとしたら、その制限には懐疑的とならざるをえないことになる[38]。ライスナーにとって、生命権に付された一般的な法律の留保は「一見して驚くべきこと」であり、「憲法改正をもってしても侵されてはならない人間の尊厳の不可欠の基盤である生命権という絶対的な最高価値が本当に通常の立法者の意のままになるのか」疑問であり、「『生命権への介入』が殺害による完全な生命剥奪以外の何ものでもないことを考えれば、これは憲法体系上の不整合ではないのか[39]」との疑問を持たざるをえなくなる。

（3）　ライスナー説の特色　　ライスナー説の特色は次の点にあるといえよう。

第一に、彼の議論は、ナチスの「生存に値しない生命」に対する強い嫌悪感によって刻印されていることである。この意味で、基本法二条二項の制定史を踏まえている。その反面、時代的制約（論文発表が一九七六年）からか、近年の生命科学、生殖医療の急速な発達は視野に入っていない。

第二に、人間の尊厳の不可欠の基盤である生命は、憲法中最高の価値を有し、他の憲法法益とのいかなる衡量も否定されることである。その行き着く先は、生命権は人間の尊厳に対してさえも優越する、という連邦憲法裁判所でさえも、明示的には判示していない結論である[40]。

第三に、生命権が最高の価値を有するならば、生命権へのあらゆる介入は、必然的に憲法違反となるはずである。なぜならば、人間の尊厳は不可侵であり、それと同等以上の価値を有する生命権も不可侵でなければならないはずだからである。しかし、そうだとすると、この結論は、生命権に法律の留保が付されていることとの矛盾をはらむ（この点については後に検討する）。

(13) Michael Kloepfer, Leben und Würde des Menschen, in: Badura/Dreier（Hrsg.）, Festschrift 50 Jahre Bundesvrfassungsgericht, Bd. 2, 2001, S. 80.

(14) Christian Starck, in: v. Mangoldt/Klein/Starck, Das Bonner Grundgesetz, Bd. 1, 1999, Art. 1 Abs. 1 Rn. 9.

(15) BVerfGE 39, 1 [36]. とくに、生命権は第二次大戦終了まで（多くの外国憲法と同様に）ドイツの憲法中には例を見ない。嶋崎・前掲論文（注6）三三頁参照。

(16) BVerfGE 39, 1 [36 u. 42].

(17) 連邦憲法裁判所における基本権の価値秩序論の展開について、嶋崎健太郎「基本権価値体系論とその問題点」中央大学・大学院研究年報一三号法律研究科篇（上）（一九八三）一五頁以下参照。

(18) Vgl. Udo Fink, Der Schutz des menschlichen Lebens im Grundgesetzes――zugleich ein Beitrag zum Verhältnis des Lebensrechts zur Menschenswürdegarantie, Jura 2000, S. 211.

(19)　第一次堕胎判決につき、嶋崎健太郎「胎児の生命と妊婦の自己決定―第一次堕胎判決」ドイツ憲法判例研究会編（編集代表：栗城壽夫、戸波江二、根森健）『ドイツの憲法判例』（信山社、一九九六）四九頁以下。第二次堕胎判決につき、小山剛「第2次堕胎判決」同研究会編『ドイツの最新憲法判例』（信山社、一九九九）五二頁以下、嶋崎健太郎「妊娠中絶とドイツ連邦憲法裁判所」津田塾大学・国際関係学研究二〇号（一九九四）一一九頁以下。両判決の比較として嶋崎健太郎「ドイツにおける胎児の生命権と妊娠中絶判決」憲法理論研究会編『人権保障と現代国家』（敬文堂、一九九五）一〇〇頁以下およびそこで引用の文献参照。

(20)　BVerfGE 39, 1 [42].

(21)　BVerfGE 39, 1 [42].

(22)　BVerfGE 49, 24 [53]; 53, 30 [57]; 77, 170 [214].

(23)　BVerfGE 88, 203 [252].

(24)　BVerfGE 39, 1 [41]. 第二次堕胎判決は、これに相当する部分で「人間的存在の尊厳は未出生の生命にもその存在それ自体のために存在する」としている（BVerfGE 88, 203 [252]）。

(25)　BVerfGE 39, 1 [41].

(26)　BVerfGE 39, 1 [37]; 88, 203 [251].

(27)　ただし、連邦憲法裁判所は、未出生の人間の生命が、単に基本権の客観手法的保護の対象にすぎないか、さらに進んでそれ自体として基本権主体なのか、については決定していない。また、その保護の始期が胚の母体への着床以前にまで遡るのかについても明らかにしていない。

(28)　BVerfGE 39, 1 [41].

(29)　BVerfGE 88, 203 [251]. なお、小山剛助教授は、第二次堕胎判決について「保護義務の根拠は基本法一条一項［人間の尊厳］のみ」であり「基本法二条二項［生命権］は、保護義務の根拠として言及されているのではない」（［　］内引用者）と分析する。小山剛『基本権保護の法理』（成文堂、一九九八）一七三頁、本稿の問題関心からいえば、連邦憲法裁判所は、保護義務の根拠は別論として、第二次堕胎判決生命の保護の内容画定については、生命権と人間の尊厳の関連性をなお強く意識しているということは可能であると考える。

(30) BVerfGE 46, 160 [180]; 90, 145 [195].

(31) 生命保護に限らず、それ以外の基本権法益も含めた基本権保護義務の根拠については、連邦憲法裁判所は個々の基本権の客観法的側面を挙げている。小山・前掲書（注29）、一七二頁、一七六頁参照。

(32) BVerfGE 39, 1 [42]. ただし、連邦憲法裁判所は第二次堕胎判決において「生命の保護はそれが他のすべての法益に例外なく優先するという意味での絶対的な保護が命じられているわけではない」（BVerfGE 88, 203 [253 f.]）とする。

(33) Z. B. Christian Starck, Menschenwürde als Verfassungsgarantie im modernen Staat, JZ 1981, S. 459; Josef Isensee, Der grundrechtliche Status des Embryos, in: Höffe/Honnefelder/Isensee/Kirchhof, Gentechnik und Menschenwürde, 2002, S. 62 f.; Jörg Antoine, Der Zusammenhang zwischen Menschenwürde und Lebensschutz, Zeitschrift für Lebensrecht, 1/2001 S. 16 ff. これら以外に、人間の尊厳の制限可能性を認めるという特異な説を採りつつ、生命権と人間の尊厳の共通性を強調する論者として、クレプファーがいる。彼の説については、後で検討する。

(34) Georg Hermes, Das Grundrecht auf Schutz von Leben und Gesundheit, 1987, S. 140.

(35) Walter Leisner, Das Lebensrecht, in: Leisner/Goerlich, Das Recht auf Leben—Untersuchungen zu Artikel 2, 2 des Grundgesetzes für die Bundesrepublik Deutschland, Schriftenreihe der Niedersächsischen Landeszentrale für Politische Bildung—Verfassungsrecht und Verfassungswirklichkeit 12, 1976, S. 24. なお、ライスナーの見解に依拠した韓国の論考として、許營「生命権に対する憲法的考察—西ドイツの学説と判例を中心として—」鈴木敬夫編訳『現代韓国の基本権論』（成文堂、一九八五）六七頁以下がある。

(36) Leisner（Anm. 35), S. 24.

(37) Leisner（Anm. 35), S. 24 f.

(38) ただし、彼は、後述するように、生命権の制限をまったく認めないわけではない。

(39) Leisner（Anm. 35), S. 30.

(40) 事実、ライスナーは、「『他人の人間の尊厳のために』生命は死滅させられてはなら」ず、「常に、殺人によって人間の尊厳にとって得られるのよりも多くの利益が失われる」としている（Leisner [Anm. 35], S. 30）。また、クレプファーも、連邦憲法裁判所の判例を分析しつつ、「最高の法益は生命であって、人間の尊厳ではない」とする。Vgl. Michael Kloepfer, Grundrechtstatbestand und Grundrechtsschranken in der Rechtsprechung des Bundesverfassungsgerichts—dargestellt am Beispiel der Menschenwürde, in: Starck (Hrsg.), Bundesverfassungsgericht und Grundgesetz—Festgabe aus Anlaß des 25 jährigen Bestehens des Bundesverfassungsgerichts, Bd. 2, S. 411.

二　分　離　説

生命権と人間の尊厳とのを連結させる説に対して、とくに近年、根本的な異議が有力に唱えられている(41)（分離説：Entkoppelungstheorie）。

1　ドライヤー説

この理論の代表的な論者であるドライヤー（Horst Dreier）は「人間の生命が存在するところ、その生命に人間の尊厳が与えられる」という見解は、その根拠において疑わしく、またその帰結において維持困難(42)」であり、「人間の尊厳と生命権は切り離さ（entkoppeln）れなければならない(43)」として、次のように主張する。

（1）　生命権と人間の尊厳の保護領域の違い　「生命は、人間の尊厳の必要条件であっても、十分条件ではない。人間の尊厳は、生命保護とは同一ではないし、人間の尊厳の侵害は、人間の生命の侵害（すなわち抹殺）とは同一ではない(44)」。「ある保護法益の侵害は、他の保護法益のそれとは無関係に存在しうるし、その逆もありうる。人間の尊厳の侵害が必然的に生命の喪失ではありえないことはまったく明白である。ましてや、それが、かならずしも身体の不可侵性の侵害ではありえないことも明らかである（例えば、重大な法的差別）。反対に、生命の喪失は、それが国家によるものであっても、自動的に人間の尊厳の侵害を意味するものではない」[45]。

「生命保護と人間の尊厳の無媒介な結合によって、連邦憲法裁判所は生物学的―自然科学的なファラシーをおかしている。なにものかが生物学的―自然科学的な意味で、人間の生命であることによって、そのものが自動的に人間の尊厳の主体となるわけではない」。というのは、「胚には、自己意識、理性、自己決定能力いった、人間の尊厳に必要なあらゆる条件が欠けている」からである[46]。

（2） 連邦憲法裁判所の論理矛盾　生命権と人間の尊厳が結合すると、人間の尊厳の無条件性・絶対性から、なぜ正当防衛または人質救出のための警察による銃撃の場合の犯人の死、または公共のための兵士、警察官、消防隊員の義務的な投入、医学的適応事由以外の事由による人工妊娠中絶は違憲となってしまう。「その結果、連邦憲法裁判所の判例は、論理矛盾との批判にさらされる」[47]。

2　連結説と分離説の論点

筆者の見るところ、両説の対立には二つの論点がある。

第一は、生命権（二条二項）と人間の尊厳（一条一項）の保護領域の異同という論点である。先に引用したように、分離説のドライヤーは、「ある保護法益の侵害は、他の保護法益のそれとは無関係に存在しうるし、その逆もありうる」として両者の事項的保護領域が異なることを主張する。これに対して、連結説は、生命は人間の尊厳の基盤であり、生命の喪失は人間の尊厳の喪失を招くとし、両者の事項的保護領域が重なることを主張する。またこれと関係して、連結説は、基本権の主体や保護対象（人的保護領域）またはその時間的保護領域（保護の始期と終期）についても、生命の存在するところそれに人間の尊厳が与えられるとして、両者の保護領域が重なることを主張する。それに対して、分離説では、たとえ胚は人の生命であるとしても、人間の尊厳の要素が欠けているとし、生命権と人間の尊厳の人的保護領域または時間的保護領域が異なることを主張しているのである。

第二は、生命権の制限可能性という論点である。連結説にたつライスナー説は、「人間の尊厳の不可欠の基盤としての生命」というテーゼから出発し、生命権は人間の尊厳と同様に無制限ではないかとの問題を提起している。これに対して、分離説は、生命権は制限可能であり、連結説の説くように、生命権と人間の尊厳を連結させると、従来許容されてきた生命権の制限（剥奪）は説明できなくなり、論理矛盾に陥ると批判するのである。

次章では、以上の二つの論点について検討する。(48)

(41) Peter Lerche, Verfassungsrechtliche Aspekt der Gentechnologie, in : v. Lukes/Scholz (Hrsg.), Rechtsfragen der Gentechnologie, S. 108 ; Hasso Hoffmann, Die versprochene Menschenwürde, AöR 1993, S. 376 f. ; Werner Heun, Embyonenforschung und Verfassung, JZ 2002, S. 517 ff.
(42) Horst Dreier, Art. 1 I, in: ders (Hrsg.), Grrundgesetz-Kommentar, Bd. 1, 1996, Rn. 47.
(43) Dreier (Anm. 42), Rn. 48.
(44) Dreier (Anm. 42), Rn. 48.
(45) Dreier, Menschenwürdegarantie und Schwangerschaftsabbruch, DÖV 1995, S. 1037.
(46) Dreier (Anm. 42), Rn. 50.
(47) Dreier (Anm. 42), Rn. 49; ders. (Anm. 45), S. 1037 f.
(48) その他、生命権と人間の尊厳はそれぞれ主観的権利か客観的原則にとどまるかなどの問題がありうるが、本稿では扱わない。

三　両説の論点①——保護領域

1　生　命　権

（1）　自然的概念としての生命　　生命権は、身体的実在（körperliches Dasein）、すなわちすべての基本権主張のための不可欠の基盤としての生物学的・肉体的存在を保護する。(49) このことについては、ドイツにおいて見解の一致がある。「生命」は、まずは医学的生物学的概念であることが確認されなければならない。したがって、憲法上は、原則として、生命について、「保護に値する生命」などという社会的、政治的、人種的、その他の観点からの評価を禁止する。例外的に法が生命権の保護の範囲を決定する場合であっても、法が独自になしうるのではなく、まずは自然科学の知見をベースにすべきと考えられる。(50)

（2）　法概念としての生命権　　このような見解に対しては、ライスナーは「生命は『自然現象』か『法概念』か」と問いかけ、法概念としての生命を強調する。彼によれば、「生命の保護は、最も重要な政治的および法的任務の一つである。国家は、ここで、決定責任を完全に自然科学者または医師に押しつけ、彼らの見解をそのまま借用することはできない。それは不可能であるし、法治国家原理に反する。というのは、それらの専門家の中で見解の一致が存在しないからである。生物学的または医学的認識の状態に応じて、毎日、人間の生命に関する異なった概念が生ずるだろう。法的安定性の観点から、それは耐えられないことであろう(51)」と批判する。

彼によれば、「『生命』概念の決定は、法の任務であり、医学や生物学の任務ではない。生命の概念決定は、最終的には決断であり、単なる認識ではない。法学以外の学問分野は鑑定人の役割を営むが、裁判官の任務を営むものではない。『生命』という概念は、……法によって把握されるすべての事実または事象の概念と同じく『自然的』である。しかし、それらすべての概念と同様に、生命の概念は、法によってはじめて画定され、同時に創造される。『自然のみ』からは何も導かれない」[52]。同様に、ヒルゲンドルフ（Eric Hilgendorf）は、自然科学の認識によって法的決定を否定することは、「事実（Sein）から当為（Sollen）を導くファラシー」であるという[53]。

これらの批判は、要約すると、①自然科学において「生命」の概念に一致がなく、自然概念としての生命に依拠することは法的不安定を招くこと、②自然科学の知見に依拠することは、存在と当為を混同するものであり、自然主義的なファラシーに陥っていること、を根拠とする。

（3）検　討　しかし、これらの批判は的を射たものだろうか。

①の批判については次の反論が可能である。生物学や医学においても「生命」の概念、とりわけ生命の始期と終期について一致がみられないことは確かであろう[54]。例えば、生命の終期について医学上、脳死説と心臓死説（三兆候説）の対立があることは、脳死移植の是非にからんで、広く知られている。しかし、その場合には、法が医学的認識の範囲内で人の死を脳死とするか心臓死とするか（またはその両方を並列的に死と認めるか）を決定するのである[55]。自然科学において「生命」の概念に一致がないとしても、それが直ちに法的不安定性を招来させるものではない。

②の批判については次の反論が可能である。「法的な『生命』の保護の範囲の決定をする場合であっても、法が独自になしうるのではなく、まずは自然科学の知見をベースにすべき」と主張することは、存在と当為を混同し、法が自己の任務を放棄することを直ちに意味しない。上述したように、自然科学の知見の範囲内では、法は独自に生命権の保護領域につき決定をすることができるのである。自然科学の知見を無視して法がまったく独自の判断をすることはできないというにすぎない。もしも法が、生命権の保護領域について、まったく独

自の判断ができることになれば、例えば、医学の知見の範囲よりも早い時点（例えば、意識の喪失）を生命の終期として設定することも許されることになってしまう。[56] それはいわば人文主義的ファラシーに陥っていることになるのではないか。

2　人間の尊厳

（1）価値関係概念としての人間の尊厳　生命権とは異なり、人間の尊厳は医学的生物学的概念ではない。むしろ、人間の尊厳は生命を超えた内容を持ち、それとは別の、とりわけ人間の精神的事象を内包する。[57] それゆえに、人間の尊厳は「高度に世界観的、政治的な刻印を受けている」[58] 点に特色がある。人間の尊厳の保護領域は、解釈者の世界観、価値観、哲学、あるいは歴史的な状況に応じて様々に理解され、そこでは『『倫理的なもの』が『法的なもの』のなかに流入する」[59] ことは避けられないだろう。それゆえに、ドイツにおいては人間の尊厳の保護領域を積極的に確定することは困難だとされ、いかなる場合に人間の尊厳が侵害されるかは個々具体的な事例に即してはじめて理解されるとされてきたのである。[60]

（2）基本法の「人間」像　また、人間の尊厳の背景にある「基本法の人間像」についても世界観、価値観、倫理観の影響を受けざるをえない。連邦憲法裁判所は、投資助成判決[61]において、基本法の人間像について、それは「孤立化された何の制約も受けない個人ではない。基本法はむしろ、人格の主体たる人の社会的関連性と社会的拘束性という主旨で、個人と社会との緊張に決断を下した」と判示し、以後もこれに言及し、学説もこれを支持している。この「基本法の人間像」は、個人主義と集団主義との間の人格主義という中間の道と理解されているが、そこにはカント的な「倫理的自律性」論の影響が見られると指摘される。[62]

この点、「基本法の人間像」のよる人間の尊厳の内容画定に批判的なドライヤーは、基本法の人間像は、「具体的に、把握可能な輪郭を欠いているし、恣意的な引用を許している。とりわけ危険だと思われるのは、基本法の人間像という定式がもつイデオロギーに対する無抵抗性ゆえの基本法一条一項の混入である。すなわち、それぞれの立場に拘束された人間の尊厳の『積み込み』、人間の尊厳が倫理的な諸見解や哲学的な思惑で占拠されること、その結果として、最終的に人間の尊厳違反の任意の肯定ゆえに人間の尊厳が膨張することの危険である」[63]（強調原文）と警告している。「神々の闘い」から距離を置こうとする本稿の観点にあっては、この点は重要である。それゆえに、本稿では、人間の生命権も人間の尊厳も「人間」の権利である点で共通であるから生命権の主体ないしは保護対象である「人間」と人間の尊厳の主体である「人間」とを同一視すべきである、との連結説的見解は採ることはできない。なぜならば、その場合には、「人間」を媒介にして、価値関係概念である人間の尊厳の価値観が自然的概念である人間の生命権に流入し、生命権の解釈が価値観の争いに巻き込まれるからである。

3　死者と未出生の生命の権利保護

（1）　死者の名誉保護　医学的生物学的概念である生命権と哲学的・倫理的刻印を受けた人間の尊厳との事項的保護領域が質的に異なることから、両者の人的（主観的）保護領域（基本権主体ないしは保護の対象者）や時間的保護領域の違いを生じさせる。それが、死者の名誉保護の問題である。連邦憲法裁判所はメフィスト判決[64]において、「人間として存在するがゆえに尊厳を有する人間が、このような一般的な尊重要求においてその人間の死後も評価を下げられたり、侮辱されたりすることが許されるとしたら、人間の尊厳……の不可侵性という憲上の命令に違反することになろう。それゆえに、個人に人間の尊厳への介入に対する保護を保障すべき、基本法一条一項によるすべての国家権力に課せられた義務は、死によって終了するわけではない」と判示し、その後もこの立場を確認している。[65] 学説においても、死後の尊厳保護については、基本法一条一項を基礎に一般に支持されている。[66] 法律のレベルでも、ドイツの臓器移植法は、「臓器摘出およびそれと関連する措置は、臓器提供者の尊厳を尊重して……行われなければならない」（六条一項）として脳死後の人間の尊厳保護を確認している。

一方、生命権は、（どの時点を死とするかは別論として）生物学的・医学的意味での死を超えて、時間的保護が及ぶことはありえない。そのため、死者の名誉保護の例は、医学的生物学的概念である生命権と哲学的・倫理的刻印を受けた人間の尊厳との保護領域の違いを際立たせ、「生命は人間の尊厳の不可欠の基盤である」とする連結説が主張する「人間の尊厳と生命の構造的な結合が崩れる」[67] ことになる。死後の名誉保護に関しては、「生命は人間の尊厳の不可欠の基盤」ではない（人間の尊厳は生命から切り離されても必ずしも消滅しない）。

この点、連結説のライスナーは、「人間の尊厳は死後も存在することによって、生命は人間の尊厳の不可欠の基盤であることを否定することはできない。人間の尊厳は、死後の場合には、極度に限定される（死体の尊重、名前の尊重その他）からである。死は人間の尊厳の核心に介入し、人間の尊厳を完全に変質させる」と述べ反論を試みている。[68] 確かに、生命の消滅としての死によって人間の尊厳の保護内容が変質することはあるかもしれない。しかし、人間の尊厳の保護それ自体が失われるものではない。とすると、連結説に立つ論者も、生命権と人間の尊厳の保護領域の相違は承認せざるをえないと思われる。[69]

（2）　未出生の生命の保護　反対に、生命の始期に関してはどうか。生命権は生物学・医学的概念を基礎とし、哲学的・価値的評価を排除すべきであると考えれば、その保護の始期は、受精完了時と考えるのが合理的である。したがって、私見では受精卵も生命権の人的保護領域に入る[70]（ただし、保護の程度や方法は、その発達段階に応じて異なる）。一方、人間の尊厳の人的保護領域は、生命についての生物学的・医学的知見とは別に、哲学的・価値論的観念の影響をうけざるをえない。とすれば、ドライヤーが指摘するように(71)未出生の生命には自己意識、理性、自己決定能力といった人間の尊厳の人格的条件が欠けていることから、人間の尊厳の保護対象ないし主体とはならないと考える余地が出てくる。筆者は現在、人間の尊厳については、受精卵も人間の尊厳の主体または保護対象と考えるべきか、それとも、それ以降の着床や出生時を基準にすべきか、あるいは憲法上決定不可能なのかについては答えを持っていない。しかし、ここで、さしあたり指摘しておきたいのは、ドイツの一般的な見解とりわけ連結説とは異なり、生命権と人間の尊厳との間に人的保護領域のずれが生ずることは十分ありうるということである。(72)生命権の保護の対象とはなるが、人間の尊厳の保護対象または主体ではない未出生の生命を想定できれば、両者の主体である出生後の人間との異なった取り扱いも正当化される余地が生ずる。

(49)　Z.B. Günter Dürig, in: Mauz/Dürig/Herzog, Kommentar zum GG, Art. 2 Abs. 2, Rn. 9; Christian Starck, in: v. Mangoldt/Klein/Starck（Anm. 14), Art. 2 Abs. 2 Rn. 176; Helmuth Schulz-Felitz, in: Dreier（Hrsg.）（Anm. 42）Art. 2 II, Rn. 15.

(50)　ムルスヴィークが、「自然科学的な生命概念からの逸脱は、規定の関連からのみ理解可能な法の目的による根拠が必要だ」というのもこの趣旨だと思われる。Dietrich Murswiek, Art. 2, in: Sachs（Hrsg.）Grundgesetz-Kommentar, 2. Aufl., 1999, Rn. 144.

私見では、例えば、生命の終期について医学上、脳死とするか心臓死（三兆候説）は未確定であると考えるので、法律により脳死を人の生命の終期と規定することは憲法上許容されると思われる。しかし、自然科学の知見の範囲よりも早い時点（例えば意識の喪失）や遅い時点（例えば死斑の発生）を法律で規定することは違憲となると思われる。嶋崎・前掲論文（注6）五四頁参照。

(51)　Leisner（Anm. 35), S. 20.

(52)　Leisner（Anm. 35), S. 21.

（53） Eric Hilgendorf, Scheinargumente in der Abtreibungsdiskussion——am Beispiel des Erlanger Schwangerschaftsfalls, NJW 1996, S. 761. 彼は、「支配的見解によれば、胎児は受精の瞬間から生命の権利と人間の尊厳を有するという。細胞核の融合から人間の出生に至る発展は継続的なプロセスであり、このプロセスの中では権利に恣意的な切れ目を入れることはできないということがその根拠として主張される。しかし、この一見して説得力ある論理（継続性理論と呼ぶことができる）は、子細に検討すると、説得力がない。なぜならば、生物学的な発展過程を継続的とみなすことから、法秩序が一定の切れ目を設定することができないとの結論を導くことはできないからである。……自然科学の『事実』は、決して道徳的または法的な『決断』を否定することはできない」（ebenda）とする。

（54） 関連して、イプセンは、「『生命』という法概念を決定する自然科学の準則は存在しない、なぜならば生命という概念は専門的に用いられていないからからだ」という。Jörn Ipsen, Der „verfassungsrechtliche Status" des Embryos in virto, JZ 2001, S. 994.

（55） 嶋崎・前掲論文（注6）五三頁以下参照。

（56） 嶋崎・前掲論文（注6）五四頁参照。

（57） Klaus Stern, Menschenwürde als Wurzel der Menschen- und Grundrechte, in: ders, Der Staat des Grundgesetzes, 1992, S. 225.

（58） Kloepfer（Anm. 13）, S. 81.

（59） 栗城壽夫「法と倫理」ドイツ憲法判例研究会編・前掲書『未来志向の憲法論』（注5）一〇頁以下参照。

（60） Bodo Pieroth / Bernhard Schlink, Grundrechte, 16. Aufl., 2000, Rn. 353.

（61） BVerfGE 4, 7 [15 f]. この判決について、根森健「『基本法の人間像』と基本法の経済政策的中立性―投資助成判決―」ドイツ憲法判例研究会編・前掲書（注19『ドイツの憲法判例』）二六頁以下参照。

（62） 根森健「人間の尊厳の具体化としての人格権」小林孝輔（編集代表）『ドイツ公法の理論―その今日的意義』（一粒社、一九九二）三〇九頁。

（63） Dreier（Anm. 42）, Rn. 99.

（64）　BVerfGE 30, 173 [194]. クラウス・マンの小説のモデルとなった故人の養子が小説の出版差止めを求めた事件である。その内容については、保木本一郎「芸術の自由の憲法的統制―メフィスト判決」ドイツ憲法判例研究会編前掲書（注19『ドイツの憲法判例』）一四七頁以下参照。

（65）　Z. B. Kammerbeschluß vom 5. April 2001, NJW 2001, S. 2957 ff. この決定は「あらゆる人間が人間の尊厳を侵害するようなやり方でのけ者にされ、軽蔑され、嘲笑されあるいはその他貶められることから守る基本法一条一項による国家権力に課せられた義務は、死によっても終わらない」と判示する。なお、連邦憲法裁判所によれば、生きている者の名誉保護は、基本法一条一項の人間の尊厳ではなく、二条二項の人格の自由な発展権の問題である。この決定については、本稿執筆中、ドイツ憲法判例研究会九八回研究会（二〇〇二年四月六日）における押久保倫夫報告（「自治研究」に掲載予定）により情報をえた。なお、基本権秩序における名誉の位置づけについて、ヨーゼフ・イーゼンゼー（塩入みほも訳）「意見表明の自由の統制下における名誉保護」ドイツ憲法判例研究会編訳（編集代表：栗城壽夫、戸波江二、嶋崎健太郎）『保護義務としての基本権』（信山社、二〇〇三）二四五頁以下参照。

（66）　Dreier（Anm. 42), Rn. 52 ; Pieroth/Schlink（Anm. 60), Rn. 120 ; Michael Sachs, Verfassungsrecht II Grundrechte, 2000, S. 177 ; Starck（Anm. 14), Rn. 19.

　ただし、ドイツの判例学説がこの判決が、死者に基本権主体性を認めたものか、単なる客観法的保護の対象としたにすぎないかについては議論の余地がある。工藤達朗「生まれる前の人権、死んだ後の人権」同『憲法の勉強』（尚学社、一九九九）一五五頁。Vgl. auch, Wolfram Höfling, Art. 1 Art. 2, in: Sachs（Hrsg.）Grundgesetz-Kommentar, 2. Aufl., 1999, Rn. 54. しかし、少なくとも一条一項により保障される名誉権の時間的保護領域に死後も入ることは一般に支持されているといってよいとも思われる。Vgl. Jörn Ipsen, Staatsrecht II（Grundrechte), 2. überarbeitete Aufl., 1998, Rn. 214.

（67）　Kloepfer（Anm. 13), S. 84.

（68）　Leisner（Anm. 35), S. 25 Fn. 37.

（69）　連結説に分類されるクレプファーも「基本法一条一項を根拠に死者にも尊厳を認めたメフィスト判決を度外

視すれば、人間の尊厳は人間の生命を前提としている」（傍点引用者）とする。Kloepfer (Anm. 40), S. 412.

(70) この点は別稿において指摘しておいた。嶋崎・前掲論文（注6）五四頁。もっとも、未出生の生命（受精卵・胚や胎児）それ自体は、基本権主体ではなく、やがて主体になりうる存在として客観法的保護のみを受けるものであると考えられる。客観法的保護のみ与える理由は、出生前の生命と出生後の生命との異なった扱いや、出生前の生命の発育段階に応じた異なった扱いに関し（例えば、母親の生命保護以外の目的の中絶の適応事由や体外受精における余剰胚の扱い）、未出生の生命を基本権主体とすると、同じ生命権の主体の中でのこれらの異なった扱いを正当化できないと考えるからである。基本権主体ではないが客観法的保護を受ける対象を想定することにより、柔軟な問題処理が可能になる。（嶋崎・前掲論文同箇所）。

(71) Dreier (Anm. 42) Rn. 50.

(72) 最近の文献では、デーデラーが、生命権の保護の始期を受精時としつつも、人間の尊厳については、その始期を着床とし、受精卵の医学的利用を憲法上許容している。本稿の立場からは、そうした立場も選択肢の一つである。Hans-Georg Dederer, Menschenwürde des Embryo in virto?, AöR 2002, S. 25 f.

四　両説の論点②──制限可能性

1　人間の尊厳

（1）人間の尊厳の不可侵性　周知のとおり、人間の尊厳は「不可侵」（基本法一条一項）であり、何の留保もつけられていない。また、基本法七九条三項により、人間の尊厳は憲法改正の限界をなす。したがって、人間の尊厳はいかなる制限可能性にも服さない。また、それは他の憲法上の法益との衡量を許さない。ある介入が人間の尊厳条項の保護領域に入ると同時に、それは人間の尊厳の侵害となり、その介入にはいかなる正当化も不可能である。これがドイツの通説判例である。(73)

（2）人間の尊厳の制限可能性？　──クレプファー説　これに対して、少数説として、人間の尊厳と生命権の連結説に属するとみられる立場から、後述の生命権と同様に人間の尊厳にも制限可能性を認めるクレプファーの見解がある。

彼は大要次のように主張する。生命は人間の尊厳をはじめとする他の基本権の不可欠の基盤であるから、生命は最高の憲法法益である。それゆえに、生命権の制限は全基本権体系の中で最低限のものでなければならない。ところが、生命権は、法律による制限の留保の下にあるのだから、人間の尊厳についても同じことが妥当しうる。人間の尊厳は、生命権よりもわずかな制限性可能性しかないということはできない(74)。

彼が、人間の尊厳の制限可能性を認める目的は、「人間の尊厳の制限不可能性というテーゼが極めて硬直的な基準であるために、しばしば、国家の行為の介入としての性質が否定されたり、考えうる基本権制限の議論を回避する原因になっている」ことの防止にある(75)。

この説の特色は、生命権と人間の尊厳を結びつけることにより、生命権の制限可能性を人間の尊厳にも当てはめる点にある(76)。

(3)　検　討　しかし、このクレプファー説には次の点で疑問がある。

第一に、基本法一条一項により「不可侵」とされ、法律の留保が付されておらず、七九条三項により憲法改正の限界とされる人間の尊厳と、同二条二により「法律の根拠に基づく」制限を認められている生命権の文言の違いは無視できないのではないかということである。

第二に、この説では人間の尊厳と生命権とを比較して、むしろ「人間の尊厳の不可欠の基盤」としての生命が基本法上最高の価値としている。とすると、生命権こそ不可侵であり、他の憲法上の衡量を拒絶するものであり、生命権に付された法律の留保は無意味な規定であるとの帰結を導く方が理論整合的である。しかし、クレプファーは、生命権については条文に忠実に、法律の留保を認めている。これは整合性がないのではないか

ということである。(77)

第三に、先で述べたように、生命権と人間の尊厳の保護領域はずれており、この説が前提とする「人間の尊厳の不可欠の基盤」としての生命というテーゼは単純には成り立たないことである。(78)

第四に、人間の尊厳条項の硬直化を防ぐという彼の狙いは理解できるが、人間の尊厳を柔軟に解釈適用することによって、逆に、些細な社会事象が人間の尊厳と結びつけられ、人間の尊厳の「小銭化」を招くのではないかということである。(79)

以上から、クレプファーの問題提起を理解しつつも、なお人間の尊厳の制限不可能性は維持すべきである、と考えられる。

2 生命権

（1） 法律の留保　生命権、身体の不可侵権および人身の自由（身体の不拘束権）を保障する基本法二条二項は、「これらの権利は、法律の根拠に基づいてのみ、これを制限することができる」として、生命権に法律の留保を付している。学説上、国家が生命権に介入せざるをえない例としてよく引き合いに出されるのが、人質救出のための警察による人質犯への発砲行為である。(80) また、一定の公法上の服務関係にある者（連邦軍兵士、警察官、消防士）の危険な現場への投入である。連邦憲法裁判所も、第二次堕胎判決において「生命の保護はそれが他のすべての法益に例外なく優先するという意味での絶対的な保護が命じられているわけではない」(81)としている。

（2） 生命権の不可侵性？　これに対して、連結説にたつライスナーは、先に触れたように、「人間の尊厳の不可欠の基盤としての生命」というテーゼから出発し、生命権に付された一般的な法律の留保は「一見して驚くべきことである。憲法改正によっても侵されてはならない人間の尊厳の不可欠の基盤である、この絶対的な最高価値が本当に通常の立法者の意のままになるというのであろうか。『生命権への介入』が殺害による完全な生命剥奪以外の何ものでもないことを考えれば、これは憲法体系上の不整合ではないのか」[82]として、生命権の制限に懐疑的な態度を示す。[83]ライスナーの疑問を敷衍するならば、人間の生命が尊厳の不可欠の基盤であり、かつ、その尊厳が制限不可能とするならば、その基盤である生命も制限不可能であり、他のいかなる憲法法益との衡量は不可能であることになる。生命権と人間の尊厳の連結説を前提とすると、生命権に付された法律の留保（基本法二条二項三文）は、論理的には、無意味な規定ということになろう。[84]

（3）　検　討　しかし、人間の尊厳とは異なり、生命権がいかなる場合でも制限不可能とすることには次の問題がある。

第一に、人間の尊厳の制限可能性の箇所で指摘したように、基本法の体系上、基本法一条一項により「不可侵」とされ、法律の留保が付されておらず、七九条三項により憲法改正の限界とされる人間の尊厳と、同二条二項により「法律の根拠に基づく」制限を認められている生命権の文言の違いは無視できないと思われることである。

また、基本法一〇二条が明文で死刑を廃止しているのは、基本法の体系上、二条二項の生命権規定は生命権の制限（剥奪）の許容を前提としていると見ることができる（基本法二条二項の生命権が制限不可能であるとすると死刑を禁止する一〇二条は無用な規定ということになる）。さらに、基本法が軍事的措置を予定している（基本法二四条二項、八七ａ条等）ことも有事の生命の犠牲を合法とみなしているということができる。

第二に、文言は別論としても、連結説において、生命権が絶対不可侵のものであるとすれば、学説上引き合いに出されている人質犯の殺害や、生命の危険がある現場への職務集団の投入は憲法上どのように評価されるのか疑問である。

この第二の疑問に対して、連結説が、それらの制限は説明不可能であるから違憲であると解答するのであれば、それはそれで筋が通っている。しかし、実際には、連結説もこれらの生命権の制限を否定していない(85)。とすれは、生命権と人間の尊厳との連結を前提として、これらの制限はどのように正当化可能か、が問われなければならない。

この疑問に対して、連結説からは次のような解答が用意される。第一の解答は、絶対的に禁止されるのは確実な生命権の剥奪・喪失を生じさせる介入のことであり、単に生命を危険にさらすだけでは(生存の可能性が残されているかぎり)それは生命権への介入とはいえず、憲法上許容されるというものである(86)。先の例では、人質犯の殺害を故意に目的とする発砲は禁止されるが、人質犯の抵抗の排除を目的とする発砲の結果として人質犯を死に至らしめることまで(未必の故意や過失による殺害まで)は許容される。また、連邦軍兵士、警察官、消防士の生命の投入は生存の可能性が残されているかぎりで許容されるとするものである。

第二の解答は、他人の生命権や生命と同等の価値のある人間の尊厳を護るための殺害は、生命権のいわば内在的制限として許容されるとするものである(87)。先の例に即していえば、人質の生命や尊厳を護るために犯罪者の生命を奪うこと、および市民の生命の安全のために一定の服務関係にある者の生命を投入することは、許容されるということになる。

しかし、この二つの解答は説得力に乏しいように思われる。

第一の解答については、国家に禁止される故意の生命の剥奪・喪失と、許容される未必の故意や過失による生命剥奪・喪失との違いが不明確であることである。刑法上は、私人による生命の剥奪について、これらは区別され、法定刑や量刑に違いはありうるが、違法であることは同じである。しかも、国家による生命の剥奪についてまで、故意か否かにより合憲か違憲かを分けることは姑息であるとの批判は免れない。生命権と人間の尊厳との連結説を前提にするかぎり、故意ではない生命剥奪や、確実な生命喪失をもたらさない生命の危険も、憲法上許容されないと考えるべきである。

第二の解答については、次の批判が可能である。人間の尊厳は他のいかなる法益（他人の人間の尊厳も含めて）との衡量は不可能だとされている。ある人の尊厳と別の人の尊厳は比較不可能である。他人の人間の尊厳を保護するために、ある人の人間の尊厳に介入することもまた正当化されない(88)。連結説に立てば、人間の尊厳と同等かそれ以上の価値があるとされる生命についても同じことがいえるはずである。ある人の生命も他人の生命や尊厳と比較考量することはでない。連結説を前提とするならば、人質の生命と犯人の生命を比較し、人質の生命を助けるために、人質犯の生命を奪うことや、多くの市民の生命を護るためにある集団の生命を危険にさらすこともやはり許さないはずではないだろうか(89)。

なお最近、この点に関連して、連結説に立つイーゼンゼーは、生命権と人間の尊厳とを切り離さなくとも、先の例は説明できるとして、次のように主張している。

「この理論［生命権と人間の尊厳との分離説］は、正当防衛または人質救出のための警察による銃撃の場合の犯人の死、または公共のための兵士、警察官、消防隊員の義務的な投入の際の死が、なぜ殺される者の人間の尊厳を侵害しないのかを説明するものだという。［しかし］実際にはそれは問題とはならない。［というのは］それに答えようとする者は、あらかじめ、生命と人間の尊厳との連結を切り離す必要はないからである。［これらの］殺害行為は、かならずしも、殺される者の人間の尊厳に介入するものではない。とりわけ、殺される者が死の危険を自由意思で引き受けまたは恣意的に誘発した場合にはなおさらである。生命の権利は、法律の留保の下にあり、この法律の留保により、人間の尊厳と結びつけたとしても、生命の剥奪は――一定の、過大介入の禁止に適合した厳格な要件の下で——合法たりうることは明らかである。留保のない人間の尊厳の保障は、生命保護に対する法律の留保を廃止するものではないし、また留保なき人間の尊厳の保障は生命保護に対する法律の留保を適用不能にするものでもない。生命権と人間の尊厳との連結という特別な構造はなお維持されたままである」（［ ］内引用者）。[90]

しかし、この説は、分離説に対する説得力ある反論になっていないように思われる。なぜならば、この反論は、生命権と人間の尊厳の保護領域が異なること、また生命権の侵害と人間の尊厳の侵害とは異なることを主張しており、実は、連結説ではなく、分離説を密やかに導入しているからである。[91]

以上、連結説を前提とするかぎり、生命権の制限は正当化できない。[92] それにもかかわらず、生命権の一定の制限を許容することは論理的に一貫しないことになる。

(73) Hans D. Jarass/Bodo Pieroth, Grundgesetz, 6. Aufl., 2002, Art. 1 Rn. 11; Pieroth/Schlink（Anm. 60), Rn. 365; Höfling（Anm. 66), Rn. 11; Sachs（Anm. 66), S. 178 Rn. 29; BVerfGE 93, 266 [293].

(74) Kloepfer（Anm. 40), S. 412; ders（Anm. 13), S. 77.

(75) Kloepfer（Anm. 13), S. 77.

(76) この意味では、同じ連結説に分類しうる見解の中でも、人間の尊厳の保護の法的効果を生命権に当てはめようとするライスナー説とは方向が異なる。クレプファーの問題関心は、ライスナーとは異なり、生命権の制限可能性ではなく、人間の尊厳の制限可能性にあるといえよう。着床前診断、胚消費的医学研究、クローン胚の医学利用など生命操作技術との関係でこの点を論じたクレプファーの最新の論考として、Vgl. Kloepfer, Humangenetik als Verfassungsfrage, JZ 2002, S. 422.

(77) Vgl. Starck（Anm. 14), Rn. 29 Fn. 104.

(78) シュテルンは、クレプファーを批判して、「基本法一条一項に違反せずに、基本法二条二項が生命の基本権に関する法律の留保を挿入することは許される。生命は、単に、人間の尊厳に反する形態で侵害されてはならないに過ぎない」という。Stern（Anm. 57）, S. 225.

(79) Vgl. Pieroth/Schlink（Anm. 60）, Rn. 363.

(80) 死刑は、ドイツにおいては基本法上禁止されている（基本法一〇二条）のでここでは例としてあげることは適切ではない。基本法一〇二条を改正して死刑を再導入することは人間の尊厳に違反するか否かにつき、押久保・前掲論文（注9）七頁以下参照。

(81) BVerfGE 88, 203 [253 f].

(82) Leisner（Anm. 35）, S. 30.

(83) ただし、彼も、後述するように、最終的には生命権の制限を認める。

(84) Fink（Anm. 18）, S. 211.

(85) Antoine（Anm. 33）, S. 18.

(86) この立場に立つものとして、Jörg P. Müller, Recht auf Leben, Persönliche Freiheit und das Problem der Organtransplantation, Zeitschrift für Schweizerisches Recht, 1971 S. 461 f. エクハルト・シュタイン［訳者代表・浦田賢治］『ドイツ憲法』（早稲田大学比較法研究所、一九九三）三三一頁以下。ただし、両者とも生命権と人間の尊厳の関係は明らかでない。

(87) ライスナーは、この説を採るように思われる。彼はいう、「[生命にとって] 危険な状況［の国家による創出］は、人間の生命という最高価値に適応して、同ランクの他人の法益［生命］の保護のために必要な場合に限って合法化されるか、さらに命じられうる。……それゆえに、一般的な法律の留保は、生命という最高の価値を常に尊重し、それが生命権への介入を同ランクの価値の保護、すなわち生命の保護のためにのみ許容する場合にのみ、意義あるものとなる。」（［ ］内引用者）Leisner（Anm. 35）, S. 30 f.

(88) Pieroth/Schlink（Anm. 60）, Rn. 365. 人間の尊厳は他人の人間の尊厳と衡量することも不可能であるとするのがドイツの通説のようである（Kloepfer [Anm. 13] S. 97 f.; Höfling [Anm. 60] Rn. 66）。これに対して、少数説として、シュタルクは、人間の尊厳は他人の人間の尊厳の保護のために制限が正当化されるとする（Starck [Anm. 14] Rn. 42）。シュタルクに対して、ピエロート／シュリンクは、「こういう正当化はアプローチの仕方が間違っているのである。というのも、個々人は確かにその利益や行動において衝突するのであるが、決して人間の尊厳において衝突するのではないからである。つまり、人間の尊厳に対するあらゆる介入は、同時に、その侵害を意味するのである」と批判している。ボード・ピエロート／ベルンハント・シュリンク〔永田秀樹・松本和彦・倉田原志訳〕『現代ドイツ基本権』（法律文化社、一九九九）一一二頁以下。

(89) しかし、ライスナーは、生命間の次のような興味深い比較衡量を展開している。①危険の度合いが同じならば、一人の生命よりも複数の生命を尊重することが許される。②危険の度合いが同じならば、年少者の生命のために、年長者の生命を犠牲にすることが許される。③ある人のより重大な危険を回避するために、他の生命のより軽微な危険を惹起することがゆるされる。④罪のない生命のために、法秩序に反する「罪のある」生命を犠牲にすることが許される。Leisner（Anm. 35), S. 32.

(90) Isensee（Anm. 33), 66 f.

(91) さらに、付言すれば、「被殺害者が死の危険を自由意思で引き受けまたは恣意的に誘発した場合」には人間の尊厳を侵害しないというイーゼンゼーの主張は疑問である。自由意思でも人間の尊厳は放棄しえないと思われるからである。例えば、自由意思で奴隷になることも認められないと考えられるし、自由意思による奴隷であっても尊厳は放棄不可能なはずである。

(92) なお、生命権の絶対性（制限不可能性）を導く論拠としては、本文で述べた生命権と人間の尊厳の結合（「人間の尊厳の不可欠の基盤としての生命」）以外にも、①生命の神聖性、②基本法一九条二項による生命の本質内容の不可侵（「生命権の制限」イコール「生命の剥奪」イコール「生命権の本質の侵害」を意味するから、基本権の本質内容の不可侵に違反するとする説）、③共同体維持の前提としての生命権の承認（生命権の侵害は共同生活の基礎を破壊するとする説）、といった論理が挙げられる。Vgl. Ekaterini Illiadou, Forschugsfreiheit und Embryonenschutz, 1999, S. 168 ff.

しかし、それらの論拠も生命権の絶対性を導く論拠としては弱いと思われる。生命の神聖性に対しては、特定の宗教的背景があり、国家の宗教的中立性に反するのではないかとの疑問、キリスト教も二重危険の理論などにより生命の犠牲をまったく否定しているわけではないこと、仮に生命の神聖性が宗教とは無関係であるとしても、生命の絶対性は今日「生命の質（クオリティ・オブ・ライフ）」の理論から修正を迫られていること、が挙げられる。竹下賢「生命の質と安楽死における法と道徳」加藤尚武・加茂直樹編『生命倫理を学ぶ人のために』（世界思想社、一九九八）一四六頁以下参照。

一九条二項の本質内容の不可侵との関係では、生命権の制限の中には生命権の剥奪にまでは至らないが、生命を危険にさらすことも含まれるので、「生命権の制限」イコール「生命の剥奪」イコール「生命権の本質剥奪」という等号関係は必ずしも成り立たないこと、また、生命権の本質内容の保障は、個々人が基本権を行使できること（個人の生命権の保障）としてではなく、生命権一般の保障と解されていることが反論として挙げられる。ピエロート／シュリンク前掲書（注88）一〇〇頁以下。Sacks (Anm. 66), S. 150.

共同体維持の前提としての生命権については、生命権を不可侵とすることにより、かえって共同体の前提が破壊される場合も想定されることが批判として挙げられる。

おわりに

以上述べてきたように、生命権と人間の尊厳は、歴史的には関連を有するものの、その保護領域の点でも、またその制限可能性の点でも相違がある。したがって、本稿では、基本的に、分離説の立場が支持される。すなわち、生命権の保護対象である生命は生物学的・医学的概念であり、その保護領域の法的画定は、第一義的には生物学的・医学的知見を基礎とすべきである。これに対して、人間の尊厳は、精神的・倫理的・哲学的・世界観的概念であり、その保護領域の画定にあたっては価値的なものの混入は避けられない。生命権と人間の尊厳を同一視ないし強く関連づけることは、生命権の内容画定に価値的なものを過剰に混入させるおそれがある。

また、生命権は、いかなる場合も剥奪されないという意味で絶対不可侵の基本権ではない。これに対して、人間の尊厳は、絶対的に保障される権利ないし保護対象であり、他の基本権や憲法法益との衡量と拒絶する。人間の尊厳の保護領域への介入は即その侵害を意味する。連結説では、生命権の制限可能性を十分に説明できない。

生命権と人間の尊厳が一応別々の基本権（または保護対象）であるとしたら、両者の適用順位はどのような関係にあるのだろうか。単純化すれば、両者の関係としては、①人間の尊厳と生命権は、前者が一般法、後者が特別法という関係（人間の尊厳の補充性）、②反対に、前者が特別法、後者が一般法という関係（生命権の補充性）、③両者が並列する関係、の三つが想定される。生命権と人間の尊厳の保護領域が質的に異なることから考えれば、①②のように両者が一般法と特別法的な関係にあるとみることはできない。したがって、①の関係から導かれるように、生命権と人間の尊厳が競合（Konkurrenz）した場合に、特別法である二条二項の生命権が一般法である一条一項の人間の尊厳に対して優先的に適用されると考えることはできない(93)。両者は、並列的に基準として用いられることになる（③の立場(94)）。ただし、一条一項の人間の尊厳の保護領域は抽象的・不確定的であり、またその制限不可能性ゆえに保護領域が狭く限定されているため、生命倫理に関する問題が人間の尊厳により解決できることは多くはないであろう。これに対して、生命権の保護領域は相当明確であるので、通常、生命倫理にかかわる問題は生命権の規定が基準として用いられることになるのである(95)。例えば、その是非が議論されている、胚の死滅を伴うＰＩＤ（着床前診断）や医療用クローン胚の作成などに関して、胚が人間の尊厳と生命権の主体または保護対象としても、それらの技術の使用が胚に対する礼意をもって行われ、特定の人間や集団に対する蔑みや選別（例えば人種の浄化の目的で行われる場合など）を伴わない場合などに、人間の尊厳を基準に、それらの技術の禁止に関して憲法上の判断をすることは難しいだろう。これに対して、（客観法としての(96)）生命権からみて、それらの技術は、医学への貢献による他人の生命の維持の可能性、予想される疾病の症状や治療可能性、母体の健康などの（将来の）親の重大な利益を考慮に入れて、倫理上の当否は別論として、憲法上は許容される（胚に対する国家の生命保護義務が緩和される）余地が生まれる。(97)

最後に、本稿の立場に対しては、生命権と人間の尊厳とを切り離すことにより、生命権の保障を弱めるものであるとの批判が加えられるかもしれない。しかし、それは本稿の意図するところではない。本稿の立場は、生命権は、まったく衡量を許さないという意味で絶対的に保障されるものではないとするものであって、生命権は、人間の尊厳と切り離されても、依然きわめて重要な法益である。また、生命権と人間の尊厳を切り離すことは、生命への介入が自動的に人間の尊厳の介入（侵害）を意味するのではないということであって、生命権への介入が、生命権とは別に（または生命権と並んで）人間の尊厳に違反することはありうる。

(93) 連邦憲法裁判所は、人間の尊厳と生命権との関係ではないが、人間の尊厳と個々の基本権の関係一般については、本文中①の立場をうかがわせている（BVerfGE 51, 97 [105]; 53, 357 [300]; 56, 363 [393]）。Vgl. Reinhold Heß, Grundrechtskonkurenzen, 2000, S. 168.

(94) この点、ヘーフリンは、基本的には①の立場に立ちつつも、「部分的な特別性と補充性の原則」（傍点引用者）という言葉を使って、生命権を含む個別的基本権は人間の尊厳よりも優先的に適用されるが、その場合の人間の尊厳の補充性は、一般的行為の自由を含む広い意味での二条一項の人格の自由な発展権の個別的基本権との関係での補充性とは異なるとする。そして、個別的基本権の侵害と並行して人間の尊厳の侵害が存在しうるとし、二条二項の生命権への介入の場合も、例外的に、二条二項の生命権とともに一条一項の人間の尊厳が憲法上の審査基準として用いられるとしている（その例として、いわゆる脳死者からの臓器の摘出問題を挙げる）のも実質的は、私見に近い立場と思われる。Vgl. Höfling (Anm. 66), Rn. 57 u. 60.

また、ローレンツは、生命権への介入の限界を、法律の留保による相対的限界（過剰介入の禁止）と人間の尊厳による絶対的限界に分け、前者により介入が正当化されても、介入の形態によっては後者の限界づけを受けるとする。この見解では、人間の尊厳による審査は生命権によるそれの中に取り込まれることになるが、これも実質的には本文中③の立場に近いものであると思われる。Vgl. Dieter Lorenz, Recht auf Leben und körperliche Unversehrtheit, in: Isensee/Kirchhof (Hrsg.), Handbuch des Staatsrechts, Bd. 6, 1989, § 128 Rn. 40 ff.

(95) 青柳幸一「科学／技術の進歩と人間の尊厳」ジュリスト一二二二号（二〇〇二）三五頁。

(96) 前掲注（70）参照。

(97) これらの新技術に関する最近のドイツの憲法上の議論として、以下の文献を参照。Höfling, Reprogenetik und Verfassungrecht, 2001; Kloepfer, Humangenetik als Verfassungsfrage, JZ 2002, S. 417 ff.; Dederer (Anm. 72); Christian Kopetzki, Grundrechtliche Aspekte der Biotechnologie am Beispiel des „therapeutischen Klonens“, in: Kopetzki/Mayer (Hrsg.), Biotechnologie und Recht, 2002; Matthias Herdegen, Menschenwürde im Fluß des bioethischen Diskurses, JZ 2001, S. 773 ff.; Starck, FAZ Nr. 124 30. Mai 2001, S. 55; ders, Verfassungsrechliche Grenzen der Biowissenschaft und Forschungsmedizin, JZ 2002, S. 1065 ff.; Bernhard Schlink, Aktuelle Fragen des pränatalen Lebensschutzes, 2002; Ipsen (Anm. 54); Heun (Anm. 41).

11 臓器移植から臓器形成へ
――ＥＳ細胞をめぐって――

柏崎敏義

はじめに

かつてセンセーショナルな形で、脳死という死があることがしめされ、また、それを前提として人の体を切り刻んで臓器を移植するという技術があることがしめされた。一九九七年に臓器移植法が施行されてからの五年間で、脳死判定による臓器移植は二一件行われた（二〇〇二年一〇月末）。しかし、それまで三徴候死を身体の死としてきたのに対して、理性の死とでもいうべき脳死を学問的に、社会的に許容できるかどうかの問題は解決されたわけではない。それどころか、現在の議論はもはやそこにはない。

一方では人々に福音をもたらすといわれ、他方では人体利用と批判される、先端科学技術の発展によってもたらされた生命科学の問題が、静かに、しかし大きなうねりとなっておしよせてきている。生命倫理の問題は、先端科学技術の中の先端医療の領域の問題である。なぜこれが問題になるのか。それは、技術の発現形態がわれわれがこれまでに知っている「医療行為」とはまったく異なる別のものであり、従来のルールでは測ることのできない特殊性をもっているからである。この問題に対して憲法はどう対応すべきなのかが問われている。本稿では、先端科学技術に係わる多くの問題の中から、いま臓器移植がかかえる問題として小児移植について若干の考察をし、次に臓器移植における臓器不足解消の決定打ともいえるＥＳ細胞の取り扱いについて検討をする。

一　臓器移植がかかえる現在の問題

1　現　状

前述の二一件という数字は諸外国との比較で客観的にみれば必ずしも多い数ではないが、この日本で二一件もあったとみるか、二一件しかなかったとみるか、両者の立場の接近は依然としてみられない。臓器移植が増えない最大の原因を、公共の福祉に関心が低い国民性にあると強調する立場がある(1)が、臓器提供しないのはけしからんとばかりの主張は理性的ではない。この考えでは臓器移植の推進に水を差すことになる。臓器移植というシステムに与するか否かは本人自身の判断によるべきであるという臓器移植法の基本的立場からすれば、どのような立場にいる人が発言しているかにもよるが、この主張は臓器提供を強制しかねないものであり、国家による人権侵害になりうる。しかし現状において臓器移植が増えないのは、ドナーカードの書き方がわからず必要事項がきちんと書かれていないとか、臓器移植施設の整備が十分ではないというところにある。

臓器移植法は、脳死を前提とした臓器提供（臓器摘出）のみを認め、その場合の条件として本人の生前の意思表示を尊重しながら、家族の同意を必要とする厳格な方式を採用した(2)。本人の意思を尊重するという自己決定の方式を採用した当初から、将来の問題として先送りにされてきたのが一五歳未満の子どもの臓器提供意思表示の取り扱いに関する問題、すなわち小児移植である。

2　小児移植

民法上遺言能力が一五歳以上であると規定されている（民法九六一条）のに対応して、臓器移植法は一五歳未満の臓器提供意思を認めなかった。このことが、小児移植を困難にしてきた。したがって、一五歳未満の子どもへの臓器移植はほとんど不可能となる。そこで、子どもの臓器移植を実現するために、親の同意のみで臓器提供を認めるべきであるという主張がでてくるのはいわば必然である。

一般的には、自己決定としての本人の同意（生前意思）が尊重されるべきであることは疑いない。しかし、脳死後における本人の同意を検証する術はないということは別にしても、前述の考え方によれば、一五歳未満の子どもの自己決定は認められないことになる。そうすると、親の同意のみで臓器提供を認めようとする方式は、一五歳未満の子どもの意思は生前においても脳死後においても無視してよろしいということを意味する。遺言上の意思能力がないという理由のみで、一五歳未満の子どもを「人扱いしない」ことの利益はどこにあるのか、説明がつかない。

憲法一三条は個人の自己決定を承認しており、国に対して、また他者に対しても不干渉を主張できる。それに対して、民法は日常生活の場面における法律行為能力を限定し、民法上一般的には二〇歳以上の者の法律行為能力を認め（民法三条、四条）、遺言というある特殊な場面においてのみ法律行為能力を一五歳まで引き下げている。このような事情に鑑みれば、現行法は、一五歳未満の子どもの意思を法定代理人を介してまで社会に表明することは想定していない。そうであれば、親の同意のみで小児移植を進めようという考え方は否定されなければならない。ドナーとなる子どもの利益は、おそらくまったくない。このように判断能力を欠く子どもの場合、リスクを最小限度にとどめるための厳格で客観的な規制が必要である(3)。

もちろん、法律でこのような制度を創設することによって小児移植を実現することはできる。ただしその際、親とはいえ他者であることにかわりはないのであり、臓器移植における本人同意の原則の例外を設けるのであるから、なぜ他者が同意をすることができるのか、どのような状態のときに、誰が、どのような基準で、いつの時点で、脳死判定を行うのか、また、ドナーへの侵害とレシピエントの利益が具体的になんであるかを示し、ドナーの犠牲にレシピエントの利益が対応しているのかどうか、そのバランスがどのように図られ、それをどの程度、どのように保護すべきか、を法は明確に規定しなければならない。小児移植を行わなければ命が助からないという人がいるという個々の事情はあるにせよ、社会的制度としてそれほどまでして小児移植を行わなければならない公的利益がどこにあるのか、いまのところ明確ではない。だから、推進者のあまりに功利的すぎる考え方が批判されるのである。

二　臓器形成

1　ＥＳ細胞

ＥＳ細胞（embryonic stem cell）は胚性幹細胞といい、動物初期胚の胚盤胞の内部細胞塊より樹立された細胞株で、**in vitro** で癌化することなく安定的に自己複製し増殖することが可能な細胞をいう。一九九八年に初めて樹立された、胚から作成される幹細胞であり、全能性幹細胞、万能細胞といわれる。再生医学の成功の鍵といわれる(4)。

種々の臓器の細胞の寿命は個体の寿命と比較すると非常に短く、死滅する細胞を補給するために増殖、分化する幼若、未分化の親細胞を幹細胞といい、それは自己複製能と他種類の細胞への分化能をもっている細胞である。幹細胞の継続が起こることで臓器の新陳代謝が行われ、個体の寿命が保たれることになる。骨髄移植がその例としてよく知られるところである。ＥＳ細胞はすべての細胞に分化可能であることから注目を浴びる存在となっている。

これからの研究において重要なのは、そのような幹細胞の分裂がどのような様式なのか、さらには幹細胞が分化した細胞を作り出すのかあるいは自分自身を作るのかという運命決定機構を解明することによって、自由に幹細胞自身を複製し、あるいは分化した機能細胞を大量に調整することができるかどうかであるといわれる(5)。脊椎動物における細胞の誘導・分化の研究はアフリカツメガエルがモデル動物として使用され、臓器形成に一定の成果が上げられている(6)。

ＥＳ細胞はすべての細胞に分化する能力を保持したまま事実上無制限に増やすことができるのであって、そのために必要な機能細胞を分化誘導する方法が確立できれば治療に必要なだけ機能細胞を供給することが可能になり、現在の移植医療が抱える最大の問題のひとつであるドナーの絶対的な不足を解決できると期待されている(7)。すなわち、ＥＳ細胞は試験管内（in vitro）でもさまざまな細胞に分化する能力をもっていることから、必要なときに、必要な細胞を、必要な数だけ作り出すことができるのである。分化誘導された神経細胞、心筋細胞、血液細胞、膵臓内分泌細胞などは移植可能であることが動物の実験で確かめられている。

しかし、このような臓器形成の研究においてヒトのＥＳ細胞を用いて実証することができるのかというと、大いに問題となるところである。現在、京都大学再生医科学研究所においてＥＳ細胞樹立が始まっている(8)。また、厚生労働省の専門委員会は、人工妊娠中絶などで死亡した胎児の細胞利用を限定的に認める方針を決めた(9)。

2　ES細胞樹立の手続

ヒトES細胞樹立にかかわる手続は、まずヒトES細胞株の樹立を行おうとする樹立責任者から樹立計画を申請し、樹立機関内の倫理委員会の審査と承認を得て、また凍結胚の提供機関の倫理委員会の承認を得て、政府に研究計画の妥当性の確認を求める。政府は専門委員会を設け妥当性の確認の可否を決する。このような審査を経たあと、提供医療機関を通じてヒト胚の提供を受けることになる。(9)

京都大学倫理委員会は二〇〇一年、ヒトES細胞研究を是認し、国の専門委員会も了承した。これでヒトES細胞が樹立されるのは時間の問題となったが、逆にこれは、「ヒト胚を壊しても問題はない」と国が公的に判断したことを意味する。しかし、ES細胞以外にも幹細胞があるのであれば、ヒト胚をわざわざ使わなくてもよいはずである。先端医療の名の下に、ヒトになりうる受精卵が「余剰胚」の烙印を押され際限なく費やされることになるとの批判がでるのはもっともである。(10)

3　ES細胞の利用

ES細胞から分化誘導した細胞を用いた移植医療が現実に可能となった場合、なにが問題となるか。(11)医学的には、一般的な臓器移植と同様に拒絶反応をいかに抑えるかの問題がある。免疫拒絶を防ぐために有効と考えられているのが、患者の体細胞を用いてクローン胚を作成し、そこからES細胞を樹立する方法である。クローン胚の作成とクローン人間の作成は本質的には異なるが、素人にはその違いは認識しにくい。

拒絶反応抑制とあわせて移植に必要な臓器不足を解消するために、動物の臓器を移植する方法がある。その際に生ずる拒絶反応を抑制できる臓器を作り出すためのクローン牛の作成が報告されている。(12)その実現性は高いといわれるが、倫理的問題はなお残る。

ＥＳ細胞を移植医療に利用する場合、その細胞は高純度であることが必要であり、もし移植される細胞の中に未分化ＥＳ細胞が混入した場合、その未分化ＥＳ細胞が奇形種（癌）を形成する能力をもっていたら大変危険なことになる。そのような場合に備え、アポトーシスを誘導できる仕組みを遺伝子操作によりＥＳ細胞に導入することが必要であるといわれる。[13] このことの意味は、ＥＳ細胞から分化誘導した細胞が正常に機能するかどうかは実はまだ未知数であり、今後の研究を待たなければならないということである。したがって、いまのうちに、医学研究と臨床応用にＥＳ細胞を利用することの意味、合理的必然性、利益を明確にしておかなければならない。

4　ＥＳ細胞以外の幹細胞

ところで、さまざまな組織になる能力をもつ幹細胞が、受精卵が分割した胚以外にも存在する可能性があることが指摘されているが、もしそうであるとすれば、移植に必要な臓器を確保する際、あえて他者の胚を壊して作るＥＳ細胞ではなく、自己の幹細胞を使うことが可能となる。

万能細胞であるということでＥＳ細胞が注目されているが、組織幹細胞（造血幹細胞、神経幹細胞、肝幹細胞など）にも幅広い分化能（可塑性）があることが明らかになりつつある。たとえば、造血幹細胞についてマウスなどの動物を例にみると、骨髄移植を受けた患者の肝臓にドナー由来と思われる幹細胞が検出されたり、心臓移植を受けた患者の血液中にドナー由来の血液細胞が検出されたりしている。これをもしヒトにかかわる再生医療でみてみると、骨髄中に可塑性をもつ細胞が存在することから、死体ドナーからの提供を待たなくても、自己の骨髄細胞の可塑性を利用した自家移植が可能となる。しかし、実際の治療効果、治療のメカニズムについては未知の部分が多いといわれる。[14]

このような組織幹細胞の利用とES細胞の利用とではどこが違うのか。組織幹細胞は、初期胚を壊さないし拒絶反応が少ないという利点があるものの、ES細胞ほどの全能性をもっていないところが弱点である。そして、それ以上に、ES細胞を樹立したいという要望が科学者に根強くあるのである。ES細胞は発生初期のごく限られた間だけしか存在しない多能性幹細胞から樹立するので、その多能性幹細胞を取り出すには胚を壊さなければならない。その胚はヒトの源であり、その胚の破壊は人間の破壊となる。それゆえ、胚の取り扱いは人権問題になりうる。(15)

三　胚の保護

胚の取り扱いが人権問題であるという場合、生命の始まりはいつからか、胚は人としてあるいは人ではないが人と同様の保護を受けるのかどうかがまず問題になる。その場合、胚の保護は社会にとってどのような意味をもつのか、また、保護のためにどのような規制が必要なのかが検討されなければならない。

1　試験管の中の胚

試験管の中の胚には、ひとつは体外受精のために生産されたが移植に使用されずに残った余剰胚があり、もうひとつはES細胞樹立のためにのみ作成される胚がある。余剰胚であるということは、いずれは死滅する運命にある。そして、そのことが理由となって、医学の発展のためと称して胚が利用される。あるいは、医学の発展に供するためにのみ胚が作成される。

ドイツでは、一九九一年一月一日から施行されている胚保護法二条二項は、「妊娠に導くこと以外の目的で、ヒトの胚を体外で発育させる者」を処罰するとして、試験管内で胚を作成することを禁止している。(16)この場合、試験管の中に胚は存在しないので、その法的地位、そのような胚の人間の尊厳の問題、さらには生命保護の根拠如何について考察する必要はない。しかし、同法一条一項および二項によれば、妊娠をもたらすための胚の作成は可能であり、複数個作成されたうちの三個までは女性に移植することが認められている。このような場合、移植されなかった胚は余剰胚として存在することになり、その胚の扱いが問題となる。ただ、体外受精は医療補助の一環であるから、それ自体は問題にはならない。

それに対して、試験管で作成される胚のうち、ＥＳ細胞を樹立するためだけに作成される胚は生命の円滑な継続的成長に向けて作られてはいない。こうした取り扱いはその胚になんの恩恵ももたらさず、他者のために単なる道具として利用されるに過ぎず、人間の尊厳に反し(17)、人権侵害である(18)。in vitro で胚を作り、ＥＳ細胞を樹立するというような研究は、研究者に義務づけられているわけではない。

2　人権の享有主体

(1)　受精卵が分割したヒト胚を壊すことは(19)、人権保障の観点からすれば、ヒト胚を法的にどう位置づけて、どう守らなければならないのかの問題になる。

胚はヒトか、という問いかけに対する回答は困難である。生命はどこから尊厳あるいのちとなるのか。桑実胚の時期か、胎児として生存可能な時期か、出生によってか、自意識をもったときか、あるいは租税を支払うようになったときか。ヒトがヒトとして社会に受け入れられるのはどの時期なのか。保護に値する存在あるいは権利を享有する主体かどうかという価値決定は、その社会の現実の生活環境における人間像をどのように考えるかの問題であるといえよう(20)。

人の生命の始まりについて、生物学的には、ヒトを含めて生物は世代を越えて生きてゆくものであり、生命は連続しているといえ、その始点は確定できないといわれる。[21] しかし、〃一個の生物〃の生命をみれば、生物学的にみてもその生命の始まりはある。ただし恣意的にその始点を確定しないように慎重でなければならない。[22]

ドイツ連邦憲法裁判所は、第一次堕胎判決で、「生理学的にみれば、生命は受精後一四日して存在」し、生命のプロセスは継続的過程であり、どこかで区分できるものではないとした。ドイツの胚保護法八条は、受精したヒトの卵細胞は細胞核の融合後二四時間以内には発育能力があると規定する。[23] 胚は受精から出生までの人の生命とされるが、人の形状が明確になるのは受精後八週目であり、一二週目以後を胎児として区別する場合がある。これらを総合的に考察すれば、ＥＳ細胞樹立に用いられる胚は受精後一四日以前の初期胚が対象となる。この時期の胚（胚盤胞の胚）はそのまま子宮に着床すると人間になる可能性があり、〃人の生命の萌芽〃の意味をもつ。人権保障は、基本的には具体的な人間を対象とするが、これから生まれてくる生命、あるいはその源である胚の保護が価値のないものとはいえない。

(2) ケルナーは、生命の始まりについて、宗教モデル、脳生モデル（Hirnleben-Modell）、総体モデルの三つのモデルがあるという。[24] 宗教モデルは、受精卵の段階にヒトとしての始まりをみる宗教的（特にカトリック的）視点であり、脳生モデルは、生命の終わりを脳死で定義することができるのと同じく、[25] 生命の始まりを脳の活動の始まりにみる視点であり、総体モデルは、生命・精神・社会の総体としてとらえる視点である。[26]

このなかでとくに脳生モデルは、受精後五七日ころから脳幹の組織形成において神経の活動がみられるとするものである。これは脳死の定義がなされるのと同様の論法であり、また脳死が受け入れられる所では社会的にも合意形成が可能であるとされる。[27] すなわち、全脳死の立場に立って死の不可逆性が人格の消滅を導くのである。これは脳の高位性に基づく見解である。しかし、死の確定概念はたしかに医学上の見解もあろうが、われわれの日常生活の観点からすれば、人がいつ死んだと考えるかは社会全体の合意に他ならない。[28] したがって、脳の活動をもって生命の始まりとみなし、脳が活動を始める以前であれば胚に対するどのような処分もヒトの生命を侵害したことにはならないとみる見解は恣意的であり、合理的とはいえない。

(3)　子宮内の胚はヒトへと成長するのではなく、はじめからヒトとして成長するものであると解するのが憲法上の生命保護に合致するであろう。(29) すなわち、人は政治的、社会的に存在するが、その源には生物的存在があり、この存在が個人の自律や個人の尊厳の対象になる。胚は、その時点で遺伝的形質のすべてが備わっており、あとは成長を待つだけである。胚は、人間への全能性が存在するという意味では、すでに人間の「潜在的主体」である。(30) したがって、「生成中の生命にも生命保護を拡大する」必要があり、未出生の人間的存在も生命の権利を有する。(31) ただ、未出生の人間的存在といっても広い概念である。したがって、人権の享有主体性は受精により始まり、それゆえ体外で（in vitro）生み出された生命にも付与されると考えるのが合理的である。(32)

ドイツの基本法一条は具体的な個人を重視しているが、このことによって将来の人間の保護ということが価値のないものにはならない。このことから、胚に対する侵襲を禁止する根拠を正当化する。(33) H・L・ギュンターは、どれほど高邁な研究目的であっても、またその緊急性があっても、人間の尊厳への侵害を正当化する根拠とはなり得ないと主張する。(34)

これまでの文明において、ヒトの初期胚にこだわったことはおそらくなかったであろうが、そのような無頓着のゆえにバランスが保たれていたといわれる。(35) しかし、これまでそうであったから、これからもそうであるとは限らない。胚という弱者の利用が認められれば、次には胚にとどまらずに生者への利用へとすすみ、それは人の体を資源として扱うことをもたらす。

3　自己決定

生命の維持または健康の回復に役立つ措置であっても、人権享有主体がその同意を表明しない場合にそのような措置を勝手に行うことは人権侵害である。人権享有主体には自己の権利を行使するかどうか、どのように行使するかについて決定する具体的な権利がある。日本国憲法一三条で承認される自己決定権がそれを根拠づける。しかし、ヒト胚が人権享有主体であるとしても、自らの意思をもたない。そこで遺伝的両親が代わりに意思表示をすることができるかどうかが問題となる。

凍結された余剰胚の場合、それをＥＳ細胞樹立のために提供するかどうかを遺伝的両親が判断してよいかということである。インフォームド・コンセントという一定の手続を経ることで、ＥＳ細胞樹立のしくみに引きずり込まれるという方法がある。つまり、公共のためのＥＳ細胞樹立協力要請を受け入れるとすれば、それは自由意思であるという。しかし、インフォームド・コンセントのもとで行われる同意は、自己決定の結果とみるべきか疑わしい。この手続は責任の所在を不明確にするためのものであり、遺伝的両親の判断がすべてを正当化し得ないことは明らかである。遺伝的両親による個人的な判断は意味をもたない。

ＥＳ細胞を樹立するためだけに作成される胚の場合、遺伝的両親は存在しない。公共性の名の下でヒト胚が作成されて存在すること自体にすでに公共性がある。それでは、権利主体が自己の権利を行使できないときは、誰がこの権利の受託者になるのか。この役割の引受人として想定されるのは、国である。ただし独立性と中立性を備えていることが必要である。(36)

4　公共の福祉

日本国憲法一三条後段の幸福追求権の保障と公共の福祉の関係をどう捉えるか。近代立憲主義憲法の考え方からすれば、国家権力を制限することで人権保障を図ると説明される。しかし、幸福追求権は「公共の福祉に反しない限り、立法その他の国政の上で、最大の尊重を必要とする」という規定の理解を、人権相互の矛盾・衝突を調整するための実質的公平の原理と解するのでは[37]、現在の問題に十分対処できない。むしろ、国家権力行使のあり方の観点から、国家権力は公共の福祉に適合するように行使されるべきである[38]。すなわち、国家の権力行使によって実現された内容それ自体が公共の福祉なのではなく、幸福追求権の内容が公共の福祉と重なり合う場合、国家はその権利内容を実現しなければならないと解すべきである。それは憲法上認められる重要な人権保障への方向性を国家に示すものであり、そこから憲法上国家による胚保護を導き出すことができる。公共の福祉という概念は、ある憲法上の自由を制約する根拠になる一方で、その自由をより厚く保障する理由にもなる[39]。

四　研究の規制

1　規制方法

生命倫理に関する現行規制の日本的特色は、制定法よりも、行政指導や自主規制によって規律されるところにあるということはよく知られている[40]。個別の出来事に場当たり的に対応しているにすぎないと批判されるところである。このようなやり方は、法的効果を伴う正式な法ではないので、基準違反、行政指導違反に対して、法的拘束力をもたない。

自主規制による場合、踏み込んではならない研究対象があるとき、踏み込むか否かの判断を研究者の倫理観に委ねることは危険である。また、ガイドラインの方法を用いる場合、研究機関が自らの審査委員会の手続を経たあと、国の審査委員会において否定的な見解が出された場合、おそらく研究機関は独自の判断で臨床研究をするとは考えられない。が、問題はむしろ、ガイドラインの手続を踏まない研究実施の可能性如何である。[41]現代の科学技術に伴う危険は、現実における結果などについてあらかじめ実験で予測できるようなものではなく、予測困難であるだけに、なおさらそれに対応しうる法制度が必要になる。[42]法律を制定する際には、権利保護のしかた、行政活動の公正・透明の確保、事前手続などの行政手続の整備等々、法の支配のもとでのルールづくりが必要になる。

胚の利用にあっては、特定の病人を救う具体的ケースが想定されるのであるが、個別の問題に振り回されてはならない。胚利用を認めるとしても、追求される目的が他の方法によって達成できないかどうかを検討すべきである。とくに、人類に負わせるリスクを正当化する倫理的根拠はどのようなものか、またどのような動機がリスクを受け入れようという気にさせたのか、リスクと交換にそれに見合うどのような価値があるのか、本人の承諾があったというだけで、リスクの伴う実験を正当であるとしてはならず、判断能力の欠けた人の場合には原則として、リスクを最小限にとどめるための厳格な客観的な限界規制が必要である。[43]

2　研究の自由の限界

胚研究は、研究者側からすれば純粋な学問研究ということになろうが、国家の側からすれば研究結果の社会的有用性に大いに期待を寄せるところである。[44]すなわち、真理の探究を目的とする研究に関心があるのではなく、現実的、功利主義的結果に関心がある。このような研究は、研究の自由として保障されるものであるかどうか疑問がある。本来、研究の自由は国家から干渉を受けないという自由権である。それにもかかわらず、この胚研究は、国家による強制はないものの、少なくとも国家がバックアップする研究となっている。[45]胚研究および胚の存在自体が公的意味をもつのだとすれば、このような国家のかかわりは、微妙ではあるが、必ずしも権利侵害とはいえないであろう。

in vitroで胚を作り、ES細胞を樹立するというような研究は研究者に義務づけられているわけではない。また、人工授精や体外受精は医療補助であり、人権侵害の問題は生じない。(46) 研究が人間の尊厳を侵害する場合には、科学的認識（発見）を放棄しなければならない。先端科学はもはやフィクションではない。ハンス・ヨーナスによれば、研究によって将来の価値が創造されるのであるが、子孫が求めているのは奇跡の療法などではなく、この地球を将来に残すことである。(47)

ところで、胚研究と国家の関係がこのような状況にあるのであれば、研究機関が大学や民間の研究機関である場合であっても、公共の目的をもって公共の役割を担っているのであるから、権利侵害に対する私人間効力は当然認められる。

3　保護の名宛人

研究の危険性がとりかえしのつかないものであれば、その研究に対する規制は研究の自由を制限することになるので、法律の制定が必要になる。

保護の範囲と限界の問題は、国家は、どのような他者の対立する利益または権利のために、第三者による生命および健康の侵害を許してもよいのか、という問題になる。(48) 比例原則を用いるのであれば、第三者の干渉を甘受しまたは許容することが、それは他人の権利または公益を有効に働かせるのに適切であり必要であるという理由で正当化されるかどうかである。

重要なのは、人間らしい生活をどう考えるかの問題である。産業利益を前面に、科学業績の先陣争いや国際的競争の中で遅れるなという感覚のみが目立つからである。

未だ自らの意思を示しえない生命の創生、滅失、利用を認めるのは誰か、体外受精による余剰胚の利用に親の同意が求められるがそれはどういう意味か、また、人工妊娠中絶をすることの同意は胎児の利用に対する同意と同一視しうるのか、考えなければならないことが多く存在する。(49) 人の尊厳の名の下にどのような倫理原則が求められ、それらは人体の要素のどこまで、どれだけ厳しく及ぼされるべきか、明らかにしていく必要がある。

むすびにかえて

自分たちの信じる価値が絶対だと思ってはいけない。もしかすると、体外受精が二〇数年前に登場したときに拒否されたにもかかわらず、いまでは社会に定着したのと同じように、一〇年後、二〇年後には、細胞移植は当たり前の時代になっているかもしれない。だからといって現在をその方向で無規制でよろしいということにはならない。

難病に冒された子どものために、脳死による臓器移植という手段で死にかけの子どもを犠牲にするのと、初期胚を壊して生まれかけの存在を作ったうえでそれを犠牲にするのと、どこが違うのか。患者の立場からするとよりよい治療法の開発を望む。しかし、個別の問題を離れ、生命科学の問題の全体像を考えるべきである。生命科学の推進は国家にとっても大きな関心事（利益）であるが、その議論の場に市民はいない。一般市民の参加による議論が望まれる。

（1） 黒川清（厚生労働省臓器移植委員長）「医療側　情報公開を」朝日新聞二〇〇二年一〇月一四日。ドナーカード普及のために運転免許講習の際に臓器提供の意思確認をするという考えもこれと同様である。

(2)　加藤尚武『脳死・クローン・遺伝子治療』(PHP新書、一九九九年)三四頁以下、柏﨑敏義「臓器移植における脳死の憲法問題」憲法理論研究会編『現代行財政と憲法』(敬文堂、一九九九年)一六一頁以下、同「脳死移植」ドイツ憲法判例研究会編『未来志向の憲法論』(信山社、二〇〇一年)五三九頁以下、生駒孝彰『私の臓器はだれのものですか』(日本放送出版協会、二〇〇二年)。

(3)　Uwe Körner, Menschenrechte in der medizinischen Forschung-Arztethos und Forscherinteresse im Konflikt, Berliner Medizinethische Schriften Heft 22, 1999, S. 21 f. 家永登「同意を拒否している未成年者に対する心臓移植実施の可否」専修法学論集八一号一八三頁以下。

(4)　加藤和人「ヒトクローン胚と幹細胞研究」世界二〇〇二年三月号八八頁以下、星野一正「ES細胞は、全能性か多能性か」時の法令一六五八号六三頁以下。

(5)　横田崇「再生医学の成功の鍵、幹細胞」横田崇編『再生医学がわかる』(羊土社、二〇〇二年)一六頁以下。

(6)　高橋秀治、浅島誠「モデル動物における臓器形成」横田編、注(3)一二二頁以下。

(7)　末盛博文「胚性幹細胞を用いた再生医学」横田編、注(3)一三三頁以下。

(8)　朝日新聞二〇〇二年一一月一六日。死亡胎児の細胞利用には法的規制はない。

(9)　末盛、前掲二七頁。

(10)　打出喜義「ES細胞研究、慎重に審議を」朝日新聞二〇〇二年一〇月二日。この批判に対して、ES細胞作成責任者から、いまのところ無限に増殖する能力とあらゆる種類の細胞を作り出す万能性をもつことが確実なのはES細胞のみである。また、少数のES細胞株を作れば、それを増やして研究者に配ることができるとの反論がなされている(中辻憲夫「ES細胞の必要性は大きい」朝日新聞二〇〇二年一〇月二三日)。

(11)　青野由利「先端科学はヒトの胚をどう取り扱おうとしているか」世界二〇〇二年三月号一〇四頁。

(12)　朝日新聞二〇〇二年一〇月一三日。

(13)　小川峰太郎「胚性幹細胞の分化制御」横田編、注(3)四五頁。

(14)　金子新、中内啓光「組織幹細胞の可塑性と再生医学」横田編、注(3)四七頁以下。

(15)　ES細胞の樹立方法について、中辻憲夫『ヒトES細胞　なぜ万能か』岩波科学ライブラリー八八(二〇〇二年）三七頁以下。中辻教授は、少数のヒト胚を壊しても、多くの利益を追求するほうが適切な選択肢であると考える。

(16) 柏崎敏義訳「胚保護のための法律」ドイツ憲法判例研究会編『人間・科学技術・環境』（信山社、一九九九年）五五一頁、総合研究開発機構・川井健編『生命科学の発展と法』（有斐閣、二〇〇一年）二〇六頁。

(17) W. Graf Vitznum, Gentechnik und Grundgesetz, in: Festschrift für G. Dürig zum 70. Geburtstag, S. 190. ドイツの学説につき、島崎健太郎「未出生の生命の憲法上の地位と人工生殖・生命操作技術」ドイツ憲法判例研究会編『未来志向の憲法論』五〇四頁以下参照。

(18) ゲオルク・ヘルメス（岡田俊幸訳）「生命倫理および環境問題における国の保護義務」ドイツ憲法判例研究会『人間・科学技術・環境』一六八頁。

(19) 中辻憲夫『ヒトES細胞　なぜ万能か』一〇頁はこれと逆の考えである。

(20) Uwe Körner, Die Menschenwürde des Embryo, Berliner Medizinethische Schriften Heft 33, 1999, S. 13. たとえばサリドマイド児の出生をみると、一九七九年の古いデータであるが、日本において約一二〇〇人の出生に対し死産が約七四・七％である。ドイツでは三七・五％、イギリスでは一九・三％である。胚をどのように扱うのかの直接のデータではないにしても、この数字をどう見るか。島田燁子『生命の倫理を考える』（北樹出版、一九八八年）一二七頁以下、中山愈『生命倫理』（弘文堂、一九九五年）。

(21) 中辻・前掲六八頁。

(22) ドイツにおいて一九九二〜九三年に行った、医学生、看護学生（三二八名）への、ヒトの生命はいつから始まるかというアンケートに対する集計結果は次のようである（Uwe Körner, Die Menschenwürde des Embryo, S. 11)。

1. Mit der Verschmelzung der Gameten……………81人/24,7%
2. Mit der Nidation ……………………………………25人/7,6%
3. Mit der Anfang von Hirnentwicklung（3.-4. Embryonalwoche）…………27人/8,2%
4. Etwa um die 10. SSW ……………………………35人/10,7%

5. Mit der Überlebensfähigkeit（Lungenreife, 22./24. SSW）……………61人/18,6%
6. Mit der Geburt ……………………………………………………………14人/4,3%
7. Die Frage ist aus meiner Sicht so nicht beantwortbar ………………81人/24,7%
8. andere Antwort ………………………………………………………… 4人/1,2%

（23） BVerfGE 39, 1(37). 青柳幸一「科学／技術の進歩と人間の尊厳」（ジュリスト一二二二号）三四頁、島崎健太郎「胎児の生命と妊婦の自己決定―第一次堕胎判決―」ドイツ憲法判例研究会編『ドイツの憲法判例』（信山社、一九九六年）四九頁以下、藤川忠宏『生殖革命と法』（日本経済評論社、二〇〇二年）九一頁以下。Der Spiegel, 2001, Nr. 20 S. 240 ff.

（24） 橳島次郎『先端医療のルール』（講談社現代新書、二〇〇一年）九五頁以下によれば、宗教によっても捉え方が異なるようである。

（25） W. Heun, Der Hirntod als Kriterium des Todes des Menschen — Verfassungsrechtliche Grundlagen und Konsequenzen, JZ 1996, S. 213 ff.; Wolfram Hofling, Um Leben und Tod: Transplantationsgesetzgebung und Grundrecht auf Leben, JZ 1995, S. 26 ff.; Adolf Laufs, Ein deutsches Transplantationsgesetz - jetzt?, NJW 1995, S. 2398 f.; Aus den EU - Mitgliedstaaten: Niederlande: Streit um Organspendegesetz, NJW 1995, Heft 11, S. XXXI; Werner Heun, Der Hirntod als Kriterium des Todes des Menschen — Verfassungsrechtliche Grundlagen und Konsequenzen, JZ 1996, S. 213 ff.; Wolfram Hofling, Über die Definitionsmacht medizinischer Praxis und die Aufgabe der Verfassungsrechtslehre（Zu Heun, Der Hirntod als Kriterium des Todes des Menschen, JZ 1996, 213 ff.）, JZ 1996, S. 615 ff.

脳死を個体死としない立場について、Wolfram Hofling/Stephan Rixen, Verfassungsfragen der Transplantationsmedizin, 1996, S. 84 ff., 95 ff.; Jochen Taupitz, Um Leben und Tod: Die Diskussion um ein Transplantationsgesetz, JuS 1997, S. 203 ff [207]. を参照。

（26） Uwe Körner, Die Menschenwürde des Embryo, S. 17 ff.

（27） Uwe Körner, Die Menschenwürde des Embryo, S. 21.

(28) H. Grewel, Zwischen Lebensrettung und Euthanasie – das tödliche Dilemma der Transplantationsmedizin, ZRP 1995, S. 217.

(29) Uwe Körner, Die Menschenwürde des Embryo, S. 7; BVerfGE 88, 203 (251 f); H. Schulze-Fielitz, in: Dreier (Hrsg.) Grundgeretz Kommentar, Bd. I, 1996, Art 2 Rn. 16.

(30) A. Eser, Strafrechtliche Schutzaspekete im Bereich der Humangenetik, in: Ethische und rechtliche Fragen der Gentechnologie und der Reproduktionsmedizin, Gentechnologie – Chancen und Risieken, Bd. 13, 1987, S. 140 f.

(31) BVerfGE 39, 1 (37).

(32) ゲオルク・ヘルメス、前掲一七〇―一七一頁。長谷部恭男「憲法学から見た生命倫理」（法時七二巻四号）六六頁は、自律的個人でなければ個人として尊重されないとする。

(33) 光田督良「ヒト・クローン技術の法的規制とその根拠」ドイツ憲法判例研究会編『未来志向の憲法論』（信山社、二〇〇一年）五二六頁。

(34) 光田督良、前掲五二九頁。

(35) 島薗進「人間の胚を利用することの是非」世界二〇〇二年三月号一一〇頁。

(36) ゲオルク・ヘルメス、前掲一七一頁。

(37) 辻村みよ子「第一三条」小林孝輔・芹沢斉編『基本法コンメンタール憲法』（日本評論社、一九九七年）六九頁。

(38) 長谷部恭男「国家権力の限界と人権」樋口陽一編『講座憲法学3』（日本評論社、一九九四年）六二頁以下。

(39) 長谷部恭男、前掲五九頁。

(40) 磯部哲「ヒト胚の研究利用と法規制」法学セミナー五七三号一〇頁以下参照。

(41) 斎藤誠「日本におけるバイオテクノロジーと法―現状と展望―」ドイツ憲法判例研究会編『人間・科学技術・環境』一三三頁。

(42) Uwe Körner, Menschenrecht, S. 22. 斉藤、前掲一三六頁。

(43) Uwe Koŕner, Menschenrechte, S. 21 f.
(44) 松元忠士「憲法二三条の学問の自由」ドイツ憲法判例研究会編『未来志向の憲法論』(信山社、二〇〇一年)四八〇頁。
(45) 島薗進、前掲一〇八頁は、国家が後押しする熾烈な研究競争はこの問題に不吉な陰を落としていると指摘する。
(46) 戸波江二「学問・科学技術と憲法」樋口陽一編『講座憲法学4』(日本評論社、一九九四年)九六頁、同「科学技術の発展と人間の尊厳」ドイツ憲法判例研究会編『人間・科学技術・環境』一〇三頁以下。
(47) Uwe Körner, Die Menschenwürde des Embryo, S. 28–29.
(48) ヘルメス、前掲一七五―一七六頁。
(49) 島薗進、前掲一一二頁。

12　基本権の制約と法律の留保

松本和彦

はじめに

国家が一定の措置をとろうとする場合に、当該措置の根拠が法律に存在しなければならないとする法原則は、一般に法律の留保原則と呼ばれる。筆者はかつてこの法律の留保原則を基本権保障の観点から検討した(1)。そこにおいて筆者は、法律の留保原則の現代的意義を明らかにすると同時に、同原則にしたがえば、基本権を制約する国家行為に法律の根拠が必要になると主張した（以下では、憲法上の権利を基本権と呼ぶ）。基本権を制約する国家行為に法律の根拠が必要なこと自体は、筆者が特に主張するまでもなく、自明視されてきたといってよい。しかし、法律にこだわるべき理由はこれまで必ずしも十分に明らかにされてこなかった(2)。これに対して、筆者はドイツの法律の留保論を参考に、基本権制約における法律の意義と役割についての再考を提起した。

ところが、法律の留保原則に言及したことは、筆者の思惑とは別に、一部で拒否反応を引き起こすことになった。(3) その背景には、もともと日本の憲法学で法律の留保原則は消極的な意味合いで語られることが多かったという事情があるようである。たいていの教科書は、明治憲法が「法律ノ範囲内ニ於テ」しか基本権を保障せず、法律によりさえすれば基本権の制約も許されるとしたことを「法律の留保」の言葉の下で観念し、日本国憲法はそれを克服したと結んでいる。(4) こうした説明の仕方が法律の留保原則を否定する風潮を生み、憲法学において、法律の留保の意味を問い直す機会を閉ざしている。その結果、法律の留保を論じ続けている行政法学との対話を困難にし、(5) また、行政法学に影響を与えているドイツ公法学の最新の成果に背を向けることにもつながっている。こうした傾向が憲法学にとって、どうでもよい事態だとは筆者には思われない。

筆者の旧稿は、基本権保障の観点に限定して法律の留保を論じていた。法律の留保原則の妥当する領域が基本権制約の場面に限られないことを考えると、このような限定は同原則の射程を見誤らせる危険を冒すものであった。行政法学では、法律に留保される事項に基本権制約が含まれるのは当然のことで、問題はそれ以外の国家行為の何が法律に留保されるのかにある。しかし、憲法学において法律の留保原則は、消極的な意味合いとはいえ、基本権制約の場面で論じられてきた。この場面で、同原則の積極的な意義を主張することは、それとして重要であると筆者には思われた。

いずれにせよ、筆者は旧稿を敷衍し補足する必要性を強く感じている。法律の留保原則が、憲法学、行政法学、ドイツ公法学の三者でそれぞれに扱われていることを思えば、無用の誤解を生じさせないためにも、三者間のつながりや違いに十分に配慮して論じなければいけない。この点を意識して、本稿は法律の留保原則の諸局面に改めて分け入り、基本権制約における法律の意義と役割の再考を試みるものである。

一　基本権制約における法律の留保原則の含意

1　基本権の形式的保護機能と実質的保護機能

憲法学において「法律の留保」つきの基本権保障というのは、法律の定める範囲内でしか基本権の行使を認めないことだと理解されてきた。明治憲法二九条が「日本臣民ハ法律ノ範囲内ニ於テ言論著作印行集会及結社ノ自由ヲ有ス」としていたように、法律に基本権の限界を決定する権限が留保される形での保障と捉えられてきた。(6) これは一方では、法律によらなければ基本権の制約はできないという意味とされるが、他方で、法律によりさえすれば基本権の制約も自由であるという意味も持たされた。この後者の意味ゆえに、法律の留保原則は全体として否定されるべき対象とみなされることになったのである。

この点、ドイツ連邦共和国基本法（以下、単に基本法という）は法律の留保を伴った基本権規定を有する憲法である。たとえば、基本法二条二項は生命及び身体の不可侵性の権利と人身の自由を保障した上で、「これらの権利には法律に基づく介入のみが許される」と規定する。一見すると、法律の留保のついたこれらの基本権は、行政や司法に対して保障されるだけで、立法に対しては無力であるように見える。しかし、ドイツではそうした理解はとられていない。それは基本法が一条三項において「以下の基本権は、直接適用される法として、立法、執行権、裁判を拘束する」と定め、基本権による立法者拘束を宣言しているためである。(7) つまり、基本権は法律の留保を伴う場合であっても、法律によって自由に処分されるものではなく、逆に基本権が法律を拘束すると理解されるのである。法律による基本権の制約を認める場合でも、その制約法律の内容が基本権による合憲性の統制を受けるのである。(8)

立法をも拘束する基本権という考え方が確立していることの意義は大きい。そしてここがワイマール憲法の基本権と全く違うところである。ワイマール憲法においては、基本権は行政のみを拘束し、立法を拘束しないと解されていた。(9) だからワイマール憲法の法律の留保は、法律によりさえすれば基本権の制約も自由であると解釈される余地を多分に含んでいた。しかし、基本法が基本権による立法者拘束を確立したことにより、たとえ基本権規定に法律の留保が添えられている場合でも、基本権の効力が憲法のレベルから法律のレベルに落ちることはなくなった。留保される法律は、基本権を制約するものであっても、基本権を侵害してはならないという「制約の制約（Schranken-Schranken）」を受けるのである。

基本法二条二項の人身の自由も、ワイマール憲法一一四条の人身の自由も、ともに法律の留保に服する基本権であるが、前者の人身の自由は立法者も拘束しているという点で後者の人身の自由と区別される。それゆえ、前者に付された法律の留保も後者のそれとは区別される。前者の法律は「基本権を侵害しない」法律でなければならない。別の言い方をすると、留保される法律の内容自体が基本権適合的でなければならない。その限りにおいて、法律の内容決定は立法者の自由にはならない。

ワイマール憲法の基本権保障は「法律によらない強制からの自由」の保障であった。その主眼は法律に根拠のない基本権制約を許さないところにあった。(10) ここでは基本権制約に法律の根拠を要求すること、すなわち、基本権の領域で法律の留保原則を確立することが、基本権保障の意味だったのである。リュッベ―ヴォルフはこのことを指して基本権の形式的保護機能と呼んでいる。(11) 基本権制約に法律という形式を要求することによって、「法律によらない強制からの自由」が実現されるからである。しかし、この形式的保護機能にしか着目しなかったところに、ワイマール憲法の定める法律の留保の弱点があり、それが同憲法の基本権保障の限界であった。(12)

これに対して、基本法の基本権は、法律の留保を伴う場合であっても、その法律の内容を基本権が拘束している（基本権による立法者拘束）。リュッベ－ヴォルフはこれを基本権の実質的保護機能と呼ぶ[13]。法律の内容が基本権に拘束されるということの意味は、まず第一に、当該法律は正当な目的を達成するためのものでなければならないということであり、第二に、正当な目的を達成するための手段も正当でなければならないということである。つまり、基本権を制約する法律は比例原則に適応しなければならないのである。比例原則についての一般的な考え方からすると、基本権の制約は、正当な目的の達成にとって適合的かつ不可欠で均衡のとれた手段によらなければならない。

注意しなければならないのは、基本法の基本権は、実質的保護機能だけでなく、形式的保護機能も相変わらず保持しているということである。基本権規定に法律の留保が付されているのは、基本権の形式的保護機能を明示するためである。それは実質的保護機能を否定する趣旨ではない。つまり、形式的保護機能しか有していなかったワイマール憲法の基本権と異なり、基本法の基本権は形式的保護機能と実質的保護機能の双方を備えているのである。こうした事情をピエロートとシュリンクは「法律の留保から比例的な法律の留保へ[14]」という標語で表現している。

以上の議論から分かることは、基本権規定に法律の留保が付されている場合であっても、それが直ちに法律に対する基本権の無力を意味するわけではないということである。基本権による立法者拘束さえ認められていれば、基本権は法律に対して優位に立つことができる。しかも、法律の留保と基本権による立法者拘束は両立する。両者の併存によって、基本権の形式的保護機能と実質的保護機能が発揮できることを考えると、それはむしろ基本権保障の強化に寄与するといってよいだろう。

2　留保規定の存在と不存在

ワイマール憲法と明治憲法はともに法律の留保付きの基本権規定を有していた。そしてこれらの基本権は形式的保護機能しか持ち得なかった(15)。他方、基本法は基本権規定に法律の留保を付しているが、同時に基本権による立法者拘束を定めているため、その基本権は形式的保護機能と実質的保護機能の両方を持ちあわせている。これに対して、日本国憲法の基本権規定は法律の留保を伴っていない。留保規定の不存在は、基本権制約における法律の根拠の不必要性、ひいては基本権の形式的保護機能の不存在を意味するのであろうか。

実は、基本法の場合も、すべての基本権規定に法律の留保が付されているわけではない。法律の留保なしに保障されている基本権も存在する。たとえば、基本法五条三項は「芸術と学問、研究と教授は自由である」とのみ規定して、法律の留保に言及しない。他にも、四条一項の信仰の自由や、八条一項の平穏かつ武器を持たない集会の自由など、法律の留保規定のない基本権がいくつかある。

留保規定の不存在は基本権制約をそもそも許さない趣旨であると解釈する見解もないわけではない(16)。しかし、ドイツの通説・判例はそのように解しない。留保のない基本権といえども、制約せざる得ない場合はあると認めている。ただ、留保のない基本権は、もともと制約可能性がほとんどないと想定されて留保が付されなかったのだから、やむを得ず制約を許容する場合は、留保のある基本権よりも高度の正当化が要求されるという。連邦憲法裁判所は、確立した判例(17)において、次のように述べている。「衝突する第三者の基本権と憲法的地位を備えた他の法的価値がある場合においてのみ、憲法の統一性とそれによって保護される全体的な価値秩序を考慮しながら、制約できない基本権に対しても、例外的に個々の関係において制約を加えることができる」と。つまり、「衝突する第三者の基本権」と「憲法的地位を備えた他の法的価値」という、憲法から直接導かれる価値を保護する場合でなければ、留保のない基本権を制約することはできないというのである。したがって、留保のない芸術の自由といえども、他者の人格権（＝衝突する第三者の基本権）を侵すような形で行使することは制限されるし[18]、また、留保のない消極的信仰告白の自由といえども、司法の機能性（＝憲法的地位を備えた他の法的価値）維持のための宣誓義務によって制限される[19]。

ここでの基本権制約の正当化は、基本権の実質的保護機能の次元で捉えられている。高度の正当化が要求されているのは、制約の形式ではなくて、制約の内容である。その内容が憲法から直接導かれる価値の保護に限定されているのである[20]。留保のない基本権が制約できるのは、憲法から直接導かれる価値を保護する場合に限られる。

では、留保のない基本権を制約する国家行為の形式はどうなのだろうか。それは法律の形式を持たなければならないのか、それともその必要はないのだろうか。この点、ドイツの通説は、憲法から直接導かれる価値を認定し、その認定に基づいて留保のない基本権を制約する第一次的権限は立法者にあると考える。その際、基本権制約は法律の形式を持たなければならないとする[21]。それはつまり、留保のない基本権の制約の場合でも、法律の留保原則が妥当するということである。留保のない基本権の方が留保のある基本権よりも、制約に高度の正当化を要するのであれば、後者に対する法律の要求を前者において後退させる理由はない。基本法の下での留保規定の不存在は、基本権の実質的保護機能の強化を意味するのであって、形式的保護機能の不存在を帰結しないのである。

ひるがえって日本国憲法の基本権の場合はどうか。ここには法律の留保がないのだから、留保規定のない基本法の基本権のように、憲法から直接導かれる価値に基づく制約しか認められないとする解釈が意味を持つのかもしれない[22]。しかし、この点はひとまずおいておこう。それよりもまず問われるべきは、法律の留保のない日本国憲法の基本権の制約にも、法律の留保原則が妥当するのかという点である。

ドイツでは、留保規定がなくても基本権の制約には法律の根拠が必要とされた。では、その要請はどこから導かれるのだろうか。考えられる一つの解釈は、法治国家原則から得られる一般的意味の法律の留保原則が、そこで適用されるというものである。(23) 後述するように、法律の留保原則は基本権の領域を超える一般的な憲法原則である。これが留保のない基本権の制約の場面にも妥当すると解するのである。それに対して、むしろ端的に、基本権にはそもそも形式的保護機能が備わっており、そこに法律の留保原則が内在していると解する方が基本権保障の趣旨に適合的だとする理解も存在する。基本権から法律の留保を切り離してしまうと、基本権自身の形式的保護機能を否定することになるから、基本権保障の水準を低下させることにつながりかねない。それゆえ、法律の留保は基本権保障に不可欠の原則と考えるのである。(24) 日本国憲法の基本権規定が法律の留保を備えていなくても、明治憲法の水準より基本権保障を強化する意図を有している以上、この見解と同様に理解すべきではないだろうか。法律の留保は基本権自身の形式的保護機能から導き出されるのであり、留保規定があるかどうかは決定的ではないと考えるべきであろう。

ただし法律の留保が、法律によりさえすれば自由に基本権を制約できるという意味に解されないためには、基本権による立法者拘束が前提になければならない。この点、日本国憲法には基本法のような明文規定は存在しない。しかし、それは基本権による立法者拘束を認めないからではない。日本国憲法は基本権を「侵すことのできない永久の権利」（一一条、九七条）とし、「立法その他の国政の上で、最大の尊重を必要とする」（一三条）としている。また、「この憲法は、国の最高法規であって、その条規に反する法律……は、その効力を有しない」（九八条一項）と規定し、基本権に反する立法を無効としている。ここから基本権による立法者拘束を読みとることは容易であろう。(25) 以上のように解することができるのなら、留保規定のない日本国憲法の基本権にも法律の留保が内在するといってよいと思われる。(26) そう捉えても基本権保障を強化することこそあれ、低下させることはないからである。

3 Vorbehalt des Gesetzes と Gesetzesvorbehalte

法律の留保という言葉は、周知のように、ドイツ語の翻訳である。この翻訳語の原語に当たる言葉は二つある。Vorbehalt des Gesetzes（以下、ＶｄＧと記す）とGesetzesvorbehalte（以下、ＧＶと記す）である。このことは、宮沢俊義による分析的紹介もあって、わが国でも早くから知られていた(27)。他方、宮沢の議論に典型的に表れているように、この二つの区分を論じる中で、法律の留保原則の有用性を否定するという傾向も見られないではない(28)。法律の留保原則にまつわる無用の誤解を解くためにも、ここで二つの法律の留保を今一度分析しておく。

わが国の代表的な憲法の体系書によると、「国民の基本権を制限したり国民に義務や負担を課したりする場合には法律の根拠が必要であるとする原則を、《法律の留保》(Vorbehalt des Gesetzes) と言う」とされ、他方、「憲法が基本権について『法律の範囲内において』とか『法律の定める場合を除くほか』というような文言によって、基本権保障を法律に依存せしめている場合にも、これを《法律の留保》(Gesetzesvorbehalt) と表現することがある」といわれる。そして、後者の法律の留保の場合、「議会が基本権を必要以上に制限するような場合には、憲法が基本権を保障するといっても、実質的にはその保障は、いわば《絵に描いた餅》でしかなくなる」ので、日本国憲法はそれを排除したという(29)。日本国憲法上、ＶｄＧはなお認められるが、ＧＶは否定されているということであろう。

この同じ言葉がドイツ公法学ではどのように用いられているのだろうか。現在、両者はしばしば同義で使われている。特に、区別を意識することなく使用される場合もあれば、最初に同義で使うと断った上で用いられる場合もある。[30] しかし、両者の成立事情は異なっている。クレープスによれば、この区別は必ずしも公法学の共有財産とはいえないとされるが、[31] なお別概念として構成されることもある。以下では、区別される場合にどのような仕方で区別されているのかを見ておこう。

ＶｄＧはもともと一般的な法原則として成立した。それは、法律の法規創造力、法律の優位と並ぶ「法律の支配」の第三の法原則として、オットー・マイヤーにより最初に定式化された。[32] そこにおいてＶｄＧは、「一定の特に重要な事項」についてだけ法律が「全国家活動の不可欠の要件」になる法原則と理解されている。[33] この「一定の特に重要な事項」が「自由と財産に対する国家の介入行為」と等置され、ＶｄＧは後に介入留保（あるいは侵害留保 Eingriffsvorbehalt）と呼ばれるようになったのである。

これに対して、ＧＶとは憲法上に特に規定された法律の留保をいう。基本法でいえば、まず、基本権規定に付された法律の留保、すなわち基本権上の法律の留保（grundrechtliche Gesetzesvorbehalte）である。他にも、「連邦は、法律によって、高権を国際組織に移譲することができる」とする基本法二四条一項、「地域共同体のあらゆる事項を法律の範囲内で自己の責任において規律する権利が市町村に保障されていなければならない」とする基本法二八条二項などが挙げられる。[34] ＧＶとは、法律による規律ないし法律に基づく規律を憲法が直接指示する場合をいうのである。

ＶｄＧは一般的な法原則であり、ＧＶは実定憲法上の要請である。しかし両者は内容において大幅に重なっている。とりわけＶｄＧとＧＶの一つである基本権上の法律の留保は、ほとんど同じである。実際、ＶｄＧを定式化したマイヤーにおいて、両者は性質の異なるものとは捉えられていなかった。それどころか、マイヤーは憲法典に列挙された法律の留保のある基本権規定をＶｄＧの古典的形式であると述べていた。[35] では、なぜマイヤーがあえてＶｄＧを打ち立てたのかというと、その理由は、憲法に個別に定められるＧＶだけでは不十分と考えたからに他ならない。諸邦の憲法の基本権規定に付されたＧＶだけでは、法律の及ぶ範囲が狭すぎると感じられたのである。マイヤーにとって、法律の留保は、実定憲法がどのようなものであっても妥当すべき一般法原則であった。たとえ基本権規定がなくても法律の留保原則は通用すべきものであった。したがって、基本権規定を持たない一八七一年のドイツ帝国憲法（ビスマルク憲法）[36]の下でも、法律の留保原則の妥当性は自明でなければならなかった[37]。ここに実定憲法に左右されない一般法原則としてのＶｄＧが必要とされる理由があった。

明治憲法の解釈論を展開した美濃部達吉も同様に考えた[38]。明治憲法には基本権規定があり、そこには法律の留保が定められていた。しかし美濃部はこれらを例示的規定とみなし、それ以外の権利・自由を制約する場合でも法律によらなければならないとした。明治憲法に列挙された所有権や言論の自由のみならず、明治憲法に定めのない生命・身体の自由や職業選択の自由に対しても、制約するには法律が必要であり、それは「法治主義ノ原則」の要求するところであって、明治憲法が臣民の権利に関して種々の規定を設けているのは「唯其ノ原則ノ重ナル適用ヲ例示シタルモノナリ」と述べた[39]。マイヤーと同じく、美濃部もまた実定憲法の基本権規定に定められた法律の留保だけでは不十分と考え、一般法原則としての法律の留保を観念した。実定憲法が根拠として薄弱と受け取られるところでは、一般法原則に訴えかけざるを得なかったのである。

ところが、基本法のように、自由と財産を広く基本権に取り込む憲法が現れると、あえてＶｄＧを持ち出す必要はなくなる。だからかつてフォーゲルはＶｄＧを基本権条項に解消させられると考えた[40]。もちろん、基本法にも留保規定のない基本権があるから、そこにはなおＶｄＧが妥当すると解する余地もないではない。その場合、基本権規定のＧＶはＶｄＧという上位概念の下にある「特別留保」を意味することになろう[41]。いずれにせよ、実定憲法の基本権の内容が充実すればするほど、マイヤーがこだわった一般法原則としての法律の留保の意義は乏しいものになる。

それにもかかわらず、VdGがGVに解消されることはなかった。それは、後述するように、この概念が連邦憲法裁判所の本質性理論によって根本的な変容を被り、装いを新たに再登場したからである。この新しいVdGは、実定憲法を超越する一般法原則ではない。ただし、基本法上に明文規定を持たない一般憲法原則である。基本法に明文規定のある法律の留保と区別して、一般的意味の法律の留保（allgemeiner Vorbehalt des Gesetzes）と呼ばれることもある。[42] 明文規定がないため、憲法上の根拠については諸説あるものの、憲法原則であることは疑われていない。[43] VdGとGVの区別とは、現在では、この一般的意味の法律の留保（VdG）と基本法に明文規定のある法律の留保（GV）の区別なのである。

ドイツにおいてはVdGもGVも両方とも認められている。特に区別しないで使う場合があることは既に述べたとおりだが、区別しないということは、あえて区別しなくてもよいという意味であって、どちらかの存在を否定するという意味ではない。これに対してわが国では、VdGは認められても、GVは否定される。否定の理由は、憲法の個別規定に法律の留保がないからというより（実際には若干の規定に法律への言及がある）、立法者拘束と切り離された法律の留保理解、すなわちGVでは立法者は憲法に拘束されないで立法権を行使するという理解に依拠するところにある。しかし、そのような理解とGVの結びつきは必然ではない。今や立法者といえども憲法の下にあり、VdGであれGVであれ、憲法に反するような形の法律制定などできないのである。立法者拘束と切り離されたGVに存立の余地がないのは自明であろう。否定されるべきは、GVというより、立法者非拘束の方である。

VdGとGVの区別については、さらに、VdGが再生する源となった本質性理論を踏まえて考える必要がある。法律の留保原則は本質性理論によって根本的な変容を被ったからである。これについては、節を改めて検討する。

4　本質性理論のインパクト

本質性理論とは、国家におけるすべての本質的決定は議会に留保され、議会は本質的事項に関する限り、行政に委ねることなく自ら決定するよう義務づけられるという考え方である。(44)この考え方はドイツの連邦憲法裁判所が判例を積み重ねて形成した。ここでオットー・マイヤーが「一定の特に重要な事項」の規律には法律の根拠が不可欠であるとしていたことが想起されるかもしれない。本質的事項とは「特に重要な事項」と同義だからである。しかし、マイヤーが念頭においていたのは、そのうちの一定の事項であり、具体的には、「自由と財産に対する介入行為」だけであった。これに対して、本質性理論における「特に重要な事項」は「自由と財産に対する介入行為」に限定されていない。(45)ここでは本質的事項の規律はすべて法律に留保される。

それだけではない。この考え方の最も注目すべき点は、本質的決定を議会の独占的権限にしただけでなく、本質的決定を議会の義務としたことにある。本質的事項に関する議会の自己決定義務、(46)行政への委任禁止義務(47)である。ここで委任禁止とは、明示的な委任のみならず、黙示的な委任、たとえば議会が法律に一般条項や不確定法概念を用いて、その具体化を行政の裁量に委ねるというようなやり方も含まれる。しかし、ことが本質的事項に該当する限り、議会自身が法律に決定内容を明確に規定しなければならず（規律密度の問題）、その決定を行政に委任してはならない。明示・黙示を問わず、本質的事項の委任は憲法違反とされる。

本質性理論は、伝統的な法律の留保原則とは異なり、議会の権限確保を基礎づけるためというより、むしろ議会の権限放棄を防止するために提唱された。(48)議院内閣制においては、行政府は議会の多数派によって組織・支援されており、両者の間には政治的同質性が支配している。議会多数派にとって行政府は信頼できる「友」

である。他方、「敵」は議会内の反対派である。こういう状況だと、議会多数派と行政府はなれ合う方がお互い有利になる。議会多数派は、反対派と闘争しなければならない法律の制定よりも、行政府限りで制定できる行政立法の方を好ましいと思う。どうしても法律を制定しなければならないときでも、大枠の設定だけにとどめておいて、あとは行政府に委ねてしまった方が楽である。行政府の方でも法律によって細かく縛られるより、自分たちに一任してもらった方が何かとありがたい。両者の思惑が一致し、かくして議会は法律から逃避する。(49)しかしこれでは議会の権限放棄である。本質性理論は、まさにこうした事態を阻止するために登場したのであった。

伝統的な法律の留保原則は、行政府の権限濫用、とりわけ行政府による基本権侵害を警戒し、議会の関与を通じてそれを抑止しようとしてきた。わが国で、法律の留保が「法律による行政の原理」の下で論じられるのは、法律による行政のコントロールに重点があるためであろう。(50)もちろん、この課題は今なお重要である。しかし、議院内閣制下の現代では、右に述べたような事情から、法律を通じて行政に仕事を丸投げする議会自身をコントロールする必要性がことのほか高くなっている。「議会をしっかりと拘束して、議会にのみ与えられた憲法上の権限を実際に行使させ、『責任からの逃避』や選挙戦略あるいは政治戦略上の配慮から、この権限を政府に委ねてしまうことを防止すること」(51)が法律の留保原則の現代的課題になっているのである。本質的事項は議会自らが決定しなければならないとする本質性理論は、その意味で、法律の留保原則の新しい課題を示していたのである。

では、なぜ本質的事項は議会自らが決定しなければならないのか。なぜ議会の決定を法律の中にしっかりと書き込まなければならないのか。これについて、ドイツの通説は、連邦憲法裁判所のヴェール決定(52)を手がかりに、次のように説明している。すなわち、議会は国民によって直接的な民主的正統性が与えられ（直接的民主的正統性）、討論と決定の過程と結果において高度の公開性が保障され（公開機能）、野党も含めた非同質のアリーナで対立する利害の調整を行う（統合機能）ところだから、国民から距離を置き、密室の中で同質の専門家集団によって決定することの多い行政府よりも、民主性、透明性、多元性の点で勝っているという理由である。[53] この特性ゆえに、本質的事項は議会の自己決定義務の対象にされるのである。本質的事項は、政治責任を問うことのできる主体において決定されなければならない。

本質性理論の受容によって、一般的意味の法律の留保であるＶｄＧは生き残った。ただし、本質性理論の下でも「自由と財産に対する介入行為」は相変わらず法律に留保されている。なぜなら「自由と財産に対する介入行為」は今でもなお本質的事項といえるからである。基本権制約も本質的事項である。したがって、それは法律に留保されなければならない。

基本権上の法律の留保（これはＧＶの一つである）が認められるところでは、基本権制約を本質的事項だと特に強調しなくても、そこに法律の根拠が必要なことは明文から容易に読みとれる。しかし、その制約法律が立法者の決定を盛り込んでいることの明確性要求まで自明であるとはいいがたいため、ここでも本質性理論を引き合いに出す意味はある。つまり、基本権制約の要件と効果に関する本質的決定は、立法者自らによって下されなければならず、行政府に委任してはならないことの要請である。[54]

基本法の基本権上の法律の留保は、基本権制約のみならず、基本権の具体化（Ausprägung）をも対象にしているといわれることがある。[55] その限りで、基本権上の法律の留保（ＧＶ）は、一般的意味の法律の留保（ＶｄＧ）と重ならない。しかし、ことを基本権制約の場面に限定すれば、両者は「同一平面上で作用している」[56] といってよい。

以上の叙述を踏まえると、次のようにいうことができるだろう。すなわち、ＶｄＧとＧＶの区別は不可能ではないが、基本権制約の場面で考察する限り、そうした区別は特に必要ない。日本国憲法の場合、基本法とは違って、随所で法律の留保に言及しているわけでもないから、ことさらGVを観念しなくてもよい。しかし、ここから法律の留保そのものを否定したり、消極的評価を下したりするのは飛躍である。むしろ、日本国憲法下でも本質性理論を受容し、かつ基本権制約に対しては、立法者自らの決定を盛り込んだ法律を要求すべきであろう。(57)

二　本質性理論の限界?

本質性理論は、現在、ドイツでは確立した判例理論であり通説である。その妥当性は疑われていない。それはVdGのみならず、GVにも適用される。したがって基本権上の法律の留保も、本質性理論の下で理解される。また、わが国でも行政法学者を中心に本質性理論を受け入れる動きが見られる(58)(その際、重要事項留保説という用語が使われる場合もある)。しかし、憲法学はもちろん、行政法学においても本質性理論は通説にはなり得ていない。判例についてはいうまでもない。

以下では本質性理論の限界とみなされる場面を取り上げ、その問題点を理論内在的に考察する。検討の素材は、既に本質性理論が定着し、その意義のみならず、その限界についても様々な見解が提示されているドイツ公法学の議論に求めることにする。これにより、わが国において、今後、本質性理論を受容する際に生じるであろう問題をあらかじめ明らかにして、事前対処の方策を探る一助としたい。

1　道具性の欠如

最初に取り上げるべきは、本質性理論の道具性についてである。本質性理論は、本質的事項の決定を行政に任すことなく、議会自らで判断し、決定内容を明確な形で法律に書き込むよう要請する。問題は、ここでいう本質的事項とは何かという点にある。それが分からなければ、法律に留保されるべき事項も分からないからである。ところが、判断の尺度となるべき本質性という概念はあまりにも抽象的であって、基準としての有用性に乏しい。本質性理論は、道具性の点から見て、使いやすいとはいえない代物である。

道具性の欠如という問題は、本質性理論が定着しているドイツでも、以前からずっと指摘されていることである[59]。何が本質的で、何が非本質的なのかを区別する基準は、今なお明らかとはいえない状況にある。結局、ドイツでは、裁判所が個別事例ごとに何が本質的なのかを判断することによって、本質的事項を確定するという実務になっている。このような事態を捉えてクレプファーは、皮肉を込めて「本質的とは、連邦憲法裁判所がそうだと判断したもののことである[60]」と述べている。

裁判所が本質的事項と判断したものが本質的事項であるという見解は、次の二つの点で示唆的である。まず第一に、本質性とは何かを抽象的に追求するのは有意義とはいえないということである。それは所詮「問題発見概念[61]」に過ぎない。本質的事項は、そのときどきの具体的状況において探求されるべきものであって、抽象的に問うことは生産的でない。むしろ本質的事項の判断にあたっては、議会の特性である公開機能と統合機能に着目し、「このような機能を備えた法律制定手続で審議・決定するのにふさわしい事項は何なのか、という視点から留保事項を検討していく[62]」べきだろう。

第二に、何が本質的事項なのかを確定する主体が、議会でも行政府でもない、裁判所だということである。既に述べたように、本質性理論は、議院内閣制下における議会と行政府のなれ合いを正し、議会自身に権限を行使させるために打ち立てられた。だとすれば、第三者機関である裁判所こそが、本質的事項を確定し、それを議会に投げ返して規律させる任務にふさわしいといえよう[63]。裁判所は、本質的決定を自らの判断で下したがらない議会や、本質的決定すら自己の領域で処理しようとしたがる行政府とは異なる立場にあり、しかも両者をチェックできる権限を持った独立の機関である。最終的に、裁判所に本質的事項を確定する権限が留保されていてはじめて、議会も本来の権限行使を怠らないよう緊張感を持って、事態にあたることができるように思われる。本質性理論は、判例理論として確立されてはじめて、その実際的意義を獲得するのである。

もっとも、基本権制約の場面に限っていえば、それが本質的事項であるのは自明だから、当然に議会自らが規律しなければならない。基本権制約に法律の根拠がないと、基本権の形式的保護機能が否定されることになるので、直ちに基本権侵害と評価される。ここでは議会の自己決定義務違反がそのまま基本権侵害となる。(64) いかにすれば裁判所は本質的事項を確定できるのかという、より広範でより複雑な問題も、この場面に限っていえば避けて通ることができるだろう。

ただ、その場合でも、議会はどの程度、明確かつ詳細に規律しなければならないのか、という問題は残る。それは、基本権制約の重大性を斟酌して、裁判所が具体的な事例ごとに個別に判断するほかないであろう。(65) そこに裁判所の「創造的」判断の余地が認められるのであるが、この「創造的」判断はむしろ肯定的に受け止められるべきである。

2　法律の洪水

本質性理論の問題点として、次に考察すべきは、ドイツにおいて批判の対象となっている法律の洪水（Gesetzesflut）、規範の洪水（Normenflut）、あるいは規範の過剰創出（Übernormierung）と呼ばれる現象である。(66) 法律の洪水とは、法律が過剰に産出され堆積していくことをいうが、単にその量が増大するというだけでなく、その質が悪化する病理現象と捉えられている。

イゼンゼーによれば、法律の洪水に言及されるときは、通常、次のような傾向が念頭におかれているという。すなわち、①国家法による私的自治の浸食、②行き過ぎた法の詳細化、③規範相互の矛盾抵触と体系性の喪失、④余計な規律の増加、⑤急激な法律の循環と法の不安定化、⑥法律条文の理解と法の現状把握の困難化、⑦法律の執行不全と時代遅れの法律の廃止不十分である。(67) こうした事態によって、法律の増加に反比例するかのように、法＝権利保護の水準が後退していくことが懸念されるのである。

法律の洪水が特に論じられるようになったのは、七〇年代の後半から八〇年代にかけてである。そのきっかけは当時の活発な社会改革立法にある。すなわち、労働法、会社法、経済法、社会法などの分野における積極的な立法活動の結果形成された法化社会のネガティブ面が、法律の洪水というレッテルを貼られて、批判の対象になったのである。ところが、社会改革立法の時代が終わった後も法律は増大し続けた。いったん開始された社会国家化の動きに逆行することはもはやできず、法律の洪水現象に対しても、これといって有効な解決策を打ち出すことのできないまま現在に至っているという。(68)

問題は、この法律の洪水現象に本質性理論がかかわっているという指摘にある。(69) すなわち、本質性理論によって法律に留保される事項が拡大し、立法者が法律を制定しなければならない範囲が広がったことによって、法律の過度の増加と詳細化がもたらされたというのである。確かに、何が本質的事項なのかについて、信頼できる基準が事前に得られないところでは、事後に裁判所によって、本質的事項を規律していない、あるいは不十分にしか規律していないと非難され、場合によっては立法そのものが挫折させられるおそれがあるから、立法者が挫折予防のために、不必要なまでに過度の規律を試みることも考えられよう。その意味で、本質性理論の基準としての不明確さが、法律の洪水現象に一役かっている可能性はある。

しかし、だからといって、本質性理論を破棄しようという主張はドイツでは見られない。法律の洪水の原因は、本質性理論にだけあるわけではないし、国家が法治国家であり続けようとすれば、法律が増加すること事態はむしろ自然だからである。法律の洪水をせき止めようとして、法治国家の水準を引き下げることは本末転倒である[70]。法律の洪水への対処は、他の方法でもって試みられるべきである。批判的な論者も本質性理論はそのままにして、別の視角から解決を模索している[71]。

3　議会の限界？

最後に考察すべきは、議会の限界についてである。議会の限界といっても、現実の議会のだらしない状況に鑑みれば、おいそれと本質的事項を規律する任務を任せるわけにはいかない、といったような実態から見た議会の限界をいうのではない。そうではなくて、ここでは「議会にふさわしい任務」とは何かという理論的観点から見たときの議会の限界について考えてみる。

そこで取り上げたいのは、いわゆる動態的基本権保護（dynamischer Grundrechtsschutz）についてである。動態的基本権保護という考え方は、連邦憲法裁判所のカルカー決定[72]によって打ち出されたといわれている。それによると、基本権の実効的な保護と実現のためには、立法者はむしろ法律の規定をある程度開かれたものにしておき、その具体化を行政による適時かつ柔軟な対応に委ねるべきであるとされる。つまり、法律による詳細な規律ではなく、逆に、法律は不確定にして、行政立法等による充塡的な規律を憲法の要請とするのである。ここに本質性理論を相対化する契機を見いだすのは容易であろう[73]。動態的基本権保護においては、法律による規律そのものが不要とされるわけではないものの、実効的な基本権保護のため、立法者の自己決定、行政への委任禁止ではなく、むしろ行政への「委任要請[74]」が語られるからである。

原子力法が問題となったカルカー決定に代表されるように、こうした動態的基本権保護が唱えられるのは、主に、科学技術と密接に関連する環境法・技術法の領域である。たとえば、多くの環境法・技術法の規定において、規律の基準として、「科学と技術の水準（Stand von Wissenschaft und Technik）」という不確定法概念が多用されており、[75] 具体的にその「水準」を決めるのは、法律よりも下位の法規命令や行政規則（場合によっては、学界や業界の指針）とされている。その理由は、進展する科学技術の最新の水準に合致した規律を行うのに、柔軟性と迅速性に欠ける法律は不向きであって、それよりも行政立法による方が高度に専門的な見地から的確に対応できるからだという。科学技術の水準を法律が過度に規律すると、結果的に、現状を固定化してしまい、科学技術の進展を遮ることになって、かえって基本権保護を阻害すると考えられているのである。

今や環境法・技術法の領域では、本質的な事項ですら議会ではなく、行政が決定しているという指摘さえある。[76] 法規命令はもちろん、法的拘束力を持たないとされる行政規則による規律も珍しくない。しかも、その決定は、多かれ少なかれ、常に行政外部の専門家や利害関係者の関与の下で行われている。[77] 行政すらかかわらない私的な業界団体（たとえば、ドイツ工業規格（ＤＩＮ）やドイツ技術者協会（ＶＤＩ）など）の定立する規範が重要な意味を持つことも多い。[78]

しかし、このような現状が、動態的基本権保護の名の下で常に正当化できるのかどうかは疑わしい。科学技術の発展に合わせた基本権保護の要請と、法律による本質的事項の規律の要請は、確かに、容易に調和するものではないが、だからといって、この場面では本質性理論は放棄してよいとまではいえない。[79] 先に指摘した議会の特性（直接的民主的正統性、公開機能、統合機能）を無視し得ないということに加えて、先端的な科学技術の分野では、高度に専門的な最新の知識が重要なだけでなく、かえって政治的な決定が必要とされているからである。

先端科学の領域では専門家ですら見定められない不確実性が支配している。そこでは常にリスクの評価が求められるが、このリスク判断は、純粋に科学的な根拠だけで決めることができない。リスクは、すぐれて「社会的・文化的構成概念」[80]だからである。科学は選択肢を提供することができても、そのうちのどれを受容すればよいかまでは教えない。それは科学の専門家でも最終的には分からないのである。

こうした欠陥を埋め合わせるために、時折、手続化（Prozeduralisierung）の要請が持ち出されることがある。つまり、専門的知識が特権を行使し得ないところでは、市民参加や情報公開の場を拡大し、広く一般の衆知を集めて対処すべきだというのである。確かに、こうした要請も考慮に入れられるべきだろう。しかし他方において、手続化の要請は市民に共同責任を課す可能性があり、一歩間違うと無責任の構図をもたらす危険性もある。したがって、手続化の利点を強調する場合でも、最終的な責任主体ははっきりさせておかなければならない。だからこそ、専門家ですら手に負えず、誰もが決め手を持たない場面では、責任ある決定主体としての議会の判断が求められなければならないのである[81]。

とすれば、動態的基本権保護が語られる領域でも、法律の役割は重要であるといわなければならない。本質性理論は、ここでも妥当するのである。ただし、それは議会がすべてを引き受けなければならないという意味ではない。それは不可能であるだけでなく、望ましくもない。柔軟かつ迅速な対応が可能で、しかも専門知識を有する行政（あるいは学界や業界）の能力は、やはり無視し得ない。これらの間での適切な役割分担は必要である。「議会が何でも決める」ではなく、同時に、「専門家集団に丸投げする」でもない、第三の道が模索されなければならない。

この点で注目に値するのは、ムルスヴィークが提案する「ローテーション立法」である。すなわち、「抽象的な法律上の基準から始まり、そして法律以下の次元で問題を片付けた後で再び議会へと通じる循環型の具体化過程を組織する」[82]ことである。それによると、最初に立法者が、目標と抽象的基準を設定し、かつ組織・手続上のルールを法律の形で定立する。それを受けて、行政等の専門家が細目を仕上げる。しかし、ここで終わりにするのではなくて、専門家によって表明された複数の選択肢を立法者が再び拾い上げて決定するフィードバックのプロセスを構造化することにより、法律の制御機能を再獲得させようというのである。「ローテーション立法」では専門家の判断を議会に投げ返す仕組みが構築される。それは法律の機能の再活性化を意図するものである。

この仕組みは、ムルスヴィーク自身が認めるように、なお検討すべき論点を残している。しかし、検討に値する魅力的な提案であるといえよう。他方で、こうした循環プロセスが機能するためには、外部から監視を行う機関が不可欠であろう。既に述べたように、その役割を最終的に引き受けるのは、裁判所しかないと思われる。「問題発見概念」としての本質性を手がかりに、個別具体的事例の中で、裁判所は「創造的」役割を果たすことが期待されるのである。

おわりに

法律の留保原則は、本質性理論の意味で理解されることによってはじめて、その機能を十分に発揮できる。その際、議会と行政府と裁判所のそれぞれの特性を踏まえ、三者の適切な役割分担が図られなければならない。まず、議会と行政府の役割分担であるが、それは法律と法規命令・行政規則の関係づけの仕方と密接にかかわっている。ドイツでは、近年、行政立法の意義を強調する論稿が目立ってきており(83)、議論の重点が法律から行政立法へと移ってきたかのようであるが、それが本質性理論を自明の前提とした議論であることを見落としてはならない。逆に、この前提を確定した上で議論をさらに進めることが、行政立法論を豊かなものにするといえよう(84)。

さらに、議会と行政府の役割分担をチェックする裁判所の役割についても、改めて注意を促しておきたい。裁判所は、法律の留保原則を通じて、議会の「怠慢」や行政府の「突出」を食い止めるよう統制する任務を引き受ける。その際、行政府の違法行為を取り消すのみならず、場合によっては、法律に対して違憲の宣言をすることにより、議会に本来の役割を果たさせるよう働きかけないといけない。もちろん、法律が違憲無効となることで規律の空白が生じるのは必ずしも望ましくはない。ドイツの連邦憲法裁判所が法律に対して違憲判決を下すときでも、一定の是正期間（Übergangsfrist）を設定して、法律を直ちに無効としないようにしているのも、無規律状態を作らないためである。[85] こうした手法は多用されると、憲法の無力化につながりかねないが、一般論としては、是正期間内に違憲状態を改善するよう義務づける（改善義務 Nachbesserungspflicht）ことも、肯定されてよいように思われる。重要なことは、議会が自らの側で本質的事項について決定するよう促すことである。

法律の留保原則の射程は、決して基本権制約の場面に限定されるものではないが、その場面での法的意義を否定してきたわが国の憲法学においては、むしろ基本権制約との関係で、同原則のあり方を考え直す必要があろう。思うに、わが国の憲法学が法律の留保原則に対して消極的なのは、同原則が「法律によりさえすれば基本権の制約も自由である」とする理解をどうしても想起させてしまうからではないだろうか。それが、法律の留保という古めかしい翻訳語のぎごちなさと相まって、受け入れにくいものになっているように思われるのである。[86] 筆者自身は、法律の留保という共通の言葉によって、憲法学、行政法学、ドイツ公法学を横断する議論の展開を期待しているのだが、同じことが実現されるのなら、この言葉そのものにこだわるつもりはない。ただ、言葉への反発が単に議論を萎縮させる結果しか生まないことを恐れるのである。

（1） 拙著『基本権保障の憲法理論』二三二頁、二九三頁（二〇〇二）。

（2）　基本権制約に法律の根拠を要求する理由として考えられるのは、おそらく、国民代表を通じて被治者の同意が調達されたとの擬制であろう。基本権を制約する以上、少なくとも制約される側の同意が得られなければならないということである。しかし、同意といっても、それはあくまでも擬制である。同意の擬制に言及するだけで終わるのでは、理由づけとして不十分であると思われる。

（3）　上村貞美「『法律の留保』と人権保障の方式」香川法学二〇巻一・二号四〇頁（二〇〇〇）は、基本権保障の分野で、法律の留保原則の妥当性を主張する論者（筆者を含む）に対して、「日本の憲法学における『法律の留保』という概念それ自体について根本的な誤解をしているのではないか」と批判する。上村論文は「憲法学上の『法律の留保』というのは、『憲法の力を有する』人権保障規定が、憲法が例外的に『法律の範囲内において』という留保を付している場合に、『法律の力を有する』ものに弱められることを意味する」（同四四頁）と理解しており、筆者よりも法律の留保概念を狭く捉えている。法律の留保をこのような意味で捉えるため、それが日本国憲法下で妥当しないことは当然だということになる（付言すれば、このような理解は憲法に法律の留保規定をおくドイツでも妥当しない）。法律の留保概念は歴史的に変遷しており、それゆえ多義的であって、上村論文のような理解が出てくることも不思議ではないが、こうした捉え方は偏った古い理解にとどまるものである。憲法学がここにとどまらなければならない必然性はない。同論文はまた「日本国憲法下でも『法律の留保』に関する原則が妥当すべきであるとする主張は、その主観的意図はともかくも、人権を制約する根拠を憲法に求めることが必ずしも必要とされないだけではなく、『憲法の力を有する』人権規定を『法律の力を有する』ものに引き下げてしまう効果をもたらしてしまうことになる」（六四頁）と警告する。このような警告が誤解に由来するものであることを本文で示したい。

（4）　最新の憲法体系書である初宿正典『憲法2基本権〔第2版〕』四六頁（二〇〇一）は極めて慎重な言い回しで法律の留保概念を説明している。しかし、従来的な説明の域を出ていないこともあって、同概念に対する評価に否定的なニュアンスを残している。

（5）　毛利透・大橋洋一「対話で学ぶ行政法─憲法との対話・行政立法」法学教室二五一号八五頁（二〇〇一）は、憲法学と行政法学（それにドイツ公法学）間の対話の試みとして注目に値する。特に、法律の留保原則をめぐり噛み合った議論を提供してくれているという点で極めて貴重である。

(6) たとえば、浦部法穂『全訂憲法学教室』七七頁(二〇〇〇)参照。

(7) B. Pieroth/B. Schlink, Grundrechte Staatsrecht II, 15. Aufl., 1999, S. 63 f., Rn. 269. 永田秀樹・松本和彦・倉田原志訳『現代ドイツ基本権』九一頁(二〇〇一)参照。

(8) 基本法は他にも一九条二項において、「基本権の本質的内容は、いかなる場合も侵害されてはならない」と定めて、基本権の本質的内容を立法による侵害からも保護している。

(9) Pieroth/Schlink(Anm. 7), S. 41, Rn. 164. 訳書五八頁参照。

(10) これは自由権についての話であって、社会権のような新種の基本権は、プログラム規定と解され、そもそも法的拘束力が認められなかった。

(11) G. Lübbe-Wolff, Die Grundrechte als Eingriffsabwehrrechte, 1988, S. 27 f.

(12) ただし、制度的保障の理論や価値理論が、基本権による立法者拘束を根拠づけようとする試みであったことを見逃すべきではない。

(13) Lübbe-Wolff(Anm. 11), S. 29 f.

(14) Pieroth/Schlink(Anm. 7), S. 63. 訳書九一頁。

(15) 実際には、その形式的保護機能も危ういものであった。明治憲法の基本権規定に付された法律の留保について、美濃部達吉『改訂第五版憲法撮要』(一九三二)は、留保事項といっても絶対に命令で規定できないわけではないと述べた上で(一八〇頁)、具体例として、演劇、活動写真等の取締、風俗警察のための集会の制限、営業警察のための結社の制限などが命令によって定められていたことを指摘する(一七五頁)。

(16) Pieroth/Schlink(Anm. 7), S. 61, Rn. 257 ff. 訳書八八頁 ;S. 75 f. Rn. 332 ff. 訳書一〇八頁。

(17) BVerfGE 28, 243(261).

(18) BVerfGE 30, 173.(メフィスト決定)保木本一郎解説『ドイツの憲法判例』一四七頁(一九九六)参照。

(19) BVerfGE 33, 23.

(20) この問題についての詳しい分析は、Vgl. K. Misera-Lang, Dogmatische Grundlagen der Einschränkbarkeit

vorbehaltloser Freiheitsgrundrechte, 1999.

(21) Misera-Lang (Anm. 20), S. 384 f.; H. Dreier, in: H. Dreier (Hrsg.), GG-Kommentar, Bd. I, 1996, S. 83 f. Rn. 89; H. D. Jarass/B. Pieroth, GG-Kommentar, 6. Aufl., 2002, S. 38, Rn. 48.; K-P. Sommermann, in: H. v. Mangoldt/F. Klein/Ch. Starck (Hrsg.), Das Bonner GG-Kommentar, Bd. 2, 2000, S. 133, Rn. 268.

(22) 「『法律の留保』なしに無条件的に保障されている場合には、人権の限界は憲法上画定されており、法律はそれをただ確認するにすぎない」という浦部・前掲書註（6）七七頁の言葉は、本文のように解釈する趣旨であろうか。なお、工藤達朗「内在的制約説の解釈論上の意義」法学新報一〇八巻三号三頁（二〇〇一）のいう内在的制約は、その趣旨のようである（二三頁）。ただし、同論文は憲法外の価値に基づく制約を外在的制約と捉えた上、個別の条文で「公共の福祉」が明記されている基本権に限って、外在的制約が許されると説く（二五頁）。

(23) F. Rottmann, Der Vorbehalt des Gesetzes und die grundrechtlichen Gesetzesvorbehalte, EuGRZ, 1985, S. 277 ff (290).

(24) Lübbe-Wolff (Anm. 11), S. 97.

(25) 松井茂記『日本国憲法（第2版）』三一五頁（二〇〇二）。

(26) 日本国憲法には法律の留保のある基本権も存在する。その例は憲法二九条の財産権である。通説によれば、二九条一項の「財産権は、これを侵してはならない」は、私有財産制度の保障であると同時に、各人が現に有する財産権の保障を意味し、他方、二九条二項の「財産権の内容は、公共の福祉に適合するやうに、法律でこれを定める」は、私有財産制度の核心を侵害しない程度の制度形成と財産権の現状の合理的変更を意味するという（たとえば、佐藤幸治『憲法〔第三版〕』五六五頁（一九九五）参照。なお、森林法事件における最高裁判決（最大判昭和六二年四月二二日民集四一巻三号四〇八頁）も参照）。このような解釈は、一方において法律による財産権の制約可能性を認め、他方においてその法律の財産権への拘束を認めるものである。憲法の文言だけを見れば、財産権は行政や司法から保護されるだけで、立法による介入には寛容であるように解釈することも可能である（法律で定められた財産権の保障）が、そうした解釈では二九条一項が「憲法規定として存在することの意味が失われる」（佐藤・前掲書五六五頁）として否定されている。

（27） 宮沢俊義『憲法の原理』三五七頁（一九六七）。

（28） 毛利透も「このまとめが後に大きな影響を与えた可能性があります」（前掲註（5）八八頁における発言）と指摘する。

（29） 初宿・前掲書註（4）四六、四七頁。佐藤・前掲書註（26）三九六頁も同旨。

（30） Jarass/Pieroth（Anm. 21), S. 517, Rn. 45.

（31） W. Krebs, Vorbehalt des Gesetzes und Grundrechte, 1975, S. 11.

（32） O. Mayer, Deutsches Verwaltungsrecht, Bd. I, 3. Aufl., 1924, S. 65.

（33） Mayer（Anm. 32), S. 69.

（34） F. Ossenbühl, Vorrang und Vorbehalt des Gesetzes, in: J. Isensee/P. Kirchhof（Hrsg.), Handbuch des Staatsrechts, Bd. III, 1988, S. 315 ff（322), Rn. 12.

（35） Mayer（Anm. 32), S. 70.

（36） ドイツ帝国憲法（ビスマルク憲法）の条文については、高田敏・初宿正典編訳『ドイツ憲法集（第3版）』八三頁（二〇〇一）（松本和彦・初宿正典訳）参照。

（37） Mayer（Anm. 32), S. 71.

（38） 美濃部・前掲書註（15）一七七頁以下。

（39） 美濃部・前掲書註（15）一七九頁。

（40） K. Vogel, Gesetzgeber und Verwaltung, VVDStRL 24, 1966, S. 125 ff（151 f.).

（41） D. Jesch, Gesetz und Verwaltung, 2. Aufl., 1968, S. 32.

（42） Ossenbühl（Anm. 34), S. 322, Rn. 12, S. 332, Rn. 31.

（43） 一般的意味の法律の留保は、「立法は憲法適合的秩序に、執行権及び裁判は法律及び法に拘束される」と規定する基本法二〇条三項に根拠づけられることが多いが、他にも、二〇条一項、二〇条二項二文、法治国家原則、民主制原則、基本権規定、さらには憲法慣習法まで持ち出されることもある。Vgl. M. Wehr, Grundfälle zu Vorrang und Vorbehalt des Gesetzes, JuS, 1997, S. 419 ff（420); H.-U. Erichsen, Vorrang und Vorbehalt des Gesetzes, Jura, 1995, S. 550 ff (552).

(44) 本質性理論については、拙著前掲註（1）四一頁以下、大橋洋一『現代行政の行為形式論』一頁（一九九三）、同『行政規則の法理と実態』九三頁（一九八九）参照。

(45) Vgl. BVerfGE 40, 237 (249).

(46) B. Busch, Das Verhältnis des Art. 80 Abs. 1 S. 2 zum Gesetzes- und Parlamentsvorbehalt, 1992, S. 23. 他にも、立法者の規律義務（P. Badura, Verfassungsrahmen der öffentlichen Verwaltung, in: K. König/H. Schiedentopf（Hrsg.), Öffentliche Verwaltung in Deutschland, 1996/97, S. 55 ff (60)）とか統制義務（G. F. Schuppert（Hrsg.), Das Gesetz als zentrales Steuerungsinstrument des Rechtsstaates, 1998, S. 105 ff (110)）といった言葉で表現されている。

(47) Ossenbühl（Anm. 34), S. 337, Rn. 42; M. Kloepfer, Der Vorbehalt des Gesetzes im Wandel, JZ, 1984, S. 685 ff (690).

(48) Ossenbühl（Anm. 34), S. 334 f., Rn. 37; 拙著前掲註（1）五〇頁、毛利発言・前掲註（5）八九頁、九三頁も参照。

(49) わが国の場合は、政権交代がほとんどないため、与党はいつまでも与党であるという特殊事情がある。そのことが本文で述べたような展開をさらに後押ししている。

(50) 塩野宏『行政法Ⅰ第二版増補』五七頁（二〇〇一）参照。

(51) Ossenbühl（Anm. 34), S. 335, Rn. 37.

(52) BVerfGE 40, 237 (249).

(53) Vgl. Wehr（Anm. 43), S. 422; 拙著前掲註（1）五一頁。逆に、専門性と政治的中立性において、行政府は議会とは異なる特性を有しており、その特性を生かせるような役割が期待されよう。ただし、行政府の中でも、内閣は政治部門であるがゆえに、専門的・政治的中立的な行政各部とは違う役割を受け持つことになろう。

(54) Pieroth/Schlink（Anm. 7), S. 63, Rn. 266. 訳書九〇頁。

(55) Ossenbühl（Anm. 34), S. 325, Rn. 16.

（56）拙著前掲註（1）四六頁。
（57）拙著前掲註（1）二三一頁。
（58）大橋洋一『行政法 現代行政過程論』三四頁（二〇〇一）、阿部泰隆『行政の法システム（下）〔新版〕』六九五頁（一九九七）、宮田三郎『行政法総論』一一〇頁（一九九七）。
（59）Ossenbühl（Anm. 34）, S. 338 f., Rn. 44; Kloepfer（Anm. 47）, S. 692; E.-W. Böckenförde, Gesetz und Gesetzgebende Gewalt, 2. Aufl., 1981, 398; G. Kisker, Neue Aspekte im Streit um den Vorbehalt des Gesetzes, NJW, 1977, S. 1313 ff（1317）.
（60）Kloepfer（Anm. 47）, S. 692.
（61）Ossenbühl（Anm. 34）, S. 339, Rn. 44.
（62）大橋・前掲書註（58）三六頁。
（63）拙著前掲註（1）二四六頁。
（64）拙著前掲註（1）二四七頁。
（65）拙著前掲註（1）二四八頁。
（66）D. Grimm, Die Verfassung und die Politik, 2001, S. 151 ff.; K. Geiß, Mehr Gesetze, weniger Rechtgewährung?, DRiZ, 1996, S. 5 ff.; A. Janssen, Über die Grenzen des legislativen Zugriffsrechts, 1990, S. 1 ff.; J. Isensee, Mehr Recht durch weniger Gesetze?, ZRP, 1985, S. 139 ff.
（67）Isensee（Anm. 66）, S. 139.
（68）Grimm（Anm. 66）, S. 151; Geiß（Anm. 66）, S. 11. 様々な政策論のほか、法技術論として、比例原則を適用し、不必要な立法を除去すべきだとする見解もあった。Vgl. M. Kloepfer, Gesetzgebung im Rechtsstaat, VVDStRL 40, 1982, S. 63 ff（79 f., 86）.
（69）Geiß（Anm. 66）, S. 7; Isensee（Anm. 66）, S. 140.
（70）Grimm（Anm. 66）, S. 157.
（71）イゼンゼーが提案するのは、①大臣の数の削減、②法律への期限設定、③法律の精算、④法律編纂の明晰化と引き締め、⑤必要性審査、である。Vgl., Isensee（Anm. 66）, S. 143 f.

(72)　BVerfGE 49, 89（139 f.）. 高田敏解説『ドイツの憲法判例』二九五頁（一九九六）参照。

(73)　J. Staupe, Parlamentsvorbehalt und Delegationsbefugnis, 1986, S. 148 ff.

(74)　Staupe（Anm. 73）, S. 149.

(75)　「科学と技術の水準」（排水賦課金法三条四項、旧原子力法四条二項三号、七条二項三号、九条二項三号、二六条四項一号、遺伝子工学法六条二項、七条二項、一三条一項四号、一六条一項二号）、「技術の水準」（環境影響評価法二二条四項一号、水管理法七a条一項、五項、循環経済・廃棄物法三条一二項、三二条一項一号b、イミッシオーン防止法三条六項、五条一項二号、一四条、二二条一項一号、二号、四一条一項、四八条二号、五二条一項二号、省エネ法五条一項、化学物質法一九条三項三号、四号b、植物保護法二四条、遺伝子工学法二三条）、「科学の水準」（放射能防止法一条二号、遺伝子工学法七条一項二号、三号、四号、一五条一項三号、三項二号、一六条一項三号）、「科学的認識の水準」（動物保護法七条二項、旧原子力法五三条、化学物質法一三条一項二号、二項、一六c条二項一号、一六d条一項、一七条四項、二〇条四項、六項、二三条二項、植物保護法一五条一項三号）。「一般に認められた技術のルール」（水管理法一八b条一項、一九g条三項、四一条一項六号a）。

(76)　G. Lübbe-Wolff, Verfassungsrechtliche Fragen der Normsetzung und Normkonkretisierung im Umweltrecht, ZG, 1991, S. 219 ff（221）.

(77)　Lübbe-Wolff（Anm. 76）, S. 227.

(78)　Lübbe-Wolff（Anm. 76）, S. 225 f.

(79)　Lübbe-Wolff（Anm. 76）, S. 237 ff.

(80)　R. Steinberg, Der ökologische Verfassungsstaat, 1998, S. 37.

(81)　D. Murswiek, Dynamik der Technik und Anpassung des Rechts: Kleislaufgesetzgebung, Festschrift M. Kriele zum 65. Geburtstag, 1997, S. 651 ff（664 ff.）. 青柳幸一・伊藤明子訳「技術の動態性と法の適応：循環立法」横浜国際経済法学八巻一号二〇九頁、二二二頁（一九九九）。

(82)　Murswiek（Anm. 81）, S. 669. 邦訳二二五頁。

（83） Vgl. E. Schmidt-Aßmann, Die Rechtsverordnung in ihrem Verhältnis zu Gesetz und Verwaltungsvorschrift, Festschrift K. Vogel zum 70. Geburtstag, 2000, S. 477 ff.; F. Ossenbühl, Gesetz und Verordnung im gegenwärtigen Staatsrecht, in: G. F. Schuppert (Hrsg.), Das Gesetz als zentrales Steuerungsinstrument des Rechtsstaates, 1998, S. 27 ff.

（84） 大橋・前掲書註（58）二八一頁は、本質性理論を前提においた行政準則論を打ち出しており、注目に値する。

（85） Jarass/Pieroth（Anm. 21), S. 522, Rn. 59; Staupe（Anm. 73), S. 155 ff.

（86） 高田敏「法治主義の概念と動向」公法研究五七号一三二頁（一九九五）は、「新しい酒は新しい皮袋に盛られるのが相応しいこと、また法律の留保は日本語として理解し易い語でないこと等の理由で、『法律の授権』という素直な語を用いたいと考える」という。なお、同論文一三〇頁以下は、本質性理論をも含む「『法律の留保』論の展開と転回」を詳細に跡づけており、極めて示唆に富む。

13 ドイツの結社法における宗教・世界観団体の地位

——一九六四年法とその改正を中心に——

初宿正典

一　はじめに

(1)　基本法の構成部分たるヴァイマル憲法の「教会条項」　ドイツ連邦共和国基本法はその第一四〇条において、国家と教会の関係にかかわるヴァイマル憲法の多くの規定（第一三六条～一三九条、第一四一条）を現行憲法の構成部分として取り込んでいる。このように、ヴァイマル憲法の《教会条項》[1]が基本法第一四〇条に取り込まれるに至ったことは、基本法制定過程たるボンの「議会評議会において出されたもろもろの提案が、いずれも、国家と教会の関係についてどのように規律すべきかについて多数意見を形成することができなかったために、どうしても必要となった妥協の産物」であったとされている（BVerfGE 19, 206 [218]）が、第一四〇条自体の成立過程については、本稿で詳細に検討する余裕はない[2]。

(2)　ヴァイマル憲法第一三七条　第一四〇条が基本法の構成部分であるとしている規定のうち、本稿に直接関わるヴァイマル憲法第一三七条は、「宗教団体（Religionsgesellschaften）を結成する自由」（一項）および

「ドイツ国内における〔複数の〕宗教団体の結合」の自由を保障し（二項）、「宗教団体は各々、すべてのものに適用される法律の範囲内で、その事務を独立して処理し管理する。宗教団体は各々、国又は市町村の関与を受けることなく、その役職を付与する」（三項）としている。また同条は、「宗教団体は、民事法の一般的規定により権利能力を取得する」（四項）としつつ、以前から「公法上の社団」（Körperschaft des öffentlichen Rechtes）であった宗教団体の地位を今後も保障し、それ以外の宗教団体であっても、「その根本規則（Verfassung）及びその構成員数からして存続することが確実である場合」には、その申請に基づいて、公法上の社団と同一の権利が与えられるものとし、二以上のこのような公法上の社団の連合（Verband）も公法上の社団とする（五項）と定める。「一の世界観を共同で振興することを任務とする結社」も宗教団体と同等に取り扱われる（七項）。同条はさらに、公法上の社団たる宗教団体に対して「市民租税台帳に基づき、ラントの法の定める基準に従って、租税を徴収する権利」（六項）を与えていることが特徴的である。

右のヴァイマル憲法第一三七条五項により、一定の伝統的な宗教団体は「公法上の社団」としてその地位を保護され、新しい宗教団体であっても、一定の要件の下に同様の地位を与えられるが、基本法の連邦制の下においては、宗教を含む文化に関する権限は原則としてラントが有している（文化高権）から、具体的にどの宗教団体にそうした地位を付与するかは、各ラントの問題である。大半のラントの憲法は、このヴァイマル憲法の規定に類似した規定を置いている(3)。

ちなみに、すぐ後に触れるバイエルン憲法第一四三条や、後述する一九六四年の結社法にいう „Religionsgemeinschaft“ とは異なり、右に引用したヴァイマル憲法では „Religionsgesellschaft“ の語が用いられている。両者の概念上の違いは必ずしも明らかではないようであるが、カンペンハウゼンなどは、用語法としてはむしろ „Religionsgemeinschaft“ の語を用いるべきであったとしている(4)。これら両者を判然と分けることにそれほど意味があるとは思われないが、ここでは原典の用語を基礎として区別し、便宜上、前者を「宗教共同体」、後者を「宗教団体」と表記することとしておく。

（1）　ヴァイマル憲法のこれらの規定は通常「教会条項」（Kirchenartikel）と総称されるが、これらの規定の中には、内容からすれば必ずしも「教会条項」とはいえないものも含まれている。

（2）　この点については、さしあたり Gerhard Leibholz und Hermann v. Mangoldt（Hrsg.）, *Jahrbuch des Öffentlichen Rechts der Gegenwart*, N.F. Bd. 1, S. 899 ff. なお、清水望「ドイツにおける宗教団体とその紛争処理」佐藤幸治・木下毅編『現代国家と宗教団体』岩波書店一九九二年一九六〜一九七頁も参照。

（3）　バイエルン憲法第一四三条二項、ラインラント=プァルツ憲法第四三条二項、ブランデンブルク憲法第三六条二項など。もっとも、ニーダーザクセン憲法のように、かかる規定をもたない憲法もある。

（4）　A. v. Campenhausen, Art. „Religionsgesellschaften", in: Horst Tilch u. Frank Arloth（Hrsg.）, *Deutsches Rechts-Lexikon*, Bd. 3, 2001, S. 3545.

二　基本法下における結社の自由と宗教団体の地位

1　基本法の「結社の自由」条項

(1)　結社の自由とその限界　以上のように、基本法は一方で、宗教団体について詳細な規定を置きつつ、他方で、基本法第九条は、「すべてのドイツ人は、社団（Verein）および団体（Gesellschaft）を結成する権利を有する」（一項）として、「結社の自由」（Vereinigungsfreiheit）を一般的に保障している。したがって、憲法上の枠組みとしては、ヴァイマル憲法第一三七条五項でいう「公法上の社団」としての地位を有する宗教団体にはなれなくとも、右の基本法第九条により、宗教的な活動を行う団体ないし社団を結成する自由が保障されている。つまり、こうした団体の憲法上の根拠は、ヴァイマル憲法第一三七条二項ではなく、基本法第九条だということになる。もとより、そうした団体の中には、法人格を有しない（または有することを意図しない）宗教上の結社もありうるし、また、ヴァイマル憲法第一三七条四項によって、「民事法上の権利能力を有する社団」たる宗教団体（非経済的社団法人）も存在しうることとなる。

わが国でもしばしば裁判例上問題となっている「エホバの証人」については、公法上の社団としての地位を認めるよう求めた同宗教団体からの申請に対してベルリーンの管轄官庁が却下した処分に端を発した裁判手続において、連邦憲法裁判所第二法廷は、二〇〇〇年一二月一九日の判決（BVerfGE 102, 370）で、同団体には公法上の社団たる地位を賦与されるべき資格がないとした連邦行政裁判所の一九九七年六月二六日の判決（BVerwGE 105, 117 ff.）を破毀しており、(5) 今後こうした団体が公法上の社団としての地位を賦与されることとなる可能性は否定できない。

もとより、結社の自由も無制限ではなく、「結社（Vereinigung）のうちで、その目的若しくはその活動が刑事法律に違反するもの、又は憲法的秩序若しくは諸国民のあいだの協調の思想に反するものは、禁止される」こととなる（基本法第九条二項）が、この点は後述する。

(2)　結社法（一九六四年法）にいう社団の概念　　ドイツにおいては、他の多くのヨーロッパ諸国と同様に、基本法第九条を具体的に規律するための一般法が制定されている。一九六四年八月五日制定の「結社法」（Vereinsgesetz）(6)（以下では便宜上「六四年法」ということがある）がそれである。

すなわち同法はまず、その§一で社団の設立の自由を保障しつつ（一項）、「結社の自由を濫用する社団に対しては、公の安全又は秩序を維持するため、本法に従ってのみ、干渉することができる」（二項）と規定している。この規定は、基本法第九条の保障する「社団の設立の自由」を再確認しつつ、結社の自由を濫用する社団に対する「公の安全又は秩序」を維持するための規制が、同法によってなされうる旨を定めたものである。

続く§二は、一九六四年の制定当初での規定では次のような規定であった。

「§二　**社団の概念**　(1)　本法にいう社団は、その法形式の如何を問わず、多数の自然人又は法人が、長期にわたって、共通の目的のため任意に、結合をなし、組織された意思形成に服してきたあらゆる結社である。

(2)　次のものは、本法にいう社団ではない。

一　基本法第二一条にいう政党

二　ドイツ連邦議会及びラント議会の会派

三　一九一九年八月一一日のドイツ国憲法第一三七条を援用する基本法第一四〇条の枠内における、宗教共同体(Religionsgemeinschaften)及び一の世界観を共同で振興することを任務とする結社。」

ちなみに、「結社法」にいう社団(Verein)は、公法的な意味でのものであって、民事法上の社団よりはるかに広く、基本法第九条一項にいうその他の団体(Gesellschaft)も含むものである。それゆえ本稿では、„Vereinsgesetz“を、広い意味で「結社法」と称することとする。

さて、§三は、上述した基本法第九条二項を具体化して、「社団は、禁止官庁の処分によりその目的若しくは行為が刑法に違反する旨、又は憲法的秩序若しくは諸国民の間の協調の思想に反する旨が確定したときに初めて、禁止されたもの(基本法第九条二項)として取り扱うことができる。この命令において、社団の解散を命ずるものとする(禁止)」と規定している(一項)。この禁止は連邦内務大臣またはラントの行政官庁によってなされる、それに伴って社団財産等の差押え及び没収等もなされることとなる。

(3)　一九六四年法の適用除外

(a)　右の結社法§二第二項三号の規定によって、「宗教共同体および世界観団体」(以下では便宜上両者を単に「宗教共同体等」と略記することがある)は、政党(一号)および議会内の諸会派(二号)とともに、一般の結社とは異なる取扱いを受けていた。このうち、「国民の政治的意思形成に協力する」団体たる政党については、基本法自身が第二一条に別に明文規定を置き、一方で、「政党の結成は自由である」(一項)としつつ、他方で、「政党のうちで、その目的またはその支持者の行動からして、自由で民主的な基本秩序を侵害しもしくは除去し、またはドイツ連邦共和国の存立を危うくすることを目指すもの」について、それが違憲かどうかについては連邦憲法裁判所が決定する(二項)こととされている。すなわち、政党の違憲性に関しては、もっぱら連邦憲法裁判所の裁判を通じてなされるのであって、行政機関はこれをなしえないことが重要である。

(b) ひるがえって、結社法の右規定により適用除外されていた宗教共同体等についても、上記の同法§三の規定にしたがって連邦内務省等の行政機関の決定によって解散されることはないというのが建前であった。これは、国家と教会および宗教団体とのかかわりについて独自の伝統を有し、宗教および宗教団体が国家・社会生活に占める重要性を重んじてきたドイツに特有の考え方の反映であったといってよかろう。もっとも、同法にいう宗教共同体等には、伝統的な《教会》などはもともと含まれないと解されていたことは、後述のとおりである。

2 結社法の新改正

(1) 二〇〇一年の結社法改正　さて、以上のような宗教共同体等の法的地位は、二〇〇一年一二月の結社法改正によって一変することとなった。すなわち連邦議会は、同月四日の「結社法を変更する第一法律」[7]で、結社法にいう《社団》の概念を定めた上記の§二のうち、第二項三号を削除するに至った。このことは、従前は結社法の適用を除外されていた宗教共同体等が、今後は同法の規律に服し、§三等の定める解散を含む規制の対象となることとなったことを意味する。

(2) 本稿のテーマの限定　そこで本稿は、この二〇〇一年の結社法改正（以下では「改正結社法」と表記することがある）の経緯とその趣旨ないしその影響について、議事録等の資料を中心に若干の検討を加えようとするものである。しかし、そのための前提作業として、まず従前の結社法（六四年法）のいわゆる《宗教特権》（Religionsprivileg）条項において宗教共同体等が同法の適用除外とされていたのはいかなる趣旨によるものであったのかを、六四年法の成立の経緯を振り返ることによって検討しておくこととする。

（5）この判決については、さしあたり、塩津徹「ドイツにおける公法上の宗教団体――『エホバの証人』の事例を中心として」宗教法第二一号（二〇〇二年）一六一頁以下参照。
（6）Gesetz zur Regelung des öffentlichen Vereinsrechts (Vereinsgesetz) vom 5. August 1964, BGBl. I S. 593.
（7）Erstes Gesetz zur Änderung des Vereinsgesetzes vom 4. Dezember 2001, BGBl. I S. 3319.

三　一九六四年の結社法における宗教団体の地位

1　結社法の成立過程概観

(1) 一九〇八年のライヒ結社法　六四年法の前身は、一九〇八年四月一九日のライヒ結社法（Reichsvereinsgesetz, RGBl. 1908 S. 151）である。それ以来の結社制度の成立と展開の詳細については、ここでその詳細を検討する暇はないが、この一九〇八年法の規定のうち、少なくとも、「社団であってその目的が刑事法律に反するものは、これを解散することができる」旨を定めた§二については、六四年法制定以前の基本法下でも依然として有効であったと解されており、したがって、刑法に違反する結社はもちろん、とくに基本法第九条二項の意味における憲法違反の結社についても、すでに当時から、これに解散を命じることができるものとされていたことは確かなようである。(8)

(2) 連邦政府の結社法草案　基本法の下で、新しい結社法の制定というテーマが議会の審議日程に上がってきたのは、第四立法期の一九六二年六月二七日のことである。同日の第三六回会議では、連邦政府が同年五月二四日に連邦議会に提出した「結社法案[9]」について第一回審議が行われた[10]。当時の草案では、現行法の§二に相当する規定は§一であり、その第一項は先に引用した現行法の文言とまったく同一であるが、第二項は、次のような文言であった。

「(2) 本法は、次のものには適用しない。

一　基本法第二一条にいう政党

二　宗教団体（Religionsgesellschaft）及び一の世界観を共同で振興することを任務とする結社（基本法第一四〇条が援用する一九一九年八月一一日のドイツ国憲法第一三七条）。」

この草案がのちの六四年法と異なる点は、「連邦議会とラント議会の会派」を適用除外としている六四年法§二第二項二号が、まだこの草案段階では存在しなかった点と、本稿に直接関わる草案の右の二号の文言が、六四年法の§二第二項三号とは多少異なっている点であり、また六四年法では「宗教共同体」となる部分が、この草案の段階では「宗教団体」となっていた。

(3) 結社法の制定理由　それはさておき、この結社法案の提案理由について、当時の連邦内務大臣 Höcherl は、次のように述べていた。すなわち、一九〇八年の旧結社法に代わるものとしての「この新しい結社法は、自由で法治国的秩序を確固たるものにするために少なからぬ貢献をするであろう。すなわち、一方で、この法律は行政当局による侵害から守られている結社の自由の領域を明確にするものである。他方で同法は、憲法的秩序、諸国民の合意の思想、または刑事法に対抗せんとするあらゆる種類の結社に対する行政当局の介入のための基礎を形成することになる」と。同氏はさらに続けて言う。「基本法は第九条一項で結社の自由を包括的に保障しており、その限りでは、それ以上ほとんど法律による確認をする必要はない。結社法の本質的な任務は、第九条二項の禁止の構成要件について詳細に定め、それによって、わが国の民主的な生存秩序のためにどうしても必要な社団禁止（Vereinsverbot）の実施を有効に確保し、それと同時に、法治国と法的安定性の必要条件を十分に満たすような手続を詳細かつ良心的に規律することである。」そして、「結社法の規定する特定の行政当局が、基本法第九条二項の要件が満たされていること、換言すれば、結社のなす行動が、憲法違反で、刑事法に反し、または諸国民をそそのかすものであることを、行政行為により確認した後でなければ、結社の自由に介入することはできない」のであり、したがって、「この法案は、法的安定性を理由として、すでにすべての行政当局が自己の権限に基づいて、第九条二項の審査をすることができるわけではないとする、すでに文献上も裁判においても支配的な見解を基礎にするものである」。具体的な措置として、社団の解散、社団財産の没収、禁止された結社の代替組織の結成の禁止が予定されていた点は、現行法と何ら異なるところはない。

(4)　適用除外条項とその趣旨　本稿の関心は、しかし、むしろ第二項の適用除外規定であり、その中でもとくに宗教団体等への適用を排除していた《宗教特権》規定（草案では二号）である。

この適用除外規定について連邦政府は当時、その提案理由中において、次のように説明していた。すなわち、「宗教団体等について結社法の適用を排除しているのは、宗教団体等への結社の自由が、基本法第四条に保障されている信仰の自由、良心の自由並びに宗教及び世界観の告白の自由のもつ特別の意義（重要性）に鑑みて、基本法第一四〇条が援用するヴァイマル憲法第一三七条二項及び七項によって、基本法第九条に対して独自の規律がなされてきた」からであり、「この規律からすると、基本法第九条二項による制限は予定されていない」からである。もとより、宗教団体等のなす行為はヴァイマル憲法第一三七条三項一文により、「すべてのものに適用される法律」に拘束されており、とりわけ、憲法的秩序の保護に資する諸規定にも拘束されている。

したがって、宗教団体等がなす個々の違法行為に対しては、他の場合と同様の対処がなされる。ただし、教会及び比較的重要な宗教団体は、公法上の社団として結社法の意味における結社ではない。他方で宗教的社団、すなわち、宗教上の特殊目的をもつ社団は、従前と同様、一般の結社法に服することになるのであるから、§一第二項二号は、宗教団体に限って言えば、比較的小さな宗教団体にとってのみ意味があることとなる。[11]」

この点については、当時は野党であったSPDのHansing議員が、上で触れた第一回審議において、連邦政府の提案理由に対する質問の中で、次のように述べていたことからしても、すでに当時においても疑いのないところであったといえる。すなわち、「大きい宗教団体がこの法律に含まれないことは自明のことである。というのは、そうした宗教団体は公法上の社団だからである。しかし、こうした宗教団体と同様に世界観の振興に専念する比較的小さな結社が残ってくるわけで、この法律はその限りですでに一種の例外を作っていることになる。云々」[12]。つまり、伝統的なキリスト教会等、従前からドイツ社会において確固たる地位を占めていた「公法上の社団」たる地位を有する宗教団体は、もともと、結社法が適用除外の対象としている宗教共同体等の概念に含まれていなかったのである。

もっとも、この点については、学説上は必ずしも一致していたわけでもなく、「国家的任務を果たさず国の監督という手段をもってしては憲法的秩序を遵守すべきことを実効的に促すことができない」ような結社については、「それが公法上の社団という形態での結社であれば基本法第九条二項のいう結社の禁止や解散の可能性それ自体から免れているかどうか」については、議論の余地もあったようである[13]。

(5)　世界観共同体　ちなみに、この点と関連して、草案の§一第二項二号（六四年法では§二第二項三号）が同法の適用を除外していた「世界観共同体」（Weltanschauungsgemeinschaft）は、「固有の意味での世界観団体」のみであり、政治の領域では、世界観の概念は、「特定の国家秩序・社会秩序についてのイデオロギー的な構想にまで及ぶ」ような広い意味で用いられるのに対して、この§一第二項二号の文脈にいう《世界観》の概念は、そうした政治の領域でしばしば用いられるよりも狭いものであって、世界観共同体は、「精神的な告白行為」に原則的に限定していることを前提としているとされる。なぜといって、世界観を基礎として国家、社会および法秩序を変革することを主目的として追求する結社、とりわけ、「世界観的なもの」が、かかる目的のための口実にしかすぎないような結社は、この法律にいう世界観共同体としての性格を失い、むしろ基本法第二一条にいう政治的結社ないし政党というべきものだからである。(14) もっとも、上記の Hansing が批判しているように、政治的な結社かそうでないかの限界を明確に引くことは困難であり、問題がないわけではない。

(6)　内務委員会草案　以上概略したような第一回審議のあと、同法案は同日に所轄委員会たる内務委員会（第六委員会）と関連委員会たる法務委員会等での検討に付託された。法務委員会等は翌一九六三年三月に検討結果を内務委員会に通知し、内務委員会はその検討結果をふまえて草案を検討し、一九六四年三月一九日に内務委員会の全会一致の議決を経た最終案が、同年五月二六日付けで、*„Drucksache* IV/2145（neu）"として公表された。この新しい最終草案では、該条文は現行法と同様、§二に置かれ、文言も一九六四年法とまったく同一である。もっとも、前述した一九六二年の連邦政府草案（前述(2)参照）と比べて異なる点は、すでに述べたとおり、第二号が挿入された点と、「宗教共同体」という語に置き換えられている点（ただしこの点については、何らの説明もなされていない）である。

それはさておき、この内務委員会草案の中の説明においては、§二第二項の適用除外条項の趣旨とその限界について、次にように述べられている。

「§二第一項の、意図的に広く規定された〔社団の〕概念の誤解を避けるために、この規定の第二項は、政党、連邦議会及びラント議会の会派（この部分は法務委員会と内務委員会による挿入である）、並びに宗教共同体にはこの法律の適用がないことをはっきりさせている。宗教共同体に関しては、委員会の理解から明らかになることは、そうした共同体および世界観団体が基本法第九条を超えて、一九一九年八月一一日憲法の第一三七条を援用する基本法第一四〇条の保障を受けるのは、それらがこの宗教及び世界観の枠内で活動する限りにおいてだということである。たとえば、宗教共同体及び世界観共同体が何らかの政治的活動をした場合には、基本法第九条二項の適用領域に入り、したがって同時に結社法の適用領域にも入ることとなれば、事情によっては、禁止手続にさらされることとなろう。[15]」

(7) 結社法の成立　連邦議会での第二・第三回審議は、一九六四年六月四日の第一二八回会議でなされ、そこでは上述した一九六二年の連邦政府草案（*Drucksache* IV/430）と第六委員会による修正後の最終草案（前記の *Drucksache* IV/2145（neu））を素材として議論がなされているが[16]、ここでの議論の中心は、刑法典等の改正（§二二以下）に関わるものであって、本稿との関連で触れるべきは、ただ、報告者として演壇に立ったCDU/CSUの**Kempfler**が、連邦政府草案についての補足説明として、次のように述べていた点のみである。すなわち、「草案§一の文言で〔内務〕委員会は、単に結社の自由についての基本法の考え方を宣言的に繰り返して規定することを意図していたのではなく、結社の自由という原則が法律案の指導的な基本思想であることをきわめて明確に述べることであった。」それによってこの規定は、「行政の運用にとっての指針となりうるのみならず、場合によっては裁判による法律解釈にとってもレレヴァントなものとなりうるのである」と。

この日、委員会による修正を経た一九六四年の結社法案は第三回審議において全会一致で可決され、六四年法が成立することとなる。

2　一九六四年法の適用

(1) 社団禁止の実際　ある文献によると、六四年法が同年九月一二日に施行されてから一九九九年一〇月五日までの三五年間に、連邦内務省管轄の五五の結社（そのうち外国の社団が四四）、ラント内務省の管轄で六〇の結社について禁止手続がなされ、そのうち連邦については、外国の二三の社団の禁止が違法であるとされたとされている。[17] これによれば、連邦のみについて見ても三二の結社の禁止がなされたこととなる。この統計上の数字については、別の資料では、二〇〇一年までの「三七年間に二三の禁止」がなされたとされていて、[18] 右の数字とは一致しないが、いずれにせよ、この程度の数の社団禁止が命ぜられたことになる。この数字を、「社団禁止という手段が、〔国が自由に〕選びうる手段ではなく、ウルティマ・ラティオ、つまり最後の手段であって、わが国の共同社会の基礎に対する社団の違反行為が、社団形成の権利が背後に退かざるを得ないほど強力かつ重大な場合にのみ、国がこの手段に訴えることができる」ものであることを示すものだとして、[19] その制限的適用の実態を正当化しうるかどうかは、評価の分かれるところであろうが、過去に禁止されたこれらの団体の多くが、二〇〇〇年九月禁止の „Blood & Honour“ とか、一九九四年一一月禁止の „Wiking-Jugend“ あるいは一九八〇年一月禁止の「国防スポーツ団体ホフマン」（„Wehrsportsgruppe Hoffmann“）といった、よく知られたネオナチないし極右の団体で、基本法に対して攻撃的な対決姿勢をはっきりと打ち出していたこともあり、[20] これらの禁止・解散決定については、「たたかう民主制」を標榜する戦後のドイツ社会においてはあまり異論はなかったのであろう。

(2)　連邦行政裁判所の一九七一年決定

(a)　六四年法施行後には、宗教団体ないし世界観団体に関して禁止・解散が問題となった事例がありえないことは当然である。基本法下で、六四年法施行以前の有名な事例としては、一九六一年五月の内務省の処分によってなされた禁止・解散の決定に関わる争訟に対して、六四年法施行後の一九七一年三月二三日に下された連邦行政裁判所決定がある。社団の禁止・解散決定の取消しを求めたこの行政事件についての最終審たる連邦行政裁判所の決定（BVerwGE, 37, 344）は、後述する二〇〇一年改正法案の審議の中でも言及されることとなるので、ここでもその概略に触れておく。

(b) この事件は、一九六一年春に各ラント内務省が共同で、基本法第九条第二項を根拠として、①個人経営になる出版社 „Verlag Hohe Warte“ と、②世界観団体 „Bund für Gotterkenntnis (L) e. V.“ について、これらの組織がいわゆるルーデンドルフ運動（Ludendorff-Bewegung）[21] の担い手として、全連邦領域内で「憲法的秩序と諸国民のあいだの協調の思想に反する」行動を展開したとして、これらを禁止し解散することを決議し、各ラントは同年五月二五日に結社法（ここでいう結社法はもちろん一九〇八年のライヒ結社法のことである）に基づく解散処分を出すべきことを申し合わせた。この行動の一環としてバイエルン内務省は同年五月一五日に上記二つの団体の禁止と解散を命じた。この処分が両団体に送達された同月二五日には、申し合わせに従って、ほとんどのラントでも同様の処分がなされた。

(c) バイエルン内務省の右処分に対して、両団体はその取消訴訟を提起し、①の団体は個人経営（Einzelkaufmann）の企業であるし、また②の団体はヴァイマル憲法第一三七条七項にいう「世界観団体」であって、いずれにせよ基本法第九条二項にいう「結社」ではないがゆえに、基本法第九条二項による禁止に服することはないし、また実態的にも、「憲法的秩序と諸国民のあいだの協調の思想」に反するものではない等々と主張した。

この訴訟の最終審たる連邦行政裁判所の決定では、①については、個人経営の企業であっても基本法第九条二項にいう結社となりうるが、問題となっている処分では禁止の名宛人が（出版社の社主のようにも見えるため）誰なのかが十分に明白でない等々として、原告の主張が認められたのであるが、本稿との関係ではこの部分についての詳細は略する。[22]

(d)　これに対して、②の社団に関する判断は、本稿にとって興味深い論点を含んでいるように思われる。連邦行政裁判所は、この判決において、原審裁判所が②の団体をルーデンドルフ運動（反ユダヤ主義的運動）のイデオロギーを依然として有している「憲法的秩序に反する」団体だとした判断については、これを正しかったとしつつも、いわゆる比例性原則（Grundsatz der Verhältnismäßigkeit）を援用して、「憲法秩序に反する」疑いのある団体であっても、その行動が「より緩やかな行政手段」（mildere Verwaltungsmittel）によって実効的に回避できる限り、これを禁止したり解散したりするべきではない、とした。その際、同裁判所は、ヴァイマル憲法第一三七条二項・七項にいう宗教共同体や世界観共同体であっても、基本法第九条二項に服することは認めつつ、基本権（ここでは結社の自由）の「公権力による制限は、公共の利益の保護のためにそれが不可欠である場合に限りできる」のだとする連邦憲法裁判所の判決（BVerfGE 19, 342［348 f.］; 27, 344［352］）をも引き合いに出しながら、その制限は原則として許されず、解散という行政手段よりも緩やかな手段でも十分に個々の憲法に反する行動を阻止できる場合には、結社それ自体の存在を否定するような一刀両断的な処分は正当化されないとして、わが国の憲法学説でよく知られたＬＲＡルールに類似した理論を用いて、原審に差し戻した。

(e)　この結論はそれとして、本稿との関連でとくに興味深いのは、この決定の中で連邦行政裁判所が、原審の判断の前提には、《真正の》（echt）世界観団体、すなわち「全世界とそこにおける人間のあり方を精神的に認識し評価することにとどめているもの」と、《不真正の》（unecht）結社、すなわち「ある世界観の基礎を前提として、結社の主目的が国家、社会および法秩序を自らの価値評価に従って変革しようとにあるもの」とを区別するという発想があるとしてこれを批判し、一部の学術文献[23]にも見られるこうした区別が根拠のないものであって、ヴァイマル憲法第一三七条からも基本法第四条からもそうした理解は出てこないとして、これを排斥している点である。

（f） こうした理解を前提として、連邦行政裁判所は、この事件についてはまだ適用のない結社法§二第二項三号の宗教特権条項について、「この規律は、基本法第九条二項が《真正の》宗教共同体および世界観共同体には適用がない」とする前述した不適切な仮定に基づいているとし、「憲法上の法的地位を正しく考察するならば、§二第二項三号においてなされた例外規定が新しい結社法の適用範囲を制限しているのは、許されないやり方ではないとしても、必ずしも必要不可欠なやり方というわけではなく、したがって、連邦立法者は基本法第九条二項によって与えられている規律権限を完全に行使し尽くしたということはできない」云々としている。同裁判所は、結論として、「もとより、そうした区別を前提としなくとも、宗教共同体等は憲法的秩序に拘束されているのであるから、基本法第九条二項にいう禁止に服することは事実としても、かといって、かかる団体の行動が憲法的秩序に反して向けられている場合に常に団体の《解散》を伴う《禁止》処分が正当化されるわけではなく、前述した比例性原則を考慮すべきことが、結社の自由を保障した基本法第九条一項と、宗教及び世界観の告白の自由を保障した基本法第四条一項二項あるいは基本法第一四〇条が基本法に取り込んでいるヴァイマル憲法第一三七条等の憲法規範全体の理解から出てくる」として、前述したような結論に至っている。

（8） BVerwGE, 4, 188. この一九五六年一二月六日の連邦行政裁判所の判決は、ニーダーザクセン内務省の警察命令にかかわるものであるが、宗教団体ないし世界観団体に関わるものではないので、詳細は触れない。
（9） Entwurf eines Vereinsgesetzes, *BT-Drucksache* IV/430. なお、この資料の末尾に、政府の草案に対する連邦参議院の態度表明が Anlage 2として掲載されているが、本稿で問題となる点については、触れられていない。
（10） *Deutscher Bundestag, Stenographischer Bericht,* 36. Sitzung v. 26. Juni 1962. S. 1525 ff.
（11） *BT-Drucksache* IV/430, S. 11.

(12) *Deutscher Bundestag, Stenographischer Bericht,* 36. Sitzung v. 26. Juni 1962, S. 1527 f.

(13) BVerwGE, 37, 344 [367]. もっともこの事例で問題となった „Bund für Gotterkenntnis (L) e. V." なる団体は、いずれにせよ、公法上の社団としての地位を有するものではなかった。

(14) *BT-Drucksache* IV/430, S. 11.

(15) *BT-Drucksache* IV/2145（neu）, S. 2.

(16) *Deutscher Bundestag, Stenographischer Bericht,* 128. Sitzung v. 4. Juni 1964, S. 6236 ff.

(17) Ingo v. Münch/Kunig（Hrsg.）, *Grundgesetz-Kommentar,* Bd. 1, 5. Auflage, 2000, S. 683.

(18) Vgl. *Deutscher Bundestag, Stenographischer Bericht,* 199. Sitzung v. 9. November 2001, S. 19542（D）.

(19) A. a. O.

(20) A. a. O., S. 19543（A）.

(21) ルーデンドルフ（Erich Ludendorff, 1865-1937）はドイツの将軍で、のちに一九二三年のいわゆるミュンヒェン一揆にも中心的に関わった人物で、第一次大戦後の一九一九年秋頃に、反共和制・国粋主義・民族主義・帝政支持を掲げる《民族連盟》（Nationale Vereinigung）を結成した。彼についてはさしあたり、岩波講座『世界歴史』二五巻（一九七四年）一八三頁以下など参照。

(22) またこの決定においては、一九〇八年のライヒ結社法の下で、連邦官庁ではなくラントの官庁（ここではバイエルン内務省）がかかる禁止・解散という処分をなしうるのかどうかという、権限に関する争い等もあり、これについての連邦行政裁判所の詳細な判断も示されているが、この点についてもここでは触れない。

(23) Gerhard Schnorr, *Öffentliches Vereinsrecht,* Köin 1965, §2 RnNr. 36 ff. ただしこの文献は確認できなかった。

四　二〇〇一年の結社法改正による宗教団体等の適用除外規定の削除

1　六四年結社法を改正する法律案

(1) 改正案の提出　以上触れてきた六四年法の下で、「公法上の社団」たる地位を有してきたキリスト教会を中心とするいくつかの宗教共同体はもちろん、結社法§二第二項三号にいうその他の「宗教共同体」ないし「世界観共同体」には、結社法が適用されず、したがって、連邦内務省またはラントの内務省によって禁止されたり解散されたりすることはなかった。

こうした宗教共同体等の特権的な地位を変更する必要性が高まったのには、二〇〇一年九月一一日にニューヨークで起きた世界貿易センター（ＷＴＣ）・ツウィンビルへの航空機によるテロ事件が大きく影響しているように思われる。このことは、連邦政府がこの事件後まもない同年一〇月四日に、連邦議会に「結社法を改正する第一法律案」（*BT-Drucks.* 14/7026）〔以下では「二〇〇一年改正法」ということがある〕を提出していることからも明らかである。基本法第七六条二項によると、「連邦議会の提出する法律案は、まず連邦参議院に送付される」ものとされており、連邦参議院はすでに同年九月二七日の第七六七回会議において、連邦政府から送付されていた同法改正草案に異議の申立てをしないことを決議し、同年一〇月二日にその旨の文書を連邦議会議長に送付している（*BT-Drucks.* 14/7026, *S.* 3）。

(2)　改正案提出の背景　　もっとも、九月一一日事件より以前から、ドイツではすでに組織犯罪やテロリズムに対する法的整備の必要性が議題となっており、後述する同年一〇月一一日の本会議には、結社法改正案と併せて、連邦参議院の提案による「共犯者証人規定の改正に関する法律案[24]」や、議員提案による「組織犯罪及びテロリズムの犯罪行為とのたたかいの改善のための法律案[25]」などが、同時に議題になっていたことがわかる。とくに二〇〇〇年だけでも、そうした過激な団体等による数多くの犯罪行為がなされたことが報じられており、組織犯罪やテロリズムの脅威にいかに対処するかが、ドイツ国内で焦眉の急であったことはたしかである。また、連邦政府はすでに同年九月五日の段階で結社法改正について閣議決定を行っていたようである[26]。それゆえ、本稿でとくに問題としている結社法改正は、後にも多少触れるとおり、必ずしも九月一一日事件のみがきっかけとなっているわけではないが、右の一連の改正法案自体には、結社法改正法案は含まれていないことからしても、同事件が早急の改正へと促したことは、疑いえないところであろう。

(3)　連邦政府の提案理由

(a)　この改正法律案自体はきわめて単純なもので、要するに「§二第二項三号を削除する。」というものであった。この改正案に関する連邦政府の提案理由は、次のようであった。

「これまでの結社法では過激な宗教共同体（extremistische Religionsgemeinschaften）に対して何らの禁止手段もないのに対して、その他の社団に対しては結社法§三により禁止処分をすることができることとなっている。政党の場合には連邦憲法裁判所が違憲の確定をすることができる。しかしながら、結社法が作られてから以降に積まれてきた経験が示すように、その目的若しくはその活動が刑事法律に違反するもの、又は憲法的秩序若しくは諸国民のあいだの協調の思想に反するものに対しては、宗教共同体であっても、禁止を言い渡すことができる必要がある。[27]」

その際、連邦政府は、結社法§二第二項三号があったために、「治安当局が危険究明措置ないし危険防止措置、最終的には社団禁止に至る措置をとることが妨げられている」場合として、さしあたり少なくとも次の三つの場合が考えられるとしている。すなわち、

①　イスラーム原理主義の結社であって、その信仰上の確信を実行するためには、意見を異にする者に対する暴力の行使を否定しないもの。

②　禁止された利益を収める意図〔=悪徳商法?〕または政治的目的をもつ結社であって、みずからに宗教的もしくは世界観的結社の地位を与えるべきことを請求し、社団禁止手続がなされればみずからの結社の性格の判断に関する訴訟リスクを何ら厭わないもの。

③　従前は外国でのみ登場しているいわゆる《世界終末セクト》（Weltuntergangssekte）であって、殺人を

犯したり集団自殺をしたりするもの。

(b) 連邦政府の見解によると、結社法§二第二項三号を削除することは、基本法第四条（信教の自由）や、基本法第一四〇条が援用するヴァイマル憲法第一三六～七条（教会条項）に反するものではない。それに、基本法第九条二項は宗教共同体にも適用されるのであって、「ある結社を宗教団体として分類することは、その結社が外的に法秩序と一致した行動をとるかどうかとは別問題である。問題はただ、そうした結社がみずからをどのようなものとして理解し、綱領としてそれをどのように描写し、そして事実上（祭式上）どのように行動するか、ということだけである。結社法の宗教特権が削除された後は、管轄の行政官庁が特定の宗教的結社を禁止すべきかどうかについて判断する際には、宗教共同体（基本法第四条）としての特質と、基本法第一四〇条が援用しているヴァイマル憲法第一三七条三項の範囲内で保障されている自己決定権（Selbstbestimmungsrecht）とを、比例性原則を審査する中で、十分に考慮しなければならない。」

(c) 次に連邦政府は、ヴァイマル憲法第一三八条二項（宗教団体等の財産の保障規定）の「世俗化禁止（Säkularisierungsverbot）は、結社法を宗教共同体に適用することと矛盾しない」という。なぜといって、「結社に反する目的の追求のために利用される財産は、宗教の実践に供される財産とは同視しえないのであって、後者の財産のみが世俗化禁止の対象だからである。」この点は、結社法の適用除外条項が削除されると、結社法§三以下の規定するところに従って、宗教共同体等の財産の没収等の手続がなされる可能性があることに関連して述べられているものと解される。

(d) なお、ここでも、カトリック教会と福音主義教会がヴァイマル憲法第一三七条五項によって、もともと禁止から免れていることが述べられている。それは、これらの教会が憲法によって社団としての地位を付与された「古くからつくられている（altkorporiert）宗教共同体」だからだとされている。上述のとおり、六四年法は当初から、これらの教会についてはそもそも§二第二項三号にいう宗教共同体等の概念に含めていなかったのであるが、その他の宗教共同体等についても、六四年法がはじめから社団禁止の可能性の埒外に置いていたことは、連邦政府の見解からすれば、たしかに結社法の適用範囲の「許される」限定ではあるが、ヴァイマル憲法第一三七条や基本法第四条一項が保障する宗教的自由から「必然的に」導き出される限定ではないから、結社法の改正によって適用除外規定を削除して宗教共同体等にも適用が及ぶものとしても、憲法上の問題にはならないというのである。

(e) 最後にこの改正法案の提案理由として、連邦政府は、この§二第二項三号の削除が、たとえば特定の„Psychosekte"（心理セクト）の規制を目論んだものではなく、むしろ国家は、宗教共同体をも結社法の中に取り込むことによって、「その目的若しくはその活動が刑事法律に違反するもの、又は憲法的秩序若しくは諸国民のあいだの協調の思想に反する」共同体から一般公共を保護する責任があるのだということを強調している。したがって、信仰共同体それぞれの信仰内容それ自体については国は中立であり、宗教共同体等が、国として憲法上保護しなければならない法益を危険に晒さない限り、国による介入はありえないのだというわけである。(28)

2 二〇〇一年改正法案の審議と成立

(1) 改正法案の第一回審議　さて、前述したように、刑法、刑事訴訟法、および前述の反テロリズム対策法案を含む結社法の一連の改正作業は、二〇〇一年一〇月一一日の第一九二回会議において第一回目の審議に付された。その席上、答弁に立った法務大臣 Herta Däubler-Gmelin は、ニューヨークとワシントンで起こった一カ月前の事件が、「まったく新しい挑戦」であり、そこで死去した多くの人々への同情の念を表明するるともに、アメリカ合衆国と連帯し、テロリズムとたたかい、国民を護る責任がある旨を強調し、これは、「連邦政府およびラント政府のそれぞれの権限の範囲での責務であり、かつ、ドイツ連邦議会の責務」であって、だからこそ、このたび連邦政府の「治安関連一括法案」(Sicherheitspacket) とその他の法律改正のための提案について論議をはじめるのだと述べている。

(2) 改正法案に対する所轄委員会の対応と連邦政府の態度

(a) 結社法改正法案は、先の第一九二回会議における議決により、所轄委員会たる内務委員会(第四委員会)と関連委員会たる法務委員会に付託された。法務委員会は一一月七日にSPD、CDU/CSU、BÜNDNIS 90/DIE GRÜNENおよびFDPの賛成で、連邦政府の法案に同意する旨を議決し、PDSだけが棄権した。また同様に内務委員会も同日、PDSの委員の反対一票があったのみで、法案への同意を議決した。

(b) PDSは、これに先立つ一〇月一七日に、Ulla Jelpke 以下合計四名の議員とPDSの会派の名前で、連邦政府草案に対して、「結社法の《宗教特権》を廃する必要性ありや?・」と題する質問状[29]を提出している。この質問状においては、連邦政府の草案に対するベルリーン大司教 Georg Sterzinsky 枢機卿の、「宗教特権の削除がどういう射程のものかについて十分に考えないままにこれを削除することは拙速」だとする警告や、ケルン大学の国家教会法学者 Dr. Wolfgang Rüfner が「信教の自由を制限しようとする」企みだとしていることを例にとりつつ、この改正が宗教共同体等を十把一からげにして過激派だという疑惑にさらすものであるだけでなく、宗教共同体等を結社法§一四第一項(二〇〇二年一月九日改正前のもの)にいう《外国人社団》(Ausländerverein)として禁止することがそもそも憲法上許されるのかどうかは疑わしい、と批判している。

(c) その上で、PSDは連邦政府に対して具体的に七点に及ぶ質問を発し、連邦政府の回答を求めている。

それに対して連邦政府は一一月七日に回答している（*BT-Drucks.* 14/7361）。これら七点の質問のうち、過去に具体的な事例がない事柄について前もって回答はできないなどとして、連邦政府が具体的な回答をしていない点については、紙幅の関係上ここでも言及する暇はないので、連邦政府が実質的な回答をしている以下の四点のみについて、触れることとする。

(ア)　質問①は、宗教共同体等の禁止は、法律改正をしなければ実行することはできないのか、ということである。

この質問に対して連邦政府は、基本法第九条二項の一般的な禁止を個々の場合に法的に行うことはできず、何らかの通常法律上の授権に基づいて、権限ある行政官庁による形式にのっとった禁止の宣告が必要であるという点で、裁判所の判例（BVerwGE 4, 188［189］; 47, 330［351］）と同じ見解であると述べている。

(イ)　次に連邦政府は、質問⑤と⑥とにまとめて回答している。すなわち、質問⑤は、連邦行政裁判所の判例、とくに（本稿でも三**2**(2)で触れた）一九七一年判決（BVerwGE 37, 344［363 ff.］）を基礎としたときに、結社法§二第二項三号を削除する必要性について連邦政府はどう判断しているのか、すなわち、同判決によれば、宗教共同体等といえども憲法的秩序には拘束されているのだから、必要とあらば基本法第九条二項に従って禁止・解散に服するが、ヴァイマル憲法第一三七条の保障と宗教及び世界観の告白の自由（基本法第四条一項二項）に鑑みれば、当該宗教共同体等の憲法敵対的な行動が、より穏やかな行政法的手段をもってしては実効的に防止しえない場合にのみ、禁止・解散しうるにすぎないとしていたのではないか、というものであった。

また質問⑥は、結社法§二第二項三号はヴァイマル憲法第一三七条の枠内で宗教共同体等の行動を許しているのであり、また同条三項一文は宗教団体が「すべてのものに適用される法律の範囲内で」行動ができるとしているのであるから、少なくとも、テロリズムや重大犯罪にかかわる行動に関して明白にアクティヴな結社は、同規定の設定している範囲を超えており、したがって結社法§二第二項三号の例外規定の外にあるがゆえに、テロリズムまたは重大犯罪にかかわる組織は、すでに現時点で《宗教特権》を援用しえないのだ、という見解に政府は加担するか？　もしそうだとすると、なお結社法§二第二項三号を削除する必要性はどこにあるのか？　またもしそうでないとすると、その理由は何か？　ということであった。

これに対して連邦政府は、次のように回答している。

「ヴァイマル憲法第一三七条三項一文から明らかになるのは、宗教団体が、『すべてのものに適用される法律の範囲内で、その事務を独立して処理し管理する権利』であり、その際には、利益衡量によって、教会の自由と制限目的とのあいだの相互作用に考慮を払わなければならない。」「それと並んで、憲法内在的な限界を考慮に入れなければならない。基本法第九条二項もそのひとつである。両者が法益が衝突した場合には、憲法の統一性の原則にしたがい、慎重に調整点を追求して、最適の結果に達するようにしなくてはならない。」「この利益衡量については、当時の立法者は、結社法§二第二項三号において、宗教共同体等に有利な決断を下していた。いま結社法のこの規定を削除することになれば、個々のケースにおける関係は、憲法上の諸価値を衡量することによって行政の決定を通じて決定されることとなる。結社法の改正によって初めて、過激主義的な宗教共同体の解散の可能性が与えられることになろう。」

この回答は、結社法を改正することなしに基本法第九条二項やヴァイマル憲法第一三七条三項の解釈によって宗教共同体を解散することはできない、との趣旨を明らかにしたものといえよう。

(ウ)　ＰＤＳの最後の質問⑦は、結社法§一四第一項にいう《外国人社団》とみなされる宗教共同体等を、それらの行動が「連邦共和国のその他の重大な利益を侵害」するとの理由で解散することが、少なくとも、宗教的実践の自由や宗教共同体等への結合の自由という基本法上保障された権利の重大な制限となるという見解に連邦政府は加担するか？　もしそうであるとすると、連邦政府は結社法§二第二項三号を削除した後に、基本法第四条及びヴァイマル憲法第一三六条～一三九条の規定に根拠をもつ基本権が、結社法による禁止処分によって侵害されないことを如何にして確保するつもりであるか？」というものであった。

なお、ここでいう結社法§一四第一項は、二〇〇二年一月九日のテロリズム対策法による結社法改正（BGBl. I S. 361〔367〕）で、新しい規定になっており、右の引用部分は、現行規定では§一四第二項一号に相当する。ここにいう《外国人社団》というのは、「構成員又は幹部の総員又は大多数が外国人の社団」であるが、「構成員又は長の総員又は大多数が欧州連合の構成国の国籍を保有する外国人である社団」は、外国人社団とはみなされない。また、同条によると、外国人社団は、基本法第九条二項に掲げる事由のほか、「その目的又は活動」が「①ドイツ連邦共和国内の政治的意思形成、連邦領域内のドイツ人と外国人の間の若しくは異なった外国人集団相互間の平和的生存、又は連邦共和国の安全若しくは秩序その他の重大な利益を侵害し又は脅かす場合、②ドイツ連邦共和国の国際法上の義務に違反する場合、③その目的又は手段が、人間の尊厳を尊重する国家秩序の基本的価値に相容れない活動を連邦領域外で援助する場合、④政治的、宗教的その他の利益を実現する手段として暴力行使を援助し、支持し、又は引き起こす場合、または⑤人又は物に対する襲撃をもたらし、支持し、又はそれを予告して脅迫する連邦領域内外の団体を援助する場合」には禁止することができるものとされている（§一四第二項）。

さて、この質問に対しては連邦政府は、次のように回答している（要旨）。

「結社法§一四第一項〔改正前〕にいう《外国人社団》とみなされる宗教共同体等を禁止することは、原則的には基本法第四条一項及び二項が保障する基本権を侵害する。宗教及び世界観の自由の中には宗教上の結社の自由も含まれており、この自由はたしかに基本法第四条で留保なく保障されてはいるが、この基本権が何らの制限にも服さないわけではない。文言上は無制限とされている他の基本権と同様に、この自由も、憲法の統一の観点から、基本法の他の規定に制限が設けられており、特に、個々の場合に衝突する第三者の基本権の保護や、憲法上優越する公共の利益の保障のために制限されることがある。結社法§一四第一項の前提とされている《政治的活動》の場合には、そもそも基本法第四条一項及び二項の保障の範囲と抵触する可能性があり、そうした場合には、結社法による禁止の決定の際には、比例性の原則に留意しつつ、右に述べたことが考慮されるべきである。」

(3) 改正法案の第二回審議

(a) さて、改正法案についての実質的審議は、二〇〇一年一一月九日の第二回審議[30]で行われることとなる。この日の審議は、前述したテロリズム対策法案の審議に引き続いて、これと密接に関連する形で進められている。

まず、演壇に立った与党SPDの Sebastian Edathy 議員が、結社法§二第二項三号を削除する法案を提案する立場から論議を開始する。すでに一部触れた点もあるので、繰り返しにならない範囲で紹介すると、ここでの要点はだいたい次の諸点にあるといってよい。

すなわち、第一点は、現行法では一地域を超えた社団については連邦内務大臣が禁止の権限を有しているが、過激な社団であっても、それが宗教共同体等であると自称していれば、これに禁止の宣言をすることはできないこととなっているのであるが、このままでいいのかどうかであるが、この点については、内務委員会および法務委員会で、PDSを除く連邦議会のすべての会派が、宗教特権条項を削除することを歓迎している。

第二点は、この改正法が成立すれば、とりわけ、「比較的小さな宗教共同体」に対して恣意的な運用がなされる危険があるのではないか、という意見が一部にあり、与党SPDの少数派の議員の中にもあるが、さりとて決定的な異論があるわけではない。すでに触れた、過去において結社法が実際に適用された例からしても、過去の運用が抑制的であったこと、とりわけ宗教共同体等の場合には、これに対する禁止の宣告をするべきかどうかを決定する際に、これに結社の自由が保障されているだけでなく、妨げられることのない宗教的実践の自由が保障されていることを十分に考慮することとなる上に、もちろん裁判所による審査もなされるのであるから、そういった恣意的な転化の危険性には根拠がない。

そして最後に、この改正によって、たたかう民主制（Wehrhaftigkeit unserer Demokratie）をより強固なものとするのに役立つのであり、宗教もしくは世界観に動機づけられた結社を禁止すべきかどうかの問題をこの改正によって明確にすることができる。われわれに必要なのは、「とくに、この国の若者が自分自身と民主主義について十分に自覚を持った公民となって、過激主義のワナに掛かってその後ろについていくようなことがないようにするにはどうしたらいいか、持続的に思いを致さなくてはならない」。

(b)　こうした点については、実はＰＤＳから以外には特に大きな異論はなかったといってよい。その後の議論はむしろ同議員が、後述するトルコ系のイスラーム結社 „Kalifatsstaat" に言及して、「この議会の誰一人として、今回の結社法改正によって、Kaplan 氏のいわゆる „Kalifatsstaat" が禁止されることとなってもこれを歓迎しない者はいないであろう」と述べたことに関する反応であった。Edathy はこの答弁の中でさらに続けて、「これらの結社は、とくにその公表された文書や憲法擁護庁の二〇〇〇年報告書によると、民主的に選挙された政府を打倒するよう駆り立てておるとされ、私見によれば、これはイスラームの概念の濫用というべきであるから、こうした結社の禁止ができなくてはならない。このことについては、われわれは皆な意見が一致していると思うが、改正法によってこうした禁止が事実上も可能となるようにする必要がある」旨を述べている。

インターネット上で得られるさまざまな情報によると、この „Kalifatsstaat" なる結社は、トルコの最高の宗教家 Cemaleddin Kaplan が、イスラーム宗教共同体 „Milli Görus（IGMG）" から分裂後の一九八四年に、ケルンに設立した結社ＩＣＣＢ（Verband der Islamischen Vereine und Gemeinden e. V. Köln）に端を発するもので、二〇〇一年段階で約一、一〇〇人がドイツ国内に住んでいるといわれている。(31) その目的とするところは、トルコの世俗化した政治体制を廃して、コーランとシャリア（イスラーム法）に基礎を置く国家を樹立することであった。一九九四年にはKaplan氏がケルンで„Kalifatsstaat"（トルコ名Hilafet Devleti）を宣言し、その死後の翌一九九五年五月には、息子のMetin Müftüoglu Kaplanが継承したが、「ケルンのカリフ」と呼ばれる彼の下で„Kalifatsstaat"の目標はさらに過激化し、非イスラーム政府をすべて打倒することを慫慂した。「対立反カリフ」Ibrahim Sofuの殺害事件の首謀者としてKaplan氏が一九九九年に逮捕され、翌二〇〇〇年一一月には、デュッセルドルフの上級裁判所で禁錮四年の有罪判決を受けたりしている。

(c) さて、上述したEbathy議員に続いて、最大野党であるCDU／CSU会派のHans-Peter Uhl議員は、改正法案に賛成する立場から、右で触れたMetin Kaplanに対する有罪判決も引用しながら、「国際的テロリズムに対して断固としてまた精力的にたたかわなくてはならない」と述べた。彼によると、自由な宗教的実践の基本権も内在的限界に服し、基本法第二条一項のいう《三つの制限事由》（Schrankentrias）を考慮に入れなければならないのであって、自由な人格的発展の権利も他人の権利を侵害し、憲法的秩序または道徳律に抵触しない限りでのみ保障されるのだとする。その際、彼は、「ドイツに住んでいるイスラーム過激派がコーランとシャリアについての解釈のほうが基本法より優越するとしていることを受け入れることはできない。人間には平等の価値があり同等の尊厳があるとする基本法の人権理解は、イスラーム教のそれとは相容れないのであり、わが国に住もうとする者はわれわれの指導的文化（Leitkultur）を志向しなくてはならない」ことを主張し、「誤ったリベラリズムはいつか自分の墓穴を掘ることとなろう」などと述べたが、この見解に対しては、先ほどのEbathyの激しい野次を受けることとなったばかりでなく、ＰＤＳからも、「かの《文化闘争》の再現だ」として非難されることとなる。

Uhl議員も最後に「たたかう民主制」に触れて、「わが国のたたかう民主制を正しく理解するならば、われわれの憲法の敵にはいかなるチャンスもなく」、「わが国の自由で民主的な基本秩序が脅かされるときには、基本法はテロリズムとたたかうための十分な道具を用意している」として、イスラームのテロに対するたたかいにおいて、多数が賛成することを望むとして、締めくくっている。この指摘は、いわゆる「たたかう民主制」の原理が、上に例をあげたような六四年法の適用事例にもあるネオナチのみならず、イスラーム原理主義団体などのテロリズムにも適用を可能とするためであることを示しているといえよう。

(d) 連合九〇／緑の党のCem Özdemir議員の発言は、今次の改正が九月一一日事件の帰結として、テロリズムとのたたかいのための一連の措置であることを強調して、これが中心問題であるとし、多くのイスラーム教徒もこの結社法改正を歓迎しているとする点に特徴がある。その他の論点についての発言を詳細に紹介することはもはや必要なかろう。

(e) 以上の各会派とはややスタンスを異にしたのがFDPである。すなわち、同党から発言に立ったMax Stadler議員は、立法手続が十分に尽くされていないとし、内務委員会において、このテーマに関して専門家の意見を聞くべきことをPDSのUlla Jelpkeと同様に要求したのにこれを受け入れなかった与党の議事運営を批判するとともに、現行の結社法でも過激な行動をする宗教団体に適用することが可能であるので、今回の法改正はどうしても必要があるとまではいえないが、その点を明確にするために法改正に賛成するとの趣旨を述べたが、この点については、次に発言に立ったPDSの議員から、Stadler議員の法律改正賛成論は、その立論からは出てこないように思われ、発言の趣旨が十分理解しかねる、と批判されている。たしかに煮え切らない発言であったといわざるを得まい。

(f) 最後に発言したPDSのUlla Jepike議員は、改正案に反対する立場から論陣を張っている。その発言の内容は、すでに述べた点とも重複するが、要するに、この改正によって、信教の自由が侵害される危険があり、とくに伝統的な教会ではなく、宗教団体でいえば自由教会（Freikirche）、世界観団体でいえば自由信仰者・無心論者（Freidenker）の自由が侵害される可能性があるということ、またイスラームの信仰共同体などがテロリストと関係があるととられてしまう危険があることである。なお、ここで発言者が、基本法制定者が宗教共同体等を何らか特別なものとして扱ったのは、「まさしく今日と同じ一一月九日の出来事」、すなわち一九三八年一一月九日のユダヤ人大虐殺事件（《水晶の夜》事件）を頂点とする《ショアー》（Shoah）の経験[32]があったからこそであったのだということに思いを致すべきだとして、宗教特権条項を維持すべきことを主張していることである[33]。このPDSの発言に対する政府・与党の反論は、すでにPDSの動議に対する回答としてすでに先に紹介したので、繰り返さない。

(4)　改正結社法の成立　この後、内務省政務次官の Cornelie Sonntag-Wolgast が答弁して討論は終わるが、この答弁の中で指摘すべきは、上述した „Kalifatsstaat“ の指導者が「オサマ・ビン・ラーディンとも接触していた」とされること、カトリック教会や福音主義教会はこの改正によっても何ら影響を受けないこと、イスラーム教の宗教共同体も、それが宗教的活動をするについては従前と同様に何らの制約も受けないこと等を指摘している点であろう。

結局この改正法案は、与党であるSPD、Bündnis 90/Die Grünen のほか、CDU／CSUとFDP、さらには何人かのPDS議員の賛成も得て可決され、留保保留ないし反対したのはPDSのその他の議員のみであった。

こうして可決されて成立したのが上述した二〇〇一年一二月四日法律（改正結社法）である。同法は同月七日の連邦法律公報（BGBl. I 3319）に登載され、翌日の同年一二月八日に施行された。

3 改正結社法の適用

(1) 改正の効果　結社法改正の結果、従前から公法上の社団の地位を有している伝統的なキリスト教の教会等は何等の影響も受けないが、それ以外の宗教共同体等については、従前の制限が解除され、連邦内務省ないしラントの行政官庁による禁止処分により、「その目的若しくは行為が刑法に違反する旨、又は憲法的秩序若しくは諸国民の間の協調の思想に反する」旨が確定したときは、禁止され、解散され、財産等の差押え・没収がなされ、代替組織を作ること等が禁止されることとなる。

(2) 外国（人）社団　この改正が当面の規制対象として狙っていたのは、主として結社法§一四の外国人社団または§一五の外国社団（Ausländische Vereine）であったといえよう。前者については前述したので繰り返さないが、後者は、「外国に所在地を有する社団であって、その組織又は活動が本法の場所的適用範囲にわたる社団」であり、これについても外国人社団についての§一四が準用され、連邦内務大臣がその禁止について権限を有する（一項）。もっとも、「外国社団及びこれに編入され、その構成員又は幹部の総員又は大多数がドイツ人又は欧州連合市民であるものは、基本法第九条に掲げる事由に基づく場合にのみ、禁止し、又は禁止の効力を及ぼすことができる」（二項）が、いずれにせよ、こうした団体についても、その地位は従前とは大きく異なってくることとなる。

(3) 禁止官庁　結社法§三第二項によると、宗教共同体等に禁止処分を発する官庁は、「①その組織及び活動が一のラントの領域に限られると思料される社団及び部分社団については、ラントの最高官庁又はラント法によって管轄を有する官庁」（一号）であり、「②その組織及び活動が一のラント領域を越えて及ぶ社団及び部分社団については、連邦内務大臣」（二号）であるとする。そして、ラントの最高官庁又はラント法によって管轄を有する官庁は、「第一号によって連邦内務大臣の管轄に属する一の社団の部分社団に対して禁止が行われる場合は、連邦内務大臣と協議の上で」、また連邦内務大臣は、部分社団の禁止について第一号によって管轄を有する官庁と協議の上で決定を行う」こととされている。

(4)　実際の適用事例(34)　連邦内務大臣 Otto Schily（SPD）は、さっそく改正結社法の施行四日後の二〇〇一年一二月、同法§三、一四および一五に基づき、前述した（**四2**(3)(b)）イスラーム過激派の社団 „Kalifatsstaat" およびそれに属する社団でオランダで社団登録をしている „Stichting Dienaar aan Islam" ならびに一九の部分組織（Teilorganisation）の禁止処分を行い、同月一二日に執行した。対象となった会員数は合計約一、一〇〇人ほどで、その際には全連邦の七つのラントで延べ二〇〇に及ぶ捜索がなされたという。

さらに二〇〇二年九月一九日には、右以外の一六の部分組織についても、社団禁止を執行し、そのためにその団体の集会所、幹部の住居等を捜索し、一六の組織の財産を押収し、五つのラントで合計約一〇〇の捜索が行われた。

二〇〇一年一二月の禁止処分に関して、Schilly は、本件禁止処分に関する同日の声明の中で、「宗教特権の廃止は、私の提案に基づき連邦議会が結社法の改正によってなされたものであるが、すでに二〇〇一年九月一一日より前に着手していたものである。それというのも、治安当局は過激派イスラーム主義（Islamismus）による脅威が、すでにニューヨークとワシントンでのテロよりも前からすでに分かっていたためである。過激で憲法に敵対する社団はこれからはもう宗教の実践という隠れ蓑（Deckmantel）で彼らの活動を偽装することはできない」と述べ、「イスラームの過激派とテロリズムは宗教の実践とは何らの係わりもないことであり、犯罪行為そのものであるということ」を強調している。また同氏は翌一二月一三日にも、ドイツ通信社（dpa）の報道として、「ドイツに住んでいるムスリムの大多数は平和を愛好する市民であり、彼ら過激派勢力と一緒くたにすることは許されない」ことを改めて強調している。

かくして、基本法の標榜する「たたかう民主制」は、二〇〇一年の結社法改正によって、一九五〇年台の極右政党と共産党の禁止等と並んで、当初はおそらく想定されていなかった、いわば第三のカテゴリーである過激派宗教共同体の排除という、新しい機能を果たす根拠づけが与えられたこととなる。今後の動きがさらに注目されるところである。

(24) Entwurf eines Gesetzes zur Ergänzung der Kronzeugenregelungen im Strafrecht（KrZErgG）, *BT-Drucksache* 14/5938 v. 26. April 2001.

(25) Entwurf eines Gesetzes zur Verbesserung der Bekämpfung von Straftaten der Organisierte Kriminalität und des Terrorismus, *BT-Drucksache* 14/6834 v. 26. August 2001.

(26) *Deutscher Bundestag, Stenographischer Bericht,* 199. Sitzung v. 9. November 2001, S. 19549（D）.

(27) *BT-Drucks.* 14/7026, S. 1.

(28) *BT-Drucks.* 14/7026, S. 6.

(29) Kleine Anfrage der Abgeordneten Ulla Jelpke, Dr. Heinrich Fink, Evelyn Kenzler, Petra Rau und der Fraktion PDS, in: *BT-Drucks.* 14/7200 v. 17. 10. 2001.

(30) *Deutscher Bundestag, Stenographischer Bericht,* 199. Sitzung v. 9. November 2001, S. 19542 ff.

(31) もっとも、„Kalifatsstaat“ の会員数は近年には減少傾向にあり、憲法擁護庁の報告によると、一九九五年には約三、五〇〇人が組織化されていたが、一九九七～九八年には一、三〇〇人、二〇〇〇年には一、二〇〇人となって、二〇〇一年にはさらに減少して一、一〇〇人になっているとされる。

(32) クロード・ランズマン（高橋武智訳）『SHOAH』（作品社一九九五年）参照。

(33) なお、*Deutscher Bundestag, Stenographischer Bericht,* 199. Sitzung v. 9. November 2001, S. 19582 f. に、ＰＤＳ会派が連邦議会議事規則§三一に基づいて文書で提出された、採決の前の意見表明が Anlage 2 として登載されている。

(34) 以下の情報は、主として連邦内務省のホームページ（http://www.bmi.bund.de/dokumente）によっている。

14 個人情報保護と取材・報道の自由
――ドイツ連邦個人情報保護法二〇〇一年改正を手がかりに

鈴木秀美

一　はじめに

情報化社会の進展に伴い行政機関や民間企業が保有する個人情報の保護を求める声が高まっている。ところが、日本にはこれまで行政機関が保有する個人情報を一定の範囲で保護する法律しかなく、民間企業からの個人情報の漏洩がかねてより問題になっていた。一九九五年には欧州連合の個人情報保護指令(1)（以下では、単に「個人情報保護指令」という）が、第三国への個人情報の移転について、第三国が個人情報を十分に保護していることを条件としたため、日本としても対応を迫られることになった。政府も、一九九七年七月には個人情報保護法の制定準備に着手したが(2)、その作業が進むにつれてマス・メディアを適用の対象とすべきか否かという問題が浮上した(3)。マス・メディアは、取材・報道活動のなかで多数の個人情報を利用する。このため、民間企業による個人情報の収集・利用を制限する個人情報保護法が制定され、それがそのままマス・メディアにも適用されるとすれば、その取材・報道活動は大きな制約を受ける。そこで、取材・報道の自由を確保するためには、取材・報道活動を個人情報保護法の適用から除外することが必要となる。実際、個人情報保護指令においても、表現の自由とプライバシーの権利を調整するために必要な場合には、加盟国の個人情報保護法においてマス・メディアを適用除外とすることが認められている。ただし、マス・メディアの取材・報道活動を適用除外とするためには、その範囲を画定しなければならないうえ、適用が除外された取材・報道活動において個人情報を保護するための方策を検討することが必要となる。

二〇〇一年三月、政府は、個人情報保護法案を閣議決定し、国会に提出した。この政府案は、報道機関が報道の用に供する目的で個人情報を取り扱う場合について、一般の民間企業に適用される義務規定を適用除外とした。しかし、マス・メディアは、政府案の取材・報道の自由への配慮をなお不十分だと批判している。

これに対し、ドイツでは、一九七七年に連邦個人情報保護法（Bundesdatenschutzgesetz）が成立して以来、いわゆるメディア特権（Medienprivileg）が認められており、二〇〇一年の改正の際にも激しい議論の末にこれを維持することになった。そこで本稿では、ドイツの議論を手がかりに、個人情報保護法におけるメディア特権のあり方について考えてみることにしたい。

二　連邦個人情報保護法のメディア特権

1　一九九〇年改正

一九七七年に成立した連邦個人情報保護法[4]（以下では、「一九七七年法」と略記）は、一九九〇年の法律[5]によって改正された（以下では、「一九九〇年法」と略記）。改正後の同法におけるメディア特権規定（四一条）は、次のようなものであった[6]。

「（1）　個人情報が、プレスまたは映画の企業または補助企業、もしくは放送の補助企業によって、もっぱら自己のジャーナリズム的編集（journalistisch-redaktionell）の目的で、処理または利用される場合、この法律の五条および九条のみが適用される。出版社が、住所、電話、職業、またはこれらと比較しうるリストの編集のために個人情報を処理し、または利用する範囲内で、ジャーナリズム的編集活動が同時に当該リストの編集と結びついている場合にのみ、第一文が適用される。」

行政機関だけでなく民間事業者も対象とする連邦個人情報保護法は、一九九〇年法において、明示の法規定または当事者の同意がないかぎり、個人情報の処理・利用を禁止していた（四条）。ただし、プレスおよび映画の企業もしくは補助企業、または放送の補助企業が、自己のジャーナリズム的編集目的で、個人情報を処理・利用する場合、データの守秘義務（五条）とデータ管理者の技術的・組織的保護措置義務（九条）についての規定以外は適用除外となっていた。

この規定におけるプレスの範囲や主体は、(7) 基本法五条一項によって保障されたプレスの自由を手がかりに広義に解されてきた。なぜなら、メディア特権は、基本法五条一項によるプレスの自由および放送の自由の保障を具体化したものとみなされているからである。州プレス法において採用されているプレスの概念(8)と同様に、一九九〇年法におけるプレスの範囲は、定期刊行物や書籍のほか、様々な印刷物の総体に及ぶものと解されている。プレスの企業には、新聞社や出版社などの法人だけでなく、プレスの自由を享受する作家やフリー・ジャーナリストなども含まれる。プレスの補助企業として具体的に想定されているのは、通信社や写真資料館等である。ただし、メディア特権が認められるためには、個人情報の処理・利用が、自己のジャーナリズム的編集を目的としていなければならない。プレスの企業または補助企業が、その他の目的で、データファイルに収集された個人情報を処理・利用する場合には、連邦個人情報保護法が適用される。

連邦個人情報保護法の目的は、個人情報の取り扱いによる人格権の侵害から個人を保護することにある。それにもかかわらず、前述のようなメディア特権が認められてきたのは、個人情報保護のための規制によってメディアによる取材・報道活動を妨げないためである。ドイツでも、人格権がまさにメディアによって深刻な被害を受けることは当然に意識されている。しかし、立法者は、個人情報保護法においては、法的規制によって人格権を保護することよりも、民主制におけるメディアの役割を維持することに優位を与えた[9]。ドイツでは、これを疑問視する論者はわずかであり、多数の論者がメディア特権の合憲性を認めてきた[10]。

2 放送事業における個人情報保護

メディア特権を認める一九九〇年法四一条一項が、放送については、その補助企業のみに言及し、放送事業者それ自体に言及していないのは、連邦制における連邦と州の立法権限の配分によって、放送についての立法権限が原則として州の専属的権限とされているからである[11]。ただし、一九九〇年当時のドイツには例外的に連邦法によって設立された放送協会、ドイチェ・ヴェレとドイチェラントフンクがあり、一九九〇年法は四一条二項から四項に、連邦法上の放送協会における個人情報保護に関する次のような規定を新設した[12]。

「(2) 連邦法上の放送協会による個人情報のジャーナリズム的編集上の処理または利用に対し当事者が反論を公表した場合、この反論は、[放送協会に] 蓄積された情報に含められ、当該情報と同じ期間保存されなければならない。

(3) 何人も、連邦法上の放送協会の報道によって自己の人格権を侵害された場合、報道の基礎となった、自己に関して蓄積された情報の開示を要求することができる。当該情報から、編集部分のための寄稿、資料、報告の執筆者、寄稿者、情報提供者個人を推定することができる場合、[放送協会は] 情報開示を拒否することができる。当事者は、不正確な情報の訂正を要求することができる。

（4）　その他、連邦法上の放送協会には、この法律の規定のうち五条および九条が適用される。管理上の事務が問題になっている場合には、二四条から二六条にかわって四二条が適用される。[13]」

一九九〇年法四一条が採用した、放送事業者に限定的な個人情報の開示を義務づけると同時に、取材源秘匿のための個人情報開示拒絶権を認めるという考え方を最初に提案したのは、一九八四年にドイツ社会民主党（SPD）の院内会派がまとめた連邦個人情報保護法改正案であったといわれている。[14]この改正案では、放送だけでなく、プレスと映画にも、個人情報について限定的な開示義務を課すと同時に、開示拒絶権を認めていた。[15]それは、SPDが、一九七七年法のメディア特権を広すぎるとみなしていたためである。SPD政権下の一九七四年七月二五日、連邦内務省は、基本法がプレスについて連邦に認めている大綱法制定の権限に基づき、プレス法大綱法（Presserechtsrahmengesetz）の参事官草案[16]をまとめたが、そこにはプレスに対する限定的な個人情報開示請求権が次のように規定されていた。同草案六条三号は、「ある人が報道によって人格権を侵害される場合、または人格権を侵害する報道がなされるという具体的な事実上の手がかりが存在している場合、当事者は、報道の基礎となった、自己に関して蓄積された事実上の記録についての情報を請求することができる。当事者は、不正確なデータの訂正を請求することができる」と規定していた。SPDは、プレス法にこうした個人情報保護規定が設けられていることを前提として、個人情報保護法のメディア特権が正当化されると考えた。ところが、プレス法大綱法は反対にあって成立しなかったにもかかわらず、一九七七年法はメディアの活動を適用除外とした。そこで、一九七七年法の見直しにあたり、SPDは、メディアにも個人情報について限定的な開示義務を課すと同時に、開示拒絶権を認めることを提案した。SPD院内会派は、一九八八年にも同様の内容を含む法案[17]を連邦議会に提出した。しかし、SPDの提案は見送られ、一九九〇年法では連邦法上の放送協会についてのみ、そうした規定が採用されることになった。

なお、州法上の放送協会と州法に基づいて免許を与えられている民間の放送事業者における個人情報保護については、州の個人情報保護法、州の放送法または放送についての州際協定が規律している。[18] 州法上の放送協会と民間の放送事業者も、連邦個人情報保護法と同様のメディア特権を享受している。ただし、いくつかの州、とりわけSPDが政権を握っている州[19]では、おもに公共放送協会に（州によっては民間の放送事業者にも）、連邦個人情報保護法四一条二項以下と同様に、個人情報について人格権侵害を条件とする限定的な開示義務が課されると同時に、取材源秘匿のための開示拒絶権が認められている。[20] すべての州の間で締結される州際協定によって設立されている第二ドイツ・テレビ（ZDF）の場合には、ドイツ統一に伴い一九九一年に締結されたZDF州際協定一七条よって、個人情報の限定的な開示義務と同時に、取材源秘匿のための開示拒絶権が規定された。[21] この規定は、二〇〇一年の連邦個人情報保護法改正の折、連邦の放送協会に関する規定のモデルとされた。

ドイツの放送事業者は、個人情報保護について、メディア特権を享受しているものの、プレスや映画にはみられない放送に固有の法的義務を負っている。放送に固有の個人情報保護規定の合憲性については、一方では、他のマス・メディアとは異なる扱いが放送の憲法上の地位によって正当化されると同時に、憲法によって要請されていると解する立場[22]が唱えられているものの、他方ではプレスや映画と異なる規律が放送にのみ採用されていることに対する憲法上の疑念も指摘されている。[23]

3　個人情報保護指令

二〇〇一年、ドイツでは欧州共同体法上の義務である個人情報保護指令[24]の国内実施のために連邦個人情報保護法が改正された。一九九五年一〇月二四日付のこの指令は、欧州共同体加盟国におけるプライバシー保護を強化すると同時に、個人情報の域内自由移動を確保することを目的とするものである。加盟国は、三年の期限付きで指令の国内実施を義務づけられたが、ドイツは一九九八年秋に連邦政府の政権交代があっただけでなく、メディア特権の見直しに手間取ったこともあり、二〇〇〇年六月に改正案が閣議決定され、これが二〇〇一年五月に成立した。

個人情報保護指令には、「加盟国は、表現の自由（die Freiheit der Meinungsäußerung）に適用される規定とプライバシーの権利（das Recht auf Privatsphäre）を調整するために必要な場合にのみ、ジャーナリズム、芸術または文学の目的に限って行われる個人情報の処理のために、本章、第四章および第六章についての適用除外または特例を規定しなければならない」と定める規定（九条）が含まれている。(25) 指令九条は、加盟国にメディア特権を認めることを義務づけたものと解されている。(26) ただし、適用除外または特例を規定する義務があるのは、表現の自由とプライバシーの権利を調整するために「必要な場合」に限定されている。同指令九条は、その国内実施に際して、両者の調整を各加盟国の立法者に委ねており、すべての加盟国に共通のメディア特権の導入を求めるものではない。メディアへの適用が除外されるのは、第二章の個人情報処理の適法性に係る一般規定（五条から二一条）、第四章の個人情報の第三国への移転（二五条と二六条）、第六章の監督機関および個人情報処理に係る個人保護に関する作業部会（二八条から三〇条）に含まれる諸規定である。なお、個人情報保護指令は、第三章では司法的救済等（二二条から二四条）、第五章では行為規範（二七条）、第七章では指令の実施措置（三一条）について規定している。

一九九九年七月、ＳＰＤ政権の下で、個人情報保護指令を国内実施するために連邦内務省がまとめた連邦個人情報保護法改正案は、メディア特権の縮小を目指していたため、この改正案をめぐって激しい議論が巻き起こった。

三　二〇〇一年連邦個人情報保護法

1　一九九九年改正案

メディア特権の縮小を目指した一九九九年七月六日付の連邦内務省参事官草案（以下では、「一九九九年改正案」と略記）は、プレスの自主規制機関であるドイツ・プレス評議会（Deutscher Presserat）をはじめとするプレス界からの強い批判を受けたため採用されるに至らなかった。[27]

この改正案は、州の立法者に、「プレスの企業または補助企業、放送または映画の補助企業による、もっぱら自己のジャーナリズム的編集、芸術または文学の目的ための個人情報の収集、処理および利用」に、これまで以上に多くの連邦個人情報保護法の規定を適用するための立法措置を求めた。メディアへの適用を予定されていたのは、従来適用されていたデータの守秘義務（五条）とデータ管理者の技術的・組織的保護措置義務（九条）についての規定以外に、個人情報保護管理者の社内設置とその任務（四f条、四g条）、自動的データ処理の制限（六a条）、挙証責任の転換を伴う損害賠償請求権（七条）、個人情報保護の監視等、特別な目的による個人情報の利用制限（三一条）、個人情報保護促進のための行動準則策定（三八a条）、連邦法上の放送協会に課せられていた反論権、開示・訂正等の義務（四一条二項と三項）、秩序違反に対する過料（四四条）についての諸規定である。[28]ドイツ・プレス評議会によれば、この改正案は、この度の改正に際して連邦内務省が準備したいかなる改正案よりも、メディア特権を大幅に制限するものであった。[29]

一九九九年改正案に対し、ドイツ・プレス評議会は、憲法上の疑議を指摘した。[30]とくに問題視されたのは、個人情報保護管理者の社内設置義務である。この改正案によれば、個人情報保護管理者は、個人情報保護法の解釈について疑いのある場合、監督官庁に意見を求めることができるとされていた。民間部門の監督官庁は、いくつかの州では州の個人情報保護監察官であるのに対し、その他の州では州の行政機関である。このため、個人情報保護管理者の社内設置は、監督官庁にメディアの編集活動に介入する口実を与えるものだとして、強い反対意見が表明された。一九五六年以来、プレスコードに基づく自主規制の活動実績をもつドイツ・プレス評議会は、[31] 自主規制により個人情報保護の実効性を確保すべきであると主張した。

一九九九年末、当時の連邦内務大臣は、プレス界との対立を避けるため、厳しい批判を受けたメディア適用除外規定の改正案を見直し、メディアにおける個人情報保護をおおむね自主規制にゆだねる方針を明らかにした。[32] フンボルト大学クレプファー教授は、この間の状況を、「ジャーナリスト連盟とドイツ・プレス評議会は、ドイツ農民連盟と公務員組合から『もっとも成果を上げたロビーイスト』のタイトルをまさに奪い取ろうとしているところである」と評している。[33]

2　二〇〇一年法のメディア特権

二〇〇〇年五月九日、連邦内務大臣とドイツ・プレス評議会は、メディア特権の改正案を公表した。[34] それによると、個人情報保護のための技術的基準と、この基準に違反した場合の損害賠償義務が連邦個人情報保護法に定められるとともに、ドイツ・プレス評議会は、ジャーナリズム的編集目的または文学的目的で収集、処理および利用される個人情報の保護のために自主規制の枠組みを整備することになった。自主規制の実効性は、苦情処理手続を通じて確保される。この改正案のメディア特権には、限定的な法的規制と実効的な自主規制の組み合わせによって、プレスの自由と個人情報保護とを調整するという考え方が反映されている。[35]

連邦政府は、二〇〇〇年八月、新たな連邦個人情報保護法改正案[36]を連邦参議院に提出した。その後、連邦議会[37]と再度の連邦参議院[38]における審議を経て、二〇〇一年五月一八日、二〇〇〇年改正案が二〇〇一年連邦個人情報保護法（以下では、「二〇〇一年法」と略記[39]）として成立した（同年五月二三日発効）。ドイツは、この改正によって個人情報保護指令の国内実施義務を連邦レベルでようやく果たしたことになる。

二〇〇一年法では、一九九九年改正案がメディアへの適用を予定していた規定のほとんどが適用除外とされた。二〇〇一年法が採用したメディア適用除外の一般規定（四一条一項）は、次のようなものである。

「州は、その立法にあたり、プレスの企業および補助企業による、もっぱら自己のジャーナリズム的編集目的または文学的目的による個人情報の収集、処理および利用について、五条、九条、三八a条と、これに関連して損害賠償について規律する七条を適用するよう定めなければならない。」

四一条一項が、映画と放送にはまったく触れず、また、州の立法者にプレスの企業および補助企業についての規律を求めるかたちに改められたのは、連邦の立法権への配慮からである。連邦は、メディアのうちプレスについてのみ一般的法律関係についての大綱的立法権を有している（基本法七五条一項二号）。ただし、大綱的立法を具体化する権限は州にある。このため、個人情報保護法においてプレスの適用除外をどのように定めるかについては、州の立法者に裁量の余地が与えられた。二〇〇一年法によれば、従来の、データの守秘義務（五条）とデータ管理者の技術的・組織的保護措置義務（九条）に加えて、三八a条、さらにこれらの規定に関連して七条がプレスに適用される。新たにプレスへの適用が求められた三八a条は、個人情報保護指令二七条の国内実施として、業界団体に個人情報保護法の実施を促進するための行為規範の草案を監督官庁へ提出することを認める規定である。監督官庁は、業界団体から提出された草案が個人情報保護法に適っているか否かを審査するものとされている。このほか、メディア特権について定める個人情報保護指令九条が、同指令第三章の適用除外を認めていないため、二〇〇一年法も、これに対応して、損害賠償に関する七条をプレスにも適用することになった。

なお、二〇〇一年法は、連邦法に基づいて設立された放送協会であるドイチェ・ヴェレにおける個人情報保護（四一条二項から四項）について、次のような規定を設けた。

「（2）　ドイチェ・ヴェレによる個人情報のジャーナリズム的編集のための収集、処理または利用が当事者の反論の公表を導く場合には、この反論が蓄積された情報に含められ、当該情報自体と同じ期間保存されなければならない。

（3）　何人も、ドイチェ・ヴェレの報道によって自己の人格権を侵害される場合、報道の基礎となった、自己に関して蓄積された情報の開示を要求することができる。関係者の保護に値する利益の衡量によって、情報開示を拒否することができるのは、1　当該情報から、放送番組の準備、制作、普及に際し、職業上、ジャーナリズム的な協力をしている個人、またはそれに協力した個人が推定されうる場合、2　当該情報から、編集部分のための寄稿、資料、報告の寄稿者または情報提供者個人を推定することができる場合、3　調査され、またはその他の方法で得られた情報を伝えることによって、情報の収集によるドイチェ・ヴェレのジャーナリズム的役割が侵害されると思われる場合、である。

（4）　その他、ドイチェ・ヴェレには、この法律の規定のうち五条、七条、九条および三八a条が適用される。管理上の事務が問題になっている場合には、二四条から二六条にかわって四二条が適用される。」[40]

ここで、一九九〇年法が用いていた「連邦法上の放送協会」が、「ドイチェ・ヴェレ」に置き換えられたのは、ドイツ統一後、連邦上の放送協会であったドイチュラントフンクが州際協定によってドイチェラントラジオに改組され、連邦法上の放送協会がドイチェ・ヴェレのみになったためである。[41]なお、個人情報開示について定める四一条三項は、ZDF州際協定一七条三項にならって改められた。一九九九年改正案は、ドイチェ・ヴェレに関するこれらの規定をプレスにも適用することを予定していたが、二〇〇一年法はこれを見送った。

個人情報保護のためにメディア特権を縮小するというＳＰＤ政権の試みは、プレス界の反対によって一九九〇年法に続いて実現するに至らなかった。

3　ドイツ・プレス評議会による自主規制

二〇〇一年法は、ドイツ・プレス評議会の自主規制による実効的な個人情報保護に期待している。プレス評議会は、とくに、プレスにおける個人情報保護について行為規範を策定すること、編集活動における個人情報保護について定期的に報告すること、苦情申立て手続を整備することを立法者から求められた。

そこで、プレス評議会は、編集の個人情報保護（Redaktionsdatenschutz）のため、次のような自主規制措置を講じることを明らかにした[42]。それは、まず、編集の個人情報保護のために必要な規定をプレスコードとその指針に新設すること、次に、従来の苦情処理委員会とは別に、個人情報保護のための苦情処理委員会を設置すること、さらに、プレス評議会が、今後、個人情報保護について新聞社・雑誌社に助言を与えること、プレスにおける個人情報保護の状況についての報告書を定期的に公表することなどである。新聞社・雑誌社は、個人情報保護に関するプレスコードを遵守するために自己に課す責務についての声明をプレス評議会へ提出するよう求められた。

プレス評議会は、二〇〇〇年一一月、プレスコード前文の一部改正に加えて、プレイバシー保護に関する八条に「プレスは、情報自己決定権を尊重し、編集上の個人情報保護（redaktioneller Datenschutz）を保障する」という第四文を付け加えることに合意した[43]。その際、この八条を具体化する指針に「八の八」として、個人情報の提供について、次のような規定が新設された。それによると、「編集部よってジャーナリズム的編集目的で取得され、処理され、または利用されたすべての個人情報は、編集の秘密に含まれる。ジャーナリズム的編集目的による編集者間の個人情報の提供は許される。個人情報の提供は、正式な個人情報保護法上の異議申立て手続が終了するまで行われてはならない。個人情報の提供は、伝達された個人情報がジャーナリズム的編集目的のためにのみ処理され、または利用することが許されるということを指摘して行われなければならない」。今後は、プレスコード八条と指針八の八が、プレス評議会による自主規制の根拠規定となる。

二〇〇一年二月には規定の改正によってプレス評議会の任務が拡大され、編集上の個人情報保護の分野における自主規制という項目が付け加えられた。同年三月には、編集の個人情報保護についての苦情処理委員会が新設された。同委員会は、第一回会合で、最初の苦情についての審議を行い、ある新聞による個人情報の公表を「不適切」（Mißbilligung）と裁定した。不適切とは、プレスコード違反について下される三段階の裁定結果のうち、中間段階のものである[44]。この事案では、ある新聞が、記事とともに、住居侵入で告発された男性の事情聴取についてのファックス文書を、当該文書に署名した警察官の実名、官職、勤務先、電話番号を伏せることなく公表した。そこでこの警察官が、当該文書の新聞による公表が情報自己決定権の侵害であるとして苦情を申し立てた。苦情処理委員会は、この警察官の主張を認め、当該文書の公表を不適切であると裁定した[45]。プレス評議会による自主規制の構想が、プレスにおける実効的な個人情報保護を達成することができるか否かは、今後の運用にかかっているといえよう。

四　個人情報保護とプレスの自由

二〇〇一年法のメディア特権を法的に評価するためには、プレス特権（四一条一項）および放送事業者に課された限定的個人情報開示義務（四一条三項）の合憲性のみならず、それらの個人情報保護指令適合性も問題になるが、本稿では、二〇〇一年法における個人情報保護とプレスの自由の調整という観点についてのみ検討を加えることにしたい。

個人情報保護法制化における立法者の役割は、行政機関を規制する場合と、民間事業者を規制する場合とでは大きく異なる。(46) 前者が、国家の自己制約を意味するのに対し、後者の場合、立法者は、私人間において対立する権利・利益の調整という役割を果たさなければならない。プレスにおける実効的な個人情報保護のために立法措置を講じる場合にも、立法者は、私人間における個人情報保護とプレスの自由との調整を求められる。その調整は、いずれか一方が常にかつ例外なく優越するように行われてはならないのであって、両者の均衡のとれた適切な調整が要請される。(47) 個人情報は実効的に保護されなければならないが、同時にプレスの自由が過剰に制限されてはならない。(48)

民主制におけるプレスの自由の意義(49)が強く意識されているドイツでは、連邦個人情報保護法二〇〇一年改正において、連邦政府が当初目指していたメディア特権の縮小は実現しなかった。違反について損害賠償を認める二〇〇一年法七条のプレスへの適用にまったく問題がないとはいえないものの、二〇〇一年法のメディア適用除外規定は、プレスの自由との関係では、異議を唱えるべき点は基本的には見当たらないとの評価を受けている。(50) これに対し、二〇〇一年法がプレスにおける個人情報保護のために採用した、限定的な法的規制と実効的な自主規制の組み合わせという構想には、自主規制というソフトな手段によって個人情報の実効的保護が達成されるのかという懸念が表明されている。(51) このようなドイツの議論状況は、国会に提案された政府の個人情報保護法案によるメディア規制(52)が問題視されている日本とはまったく対象的である。

法的規制と自主規制の組み合わせによる目的の達成という手法は、ドイツをはじめヨーロッパでは環境法の分野(53)で積極的に活用されている他、インターネットにおける有害情報対策(54)にも見受けられる。ドイツでは、個人情報保護を自主規制に委ねる場合にも、立法者は、実効性確保のための対策を憲法によって求められる。自主規制のための行為規範の内容は、憲法の個人情報保護の要請に適ったものでなければならないし、かりに自主規制によって憲法の要請する保護水準が確保されていないと判断された場合には、自主規制から法的規制に移行しなければならない。ここでは、連邦憲法裁判所のいわゆる国勢調査判決[55]によって認められた情報自己決定権[56]が、どの程度の個人情報保護を要請しているのか、保護の下限はどのようにして画されるのかについて検討することが必要になる。[57]連邦憲法裁判所による違憲審査制の下、ドイツの立法者は、立法の基本権適合性を厳しく求められている。それだけに、プレスにおける個人情報保護について、二〇〇一年法が認めた自主規制の試みは、日本における自主規制の仕組みを考えるうえでも、大変興味深い素材を提供しているといえよう。

（1）　Richtlinie 95/46/EG des Europäischen Parlaments und des Rates v. 24.10.1995 zum Schutz natürlicher Personen bei der Verarbeitung personenbezogener Daten und zum freien Datenverkehr (ABlEG Nr. L281, S.31 ff.). 日本では、欧州連合の指令として紹介されることが多いが、正確には欧州共同体の指令である。

（2）　詳細は、堀部政男「個人情報保護法制化の背景と課題」法律のひろば五四巻二号（二〇〇一）四頁以下参照。

（3）　個人情報保護検討部会が一九九九年一一月一九日に公表した「我が国における個人情報保護システムの在り方について」（中間報告）に対する新聞協会の「意見」が、新聞研究五八三号（二〇〇〇）二九頁以下に掲載されている。

（4）　BGBl. I 1977, S.201. 一九七七年の連邦個人情報保護法は、一条三項において、「この法律は、プレス、放送または映画の企業または補助企業がもっぱら自己のジャーナリズム（publizistisch）の目的で処理する個人情報を保護しない。ただし、六条一項はこの限りでない」と規定していた。六条は、技術的・組織的措置に関するもので、内容的に一九九〇年法の九条にあたるものであった。

（5）　BGBl. I 1990, S.2954. ドイツにおける個人情報保護法制について、リゴ・ヴェニング／小橋馨「ドイツにおけるデータ保護の発展の概観」法学セミナー五二七号（一九九八）一三〇頁以下、藤原静雄「ドイツの個人情報保護制度」堀部政男編『ジュリスト増刊　情報公開・個人情報保護』二八七頁以下（有斐閣・一九九四）、村上裕章「ドイツにおける民間個人情報の立法的保護」田村善之編『情報・秩序・ネットワーク』一一七頁以下（北海道大学出版会・一九九九）参照。

（6） 一九九〇年法のメディア適用除外規定について、H. Auernhammer, Bundesdatenschutzgesetz, 1990, § 41; Löffler/Ricker, Handbuch des Presserechts, 4. Aufl. 2000, 42 Kapitel Rdnr. 39 ff., 54 Kapitel Rdnr. 30 ff.; M. Löffler, Presserecht, 4. Aufl. 1997, §1 LPG Rdnr. 197 ff.; G. Himmelsbach, Der Schutz des Medieninformanten im Zivilprozeß, 1998, S. 87 ff. 藤原静雄「ドイツの一九九〇年個人情報保護法とメディア特権」新聞研究五八三号（二〇〇〇）三一頁以下も参照。

改正作業の段階における議論については、R. Damm, Datenschutz und Medien, AfP 1990, 7 ff.; S. Simitis, Datenschutz und „Medienprivileg", AfP 1990, 14 ff.

（7） Vgl. Löffler, a. a. O.（Anm. 6）, §1 LPG Rdnr. 199 ff.

（8） プレスの範囲について、Ebd., Rdnr. 68 ff.

（9） ただし、ドイツではプレス法と放送法により反論権が認められており、報道された事実主張に関係する者はその報道に反論することができる。Vgl. Seitz/Schmidt/Schoener, Der Gegendarstellungsanspruch, 3. Aufl. 1998. 反論権の概要について、鈴木秀美『放送の自由』三八頁以下（信山社・二〇〇〇）参照。

（10） Löffler, a. a. O.（Anm. 6）, Ebd., Rdnr. 198 の指摘。M. Kloepfer, Pressefreiheit statt Datenschutz? — Datenschutz statt Pressefreiheit?, AfP 2000, 511 ff., 516 も、連邦個人情報保護法のメディア特権を合憲であるとする。

（11） 放送の立法権限については、G. Herrmann, Rundfunkrecht, 1994, §6, Rdnr. 12 ff. 鈴木・前掲注（9）一七五頁以下も参照。

（12） この規定の成立経緯については、Himmelsbach, a. a. O.（Anm. 6）, S. 93 ff. Vgl. G. Hein, Rundfunkspezifische Aspekte des neuen Bundesdatenschutzgesetz, NJW 1991, 2614 f.

（13） 二四条から二六条の規定は、連邦個人情報保護監察官による監査の規定であるが、連邦法上の放送協会は、放送の自由への配慮からその監査の対象から除外されている。その代わりに、四二条が放送協会内部への独自の個人情報保護管理者の設置を義務づけている。

（14） BT-Drucks. 10/1180.

（15） Himmelsbach, a. a. O.（Anm. 6）, S. 94 の指摘。

(16)　この草案は、Hoffmann-Riem/Plander, Rechtsfragen der Pressereform, 1977, S. 213 ff. に所収。

(17)　BT-Drucks. 11/3730.

(18)　Vgl. Himmelsbach, a. a. O.（Anm. 6）, S. 110 ff.; G. Herrmann, a. a. O.（Anm. 11）, § 22, Rdnr. 63 ff.

(19)　たとえば、ノルトライン・ヴェストファーレン州は、一九八八年の法改正により、公共放送である西部ドイツ放送協会（ＷＤＲ）に関する法律に、個人情報について限定的な開示義務および取材源秘匿のための開示拒絶権を規定した。Vgl. Damm, a. a. O.（Anm. 6）, 10 f.

(20)　D. Dörr, Auskunftsansprüche gegen die Medien bei Persönlichkeitsrechtsbeeinträchtigungen, AfP 1993, 709 ff. によれば、公共放送では中部ドイツ放送協会（ＭＤＲ）、北ドイツ放送協会（ＮＤＲ）、西部ドイツ放送協会が、人格権侵害を条件とする限定的個人情報開示義務を課されると同時に、取材源秘匿のための個人情報開示拒絶権を与えられていた。このほか、ザールラント州とノルトライン・ヴェストファーレン州では民間放送事業者についても同様の規定があった。

(21)　Himmelsbach, a. a. O.（Anm. 6）, S. 121 ff.

(22)　Herrmann, a. a. O.（Anm. 11）, § 22, Rdnr. 70; H.H. Schrader, Datenschutz und Auskunftsansprüche im Rundfunkbereich, AfP 1993, 114 ff.

(23)　Kloepfer, a. a. O.（Anm. 10）, 516; C.E. Eberle, Informationsrecht — der große Wurf?, CR 1992, 757 ff.; Dörr, a. a. O.（Anm. 20）710 ff.

(24)　この指令については、堀部政男「ＥＵ個人情報保護指令と日本」ジュリスト増刊『変革期のメディア』三五八頁以下（一九九七）、藤原静雄「諸外国における個人情報保護法制の動向——二〇〇〇年一二月」法律のひろば五四巻二号（二〇〇一）一一頁以下、庄司克宏「ＥＵにおける『個人データ保護指令』」横浜国際経済法学七巻二号（一九九九）一四三頁以下参照。

(25)　指令九条について、山岸和彦「ＥＵ」法律時報七二巻一〇号（二〇〇〇）三五頁以下、藤原静雄「個人情報保護法制とメディア——比較法的考察」小早川光郎／宇賀克也編『行政法の発展と変革（上）』七一三頁以下（有斐閣・二〇〇一）参照。

(26)　P. Lerche, EG-Datenschutzrichtlinie und Pressefreiheit — Fragen der Umsetzung des Art. 9 der Richtlinie, Rechtsgutachten im Auftrag des Deutschen Presserats, 1996, S. 45. 同書は、ドイツ・プレス評議会のた

めに執筆されたミュンヘン大学レルヒェ教授による鑑定書『欧州共同体の個人情報保護指令とプレスの自由』である。

(27) 二〇〇一年改正に至るメディア特権をめぐる議論については、Kloepfer, a. a. O. (Anm. 10), 511 ff.; U. Berger-Delhey, Neues Datenschutzrecht und „Medienprivileg", in: A. Heldrich (Hrsg.), Medien zwischen Spruch und Informationsinteresse, Festschrift f. R. Schweizer, 1999, S. 315 ff. なお、藤原・前掲注(24)三五頁、同・前掲注(25)七三頁以下も参照。

(28) 一九九九年七月六日付け改正案四一条は、Stellungnahme des Deutschen Presserates zum Entwurf eines Gesetzes zur Änderung des Bundesdatenschutzgesetzes und anderer Gesetze, AfP 1999, 458 ff., 459 に掲載されている。

(29) Ebd.

(30) Ebd., 460 ff.; U. Ernst-Flaskamp, Datenschutz und Öffentlichkeit, in: Deutscher Presserat, Jahrbuch 2000, S. 19 ff.

(31) ドイツ・プレス評議会について、林香里「ドイツプレス評議会の軌跡と現在」東京大学社会情報研究所紀要五五号（一九九七）五一頁以下参照。Vgl. A. Gerschel, Aufgaben und Funktionen des Presserates in Vergangenheit und Gegenwart, in: E.-J. Mestmäcker (Hrsg.), Selbstkontrolle und Persönlichkeitsschutz in den Medien, 1990, S. 41 ff.; H. Münch, Der schutz der Privatsphäre in der Spruchpraxis des Deutschen Presserats, AfP 2002, 18 ff.

(32) 一九九九年一二月二日付の連邦内務省プレスリリース (http://bmi.bund.de) による。Vgl. J. Jacob, Stärkung der freiwilligen Selbstkontrolle, in: Deutscher Presserat, Jahrbuch 2000, S. 11 ff.; L. Tillmanns, Stärkung der Persönlichkeitsrechte, in: Deutscher Presserat, Jahrbuch 2001, S. 41 ff.

(33) Kloepfer, a. a. O. (Anm. 10), 513.

(34) 二〇〇〇年五月九日付のドイツ・プレス評議会プレスリリース (http://www.presserat.de) による。

(35) メディアにおける自主規制による個人情報保護について、H. Heil, Datenschutz durch Selbstregulierung — Der europäische Ansatz, DuD 2001, 129 ff., 132 f.

(36) BR-Drucksache 461/00.

(37) BT-Drucksache 14/4329.
(38) BR-Drucksache 279/01.
(39) BGBl. I 2001, S. 904. 二〇〇一年法の概要について、J. Bizer, Nach der Novelle ist vor der Reform, DuD 2001, 374; Gerhold/Heil, Das neue Bundesdatenschutzgesetz 2001, DuD 2001, 377 ff.; M.-T. Tinnefeld, Die Novellierung des BDSG im Zeichen des Gemeinschaftsrechts, NJW 2001, 3078 ff.
(40) 二〇〇一年法四二条は、ドイチェ・ヴェレの個人情報保護管理者に関する規定である。
(41) Vgl. Herrmann, a. a. O. (Anm. 11), §4, Rdnr. 137 f. 鈴木・前掲注(9)一八二頁以下も参照。
(42) 二〇〇一年一〇月一九日付のドイツ新聞社連盟プレスリリース（http://www.bdzv.de）による。
(43) Tillmanns, a. a. O. (Anm. 32), S. 49 f. プレスコードとその指針は、ドイツ・プレス評議会のウェブページ（http://www.presserat.de/）に掲載されている。
(44) プレスコード違反には、「指摘」、「不適切」、「譴責」の三段階がある。明らかにプレス側に非がある場合には譴責の裁定が下され、プレスはこれを自らのメディアによって公表しなければならない。これに対し、プレス側に非があるとはいえ、前例がなく、プレスの従うべき慣例が生まれていなかったという場合、裁定はプレスコード違反の指摘にとどめられる。不適切は、両者の中間で、自己のメディアによるその公表は義務ではない。苦情処理の手続については、林・前掲注(31)六五頁以下参照。
(45) ドイツ・プレス評議会のウェブページに掲載された二〇〇二年三月六日付けプレスリリースによる。
(46) 松井茂記「個人情報保護基本法とプライヴァシーの権利」ジュリスト一一九〇号（二〇〇〇）四三頁参照。
(47) 基本権の調整者としての国家の役割について、小山剛『基本権保護の法理』六二頁以下（成文堂・一九九八）参照。なお、山口いつ子「個人情報保護とメディアの自由」ジュリスト一二二二号（二〇〇二）九三頁以下によれば、アメリカにおいてもプライバシーと自由な言論との対立の調整は、アドホックな利益衡量によらざるを得ないと考えられているという。
(48) Th.-A. Hubert, Das datenschutzrechtliche „Presseprivileg", 1993は、そうした観点から個人情報保護法におけるプレス特権を詳細に検討している。
(49) U. Limbach, 50 Jahre Pressefreiheit, AfP 1999, 413 ff.
(50) Kloepfer, a. a. O. (Anm. 10), 522 f. クレプファーは、一九九〇年法のメディア適用除外規定について、それがプレスの自由との関係で憲法による要請の域を超えてプレスに手厚い保護を与えながら、個人情報の保護は手薄になっていると指摘するが、それでもなお当該規定は合憲であるとみなしている。

(51) Ebd.

(52) 二〇〇一年の個人情報保護法案のメディア規制的傾向については、田島泰彦『人権か表現の自由か』(日本評論社・二〇〇一)二一一頁以下、鈴木秀美「個人情報保護法とメディア」民放二〇〇一年六月号三六頁以下をはじめ多くの文献がある。

(53) 環境法における自主規制の長所と短所について、M. Kloepfer, Umweltrecht, 2. Aufl. 1998, §5 Rdnr. 216 ff.

(54) 長谷部恭男「イギリスにおけるインターネット利用と法律問題」ジュリスト一一五六号(一九九九)九六頁以下、鈴木秀美「ドイツ・マルチメディア法制におけるプロバイダーの責任——法的規制と自主規制」広島法学二三巻二号(一九九八)一二七頁以下参照。

(55) BVerfGE 65, 1. 評釈として、平松毅「自己情報決定権と国勢調査」ドイツ憲法判例研究会編『ドイツの憲法判例』四二頁以下(信山社・一九九六)、藤原静雄「西ドイツ国勢調査判決における『情報の自己決定権』」一橋論叢九四巻五号(一九八五)七二八頁以下。

(56) 情報自己決定権の分析として、玉蟲由樹「ドイツにおける情報自己決定権について」上智法学論集四二巻一号(一九九八)一一五頁以下がある。

(57) なお、プレスの自由との関係でも、同様に、個人情報保護法におけるプレス適用除外の要請の下限はどの程度であるのかについて考える必要があろう。

＊本稿は、法律時報七四巻一号(二〇〇二)四三頁以下に掲載された拙稿「ドイツ個人情報保護法とプレスの自由——二〇〇一年法改正をめぐって」に加筆したものである。

＊＊本稿脱稿後、立山紘毅「ドイツ——プレスの公的地位と『自律的』規範」田島泰彦編『個人情報保護法と人権』二七五頁以下(明石書店・二〇〇二)に接した。また、二〇〇一年三月に国会に提出された日本政府の個人情報保護法案は、取材・報道の自由への配慮が不十分であるとの批判を受け、二〇〇二年秋の臨時国会で廃案となった。政府は、二〇〇三年、大幅に修正した個人情報保護法案をあらためて国会に提出し、これが同年五月に成立した。

15

前科とプライヴァシー

上村　都

一　はじめに

前科がみだりに公表されることによって具体的にいかなる利益が侵害されたことになるのであろうか。初期の判例では、これを名誉の保護に求めるものもあった(1)が、今日では、それが名誉・信用の保護にかかわる問題なのか、それともプライヴァシーなのかについて、周知のように争いがある。例えば、前科照会事件(2)では、一審判決はこれをプライヴァシーの問題としたが、最高裁は、名誉・信用にかかわる問題であると捉えていた(3)。さらに、ノンフィクション『逆転』事件(4)でも、一審・二審判決が前科公表をプライヴァシーの問題であるとしたのとは異なり、最高裁は、名誉・信用の保護を基盤に「前科をみだりに公表されない利益」を保護法益として据えた(5)。また、学説でも、ノンフィクション『逆転』事件を契機として、前科がいかなる法的保護を享受するのかにつきさまざまな議論が展開されている。学説の多くは、前科公表からの保護をプライヴァシーとみているようであるが、こうした見解に対しては、後述するように、別の学説からの強い批判がある(6)。

もとより、前科がみだりに公表されてはならないとする点では、どの説においても異なるところはない。しかしながら、前科公表が何を侵害し、公表された者がいかなる憲法上の理由から保護を享受するのかは、前科公表の本質にかかわる問題であり、また衡量のあり方をも左右する重要な問題である。

前科を公表された者の利益と表現の自由との調整に際しては、したがって、前者の持つ利益を確定することが先決問題となる。判例・学説では、前科公表の問題をプライヴァシーとみるか、名誉とみるかにつき対立があるが、多くの場合に共通しているのは、前科それ自体と被侵害利益とを自明のこととして同一視し、前科それ自体を法的保護の対象として捉える発想である。しかしながら、前科それ自体と前科公表により侵害される利益とは、観念上、区別しうるのであり、前者の性格から後者の保護の必要性と程度とが判断されることになってはならない。私見では、前科それ自体と、被侵害利益とをひとまず切り離すことによって初めて、両法益の適切な調整に道が開かれるものと思われる。

また、前科の公表は、一定の「時」を経過している点で、時事的な犯罪報道とは性格を異にする。かなりの時が経過した後に前科をみだりに公表してはならないことについては異論はなかろう。しかしながら、この時の経過はどのような文脈で意味を持つのであろうか。前科を公表された者の利益を認定する際の視点、すなわち保護法益確定の次元なのか、それとも、前科公表の許容性を審査する際の視点、すなわち衡量の次元なのか、あるいはその両方なのか。

こうした視点から、本稿では、まず、これまでの判例が前科公表からの保護をどのように基礎づけたのかを確認し(第二章)、次に、前科公表をプライヴァシーの問題だとすることに批判的な比較的最近の学説の見解を整理する(第三章)。続いて、判例・学説における「時の経過」論を概観し(第四章)、最後に、前科公表問題の特殊性からその保護のあり方を探求することにしたい（第五章）。

二　判例における前科公表からの保護

前科をみだりに公表することが（公表の時期にもよるであろうが）、当の人物に対して大きな不利益をもたらすであろうことは、容易に想定できる。では、前科を公表された者（以下、便宜上、被公表者と呼ぶ）はいかなる理由から、どのような利益を享受するのであろうか。初期判例においては、前科の公表は、名誉の問題であると捉えられていた。しかしその後、これをプライヴァシーの問題と捉える下級審判例が登場し、他方で最高裁はこれを名誉・信用等の問題と位置づけたように、この問題についての判例は、一貫していない。(7) 以下では、被侵害利益につき、詳細な説明づけがなされたノンフィクション『逆転』事件（以下、『逆転』事件と呼ぶ）を取り上げ、被公表者がいかなる理由から保護を享受してきたのかを確認することにしたい。

1　ノンフィクション『逆転』事件判決

本土復帰前の沖縄で発生した米兵死傷事件の共犯者として傷害罪で実刑判決を受けた原告Xが、その後、社会復帰し、過去を隠したまま平穏な生活を送っていたところ、事件後約一二年が経過してから、当時の刑事裁判に陪審員として関与したYが、『逆転』と題するノンフィクション作品に、Xの実名入りで前科を公表した。そこで、Xは、前科が公表されることによって精神的苦痛を被ったとして、Yに対して慰謝料の請求を求めた。

(1)　一審・二審――プライヴァシーとしての前科

【第一審】(8)　一審判決は、憲法一三条から「他人に知られたくない私的事柄をみだりに公表されないという利益」を導出し、プライヴァシー侵害要件を打ち出した「宴のあと」事件(9)をひいて、次のように説示した。

プライヴァシーの権利による保護が与えられるためには、公表された事柄が、①「私生活上の事実または私生活上の事実らしく受け取られるおそれのある事柄であること」、②「一般人の感受性を基準にして、当該私人の立場に立った場合、公開を欲しないであろうと認められる事柄であること」、③「一般の人に未だ知られていない事柄であること」、が必要である。本件で公表された事柄（＝前科）は、①「まさに原告の私生活上の事実であり」、②「一般人が原告の立場に立った場合に公開を欲しない事柄であることは明らか」であり、③「沖縄以外の人々にとっては未だ公表されていない事実であり、また、沖縄に居住する人々には公表されていた事実ではあるが、一旦公表された右事実であるからといって、いつまでも公表されてよいというものではないというべく、……時の経過によって再び法的保護の対象となる」。「犯罪についての報道価値すなわち社会の犯罪に関する正当な関心というものは時の経過によって失われていくものであり、他方、犯罪者の社会における更生を阻害しないためにも、原則として、犯罪者が社会の中で更正をすべき状態に至ったときは、その者の前科などを故なく公表することは許されない」。

このように一審判決は、「宴のあと」事件のプライヴァシー侵害の三要件に逐一あてはめを行うことによってプライヴァシー侵害を認定したが、続く二審判決は、同じくプライヴァシー侵害を認めてはいるものの、その手法は、三要件への当てはめによるものではなく、プライヴァシー概念の再定義によるものであった。

【第二審】(10)——控訴棄却　二審の東京高裁は、まず、プライヴァシーを、「個人に関する一定領域の事柄について、社会的評価が及ばないものとし、他人の干渉を許さず、それによって人格の自律性や私生活の平穏を保持するという利益」であると定義し、「具体的には、性癖、履歴等の個人の諸属性、私生活上の言動及び家庭その他の私的な生活関係を構成する事実で、一般に知られておらず、かつ、一般人の感受性を基準として公開を欲しないような事柄」であるとした。

その上で、前科のプライヴァシー性について次のように説示した。

「いったん公表された犯罪及び刑事裁判に関する事実も、その後常にプライバシーとしての保護の対象外に置かれ、これを公然と指摘して論議の対象とすることが許されるとは限らず、事柄の性質によっては、時間の経過等によって、その秘匿が法的保護の対象となりうる」。「犯罪者が刑の執行を受けることにより罪責を償ったのちは、その社会復帰、更生のために前科の秘匿についてとくに保護が与えられるべきであ」り、「犯罪に対する社会の関心がある程度希薄になってきていると見られる状況」のもとでは、「それは、……犯罪者自身にとってその享受を権利として求めることのできる固有の法益としてプライバシーの一部を構成する」。

このように、二審判決は、プライヴァシーの概念を「社会的評価を及ぼすべきでない領域に属し、その公開を免れることのできる利益」と定義することにより、そこに「前科秘匿の利益」という新たな法的保護の対象を取り込む道を開いたのである。

(2)　最高裁[11]──名誉・信用の保護　これとは異なり最高裁は、前科照会事件最高裁判決[12]を引いて、前科を公表された者の利益について次のように説示した。

「[前科は、]その者の名誉あるいは信用に直接かかわる事項であるから、その者は、みだりに右の前科等にかかわる事実を公表されないことにつき、法的保護に値する利益を有するものというべきである。……その者が有罪判決を受けた後あるいは服役を終えた後においては、一市民として社会に復帰することが期待されるのであるから、その者は、前科等にかかわる事実の公表によって、新しく形成している社会生活の平穏を害されその更生を妨げられない利益を有する[13]」。本件事案については、事件発生から本件著作までに「一二年余の歳月を経過しているが、その間、被上告人が社会復帰に努め、新たな生活環境を形成していた事実に照らせば、被上告人は、その前科にかかわる事実を公表されないことにつき法的保護に値する利益を有していたことは明らかである[14]」。

つまり、最高裁は、名誉・信用の保護から「みだりに前科を公表されない利益」を引き出し、その具体的内容の一つとして「社会生活の平穏、社会復帰・更生の利益」という利益を認めたのである。このように、最高裁判決では、プライヴァシーという語は用いられていない。なお、最高裁も、この問題をプライヴァシーの問題として捉えているとみる見解もあるが[15]、この点については、後に立ち戻ることにしたい。

2 最高裁判決と一・二審判決との距離

最高裁は、名誉・信用を基盤に「みだりに前科等にかかわる事実を公表されない利益」を認めたが、その利益は、一定の時が経過した場合（「有罪判決を受けた後あるいは服役を終えた後」）には、「社会生活の平穏・更生を妨げられない利益」という形で生じることになる。つまり最高裁は、名誉・信用という既存の法益から、「社会生活の平穏・更生を妨げられない利益」という新たな保護法益を具体化したのである[16]。他方、一・二審判決は、ともにこの問題がプライヴァシーにかかわるものとの判断を下した。両者には、プライヴァシーの三要件へのあてはめによるものか、独自のプライヴァシー概念の再構成によるものかの違いはあるものの、両者とも、いずれも社会復帰・更生の阻害が重視されていた[17]。また、最高裁では社会生活の平穏が、一・二審では私生活の平穏が重視されていた[18]。すなわち、いずれの判決においても、前科がみだりに公表されてはならないとされる本質的な理由は、社会復帰・更生の阻害の防止、平穏な生活の維持に存したと言えよう。

しかしながら、最高裁と一・二審とのあいだには、社会復帰・更生、平穏な生活という利益をいかなる既存の法益に結びつけるかという点で、決定的な違いがある。また、「時の経過」をどのような文脈で用いるか、という点でも両者は決定的に異なる。最高裁は、時の経過を保護法益確定のために援用した。すなわち、当該人物が社会復帰に努めていたこと、新たな生活環境を形成していたことを重視し、そこから直截に、みだりに前科を公表されない利益＝社会生活の平穏・更生を妨げられない利益を認めたのである。他方、一・二審も、時の経過を保護法益確定のために援用したが、その援用の仕方は極めて複雑である。すなわち、一審は、時の経過により社会的関心が薄れることを理由に私事性を認め、二審は、時の経過により社会的関心が希薄になってきている場合には、前科の秘匿がプライヴァシーによりカヴァーされるとするのである。

一・二審の時の経過の援用の仕方は、直接的にプライヴァシーと結びつけるものではなく、「社会的関心」という媒体を介して間接的にプライヴァシーと関連づけるものである。すなわち、厳密に言えば、時の経過は社会的関心の有無の判断のために用いられているのである。しかし、社会的関心の有無は、表現の許容性を審査するための一視点であり、表現の自由側の事情である。一・二審は、表現の自由側の事情を、当該表現によって侵害された利益の確定のために用いたばかりか、社会的関心の有無という本来衡量の次元で審査される事項を、保護法益確定の次元で用いているのである。そうした複雑な手法ゆえに、一・二審判決（前科公表をプライヴァシーの問題とすること）に対しては、後述（三**1**）するように、さまざまな批判が加えられている。

三　前科とプライヴァシー——批判論の構造

一・二審判決が前科公表をプライヴァシーの問題としたように、学説においても、前科をプライヴァシーの一つであるとみる見解が少なくない。例えば、芦部教授は、「前科及び犯罪歴」を「誰が考えても高度にプライバシーだと思われる情報」[19]であるとされており、また、前科が人の名誉・信用に直接関わる事項であるとした前科照会事件[20]を引いて、「憲法上のプライバシー権はほぼ判例上確立された観がある」[21]としている。また、佐藤幸治教授も、「プライバシー権の存在理由は個人の尊厳ある生活を可能ならしめる環境の充足ということにあることを考えれば、人は、過去の忌まわしい事実……の公表から保護されねばならない。……『社会通念上不名誉な前歴』とされる前科・投獄の事実については、人格の尊厳の基本に関わる情報として保護される必要がある」とされる[22]。そのほか、前科公表をプライヴァシーの問題だとする見解は、学説において支配的である[23]。

その一方で、前科公表をプライヴァシーの問題とすることについては、以下に見るように、さまざまな批判が加えられている。

1 批判的学説

批判的学説の指摘は多岐に及ぶが、大別すれば、①前科を「私事」と構成することの困難性、②時の経過による私的事項への転化に対する疑問、③時の経過による社会的関心・報道価値の減少に対する疑問、④時の経過を重視することによる表現の自由の萎縮、に分類することができよう。このうち①以外は、いずれも時の経過にかかわっている。また、そのうち③④は、時の経過を表現の自由の側に関連させて用いることに対する批判［後述(1)］であり、②は、時の経過を理由としたプライヴァシー性の基礎づけに対する批判［後述(2)］である。

(1) 表現の自由と時の経過　まず、時の経過と社会的価値・報道価値について、阪本教授は、「一般論としては、時の経過とともにある事件に対する公衆の関心は薄れる傾向にあるといえようが、時にはその逆のこともありうる」と指摘し[24]、同様に、田島教授も、「時の経過によって社会的関心や報道価値が薄れるとは必ずしもいえず、別の報道価値が生じる場合が少なからずある」と指摘する[25]。

萎縮効果について、竹田教授は、時の経過を重視しすぎると、「過去の重要な事実の発掘を不可能にしたり、歴史的研究を困難なものにする」[26]としており、同様に、堀部教授も、「『時の経過』は、ノンフィクション作家や歴史家が過去の事実を叙述する際に実名を使うことについて制約を課すことになるし、新聞等が過去の事実を改めて実名報道するときにもチリング・エフェクト（萎縮効果）を与えるであろう」[27]と危惧する。

これらの批判は、時の経過を安易に援用した結果として生じうるネガティブな「効果」に向けられたものである。しかしながら、より根本的には社会的関心の有無という要素を保護法益確定の次元で用いることについて疑問とする余地があろう。正当にも、阪本教授は、「正当な関心事と時の経過とを関連づけながら前科が法的保護に値するに至る、とすることがはたして妥当であろうか」[28]と疑問を呈している。[29]

(2)　時の経過とプライヴァシー　前科を「私事」と構成することについて、棟居教授は、前科という情報が社会生活上の事柄であって、本来私生活上の事柄ではないことを理由に、「(私生活を中心に据えた)プライヴァシー概念で前科の公表をカヴァーすること自体にはじめから無理がある」、と指摘される。[30]また、松井教授は、「本来公開されるべき公的記録に記載された犯罪事実の公表をプライヴァシーの権利の侵害とみることは疑問である」とし、「前科にかかわる事実を公表されない利益をストレートに法的保護に値する利益と結論している点には疑問が残ろう」と指摘する。[31]同様に阪本教授も、「何人も閲覧しうるはずの訴訟に関する書類」が公的記録に該当することから、前科は「私事」とは言えないと主張する。[32]さらに、阪本教授は、『逆転』事件一審判決について、「『公開を欲しないであろうと認められる事柄であること』を最大の標識として、プライバシー権の範囲を画定しているように思われる」と批判される。[33]

時の経過との関連について、より明確に、棟居教授は、「前科は他人の記憶とは関係なく、つねに過去の犯罪事実という社会的事実と結びついた事実であって、決して私的事実となりうるものではない」とし、「『時の経過』は、私生活を中心に据えた、判旨の理解するプライヴァシーを回復するものではあるまい」と批判している。[34]

厳密に言えば、前科を私的事項とすることに対する批判的学説の主張は、時の経過とは無関係に論じられている。しかし、これらの学説も、前科を私事とする、その結果だけを批判しているのではなく、前科を私事とすることの論拠、すなわち時の経過論の援用の仕方をも批判しているものと思われる。時の経過論の不十分さは、棟居教授の指摘のなかに端的に現れている。つまり、前科という社会的事実を、時の経過により私的事項へと転化させることを疑問視し、時の経過をプライヴァシー性の回復の道具として用いることに対して批判が加えられているのである。

もとより、学説のなかには、時の経過によるプライヴァシー性の回復を認める見解もある。駒村教授は、犯罪情報は私的領域にある情報ではないが、「本件のように、事件からかなりの年月が経過し、すでに服役も終え、社会復帰をはたしてひっそりと平穏な生活を送っている場合は、もはや、刑事政策的観点からの保護にとどまらず、プライヴァシー権の保護対象になったと言うべきであ」るとされる。駒村教授によれば、「プライヴァシー権の問題である以上、公共性の観点からの公表は原則として禁じられる」ことになる。(35)

2　前科公表問題の新しいアプローチ

とはいえ、上述の批判的学説もまた、前科公表からの保護が（事情によっては）必要であるという点では変わるものではない。そのための理論構成を大別すれば、①当該表現の許容性という観点から調整を行う見解と、②プライヴァシー概念を再構成することにより前科公表の問題に対応しうるとする見解とに分けることができよう。

(1)　表現の許容性審査による解決　　松井教授は、前科にかかわる事実の公表はあくまで原則として許されるとの前提のもと、例外的に時の経過によって報道価値が失われた場合に、そのような事実の公表についてプライヴァシー保護の観点から制約を加えることも許されるとされる。つまり松井教授は、時の経過による報道価値の減少を、両者の衡量の際に表現の自由側のマイナス要因として捉えている。換言すれば、いかなる場合に表現の自由の制限が許容されるのかを問うことにより、プライヴァシー保護の限度が定まるのである。(36)

なお、同様の主張は、前科をプライヴァシーだと正面から認めたとしても成り立ちうる。例えば、堀部教授は、プライヴァシー侵害的表現であっても、「社会の構成員が一定の事実を知ることに正当な関心をもち、それを知ることが社会全体の利益になるような場合に公益を図る目的で」行う私的事柄の公表は、「公の利益」がある場合として、表現の自由を優先させるという手法が妥当であるとされる(37)。

(2)　プライヴァシー概念再構成による解決

(a)　棟居教授は、本件を、過去の役割イメージ（犯罪者）を今日の職場・家庭（職を得、結婚もしている）というコンテクストに入り込ませることにより、職場や家庭での従来の役割イメージ（まじめな勤労者・夫）の欺瞞性をあばき、それを破壊するという表現行為は許されてしかるべきかが問われている事例だとし、プライヴァシー概念を多様な社会関係との役割イメージの使い分けの自由に見いだすことにより、本件のような場合にも技巧を用いずともプライヴァシー保護を認めうる、と主張する(38)。すなわち、棟居教授は、プライヴァシーを「人間が多様な社会関係に応じて、多様な自己イメージを使い分ける自由」、すなわち「自己イメージコントロール権」と構成し、その侵害は、相異なる社会関係を横断する役割イメージの混交によってもたらされるとするのである(39)。

(b)　山本教授は、犯罪者が社会のなかで更生をはかるべき段階に至ったとき、その種の事柄について社会が関心を持ってはならないとし、そうした社会が関心を持ってはならない領域をプライバシーだと呼んでいる(40)。山本教授の見解を要約すれば、以下の通りである。

二審判決の「個人に関する一定の領域の事柄について、社会的評価が及ばないものとし、他人の干渉を許さず、それによって人格の自律性や私生活の平穏を保持するという利益」という説示は、「評価からの自由」説に基づくものであり、その具体例としてあげた「性癖、履歴等……」は、伝統的なプライバシー理解が「私生活」としてきた領域である。こうした領域について、「社会的評価を及ぼすべきではない領域」であるとする二審判決の説示は、「私生活」については「社会的評価を及ぼすべきでない」と判断したに等しい。(41)

この「社会的評価を及ぼすべきでない」という文言は、「社会が関心を持つことが許されない」こととほぼ同旨であり、プライバシーの射程は、「社会が関心を持つことが許されない」かどうかによって定まる。この判断は、二審判決が、社会が関心を持つことが許される領域として、①「これを公開することに特に公共的な意義が認められる場合」、②「当該個人の社会的地位や活動状況からいって、その公開を受忍させるのが相当である」場合を挙げているように、「公共性」の観点から解決できる。(42)

犯罪や裁判といった事柄には、「公共性」があり、時が経過しても、前科といった事柄が、常に公共性を失うとは限らない。それゆえ、「時の経過だけで、前科に関わる事実をプライバシーとして保護することはできない」。しかし、犯罪者が「社会のなかで更生をはかる段階にいたったときは、前科を知られないようにする利益」があるため、「そうした利益をおかしてはならないがゆえに、その種の事柄については社会は関心をもってはならない」。(43)「こうした権利が基本権として保障されているからこそ、前科にかかわる事実について社会が関心をもつことが許されなくなる。前科にかかわる事実も『プライバシー』に属するとされるのは、このゆえにほかならない」。(44)

つまり山本教授は、プライヴァシー概念を、社会が関心を持つことが許されない領域として構成することにより、『逆転』事件の解決を求めるのである。

3　小　括

『逆転』事件下級審判決に向けられた学説の批判の主眼は、時の経過の援用の仕方にある。確かに、時の経過によりただちに社会的関心・報道価値の減少を認めるのは過度の一般化であろうし、(45)また時の経過によるプライヴァシー性の回復についても、プライヴァシーを「私事」と見る限り、その根拠としては不十分であろう。

とはいえ、時の経過により社会的関心・報道価値が減少する場合もあり、また時の経過により被公表者には何らかの保護に値する利益が生じるとも考えられる。だとすれば、前科公表の問題に際しては、時の経過をどのような文脈でどのように評価するかこそが重要な意味を持つことになろう。

前科公表の問題をめぐる上述の議論から、時の経過が、表現の自由と被侵害利益という二つの側で考慮しうるものであることが明らかとなった。すなわち、一方で社会的関心・報道価値の減少という表現の自由にかかわる事情として、他方で前科公表によって侵害される利益にかかわる事情として、時の経過は意義を持つのである。前科公表の問題に際しては、時の経過を表現の自由および被侵害利益の双方の側から評価することが可能であり、両者の視点から個別具体的に時の経過と向きあうことが必要であるように思われるのである。(46)

四　時の経過の二つの側面

時の経過は、前科公表によって侵害される利益の探求という保護法益確定の次元と、社会的関心・報道価値の有無という対抗法益との衡量の次元において評価しうる。ここでは、二つの次元における時の経過論について、実際の使われ方に即して検討することにしたい。

1　『逆転』事件における時の経過論

『逆転』事件判決は、いずれも時の経過を被侵害利益確定のために用いたが、上述のように、最高裁が時の経過を理由に社会復帰・更生の実現、平穏な社会生活という利益を導出したのとは異なり、一・二審判決は、時の経過を社会的関心の減少を導くために用いた。(47)阪本教授が指摘するように、正当な関心事か否かは「違法性阻却のレヴェルで検討すべき問題」であり、社会的関心の有無とプライヴァシーの成否とは無縁のものであると考える。社会的関心の有無は、表現の自由側の事情として衡量の次元で判断すべき一視点であり、被侵害利益側の事情として保護法益確定の次元で用いられるべきものではない。そもそも、プライヴァシー権は、社会的関心の有無とは無関係に成立するものであり、社会的関心の高さを理由にプライヴァシー権が制限されることはあっても、プライヴァシー権そのものが否定されたり、逆に、社会的関心がないという理由でプライヴァシー性が基礎づけられたりすることにはならないはずである。棟居教授が、一審判決に対して、なにゆえ私的事項への転化が生じるのかを問うたように、プライヴァシー性肯定のための理屈としてはあまりに不十分であり、またそれ以上に、衡量の次元で表現の自由側の判断材料たるべき社会的関心の有無を、保護法益確定の次元でプライヴァシー側の事情として用いること自体に無理があると言わざるを得ない。松井教授が、社会的関心の有無を表現の自由との調整の次元で、また、この次元においてのみ用いたのは、まさしく正当であろう。

他方、最高裁は、時の経過論を被侵害利益の側で用いて直截に被公表者の持つ利益を基礎づけたが、これは一・二審とは異なり、適切な時の経過論の援用の仕方であろう。社会的地位や社会的名声が時の経過とともに変遷していくように、犯罪者の社会的地位や社会的名声も次第に変わっていくものである。変わりゆく犯罪者の社会的地位・名声を、前科公表時において評価しようとした点でも最高裁の姿勢は是認しうる。

2　学説における時の経過論

(a)　時の経過の二つの側面に照らせば、表現の許容性審査による解決には若干の疑問が残る。

松井説は、表現の自由の優越性を重視し、表現の自由の許容性を問うことのみによって問題解決を図ろうとするものである。確かに、表現の自由は、個人の自己実現に奉仕するのみならず、民主制を成り立たしめる機能を果たすものであるがゆえに、とりわけ重要視されねばならないものではあるが、だからといって、問題となった表現の限界論としてのみ、プライヴァシー保護へと目が向けられるのでは、プライヴァシーの権利自体の重要性を看過することになろう。時の経過による報道価値の減少や、公の利益の存在による表現の自由の優位は、いずれも衡量の次元での表現の自由側における判断要素であり、これと対峙する法益の側の事情が顧慮されないのであれば、一面的な憲法論に陥らざるを得ない(48)。

それゆえ、前科公表によって侵害された利益の側にも目が向けられる必要がある。被公表者の持つ利益が何であるかは、保護法益確定の次元で、表現の自由の重要性とは切り離された別個独立した視点から確認されるべきものである。被公表者の利益の確定は、保護法益確定の次元の作業であり、それがただちに表現の自由の萎縮ないしは軽視につながるわけではない。松井教授らが指摘する表現の自由の重要性は、衡量の次元で十分に考慮することが可能なのである。例えば、ドイツの判例・学説では、公共に本質的に関わる問題についての言論には、「自由な言論が許容されるという推定」が働くとする「推定ルール」が適用される(49)。これは、表現の自由と人格権との調整の際に働く衡量ルールの一つであり、抽象的衡量の次元で表現の自由に優位な推定を認めるものである。公の利益に関わる前科公表に際しては、推定ルールに類似の法理を衡量の次元で適用することによって、学説が懸念する表現の自由に対する萎縮の解消が可能となり、また表現の自由の持つ優越的地位にも配慮することができよう。

(b)　同様に、プライヴァシー概念再構成説による時の経過の援用の仕方についても疑問が生じる。

山本教授は、プライヴァシーを社会が関心を持つことが許されない領域として捉え、時の経過を媒介とした公共性の観点からこの射程を画定される。しかし、公共性の有無というのは、衡量の次元における表現の自由の側の事情であって、それを、保護法益確定の次元における被公表者の利益の側で用いることは妥当ではなかろう。[50] この思考は、時の経過を明示的に用いたものではないが、その背後には、被侵害利益の側での時の経過の評価が存し、またその結果、犯罪者の更生段階を重視しようとするものであるとも言えよう。

棟居教授は、過去における役割イメージを今日の個々の社会関係における役割イメージに入り込ませることにより、「今日の役割イメージの欺瞞性をあばき、それを破壊する行為」がプライヴァシー侵害に当たるとされる。時が経過するとともに、当該人物の役割イメージというものは変容するのであり、今日における役割イメージに法益としての重要性を見いだす棟居説は、その点では積極的に評価しうるものと思われる。しかしながら、過去における役割イメージを打破した後にしか保護法益としての重要性が認められないのであれば、前科公表からの保護としてはあまりに遅すぎるものと言わざるを得ない。なぜなら、棟居説では、ある犯罪者が社会復帰・更生、平穏な生活の保持に努めあげ、個々の社会から当該人物がまじめな勤労者・夫であるとのイメージが付与されるに至るまで、(プライヴァシーによる)保護を享受し得ないと考えられるためである。犯罪者が目指す自己の役割イメージへの努力の途上段階で、何らかの保護を与える可能性が閉ざされてしまうのではなかろうか。[51]

3 最近の下級審判決における時の経過論

(a) 時の経過の二つの側面は、最近の下級審判例ではどのように現れているのであろうか。

まず、大分地裁豊後高田支部昭和六二年三月一一日判決[52]は、「[被告らが]摘示公表した事実は[原告の]一〇年以上前の前科及びこれに付随した私生活上の行状であるところ、犯罪行為は通常それ自体として一応公益に関係をもつといいうるが、前科となっている犯罪事実をその刑執行終了後において摘示公表することは、その者の名誉は勿論のことプライバシーの権利をも侵害し、更生しようとする者の社会復帰をいたずらに阻害するものであ」る、と判示した。同様に、東京地裁平成五年七月二三日判決(53)でも、「犯罪者が刑の執行を受けた後は社会への復帰、更生のために前科の秘匿については特に保護が与えられるべきである」とし、原告の少年時代の前科は、「昭和六二年八月七日判決で累犯前科という形で再度適法に公表されており、……事実上も広く公表された形になっている。しかし本件記事の発表はそれから更に一年四ヶ月余後のことであるから、……特段の事情に当たらない限り、当該前科の公表はプライバシーを侵害する」と判示された。このように両判決では、時の経過を被侵害利益の確定のために用いている。

他方、東京地裁平成四年三月二七日判決(54)では、「犯罪それ自体の報道は公共の利害に関するが、前科の公表は直ちに公共の利害に関するものとは言えず、むしろ本人の更生を妨げるおそれがあること、光輪事件で九年間服役し、出所後六年が経過し、光輪事件に対する社会的関心がほとんどなくなっていたことを考慮すると、本件前科の掲載は許されない」とし、時の経過が被侵害利益と表現の自由の二つの側面から援用されている。

これらの判決において、時の経過は、社会復帰・更生の実現を被侵害利益として認める論拠として、あるいは社会的関心が希薄になることを導く論拠として登場している。

(b)　右の諸判例は、時の経過により社会的関心が希薄になることを論証するものであったが、これとは逆に、時の経過が必ずしも社会的関心を減少させるものではないことを明らかにした判決もある。

大阪地裁平成一三年五月二九日判決(55)では、前町長が汚職事件で逮捕・起訴されたのを受けた出直し選挙の告示の日に、前々町長の汚職事件についても報道したテレビ局の行為が、前々町長のプライヴァシーを侵害するか否かが争点となった。大阪地裁は、「[前町長の事件も前々町長の事件も]地方公共団体の首長の職権を濫用した収賄罪という重大な犯罪であって、両事件の連続性・類似性に鑑みると、本件出直し選挙の実施に当たって、……[前々町長の事件を公表することには]同町の町民が本件出直し選挙の持つ意味を理解し、適正に選挙権を行使する上で社会的な意義が認められるから、本件報道において、本件事件について触れ、合わせて原告の実名の字幕を放映したことが許されないものであるとはでき」ない。しかし、「原告の容姿を撮影した映像若しくは写真をその前科と共に放映することは、原告が本件事件について有罪判決を受けたことを公表する方法としては極めて効果が大きいものであり、……本件事件に関わる判決の言渡しが効力を失って約二年間が経過した本件報道時においては、原告の動画像を公表すべき格段の必要性や社会的意義は認められない」、と判示した。

本判決は、前々町長の前科公表の社会的意義を認めることによって事件の報道と実名使用を一定程度許容し、他方で時の経過に基づく被公表者の利益保護という視点から、容姿の映像・写真を前科とともに放映することを禁止した(56)。このように、同裁判所は、前町長の汚職事件の発生により前々町長の汚職事件についてもその公表に社会的意義が存するとしたのであり、このことは、時の経過後にも正当な社会的関心が成立しうることを示している。なお、被侵害利益については、前々町長が、判決言渡しから約五年間（執行猶予期間経過後約二年間）、公職に就くこともなく無職のまま、政治活動をすることもなく一町民として平穏な生活を営んでいたこと、つまり、社会復帰に努め、新たな生活環境を形成し、報道による批判等を甘受すべき現職の公務員等の地位にはなかったことに見いだされた。つまり、判決における時の経過論は、保護法益の文脈でのみ意味を持ったのである(57)。

(c) 上述の判決は、時の経過により社会復帰・更生の実現という被公表者の利益が生じることについては一致しているが、社会的意義・報道価値の有無については異なる結論に至った。この時の経過と社会的意義との関係について、前述の大阪地裁判決は、前科公表の社会的意義を判断するためのいくつかの視点を提供している。

同裁判所が、本件前科公表について社会的意義を認めた理由は、①地方公共団体の首長の職権を濫用した収賄罪という重大な犯罪にかかわるものであったこと、②前々町長の事件を想起させ得るような類似性を伴う別の重大事件（前町長の事件）が発生したことにあった。つまり、事件の重大性・連続性・類似性などから、社会的意義が認められる場合には、前科公表の許容に道を開くのである。[58]

したがって、ある前科の公表に社会的意義が存するか否かについては、まず第一に、当該事件の程度により社会的関心が薄れているかどうかを検証し、続いて、仮に社会的関心が薄れた事件であったとしても、当該事件を想起させ得るような別の類似の事件の発生により、その公表に再び社会的意義が生じているかどうかを見極めることが必要である。[59] このような二段階の審査を課すことにより、両者の利益をより適切に調整することが可能となろう。

(d) 社会的関心の有無の判断は、公表時を基準としておこなわれなければならない。すなわち、前科は過去の犯罪行為に対する制裁であり、その公表の是非は、現在において当該前科を公表することに社会的意義があるのかどうかによって検討されねばならない。それゆえ前科は、時事的な犯罪報道と同視されてはならない。[60] 刑法二三〇条の二第二項[61]が、公訴提起前の犯罪行為については公共の利害に関する事実とみなすと規定するように、確かに、犯罪行為はそれ自体が公益に関係を持つものと言える。しかし、過去の犯罪行為に関わる前科をも、時の経過とは無関係に公共の利害にかかわるものであると解するのは過度の一般化であろう。それゆえ、前科については、過去の犯罪行為の当時の意義とは切り離して、当該前科それ自体に現在の公益との関連性があるのかどうかを個別具体的に確認することが必要である。

五　前科保護の法的構造

前科公表の問題は、時の経過という視点を伴う。これまでの判例は、時の経過により生じる社会復帰・更生の実現、平穏な生活の利益を、名誉あるいはプライヴァシーの一内容と位置づけたが[62]、はたして、社会復帰・更生等の利益は、名誉・プライヴァシーの権利に還元できるのであろうか。その際、本稿の冒頭で述べたように、前科それ自体と前科公表によって侵害される利益とは厳密に区別して検討することが可能であり、また必要であるように思われる。なぜなら、被公表者が求めているのは、前科それ自体の保護ではなく、前科公表により被る不利益からの保護だからである。以下では、両者を区別した上で、まず前科それ自体にどのような法的評価が可能か、続いて前科を公表された者がいかなる法的保護を享受しうるかにつき、若干の考察を試みることにしたい。

1　反射的保護法益としての「前科」

そもそも前科それ自体には、どのような法的評価が可能であろうか。前科それ自体にはさまざまな意味内容がある。そうした個々の意味内容ごとに、前科それ自体が前科公表に際していかなる作用を及ぼすのか検証することにしたい。

(1)　前科それ自体の法的構造　　前科という用語には、①有罪の言渡しを受けたという意味、②犯罪前歴者・刑余者・刑務所帰りという意味、③犯罪人名簿に登録される範囲のものという意味がある[63]。この区別に従えば、前科は、①個人の過去の出来事、②個人に貼られたレッテル、③個人に関わるデータという種々の意味を持つことになる。これらの意味内容は、前科公表に際してどのように作用するのであろうか。

個人の過去の出来事としての前科は、単なる一個人の過去の事実にとどまるものはなく、社会の中でおこなわれた犯罪行為に対する制裁という社会全体が共有する事実でもありうる。ある犯罪について制裁が加えられたという事実は、国民にとって知りうべき重要な情報利益であり、それゆえに前科公表の許容性審査に際しては社会的意義の有無が問われるのである。したがって、衡量の次元における社会的意義の有無の判断は、前科それ自体の公的性格から導かれるのである。

個人に貼られたレッテルとしての前科は、社会によって与えられた一定の評価としての意味を持つ。前科の公表は、そうした犯罪前歴者としてのレッテルを刻印する、ないしはそうした社会的評価を植え付けることを意味する。したがって、何年も後に前科の公表がおこなわれた場合には、社会的評価の低下を認めることができる場合もあろう[64]。すなわち、名誉毀損が成立するか否かは、当該公表時におけるその人の社会的評価を考慮して判断されるべきものであり[65]、公表時におけるその人の社会的評価いかんによっては、犯罪前歴者としてのレッテルを再度刻印することが当該人物の社会的評価を低下させることもあり得るのである[66]。とはいえ、このことは前科それ自体が保護の対象となることを意味するのではない。例えば、殺傷事件において、刃物が人の生命・身体を傷つけるように、前科公表事件においては、前科が人の社会的評価を低下させるのである[67]。それゆえ、前科それ自体が、名誉毀損的表現を構成する要素として作用するのである。

犯罪歴という個人に関わるデータは、一定の個人情報であるという点で、またそれが公開されることにより精神的苦痛を伴う、あるいは通常その公表を欲しない情報であるという点で、病歴・資産内容・学業成績などの個人情報と同列に扱うことが許されよう。とはいえ、後者の個人情報が私生活上の事実にかかわるものであるのに対し、前科は、社会生活上おこなわれた事実ないしは社会全体が共有する過去の出来事でもあるため、私生活上の事実を保護の対象とするプライヴァシーとは看過し得ない構造上の相違がある。しかし、前科が公表されることにより被る不利益の程度は、病歴等が公表された場合と同様に重大なものであり、その開示を拒む度合いは相当に強固なものであろう。開示を拒む背景には、単に知られたくないというだけにとどまらず、それが開示されることにより被るであろう不利益の回避という意図がある。それゆえ前科それ自体には、知られたくない情報利益としての側面と、不利益をもたらす主因としての側面があるのである。しかしながら、前科を私事と構成し得ない以上、知られたくない情報利益を最大の指標にプライヴァシー権を認めることは妥当ではない(68)。とはいえ、後述するように、被公表者には、前科公表に伴う不利益に対応しうる法的保護が付与されるべきであろう。前科公表に対して何らかの保護を与えたとしても、それは、知られたくない情報利益それ自体が保護法益となると言わなければならないわけではなく、その公表により被る不利益からの保護を意味する。

(2) 前科と被侵害利益　前科それ自体は、一方で社会的意義の判断をその公表の許容性審査に際して要求し、他方で被公表者に対して不利益を課す要因となる。すなわち、前科それ自体には、保護法益としての性質はないのである。とはいえ、前科の公表には、前科者を白眼視し、雇用を拒み、交際を避けるといった事実上の不利益が伴う(69)。ここに前科公表からの保護の必要を見いだすことができる。こうした不利益に対抗して被公表者に何らかの保護を認めたとしても、それは前科それ自体の保護を意味するのではない。なぜなら、前科それ自体が、被公表者に不利益をもたらすものであるためである。しかし、前科公表からの保護の効果は、結果として前科それ自体にも及ぶ。それゆえ、前科それ自体には、要保護性が認められないが(70)、被公表者にはそれとは別に何らかの保護法益があるがゆえに、前科それ自体にも、いわば反射的に保護の効果が及ぶと考える方が素直であろう（反射的保護法益としての前科）。

2　時の経過と前科公表からの保護の必要

前科公表に伴う不利益に対して、いかなる視点からどのような保護が可能であろうか。被侵害利益について、これまでの判例では、社会復帰・更生の実現、平穏な生活の保護といった多種多様な利益が考えられてきた。しかし、前科公表が問題となるすべての事例について、これらすべての利益が当てはまると考えることは適切ではない。前科の公表は、時の経過を伴う点で、公表の時点によっては侵害の種類が異なると考えられるためである。例えば、判決言渡し時、服役中、仮釈放・出獄目前、仮釈放・刑の執行後から数年の時を経た後など、公表の時点によって侵害される利益が異なるのであり、それに応じた保護のあり方を検討することが必要となろう。

(1)　時の経過と被侵害利益　　仮出獄後一二年が経過した後の前科公表が問題となった『逆転』事件最高裁判決では、社会復帰の実現、社会生活の平穏がその保護法益とされた。同じく前科公表が問題となった事件として、ドイツ連邦憲法裁判所のレーバッハ判決(71)がある。本件は、服役中の者の仮釈放目前に放映されようとしていた、その事件に関するドキュメンタリー・ドラマの放映が問題となった。レーバッハ判決において、連邦憲法裁判所は、社会復帰の利益、すなわち「刑期満了後、再び社会に適応する機会(72)」の保障を保護法益とした。両者の違いは、レーバッハ判決では仮釈放目前の報道が問題となったのに対し、『逆転』事件では、すでに仮出獄も終え、一二年が経過していたことにある。仮釈放・出獄前の社会復帰を、犯罪行為者の社会への再編入、ないしは再び社会人として活動し得るための準備段階と見るならば、平穏な社会生活を築こうとする段階と言い換えることもできよう。また、『逆転』事件のように、すでに仮出獄も終え、一二年が経過していた場合には、平穏な社会生活を築いた段階と言えよう。そうであるならば、仮釈放・出獄目前の前科の公表は、平穏な社会生活を築こうとする行為に対して害悪を加える行為であり、出獄後、数年後における前科の公表は、これまでに築き上げた平穏な社会生活に対して害悪を加える行為と見ることができる。

社会復帰・更生の実現と社会生活の平穏とは、保護の対象という点では、いずれも平穏な社会生活に向けられており、両者は極めて近しい関係にあると言えるが、厳密には、社会復帰・更生は、平穏な社会生活を築こうとする機会を保障するものであり（機会の保障）、社会生活の平穏は、これまでに築き上げてきた平穏な社会生活の状態を保障するものである（状態の保障）。

(2) 前科の公表と被侵害利益　平穏な社会生活の機会の保障は、判決言渡し時、服役中であっても、等しく付与されなければならない。しかしながら、判決言渡し時、服役直後の報道については、時事的報道の利益がとりわけ重視されねばならない。先のレーバッハ判決は、時事的報道の重要性について次のように詳細に説示している。

「一般法秩序に対する違反、被害者ないしは共同体の法益に対する侵害、犠牲者およびその親族に対する同情、そのような犯罪行為の再発に対する恐怖、犯罪行為の再発防止への努力は、行為および行為者について詳細な情報をうることについての、正当と認められるべき利益」である。重大な暴力犯罪については、「犯罪の捜査、処罰、類似犯罪の防止のために、行為者、動機、発生した事件の情報をうることとの利益」、「事件のより深い解釈、事件の背景、社会によって条件付けられた諸前提への関心」、「安全および秩序に権限のある国家機関および官庁、刑事訴追機関、刑事裁判所をコントロールするという正当な民主的要求」が重要となる。……そのため、犯罪行為の時事的報道については情報の利益が優越する。(73)

服役中の前科の公表の許容性は、どの時点での公表かによって結論が異なることになる。明確にいつからと一義的に解することはできないが、刑に服し、出獄までの期間が近づくにつれ、平穏な社会生活の機会の保障の重要性が高まることが看過されてはならない（法益の重要性）。(74) それは、再び社会の一員となる時期が近づくにつれて、平穏な社会生活の機会を保障すべき要請が高まるからである。また、社会に戻る前の前科の公表は、とりわけ出獄直前の前科の公表であれば、社会に与えるインパクトがいっそう増すことも念頭に置かれなければならない（侵害の重大性）。

(3)　小　括　以上のように、被公表者側には平穏な社会生活の保障が付与されるが、それは、時の経過に応じて、平穏な社会生活の機会を保障するものから平穏な社会生活の状態を保障するものへと変遷する。また、時の経過に応じて、法益の重要性・侵害の重大性が増すという特殊な性格を有する法益である。確かに、平穏な社会生活という概念は極めて漠然としたものではあるが、前科公表により被る不利益が、犯罪前歴者としてのレッテルまたは烙印を押されることによりもたらされるものであると考えるならば、具体的には、社会的評価の低下を理由に名誉保護により対応しうるものと思われる。『逆転』事件最高裁判決は、名誉・信用の保護を基盤に、社会生活の平穏の利益を導出したが、最高裁もこのような趣旨に出たものではなかろうか。なお、最近の下級審判例のなかには、平穏な生活の保障を独自の利益とするものがある。例えば、浦和地裁平成一三年判決は、「平穏に生活する権利ないし利益」が害されたこと、社会的評価を低下させる行為が存したことを理由に、名誉毀損の不法行為の成立を認めている(75)。

前科の公表は、被公表者に対し、犯罪前歴者としてのレッテルを再度刻印する効果を有し、そのような犯罪前歴者としてのレッテルは、当該人物の社会的評価・社会生活に打撃を加える。そのように考えれば、前科の公表は、当該人物の名誉・信用にかかわる問題として捉えるのが自然であるように思われる。

六　むすびにかえて

前科公表の問題に際しては、時の経過をいかに評価するかが重要となる。時の経過は、二つの側面（表現の自由側と被侵害利益の側）と二つの次元（保護法益確定の次元と衡量の次元）とに横断的・縦断的にまたがるのであり、これらを自覚的に区別することが必要である。その際、本稿では、前科それ自体と被侵害利益とを厳密に区別した上で、それぞれが有する特殊性を指標に、そこから派生する法的評価・効果について整理・検討した。

前科それ自体は、保護法益としての性質を有してはいない。むしろ前科それ自体は、公表の社会的意義の有無という衡量の一視点を提供したり、被公表者の利益を害する要因であったりする。しかし、前科それ自体もまた、被公表者が何らかの法的保護を享受する結果として、いわば反射的にその保護の効果を受け取るのである。

被侵害利益は、前科それ自体ではなく、公表に伴う不利益は何かという視点から考察されねばならない。前科の公表は、被公表者にさまざまな不利益をもたらす。そうした不利益の内実は、おおむね、平穏な社会生活に対して害悪を加えるものであると言えよう。そのため、被公表者には、平穏な社会生活の利益が保障されなければならず、それは時の経過に応じて、平穏な社会生活の「機会」の保障から平穏な社会生活の「状態」の保障へと変遷する。平穏な社会生活の利益は、ひとまず、前科を有する者すべてに等しく与えられなければならないが、その重要性の程度は、時の経過に応じて異なる。すなわち、時の経過と共にその重要性は次第に増してゆくのである。

前科を公表された者が持つ利益は何か、被侵害利益と表現の自由との衡量をいかなる視点からおこなうか、という問いに対する解答は、両者を適切に調整するための出発点にすぎない。この問題を解決するに際しては、さらに個別具体的な検討を必要としよう。例えば、前科公表の社会的意義は、どの程度の重大・凶悪事件、どの程度の類似性を伴う事件であれば認められるのか。はたまた前科の公表に社会的意義が認められるとしても、どのような公表の態様であれば許容されるのか。誰の前科が公表されたのか。公表の社会的意義と侵害の重大性との調和点をどこに見いだすのか。これら衡量の問題については、今後の課題としたい。

（1）　例えば、衆議院議員候補者の応援演説における反対候補者の前科公表が問題となった、大審院大正一四年二月九日判決（大判大正一四年二月九日大刑集四巻四一頁）は、「議員候補者ニ對シテハ一般人ハ其ノ非行ヲ摘發シテ批判ヲ下スノ権利ヲ有スルコトノ理據ナク又候補者ノ何等主義政見其ノ他政治上ノ行動ニ關係ナキ前科非行ヲ公表スルカ如キハ選擧競争ノ手段トシ許スヘカラサルモノナレハ其ノ行為ハ名譽毀損罪ノ違法ヲ阻却スルモノニアラス」と説示していた。また、新聞紙上における衆議院議員選挙候補者の前科公表が問題となった、昭和四一年最高裁判決は、当該前科公表の許容性について、名誉毀損罪の免責規定（刑法二三〇条の二）の趣旨が民事上の不法行為としての名誉毀損にも妥当するとした（最判昭四一年六月二三日民集二〇巻五号一一一八頁）。その一審判決では、より明確に、前科の公表が「名誉および信用を害すべき性質のものである」ことが明言されていた。

（2）　前科照会事件一審判決（京都地判昭五〇年九月二五日判時八一九号六九頁）、最高裁判決（最判昭和五六年四月一四日民集三五巻三号六〇二頁）。

（3）　なお、二審判決（大阪高判昭五一年一二月二一日判時八三九号五五頁）は、「前科や犯罪経歴を不当に他に知らされず生活することは基本的人権として尊重されなければならない」と説示し、これがいかなる権利による保護を受けるかについては明示していない。

（4）　最判平成六年二月八日民集四八巻二号一四九頁、［二審］東京高判平成元年九月五日高民集四二巻三号三二五頁、判例タイムズ七一五号一八四頁、［第一審］東京地判昭和六二年一一月二〇日判例タイムズ六五八号六〇頁。詳細については、後述二**1**を参照。

（5）　最高裁がプライヴァシーという語の使用を慎重に避けているのは、プライヴァシー概念が十分に固まったものとはいえないこと、前科という事実を私事とみることが困難であることに起因すると主張するものとして、東京大学判例研究会（前田陽一執筆）「最高裁判所民事判例研究（民集四八巻二号）」法学協会雑誌一一三巻二号二〇三頁以下（一九九六年）がある。ほかに、中村哲也「ノンフィクション『逆転』事件上告審判決」ジュリスト一〇六四号一〇六頁も参照。しかし、最高裁が、プライヴァシーという用語を用いなかったことは、プライヴァシー概念が固まっていなかったことにあるためではなく、本文において後述するように、前科がプライヴァシーとは質的に異なるものであると思われたためではなかろうか。

(6) 前科公表からの保護法益をめぐる争いについては、後述三を参照。

(7) 大分地裁豊後高田支部昭和六二年判決［後述、**四2**を参照］は、前科公表の問題をプライバシー侵害＋更生・社会復帰の阻害に該当すると捉え、また同じ年の『逆転』事件一審判決でも、プライヴァシーの問題として論じられた。本年を境に、前科公表からの保護の態様は転換期を迎えたと言えよう。ほかにも、この問題をプライヴァシーの問題として捉える下級審裁判例がある（例えば、『逆転』二審判決、東京地判平成四年三月二七日判時一四二四号七二頁、名古屋地判平成七年一一月八日判時一五七六号一二五頁など）。とりわけ、東京高裁が、昭和六二年判決（東京高判昭六二年判決三月三一日判時一二三九号五一頁）では名誉の問題としたのに対し、平成元年判決（＝『逆転』二審）、平成四年判決（東京高判平四年一二月二一日判時一四四六号六一頁）では、プライヴァシーの問題と位置づけていることが注目される。他方最高裁は、依然として、これを名誉・信用の問題と捉えている。

もっとも、前科照会事件最高裁判決において伊藤正巳裁判官は、「他人に知られたくない個人の情報は、……その者のプライバシーとして法律上の保護を受け、これをみだりに公開することは許され」ないとし、「(前科は)、個人のプライバシーのうちでも最も他人に知られたくないものの一つであ」る、との補足意見を執筆している（最判昭和五六年四月一四日民集三五巻三号六二三頁以下参照）。

(8) 東京地判昭和六二年一一月二〇日判例タイムズ六五八号六〇頁。本件に関する評釈として、棟居快行「ノンフィクションとプライヴァシー」ジュリスト九〇五号五六頁（一九八八年）、五十嵐清「ノンフィクションの自由とプライバシーの保護」法律時報六〇巻五号五三頁（一九八八年）、阪本昌成「ノンフィクション作品によるプライバシー侵害」法学教室九一号一二四頁（一九八八年）、同「ノンフィクション『逆転』訴訟」ジュリスト臨時増刊九三五号昭和六三年度重要判例解説二四頁、江橋崇「ノンフィクション作品の実名表記とプライバシー」法学セミナー四〇〇号九八頁（一九八八年）、堀部政男「プライバシー権と表現の自由」法学セミナー三九九号一四頁（一九八八年）、同「判例法上のプライバシー権」判例評論三五九号二頁（一九八九年）、松井茂記「民事上のプライヴァシーの権利侵害と表現の自由」法学教室判例セレクト八八、六頁（一九八九年）、池端忠司「プライヴァシー・人格・表現の自由」六甲台論集三五巻三号一五二頁（一九八八年）、飯塚和之「民法判例レビュー二二・民事責任」判例タイムズ六七一号八一頁（一九八八年）などがある。

(9) 東京地判昭和三九年九月二八日下民集一五巻九号二三一七頁。

(10) 東京高判平成元年九月五日高民集四二巻三号三二五頁、判例タイムズ七一五号一八四頁。本件に関する評釈として、五十嵐清「ノンフィクション作品における実名使用とプライバシー侵害の存否」私法判例リマークス一九九〇年一一一頁がある。

(11) 最判平成六年二月八日民集四八巻二号一四九頁。本件に関する評釈として、松井茂記「『逆転』事件最高裁判所判決」ジュリスト臨時増刊一〇六八号平成六年度重要判例解説一五頁、阪本昌成「文学作品における実名使用とプライヴァシー権」法学教室判例セレクト九四、八頁（一九九五年）、中村・前出注(5)一〇四頁、山口成樹「前科の公表の自由と犯罪者の社会復帰の利益」法学教室一六八号一四四頁（一九九四年）、田島泰彦「ノンフィクションと前科の公表――ノンフィクション『逆転』事件」別冊ジュリスト一五四号『憲法判例百選Ⅰ・第四版』（有斐閣、二〇〇〇年）一四三頁、増永謙一郎「ある者の前科等にかかわる事実が著作物で実名を使用して公表された場合における損害賠償請求の可否」判例タイムズ九七八号一〇二頁、前田・前出注(5)一九六頁、津田賛平「刑事確定訴訟記録の閲覧と報道・著作」研修五五五号一五頁（一九九四年）がある。

(12) 最判昭和五六年四月一四日民集三五巻三号六〇二頁。

(13) 最判平成六年二月八日民集四八巻二号一五二頁参照。

(14) 最判平成六年二月八日民集四八巻二号一五四頁参照。

(15) 例えば、松井・前出注(11)一六頁、竹田稔・堀部政男編『名誉・プライバシー保護関係訴訟法』（青林書院、二〇〇一年）一三五頁、（飯塚和之執筆）、三三〇頁（北村治雄執筆）、前田・前出注(5)二〇六頁、滝澤孝臣「ある者の前科等にかかわる事実が著作物で実名を使用して公表された場合における損害賠償請求の可否」『最高裁判所判例解説民事編・平成六年度』一二九頁以下などを参照。

(16) 「社会生活の平穏・更生を妨げられない利益」の法的性格については、学説上争いがある。これを名誉権の一具体化と見る見解（山口・前出注［11］一四五頁）がある一方、これがプライヴァシーに近い意味を持つとする見解（前田・前出注［5］二〇六頁、中村・前出注［5］一〇五頁以下）がある。これをプライヴァシーと捉える見解は、本判決が相当性理論に従わなかったこと（前田）、真実性証明による免責とは無縁の事例であったこと（中村）などを理由とする。しかし、社会生活の平穏という利益を、私生活の平穏を保護の射程に据えるプライヴァシー権がカヴァーしうるのであろうか。私見では、社会生活の平穏は、むしろ社会的評価を保護対象とする名誉のほうがより近いものと思われる。これについては、後述五を参照されたい。

(17) 二審判決は、「犯罪者が刑の執行を受けることにより罪責を償ったのちは、その社会復帰、更生のために前科の秘匿についてとくに保護が与えられるべきであ」ると説示しており（判例タイムズ七一五号一九一頁）、また一審も、「犯罪者の社会における更生を阻害しないためにも、原則として、犯罪者が社会のなかで更正をすべき状態に至ったときは、その者の前科などを故なく公表することは許されない」と判示していた（判例タイムズ六五八号七一頁）。

(18) 一審は「人格的自律ないし私生活上の平穏を維持する利益」（判例タイムズ六五八号七〇頁）を、また二審は「人格の自律性や私生活の平穏を保持するという利益」（判例タイムズ七一五号一九一頁）をプライヴァシーと呼んでいる。

(19) 芦部信喜『憲法学Ⅱ』（有斐閣、一九九四年）三八七頁。

(20) 最判昭和五六年四月一四日民集三五巻三号六〇二頁。

(21) 芦部・前出注(19)三七五頁。

(22) 佐藤幸治「過去の事実の公表――映画『エロス＋虐殺』事件」マスコミ判例百選（第二版）一二七頁（一九八五年）。ほかに、樋口陽一・佐藤幸治・中村睦男・浦部法穂『注解法律学全集・憲法Ⅰ』（青林書院、一九九四年）二八五頁（佐藤幸治執筆）も参照。

(23) ほかに、前科をプライヴァシーの問題だと捉える見解として、江橋・前出注(8)九八頁、五十嵐・前出注(10)一一四頁、同『人格権論』（一粒社、一九八九年）九一、一九八頁以下、飯塚・前出注(8)八四頁、増永・前出注(11)一〇三頁、菅谷元彦「住職の前科・行状の公然摘示と名誉毀損の成否」別冊ジュリスト一〇九号『宗教判例百選・第二版』（一九九一年）一一七頁、平松毅「弁護士法に基づく前科照会とプライバシーの権利」ジュリスト臨時増刊七六八号『昭和五六年度重要判例解説』一九頁、福原忠男・判例評論二二二号三三頁、平田浩「中京区長前科回答事件」ジュリスト七四四号三五頁などがある。

(24) 阪本・前出注(8)ジュリスト臨時増刊九三五号二六頁参照。

(25) 田島・前出注(11)一四三頁参照。

(26) 竹田稔『プライバシーと民事責任』(判例時報社、一九九一年)一三一頁。さらに竹田教授は、表現の自由とプライヴァシーとが衝突した場合、両者を対等なフラットなものとして個別的比較衡量によって表現行為の違法性を判断することは、「表現の自由の優越性を否定するものであり、民主主義社会の存立基盤を危うくする」と指摘する(一二四頁参照)。

(27) 堀部・前出注(8)法学セミナー三九九号一七頁、同判例評論三五九号一六八頁参照。また江橋教授も、報道機関の報道は現代史の史料であり、後世の利用を制限することはある種の歴史の変造につながると指摘する。江橋・前出注(8)九八頁。ほかに山口・前出注(11)一四五頁も参照。

(28) 阪本・前出注(8)ジュリスト臨時増刊九三五号二六頁参照。

(29) もっとも、それによって社会的関心の有無という観点が前科公表の問題について意味を持たないということを意味するのではない(保護法益確定の次元とは異なる衡量の次元における社会的関心の有無の問題については、松井教授が、その有用性について論証している〔詳しくは、後述、三2(1)を参照〕)。

(30) 棟居快行『人権論の新構成』(信山社、一九九二年)二一一頁以下、同・前出注(8)六〇頁参照。

(31) 松井・前出注(11)一六頁。

(32) 阪本・前出注(8)ジュリスト臨時増刊九三五号二五頁。ほかに、前科をプライヴァシーと構成することに批判的な見解として、駒村圭吾『ジャーナリズムの法理』(嵯峨野書院、二〇〇一年)二一九、二三六頁、田島・前出注(11)一四三頁などを参照。

(33) 阪本・前出注(8)法学教室九一号一二五頁参照。

(34) 棟居・前出注(30)二一一頁以下、同・前出注(8)六〇頁参照。

(35) 駒村・前出注(32)二一九頁以下参照。ほかに、時の経過によるプライヴァシー性肯定を支持するものとして、

佐藤・前出注(22)二二七頁、江橋・前出注(8)九八頁、飯塚・前出注(8)八四頁、五十嵐・前出注(10)一一四頁がある。

(36) 松井・前出注(11)一六頁参照。

(37) 堀部・前出注(8)法学セミナー三九九号一七頁、同・判例評論三五九号一六八頁参照。

(38) 棟居・前出注(30)二一三頁以下、同・前出注(8)六一頁参照。ほかに、自己イメージコントロール権について、棟居快行「プライヴァシー概念の新構成」神戸法学雑誌三六巻一号一二頁以下(一九八六年)参照。

(39) 棟居・前出注(8)六一頁参照。

(40) 山本敬三「前科の公表によるプライバシー侵害と表現の自由——ノンフィクション『逆転』訴訟を手がかりとして——」民商法雑誌一一六巻四・五号六一五頁(一九九七年)。

(41) 山本・前出注(40)六三二頁

(42) 山本・前出注(40)六三二頁以下。

(43) 山本・前出注(40)六三三頁。

(44) 山本・前出注(40)六三四頁。

(45) なお、プライヴァシーを自己情報コントロール権と捉える見解からは、前述の批判的学説に対して適切な応答はなされてはいない。佐藤幸治教授によれば、前科もプライヴァシー固有情報に含まれるとされるが(佐藤・前出注[22]二八五頁、佐藤幸治『憲法・第三版』[青林書院・一九九五年]四五四頁)、その理由については述べられてはいない。これに対し、コントロール概念の不明確さなど、他の問題点を指摘するものとして、阪本昌成『プライヴァシーの権利』(日本評論社、一九八六年)八頁以下、一九二頁以下、佐伯仁志「プライヴァシーと名誉の保護(3)」法学協会雑誌一〇一巻一一号一〇一頁などがある。もっとも、公の記録に記載されているものであっても、プライヴァシーの私事性を認めることが可能であるとする説もある(小山泰史「前科の公表を原因とするプライバシー侵害と表現の自由の調整」摂南法学一五号五〇頁以下[一九九六年])。小山教授の説は、プライヴァシー概念を「多数の人々に未だ知られておらず、その事実が再度一般に流布されることを欲さない事柄を含む」ものとして再構成することにより、前科の私事性を認めようとするものである。これは、『逆転』事件一審判決と基本的に同じ発想であるが、まさにこの点に矛盾があると言わざるを得ない。

(46) 佐藤幸治教授も、映画「エロス+虐殺」事件判決の評釈のなかで、本件抗告人が婦人解放運動や社会主義運動家としてその名を知られた元衆議院議員であったこと、本件映画が抗告人の自伝を含む既刊資料をもとに制作されたものであることに鑑み、「事件当時マス・メディアでさわがれたものでも、時の経過とともにその意義が減少し、数年後には過去の事実としてプライバシー保護の対象となりうることもあろうし、告白はプライバシーの永久放棄を意味するとは考えられず、さらに事件そのものは公知であってもその範囲如何の問題もあるのであって、結局、公表価値の存否についての判断が不可欠であろう」と、二つの視点からの判断の重要性を指摘する。佐藤・前出注(22)二二七頁。

(47) 阪本・前出注(8)ジュリスト臨時増刊九三五号二六頁参照。

(48) 法的三極関係に照らした法理論の重要性を説くものとして、小山剛『基本権保護の法理』(成文堂、一九八八年)六〇頁以下参照。もっとも、この違いは、表現の自由と名誉権との調整を、具体的衡量モデルによる解決を是とするのか、それとも定義づけ衡量モデルによるべきなのかに帰着しよう。両モデルを概観するものとして、D・グリム(上村都訳)「連邦憲法裁判所判決における意見表明の自由」名城法学四九巻四号一七〇頁以下(二〇〇〇年)を参照。

(49) BVerfGE 7, 198 (212). 同判決および推定ルールにつき、上村都「ドイツ連邦憲法裁判所初期判例における意見自由と名誉保護」名城法学論集第二七集一五頁以下(二〇〇〇年)を参照。

(50) もっとも、山本教授は、時の経過が常に公共性を喪失するものではないことから、更生段階に至った事実を一つの転機として、前科を知られないようにする利益を容認される。

(51) もっとも、棟居説は、この問題を解決するためにプライヴァシー概念を再構成しようと意図したものではなく、従来のプライヴァシー概念の不明確さを念頭に関係論的に再構成することの有用性を説くものである。しかしながら、この点については本稿では立ち入らない。

(52) 大分地裁豊後高田支部昭和六二年三月一一日判時一二三四号一二三頁。なお、評釈として、菅谷・前出注(23)一一六頁がある。

(53) 東京地判平成五年七月二三日判タ八四〇号一六七頁。
(54) 東京地判平成四年三月二七日判時一四二四号七二頁
(55) 大阪地判平一三年五月二九日判時一七六六号六四頁以下。
(56) もっとも、本判決の区別が、犯罪報道のあり方という点で妥当なのかどうかには問題があろう。この点については今後の課題としたい。
(57) さらに本件では、テレビ報道の持つ効果の絶大さも考慮されたものと思われる。テレビ放送は、受け手の視覚・聴覚に与える影響がその他の表現方法（例えば、ラジオ放送や新聞など）に比べてはるかに大きく、したがって被公表者の利益に対する侵害の程度もよりいっそう甚大なものとなる。テレビメディアの特性については、ドイツでは、レーバッハ判決［BVerfGE 35, 202］やホーネッカー事件決定［BVerfGE 91, 125］などにおいて、とりわけ重視されていた（ホーネッカー事件については、鈴木秀美『放送の自由』［信山社、二〇〇〇年］一一一頁を参照）。ほかに、大寄久「テレビ放映と名誉毀損」竹田稔・堀部政男『名誉・プライバシー保護関係訴訟』（青林書院、二〇〇一年）七五頁も参照。
(58) もっとも、重大な事件であればいつまでも報道して良いというわけではなく、他方、軽微な事件であっても、実名ではなく匿名を用いるなどの方法によりその報道が許される場合もあろう。例えば、ドイツ連邦憲法裁判所のレーバッハ判決（BVerfGE 35. 202）では、仮釈放目前になされようとした重大事件についてのドキュメンタリー・ドラマ（行為者の実名と肖像も紹介）の放映が、被公表者の社会復帰の利益を害するものとして禁止された（本件の評釈として、小山剛「放送による犯罪報道と人格権――レーバッハ判決」ドイツ憲法判例研究会編『ドイツの憲法判例』［信山社、一九九六年］一四一頁以下がある）。しかし、第二次レーバッハ判決（BVerfG, 1 BuR 348/98 vom 25. 11. 1999, http://www.bverfg.de/)）では、匿名を用いた事件の公表が許容されている。本判決も事案は異なるが近い発想に立っていたのではなかろうか。
(59) もとよりこれには、どの程度の報道価値・公の利益なのか、また、別に発生した事件とどの程度の関連性を有するのかなど、さらに個別具体的な審査を必要としよう。
(60) 例えば、東京地裁平成四年三月二七日判決（判時一四二四号七二頁）は、「犯罪それ自体の報道は公共の利害に関するが、前科の公表は直ちに公共の利害に関するものとは言え」ないと明示していた。

(61)　この規定は、「犯罪行為に関する情報の流通を自由にすることにより、捜査機関の活動や、社会的影響力をもつ人の悪行に対する市民監視を容易にしようとしたものと解され」ている。平川宗信『刑法各論』（有斐閣、一九九五年）二三二頁以下。ほかに、同「犯罪報道と人権をめぐる諸問題」名古屋大学法政論集一二三号三七一頁以下（一九八八年）、団藤重光編『注釈刑法五巻各則(3)』三六九頁（福田平執筆）参照。

(62)　**四2**(a)に挙げた諸判例のほか、名古屋地裁平成七年一一月八日判決（判時一五七六号一二五頁）などを参照。

(63)　辻本義男「前科」法学セミナー四三九号四三頁（一九九一年）。

(64)　前田教授は、逆転事件について、「社会的評価の低下を伴うため名誉毀損にもなりうる事案」であると述べている。前田・前出注(5)三五六頁参照。

(65)　大判明三八年一二月八日民録一一輯一六六八頁参照。

(66)　中村教授は、『逆転』事件において摘示された事実が真実であることから、「誤った事実摘示による社会的評価としての名誉の侵害」とは異なるため、本件を名誉侵害と構成することの意味は低いと指摘される。中村・前出注(5)一〇五頁参照。しかし、名誉毀損は、社会的評価の低下を保護法益とするのであり、「真実の事実の摘示といえども、一般的に人の社会的地位を低下させるものは名誉毀損を構成する」（潮見佳男『不法行為法』〔信山社、一九九九年〕七一頁参照）とすべきであろう。

(67)　例えば、虚偽の事実摘示によって名誉が毀損されたとしても、また誹謗中傷する発言が名誉毀損を構成したとしても、虚偽の情報や誹謗中傷発言をされないこと自体が名誉毀損の保護法益となるわけではなく、むしろ虚偽の情報や誹謗中傷発言を通じて当人の社会的評価が低下しているのである。そうした虚偽の情報等と同じく、前科それ自体は、名誉毀損的表現を構成する要素なのである。

(68)　阪本・前出注(8)法学教室九一号一二五頁参照。

(69)　大塚仁・河上和雄・佐藤文哉編『大コンメンタール刑法・第一巻』（青林書院、一九九一年）五四四頁以下参照。

(70)　例えば、履歴書に氏名・住所を記入させるように、賞罰欄に前科を記入させることも、憲法違反とは言えないであろう。入社の際の履歴書の賞罰欄に犯罪歴を記入させることについて、多くの判例でその許容性が認められている。奥山明良「犯罪歴秘匿を理由の通常解雇と刑の消滅をきたした前科の告知義務」ジュリスト九〇一号一〇七頁以下、解説に挙げられている諸判例を参照。

(71) BVerfGE 35, 202.

(72) 連邦憲法裁判所は次のように判示している。「……有罪とされた犯罪行為者は、刑期満了後、再び社会に適応する機会が与えられなければならない。行為者から見れば、この社会復帰の利益は基本法一条一項と結びついた二条一項の基本権から生じる」。BVerfGE 35, 202. (235 f.).

(73) BVerfGE 35, 202 (230 f.).

(74) 例えば、レーバッハ判決は、次のように説示している。「時事的情報利益が満たされた後は、原則として、「被公表者の」『一人で放っておいてもらう権利』がいちだんと重要性を増す」(BVerfGE 35. 202 [233])。

(75) 浦和地判平一三年四月二七日判時一七五七号四八頁参照。また、社会復帰利益を独自の保護法益とみる見解として、中村・前出注(5)一〇五頁がある。

16　憲法による平等保障の意義

――「人間平等」の思想とその憲法上の規範的意義・機能――

井上典之

一　はじめに

筆者は、かつて、憲法によって規定された平等保障の規範内容を、「『人間平等』の思想を出発点として、『人の分類とそれに基づく別異取扱いの禁止』を憲法上の要請として国家に課す」という一つの実体を伴った価値であって、「その実体内容は、平等保障の第一要請、つまり『人を「人間」という範疇に分類した場合の人間は人間として同質・同量に取り扱われなければならない』、およびその第二要請、つまり『各人の持つ事情によって人を「人間」よりも細分化された範疇に分類する場合には、同質の事情には同質の取扱いを、同量の事情には同量の取扱いを要請し、逆に、質的・量的に異なる事情については別異取扱いをしてもよい』という定式で示される」という形で提示し、その実体的規範内容に応じた基本権としての平等保障の裁判的実現方法、すなわち平等審査の方法を検討した(1)。そこでは、確かに、「平等なものを平等に、不平等なものをその特性に応じて別異に取り扱う」という従来の憲法学説による一般的な平等理解の問題性、その平等理解を前提にした平等審査の不十分さを示し、一つの代替的見解として基本権としての平等保障の規範内容とそれに対応した平等審査の方法を提示してはいる。しかし、それは、単に基本権としての平等保障の一つの代替的規範内容を裁判という手続的・法技術的側面において展開したにすぎない。憲法による平等保障の規範的意味を展開するためには、その規範内容が実体的にいかなる意義を有するものであるかを説明する必要がある(2)。

問題は、「人の分類とそれに基づく別異取扱いの禁止」という最広義の平等命題がなぜ憲法上の要請とされ、いかなる意義を有するのか、という点にある。この点、前者の問いには、前記の通り、「それぞれの人がもっているそれぞれの価値を等しく尊重しようという人間平等の思想」を出発点(3)として、その人間平等の思想を憲法規範として規定するのが基本権としての平等保障である、と考えることができる。しかし、ではなぜ人間平等の思想が自由の保障と並ぶ近代の基本的人権の一つの柱とされる平等原則となり、最高法規たる憲法に取り入れられたのか、という点についてはそれほど明確ではない。単純に、中世までの封建的身分制秩序を否定するためであったというだけでは、なぜに封建的身分制秩序を否定しなければならなかったのかの理由が示されていない。そこでは、近代国家において善とはいえない封建的身分制秩序を否定しなければならない根拠が提示される必要がある。そうでなければ、人間平等の思想を出発点にする最広義の平等命題の憲法上の正当性が揺らいでくることになろう。

さらに、最広義の平等命題およびその実体内容を示す平等保障の第一要請、第二要請の定式が憲法上の要請として人権体系の中でどのような意義を有するのかも、なぜそれが憲法上の要請とされるのかという前述の問いと関連して、結局は平等原則の憲法による保障の意義という大きな問題に包摂されることになる。ただ、ここでは、前述の問いのように人間平等の思想の憲法への編入の意味の探求にはとどまらず、むしろ、広く憲法上の権利とされる基本的人権の全体的体系の中で平等保障がいかなる位置を占め、他の人権規範とどのように関連づけられるのかが問題となる。この点、特に、「こと『基本的人権』との関係では、『法の下の平等』は独自の意味をもたないのではなかろうか[4]」という頻繁に引用される問題提起がなされているだけに、現在において平等保障の実体的規範内容を提示する際にはその人権体系における意義が常に検討されるべき課題となることは否定できないものとなっている[5]。

本稿は、これまで日本の憲法学説において展開されてきた平等保障の意義に関する議論を筆者なりの視点で整理し、前述の問題や課題を考えるための一つの視点を得る手懸かりにしようとすることを目的とする。もちろんそこでは日本の議論を念頭において検討していくが、人間平等の思想を出発点とする最広義の平等命題が学説上「一般的に承認されている平等命題に取って代わることができるのかどうか、少なくとも現在までのところ、ドイツ連邦憲法裁判所の第一法廷はそれを行っている、といえるだけである[6]」と指摘したように、また、「一般的平等原則のドグマーティクは変革期にある。決して異論がなかったわけではないが、長い間支配的であった恣意性理論は、他のアプローチに取って代わられ、あるいは、それによって補完されている。それらのアプローチに属するのが連邦憲法裁判所の『新定式』、領域ごとの平等原則の具体化、そして、何らかの方法で比例性原理を平等審査に統合しようとする試みである[7]」といわれているように、ドイツでも一般的平等原則の憲法上の意義に関する議論が展開されている。そこで、以下の検討においては、平等保障の規範内容や平等審査の方法の検討に際してドイツの議論を参考にしたこととの関係もあって、必要と考えられる限りにおいてドイツの一般的平等原則に関する憲法上の意義づけについての見解をも取り上げることにする。

二　「人間平等」の思想と憲法による平等保障

1　「人間平等」の思想と近代の人権観念

近代の人権観念は、「すべて人は国籍・身分・階級等の別なく、人間であることに基づいて当然に一定の生来の権利を有し、それは不可譲・不可侵のもの」(8)と定義づけられる。そして、そのような人権には、人間であることにより当然に有するという意味での固有性、不当に侵害ないし制約されないという意味での不可侵性と共に、人種や性などの区別に関係なくすべての人間が当然に有するという意味での普遍性という特徴があると解されている。(9) このような定義およびその特徴の一つである普遍性からも明らかなように、近代の人権観念には「人間はみな同じ」という「人間平等」の思想が内在している。すなわち、近代の人権観念は、「人間平等」の思想を一つの前提にして成立しているといっても過言ではない。

しかし、そこでの「人間平等」の思想とは一体いかなる内容のものであるのか、という点は問題になる。というのも、人間は、一人一人が異なる存在であり、一人一人違った個性・性格を持つ存在だからである。言い換えるならば、すべての点で同じ人間は、クローン人間でも作り出さない限りこの世には存在しない。そのような現実の中で、「人間はみな同じ」という「人間平等」の思想はいかなる意味を持つのかが問われなければならない。その点を明確にすることによってはじめて、近代の人権観念に内在する「人間平等」の思想がなぜ平等保障という形で憲法へと編入されたのかについての根拠が見えてくることになろう。というのも、現代において平等という概念は一見するとそれ以上の説明を必要としないほど自明の概念と考えられているだけに、(10) この点の解明は憲法における平等保障の意義という問題にとって重要なものと考えられるからである。

一般に、近代の人権観念に内在する平等思想の淵源は、「遠くプラトン、アリストテレスなどのギリシャ哲学の思想（たとえばアリストテレスの正義論——平等的正義と配分的正義の理論——にみられる平等思想）や、普遍的な理性の名の下に個人、人種、民族の平等を説いたストア学派の自然法論、およびこの思想を受けついだローマの法思想にまで遡ることができる」といわれている。[11] しかし、いうまでもなく、そこでの平等思想といっても、近代の「人間平等」の思想と同じものではない。とりわけ、平等は正義論と同一視して展開され、両者は密接不可分の内容をなすものと考えられていた。その結果、古代ギリシャでは、実質的正義の実現の要請において、極論にまで展開された根本的に矛盾する二つの内容が含まれることになる。すなわち、一方で、すべての事実上の差異を無視して、すべての人間を数学的に見て等しく取り扱うということが要請され、他方で、個別の事例では個々の人間の差異を確認することによって結局すべての人が別異に取り扱われるよう要請される、ということである。ただ、そうではあっても、古代ギリシャ哲学では普遍化された正義が個別的正義よりも重視され、古代の政治思想においては、「普遍的なもの」が「個別的なもの」よりも常に高次の正義価値を主張し得るものと考えられていた。そして、それは、古代ギリシャの政治レベルにおいて、民主制が長期にわたって維持され、市民にとって平等が数学的に理解されていたという点に現れるとされる。すなわち、各人の持つ差異を無視して、すべての市民を政治レベルでは数学的に等しい者としてとらえるという平等の思想が古代ギリシャの民主制の確立の原動力であった、[12] ということである。

そのような平等の観念は、中世ヨーロッパでは精神領域と世俗領域において、両方の事実上は融合して存在していたが、観念的には区別された領域で矛盾した具体化を被るという点も主張されている。まず、キリスト教の教義に従った精神領域では、一方で、平等は神の似姿としての人間に関する人間の尊厳と結びつき、神の前の平等という原則の下に、神の似姿としてすべての人間の数学的平等が主張される。しかし他方で、世俗領域では、個々人の地位の永遠の色分けを伴った厳格で確固とした階級制が形成・維持され、正義の観念が異なった事情の異なった取扱いを特に要請するようになる。それは、中世ヨーロッパの法秩序がまさに個別的正義を目指し、包括的で普遍的・一般的法命題の展開を放棄しようとしていたという点に現れる。それを極端に定式化すれば、中世ヨーロッパには一つの客観的法秩序が存在するのではなく、夥しいほどの個別的でその都度の法関係が存在していたということになる。ここに、正義の要請と結びついた精神領域でのカトリックの倫理が介在することによって、一方では、すべての信者は神の前に平等とされながら、他方で、世俗領域での階級的身分制秩序を所与をものとして承認する倫理の存在から、平等の観念は、まだ完全な形での「人間平等」の思想にまでは至っていない状況が確認されることになる。(13)

ここで重要なのが、中世ヨーロッパの平等思想が精神領域と世俗領域において異なった内容となり、その矛盾を精神領域でのカトリック倫理によって結びつけられていた点にある。したがって、近代の人権観念に内在する「人間平等」の思想が完全な形で展開されるためには、まず平等の観念が世俗化される必要があった。これをもたらしたのが、宗教改革以後の自然法論であった。そこでは、平等思想は、社会的・政治的・法的規準へと変形されることによって世俗化していくが、まだ相互の報恩関係に依拠する封建的身分制秩序は維持されており、市民的地位における不平等を排除するまでには至らなかった。結局、平等の観念を法律の一般性の思想と結びついた市民的・政治的平等の要求へと導くのは、一八世紀の啓蒙主義思想によってである。(14)

平等思想がその効果を発揮しはじめるのは、一定の基本的権利、とりわけ政治的権利および自由との関連性を持つようになってからであるといわれている。(15)そして、平等思想はこの段階で決定的な転換点を迎えるが、そこには二つの要因がある。まず第一は、封建貴族の社会的・政治的特権に向けられた新たに登場した市民階級の意識である。近代へと導く市民階級の見解によると、社会における地位は、世襲の身分によってではなく、専ら能力に応じて決定されなければならない。それ故に、平等の観念は、少なくとも政治権力への平等なアクセスの主張として市民による政治的な攻撃力を発揮するようになる。ただ、この段階ではまだ市民階級にとって政治的決定の正しさや自己決定という側面が問題だったわけではない。啓蒙思想に影響された市民階級は、能力主義を根拠にして、教育の不十分さ故に一般大衆は統治から遠ざけられるべきであると考えていた。したがって、平等の観念は、古代ギリシャにおいてそうであったように、それ自体が市民の政治的決定への参加の要求のための原動力であったにすぎない。しかし、この要求は封建的身分制秩序の前に簡単には受け入れられず、結局、フランス革命がそうであったように、身分制社会から市民社会への転換という市民によるプログラムの実現に際して、市民が全国民の利益代表として君主から国民への主権の移行を促進することになった(16)。

市民階級による平等の観念の矛先が第一次的には政治領域に向けられていたとはいえ、フランス革命は近代の人権観念に平等の観念を内在させた結果、平等思想は一般的行為自由と関連づけられることになり、ここに平等思想の転換点の第二の要因がある。元来、一般的行為自由の思想は、世俗的な国家的決定によって自己の人生の意味を決定づけられないというカトリックの信仰にその起源を持つが、やがて宗教上の拘束からの解放と共に、個人の利益が私的な自由へと向けられるに至ってその本来の意味を展開するようになったものである。それが一八世紀の市民階級により、社会の利益は発展しつつあった資本主義経済の市場モデルに従い経済プロセスの自己制御によってのみ最大化されるとの見解と結びつけられることになる。その結果、社会利益の増大のためには、一部の特権階級による彼らの利益のみを追求するような社会経済の独占状態を除去する必要があり、市場モデルが機能するような完全な競争状態を創り出すことが重要になる。そして、そのような競争秩序の創出には、すべての個人の完全に平等な一般的行為自由が保障されなければならないと考えられるようになっていくのであった(17)。ここに、フランス革命における平等思想の帰結を見出すことになる。それは、市民の平等な政治的参加権としての政治的平等、平等な社会経済活動における自由としての市民の権利平等である(18)。

このように、フランス革命において勝利した市民階級によってもたらされた平等の観念は、それ以前に存在していた封建的身分制秩序の解体をもたらした。そこでは、能力の有無に関わりなく特権的身分階級によって独占される公職のあり方、商品交換における封建的身分制秩序による束縛、すなわち生まれついた身分により居所や職業が固定的に決定されていることの不自由さ・不平等さが攻撃目標とされ、平等とは身分に関わらず能力に応じて取り扱われることであり、自由とは能力ある者がその能力を発揮する機会を持つことである、とされた(19)。したがって、人間が自由であるためには、各人が誰にも従属していない平等な状態が必要であり、すべての人間が平等な状態になければ、各人は自らの能力を発揮する自由を持ち得ない、という考えがそこには前提として見出せることになる。これが「人間はみな同じ」という「人間平等」の思想になるのだが、人間であることからすべての者を無差別に取り扱うことが平等であるのではなく、能力ある者を身分に関わりなく能力ある者として、無能な者を身分に関わりなく無能な者として取り扱うことを平等と考えている。したがって、この段階の「人間平等」の思想は、身分という各人の能力と無関係な事情に拘束されることからの解放を、言い換えれば「生まれによる差別」からの解放を内実にしてはいるが、各人の持つ能力に応じた別異取扱いについては問題とされていない。その結果、政治的平等のレベルでは、政治的決定への参加に関する各人の能力を、社会経済活動における各人の能力に対応させて、財産の有無による制限選挙の方法で具体化されるという現実が市民社会成立の段階ではとられることになる(20)。

2 「人間平等」の思想と「人間の尊厳」および民主制

近代の人権観念に内在する「人間平等」の思想は、既に見てきたように、まず第一に封建的身分制秩序から個人を解放する原理として展開される。すなわち、「生まれながらにして特定の身分に縛られ、職業をはじめとする個人の生き方が、最初から拘束されているということであってはなら」ず、「人生の出発点において、すべての個人に平等な機会が与えられなければならない」し、「重要なのは個人が平等な機会を与えられることなのである」ということになる。しかし、なぜ封建的身分制秩序から解放されて人間はみな平等に人生の出発点において平等な機会が与えられなければならないのであろうか。確かに封建的身分制秩序は人間を自己のコントロールし得ない生まれによって差別している。しかし、「差別」の反対概念である「平等」がそれを許さないというのは、いわば当たり前のことであって、「生まれによる差別」の否定にはそもそも「人間はみな同じ」という「人間平等」の思想が存在しているといっても、それだけでは何の説明にもなっていない。言い換えると、そこには、「『平等』とは何よりもまず『生まれによる差別』の否定を意味するが、『生まれによる差別』の否定の根底には『平等』の思想があるという、『平等』についてのトートロジーが出てくる」のである。したがって、「人間平等」の思想の憲法への編入に関しての考察には、この問題に対するより根本的な説明の方法を考えなければならない。

これについての通常の説明によると、「才能・富などに違いがある個々人も、人間としての値打ちに上下があるわけではないという信念＝人格価値の平等」というものが挙げられる。すなわち、人間の人格はその値打ちにおいてすべて等しいものであるという「人間の尊厳」原理が根底にあるということである。そうであるとするならば、当然のことながら、封建的身分制秩序において人間の値打ちを生まれによって異なって格付けてしまうことは、その原理に反することになる。人間は生まれながらにしてその価値において等しい存在である、というのは現在では当然のことであるが、封建的身分制秩序の下では必ずしもそうとは考えられておらず、諸個人の間での身分に基づく尊卑の格付けが当然のこととされ、その格付けに縛られている社会において生活を強いられることがもはや耐えられない状況の中で、近代の市民社会が生み出された。そうであるからこそ、そのような封建的身分制秩序を解体するには「人間の尊厳」原理に依拠する「人間平等」の思想が展開される必要があったということになろう。その結果、近代の人権思想が「人間の尊厳」原理を基礎にして個別の人権規範を展開すると共に、それら個別の人権規範を相互に関連づけることになる[25]ことからの一つの帰結として、「人間の尊厳」原理との直接的な結びつきを示す「人間平等」の思想は、平等保障という形式で憲法によって保障される基本的人権の一つの大きな柱とされることになる。

この「人間の尊厳」原理に依拠した「人間はみな平等に人生の出発点において平等な機会が与えられなければならない」という憲法原則は、やがてあらゆる領域に広がっていくことになる。そして、その中でも特に一九世紀中頃から大きな展開を見せたのが政治領域においてであった。そこでは、平等という憲法規範が広く一般大衆の中にも広がりを見せた結果、まずその意義の矛先が政治的決定への不平等な参加の機会に向けられることになったのである[26]。既に述べたように、封建的身分制秩序に替わる近代の市民社会の成立・形成段階での政治的平等は、国の政治的決定への参加資格を制限選挙の方法で具体化することにより平等の意味内容を相対化させてしまっていた。すなわち、確かに封建的身分制秩序の下での「生まれによる差別」は排除され、人生の出発点における平等な機会は保障されたとしても、個々人の能力に応じた人生の途中での事実上の差異の存在を考慮に入れて、市民階級にとっての国家への貢献の能力を基準にした政治的決定への参加資格が制限されていたのである。さらに、現実には「アメリカ独立宣言のいう『すべての人』には黒人は含まれていなかったし、そこでいう『人』は『男性』を指し、『女性』を含んでいなかった」、また同じように「フランス人権宣言の『人』も男性を指していた[27]」といわれるように、近代の市民社会における平等はまだ不完全で、相対的な意味しか持っていなかった[28]。結局、一般大衆にとって「生まれによる差別」はなくなっても本当の意味での「平等な機会」、つまり、自己の先天的な資質とは無関係の平等な機会（どのような立場にある親から生まれ、どのような境遇で育つのかといった自己のコントロールの及ばない事情による差別のない平等な機会）は保障されていないのではないかという疑問が、目に見える形で制度化されている政治的決定への参加の制限において顕在化したのであり、その点に向けての「人間平等」の思想の意義が問われるようになった。

この点で、人間の価値に上下がない、すなわち、人間であれば誰でも等しい価値を持つ存在であるという「人間の尊厳」原理を前提にすれば、誰のものであっても自己の生活のあり方を左右しかねない政治的決定への参加の機会の制限は、個々人の存在に価値序列をつけるものとして非難の対象となり得ることになる。それは、「人間平等」の思想が一般大衆の意識に広く根ざすようになればそれだけ、また同時に、出発点における富の不平等な配分に依拠することが明らかになればそれだけ、一般大衆にとっては市民階級へのある種のねたみという感情から不正義に感じられることになる。そこで、「人間はみな同じ」という「人間の尊厳」原理に依拠する「人間平等」の思想は、少なくとも自分たちの運命を決定づけるような政治的判断に平等に参加する機会を保障すべきものとして、その意義・機能を展開するようになる。すなわち、包括的に「すべての人間（原則的には国民）」を名宛人として例外や免除または特権付与を認めない抽象的規制を内容とする一般的法律の制定により、少なくとも法律の一般性という形式で政治的決定の実体内容における平等が確立されるならば、同時にその決定への参加の機会は財産や教育、性別や人種といった個々人の属性とは無関係にやはり形式的に「すべての人間」に平等に保障されるべきであるとする考えが主張されることになる、ということである。ここに、「人間平等」の思想は、すべての国民の形式的に平等な政治的決定への参加権という形式で、民主制を根拠づける原理としての憲法上の意義を持つようになる。[29]

このように、平等な機会の保障は、「民主制の基本原理」[30]としての意義を持つことになり、一九世紀後半から二〇世紀にかけて進行する普通選挙、婦人参政権の付与等の選挙における無差別主義を推進する一つの原動力となる。ただ、ここでの「人間平等」の思想は、必ずしも近代の人権観念に内在する内容のものとして展開される必要はなかった。というのも、歴史上既に古代ギリシャの「普遍化された正義」の中で、古代の民主制確立の原動力としての平等の観念が再びここで想起されれば、それで十分だったのである。したがって、平等の観念は、確かに近代の人権観念によってその内容についての一定の変容を被ってはいたが、必ずしも国家の政治領域における自己決定の原理と直接的な結びつきを持つものではなく、むしろ形式的に政治領域における民主制の基礎として、普遍化された正義、すなわち人間の数学的な意味での平等の表明としての意義を前面に押し出すことになる。結局、平等の観念が憲法による平等保障へとその本当の意味を転換するのは、「平等の世紀」と呼ばれた二〇世紀になって、特に人権観念の中心であった自由との関係が問われるようになってからということができる。(31)

三　基本権体系における「平等命題」の位置づけ

1　個人の自己決定と「平等命題」

政治領域での形式的な平等の貫徹とは別に、憲法による平等保障は、その「人間平等」の思想の内容から、自由との緊張関係が指摘されることになる。すなわち、政治領域での人間の数学的な平等の実現がある程度まで完全に達成されると、次の段階として、「人間平等」の思想の社会・経済領域、つまり一般的な生活関係における意義が問われるようになってきた、ということである。(32)そこでは、政治領域と同じく形式的な平等の機会の保障がすべての人間に対する自由の実質的保障を阻害するのではないか、逆にいえば、すべての人間が平等に自由を享受するするためには、形式的な平等の機会の保障だけでは不十分ではないのか、という観点からの問題が提起されることになる。特に、市民階級と区別された一般大衆は、不平等な財産配分の結果として、人生の出発点で必要とされる実質的手段の欠如から純粋に形式的な自由権を有意義に行使することができず、事実上の不平等を根拠に国家の社会・経済領域への介入を求める社会的基本権（＝社会権）の実質的保障を要求するようになる。[33]結局、「社会的・経済的局面においては、自由と平等とは対立しうる。……『自由競争、とりわけ経済的自由競争は各自の競争力自体に差をつけながら、不断に行われるので、それはほどよい結果的平等をもたらすものではなく、むしろ現実生活における不平等状態を拡大し』た」[34]、ということである。

この社会・経済領域における自由と平等の緊張関係は、二つの明証を源にしていると指摘される。そこでは、自由と平等は「見かけ上縮まらない隔たりの意識をもたらすが、……この二つの概念は等しく必要なものと感じられ」、ただ、両者が「非常に狭い限界（法的な形の限界）の外側では、互いに排除し合う」という主張の源として、第一に、「自由が本性上何よりもまず法的政治的な秩序にかかわるのに対して、平等は本質的に経済的・社会的な秩序にかかわるとされる明証」が、第二に、「自由の維持が、国家の制限に、またさらに国家の『悪』影響からの絶えまない防御に結びついているのに対して、平等の実現は、本質的に再配分の秩序にかかわるから、国家の介入を通してなされるという明証」が挙げられる。[35]しかし、この二つの明証は本当に近代以降の立憲主義において妥当するのか、という点が問われなければならない。もし妥当するのであれば、自由と平等の緊張関係は存在することになり、「人間平等」の思想を現実の一般的生活関係で実現しようとすると近代の人権観念の他方の柱となる自由との間で解きほぐすことの困難な矛盾が生ずるということになるだろうが、必ずしも常に妥当するわけではないということになれば、自由と平等もまた常に必ず緊張関係に立つわけではないということになろう。

第一の明証については次のようにいえる。自由と平等の「それぞれ異なる歴史に刻み込まれた最初の差異」は、フランス「革命が闘争したのは、二人の敵対者に対してであると同時に、二つの『原理』に対してでもあ」ったという点である。すなわち、一方では君主制という国の政治体制に関わる「自由の否定として現れた〈絶対主義〉」であり、他方では社会秩序として存在していた封建的身分制秩序に関わる「平等の否定として現れた〈諸々の特権〉」であった、ということである。しかし、もちろん両者は「アンシャン・レジーム」という概念でその政治的・社会的統一体として把握されていた。そのために、確かに自由と平等の敵対する「原理」は異なっていたかもしれないが、「明らかに両者とも互いに存在し、もしくは存在しない状況は、必ず同じであ」り、「自由の（事実上の）歴史的諸条件は、平等の（事実上の）歴史的諸条件と全く同じ」なのである。(36) そして、それが、前述の通り、平等な社会経済活動における自由としての市民の権利平等という形で「人間平等」の思想を近代の人権観念に内在するものへと変容させたのである。そうだとすれば、そのような「人間平等」の思想は、単に思想や理念ではなく、一定の規範的な意味を持つことになる。そこで、第二の明証との関係で、平等の規範的な意味の実現は国家の介入を通してなされることになるのか、という問題を考えなければならない。

この点に関して、「平等は、より抽象的・哲学的なレベルから、より具体的な制度のレベルに至るまで、いろいろな形で語りうるが、それは、国家をはじめとする主体が人々を等しく扱うことを本質的特徴とするものである」という指摘(37)が、一つの考え方の出発点となる。そうだとすれば、「人間はみな同じ」という「人間平等」の思想も、その規範的意味において「人間を等しく扱うこと」という内容としてとらえることができる。では、なぜ「人間を等しく扱うこと」が規範的に要請されるのか。また、「人間を等しく扱うこと」というのは一体どのようなことを意味するのか。ここで、日本での教科書的な説明によると、「一人ひとりの人間は、みな、それぞれが違うのであり、一人ひとりが他人とは違った価値をもっている、だから、それぞれの人がもっているそれぞれに異なった価値を等しく尊重しよう」というのが「人間平等」ということの本当の意味だとされる。[38] この説明によると、人間は一人ひとりがみな違った存在であり、それぞれ異なった価値を持っていることから、「人間を等しく扱うこと」という要請が根拠づけられることになり、諸個人の持つそれぞれに異なった価値を等しく尊重することが「人間を等しく扱うこと」の意味だと解することになる。そうだとすれば、人間一人ひとりが異なった価値を持つということ、その異なった価値を等しく尊重するということが一体どのような意味なのかが、結局、解明されなければならない。

人間一人ひとりが異なった存在であるというのは非常にわかりやすい（それは一見して同じ容姿の人間はいないという単純な事実だけで理解できる）が、人間一人ひとりが異なった価値を持つというのはいかなる意味かという点については、それほど自明のことではない。そして、なぜ異なっているのに等しく扱われなければならないのかという問題については、より一層疑問が大きくなる。その疑問を払拭するためのキーになるのが「異なる価値」にあるのは、前記の通りである。しかし、諸個人の持つ異なる価値とは一体どこにあるのか、という問題の立て方をすれば、これについては比較的答えやすくなる。一つの考え方として、「人にとって、人生の意味はあらかじめ与えられているわけではな」く、「人生の意味は、各自がそれぞれの人生をみづから構想し、選択し、それを自らが生きることではじめて見出される」という観点から、「自らの人生を構想し、選択し、自ら生きる存在として」の個人の自律を指摘することができる。[39] つまり、人間は、一人ひとりまさに自分の生き方についての考えを持ち、その考えに従って自分の人生を生きるという点に、言い換えれば、人間は一人ひとり自分の人生について自己決定する存在であるという点に、諸個人の価値を見出すのである。いうまでもなく、人間がいかに生きるべきかという価値判断は一人ひとり異なっており、しかも、その価値判断の優劣・正邪は単純に判定できないだけでなく、近代の立憲主義ではその優劣・正邪を国家に決定させないことにしている。[40] 人間は自分の生き方、つまり広く一般的な自己の人生についても、人生のある瞬間における自己の具体的な進むべき方向も自分で決定する存在だという点で、すなわち自己決定する存在だという点で、一人ひとりが違ったそれぞれの考え方を前提に生きているという価値を持っている。そして、そのような個人の自己決定の尊重から導き出される日本国憲法一三条前段で表された「個人の尊重」原理を前提に、「個人は、それぞれ自分の考えるところに従って自分の生き方を決め、それを自ら生きるという点で、根源的に平等な存在である」という見解になる。(41) 結局、「国家が個人に対し何らかの処分を行う場合には、『個人として尊重』したと言いうるだけの扱い方をしなければなら」ず、「その保障として重要なもの」が「平等処遇」ということになるのである。(42)

そこで、もう一つの問題である諸個人の持つ異なった価値を等しく尊重するということは、結局のところ、諸個人によって下された自己決定を等しく尊重するということを意味すると考えることができるようになる。しかし、人間一人ひとりの自己決定の内容は同じではなく、ある意味ですべて異なっている。そして、そのような個人の自己決定(43)の内容について国家は優劣・正邪の判定を下すことはできない上に、その内容に干渉することも「自由」に対する侵害として許されない。というのも、近代以降の立憲主義において目指す「社会は、人が個人として尊重され、自己決定権に基づき人格の完成に努力し、その持てる才能を最大限に発揮できる社会」(44)であったはずだからである。そこで、個人の自己決定を等しく尊重するという要請の一つの重要な効果として、等しく尊重されるべきは自己決定を行う諸個人、すなわち、すべての人間とされることになる。そこから、国家は、すべての人間を等しく取り扱うよう要請されることになる。そして、このすべての人間の平等取扱いの要請は、憲法による平等保障に当然含まれるものとして自明のように受け入れられ、すべての平等保障をめぐる問題の検討における出発点となっている。(45)

しかし、国家に対するすべての人間の平等取扱いの要請は、本当に国家による介入行為、言い換えれば、国家による積極的作為の要請となるのか、という問題が最後に残る。近代の人権観念の柱というべき「自由」、すなわち個人の自己決定を等しく尊重し、そこに国家は介入しない結果として、法の世界の外側にある事実としての生活領域で諸個人の間に事実上の差異が発生することは否定できない。憲法による平等保障は、この自己決定の行使の結果生ずる事実上の差異の是正を要請するのであろうか。この点についての日本の教科書的な説明は、「社会的・経済的な力の差が現実に存在するところでは、本当の意味での『機会の平等』は実現不能であり、そうした力の差をふまえたうえで、実質的に『機会の平等』を実現するということが、こんにちにおける実質的平等の観念であるとみることができる」が、「こうした、実質的平等の観念は、日本国憲法においては、いずれも、いわゆる社会権の保障という形で、実定化されている」[46]といわれ、事実上の差異の国家による積極的是正を必ずしも平等保障の要請とは考えていない[47]。したがって、平等保障による国家へのすべての人間の平等取扱いの要請も、法の世界の内側にとどまり、あくまでも法的な平等取扱いの要請ということができる。そうだとすると、その平等取扱いの要請は、法的な取扱いにおいて「人の分類とそれに基づく別異取扱い」を禁止する命題という形で表すことができる。これが平等保障から導き出される最広義の平等命題であり、それは、あくまでも国家に対する禁止命題として国家の不作為を求めるものであって、しかも個人の自律、個人の自己決定という自由の基礎にある理念を前提に導き出される平等取扱いの要請の内容として、自由と平等との緊張関係を解きほぐす機能をも有するものということができるのではないだろうか。

2　平等保障の二つの要請の機能

最広義の平等命題は、前記の通り、個人の自己決定の平等な尊重を前提にした憲法上の平等取扱いの要請を表現し直したものであって、その意味で「自由」と「平等」との間の緊張関係を法の世界において解きほぐそうとする機能を持つ[48]。しかし、それは、単にその緊張関係を解きほぐすだけでなく、政治領域における人間の数学的な平等の観念にも影響を及ぼす。すなわち、すべての人間（＝国民）の形式的に平等な参加権という形式に依拠した民主制に基づく政治的決定は、すべての人間（＝国民）が形式的に平等な参加権を与えられているが故に妥当するというだけでなく、平等な参加権によってそれを行使した諸個人の自己決定の所産であるが故にも正当なものと考えられるようになる。しかし、「国民の意思によって構成される国家による命令が、他律ではなく自律であるという説明があり得るが、それにもかかわらず、なお個人の自律の領域を確保しなくてはならない」ということは、「自由」を憲法上の権利として保障する以上当然のことといえる。そして、「政治的社会的多数派が望むこと、穏当なことのみを行う権利ではなく、むしろ多数派が望まぬこと、道理を弁えぬ行いをする権利の主張こそが、自由権の本領であろう[49]」というのも、その根底には、すべての個人の自己決定の平等な尊重の要請が存在しているといえる。

いうまでもなく、個人の自己決定の内容そのものが規制されているならば、それは、平等保障ではなく、実体的な自由に対する制約の問題となる。そのような規制を平等保障との関係で直接問題にする必要はない。しかし、ある事情を持つ個人ないしは人的集団について、その事情を理由として一定の法的評価が下される場合、当該事情を持つが故に当該個人ないしは人的集団の運命が決定づけられてしまい、その限りで自己決定の範囲が限定されてしまうという効果が発生する。その場合には、自己決定の範囲の限定、すなわち、自己決定に関わる内容に対する制約とは別に、法的評価の対象となった事情を持つ個人ないしは人的集団が、それを持たない個人ないしは人的集団と区別され、その両者との間で異なった取扱いがなされていることになる（ここでは消極的な法的評価を念頭に置いているが、法的評価が積極的な利益付与を伴うような場合であっても、法的評価の対象となる事情を持つ者と持たない者との間での区別と両者の間の異なった取扱いという効果が発生することはいうまでもない)。ここに、自由に対する規制の問題とは別に、最広義の平等命題に触れる「人の分類とそれに基づく別異取扱い」の存在が確認でき、その観点からの平等保障の問題が提起され得ることになる。そして、このような場面では、実体的な自由に対する規制の問題とは別の、「人の分類とそれに基づく別異取扱い」の問題が区別される結果、平等保障は、実体的な自由や利益に対する規制の合理性とは別の次元で、「人の分類とそれに基づく別異取扱い」の合理性が検討されなければならないという法制度の憲法適合性の判定段階での独自効果を発揮することになる。言い換えれば、たとえ法制度によって課せられた実体的な自由・利益への規制の合理性が認定できても、平等保障は「人の区別とそれに基づく別異取扱い」の合理性という別の観点からの法制度の憲法適合性の判定を要請するという機能を持つ(50)、ということである。

しかし、個人の自己決定の平等な尊重は、それぞれの自己決定が等価値的であることから要請されるといえても、それぞれの自己決定の内容がすべて同じであるということを意味するわけではない。逆に、それぞれの自己決定の内容がすべて異なっていて、その内容に優劣・正邪の判定をつけられないから等価値的に取り扱うよう要請されるのである。しかし、この個人の自己決定の等価値的な尊重は、結果として事実上の差異の存在を容認し、結果的に諸個人の間に存在する差異から人間を不平等に取り扱うことにはならないのか、という問題を再び提起する。すなわち、「個人の個人たるゆえん（個人性）をつきつめてゆくと、それは万人共通の『人一般』などではなく、むしろ各人各様の個性にこそあるという考えに到達」し、「本来的に（そのもっとも深い性質において）比較を許さない個性が尊重されるのだから、人間の平等が理想なのではなく、個性をさえぎることなく伸ばすことによって生ずる差異の方が、むしろ目指されるべき道徳的義務になる(51)」のではないか、ということである。その結果、個人の自己決定の内容と区別された「人の分類とそれに基づく別異取扱いの禁止」という最広義の平等命題は、この「平等なき自由」という見解と対立することになるのではないか、という問題が提起できる。ここで、最広義の平等命題は例外を許さない絶対的な憲法による保障とはならないと考えることで、言い換えるならば、最広義の平等命題は憲法による平等保障の保護領域を示していると考えることで、前記の問題には対処し得ることになる。国家による処遇が「人の分類とそれに基づく別異取扱い」を行うものであっても、それが直ちに憲法違反になるわけではなく、最広義の平等命題の構成要素たる平等保障の第一要請ないしは第二要請の内容に触れる場合に平等侵害となるのである。そうだとすると、平等保障の二つの要請は、「平等なき自由」という見解と憲法による平等保障との対立を調和するという機能を果たすことがまず確認される。

では、どのようにして平等保障の二つの要請は前記の調和の機能を果たすのかが明らかにされなければならない。自己決定を下す個人の個性の尊重は、結果としての事実上の差異を容認するが、その前提として各人各様の個性を遮ることなく、それを延ばすという点にポイントがある。したがって、個性を遮るような国家の処遇は禁止されなければならない。ただ、個人の個性は、各人が持つ様々な事情の複合体として形成される。そのために、国家が特定集団に属する人間の個性を否定しようとしても、その集団に属するすべての人間の個性を完全に否定してしまうような規制の定立はほとんど不可能といえる。そして、「法というものは、一定の事実を要件として定め、その要件の有無によって法的効果を発生させるもの(52)」であることから、国家の規制は、個人の持つある特定の事情に対する法的評価として表明される。そうだとすれば、まず、個人の持つ事情によって個人を人間以下の地位に引き下げてしまうような国家の処遇は否定されなければならない。これは、個性を示す事情に対しての消極的評価を加えることになることから個人性の侵害として「個人の尊重」原理に反するだけでなく、個人を「人間以下」の存在へと格下げしてしまうことから、いわゆる「人間の尊厳」原理にも違反することになる。この内容が、第一要請の「人を『人間』という範疇に分類した場合の人間は人間として同質・同量に取り扱われなければならない」という定式で示される。この点は、例えば、非嫡出子相続分差別の問題を扱った平成七年最高裁大法廷決定の中島敏次郎、大野正男、高橋久子、尾崎行信、遠藤光男裁判官による反対意見の中で展開された、「同じ被相続人の子供でありながら、非嫡出子の法定相続分を嫡出子のそれの二分の一と定めていることは、非嫡出子を嫡出子に比べて劣るものとする観念が社会的に受容される余地をつくる重要な一原因となっている」[53]という見解に通じることになる。ここでは、「社会において各人は、諸々の権利、利益の分配を受け、自らの人生計画を練りつつ実現していく存在として把握される」とする「憲法が想定する人間像」を前提に、「あるグループの人々が、そのグループにパワーがないために社会において劣位の地位に置かれることを問題」とし、「社会における位置づけ」に焦点をおいて「市民的地位を格下げし、従属した者として扱うこと」を禁止しようとする「反従属の視点」[54]が重要とされることになる。

この「反従属の視点」は、必ずしも人を「人間以下」の存在へと格下げする場合にだけ問題となるわけではない。例えば、個人の個性を示す事情Aと他の人の個性を示す事情Bとの間で比較が行われ、AをBに対して消極的に評価した場合、はたしてそのような評価を前提にするAを持つaとBを持つbとの間の別異取扱いが、aのbに対する劣位を生み出さないのか、という点は問題となる。ここでは、aのbに対する劣位は、事情Aの事情Bに対する消極的評価が基になっている。そして、AとBとがその処遇の目的との関係で異質あるいは異量であるならば、平等保障との関係で取り上げられるaとbとの分類とそれに基づく別異取扱いは、異なった事情の間での区別であることから問題がないといえよう（但し、aの個性とAという事情に関連した実体的な自己決定の内容に対する規制の合理性は問題となり得る）。しかし、AとBとが同質ないしは同量の事情と考えられる場合には、aとbとの間の分類とそれに基づく別異取扱いは、同じ事情を等しく尊重していないという観点から、aをbの市民的地位よりも格下げするという効果をもたらすことになる。この内容が、第二要請の

「各人の持つ事情によって人を『人間』よりも細分化された範疇に分類する場合には、同質の事情には同質の取扱いを、同量の事情には同量の取扱いを要請し、逆に、質的・量的に異なる事情については別異取扱いをしてもよい」という定式で示される。このように、平等保障の第一要請および第二要請は、ともに、「反従属の視点」を基にして、個人の個性の妨げとなる国家の規制を排除するという機能を、個性の発揮を直接遮ろうとする規制に対する自由権の保障とは異なった観点で展開する。

もちろん、憲法による平等保障には、「伝統的な人権保障体系の下」での、「自由などの諸々の権利、利益をすべての人々に平等に保障すること」という内容の要請が含まれていることは否定できない。この「諸々の権利、利益の分配のレヴェルに焦点を当てる」ことによって「人を別異に扱うことを問題にする」という「反別異の視点」(55)も、当然のことながら憲法による平等保障には含まれており、「人の分類とそれに基づく別異取扱いの禁止」という最広義の平等命題を文字通りに解せば、この「反別異の視点」により適合的なものと考えることは可能であろう。その意味で、憲法による平等保障は、権利・利益の平等な分配と個人の個性の引き下げによる社会での地位の格下げ禁止という二つの機能を持ち、二層構造(56)で憲法による基本権保障の体系における位置をしめるといいかえることができる。その中でも特に、最広義の平等命題の構成要素となる平等保障の第一要請および第二要請は、等しい取扱いの内容を定式化することで、不平等な国家による人間の処遇を制約するという、まさに「人間平等」の思想の憲法規範としての具体化機能をも併せ持つと考えられるのであった。

四　まとめ

「平等とはどういうものか」という問題を検討しようとする場合であっても、似たような言葉（反対の概念を示す）である「〝平等〟と〝差別〟のうちのどちらを主軸にすえるかによって、論じ方に違いが出てきうる」(57)

と指摘されるように、「平等」と「差別」のどちらに重点を置くかによって「憲法による平等保障の意義」において検討すべき範囲も変化し得る。本稿は、専ら「平等」を主軸にして、「人間平等」の思想とその憲法上の規範的意義・機能について簡単に考察してきた。しかし、本稿において検討してきた内容は、「自由と平等の関係を、論理的に相対立し矛盾・衝突する側面から考えると、両者が個人尊重の思想から出発し、深く結び合って、身分制社会を打破し近代立憲主義を確立する推進力となった歴史的意義が、見失われてしまう」[58]と既に指摘されていた事柄の中に含まれている一般的な命題を確認する結果に終わっている。この点に関して、「平等」ではなく、その反対概念である「差別」に重点を置いて、「差別とは何か」を考えた上でその類型を検討する方法をとれば、憲法による平等保障の機能も違った形で展開できたといえるかもしれない[59]。ただ、そのように考えることができたとしても、本稿は、「『平等』の名の下に『不平等』に取り扱うこと」をも憲法による平等保障の内容とし得るのかという疑問[60]から、「不平等」に取り扱うこと、すなわち「差別」を許容する、場合によっては要請するという考えを憲法による平等保障の内容とするような「平等なものを平等に、不平等なものをその特性に応じて別異に取り扱う」という従来の一般的な平等理解ではなく、「人間平等」の思想を出発点とする最広義の平等命題およびその構成要素となる平等保障の二つの要請の憲法上の意義の検討を行うことを目的としていた。したがって、「憲法による平等保障の意義」は、あくまでもその保障の実体となるべき「平等」を主軸にして考察すべきではないのか、というのが本稿の出発点であり、その意味で「差別」の問題を正面から取り上げなかっただけである。そして、その観点から検討すれば、憲法による平等保障は、民主制の基礎になるという「近代国家の法秩序を形成する基本的な原則」[61]であると共に、「個人の尊重」（日本国憲法一三条前段）や「人間の尊厳」（ドイツ基本法一条一項）という人権・基本権の核心的要請との関係の中で把握できるという点が確認されたのであった。

日本では、「差別のない社会に生きる」ことが基本的人権を保障された世の中だという考え方が、憲法学説においてではなく、一般的な見解として展開されている。「しかし他方で、人間は、……一人一人異なった顔をしているし、勉強や運動における能力も異なっている。さらに、同じ親から生まれた兄弟姉妹であっても、一人一人の性格や考え方、好みは違う。……すべての点で同じ人間はこの世に存在しないのである。そのような現実の中で、『人間はみな平等』というのはいかなる意味なのか」[62]。この問題は、憲法による平等保障の意義を考える際の重要なポイントになる。もちろん、そこでは、平等保障の根拠づけという問題にとどまらず、現実に発生する平等侵害に対処するためのドグマーティクの構築の必要性も指摘できる[63]。ただ、解釈論として展開される平等保障の内容には、やはりそれがいかなる根拠で、いかなる意義を憲法上持ち得るのか、という問題は避けて通れないものといえよう。その観点から、本稿では平等保障のドグマーティクではなく、その意義についてのささやかな検討を行ってきた。平等保障は、既に述べたように、民主制、「個人の尊重」および「人間の尊厳」との関係の中で憲法上の規範として存在する。それは、まさに近代立憲主義に基づく国家体制の中で、統治の基本原理と人権の基本原理の両者を前提にした憲法規範となっている。憲法による平等保障は、その意味で、近代的意味の憲法の二つの構成要素とされる統治機構と基本的人権の保障の両者を統合する機能をも果たし得ると考えることができるのではないだろうか。

（1）　井上典之「平等保障の裁判的実現（一）～（四・完）――平等審査の方法とその権利保護――」神戸法学雑誌四五巻三号五三三頁（一九九五）、四六巻一号一二七頁（一九九六）、四六巻四号六九三頁（一九九七）、四八巻二号三〇一頁（一九九八）。なお、本文引用は四八巻二号三五三～三五四頁参照。

（2）　平等保障に関するとらえ方という点では筆者の見解との相違もみられるが、棟居快行『人権論の新構成』一五二頁（一九九二）では、「平等保障について『別異取扱いからの自由』という一応の外装をあたえ、司法審査基準論を展開しただけでは、あくまで技術的法概念としての平等保障の骨格づけを試みたにすぎ」ず、それだけでは平等保障の「意義は明らかにされたとはいえない」と指摘している。

（3） この指摘は、浦部法穂『全訂・憲法学教室』一〇〇頁（二〇〇〇）参照。

（4） 奥平康弘「『基本的人権』における『差別』と『基本的人権』の『制限』――『法の下の平等』を考える――」名古屋大学法政論集一〇九号二四五頁（一九八六）二六五頁参照。

（5） この点、安西文雄「法の下の平等について（一）～（四・完）」国家学会雑誌一〇五巻五・六号一頁（一九九二）、一〇七巻一・二号一七三頁（一九九四）、一一〇巻七・八号一頁（一九九七）、一一二巻三・四号六九頁（一九九九）では、前掲・奥平論文（注四）に触発されて、「平等の実体、人権体系上の地位」に関わる問題、および、平等原則に関しては「いかに実現するのかの議論」（審査基準論）がまず精緻化されているが「何を実現するのかの議論」（人権価値論）は立ち後れているという観点からの検討をアメリカでの議論を参考にしながら展開している。

（6） 前掲・井上論文（四・完）（注1）三五五頁参照。

（7） Stefan Huster, Rechte und Ziele, 1993, S. 13.

（8） この人権の一般的定義については、芦部信喜『憲法学Ⅱ人権総論』四頁（一九九四）参照。

（9） これらの特徴については、前掲・芦部文献（注8）五六～六五頁、辻村みよ子『憲法』一四〇～一四一頁（二〇〇〇）参照。

（10） この指摘については、Gerhard Sprenger, Die Idee der Rechtsgleichheit, in : Ernst-Joachim Lampe (Hrsg.), Rechtsgleichheit und Rechtspluralismus, 1995, S. 136 (136).

（11） 芦部信喜『憲法学Ⅲ人権各論（1）［増補版］』一頁（二〇〇〇）参照。

（12） Albert Bleckmann, Die Struktur des allgemeinen Gleichheitssatzes, 1995, S. 4 f. 但し、この段階では、民主制はまだ個々人の自己決定という側面からすべての市民の平等という観念に依拠しておらず、単純にすべての市民を数学的に等しい者ととらえていたに過ぎないことが指摘されている。

（13） Bleckmann (Anm. 12), S. 6 f. この中世ヨーロッパにおける平等観念の不完全さについては、前掲・芦部文献（注11）二頁においても簡単に述べられている。

(14) Werner Heun, Art. 3, in: Horst Dreier (Hrsg.), Grundgesetz Kommentar Bd. I, 1996, S. 228 (232).
(15) Bleckmann (Anm. 12), S. 8.
(16) Bleckmann (Anm. 12), S. 11.
(17) Bleckmann (Anm. 12), S. 11 f.
(18) Heun (Anm. 14), S. 232 f. なお、ここでは、アメリカの独立宣言は、フランスの人権宣言がアンシャンレジームの特権に対する平等の要請を強く打ち出しているのに対して、それよりもより自然法思想の影響を強く受けていることを指摘している。
(19) この点については、阿部照哉「法の下の平等」阿部照哉・野中俊彦『平等の権利』三頁(一九八四)一五頁参照。
(20) Bleckmann (Anm. 12), S. 11.
(21) 高橋和之『立憲主義と日本国憲法』七九頁(二〇〇一)参照。
(22) 前掲・棟居文献(注2)一五二頁では、これについて、平等保障の類型化を試みる際に、その「コインの裏側に視点を移して『差別とは何か』をまず考え」ると指摘し、「『差別』という概念を平等侵害と同義のものとして用いる」とする。
(23) 井上典之「姿かたちは違えども、老若男女みな同じ?——男女共同参画社会と平等——」法学教室二六三号六五頁(二〇〇二)六六頁参照。
(24) 渋谷英樹・赤坂正浩『憲法1 人権』二九二頁(二〇〇〇)(赤坂正浩執筆)参照。
(25) この「人間の尊厳」原理と人権観念の関係については、Bleckmann (Anm. 12), S. 44 f. 参照。但し、このような「憲法は実体的な価値の序列を定めてい」て、「その最高の価値とされているのが『人間の尊厳』という価値」であるとする通説的な「実体的価値の憲法観」が本当に諸外国における憲法の発達の歴史にそっているのかという疑問を提起する見解もある。その見解については、松井茂記・井上典之「憲法訴訟と民主主義」法学セミナー五七三号四三頁(二〇〇二)四三頁(松井発言)参照。
(26) Bleckmann (Anm. 12), S. 12.

(27) 松井茂記『日本国憲法（第二版）』三五七頁（二〇〇二）参照。

(28) この点に関して、ドイツでも、近代の人権観念に内在する平等の思想が「その歴史的機能において、非常に狭い意味での差別に向けられており、……内容上一定の、特に身分制に依拠する人間の区別の禁止に限定されていた」と指摘されている。それについては、Stefan Huster, Gleichheit und Verhältnismäßigkeit, JZ 1994, S. 541 (541); ders. (Anm. 7), S. 25 f. 参照。

(29) 前掲・阿部論文（注19）一七頁では、この点に関連して、「平等は、……民主主義の原理にな」り、「政治の領域においても、各市民を正当に遇するために必要と考えられてきた伝統的な区別の要素が、国民の政治的統合にとり本質的なものでないことが明らかになり、政治的権利の絶対的平等化が志向されるにいたった」とする。

(30) Sprenger（Anm. 10), S. 136.

(31) Bleckmann（Anm. 12), S. 13 f. では、一方で、一般大衆の意識の中では、国家的決定の自己決定や正しさというよりも、むしろ数学的に形式化された平等原則から国家的決定への国民の平等な参加が要求されたが、他方で、社会的基本権の最大化へと向けられた事実上の平等の思想は自由権との緊張関係を生み出すことになる、として、一九世紀以来の平等の観念の二つの側面を提示している。

(32) 前掲・阿部論文（注19）一八頁では、「政治の領域では、政治的自由と政治的平等は、各国の選挙権の拡大・平等化の歴史が示すように、対抗関係にはなく、並行ないし補強の関係にある」が、「経済関係および社会関係においては、事情が異なる」として、そこでは「国家と社会、公法と私法という異なる次元の問題が錯綜する」と指摘する。

(33) Bleckmann（Anm. 12), S. 12 f.

(34) 安西文雄「自由・平等および公正な人権保障体系」法学教室二二八号八四頁（一九九九）八四頁参照。

(35) エティエンヌ・バリバール（大森秀臣訳）「『人権』と『市民権』——現代における平等と自由の弁証法」現代思想二七巻五号五四頁（一九九九）五四頁参照。

(36) 前掲・バリバール論文（注35）六〇頁参照。また、同論文六一頁では、「個人的自由の集合化に必要な平等の程度と、諸個人の集合的平等に必要な自由の程度」は「いつでも同じであ」り、「社会的不平等のない自由の制限や抑圧の例はないし、自由の制限や抑圧のない社会的不平等の例もない」として、「平等は自由と同一」であり、「平等は自由と等しい」と主張している。

(37) 内野正幸「自己決定権と平等」岩波講座『現代の法14　自己決定権と法』三頁（一九九八）一七頁参照。

(38) 前掲・浦部文献（注3）一〇〇頁参照。

(39) 長谷部恭男『憲法学のフロンティア』二八頁（一九九九）参照。

(40) この点について、前掲・長谷部文献（注39）一頁では、「近代立憲主義から導かれる政治体制のあり方を広く指」す概念として「リベラル・デモクラシー」という言葉を用い、「人がいかに生きるべきか……といった、各人の生の究極にある価値は多様でありしかも相互に比較不能であることを、リベラル・デモクラシーは前提とする」とする。

(41) 長谷部恭男『憲法（第二版）』一七二頁（二〇〇一）参照。

(42) 前掲・高橋文献（注21）七八頁参照。

(43) なお、ここでいう「自己決定」とは、必ずしも新しい人権として主張されている「自己決定権」を指すものではなく、「人権保障の主要な制度目的」として確保されるべき「個人の自律、すなわち個人の自由な自己決定」という最も広い意味でのものを指す。この指摘は、浦部法穂編『憲法キーワード』二六頁（一九九一）（棟居快行執筆）参照。

(44) この表現は、いわゆる非嫡出子相続分差別についての平成七年最高裁大法廷決定における尾崎行信裁判官の追加反対意見で述べられたものである。最大決平成七年七月五日民集四九巻七号一八一一頁参照。

(45) この点は、筆者がかつて平等保障の問題を検討する際に取り上げたドイツ基本法三条一項の一般的平等原則について指摘されているところである。それについては、Lothar Michael, Der allgemeine Gleichheitssatz als Methodennorm komparativer Systeme, 1997, S. 223 f. 参照。

(46) 前掲・浦部文献（注3）一〇一～一〇二頁参照。また、前掲・芦部文献（注11）七頁でも、「実質的平等を実現する国の法的義務が憲法の保障する『法の下の平等』原則から直ちに生ずる、という趣旨ではな」く、「法的な義務は、社会権（生存権、教育を受ける権利、労働基本権など）の保障にかかわる問題であり、それを通じて具体化されることを憲法は予定して」いる、と指摘する。

(47) 前掲・安西論文（注34）八五頁では、この点に関して、「憲法が求めているのは基本的には形式的平等である、と解されて」おり、「それは、……自由の保障の平等化を求めるにとどまり、その値打ちの平等化までは要求しないものと理解される」とする。

(48) 前掲・内野論文（注37）二四頁では、「かりに平等理念の核心を〝各人の相互独立性〟や〝人に対する人の支配からの自由〟に求めると、それは自己決定権の前提もしくは構成要素ということにな」り、「あるいは、自己決定権は、各人が主観的に多様な形で抱く善に対応し、平等は、自己決定権を支える枠組みとしての側面を含む客観的な（いわば絶対的な）基本ルールとしての正義に対応する、と説くことが考えられよう」として、自己決定権と平等の関係についての指摘を行っている。

(49) 石川健治「自分のことは自分で決める――国家・社会・個人――」樋口陽一編『ホーンブック憲法〔改訂版〕』一二四頁（二〇〇〇）一二九頁参照。

(50) この点との関連で、例えば、筆者は、必ずしも「自由」と関連づけたものではないが、サラリーマン税金訴訟に対する批判として、給与所得者に対する課税制度の合理性は審査されて合理的との判断が下されているが、「平等の問題は、必要経費について給与所得者と事業所得者を区別することが、許された合理的区別なのか、許されない不合理な差別なのかという点が、本当は問題になる」と指摘したことがある。これについては、戸松秀典・井上典之「平等原則と差別の禁止」法学セミナー五六八号三五頁（二〇〇二）四一頁（井上発言）参照。また、社会保障における類型化と平等保障の関係に関して、「そこでは、類型化によって利益を与えないこと、あるいは不利益を課せられることではなく、類型化という人の分類あるいはそれに基づく別異取扱いが問題」になり、「被侵害内容も憲法二五条によって保障された権利とはいえず、区別されない、あるいは区別に基づいて別異に取り扱われないという平等保障の内容そのものとなる」と指摘したことがある。これについては、井上典之「社会保障制度における平等保障の一考察――児童扶養手当支給打切り大阪高裁判決を素材に――」大阪学院大学法学研究二三巻二号一頁（一九九七）三五～三六頁参照。

(51) 前掲・石川論文（注49）一四七頁参照。

(52) 前掲・井上論文(注23)六七頁参照。
(53) 前掲(注44)・民集四九巻七号一八〇七頁参照。
(54) 前掲・安西論文(注34)八六頁参照。さらに、当該論文では、「たまたまある個人が、いかなるグループの一員として存在するかによって自由ないし機会の値打ちに大きな格差が生ずることは、自然的、社会的偶然によってその人の人生が大きく左右されることになろうから、それでは公正な社会構造ではない」(同八八頁参照)としている。
(55) 前掲・安西論文(注34)八六〜八八頁参照。
(56) この点について、前掲・安西論文(注34)八七頁は、「人権保障体系は諸々の権利、利益の分配のレヴェルと、平等な市民的地位のレヴェルとを包摂する二層構造となる。ここで一四条が総則的位置づけを占める根拠は、諸々の権利、利益の分配の準則であることに加えて、いやそれ以上の重みをもって、平等な市民的地位の問題を正面から扱うことに求められるであろう」として、憲法による平等保障が二層構造になることを前提にしている。
(57) 前掲・内野論文(注37)一七頁参照。
(58) 前掲・芦部文献(注11)五頁参照。
(59) 現実に、前掲・棟居文献(注2)一五一〜一七二頁は、「まずどのような取扱が『差別』とされ、禁じられるべきであると考えられているかを整理する」ことから「なぜ平等保障か」の理論づけを行うものとなっている。そこでは、「範疇化型差別」、「他事考慮型差別」、「比例原則違背型差別」の三つの類型が禁じられる理由を検討すると共に、M・ワルサーの「複合的平等」の観念を取り上げて、その見解によると平等保障の機能的意義を根拠論に付け加えることができると共に、「自由と矛盾せず、むしろその前提条件としての平等保障という考え方」をとることができて魅力的である、としている。
(60) 前掲・井上(四・完)論文(注1)三五五頁参照。
(61) 前掲・芦部文献(注11)三頁参照。また、既に本文で引用した平成七年最高裁大法廷決定の中島、大野、高橋、尾崎、遠藤裁判官の反対意見では、日本国憲法憲法一四条一項は「個人の尊厳という民主主義の基本理念に照らして、これに反するような差別的取扱いを排除する趣旨と解される」として平等保障と民主制との関係を述べている（民集四九巻七号一八〇五頁参照）し、尾崎裁判官の追加反対意見では、「法の下の平等は、民主主義社会の根幹を成すものであって、最大限尊重されなければならず」（同一八〇九頁参照）、「我々が目指す民主主義社会にとって法の下の平等はその根幹を成す重要なものである」（同一八一三頁参照）と明確に平等保障と民主制の関係について述べている。

（62）前掲・井上論文（注23）六五頁参照。

（63）この点に関連して、ドイツ基本法三条一項の一般的平等原則をめぐって、Huster（Anm. 7）: ders.（Anm. 28）は、平等保障の内容に比例性原理を導入する可能性をドグマーティクの展開という形で論じているし、Michael（Anm. 45）, S. 223 ff. は、一般的平等原則を一定の価値評価に基づく比較衡量を必要とする体系の中での衡量の方法規範（Methodennorm）としてとらえ、そのような観点からのドグマーティクを構築しようと試みるものとなっている。

17　男女平等推進条例について

寺田友子

一　はじめに

栗城先生は、違憲法令審査制を総体として認識し、その機能、審査基準を明らかにする著書の中で、憲法典の受託は、違憲審査制という国民の裁判における合意形成にとどまらず、「憲法が保障した諸権利の活用や憲法が設けた諸制度の参加といった積極的なものでなければならない」(1)と説かれる。この指摘のように、国民は自己の権利を擁護するため積極的に活動するとともに、国民は国政運営に憲法の規定する内容的及び手続的準則に従って積極的に関わるとともに、国民は国家機関の国政運営が憲法の規定する内容的及び手続的準則を遵守しているかを監視することによって、憲法は現実化するのである。

最近、地方公共団体は、男女共同参画社会基本法(2)（以下、「参画基本法」という）が制定されたこともあって、真の男女平等社会を実現すべく、条例を制定する動きが見られるが、これこそ憲法現実化の過程と言うことができる。なぜなら、日本国憲法において、自治を保障されている地方公共団体が家庭等のあらゆる社会での平等原則の実現を求めているからである。

第二次世界大戦後、日本国憲法は一四条で、性別による差別を明確に禁止し、二四条で家族生活における男女平等保障、二六条で教育における機会均等の保障、四四条で選挙権における男女平等保障を規定した。それを受けて、教育基本法三条は性別による教育上の差別を禁止し、労働基準法四条は賃金における男女の差別待遇を禁止した。民法第四編親族・相続編は憲法規定を受けて全部改正され、男女は、婚姻適齢・再婚禁止期間等の規定を除いて、形式的には平等を保障された。参政権についても公職選挙法九条一項は満二〇年以上の者に等しく選挙権を付与した。

しかし、これらの諸規定によって、男女は、社会において、実質的平等が図られたか、と問われれば、否と言わざるを得ない。家庭において、地域において、学校において、職場において、政治の場において、固定化された性別の役割分担意識に根ざし、社会的、文化的に形成された性別（ジェンダー）によって、男女は差別されてきたのである。このような状況は我が国だけでは決してなかったので、ジェンダーからの解放は、世界的規模で始まったのである(3)。平成一一年に制定された参画基本法は、「ジェンダーからの解放」、実質的平等を求める国際的世論を背景に制定されたのである。

更に、参画基本法は、地方公共団体の意思形成のみならず、あらゆる場においても、男女が平等に参画することを要請しているが、このことは、地方自治を保障した憲法の実現を意味する。そして、最近における地方自治体の男女平等社会の推進をめぐる住民の活動は、栗城先生が言われる憲法現実化過程であることは言うまでもない。そこで、本稿は男女の実質的平等実現を目的とする条例（以下、「平等推進条例」という。）の内容を若干紹介、分析することにより、参画基本法及び条例における法的問題について考察したい。ところで、この論稿は、本来の男女の実質的平等実現、憲法実現という観点からするならば、非常に不十分といえる。なぜなら、一つには、条例の制定過程における住民の男女平等参画の実態を分析することこそが、憲法実現という視点からは重要であって、条例の形式的内容は、その一部分であるに過ぎないからである。たとえば、私の経験から、平等推進条例制定過程に、住民が主体的に関わることによって、住民の男女平等における意識変革、憲法実現がもたらされるように思えるからである。第二に、その条例において、男女平等を実現するためにどのような内容が盛り込まれようと、その運用、実現過程こそが、男女平等の現実化過程であるからである。従って、本稿が参画基本法、平等推進条例の規定内容を対象とするのはひとえに自己の能力の限界によるものである。

(1)　栗城壽夫『憲法と裁判』(法律文化社・一九八八年)一三七頁。

(2)　参画基本法について、大沢真理編著『二一世紀の女性政策と男女共同参画社会基本法』(改訂版)(ぎょうせい・二〇〇二年)は、法制定過程に携わった人々による制定過程、法の問題点等の論稿が収録されている。その成立過程、意義及び問題点については、武田万里子「男女共同参画社会基本法の成立に見る自治の現在」『憲法問題』(三省堂・二〇〇一年)一二号一〇六頁以下、参画基本法の評価については、根森健「男女共同参画社会基本法と男女平等(ジェンダー平等)の実現」浦田賢治編著『立憲主義・民主主義・平和主義』(三省堂・二〇〇一年)参照)。他に、関哲夫編『資料編・男女共同参画社会』(ミネルヴァ書房・二〇〇一年)は、条約、法令等は言うに及ばず、文献も含めて、参画基本法にかかわる資料を網羅している。ただし、衆議院・参議院の付帯決議については、山下泰子・橋本ヒロ子・齋藤誠著『男女共同参画条例のつくり方』(ぎょうせい・二〇〇一年)一五六頁から一五八頁まで。

(3)　多くの参画基本法にかかわる論稿はこの点を指摘する。辻村みよ子「男女共同参画社会と『女性の人権』」ジュリ一一九二号六九頁等々。

二 男女共同参画社会基本法における自治体の責務

1 基本法について

基本法という名称をもつ形式的意義の基本法（以下、基本法という）[4]として、二〇〇二年六月末において効力をもつものは二三個あり、参画基本法は一七番目のそれである。特定の国政領域にあっては、その目標を実現するには、時間的、空間的、内容的に諸施策を策定・実施していかなければならない。そして、それらを総合的、計画的、効率的に実施するためには、「施策目標」「施策の基本方針」又は「基本理念」を規定することによって、それらの総合化を図らなければならない。[5] 基本法の基本法たる特徴は、これら政策目標とその実現に向けての基本方針等が規定されている点に求めることができる。すなわち、基本法は、国会が、法律の名において、政府に対し、国政に関する一定の目標、施策・方針の基準・大綱を明示して、これに伴う措置を執ることを命じるという内容をもっている。基本法は、基本法の目的・趣旨・内容に適合する法律制定を要請する。そのため、場合によっては、基本法に規定された理念・方針が、爾後の基本法の具体的施策の一つに採り入れられることもある。たとえば、参画基本法施行後、制定された食料・農業・農村基本法（平成一一年法律一〇六号）一一六条及び水産基本法（平成一三年法律八九号）一一八条は、参画基本法を受けて、農業経営又は水産業及びこれらに関連する活動に、女性が自らの意思で「参画する機会を確保するための環境整備」の推進についての国の責務を規定する。

このように、基本法は、爾後に制定される実施法律の内容を拘束し、これに優先する性質を持つものと解されている。そして、基本法の多くは、具体的な施策を実施するためには、法律が必要な場合には、「国」と明記して、「政府」と区別しているように考えられる。このことは、基本法制定後の立法府まで拘束することを意味し、問題となる。(6) しかし、基本法は基本法という名称を持っているが、その法形式は法律である。従って、日本国憲法のように他の法律に優先するものでもない。同じ法律形式であるから、基本法と矛盾する後日の法律は、基本法は一般法であると解されるから、特別法優先の原則により、又は後法優先の原則により、その効力関係は規律されることになる。(7) このように解することにより、基本法の基本法たる本質は失われることになる。しかし、後の国会の意思と矛盾する基本法は、その限度で修正されるべきである。従って、法解釈上、「国」に対する責務規定は、行政機関の法律案作成の義務を負わせているのであって、立法府を拘束するものではない、と解されている。(8)

2　基本法における地方公共団体の責務条項

本稿と関連して、基本法は、地方公共団体の責務条項において、国との関係についてどのように規定しているかを検討すると、五つに分類することができる。一つには、①基本法の対象事項が地方公共団体の事務処理と無関係な場合である［原子力基本法（昭和三〇年法律一八六号）、中央省庁等改革基本法（平成一〇年法律一〇三号）、特殊法人等改革基本法（平成一三年法律五八号）］。地方公共団体が原子力行政の主体となり得ないことが、本質的であるかどうかについては答えることはできないが、原子力基本法によれば、原子力行政は自治体の事務でないといえる。二つには、地方公共団体は国とともに当該事務処理の責任を負う場合である。(9) この場合は更に、②地方公共団体の責務が国と別に規定されておらず、「国及び地方公共団体は」として各種の事務処理責務が規定されている場合［教育基本法（昭和二二年法律二五号）、障害者基本法（平成五年法律九四号で心身障害者対策基本法（昭和四五年法律八四号）を名称等変更）、土地基本法（平成元年法律八四号）］、③国の施策に準じるとともに、「地方公共団体の地域の特性に応じて施策を講じる」と規定されている場合［観光基本法（昭和三八年法律一〇七号）三条（地域の特性…文言なし）、消費者保護基本法（昭和四三年法律七八号）二条、交通安全対策基本法（昭和四五年法律一一〇号）四条、環境基本法（平成五年法律九一号）七条、科学技術基本法（平成七年法律一三〇号）四条、ものづくり基盤技術対策基本法（平成一一年法律二号）五条、エネルギー政策基本法（平成一四年法律七一号）六条]、④国との適切な役割分担を踏まえて、「その区域の特性に応じた施策を策定し及び実施する」という責務規定を有している場合［中小企業基本法（昭和三八年法律一五四）六条、森林・林業基本法（平成一三年法律一〇七号により林業基本法（昭和三九年法律一六一号）の名称等変更）六条、食糧・農業・農村基本法八条、循環型社会形成推進基本法一〇条、高度情報通信ネットワーク社会形成基本法（平成一二年法律一四四号）一一条、水産基本法五条］、及び⑤「国と協力しつつ、地域の特性に応じた施策を策定し及び実施する」と規定されている場合［高齢社会対策基本法（平成七年法律一二九号）四条］(10)である。

これらの区別は、②の場合、国が第一次に事務処理責任を負っているもの、③の場合、国の法令にしたがって地方自治体はその事務を処理することが要請されているもの、④⑤の場合、地域の特性に応じてその事務を処理することが望ましいもの、という規律対象事項の特質に基づいていると、一応、説明することができる。

③と④⑤の関連についてであるが、③は、地方分権推進法（平成七年法律九一号）に基づいた地方自治法の改正（平成一一年七月一日）前に制定されたものが多い。それ以前に制定された基本法で、③の類型に属していた中小企業基本法は改正され、現在では④に属している。又、林業基本法及び農業基本法も、名称の変更とともに、「国の施策に準じて施策を講じる」地方公共団体の責務規定が、④に改正されている。それ以後に制定されたエネルギー政策基本法は、国が責任を持つ原子力エネルギーも含む総合的な施策を対象とするため、③の責務規定を置いている。

ところで、参画基本法は、地方自治法改正前の一週間前の平成一一年六月二三日に制定されたにもかかわらず③の類型に属する。すなわち、その九条は、「地方公共団体は、基本理念にのっとり、男女共同参画社会の形成の促進に関し、国の施策に準じた施策及びその他のその地方公共団体の区域の特性に応じた施策を策定し、及び実施する責務を有する」と規定する。この規定は、地方分権の流れから見ると後退と評価できる。しかし、そこに、④⑤でなく、③の類型を選択した制定者の意思を読みとることができるであろう。すなわち、参画基本法は、ジェンダーに基づく差別禁止を宣明しているのである。④⑤のように、地方の実情を基礎に事務が処理されるならば、ジェンダーの克服は、地域によっては望めない場合も生じる[11]。

参画基本法は、社会に広く見られる固定的な役割分担意識の克服を基本理念としており、国の法令である参画基本法に従った事務処理を要請している。したがって、法令に違反する地方自治体の諸行為は法的にも、事実的にも許されない。このことは地方分権という観点からは問題であるが、平等原則の実質化という憲法価値の実現を図るのであるから許されるであろう。そのうえで、「区域の特性に応じた施策」を行うことができるのである。すなわち、国が講じている施策は、ナショナル・ミニマムとして、すべての地方自治体が策定実施し、その上で、自治体の区域の特性に応じた施策を、いわゆる上積み、横出しで行うことも自治体の責務とされたのである。そして、これら施策の基本となる男女共同参画計画を策定する義務を政府と都道府県に負わせ、市町村には計画策定の努力義務を課した[12]。言い換えれば、平等の実質化は、参画基本法も他の基本法と同様に、今後の国や地方公共団体の立法的措置、基本計画の策定及び具体的施策の実施に委ねられているということが出来る[13]。

3 参画基本法の内容

参画基本法は、多くの基本法と異なり前文を持つ[14]。そこでは、日本国憲法が保障する個人の尊重と男女平等の実現へむけての取り組みはなお不十分であって、社会経済情勢の急速な変化に対応するためには、男女が個性と能力を十分に発揮することが出来る男女共同参画社会の実現は最重要課題であることが語られている[15]。そして、一条によると、参画基本法は、この社会の形成を総合的かつ計画的に行うことを目的とする。二条によれば、男女共同参画社会とは、男女が社会の対等な構成員として、自らの意思によって、社会のあらゆる分野と活動に参画する機会が確保され、もって男女が均等に政治的、経済的、社会的及び文化的利益を享受することができ、かつ、ともに責任を担うべき社会をいう（同条一号）。その様な社会を形成する基本理念は、①男女が個人としての尊厳を尊重され、性別による差別的取り扱いを受けず、能力を発揮する機会が確保され男女の人権が尊重されること（三条）、②社会における制度又は慣行が、男女の社会活動に及ぼす影響に関して中立なものとするよう配慮すること（四条）、③男女が、国又は地方公共団体の政策又は民間団体の方針策定に共同して参画する機会が確保されること（五条）、④男女が、相互の協力と社会支援の下に、育児・介護等家族生活と他の活動との両立ができること（六条）、⑤国際的協調の下に行われること（七条）、である。

八条以下の基本的施策については、次の三4(3)にゆずる。二一条以下は、国の男女共同参画社会形成の担い手である男女参画会議について、その所掌事務、組織等について規定する。

（4）　基本法について、総合的に検討したものとして、法時一九七三年六月号の「基本法」特集号がある。

（5）　根森・前掲論文四三九頁以下は、参画基本法について、①個人や団体による性別に基づく差別の撤廃、②積極的な男女共同参画の促進、③ジェンダーに基づく慣行等の見直し、という各目標を総合化し、家庭、職場等で総合的に実施していくためには、その体制づくりをも含めて基本法こそがふさわしいと述べる。

（6）　小早川光郎「行政政策過程と〝基本法〟」『国際化時代の行政と法』（良書普及会　一九九三年）六三頁。

（7）　循環型社会形成推進基本法（平成一二年法律一一〇号）は、環境基本法（平成五年法律九一号）の基本理念にのっとり循環型社会の形成を図ろうとする基本法としての性格を持っている（一条）が、効力において、劣ると言うことはできないであろう。もし、循環型基本法のある条項が環境基本法に矛盾抵触しているとするなら、後法優先の原則、あるいは特別法は一般法を破る、という法原則によることになる。しかし、教育基本法については、それが日本国憲法の付属法ないし補完法というべき立法過程を経たということ及びその目的が戦後の国家政策全般に関する基本的なあり方を示す性格の法律として制定されたこと、を理由に、その効力は準憲法として理解する見解もある。永井憲一「教育基本法」法時一九七三年六月号二六頁。

(8) 小早川・前掲論文六四頁。

(9) 小早川・前掲論文六四頁は、地方公共団体への方向づけは、地方自治の精神に照らして好ましいかどうかはともかく、そのように国の法律の形式で地方公共団体の行政の指針を示すことは、憲法上許されないことではない、という。

(10) 文化芸術振興基本法（平成一三年法律一四八号）四条は「国と連携しつつ」と規定する。他に、都道府県、市町村の責務を明記している災害対策基本法がある（昭和三六年法律二二三号）。

(11) 確かに、大西祥世・江橋嵩「自治体女性行政の比較研究」志林九八巻三号一六七頁以下や大西祥世「女性行政と憲法に関する一考察」法政法学二四号一頁以下によれば、自治体女性行政の先進地方自治体にあっては、男女共同参画社会形成の動きは参画基本法制定前から見られるから、④⑤でも十分であると言うことができるが、しかし、この点における後進自治体にあっては、参画基本法の基本理念にのっとらない限り、ジェンダー克服は望めないと思う。

(12) 大沢編著・前掲書四頁（大沢）。

(13) 小早川・前掲論文六三頁は基本法について、根森健・前掲論文四三七頁は参画基本法について述べる。

(14) 教育基本法・観光基本法・高齢社会対策基本法・ものづくり基盤技術振興基本法・文化芸術振興基本法は前文を置く。教育基本法を除く四法は、議員立法である。従って、政府提案の参画基本法が前文を有していることは一定の意義がある。但し、議員立法であるエネルギー政策基本法には前文はない。尚、平成一一年、前文を有していた中小企業基本法の前文は削除され、農業基本法は廃止された。

(15) 根森・前掲論文四四三頁は、参画社会の形成が重要課題であるという論拠として、「少子高齢化」をあげていることに疑問を呈している。

三　男女平等推進条例

1　条例制定の根拠

参画基本法一四条は、国の男女共同参画基本計画を勘案して「総合的かつ長期的に講ずべき男女共同参画社会の形成の促進」に関する「施策の大綱」、及びそれを「総合的かつ計画的に推進するために必要な事項」を内容とする男女共同参画計画の策定を都道府県に義務づけ、市町村には国及び都道府県の計画を勘案して市町村男女共同参画計画を策定することを努力義務として課している。そして、一五条は、男女共同参画社会の形成に関わる施策の策定及び実施に際しては、男女共同参画社会の形成に配慮しなければならない義務を、地方公共団体にも負わせている。前述した参画基本法九条を含めて、これらの規定は、直ちに地方公共団体に条例制定を義務づけているのではない。従って、条例策定の法的根拠は、参画基本法である、ということはできない。しかし、地方公共団体は、国の施策に準じて、区域の実情に応じた施策を策定し、実施することを義務づけられているのであるから、参画に関わる諸施策は地方公共団体の自治事務と言うことができる。平成一一年自治法改正により、法定受託事務も自治体の事務として条例を制定できることとなり、条例制定を参画基本法が明示的に禁止していないのであるから、条例を制定することは何ら法的に見て問題はない、というよりむしろ条例を制定することが期待されている。(16)

参画基本制定前から、多くの自治体は、平等社会の推進のため、男女共同参画宣言を行ったり、そのためのプランも策定していた。(17)それ故、条例制定の実質的根拠はどこにあるのか、改めて問われる必要がある。

それは「地方公共団体における最高位の効力を有する条例」でもって、基本法によって、地方公共団体に課せられた義務を実現する必要性にあるといえる(18)。すなわち、確かに計画の根拠は参画基本法にあるが、その計画策定や、その他男女平等社会推進の具体的な施策を実施する根拠が、条例に直接あることになれば、自治体と住民の活動根拠となって、意識変革等に大きな効果をもたらすことが期待できる。この点こそが、参画基本法に関わる条例がこぞって制定された理由といえるであろう。具体的に言うならば、第一に、男女平等施策は、一部局が担当して完結するものでないから、具体的にそれらを実施する際に、全庁内の理解が得やすくなる。第二に、法規範として、諸施策が具体化されると、それらの継続性が保障される。第三に、条例で禁止されたセクシュアル・ハラスメント等に対して苦情申立て、又は訴訟を起こす際の根拠となりうる。第四に、苦情処理機関を条例で設置すれば、問題の早期解決が可能である。第五に、財政措置義務を条例で規定すれば、財政難を理由に、平等社会推進に関する諸施策を縮少することはむずかしくなる(19)。

2　条例の裁判規範性

先に挙げたセクシュアル・ハラスメント訴訟のように、私人間における損害賠償訴訟において、平等推進条例違反の事業所等に対しては、その違法性を追及することが容易となりうる。日本国憲法が規定する人権条項は、私人間に直接には適用されないと解されているから、一四条の平等原則を実質化する条例を根拠にして、はじめてその違法性等を問いうることになる(20)。

日本国憲法一四条は、平等原則であるとともに、平等権という二面性を持つ(21)。それは、国家活動が形式的平等等を侵害する場合には、裁判規範として、平等原則違反を主張する者に一定の権利を与えたのである。このように一四条を解することは、その法的保障において弱い、と批判されることになる(22)。しかし、歴史的には、裁判規範としてはそのような意味を持っているのである。裁判は人権保障上、一定の限界づけられた機能しか持ち得ないのである。むしろ平等原則は、国家の行為規範、活動規範として大きな意味、機能を持っているのであって、国民は平等に扱われることによって、事実上、国民の平等権は実現しているのである。国家は国民を平等に扱う法的義務を負っているのである。それが国家の法的義務であるということは国民にその限度で法的権利を与えたことになるのである。その権利の実体は、(国民の主張によって) それに国家権力が違反した場合だけ、国民によって、裁判ではじめてその違憲性・違法性が問われるのである。憲法の裁判規範性はその限度しか、機能しないのである。

このように考えざるを得ない根拠は、一四条の本来的起源は自由主義に根ざしているのであって、国家権力は公共の安全秩序維持を図る限度でしか活動しえないのである。それ故、国家が国民に関わる場合には、国民を平等に扱わなければならない、という法的義務を宣言したのが、近代憲法における平等原則である。平等原則は自由主義国家の憲法原理であることを、我々は確認しておく必要があろう。

従って、金城清子氏が言う、実質的平等を図るべく、国家に対して、一定の作為を要求する権利、すなわち社会権的性格を帯びた「平等権」を憲法一四条は保障しているとは言い得ないのである[23]。言い換えれば、かかる権利性を憲法一四条の平等原則は持ち得るか、と問われれば否定せざるを得ない。しかし、社会的弱者を擁護すべく(実質的平等を図るべく)、一旦国家が立法等国家活動を行えば、その形式的な不平等性を追求するため、憲法条項の平等原則を根拠にその違憲性を主張しうることは言うまでもない。そして、裁判所はその立法の合理性如何を、憲法一四条の平等原則に照らして判断し得るのである。問題は、そのような立法の不作為を国家に対して憲法一四条を根拠に求めうるか、と問われれば否といわざるを得ない。すなわち、憲法一四条は、このような意味での、平等権を保障しているとはいえないのである。

たとえば、ジェンダーに基づいた女性の格差を是正するための一定の措置を公権力が採らない場合、その不作為の憲法一四条違反を問いうるか、たとえば国家賠償請求訴訟によって、その違憲性、違法性を問いうるか、と問われれば、否定せざるを得ない。その際の一四条は平等原則であって、女性に平等権を与えたものとはいえないし、裁判規範性を持ち得ないのである。国家の不作為が結果的に不平等をもたらしたとしても、日本国憲法一四条は裁判規範として、かかる不作為の違法性、違憲性の根拠とは、残念ながらなりえないのである。

参画基本法に基づく積極的改善措置を、憲法一四条との関係において、男性はその作為の違憲性、形式的平等違反性を裁判で争いうることができる。そこでは、積極的改善措置の合理性が争点となるであろう。逆に平等推進条例で採用された積極的改善措置の不作為を、女性は憲法一四条のみでは問いえないけれど、憲法一四条及び参画基本法及び条例違反として、その違法性を問いうる[24]。同様に、地方公共団体が、条例において積極的改善措置を採用したとしたなら、その地方公共団体の積極的改善措置の不作為等を当該自治体に訴訟で以て請求しうることは言うまでもない。

参画基本法は積極的改善措置をも含めて一定の措置を執ることを責務としたが、そこでの裁判規範性は非常に弱いものと言える。裁判規範性を持ち得るような、実効性ある条例を作ることが地方自治体の住民に課せられていると言える。

3　条例制定の状況

そして、二〇〇二年七月末現在、インターネット上で収集できる都道府県及び市町村が実質的に男女の平等を図るための条例には、次のものがある[25]。都道府県条例としては、男女共同参画推進条例（青森県・宮城県・秋田県・山形県・茨城県・埼玉県・神奈川・富山県・石川県・山梨県・静岡県・愛知県・三重県・滋賀県・大阪府・奈良県・和歌山県・鳥取県・島根県・広島県・山口県・徳島県・香川県・愛媛県・福岡県・佐賀県・長崎県・熊本県・大分県・鹿児島県）、北海道男女平等参画推進条例、福島県男女平等を実現し男女が個人として尊重される社会を形成するための男女共同参画に推進に関する条例、東京都男女平等参画基本条例、新潟県男女平等社会の形成の推進に関する条例、兵庫県男女共同参画推進社会づくり条例、及び岡山県男女共同参画の促進に関する条例がある。都道府県では三六条例が制定されている。(26) 参画基本法の制定に際しても、地方自治体の男女平等推進条例の制定に際しても、名称を男女「平等」とするか、男女「共同参画」にするか争われた。(27) 名称を平等とするか、共同参画にするか、ということは内容における平等保障を表現するものでない。名称は男女共同参画推進条例が数において圧倒的に多く、バラエティには富んでいない。

それに対して、市町村条例としては、男女共同参画推進条例（北海道上磯町、岩手県大船渡市・花巻市、埼玉県新座市・川越市・志木市・樋川市、神奈川県横浜市・横須賀市、茨城県竜ヶ崎市・波崎町、長野県臼田市・小布施町、福井県武生市、金沢市、岐阜市、静岡市、三重県津市・上野市、兵庫県宝塚市、奈良県大和高田市、岡山県玉野市、鳥取市、島根県江津市・大田市、広島県広島市・くれ・福山市、山口県新南陽市・宇部市、熊本県八代市、大分県湯布院町）、男女共同参画基本条例（青森県八戸市、新潟県上越市、石川県小松市、山梨県都留市、長野県茅野市・塩尻市）、男女共同参画条例（倉敷市、北海道様似町）、男女共同参画社会推進条例（宮城県白石市、茨城県日立市、長野県小布施町）、男女平等基本条例（東京都日野市・中野区）、共同参画まちづくり条例（岡山県津山市・新見市）、富山県小杉町男女平等社会推進条例、水戸市男女平等参画基本条例、川崎市男女平等かわさき条例、目黒区男女が平等に共同参画する社会づくり条例、男女平等参画推進なごや条例、三重県桑名市の男女平等をすすめるための条例、滋賀県彦根市男女共同参画を推進する条例、石川県羽咋市男女が共に輝く二一世紀のまちづくり条例、男女共同参画加美の里づくり条例（兵庫県）、宮城県岩出山町いわでやま男女平等推進条例、山梨県身延町男女共同参画推進のためのまちづくり条例、島根県出雲市男女共同参画による出雲市まちづくり条例、富山県朝日町男女共同参画社会の形成に関する条例、堺市男女平等社会の形成の推進に関する条例、岡山市男女共同参画社会の形成の促進に関する条例、岡山県作東町男女共同参画まちづくり促進に関する条例、北九州市男女共同参画社会の形成の推進に関する条例、福岡県福間町男女がともに歩む町づくり基本条例があり、その数は六五あり、その名称は様々である[28]。

4 条例の内容

(1) 平等社会推進条例は、参画基本法と同様に、他の条例と異なり、多くの条例が前文を持っていることである[29]。前文は、条例の解釈指針を示す機能と、住民への啓蒙・説明機能を持つところにあるから[30]、その内容は条例制定の趣旨・目的及び基本原則を含んでいる。すなわち、第一に憲法及び参画基本法等によって形式的には平等は実現されたが、第二に、ジェンダーを前提として残存している男女の役割分担意識及び社会慣行等を克服するため、第三に、市民参加の下で、平等推進条例を制定した等、制定過程を示すものが多い。そして、市町村条例では、各地方公共団体及び地域の特徴に言及しているものが多い。

(2) 基本理念に関して、参画基本法の三条から七条までを引き写している条例と、それらを一ヶ条にまとめて号で表現している条例とが存在する。多くの条例は基本理念に、リプロダクティブ・ヘルス／ライツを追加している。参画基本法の制定過程においても、それを明記すべきでないかが論議されたようであるが、その内容が不明瞭であることを理由に否定された[31]。

リプロダクティブ・ヘルス／ライツとは、日野市条例の定義規定によれば、「平成六年にエジプトのカイロで開催された『国際人口開発会議』で確認、提唱された、女性の性と生殖に関する健康と権利であり、個人が自分の体や健康について正確な情報及び知識を持ち、出産する子供の人数、出産時期、避妊の方法等を自分の意思で選択する自己決定権をいう。」と定義されている。この定義が示すように、それは、性と生殖に関する女性の自己決定権を本質としているから[32]、家庭等社会において男女が共同して意思決定を行うことを目標とする参画推進条例からすると、形式的に矛盾することになる。そのため、定義事項に加えることなく、基本理念の一つとして採用された「リプロダクティブ・ヘルス／ライツ」は、「生涯にわたる性と生殖に関する健康と権利の尊重」(埼玉県三条五項)、「男女の対等な関係の下に、互いの性に関する理解をし、妊娠、出産その他生涯にわたる性と生殖に関する健康の保持及び自己決定が尊重されること」(志木市七条)、「男女がお互いの理解の下で、生涯にわたる性と生殖に関する健康と権利が尊重されること」(水戸市三条三項)と規定する。しかし、このような条項は、健康と生殖に関する女性の自己決定権という本質を薄めることとなる。しかし、リプロダクティブ・ヘルス／ライツの射程範囲に、両性に属する権利としての家族形成権や、性的行動に関する権利等の「セクシュアル・ライツ」も含まれるとすれば[33]、基本理念の一つとしてこのようなリプロダクティブ・ヘルス／ライツを積極的に加えることは、意義あることのように思える[34]。ところで、自己決定権を強調して定義した日野市条例は、「男女が互いの性を理解し、真のリプロダクティブ・ヘルス／ライツを理解し、互いに尊重するとともに、対等な関係のもとで、妊娠や出産についても自己決定することができるよう啓発する」ことが、市の基本施策の一つとして規定している。すなわち、女性の自己決定権を男性が尊重するよう、啓発を行うことを市の基本施策としているのである。

基本理念に加えて、家庭、地域、学校、職場、行政等において、あるべき姿を規定して、理念の具体化を図っている条例がある(出雲市・水戸市・桶川市・羽咋市・岐阜市・津市・加美町・新見市・八代市)。具体的にめざすべき目標が各分野において明示されているので、行政、市民、事業者等にとって、それに向けて努力することが容易となろう。

(3)　直接、参画基本法によって課された責務

(a)　参画推進施策の総合的策定実施責務（法九条と八条）

先述したように、地方公共団体は、参画基本法九条と八条により、国の施策に準じて、男女共同参画社会の形成推進に関する施策（積極的改善措置を含む）を策定し、実施する責務が規定されている。多くの条例は、参画基本法と同様に、定義規定の中で、「積極的改善措置」を「社会のあらゆる分野における活動に参画する機会について男女間の格差を是正するため、必要な範囲において、男女のいずれか一方に対し、当該機会を積極的に提供することを言う」と定義したうえで、参画基本法と同様な責務規定をおく。「積極的改善措置」の定義に代えて、ほぼ同旨の「積極的格差是正措置」又は参画する男女の比率をあらかじめ定める「クオータ制」（上越市・福間町）について定義する条例もある。

参画基本法制定前に、豊かな二一世紀を切り開いていくためには、多様な考え方を生かしていくことが求められ、それには、女性の政策・方針決定過程への参画の拡大が重要であることを、政府は表明した[35]。その後、制定された参画基本法における基本理念の一つは、「政策等の立案及び決定への共同参画」であって、その理念を踏まえた施策の総合的な策定、実施の責務が国に負わされたが、その施策のなかに、「積極的改善措置」が含まれている。言い換えれば、女性の政策・方針形成過程への参画の拡大を図るためには、女性にその機会を積極的に提供することが要請されているのであって、このことこそが参画基本法を制定せしめ、地方自治体に一定の施策を策定させ、実施させた一要因ということが出来る。

しかし、具体的な積極的改善措置として、初期の平等推進条例の多くは、参画審議会の構成メンバーについて、男女いずれかが一〇分の四未満にならない選任義務か、地方公共団体の付属機関の委員会等における委員の選任において、男女の数を均衡にする義務等を規定するにとどまっていた。又は、市町村、事業者又は住民

が積極的改善措置を講ずるに必要な資料提供等行う旨規定する条例もあった（三重県九条）。その後、委員の選任に加えて事業者の一つでもある地方自治体が、「女性職員の積極的な職域拡大、管理職への登用及び能力開発」に率先垂範して努めるとした条例も現れてきた（宮城県八条・広島市九条・くれ市一〇条・樋川市一五条）。事業者に積極的改善措置を執る努力義務を課しているものもある（津山市六条）。そして、「社会のあらゆる分野における活動に参画する機会についての格差を是正する積極的な措置」を推進施策として挙げる自治体も現れた（目黒区一〇条）。更に市におけるクオーター制の実施を具体的に明示し、市の職員採用についても、職員の男女の構成比を配慮する義務が規定された（上越市一三条）。

(b) 基本計画策定の義務（一四条）

条例制定前から計画を策定していた自治体も、参画基本法が規定する計画に関する内容を条例の中に盛り込んでいる。[36] 計画策定が努力義務とされている市町村も、制定された条例には基本計画の策定義務を首長に課している。その他は計画に盛り込むべき事項、計画策定手続（住民の意見反映義務）、公表義務等が規定されている。市町村の計画には行動計画又は単に計画と表現するものが見られる。

(c) 自治体が諸施策を策定する際、共同参画推進を配慮する義務（参画基本法一五条）。

男女平等社会は、固有の施策によってのみ推進されるのではなく、諸施策を策定実施するにあたり、検討しなければならないと言うことである。参画基本法制定時に、参議院は、「参画社会の形成の促進に関する施策の策定に当たっては、現行法制度についても広範にわたり検討を加えること」を付帯決議している。条例の規定は、この責務を規定していないものも多く、規定している場合でも、施策に限定を附して「男女平等参画に影響を及ぼすと認められる施策」と「自治体の進めるすべての施策」（水戸市六条・日立市四条・静岡市九条）とに、ほぼ分類されるが、基本法の文言に忠実な前者が圧倒的に多い。

(d)　基本理念に関する国民の理解を深めるための措置を講じる義務（一六条）
参議院の付帯決議は、広報活動等の前に教育活動の文言を追加する。平等社会の推進は住民の意識改革を伴う必要があるため、町条例を含めて、すべての条例は、この種の条文を規定している。又、そのことは住民を教育することを意味するから、学校教育を含めてあらゆる教育の場を理解を深める機会として規定する条例も多い。

(4)　参画基本法により国に準じた施策の策定実施義務（法九条）
参画基本法は、つぎの(a)から(g)の施策を規定しているが、九条により、地方公共団体は国の施策に準じた施策を策定実施する義務を負うため、多くの条例は、これらと同様又は類似の規定を置いている。以下、個別に紹介したい。

(a)　法制上又は財政上の措置を講じる義務（法一一条）
法制上の措置は、条例を制定することであるから言及する条例はない。財政上の措置については、町条例を含めて、多くの条例は、男女平等推進のために必要な財政上の措置等を執ることを自治体（又は首長）に義務づけている。

(b)　共同参画推進の状況及び施策についての国会への報告義務（法一二条）
「年次報告」との見出しで、首長（又は自治体）に、男女平等推進状況、その施策の実施状況等を明らかにする報告書を、年一回作成し、公表する義務を負わせている条例も多い。

(c)　施策の策定のため、社会制度や慣行その他の調査研究（法一八条）
男女平等推進に必要な情報の収集及び分析を含めて、調査研究条項を置く条例は多い。

(d)　国際的協調のための措置を講じる努力義務（法一九条）

基本理念として、国際的協力条項を持つ自治体も、そのための措置について言及する条例は、北九州市（条例一三条）を除いて、都道府県のそれをも含めて規定するものは見あたらない。

(e)　地方公共団体及び民間団体が実施する男女共同参画推進諸施策への支援（法二〇条）

多くの条例は、住民、事業者等と協力（連携・協働）して平等参画推進施策を実施する義務を規定するとともに、それらに対して人材養成を含む情報提供等物的人的支援を行う旨規定する。

(f)　国の行う参画推進施策に対する苦情の処理と男女差別等人権侵害に対する救済措置を講じる義務等（法一七条）

多くの条例は、何人に対しても、セクシュアル・ハラスメントとドメスティックバイオレンス（又は暴力）を禁止しているが、この違反行為に対する刑罰条項を持っていない。その理由は、私人間の行為であり、一定の場合には、刑法により対処することができるからであろう。しかし、半数近くの条例は、施策に対する苦情をも含めて、これらにかかわる相談等に対して自治体が対応する旨一般的に規定しているか、または、具体的に相談窓口、又は苦情処理機関を設置して対応する旨規定している。後者の条例でも、首長等行政機関をその機関とするものと、行政機関から一定独立した者（オンブズパーソンズ）[37]を設置するものとに分類される。後者を設置する条例は数少ない。たとえば、目黒区では、男女平等・共同参画オンブーズ三名以内を区長は委嘱する。オンブーズは独立して、区の諸施策が、平等に共同参画する社会づくりを阻害する事項、そのような社会づくりを阻害するような人権侵害事項、その他かかる社会づくりの推進を阻害する事項について、救済の申し出を受け、審査する権限を有する旨、条例は規定する。[38]前者の場合、首長が苦情を処理する際、諮問機関である参画審議会等の意見を聞く旨・規定する条例も見られる。

ドメスティックバイオレンスについては、参画基本法制定後、配偶者からの暴力の防止及び被害者の保護に関する法律（平成一三年法律三一号）が制定されたことを受けて、岡山県条例は、この法律に準じる手続きを詳細に規定している（他に、島根県・岡山市）。

(g)　男女共同参画会議（法二一条）

計画策定義務を規定した条例は、参画推進審議会等諮問機関を設置している（佐賀県・身延町は参画推進委員会）。

(5)　地域の特性に応じた施策の策定実施義務

(a)　多くの条例は、性別による役割分担の固定化や女性に対する暴力を助長するような表現活動を行わない努力義務を何人にも課している。表現者への義務ではなく、表現を正しく評価できる能力（メディアリテラシー）の育成向上支援を自治体の施策とする条例もある（神奈川県・目黒区・桑名市・津山市）。

(b)　参画基本法は、国民の義務とは別に事業者の義務を規定していないが、多くの条例は、事業者の責務を個別に規定している。その内容は、雇用等の分野において、男女共同参画の推進に積極的に努めること、男女が職業生活と家庭生活が両立できるように就労環境の整備に努めること、及び自治体の施策に協力する努力義務である。他に、男女共同参画推進に関わる事業者の届出義務を課す条例もある。[39] 多くの条例は、首長の権限として事業者に報告（調査協力）を求めること、それを公表すること、報告に基づき一定の措置を執りうることを認めている。又、事業者に積極的改善措置を執る努力義務を課しているものもある（津山市六条）。

(c)　男女共同参画推進日、週間又は月間を設けて、その事業の一環として積極的にそれに取組んでいる事業所等の表彰制度がある（山梨県一四条・岡山県二〇条・福岡県一〇条等）。表彰制度のみを規定するものもある（桑名市）。

(d)　男女共同団体の名称、活動内容等を登録させ、財政支援等を行う（鳥取市）。

(e)　事業者に関わるものとして、男女共同参画推進如何を補助金交付の一要件としたり（広島市一七条）、町との請負契約等をする際、その推進状況を届けなければならないとするものもある。[40]

4　参画基本法と条例の関係

日本国憲法九四条及び地自法一四条は、法令に違反しない限りで条例を制定できる、と規定する。参画基本法の内容に、積極的に抵触するような条例の存在は許されない。すなわち、男女平等推進を阻害するような条例は、参画基本法違反として無効である。そのような条項は、現在見るところないように思える。しかし、「男女が、男らしさ女らしさを一方的に否定することなく男女の特性を認めあい、互いにその人格と役割を認めるとともに、尊厳を重んじあうこと、男女が性別によって法の下の平等の原則に反する取り扱いを受けないこと、男女がその特性と能力を発揮する機械が発揮されることその他の男女の人格的平等が尊重されるよう努めること」及び「専業主婦を否定することなく、現実に家庭を支えている主婦を男女が互いに協力し、支援するよう配慮に努めること」を、基本理念として規定している宇部市条例は、男女の特性に基づく役割分担・慣行等の見直し及び家庭生活と他の社会活動等との両立という参画基本法の基本理念から見て、無効とまでは言い得ないが、問題を含む様に思える。

5　都道府県の男女平等推進条例と市町村条例の関係

自治法二条一六項は「市町村の及び特別区は、当該都道府県の条例に違反してその事務を処理してはならない。」と規定し、一七項では、「前項の規定に違反して行った地方公共団体の行為は、これを無効とする」としている。

これら条項によれば、都道府県の条例に積極的に抵触して、市町村が事務を処理することは、許されない(41)。本稿に関していえば、都道府県の男女平等推進条例に積極的に抵触して市町村は行動することは許されない。そして、市町村が男女平等社会の推進からみてそれに積極的に反する内容を持つ条例を制定することは違法無効である。このような内容の市町村条例は、当然にして、参画基本法に違反して無効であろう。

問題は、目的を同じにするが、手段方法等規制内容を市町村条例と都道府県条例が異にする場合、市町村の条例が都道府県の条例に違反するかどうかである。この解釈及び判断については、基本的には条例と法律との関係と同じであると解されている(42)。

この議論は、住民の権利を規制し、義務を設定する条例について議論される。なぜなら、県の規制と町の規制が異なっている場合は、住民はいずれの条例に従えば良いか、法的に不安定であるので許されず、秩序ある法秩序のためにはその効力関係を明らかにしておかねばならないからである。平等推進条例は、住民の規制を対象としていない。主として、男女を平等に扱うための県又は町の施策を規律しているに過ぎないから、原則として抵触問題は生じないのである。

しかし、平等推進条例においても、住民の行動を規制した条項はある。ドメスティックバイオレンス等を禁じた条項である。その違反行為に対して、刑罰を条例の中に規定しているものはない。従って、両条例の関係を論じる意味はそれ程大きくはない。

ところが、たとえば、富山県条例一〇条と一一条で、県民及び事業者は、男女共同参画の推進に努め、県の男女共同参画推進施策に協力する義務を規定している。さらに同一二条で、何人も、性別による差別的取り扱い、セクハラ、男女間の暴力行為、その他の人権侵害行為をしないよう規定している。それに対して、小杉町条例七条及び八条は、町民及び事業者の男女平等社会形成の推進に努める責務並びに町の男女平等社会形成の推進への協力義務、並びに事業者の男女平等社会形成の推進への取り組み義務を規定する。町条例の方が事業者の責務に関して県よりも幾分それは加重されている。更に、町条例四条四項は、差別的取り扱い等に反する行為を知り得た者の通報努力義務、公衆への女性差別を助長するような情報発信をしない努力義務を規定し、その点で、県条例を上回っている。

しかし、これらの努力義務又は責務規定に違反した場合、刑罰等不利益を課す規定はない。もし課せられるとするなら争われることになろう。参画基本法は上積み・横だしを認めているが、県段階の条例でかかる規定を置いたものは見あたらない。市町村条例による上積み・横出しが、一律に許されない、ということではなく、「都道府県条例規定の趣旨や、市町村の行為類型によって具体的に判断」されることになろう。[43] 市町村がこのような事務にあっては、優先権を持つとして、市町村条例を優先させる考え方もあろう。確かに、小杉町条例は住民の行為規範を規定しているが、努力義務であって、それが強制されない限り、富山県条例と積極的に抵触するものではない。

そして、これらは男女共同参画社会の形成を積極的に推進する目的で規定されたものであって、その逆でない。すなわち、男女共同参画社会の形成に反する諸施策というものではないのである。確かに、町は参画基本法によって、条例を策定する義務を負っていない。しかし、逆に制定することも禁止されていない。両条例とも、住民の意思でもって制定されたものであるから、参画基本法に違反していないのである。参画基本法は、県と町が合い携えて、共同参画社会の形成に邁進することを要請しているのである。とすれば、町条例が規定内容を少々拡大したとしても、法的に、県の条例に反するという必要はない。

(16) 大沢編著・前掲書五頁（大沢）。
(17) 藤枝澪子・グループみこし『どう進めるか、自治体の男女共同参画政策』（学陽書房・二〇〇一年）六九頁表①には一九九四年度からの参画宣言都市一覧を掲げている。大西＝江橋・前掲論文一八〇頁以下は、共同社会をめざすプランを掲げている。前文にその旨を明記する条例もある（新南陽市・津山市等）。
(18) 大沢編著・前掲書一九八頁（斉藤誠）。

(19)　山下・橋本・齋藤著・前掲書二三頁以下（橋本ヒロ子）。
(20)　栗城・前掲書一四九頁は、民事裁判においても、憲法の現実化は行われている、という。
(21)　辻村みよ子・『憲法』（日本評論社・二〇〇〇年）二〇二頁。
(22)　金城清子『法女性学（第二版）』（日本評論社　一九九六年）八九頁。
(23)　金城・前掲書八五頁。
(24)　参画基本法は、男女を形式的平等に扱っているが、現在では、女性の立場を改善するため、女性の側が積極的改善措置を受けることになる。
(25)　http:/www.gender.go.jp/chihou_kokyo/pref_joureihtml
(26)　広岡守穂・広岡立美『よくわかる自治体の尾男女共同参画政策』（学陽書房・二〇〇一年）一八四頁から一八六頁までに、平成一三年三月三一日までに公布された（以下、「初期の」という）各都道府県条例の特徴を記述している。
(27)　参画基本法の制定に際しても、地方自治体の男女平等推進条例の制定に際しても、名称を男女「平等」とするか、男女「共同参画」にするか争われた。「平等」を主張する論拠は、「共同参画」は国民一般になじみがなく、現実に女性が差別されているから、男女平等の実現を法律の目的とべきである、ということであった（大沢編著・前掲書一〇一頁、武田・前掲論文一一二頁）。参画基本法制定過程における男女共同参画審議会の答申は、第一に、男女の平等を前提として、個人の個性、能力が十分に発揮される質的に高い水準での男女平等の実現を、男女が協力して実現しなければならない動態的な概念であるとして、第二に、あらゆる意思決定への女性の主体的参加を協調する必要性から、男女「共同参画」概念を採用した、といわれている（大沢編著・前掲書一〇〇頁以下（古橋源六郎著））。そして、「平等」を擁護する主張に反論して、「共同参画」の用語のなじみのなさについては、一九八七年に生まれ、法令にも使用されてきたし、女性差別の是正を男性に直截に求めるよりも、男女が共同して人々の意識や制度・慣行の変革実現を求めていく方が方法論的に得策である、という（大沢編著・前掲書一〇二頁以下）。そして、男女「共同参画」の用語は、参画基本法の制定とともに、普及した。
(28)　都道府県条例であれ、市町村条例であれ、地方公共団体に付した波線は、平成一二年の条例、傍線は、平成一三年施行の条例である。他は平成一四年施行のものである。今後引用する場合は、自治体の名称のみでもって引用したい。

(29) 神奈川県・富山県・香川県・福岡県・倉敷市・都留市・小松市・塩尻市・上野市・身延町・上磯町・大佐町の各条例は前文を持たない。

(30) 根森・前掲書四四二頁、山下他二名著・前掲書六七頁（齋藤誠）は解釈原理をあげる。

(31) 大沢編著・前掲書一〇八頁（古橋）。

(32) 樋川市二条七号も「性と生殖に関する健康と権利とは、身体に妊娠、出産等の仕組みを有する女性が、身体的、精神的及び社会的に完全に良好な状態にあること並びに妊娠、出産等の自己決定の権利を言う」と定義する。

(33) 辻村みよ子『女性と人権』（日本評論社、一九九七年）二五一頁。

(34) 性的自己決定権は、憲法一三条の保障範囲に含まれていることには、争いはないであろうが、その権利を含む家族形成権等を条例上明記することは、憲法解釈上も意義あることになるであろう。

(35) 二〇〇〇年一二月「男女共同参画基本計画」の第1部基本的な考え方。

(36) 前文において、計画を策定してきた旨明示する条例もある。たとえば、新南陽市・津山市・玉野市・鳥取市等々。

(37) オンブズマン制度一般については、潮見憲三郎『オンブズマンとは何か』（講談社一九九六年）参照。

(38) 水戸市は、市長に苦情を申し出、市長が処理するが、第三者機関を置くことができる旨規定している。川崎市は別の条例で定める人権パーソンズが、樋川市では男女不平等苦情処理委員が、武生市では男女平等オンブッドが、この機能を果たす旨規定する。県段階では、埼玉権、鳥取県が置くこととなっている。

(39) 神奈川県一〇条。同一二条は届出に基づき事業者に知事は改善の行政指導できる規定をおいている。

(40) 福間町六条三項。武生市一三条は、市長の権限として、取引関係がある事業者及び市から補助金を受ける者に対して報告を求めることができる、と規定する。

(41) 阿部泰隆『政策法学と自治体条例』（信山社・一九九九年）一三二頁は、平成一一年の自治法改正前の一五項について、「市町村条例が都道府県条例に違反してはならないという規定では」ない、とする。

（42）　斎藤誠「分権時代における自治体の課題と展望（下）」ジュリ一二三〇号八六頁（二〇〇二年）。
（43）　齋藤誠・前掲論文八六頁。

四　結び

条例において、多く採用されている男女共同参画推進という名称に代えて、「男女平等推進」を表題に使用した理由を明らかにすることによって、結びとしたい。その理由は、第一に、共同参画と言う名称は、男女は共同して家庭等あらゆる場において、その意思形成に参画することのみが強調される名称であるように思えるからである。そして、各地の条例に規定された基本理念、たとえば、リプロダクティブ・ヘルス／ライツの追加は、共同参画の枠を越えているように思える。そして、参画基本法についても言うことができるのであるが、条例で導入された基本的施策又は具体的施策は必ずしも意思形成に関するものだけでなく、実質的平等を図るものも多々あるのである。第二の理由は、家庭等あらゆる社会における意思形成における男女の対等性、平等性が語られるが、それは、形式的な平等を保障した諸制度にあい通じるように思えるからである。現状は参画基本法自身も認めるように、ジェンダーを前提とする女性の意思形成における不平等であって、それこそが憲法一四条に保障された平等原則違反状況なのである。その違反状況を克服して、実質的に平等にすることこそがこの基本法に課せられた使命であると思う。参画基本法に採用された積極的改善措置は、まさに、実質的平等をはかる一つの措置であり、その他、参画基本法が規定する理念及び基本的施策は、女性の実質的平等を確保するためのものである。とするなら、これらの理念を実現する地方公共団体の条例は、本来の姿に戻って、男女平等（社会）推進条例という正式な名称を与えられるべきである。

つぎに、憲法実現という観点から条例を見てみると、住民が、男女平等社会の推進員、自治体の平等推進のために採用した施策に対する苦情又はセクハラ及びドメスティックバオレンス等人権侵害に関する相談苦情を処理するオンブズマン、又は参画審議会の公募委員に委嘱される可能性がある。確かに、これら諸機関を、住民の利益権利と対立する行政主体、行政機関と位置づければ、憲法実現の担い手と言い難いが、参画基本法は自治体と住民があいたずさえて、男女平等の実現に向けて行動することを予定している。その根拠は、強制的手法をその目的実現のために参画基本法も条例も採用していない点に求められるであろう。この際、条例は積極的改善措置・クオーター制を採用しているが、このことこそ、住民は、実質的平等の下、主体的に、栗城先生が言われる憲法実現の一担い手として活動していることを意味すると考えたい。

18
憲法における家族
――オーストリアにおける子供の宗教教育の問題について――

古野豊秋

はじめに

社会における個人と個人との結合には様々な形態がありうるし、現に存在する。結婚もその一つであり、それによって社会の最小単位とされる家族が形成されうる。そして親と子供を要素とするこのような家族のあり方については、古今東西、様々な観点から様々な見解が存在する。

その一つとして、オーストリアのヨハネス・メスナー(1)は、社会倫理学的立場から、両親による子供の教育について、おおよそ次のように述べている。

婚姻の社会的目的は、子女の養育であり、この目的から婚姻には不可解消性という条件が存在する。この条件は、子供の福祉のために必要である（訳書五七八頁）。

教育共同体としての家族においては、まず第一に、両親相互が家族生活において自己教育されるのであり、両親による子供の教育にあっては、子供は自分の両親に、自分自身が今からなるべき人間存在の態様を見ることができなければならない（同五九七頁）。

教育とは、子供達が自己自身の責任において自己の本質的生存使命を充足することができるように、その肉体的・精神的素質を発育させることである（同五九八頁）。

両親の教育権の根拠の一つに、両親がもつその子供達への自然本性的愛がある。子供の側からすれば、このような愛への権利があり、子供のこうした本源的権利を侵して行動するすべてのことは、両親相互の行態にあるものであれ（諍い、別居、婚姻解消）、母親の家庭外での活動によるのであれ、社会体の第一次的な生存法則に反している（同六〇〇頁）。

両親の教育権のまず第一の内容は、子供の基礎教育、つまり宗教的・倫理的教育を決定する権利である。それは両親の単独の権利であり、不可譲のものである（同六〇一・六〇二頁）。

このようなメスナーの見解は、あくまでも彼のいう「自然法」ないし社会倫理学の観点からのものであり、実定法上の見解とは別次元のものである。しかし、彼がいうように、両親が子供の宗教的・倫理的教育を決定する権利を有するとした場合、その行使を受けた子供自身の立場は、法的にはどのように扱われるのであろうか。子供は親の宗教教育の単なる対象でしかないのであろうか。それとも子供自身も固有の権利の主体としての立場を有しているのであろうか。

本稿では、このような問題について、いわゆるサイエントロギー事件に対するオーストリアの判例を素材として若干の考察を試みたい。

一 サイエントロギー事件

(1) 事実の概要

本件は、非嫡出子の世話権をめぐる父親およびその両親と母親間の争いであり、それぞれが子供を自分が世話をすることを主張して裁判所の決定を仰いだものである。この事件の特殊性は、母親がサイエントロギーというセクトに属している点にある。そこで、以下の各裁判所の決定については、この点に焦点を絞って概略する[2]。

(2) デェブリンク区裁判所の決定（一九九六年四月二六日）

区裁判所は、非常に詳細な事実認定を前提にして、子供の世話権が母親だけに帰属することを認めた。そして、母親がサイエントロギーのメンバーであるということも、子供をサイエントロギーの活動に参加させないという母親の約束を考慮すれば、子供の世話権を母親に委ねることに何ら支障とはならないとした。この決定に対して、父親およびその両親が控訴した。

(3) ウイーン州裁判所の決定（一九九六年六月五日）

州裁判所は、ドイツ政府の情報に基づいて、サイエントロギーの実態に関しておおよそ次のような認識を示した。

(a) サイエントロギーは、ドイツでも、オーストリアでも承認された教会、宗教または信仰団体ではない。その組織は、無条件に最大の利潤を追求している。

(b) そのイデオロギーは、全体主義的な特徴をもっている。サイエントロギーは、ドイツ連邦共和国の連邦労働裁判所の決定では、人間を無視するものだとされている。

(c)　サイエントロギーの創設者は、あらゆる民主主義の形態を無用なものとしている。その教義によれば、真の民主主義は、すべての人間がサイエントロギーに属している場合に初めて成立する。

(d)　サイエントロギーには、「言葉の浄化」という独自の方法がある。このような言語教育によって、子供たちはサイエントロギーの価値体系に組み込まれる。このような方法は、とくに、自由とか道徳とかの非実体的な概念の場合には、危険である。というのは、サイエントロギーの一般的な概念理解は、そのような概念から離れているからである。したがって、子供たちは、非サイエントロギー社会にあっては異端者となる。

(e)　ドイツ政府の見解によれば、サイエントロギーは、社会の中の攻撃的なグループの一つであり、それは、宗教団体の仮装の下に、その構成員に対する経済的な懲らしめや心理的なテロの要素と経済的な活動やセクト的な特徴とを混ぜ合わせたものである。

州裁判所は、サイエントロギーに対するこのような認識から、まず、子供がサイエントロギーと接触することは、子供の福祉と一致しないという一般的な見解を示した。そして、この見解を本件の母親にあてはめて、母親がこのようなサイエントロギーに属すだけで子供の福祉に反するとして、母親の世話権を剥奪する決定を下した。この決定に対して、母親は最高裁判所に上告した。

(4)　最高裁判所の決定（一九九六年八月一三日）

母親側は、上告審において、おおよそ次のように主張した。

(a)　控訴審が、ドイツ政府の結論を一方的に受け入れ、そしてそれを控訴審の決定の基礎としたことに、瑕疵がある。

(b)　サイエントロギーは、承認を受ける能力をもった宗教団体である。その組織は、民主主義的ではなく、ヒエラルヒー的だとされるが、しかし、それは著名なすべての宗教団体、とくにローマカトリックの本質に対応したものである。

(c)　控訴審の決定は、意見および信教の自由に対するはなはだしい侵害を意味する。

(d)　たとえ、サイエントロギー教会についての控訴審の一般的見解があたっているとしても、そこから子供の福祉の具体的な危険を帰結することはできない。

最高裁判所は、このような母親側の主張の一部を適切なものとして認めた。その理由はおおよそ次のとおりである。

(a)　ヨーロッパ人権条約八条一項によれば、すべての者が自分の私生活、家族生活、住居および私信のやりとりに対する権利の尊重を求める権利を有している。そして、子供に対する世話権の承認の決定も家族生活に対する権利の介入を意味する。

(b)　ヨーロッパ人権条約一四条は、言語、宗教、政治的意見、またはその他の意見等による差別的取り扱いに対する保護を保障している。したがって、人が同じ状況にある場合、客観的、合理的な正当性がなければ差別的な取り扱いを受けることは許されない。

(c)　「正当な目的」によって正当化されない場合、そして手段と目的との間に何ら合理的な関係が存在しない場合には、異なる取り扱いは差別的である。

(d)　もっぱらサイエントロギーに属しているということを根拠にして、母親から世話権が剥奪されるとする控訴審の見解は、ヨーロッパ人権条約に違反し、したがって違法である。

(5)　本件における最高裁判所の決定の意義

一般に、夫婦が共同生活を平穏に送っている場合には、子供の監護・養育、つまり世話に関して裁判所が介入することは考えられない。子供の世話に関してとくに裁判所の介入が求められるのは、離婚等で夫婦の共同生活が破綻し、その場合において、夫婦の何れか一方に単独で子供の世話権が委ねられる制度が存在する場合である。オーストリアでは、現在はこのような単独世話権の制度が廃止され、共同世話権が導入されているが、(3)本件はこのような制度が改革されようとする時期の事件である。

オーストリアにおいて、夫婦の共同生活が破綻した際の子供の世話権をめぐる争いは無数に存在する。そのなかでの本件の特徴は、子供が非嫡出子であるという点と、母親が有する世話権の移転が母親の信じる「宗教」を理由として父親側から主張された点である。

もっとも、このような一方の親の信じる「宗教」を理由として子供の世話権の移転が問題とされたケースは、本件以外にも多数存在する。そのほとんどは、母親がいわゆるセクトに属しているものであり、本件もその一つである。

このようなケースに対するこれまでの最高裁判所の判例を概観すると、いわるホフマン事件(4)を基準としてそれ以前とそれ以後とで大きな変化が見られる。ホフマン事件以前の場合には、母親の信教の自由よりも子供の福祉の方にウエイトがおかれて、母親の世話権の剥奪が認められる傾向が顕著であった。しかし、ホフマン事件およびそれ以後は、母親の信教の自由の方にウエイトがおかれる傾向が強くなった。このことは、ホフマン事件を契機として、最高裁判所が、ヨーロッパ人権条約八条および一四条に係わるヨーロッパ人権裁判所の判決に沿う姿勢に転じたことを意味する。(5)本件における最高裁判所の決定もその一例である。

本件における最高裁判所の決定の特徴は、控訴審の決定でみられたサイエントロギーの教義の内容や組織および活動の実態に対する詳細な検討が一切省略されている点である。そして、母親が特定の宗教に属しているというだけで、世話権の剥奪を裁判所が決定することは、ヨーロッパ人権条約に違反し、違法としている点である。ちなみに、控訴審の決定は、母親がサイエントロギーに属しているだけでそれは子供の福祉に反するとしている。

子供の世話をめぐる最高裁判所と控訴審の決定内容がこのように正反対であることから、次のような疑問が当然生ずる。すなわち、そもそも、親は、子供の宗教教育を行う権利があるのであろうか、その場合の権利の性質や限界は、どのようなものなのか、そして、そのような教育を受ける子供の立場は、どのようなものなのか、さらには、親の宗教教育の権利と子供の立場とが対立することはないのであろうか、等々の疑問である。以下、これらの問題について具体的に検討しよう。

二　親の信教の自由と宗教教育

(1)　親の信教の自由

周知のように、オーストリアには統一的な人権カタログが存在しない[6]。各種の人権を保障した個々の法律や条約が憲法のランクを与えられている。ここで問題とする信教の自由については、「国民の一般的権利に関する一八六七年一二月二一日の国家基本法」一四条に定めがある。その一項によれば、「すべての信教および良心の自由は、何人にも保障される」。

憲法裁判所の判例によれば、この規定は、各自に対してあらゆる国家の影響から自由かつ独立して自己の信仰告白を行い、この宗教上の確信に従って宗教上の観点において行動する権利を保障するものとされる（VfSlg. 1408/1931, 10547/1985）。そして、このような基本権の本質は、宗教の領域における国家の強制を排除することにあるされる（VfSlg. 802/1927, 13513/1993）。

また、オーストリアが批准したヨーロッパ人権条約の九条一項によれば、「全ての人は、思想、良心及び宗教の自由の権利を有する。この権利には、自己の宗教及び信念を変更する自由並びに、自己の宗教又は信念を個人的に又は他の人と共同して及び公に又は私的に、礼拝、教育、信仰の実践及び儀式によって表明する自由」が含まれる。(7)

このような国家基本法や人権条約の規定により、子供をもった親自身が信教の自由を有することは、多言を要しない。そして、この信教の自由の性質が国家からの自由であることも、同様である。

(2) 子供に対する親の宗教教育の権利

親が子供に対して自己の信ずる宗教を教える権利があるかどうかについては、上記の国家基本法には明文の規定は存在しない。しかし、学説や憲法裁判所の判例は、次のような理由でこれを肯定している。(a) 信教および良心の自由が基本権として保障されている以上、親には子供の宗教の所属や宗教教育あるいは非宗教教育についての決定権がある。(8) (b) 子供が自分の信教および良心の自由を行使し得ない限りで、子供の宗教教育は、両親の良心の自由という基本権に含まれる。(9)

ところで、親が子供に対して宗教教育を行うことが親の基本権だとすれば、国家は、そのような基本権を尊重しなければならなくなる。ちなみに、この点を明確に規定しているのが、オーストリアも批准しているヨーロッパ人権条約第一議定書の二条である。それによれば、教育および教授の領域で国家がその任務を遂行する際、国家は、次のような親の権利、すなわち、親自身の宗教的および世界観的信念に応じて自分の子供を教育および教授することを確保する権利を尊重しなければならない。

以上みた子供に対する親の宗教教育権は、あくまでも国家に対する憲法上の権利、すなわち基本権であり、私法上の権利ではない。この私法上の権利については、オーストリア一般民法典一四六a条一段の規定が参考になる。それによれば、「未成年子は、父母の命令に従わなければならない」。(10) この規定からすれば、親は、未成年の子供に命令する権利があるということになる。その命令の中に、子供に対する宗教教育も含まれるとすれば、この民法典一四六 a条一段が親の子供に対する宗教教育権の私法上の根拠規定となる。(11)

(3)　子供に対する親の宗教教育権の限界

上述のように、オーストリアにおいては、親の信教および良心の自由が基本権として憲法上保障されており、そして、この基本権から子供に対する親の宗教教育権が憲法上の権利として解釈上導き出される。そこで、もし後者の権利の前提としての前者の権利に限界が存在するとすれば、当然に後者の権利にも限界が存在することになる。

この点については、実は、前者の権利に一定の限界を設けている憲法のランクの条約が存在する。一九一九年のいわゆるサン・ジェルマン条約である。その六三条二項によれば、宗教行為は、公の秩序または善良の風俗に反しない限り、自由とされる。この「公の秩序」とは、憲法裁判所の判例によれば、法秩序を支配する基本的な思考の総体とされる。(12)したがって、親の子供に対する宗教教育権の行使もこのような限界内のものとなる。

なお、すべての人に思想・良心の自由や宗教の自由の権利を保障しているヨーロッパ人権条約もその九条二項では、次のような規定が設けられている。「自己の宗教又は信念を表明する自由は、法律に定める制限であって、民主的社会において公共の安全、公共の秩序、健康若しくは道徳の保護又は他の人の権利及び自由の保護のために必要とされるもの以外の制限には服さない」。したがって、親の子供に対する宗教教育権の行使も、このような条件を満たす法律の制限に服することになる（VfSlg. 10547/1985）。

さらに、親の命令に対する子供の服従義務を定めている民法典一四六 a条の規定も、その二段で次のような定めを設けている。「父母は、その命令および命令の実施にさいして、子の年齢、発育状況、人柄を考慮しなければならない」、「暴力の使用や肉体的または精神的な苦痛を与えることは許されない」。したがって、子供に対する親の宗教教育権は、絶対無制約なものではなく、憲法上も、そして私法上も上述のような制限に服すことになる。

三 子供の基本権適齢と宗教適齢

(1) 子供の基本権適齢

オーストリアでは、原則として、すべての人間は、権利の主体性を有している。それゆえ、基本権についてもすべての人間は、潜在的な担い手でもある。[13] もっとも、基本権が子供にも直接帰属するかどうかについては、議論がある。この点については、一般的な権利能力と行為能力についての私法上の区別の類推として、基本権の場合にも、原則として無制限の基本権の担い手としての能力と基本権によって与えられた資格を自己の責任ある行為によって独立して用いる能力とが一般に区別される。そして、後者の能力が基本権適齢（基本権行使能力）と呼ばれる。[14]

結社の自由に関する憲法裁判所の判例によれば、未成年者が法定代理人の同意を得ずにこの結社の自由を引き合いにして提起した憲法異議が認められるとされた。その理由は、未成年者がある結社へ加入するということは、オーストリア一般民法典一五一条三項によれば民法上の行為能力の範疇に入るということである（VfSlg. 7526/1975）。

もっとも、このように民法上の行為能力から基本権適齢を推論することについては、一部の学説からその問題点が指摘されている。つまり、未成年者の基本権を一般的に年齢にしたがって制限する憲法上の根拠は存在しないという指摘である。[15] このような学説の立場からすれば、未成年者がそれぞれ保障された自由を自分で決定して行使できる状態に一般的にある限りで、未成年者にはそれに応じた基本権が帰属するとされる(16)。なお、信教および良心の自由に関する憲法裁判所の判例によれば、そのような自由の行使には、正常な発育に応じた判断能力を有する年齢が前提とされる（VfSlg. 800/1927）。ちなみに、この年齢がいわゆる宗教適齢とよばれるものである。この宗教適齢に関する問題については、以下で検討したい。

(2)　子供の宗教適齢

信教および良心の自由に関する上述の憲法裁判所の判例に従えば、憲法によって保障されている信教および良心の自由を人が行使する場合には、それに必要な判断能力を有する年齢に達していなければならない。このことを逆にいえば、その年齢に達していなければ信教および良心の自由を自分で自由に行使することができないということになる。ちなみに、このような年齢による信教および良心の自由の制限（宗教適齢）の問題は、一般には未成年の子供に関して扱われるものである。

未成年者（Minderjährigen）に関するオーストリアの一般民法典二一条二項によれば、未成年者は満一九歳に達していない者（満一九歳未満の者）とされ、その中には狭義の未成年者（Unmündigen）と幼児（Kinder）とが含まれる。前者は、満一四歳に達していない者（満一四歳未満の者）であり、後者は、満六歳に達していない者（満六歳未満の者）である。オーストリアの未成年者に関する各法制度では、このような一般民法典の規定に則してそれぞれの対応がなされている。宗教適齢に関する法制度もその一つであり、具体的には、「子供の宗教教育法」（Bundesgesetz über die religiöse Kindererziehung）がそれに該当する(17)。

この法律によれば、子供は満一四歳になれば、自分自身で自分の宗派を決定することができる（五条一段）。また、満一二歳になれば、子供の宗教は、その意思に反して変更されることはない（五条二段）。さらに、満一〇歳になれば、両親によるこれまでの宗教教育の変更に関して、裁判所による聴聞を受ける権利が保障される（二条三項四段）。

要するに、オーストリアにおける未成年者の宗教適齢は、満一四歳以上であり、満一四際未満は、宗教未適齢として扱われている。もっとも、満一二歳になれば自分の意思に反してこれまでの宗教教育の変更が許されないということを勘案すれば、未成年者の宗教適齢は満一二歳からということもできる。(18)

このような宗教適齢に達していない子供（宗教未適齢者）だけが、先にみた親の宗教教育権に服する訳である。この点からすれば、未成年でしかも宗教適齢に達している子供については、信教の自由が保障されていることになる。しかし、逆にいえば、宗教未適齢の子供の信教の自由および良心の自由に対しては、親が子供の宗教教育の形をとおして法的に介入しうることになる。ちなみに、このような親の介入が憲法上許されると解釈されうる規定が「国民の一般的権利に関する国家基本法」の中に存在する。しかも、人の信教および良心の自由を保障する一四条三項においてである。

それによれば、「何人も教会の行為または教会の祝典への参加を強制されない。但し、その者が法律上この点について権限を有する他人の権力（Gewalt）に服していない場合に限る」。この但書きに該当する権力とは、一般には、親権（Elternrechte）が典型的なものとして理解されている。(19)

四　子供に対する親の宗教教育と子供の権利

(1)　宗教教育をめぐる親と子供の私法上の関係

一般に、親の信教の自由に基づく宗教教育権が、先に見たように、憲法の解釈上親の基本権として捉えられ、そして子供の信教の自由については宗教未適齢による限界が存在するとすれば、宗教教育をめぐる親と子供の基本権上の対立関係というものは、そもそも初めから存在しえないことになる。(20) したがって、もし宗教教育をめぐる親と子供の利益の衝突が生ずるとすれば、それは私法上のものでしかなくなる。そして、その場合、子供の福祉の利益の方が親のそれよりも優先することは、親子の一般的な利益衝突の場合と同様である[21]。

ちなみに、ヨーロッパ人権条約第一議定書二条一項には、「何人も教育についての権利を否定されない」という定めがある。この場合の教育については、一般に、教育をするという積極的な側面にウエイトが置かれて理解され、そしてその主体については、子供の親が理解されている[22]。このような理解からすれば、子供に対する親の宗教教育権は基本権として認められても、宗教教育を受ける子供の権利は基本権としては認められないであろう。そうであれば、この場合にも、宗教教育をめぐる親と子供の基本権の対立関係は、そもそも初めから存在しえないことになる。

(2)　宗教教育をめぐる親と子供の基本権上の関係

上述のように、オーストリアにおける子供の信教の自由に関しては、宗教未適齢による制約、そして子供の宗教教育を受ける権利を積極的に認める憲法上の規定の不在という点で、宗教教育をめぐる親と子供の基本権上の対立関係は、一般にはありえないことになる。しかし、一部の学説では、子供を基本権の主体として理解し、その観点から（宗教）教育をめぐる親と子供の基本権上の対立を正面から認める見解が存在する。例えば、W・ベルカによれば、教育権者（親）が子供に対して指図を行う権利を有するのは、子供の基本権上の自由権の行使に関してだとされる。たとえば、教育の場所や宗教の変更に対する決定などである。その場合、一般には子供の福祉が基本的な基準とされるが、彼は、それをこえて、子供の基本権も考慮されなければならないとする[23]。

彼の見解では、子供が基本権の主体であることがまず前提とされており、そして基本権行使の能力の点で親からの指図（教育）がなされるものとされる。彼によれば、この場合に重要なことは、「子供の人格的発展とともに増加する自己責任をもった生活形成に対する能力であり、この能力が自分の基本権についても独立して用いる権利を引き出すのである」[24]。

なお、子供の教育を受ける権利については、先にみたヨーロッパ人権条約第一議定書二条一項では明記されていない。「何人も教育についての権利を否定されない」という規定でしかない。この規定の解釈としては、上述のように、親の教育権に関するものとして一般に理解されている。しかし、この規定の内容を反面からみれば、子供の教育を受ける権利が保障されているというように解釈することも可能である[25]。そうであれば、子供は親から一方的に教育をうける単なる対象ではなく、自分にとって好ましく思われるような教育を受ける権利の主体という立場にあることになる。このことは、一般的な教育ばかりでなく、特定の宗教教育についても当てはまるであろう。

このような観点からすれば、サイエントロギー事件の最高裁判所の決定には、信教および良心の自由、さらには宗教教育を受ける権利に対して子供が基本権の主体であるという観点が完全に欠落していることになる。この決定では、子供の世話権の移転に関し、母親の信教の自由の方にウエイトが置かれ、その母親によって宗教教育を受ける子供の立場（権利）についての検討が蔑ろにされているからである。

(3)　子供の福祉と子供の基本権

一般に、宗教未適齢の子供に対して親が宗教教育を行う場合、あるいは生じうる親子の対立は、あくまでも私法上のものであり、その対立の調整においては子供の福祉が基準とされるとすれば、そこにおける国家の介入、すなわち裁判所の役割は後見的なものでしかない。つまり、子供は、裁判所による庇護の対象として扱われるにすぎない。この場合、子供の福祉の内容は、諸般の事情を考慮した裁判所の裁量によって決定されることになる。そして、これが、現在のオーストリアにおける実務の実態である。

これに対して、宗教未適齢の子供の宗教教育に関する親子の関係を、私法上の関係を越えて、基本権上の関係として捉えた場合には、どのような帰結が生ずるであろうか。以下、この点について、若干の私見を述べることにする。

この場合、まず前提とされるのは、子供がたとえ宗教未適齢で行為能力がなくても、しかし権利能力は有する、つまり基本権の主体であるということ、そして、親の信教の自由およびそれに基づく宗教教育権と子供の信教の自由および宗教教育を受ける権利は、ともに国家に対する基本権であり、親子相互間の私法上の権利ではないということである。このような前提においては、親子の関係は、私人と私人の関係であり、そして両者はともに国家との関係では、基本権の主体である。このような関係において生じうる親子の基本権上の問題は、いわば基本権の私人間効力の問題に類似するものとして捉えることができるであろう。この場合、親の宗教教育によって自己の信教の自由および自己の欲する宗教教育を受ける権利を侵害されたとする子供は、国家（裁判所）に対して自己の基本権保護の請求権を有することになる。そして、裁判所は、子供の福祉を中心とした単なる私法上の後見的な役割だけではなく、基本権保護という憲法上の人権保障の役割をもつことになる。(26)

もっとも、このような帰結は、あくまでも実体法上の理論的なものである。オーストリアの現行の法制度においてこのような帰結が手続法上どのように実現可能かということは、別途検討されなければならない。この点でとくに問題となるのは、親の宗教教育に対して宗教未適齢の子供の権利（基本権保護請求権）を誰が代理しうるかという点である。これに該当する者を現行の制度の中から見つけるとすれば、「少年福祉担当機関（Jugendwohlfahrtsträger）」がそれに当たるであろう。オーストリア一般民法典二一五条一項一段によれば、「少年福祉担当機関は、未成年の子の福祉を守るために必要な裁判上の処分を、世話の範囲内で、申し立てなければならない」とされているからである。

ヨハネス・メスナーは、大著『自然法』において、子供に対する両親の教育権の根拠の一つに、両親が持つその子供達への自然的愛をあげている。また。その反面として、子供は、このような愛への権利があるとしている。そして、両親あるいはその一方によるこのような子供の本源的権利を侵害する行動は、社会体の第一次的な生存法則に反するものだという（訳書六〇〇頁）。

むすび

このようなメスナーの社会倫理学的な見解にしたがえば、本稿で検討したサイエントロギー事件の母親の行態はどのように評価されるであろうか。非嫡出子である自分の一人息子（事件当時五歳）を自分だけが世話するという母親の気持ちには、子供への愛が当然認められよう。問題は、母親がサイエントロギーという（一種の）宗教団体の信者であり、その教義の下で子供の教育を行う点である。このような宗教教育も子供がそれに慣れ親しんでいるのであれば、子供の本源的権利を侵害する行動として評価されることはあるまい。

この点を実定法の観点から捉えるならば、第一審の決定のように、このような母親の下で子供が世話されることの方がむしろ子供の福祉に適っていることになる。ちなみに、子供に対する親の宗教教育に関しては、オーストリアでは本件ばかりでなく、類似の事件においても、両親と子供の利害の対立ではなくて、子供の宗教教育に関する両親間の対立が大きな原因となっている。この点からすれば、子供が宗教未適齢の場合、何れの親の宗教による教育が子供の福祉に適うのか、ということが重要な論点となる筈である。その場合には、裁判所が子供の福祉との関係で宗教の教義それ自体の内容について審査せざるをえなくなる。本件の第二審の決定がその適例である。

なお、本件を単に子供に対する世話権の移転ということだけに焦点を絞るならば、世話権の移転の根拠を特定の宗教の信仰に求めることは、信教による差別であり、違法と判断されうる。本件の最高裁判所の決定は、このような観点からのものである。

本稿では、子供に対する親の宗教教育について、まず最初に、これまでのオーストリアの法制度や実務等を概観し、そして最後に若干の私見を披露した。このような私見は、親から宗教教育を受ける子供の法的地位に焦点をおいたものである。この法的地位とは、たとえ宗教未適齢であっても、子供は信教および良心の自由という憲法上の基本権の主体としての地位を有しているということである。このような私見の主な帰結は、次の点にある。

(1) 子供が親からの宗教教育によって自己の信教および良心の自由を侵害された場合、子供は、国家（裁判所）に対して基本権保護の請求権を有する。そして、この請求権の行使は、中立の第三者機関が代理する。

(2) 子供に対する親の宗教教育に関して国家（裁判所）が介入する場合、その判断基準としては、まず第一に憲法の基本権があげられる。

(3) この場合には、国家（裁判所）は、憲法の人権保障の役割を有する。

ちなみに、オーストリアの制度では、憲法の人権に係わる争訟は憲法裁判所が担当する。したがって、本件のようないわゆる家事審判事件にあっては、私見はそもそも現行のオーストリアの制度との関係では何ら実益がないのではないかという疑問が生じよう。しかし、たとえ家事審判事件であっても、それを担当する第二審以上の裁判所は、当該事件に適用すべき法律の合憲性に関してその判断を憲法裁判所に仰ぐという制度（具体的規範統制）が存在する。この点からすれば、私見は何ら実益がないというよりも、むしろこのような制度の活性化につながるものといえるであろう。

最後に、本稿における私見がわが国との関係でどのような意義を持つかが問題となる。私見は、大きくいえば、いわゆる私法（民法）の領域に公法（憲法）を入り込ませるものであり、伝統的な公法と私法の二分論を否定するものだとの批判がおそらく可能である。また、私見は、わが国の実定法上の解釈論とは係わりなく展開されている関係で、私見とわが国の実定法との関係について改めて検討する必要が生ずるであろう。これらの問題点については、別の機会に考察を深めたい。

なお、私見がわが国との関係で有する意義を憲法との関係で強いてあげるならば、次の点を指摘できよう。すなわち、これまで憲法の領域においては、もっぱら成年者の信教の自由の問題が判例や学説において扱われてきた。しかし、近い将来は、家族とくに親との関係で子供の信教の自由の問題が実際に議論されるかも知れない。私見は、そのような場合における議論の材料の一つとなりうるのではないかということである。この点については、大方のご批判・ご教示をいただければ幸いである。

（1） Johannes Messner（1891-1984）、オーストリア出身の社会倫理学者。彼は、一九六一年に退任するまで長らくウイーン大学神学部に籍を置いた、「社会倫理学」の世界的に有名な教授である。その代表的な業績としては、大著『自然法』（第一版・一九五一年）があげられる。本書の第六版（一九六六年）は、一二〇〇頁を越える極めて大部のものであるが、これに対する全訳という訳業が水波朗、栗城壽夫、野尻武敏の三教授によってなされている（『自然法――社会・国家・経済の倫理――』一九九五年、創文社）。

ちなみに、オーストリアの一般民法典は、一般に、K・マテイーニ（Karl Anton v. Martini）やF・ツアイラー（Franz v. Zeiller）の自然法論の影響を受けたものとして知られる（この点については、松倉耕作（訳）『オーストリア家族法・相続法』信山社（平成五年一一月二〇日）二頁以下参照）。彼らの自然法論は、人間の理性にウエイトをおいた一八世紀の個人主義的な思想傾向を強くもっている点に特徴がある（Vgl. Ursula Floßmann, Österreichische Privatrechtsgeschichte, 4. Aufl., 2001, S. 12 ff.）。これに対して、メスナーの「自然法」論は、このような傾向とは反対のものである。この点については、訳書の解説（一二三七頁以下）参照。

（2） 本件における事実の概要や各裁判所の決定の内容については、インターネットによって得た次の資料に依拠している。
BKA/RIS Judikatur Justiz-Volltext, http://www.ris.bka.gv.at/taweb-cgi/taweb?x=d&o=d&v=ju... なお、本件の最高裁判所の決定要旨を紹介するものとして、Vgl. EvBL, ÖJZ 1997, S. 25 f. また、本件の最高裁判所の決定について言及するものとして、Vgl. Gerhart Baumgartner, Familienrecht und Gewissensfreiheit in Österreich, ÖJZ 2000, S. 790 ; Monika Hinteregger, Die Bedeutung der Grundrechte für das Privatrecht ÖJZ 1999, S. 748.

（3）この経緯については、古野豊秋「憲法における家族——オーストリアにおける離婚後の子供の世話の問題について——」法学新報　一〇八巻三号　一五九頁以下参照。

（4）ホフマン事件の概要およびオーストリア国内の各裁判所の決定、さらにはヨーロッパ人権裁判所の決定の内容については、古野・前掲注(3)、一六九頁以下参照。

（5）この点については、古野・前掲注(3)、一七六頁参照。

（6）この理由については、古野豊秋「憲法における家族——オーストリアにおけるInze事件を素材として——」栗城壽夫・戸波江二・青柳幸一編『未来志向の憲法論』信山社（二〇〇一年）所収、一三九頁以下、同『違憲の憲法解釈』尚学社（一九九〇年）二三九頁以下参照。

（7）本条の邦訳は、F・スュードル著・建石真公子訳『ヨーロッパ人権条約』有信堂（一九九七年）一八一頁に拠る。

（8）Vgl. G. Baumgartner, Familienrecht und Gewissensfreiheit in Österreich, ÖJZ 2000, S. 787.

（9）Vgl. Gabriele Kucsko-Stadlmayer, Die Rechtsprechung des österreichischen Verfassungsgerichtshofs auf dem Gebiet der Glaubensfreiheit, EuGRZ 1999, S. 507; VfSlg. 797/1927.

（10）本条の邦訳は、松倉耕作・前掲注(1)、二二頁に拠った。なお、本稿におけるオーストリア一般民法典の条文の邦訳については、本条以外でも松倉訳に従った。

（11）Vgl. G. Baumgartner, Familienrecht und Gewissensfreiheit in Österreich, ÖJZ 2000, S. 788.

（12）Vgl. VfSlg. 2944/1955; Walter Berka, Die Grundrechte, Grundfreiheiten und Menschenrechte in Österreich, 1999, S. 297.

(13) Vgl. Robert Walter und Heinz Mayer, Grundriß des österreichischen Bundesverfassungsrechts, 2000, S. 545.

(14) Vgl. W. Berka, Die Grundrechte, Grundfreiheiten und Menschenrechte in Österreich, 1999, S. 94.

(15) Vgl. W. Berka, Die Grundrechte, Grundfreiheiten und Menschenrechte in Österreich, 1999, S. 96.

(16) Vgl. W. Berka, Die Grundrechte, Grundfreiheiten und Menschenrechte in Österreich, 1999, S. 96. なお、彼によれば、子供の権利条約の場合も同趣旨のものとされる（S. 98. Anm. 9）。

(17) この法律の経緯については、次のような特徴が指摘できる。すなわち、一九二一年にドイツで同名の法律として制定されていたものが一九三九年にオーストリアに殆どそのまま継受されたということである。ドイツでは、この法律によって初めてライヒ全体にわたり統一的に子供の宗教教育が定められるようになったとされる。このようなドイツにおける「子供の宗教教育法」に関する詳細については、Vgl. Hans Dölle, Familienrecht, Bd. II, 1965, S. 171 ff. また、オーストリアにおける子供の宗教教育法の邦訳および解説については、松倉・前掲注(1)、一五三頁以下参照。

(18) Vgl. Felix Ermacora, Handbuch der Grundfreiheiten und der Menschenrechte, 1963, S. 365.

(19) Vgl. Gabriele Kucsko-Stadlmayer, Die Rechtsprechung des österreichischen Verfassungsgerichtshofs auf dem Gebiet der Glaubensfreiheit, EuGRZ 1999, S. 505.

(20) Vgl. G. Baumgartner, Familienrecht und Gewissensfreiheit in Österreich, ÖJZ, 2000, S. 787.

(21) Vgl. Ewald Maurer, Eltern, Kinder & Recht auf österreichisch, 2000, S. 60.

(22) See, Luke Clements, European Human Rights, 1994, P. 207.

(23) Vgl. W. Berka, Die Grundrechte, Grundfreiheiten und Menschenrechte in Österreich, 1999, S. 98.

(24) Vgl. W. Berka, Die Grundrechte, Grundfreiheiten und Menschenrechte in Österreich, 1999, S. 98.

(25) たとえば、F・スュードル著・建石真公子訳『ヨーロッパ人権条約』有信堂（一九九七年）一五七頁以下参照。

(26) ちなみに、ドイツの基本法の下での議論においても、基本権適齢に関して見解の対立がみられる。本文で示した私見と親和性をもつ学説として、たとえば、Vgl. Michael Sachs, Grundgesetz, 2. Aufl, 1999, S. 399 ff.; Hans D. Jarass und Bodo Pieroth, Grundgesetz für die Bundesrepublik Deutschland, 2002, S. 473 ff. なお、基本権保護に関するドイツの法理論については、わが国の基本的な文献として、小山剛『基本権保護の理論』成文堂（一九九八年）があげられる。本稿の本文との関係では、同書四六頁以下、参照。

ところで、子供に対する親の宗教教育の問題に関しては、ドイツでの類似の問題についても検討する予定であったが、残念ながら時間の余裕がなかった。他日を期したい。

19　ドイツの表現の自由判例における萎縮効果論
――一九八〇年代まで

毛利　透

はじめに

ドイツ連邦憲法裁判所（以下「憲法裁」と略すことがある）が、表現の自由を特に名誉保護との関係において重視しすぎているという批判は、もはやドイツ憲法学界での通念となっているといってよいほど繰り返しなされてきた。その頂点をなすのが、一九九五年の「兵士は殺人者だ」事件判決（BverfGE 93, 266、以下この判例集登載の連邦憲法裁判所判決（本稿では、法廷の決定は Beschluß も Urteil もこう表記する）の参照個所は、本文中に示す）をめぐる、政治部門をも巻き込んだ激しい議論であったのも周知のとおりである。(1)

本稿では、連邦憲法裁判所第一法廷の表現の自由の報告担当者（Berichterstatter、当時）ディーター・グリム(2)が、判例理論を整理して一連の批判に応える目的で執筆した（が結果として火に油を注ぐことになった）論文において、判例が表現の自由を重視しすぎているという批判に対抗する切り札として、萎縮効果論を援用していることに注目する。「言論制約の許容性基準は、民主主義原理がその下で苦しまないように定式化される」

必要がある。「そのような効果が迫ってくるのは、公共の言明への要求が、アメリカの議論で言われるところの „chilling effect"、あるいは連邦憲法裁判所の用語では „einschüchternde Wirkung" を発生するように設定され、これにより意見形成プロセスを促進するような言明が制裁への恐れからなされなくなってしまう場合である」。公共でのコミュニケーションはプロセスとしての性格をもち、状況に応じた言論の応酬においては一面性や誤りは避けられない。後から判断してそれらへの保護を否定してしまっては、生き生きした論争はなされなくなってしまう。「判決の批判者は、たいてい、言明の限界踏み越えや誤りが確定しているということから出発しており、だから意見表明の自由へのより強い制約を主張しても、ただ行き過ぎを禁止することになるだけだと信じている。しかし、彼（女）らはそこで、個別事例での高い抑圧がコミュニケーションプロセス全体に予防的作用をも与えることを見逃している」。そのような表現の許容性への高い要求は、コミュニケーションプロセス「全体を締め付ける」のであり、「許される批判もなされなくなる」ような状況に陥る危険が高い。そこでは「肯定ばかりの意見の雰囲気（affirmatives Meinungsklima）が生まれるであろう。それは、意見表明の自由の憲法上の保護の意味には属さない」のである。(3)

日本では従来、アメリカの表現の自由理論における萎縮効果論についての紹介、研究は多くなされてきた。(4)また、一九九〇年代ドイツ憲法学界の最大のテーマの一つであったと言ってよい表現の自由論についても、すでにかなりの研究がなされているが、(5)ドイツの萎縮効果論自体に着目した研究は、管見のかぎりではまだ存在しないと思われる。しかしながら、連邦憲法裁判所の諸判例において萎縮効果論は確かに重要な役割を果たしており、ここに着目して判例理論を整理することは、その理解にも資するところが大きいし、また表現の自由理論一般にも大きな示唆を与えてくれるのではないかと思われる。特に、先述のグリム論文も示すとおり、ドイツの萎縮効果論は明らかにアメリカのそれを意識して形成されたものであり、比較法的にも興味深い素材を提供している。[6] だが、それは将来の課題として、本稿はドイツの表現の自由判例における萎縮効果論の展開とそれへの学説の反応を整理することに課題を限定しておく。グリムが重視する、コミュニケーションプロセス全体への萎縮効果の発生予防は、具体的な判例においてどのように考慮されているのだろうか。

本論に入る前に基本法条文と用語の整理をしておく。基本法五条一項は意見表明の自由（Freiheit der Meinungsäußerung、略して Meinungsfreiheit と言うことが多い）を、プレスの自由や放送の自由などと並べて保護している。以下ドイツの実定的議論を扱う際にはこの用語を使用する。ただし、保護の対象が表現一般ではなく「意見表明」に限定されていることから、条文解釈上、事実の主張が保護されるのかという問題が必然的に発生することになる。五条二項は、これらの権利が「一般法律の条項、青少年保護のための法律規定、人格的名誉権」によって制約されると規定している。この規定の意味、そして名誉保護と一般法律の関係などが、議論の焦点となる。更に三項は芸術の自由と学問の自由を保障しているが、「教授の自由は憲法への忠誠を免除しない。」という有名な条項を除いては、明文の制約は付されていない。

一　「リュート」とそれへの批判――七〇年代初頭まで

一九五八年のリュート判決（BverfGE 7, 198）は、基本権の客観的価値秩序としての意味を明示することでドイツ憲法理論全体に対して画期的な意味をもったが、このことは具体的な事件でまさにその価値を担う基本権とされた意見表明の自由に対しては、なおさら妥当した。この事件は、リュートがナチス期にユダヤ人を醜く描き反ユダヤ主義をあおる映画を監督した人物（ハーラン）の新作映画を上映したり鑑賞したりしないよう呼びかけたのに対し、映画会社がこのようなボイコットの呼びかけの差止を求めたことから始まった。連邦憲法裁判所は、この呼びかけが民法八二六条の定める良俗（die guten Sitten）違反に該当するとして差止を認めた原判決へのリュートの憲法異議を認め、それを破棄したのである。判決は客観的価値としての基本権の意味が私法を含む全法体系において考慮されなければならないことを述べた上で、基本法五条解釈にそれを当てはめていく。以下、すでによく知られた判示ではあるが、その後の判例展開の出発点となる重要な理論であるので、いささか長く引用しておく(7)。

五条の構造は、一般法律によってであれば意見表明の自由を制限しても憲法上の問題は生じないようにも理解できるが、「しかしながら、これは『一般法律』への言及の意味ではない」。「意見表明の自由は、人間人格の社会における最も直接の表現として、およそ最も重要な人権の一つである」。「自由で民主的な国家秩序において、それはまったくもって構成的である(schlechthin konstituierend)。なぜなら、それによって初めて、この国家秩序の必須要素である恒常的な精神的論争、意見の戦いが可能となるからである」。「それは、ある意味であらゆる自由全体の基盤である」。「このような、意見表明の自由の自由で民主的な国家における根本的な意味からして」、この自由が法律によっていくらでも制約できるという理解は採りえない。五条解釈においても、「一般法律は、その基本権を制約する作用においては、自身がこの基本権の意味の光の下に見られなければならず、この権利の特別の価値内容がどんな場合にも維持されるように解釈されなければならない。この価値内容からして、自由な民主政では、全ての領域、しかしながらとりわけ公共生活における言論の自由への原則的推定が導かれなければならない」。「『一般法律』は確かに文言上は基本権に制約を課するが、しかしながらそれ自身が、自由で民主的な国家におけるこの基本権の価値設定的意味を認識して解釈され、その基本権を制約する作用において自身が再び制約されなければならない」。その後の五条解釈の基礎となる「相互作用論(Wechselwirkungstheorie)」の誕生である(E 7, 207-09)。

一般法律とは、特定の意見自体を禁止するのではなく、それとは独立の法益を保護するための法律と解釈でき、民法の規定はそれに該当するが、ここでもとりわけ「基本権が私的な争いのために使われているのではなく、言論者がむしろ一義的には公論の形成に寄与しようとしている」ときには、意見表明の自由の方が重視されるべきである。利己的目的の言論でなく、「公共に本質的にかかわる問題についての精神的論争（geistiger Meinungskampf in einer die Öffentlichkeit wesentlich berührenden Frage）への、それに参加する正当性をもった者の貢献」については、「自由な言論の許容性への推定」が働き、それにより私的な法益の保護が後退してもやむをえない（E 7, 209-12）。そして憲法裁は、リュートのボイコット呼びかけをこのような公論への寄与ととらえ、原判決によってその意見表明の自由が侵害されたと認定したのである。

こうして連邦憲法裁判所は、五条の「文言」とは食い違うことを承知した上で、「相互作用論」により一般法律の適用を違憲とする理論を生み出した。意見表明の自由の価値の大げさな強調も、この条文からの乖離を正当化するためであったと読み取ることができよう。しかし、このような解釈論上の必要もあり、その論理は必ずしも明快ではない。当該自由自体の人権体系内での価値的優位およびそれと結びつくであろう「全ての領域」におけるこの自由への推定の論理と、その「自由で民主的な国家」にとっての重要性の強調から公共問題についての言論の自由への推定を導く論理とが、混在しているように見うけられる。とはいえ、比重は明らかに後者にかかっており、意見表明の自由は公論形成のための必要というその「公共」的「価値」から、その限りで他の利益よりも優先されるという理解が、判決の背骨をなしているといってもよいであろう。実際、後の判例展開はこの理解を押し進めていくことになる。

とはいえ、本判決で萎縮効果論が明示されたわけではない。だが、具体的な事件の審査においてその萌芽を見出すことも可能である。リュートは、ハーランがナチス時代の行為についてすでに無罪判決を受けていることにつき、これを「形式的な無罪」に過ぎないと述べていた。差止を求めた側は、これは虚偽の主張であると指摘したのである。判決では確かに、ハーランの行為はナチス犯罪人を裁くために連合国により定められた「人間性に対する犯罪」の構成要件には該当するとされたが、ハーランはゲッペルスの命令に従っただけであり、当時において彼には他の行動をとる余地はなかったとして、責任が阻却されたのである。実質的な審理をした上でハーランに刑罰を科すことはできないとしたわけであるから、「形式的な無罪」というのは誤りだということになる。これに対し、連邦憲法裁判所は次のように応答した。リュートが言いたかったのは、この判決でハーランが「人間性に対する犯罪」を構成する映画に深くかかわったことは認定されており、ただそれが強制された行動であったから無罪となったに過ぎないということである。このレッテル張りは、「真偽を証明できるところの事実の主張ではなく」、「判決内容全体の要約的、価値判断的性格づけである」。リュートがそれを「形式的な無罪」と性格づけたことは、「連邦憲法裁判所の見解では、真剣な内容のテーマについての公共の議論で許されることの限界を越えてはいない」。「法律家でない異議申立人に対し、『形式的無罪』というレッテルを使わないよう働くはずの、『刑法を学習した読者』の注意義務までも要求する」ことは、「自由な民主政における言論の自由の受け入れがたい縮減を意味する」（E 7, 221-28）。

公共の議論の自由を守るためには、厳格に理解すれば許されない主張となるようなものでも、より表現の自由に有利な見地から解釈すべきであるという要求は、その後の憲法裁判決でより明確化されることになる。リュート判決後、連邦憲法裁判所は、相互作用論を五条二項で明示されている名誉保護との関係にも適用し、刑事事件の場合には刑法一九三条が定める「正当な利益の擁護」の場合の侮辱罪不可罰規定の解釈にこれを生かさなければならないとした。そしてこの場合も、「全ての国家市民」が参加する権利をもつような公論形成が問題になっている場合には、意見表明の自由が特に重く評価されると明確に述べる（BverfGE 12, 113, 124 ff. シュミットーシュピーゲル事件）。実は、すでにこの段階から、学説では判例への批判が多く出されていた。そもそも一般法律によって意見表明の自由を制約することができるというのが基本法制定者の意図であり、また条文も明らかにそういう構造になっている。また、仮に一般法律には相互作用論が及ぶとしても、二項が別に明示している名誉保護は意見表明の自由を絶対的に制約すると解釈すべきである、そして、相互作用の衡量に際し公共問題については言論の自由が推定されることにも理由がない、というのが批判の主要論点であった[8]。

一九七〇年代初頭には、ハンス・クラインとヴァルター・シュミット・グレーザーが特に最後の点を重視した判例理論の包括的批判を行っている。シュミット・グレーザーは、相互作用論自体やそれを名誉保護にまで広げることへの批判の他、基本権は国家に対する個人権としての性格を保持すべきであり、その「国家構成機能」を強調することは「自由な民主政」にとって危険であるとする[9]。クラインも、連邦憲法裁判所が条文上正当化できない個別事例での表現の自由尊重を求めることで、立法者、専門裁判所の権限を簒奪し、しかも個別事例の勝手な衡量により法安定性を揺るがしているという批判を行った上で、自由で民主的な国家における意見表明の自由の価値が強調されることで、それが「機能的に解釈」され、消極的な防御権から意味変化をきたしていることを問題としている。自由をどう使うかはその人の勝手のはずであり、政治的な言論のみが国家によって特権的扱いを受けることは「法治国家の解体」を導くという[10]。ただし、クラインが個別事例の衡量で問題にしているのは、諸法益の優劣のつけかたにはっきりした基準がないということであり、憲法裁が個別の言明内容の解釈に立ち入って専門裁判所の権限を侵しているという、後に定番となる批判はまだ登場していないことにも注意が必要である。

二　萎縮効果論の登場——八〇年代まで

これに対し、一九七〇年代後半以降、連邦憲法裁判所の意見表明の自由についての判決は急速に個別の言明解釈にまで立ち入る傾向を強める。そして、その理論的基盤を提供した論理こそ、以上の批判にもかかわらずこの自由の「機能」面により着目することによって誕生した、萎縮効果論であった。萎縮効果論が初めて憲法裁の判決に登場したのは、一九七六年のＤＧＢ事件判決へのルップ・フォン・ブリュネック裁判官の反対意見である。ここでは、「ドイツ財団（Deutschland-Stiftung）」の発行する雑誌 Deutschland-Magazin を「極右の扇動誌（ein rechtsradikales Hetzblatt）」と呼んで批判した者に対し、同財団がそのような言明の差止を求め、それを名誉を侵害する民法上の不法行為にあたるとして認めた判決が憲法異議の対象となった。憲法裁判決は、ここでは意見の内容ではなくある表明形式が禁じられているに過ぎないと理解し、意見表明の自由への制約は少ないとして原判決を認容した（BverfGE 42, 143）。これに対しブリュネック反対意見は、意見表明の自由への侵害の大きさを当該事件の当事者への影響によってのみ判断するのは狭すぎると述べる。判決は形式制約のみだから差し止めてよいというが、しかし形式と内容を明確に区別することは困難であり、意見表明の自由への悪影響は避けられない。「このような決定に直接関わる者、しかし更にそれを越えて政治的論争での自由な意見表明に関心をもつ全ての者に、直ちに次のような疑問が浮かんでくる。内容が同じ批判を表現するには、異議申立人は一体どう言えばよかったのだろうか、そして今後どう言えばよいのだろうか」。判決から明確な答えを読み取ることはできない。「直接の帰結として、それによる関係者の不安が生じ、彼（女）らは疑わしいときには、新たな、そして今度は恐らくより厳しい制裁の危険にさらされるよりは、一定の思考内容の表現を全く思いとどまってしまう方を選ぶだろう。ここで争われている言明を孤立させて見たときには、それもさほど悲しむべきことではないかもしれない。しかし、より問題なのは、価値判断の内容と形式とのこのような分離、そしてそのときどきに権限をもつ裁判所によって行われてしまう形式の『検閲』への一般的不安から生じる、一般予防的作用である」。このような「他のプレス機関や著述家への遠隔作用」、「連邦共和国での政治的論争の自由な雰囲気（das freiheitliche Klima）」への悪影響も考慮すれば、本事案による意見表明の自由への侵害は大きかったと言わなければならない（E 42, 154, 156, 158 f., 162)。

本意見での明示的参照はないが、ブリュネック裁判官がアメリカ連邦最高裁の New York Times v. Sullivan, 376 U.S. 254（1964）に強く影響されていたことは、別事件の反対意見での同判決への好意的言及（BVerfGE 30, 218, 225 f.「メフィスト」判決）からして明らかである。そして、早くも同一九七六年に、DGB事件反対意見の叙述を明示的に受け入れ、加えて初めて「萎縮効果」という文言を使用した憲法裁判決が出されたのである（「政治ビラ」事件、BverfGE 43, 130)。CDU（キリスト教民主同盟）のある政治家がナチス時代にポーランド人の強制移送に関わっていたと述べるビラを配った者が、刑法の悪評流布罪（真実と証明できない事実を述べて名誉を傷つける罪）に該当するとして有罪とされた判決への憲法異議が問題となった。原判決は、当該政治家がポーランド人の強制移送に関わっていたことは真実と認めたのだが、このビラはそれにとどまらず、この政治家にポーランド人虐殺に加担していたという疑いをかける叙述となっていると認定した。「実効的な名誉保護のためには、『広い解釈』が求められる」として、この部分を虚偽の主張だと認めたのである。

これに対し連邦憲法裁判所は、刑事罰は強い制裁であり、しかも「異議申立人に対し、地方裁判所が『隠された』事実主張を認定することで、彼がしていない言明を言ったことにし、そんな操作にもかかわらず彼を有罪にするような場合には、それは基本権で保護される人格領域の核心に触れるほど強い侵害となる」と述べる。「異議申立人の個人的な意見表明の自由侵害を越え、意見表明の自由の基本権の一般的な行使への否定的作用が、大変な範囲に渡るであろう（BverfGE 42, 143［156］の反対意見参照)。なぜなら、国家権力のそのような処置は、もちろんその萎縮効果（einschüchternde Wirkung）ゆえに、自由な言論、自由な情報、自由な意見形成を鋭敏に傷つけ、それにより意見形成の自由の根幹に打撃を与えるだろうからである」。それゆえ本件では、

「連邦憲法裁判所は、原判決が構成要件の認定および評価、単純法律の解釈および適用において、憲法が保障する意見表明の自由を侵害していないかどうか、個別に審査しなければならない」。

本件のように原判決による言明の意味認定が文面から明確に導かれるものでないときには、この「認識する裁判所の事実認定が、すでにそのような侵害を含みうる」。言明が公論形成に向けられたものである場合には、「その解釈のために裁判所が用いる視点や基準も、基本法五条一項に一致している必要がある」。また言明はテキストとして存在しており、その意味認定に口頭弁論などは必要ない。それゆえこのような場合、憲法裁は専門裁判所の事実認定に拘束されるという原則から逸脱して、「事実認定の憲法裁判所による審査」も許されるのである。そして憲法裁は、原判決のビラ理解を意見表明の自由の要請と合致しないとして、これを破棄したのである。

更に、一九八〇年代初頭には、重要な判決が相次いだ。一九八〇年の「芸術批判」判決（BverfGE 54, 129）では、ある討論会で現在の芸術、美術館の状況を厳しく批判した彫刻家について、自分の作品が評価されない「個人的ルサンチマン」から、「右翼のデマゴーグと左翼の理論家」とを合体させたような長広舌をふるって会場に「ポグロムの雰囲気」をつくりだしたとか、「成果をあげられない芸術家がしばしば展開させる迫害妄想」から生じる「憎しみ」で、「全てがユダヤ化されているとかフリーメーソンが背後にいるとか」言わんばかりの調子だったという報道をしたジャーナリストに対し、この彫刻家の名誉を侵害したとして慰謝料支払いを命じた判決が問題となった。連邦憲法裁判所は、慰謝料が「批判的意見の表明を高い財産的危険にさらすことにより、不可避的に予防効果を発生させる」。このように「将来批判しようという準備を低下させうる」制約は「基本権保障の中核に触れる」と述べ、やはり個別事例の審査に踏み込むことを正当化した。その上で憲法裁は、本件も公共問題についての論争の一環であるから意見表明の自由が重視されなければならないとし、更に、特に口頭での言論の場合には意見表明の「形式」も保護される必要が大きいと述べる。「その許容性に推定が働く（BverfGE 7, 198〔212〕）ところの自由な言論の自発性（Spontaneität freier Rede）は、公共の議論の活力と多様性の前提であり」、「この活力と多様性が一般に保持されるべきだとすれば、個別事例においては、公共論争の鋭さや行き過ぎ、あるいは事態に即した意見形成には貢献しえないような意見表明の自由の行使も甘受されなければならない」。「価値評価的言明を切りつける裁判所の制裁にさらされるという恐れは、そのような議論を麻痺、縮減させ、これにより、基本法が構成する秩序内での意見表明の自由の機能に反する作用を引き起こす危険を内包している」。そして憲法裁は、原判決にこのような観点が欠けていたとして、憲法異議を認めたのである。

同年のベル判決（BverfGE 54, 208）は、意見表明の自由よりも人格権保護を優先させた事例であるが、その中で重要な判示がなされている。これは、七〇年代に西ドイツでテロ事件が相次ぐなか、作家ハインリッヒ・ベルを、その作品を引用しつつ、テロリストに共感を示しており、暴力事件への共同責任を負っていると批判したテレビのコメンテーターに対し、ベルが慰謝料を請求した事件である。原判決は、引用は基本的に誤りでないとしてベルの請求を認めなかった。憲法裁は、引用は事実の主張であり、それは「事実の特別の説得力、証明力」ゆえに「論争での特別鋭い武器」となる。それだけに、誤った引用による攻撃は、重大な人格権侵害を引き起こすと述べる。そして判決は、価値判断と事実主張の五条解釈に占める地位の違いを説く。公共論争における価値判断には、その内容にかかわらず、自由言論の許容性への推定が働く。しかし、「真実でない事実主張には同じことは妥当しない。誤った情報は、正しい意見形成という憲法が前提する任務に役立ちえないゆえに、意見表明の自由の視点からは、保護に値する利益ではない。問題はただ、真実義務への要求が、それにより意見表明の自由の機能が危機に陥ったり傷んだりすることのないよう設定されることにのみ存在する。

過大な真実義務と、それと結びついた、場合によっては重大な制裁は、特にメディアの制約と麻痺を導きうる。メディアに過度の危険（ein unverhältnismäßiges Risiko）が課されるときには、それがもはや任務、特に公共の監督任務を果たせなくなりかねない」。ただし本件のような引用の場合には、正しい引用を求めても意見表明の自由への侵害は小さい。テキストの一定の解釈に基づいた引用の場合には、引用者の解釈だということを明示する必要があるとして、憲法裁はベルの憲法異議を認めたのである。本判決において、価値判断と事実主張が五条解釈において明確に区分され、後者について、真実性に注意する義務が過度の萎縮効果を発生しない程度にとどめられるべきことが（具体的程度についての判示を欠くものの）示されたことになる。

一九八二年の「金貸しさめ（Kredithaie）」事件（BverfGE 60, 235）では、「金貸しさめに気をつけろ！」というタイトルで金融業者が巧妙に高金利を隠して金銭を貸しつけていることを批判する記事を掲載した雑誌に対し、そのような記事掲載の差止が求められ、原判決は「金貸しさめ」という表現を使うことのみを禁じた。憲法裁は、公共での議論を制裁への恐れから麻痺させないためには、表現の形式も保護され、「個別事例での鋭さや極端化」も甘受しなければならないという判示を繰り返した後、法適用においてこの意見表明の自由の要請が考慮されていないとして原判決を破棄した。ここで、口頭の言論でなくても表現「形式」の行き過ぎも保護されるということが明確にされた。DGB事件判決とは実質的に食い違う判示であり、この判例の変化を生み出した論理が、同事件後判例に取り入れられた萎縮効果論であったことは注目される[11]。

そして、この時期の、つまりディーター・グリムが連邦憲法裁判所に入る前の、同裁判所の意見表明の自由についての判例理論の到達点を示す判決にして、現在につながる激しい憲法裁批判のきっかけとなったともいえるものが、同年の「ヨーロッパのNPD」事件判決である（BverfGE 61, 1）。これは、ヨーロッパ議会選挙の選挙戦において、SPD（社会民主党）の候補者が「CSU（キリスト教社会同盟）はヨーロッパのNPD

（ドイツの極右政党――引用者注）だ」と演説したのに対し、ＣＳＵがこのような言明の差止を求め、原判決においてそれが認められた事件である。原判決はこれを正しくない事実の主張だと認定し、名誉侵害を認めた。これに対し憲法裁は、これを許される意見表明だと理解して原判決を破棄したのである。

意見表明の自由は、誰でも考えていることを、根拠がなくても言えることを保障している。その判断の質は保障の程度には関係ない。公共問題についての言論には自由への推定が働き、行き過ぎた言明も保護される。これに対し、基本法上、厳密には「意見」ではない事実主張は、意見形成の前提として不可欠だから保護されるのであり、「証明されたかもしくはそうと知ってなされた真実でない事実主張」は、その役割を果たさないから五条一項の保護領域にそもそも属さない。ただしそうでない場合、真実義務は「意見表明の自由の機能が痛みうる」ほど高く設定されすぎてはいけない。とはいえ、正しくない事実主張がおよそ始めから五条一項の保護領域から外れることはないとしても、そこで意見表明と同じ程度の自由への推定が働くわけではない。

「ここからして、基本法五条一項の『意見』概念は基本的に広く理解すべきである」。意見と事実の要素が結びついている場合でも、価値判断が表面に出ているような言明は、意見表明の自由を守る観点から「意見」と理解すべきである。本件の言明も意見表明と理解すべきである。当該言明は選挙戦中になされたものであり、相手を批判するための表現だったことは明らかである。これを誤った事実主張と認定した原判決は、意見表明の自由の要請を考慮し損なっている。政治的意思形成の特に重要な場面である選挙戦においては、自由な言論の許容性への推定は、特に強く妥当する。また、差止を求めているのは政党であるが、政党はその存在意義からして厳しい政治的論争の条件に服するべきであり、また自身を政治的に防御する可能性も有している、と判示した。

以上の判例において、確かに「萎縮効果」という文言が明示されたのは「政治ビラ」事件判決にとどまるが、意見表明の自由の一般的「機能」に着目し、公共の議論が制裁への恐れから「麻痺」することなく「自発性」をもって行われるために、個別事例での「鋭さや行き過ぎ」が甘受されなければならず、また事実主張における真実義務も高すぎてはいけないといった要請が導き出されていることが分かる。そして対象言明の解釈も、萎縮効果が発生しないよう意見表明の自由を考慮して行わなければならないこととなる。

三　学説の対応と理論的検討

このような判例の展開のなかで、一九八〇年のヨヘン・フローヴァイン論文はすでに、連邦憲法裁判所のeinschüchternde Wirkung論をアメリカのchilling effect論に対応するものとして位置づけていた。そして、この論理を用い、アメリカのようにより意見表明の自由を保護する方向に進むことを憲法裁に期待した[(12)]。しかし、まさにこのような進行方向こそ、ドイツ憲法学界の多数が危惧したものであった。ペーター・テッティンガーは一九八三年の論文において、「今や実際、自由な言論の自発性のために推定が働いている」と述べ、公共の議論の「活力と多様性」のために制裁の「恐れ」の危険をなくそうとする判例理論をまとめた後、しかしながらそのような要請は感情的な討論会のような状況には当てはまりうるが、意見表明の自由一般に妥当するものではないとし、このような推定原則が「政治的交流の粗暴化」を招くと批判する[(13)]。

そして、特に萎縮効果論の「危険」に気づきそれに焦点をあてた批判を行ったのが、シュミット・グレーザーだった。彼は、「ヨーロッパのＮＰＤ」事件判決への批判において、まず事実主張に際しての真実義務につき、判例のように意見表明の自由の「正しい意見形成」のための「機能」に着目するのであれば、言明者の調査程度にかかわらず、偽の事実主張はそれに貢献しないという結論になるはずではないか、と述べる。連邦憲法裁判所はむしろ、「誤った意見形成の方が全く意見形成がないよりまし」と考えているのではないだろうか。彼は、確かにこの二者択一が単純化のしすぎであることを認めながらも、真実性に自信がないものはそれを意見として述べればよいのであって、「真実義務は意見表明の自由への危険ではない」と結論する。更に、判決が問題となった文を意見と理解したことには賛成しつつも、相互作用論を名誉保護にまで広げることに改めて反対し、しかも言論の自由への推定によって「悪意あるさげすみ」まで守ろうとする判例が公共の議論の「粗暴化」を招くと指摘している。(14)

彼は、一九八八年に再び連邦憲法裁判所の意見表明の自由判例を包括的に批判する論文を発表し、そこでこの自由の意味がますます公論形成のための機能、「公的任務」に求められ、政治的意見表明が他の「私的な」法益に対して優位に置かれていることを、改めて批判する。国家目的のための自由は、「もはや自由ではない」。そして前回の論文発表時からの変化として、「『不安』(『萎縮』)による保護領域の間接的侵害」の認定を挙げ、「芸術批判」判決以降、「『萎縮効果』現象は、意見表明の自由での連邦憲法裁判所判例の確立した議論素材となった」とする。ただし、この理論はまだ詳細に展開されてはおらず、今後どのように進んでいくか予見できないとしつつ、現時点での批判として次のように述べる。この理論においては、具体的な個人の自由侵害を越え、「基本権の一般的使用への否定的作用」が強い侵害となるとされる。「ここでは明らかに、基本権享有者の不安による間接的基本権侵害の禁止が求められているのであり、それはむろん基本権保障の客観法的側面にのみ帰属させられうる」。しかしながら、「そのような間接的侵害が独立の侵害と評価されるべきなのか」不明確である、と。(15)

このように、八〇年代前半までに、萎縮効果論を導入した判例のスタイルは確立していた。これを受けて、一九九〇年にはシュミット・グレーザーの指導で執筆された、ルドルフ・マッケプラングの判例を厳しく批判する博士論文が、一九九二年にはフローヴァインの指導で執筆された、判例に好意的な立場からドイツとアメリカの比較を行うゲオルク・ノルテの博士論文が、それぞれ公刊されるなど、学界のこの問題への関心は高まっていった。マッケプラングは、従来の判例批判を繰り返す他、特に萎縮効果論につき次のように述べる。制裁にさらされる「恐れ」から、よく考えもせずにしゃべるような「自由な言論の自発性」は確かにいくらか制約されるであろうが、それは人の名誉という基本法に明示された権利を守るためには当然の制約であって、意見表明の自由についてのみこの危険を重視するのは「あまりに一面的」な見方である。憲法裁は、「内容」と「形式」とを区分し後者への制約を緩く認めるというかつての立場に戻るべきである。(16)

これに対しノルテは、萎縮効果論を意見表明の自由と名誉保護の関係での「決定的な視点」と評価する。「意見表明の自由の場合には、保障の核に『自由な雰囲気』が属する。これによって初めて、公共論争への留保なき寄与が可能になるのである」。この理論によれば、「意見表明の自由領域では、主観的な権利保護機能と客観憲法の発展形成は明確には区分できない」ことになり、だから個別事例の判断において「全ての個人」にとっての自由行使の前提を考慮することも許されることになる。ノルテは特に事実主張の際に求められる真実注意義務につき、New York Times v. Sullivan などのアメリカ判例を参考にしつつ、事実主張者の「誠実性」のみの要求にとどめることで、裁判所の「後からの」「簡単に予測できない」判断への恐れからの萎縮の危険を除去すべきだとの提言をなしている。(17)

以上の叙述から、この時期の萎縮効果論をめぐる議論をまとめておきたい。判例においてこの理論は、意見表明の内容のなさ、行き過ぎを許容し、事実主張の際の真実義務を抑えるために用いられている。公共の議論の「自発性」、「活力と多様性」を維持するためにはそれらの言論も多めに許しておく必要があるということであり、判例自身述べるように、意見表明の自由の自由な民主政における「機能」に着目した理論であると言える。これに対してはまず、「機能」への着目を前提にした上で、「誤った」あるいは「粗暴な」公論形成まで広く認めることがどうしてそれに資することになるのか、という疑問が立てられる。自由な公論形成の前提条件についての見解の相違と言えよう。更に、そもそも公的「機能」によって自由の価値を測ることに反対する立場からは、個別事例のみ見れば「誤った」解決ともなるという犠牲を払ってまで、どうして意見表明の自由を擁護しなければならないのかという疑問が当然湧いてくることになる。ただし、九〇年代の議論を先取りすれば、萎縮効果論の判例としての定着は、批判論者を、意見表明の自由の位置を下げるのではなく、言論によって侵害される法益である名誉の方を、それを守ることにも自由な民主政の観点からの公的価値があるという主張で上げるという方向へ導くことになる。

また、この時期の判例をめぐる議論では、憲法裁が個別事例の判断に介入する度合いを強めているにもかかわらず、その事実認定領域への過度の介入という批判がまだ表面に出てきていないことにも注意が必要である。「政治ビラ」事件では原判決のおこなった言明の意識的な広い解釈が萎縮効果論の見地から問題にされ、「ヨーロッパのＮＰＤ」事件では事実主張との原判決の認定を覆したのであるが、それぞれの判断自体への異論は少なかったのであろう。それ以外の事例では、憲法裁の萎縮効果論は、行き過ぎた表現にも自由の推定が及ぶことを正面から主張するために使われている。同理論は、公共の言論についての推定原則の根拠づけとして用いられていると言ってもよい。言明内容を無害化する解釈を意識的に採用した上でその自由を認める手法が採用されているわけではない。この解釈を導くために後に登場し、憲法裁が「最上級区裁判所」としての役割を果たそうとしている(18)――もちろんそんなものはないのであり、「最上級」と日本の簡易裁判所にあたる「区裁判所」とを合体させて、その態度の異常さを際立たせようとする表現――などいった集中砲火的批判を浴びる原因となる多義的言明の解釈準則――説得的な理由なく、言明への制約を認める結果となる解釈を採用してはならない――は、いまだ登場していないのである。やはり問題を先取りして言うと、この事情は、この解釈準則が推定原則、そして萎縮効果論とどのような関係にたつのか探求する必要を示しているといえよう。

ただし、一九八四年には基本法五条三項の芸術の自由について、重要な判示がなされている。一九八〇年の連邦議会選挙でCDU／CSUの宰相候補となったバイエルン州首相・CSU党首のフランツ・ヨゼフ・シュトラウスに対する激しい攻撃の一環としてなされた、ドイツ国内を巡回する街道劇において、「ヒトラー・ファシズムの短所なしにその『長所』だけをとろうとする」政治姿勢を批判するために彼をナチスの主要人物と並べて登場させ演じさせたことが、侮辱罪で有罪とされた原判決が問題となった（「時代錯誤行列」事件、BverfGE 67, 213）[19]。憲法裁はこのような政治劇も芸術の自由の保護領域に属すること、この自由も明文がなくても憲法上の権利たる人格権で制約されるが、やはりここでも相互作用論が働くことに加え、特に刑罰のような強い制裁は自由の行使に対し「具体的事件を越える」「消極的効果」を与える危険があるので、個別事件の認定にまで審査を及ぼすとする。そして、具体的な作品解釈において、シュトラウスとナチスの密接な関連性を示そうとしたという原判決の解釈以外の理解が成り立ちうることを示し、そのような多様な解釈可能性の中から「刑法に触れるもののみを採用した」ことが芸術の自由の要請を満たさないと判示して、憲法異議を認めたのである。これに対してはすかさず、この街道劇の中核は明らかにシュトラウスがナチス的観念をもっているという非難であったとして、憲法裁が「抽象的に考えうる解釈可能性」によって原判決の認定を覆したことを批判する論評が出されている[20]。が、この理論が後に、確かに通常多様な解釈を許す演劇のような芸術を越え、五条一項にまで流入してくることになる。

このような状況の中、一九八七年七月、ハーバード・ロースクールの法学修士号をもつディーター・グリムが、連邦憲法裁判所に着任した。この後九〇年代前半において、憲法裁は意見表明の自由についての判例を矢継ぎ早に繰り出し、それらは更なる激しい学説の批判を呼びつつ、「兵士は殺人者だ」事件のクライマックスへと向かっていく。しかしすでに紙幅は尽きたので、最後に九〇年代の判例を扱う次稿への簡単なつなぎを述べておくことにしたい。グリムはかつて私が翻訳した小論の中で、表現の自由についての憲法裁判例はずっと一貫しているのに、それが九〇年代半ばに突如激しい批判にさらされるようになったというような書き方をし、その背景を統一後のドイツ社会の変化に見出している。(21) しかし本論文で見てきたように、まず判例は統一以前から厳しい批判にさらされていた。他方、グリム着任後の判決には、従来の判例理論を継承しつつも、微妙な、しかし重大な変化が見られる。その変化がさらなる批判を呼ぶ誘因として作用しているように思われる。この変化の検討が、次稿での主テーマとなる。(22)

本稿は二〇〇二年にドイツ学術交流会（DAAD）の助成を受け、三ヶ月間ドイツに滞在した間に執筆した。DAADへの謝意を表しておきたい。

(1) 一連の論争の激しさは、そこでの感情的な表現の応酬が示している。連邦憲法裁判所は名誉保護を全く軽んじることで「スキャンダル的な不法状態」を作り出している（Martin Kriele, Ehrenschutz und Meinungsfreiheit, NJW 1994, S. 1897, 1898）。「こんな状況は耐えられない」（Walter Schmitt Glaeser, Meinungsfreiheit, Ehrenschutz und Toleranzgebot, NJW 1996, S. 873, 878）。これに対し憲法裁判例を擁護する側も、学問的根拠に欠ける判例批判こそ「クリーレの第一法廷への批判を引用すれば、『スキャンダル的』である」（Jörg Soehring, Ehrenschutz und Meinungsfreiheit, NJW 1994, 2926, 2929）とか、このような批判をおこなう者は「攻撃された裁判官の人間の尊厳を害しているわけでも、禁じられる誹謗的批判をおこなっているわけでもない（批判論者が名誉侵害を広く認定せよと主張していることを皮肉っているのである——引用者注）。思うに、その者はしかしながら、憲法秩序の基本的連関を理解していなかったのである。」（Friedrich Kübler, Ehrenschutz, Selbstbestimmung und Demokratie, NJW 1999, S. 1281, 1287）という反論がなされている。

(2) Rüdiger Zuck, Gerechtigkeit für Richter Grimm, NJW 1996, S. 361. この小論によれば、グリムの表現の自

由判例における影響力は明白であり、その反映として憲法裁諸判決は、一般に「あたかも彼がただ一人の裁判官として決定したかのように」受け取られている。ただし、かつて私が憲法裁にグリムを訪問した際には、彼は、憲法裁判所の判決は全裁判官の十分な合議を経て形成されており、「アメリカのような」誰それの執筆した判決というものではないということを強調していた。無論、世間の逆の受けとめ方を意識してのことであろう。

(3) Dieter Grimm, Die Meinungsfreiheit in der Rechtsprechung des Bundesverfassungsgerichts, NJW 1995, S. 1697, 1703 f.（翻訳として、ディーター・グリム「連邦憲法裁判所判決における意見表明の自由」（上村都訳）名城法学四九巻四号一五九頁（二〇〇〇））「意見形成（Meinungsbildung）」という用語も、この引用個所でも、あるいは今後の判例中でもほとんど、個人的意見ではなく公論（öffentliche Meinung）の形成を意味していることに注意が必要である。なおZuck（Anm. 2）はこの論文を、「いわば憲法が分からずに居残りさせられている生徒に対し、この判例をいかに理解すべきか、とりわけそれがいかに精密に洗練されているか」教えてあげようというものだと形容している。同論文が判例批判者の怒りをいや増しにしたことの現われであろう。

(4) 萎縮効果論に特に着目してきたのは、高橋和之の諸業績である。『憲法判断の方法』（一九九五）など参照。

(5) 上村都の諸業績を特に参照のこと。「意見表明の自由と集団の名誉保護」名城法学論集二五集一頁（一九九八）、「ドイツ連邦憲法裁判所初期判例における意見自由と名誉保護」名城大学論集二七集三頁（一九九九）など。また小貫幸浩「『事実』主張の自由について」高岡法学一二巻二号七九頁（二〇〇一）も参照。

(6) Fritz Ossenbühl, Medienfreiheit und Persönlichkeitsschutz, ZUM 1999, S. 505, 506 f. は、表現の自由解釈において自由な公論形成への萎縮効果の防止を重視するという憲法裁の「前理解」は、明らかにアメリカから「借りてこられた」ものだと指摘している。ドイツ連邦憲法裁判所の判例を論ずるGrimm（Anm. 3）, S. 1701 f. が、具体的な理論枠組の説明個所でわざわざアメリカとの違いを強調しているのも、「連邦憲法裁判所は、意見表明の自由についての裁判において、アメリカ連邦最高裁のそれを強く見つめてきた」というオッセンビュールの指摘を裏側から支持するものであろう。

(7) リュート判決については、木村俊夫「言論の自由と基本権の第三者効力」『ドイツの憲法判例』一二六頁（一九九六）参照。本判決、相互作用論へのルドルフ・スメントの影響については立ち入らない。なお、リュート

「事件」については、木村俊夫「ドイツ連邦憲法裁判所における「リュート事件」の深層」法政研究六八巻一号二三七頁（二〇〇一）を参照。

（8） Schmidt-Leichner, Anmerkung, NJW 1961, S. 819; Edmund H. Schwenk, Umfang und Wirkung von Meinungs- und Pressefreiheit, NJW 1962, S. 1321（ただし、この論文は一九条二項の基本権の本質的内容絶対的保障条項を使って実質的には同じ結論を導くべきと述べる。）; Karl August Bettermann, Die Allgemeinen Gesetze als Schranken der Pressefreiheit, JZ 1964, S. 601. 判例に基本的に賛成するものとして、Wilhelm R. Beyer, Anmerkung, NJW 1961, S. 1156; Helmut Ridder, Anmerkung, JZ 1961, S. 537（「全ての国家市民」の権利性の承認を、リュート判決の定式での公共議論に「参加する正当性」要件からの発展だと指摘し、それに賛成する）; Gustav W. Heinemann, Die Rechtsordnung des politischen Kampfes, NJW 1962, S. 889, 892 f.

（9） Walter Schmitt Glaeser, Die Meinungsfreiheit in der Rechtsprechung des Bundesverfassungsgerichts, AöR 97 (1972), S. 60, insb. 77-80, 276-95.

（10） Hans H. Klein, Öffentliche und private Freiheit, Der Staat 10 (1971), S. 145.

（11） Hans Peter Bull, Freiheit und Grenzen des politischen Meinungskampfes, in: Festschrift 50 Jahre Bundesverfassungsgericht, 2. Bd. (2001), S. 163, 172 f. は、形式と内容の区別論は明示なく放棄され「エピソードにとどまった」とする。

（12） Jochen Abr. Frowein, Reform durch Meinungsfreiheit, AöR 105 (1080), S. 169, 186 f.

（13） Peter Tettinger, Der Schutz der persönlichen Ehre im freien Meinungskampf, JZ 1983, S. 317, 324 f.

（14） Walter Schmitt Glaeser, Meinungsfreiheit und Ehrenschutz, JZ 1983, S. 95. 同判決批判として、vgl. auch Georg von der Decken, Meinungsäußerungsfreiheit und Recht der persönlichen Ehre, NJW 1983, S. 1400.

（15） Walter Schmitt Glaeser, Die Meinungsfreiheit in der Rechtsprechung des Bundesverfassungsgerichts, AöR 113 (1988), S. 52, 53-55, 65-68.

（16） Rudolf Mackeprang, Ehrenschutz im Verfassungsstaat (1990), S. 223-32.

（17） Georg Nolte, Beleidigungsschutz in der freiheitlichen Demokratie (1992), S. 38-40, 86-93. 本書は一九九〇

年に提出された博士論文の出版である。

(18) Horst Sendler, Kann man Liberalität übertreiben?, ZRP 1994, S. 343, 346.

(19) この選挙戦においてシュトラウスは自らへの激しい批判、とりわけ自分をナチスと比較する批判に対し、多くの刑事告訴をなすことで応戦した。それらの多くが裁判所により侮辱罪で有罪とされたことに対する揶揄として、豚の姿をしたシュトラウスと裁判官が交尾している風刺画を掲載した雑誌の発行者が、やはりシュトラウスの告訴を受けて有罪とされた事例につき、連邦憲法裁判所は、それが芸術の自由の保護領域に属することを認めつつ、この場合には名誉侵害が人間の尊厳を害するまでに至っているとして憲法異議を認めなかった(BverfGE 75, 369)。シュトラウスはこの後も名誉毀損の訴えを繰り返し、意見表明の自由と名誉保護の関係についての判例の展開に(期せずして)大きく貢献することになる。

(20) Harro Otto, Anmerkung, NStZ 1985, S. 213.

(21) Dieter Grimm, Verfassungspatriotismus nach der Wiedervereinigung, jetzt in: ders., Die Verfassung und die Politik (2001), S. 107, 112. 翻訳としてディーター・グリム「基本権を擁護せよ!」(毛利透訳)法律時報六九巻一一号六九頁、七一頁(一九九七)。

(22) 毛利透「ドイツの表現の自由判例における萎縮効果論——一九九〇年代」法学論叢一五三巻一号一頁(二〇〇三)。

20

大学改革と大学の自治
——オーストリアの大学改革を中心に——

山本悦夫

はじめに

わが国の国立大学を取り巻く環境の変化には、一九九〇年代から著しいものがある。その変化の要因として、二つのものが認められる。その第一のものが大学改革であり、第二のものが国家機関の独立行政法人化である。両者は本来的には別物で異なった目的をもつが、現在の国立大学にとっては両者は一体として立ち向かわなければならない存在である。

第一の要因である大学改革は、一九九八年一〇月二六日の大学審議会の答申「二一世紀の大学像と今後の改革方策について——競争的環境の中で個性が輝く大学」(1)によって明示的な方向性が示された。そこでは、大学等の多様化・個性化の推進、国際的な通用性の向上などの視点を踏まえ、大学等の自主性・自律性を高める柔構造化等の一層の推進と、法令などそのための基礎となる基本的枠組みの整備を図ることが目的とされた。

もちろん、このような問題意識はわが国だけではない。大学改革を含めた教育改革は、ヨーロッパを含めた先進諸国において、一様に認識され、実現に向けた努力がなされてきている。アメリカにおいては、一九八三年の連邦政府報告書「危機に立つ国家」で教育の危機が唱えられ、教育改革運動が始まった。イギリスでも、サッチャー政権での改革が一九八八年の教育改革法を生み出した。これらにおいて共通していることは、第一に、経済面での国際競争が激化し、国境を越えた経済活動が盛んになるにつれて、経済的競争で優位に立つために、経済活動を支える科学技術の発展と幅広い人材の育成が不可欠であることが認識されたことがある。第二に、科学技術の発展や情報化の進展によって、従来の国家単位でのローカルなスタンダードでは不十分となり、グローバルなスタンダードが求められるようになったことがある(2)。

第二の要因である国立大学の独立行政法人化は、上述の大学改革とは別に、行政改革の一環として各省庁の一律の定員削減として打ち出され、その方法として国家行政組織の独立行政法人化が決定されたことに伴うものである。現実に国立大学法人化は二〇〇四年に迫り、独立行政法人にふさわしい組織作りが各国立大学で検討されている。国の機関の独立行政法人化自体はすでに先行的に行われており、文部科学省所管の機関でいえば、研究所の大学入試センターや国立女性教育会館、国立科学博物館や国立美術館、さらには国立少年自然の家や国立青年の家などについて、二〇〇一年四月から独立行政法人として組織替えが行われている。

国立大学を法人化することは、法人格が付与された国立大学に予算、組織、人事における規制緩和がもたらされ、これによって大学の自主性・自律性の実現が促進されることを意味する。二〇〇二年三月二六日に国立大学等の独立行政法人化に関する調査検討会議が発表した「新しい『国立大学法人』像について」では、人事制度、目標・評価の制度、財務会計制度など従来の国立大学の制度とは異なった、新しい国立大学における組織のあり方を提示している(3)。

これら二つの要因によって国立大学の新しい組織が形成されつつある。しかし、問題とされるのは、そのような新しい国立大学において、憲法二三条の保障する大学の自治が保障されうるかということである。戦前に京都大学などでみられた大学の自治を侵害する出来事が、現代において形を変えて起きてはならない。本稿では、わが国の大学制度の源であるドイツ法的な大学制度における変容を、ドイツ法圏にあるオーストリアの大学法の制定を素材に検討することとする。

（1）　大学審議会「二一世紀の大学像と今後の改革方策について――競争的環境の中で個性が輝く大学」一九九八年一〇月二六日。

（2）　高橋誠「世界的潮流としての教育改革」本間政雄・高橋誠（編著）『諸外国の教育改革』ぎょうせい（二〇〇〇年）所収、二一頁以下参照。

（3）　国立大学等の独立行政法人化に関する調査検討会議「新しい『国立大学法人』像について」二〇〇二年三月二六日。

一　オーストリアの大学改革

1　ヨーロッパ諸国における大学改革

ヨーロッパを含めた先進諸国において、大学改革の重要性と必要性は一様に認識されている。そこでは、第一に、経済面での国際競争で優位に立つためには、経済活動を支える科学技術の発展と幅広い人材の育成が不可欠であること、第二に、科学技術の発展や情報化の進展によって、グローバルなスタンダードが求められるようになったことが理由となっている。

(1)　イギリス

イギリスでは、英国病と呼ばれる経済・社会の衰退状況の克服のために市場原理による効率化を目指す経済・社会の改革として教育改革は位置づけられた。保守党政権の下で、市場原理に基づく大学間の競争により、教育水準の向上が目標とされた。

このような状況の下で、一九九〇年代にイギリスでは高等教育の大衆化が進んだ。一九六五年に八・七％であった高等教育への進学率は一九九四年に三一・一％となったが、当時の財政状況の悪化の中で、さまざまな対応がなされることとなった。第一の対応は、大学に対する国の補助金に関する機関を再編し、補助金を通じた国の関与を可能としたことである。国はその方針や条件を提示しつつ、大学に補助金の配分を行う手法により、大学に対する関与を強めた。具体的には、補助金の効果的な使用とその支出に見合うアカウンタビリティーが各大学に求められることとなった。このことは、必然的に大学・教員の研究活動に対する評価をもたらし、その結果が補助金の受給額に反映される仕組みが導入された。また、評価は研究面にとどまらず、教育面においても行われることとなった。一九九七年には高等教育審議会が設置されて、統一的な評価が行われている。(4)

(2) フランス

フランスにおいては、経済競争力向上の一環として教育改革が行われている。そこでは、不安定な経済構造の改善と高失業率の解消が至上命題とされ、教育の規模拡大が図られた。しかし、一九九〇年代になってバカレロア取得率が向上するにつれて、大学への進学率が上昇して、大学の教育・研究条件が悪化した。そこで、一九九六年にシラク大統領の下で、セメスター制の導入、入学後の進路決定の弾力化、学生の処遇改善、技術コースの充実、産学連携の強化、研究の充実、国際化の促進、教員評価の改善、大学運営の刷新などの改革が決定された。また、ＥＵ統合に伴って、教育分野における協力・統合が求められており、一九九八年のパリ宣言、一九九九年のボローニャ宣言に基づいて、学位・職業免状の各国の相互承認や学位制度の統一化、また、単位制の導入による学生の流動性を高めるとともに、生涯学習の場としての大学を位置づけようとしている。(5)

(3)　ドイツ

ドイツにおいては、東西ドイツの統一とそれによる経済不振が教育改革の出発点となった。経済不振による教育予算の削減、国際競争力を向上させるための国際化、情報化を念頭においた教育改革が行われている。

ドイツでは、連邦制の採用により、教育についても各ラントの独自性が尊重され、基本的にはラントが教育に関する権限を有するが、連邦は高等教育や学術研究の一部について権限を有する。連邦政府は一九九四年に産業立国を目指して教育学術と研究技術の連携を図るために、これまでの連邦教育学術省と連邦研究技術省を統合して、連邦教育学術研究技術省を設置している。

ドイツの高等教育における最大の課題は、大学が六・七年という長期在学による多くの学生数を抱えて財政難の中にあっても、いかに教育と研究の質の向上を図るかという点であった。一九九八年に改正された連邦高等教育大綱法は、高等教育の効率を高めることによって国際競争力をつけるために、学生の卒業促進、教育の質の維持、予算配分や運用の改善を定めた。具体的な方策としては、大学とその教官の教育・研究活動に対する評価や規制緩和による大学の権限の拡大などがみられる(6)。

2　オーストリアの大学改革

(1)　一九七五年大学組織法制定以前

オーストリアの大学は、一三六五年にルドルフ五世によって設立されたウィーン大学にはじまる。一般に、ヨーロッパにおける大学の歴史は一二世紀に教師と学生の組合として結成されたボローニャやパリの大学にはじまり、それらは徐々に皇帝や法王の特許状を得て、大学の自治を獲得していったものである。しかし、オーストリアの場合は、絶対主義体制の下で、大学の組織やカリキュラムに対して国家の強い干渉が行われてきた。

一八世紀の後半においても、国家が大学の管理者であり、組織と教授に関する規定が国家によって定められていた。そこには教授の自由も大学の自治は存在しなかった。

オーストリアにおいては、一八四八年の革命の後にはじめて学問の自由、とりわけ教授の自由、さらには大学の自治が認識されるようになった。(7) 現在も憲法として位置づけられる一八六七年の「国民の一般的権利に関する国家基本法（ＳｔＧＧ）」一七条一項で、学問の自由とその教授の自由の保障が明文で定められ、さらに、一九二〇年の連邦憲法で国家基本法全体が憲法としての意義を与えられることとなった。大学における教授の自由の保障により、大学は「正教授大学（Professorenuniversität）」と呼ばれるように、正教授のみが大学の正規の構成員であり、正教授による大学運営が行われた。このことが大学の自治であるとも理解された。(8)

一九三八年のナチスドイツによる併合により、大学の自治権は失われたが、戦後になって大学は再び大学の自治を復活し得た。しかし、隣国ドイツでは一九六〇年代末になると、伝統的な正教授大学に対する批判、正教授以外の大学運営への参加要求が起り、大学改革がはじまることになった。このドイツにおける大学改革のうねりは、オーストリアにも波及した。

(2) 一九七五年の大学組織法（ＵＯＧ）の制定

オーストリアにおいては、戦後大学の組織を統一的に定めた高等教育組織法（Hochschulorganisationsgesetz（ＨＯＧ））に代えて、一九七五年に制定された大学組織法（Bundesgesetz über die Organisation der Universitäten）は、オーストリアの大学の組織を近代化するものであった。それにより、大学における決定が、教授権限を有する教授の組織から、教授代表、助手代表、学生代表、職員代表からなる集団代表的な組織体（Gruppenuniversität）に変更された。大学における決定に際して、各集団の代表についての教授、助手、学生の比率が、二対一対一のものや一対一対一のものがみられた。(9) このような改革は、ドイツ連邦共和国において一九七一年に制定された臨時ニーダーザクセン総合大学法（Vorschaltgesetz für ein Niedersachsisches Gesamthochschulgesetz）にみられたものと同様なものであった。このようなドイツとオーストリアに共通する動きは、当時の大学紛争の中で、教授の他に助手、学生、職員など大学の全構成員を大学の管理機関に実質的に参加させるべきとの要求が認められた結果であった。(10) ただし、オーストリアにおいては大学内における決定の構造や大学と監督官庁との関係はそのままとされた。(11)

(3)　一九九〇年代の改革

一九九〇年代は、オーストリアの高等教育も他のヨーロッパ諸国と同様に改革の過程にあった。ニューメディアの出現、学生数の実質的増大、教育の国際化、連邦財政の危機などといった他の国々と同様な理由と結びついて、オーストリアの大学はその供給する卒業生の質とその競争力を高めることがますます要求された。このことは、一九九〇年代の半ばに、第一に大学の組織と教育内容の現代化に、第二にFachhochschule（専門単科大学）の設置による専門職業人教育に現れることになった。

とりわけ、大学における教育改革については、従来の大学と国家の高等教育行政の協力だけでは、新たな義務の履行に不十分であると考えられた。そこで、一九九〇年に連邦政府は大学改革の目的を「大学の強化」、すなわち、「責任と自律」、「効率の改善」として、新たな改革の方向を目指した。一九九三年に行われた大学組織法の改正は、その第一の主要な改革のステップであり、一二の「大学」の制度的な自律性の根拠を提供するものと考えられた。改正法においては、大学に経営的管理とサービス指向の活動を導入し、それによって効率と質の向上や高い対費用効果、ひいては資源の有効活用を達成することを可能とするために、広範な政策決定権が連邦大臣から各大学に移されることになった（部分的な権利能力の付与）。また、このような大学組織の改革は、一九七五年と一九九三年の大学組織法の対象とされていなかった芸術・音楽大学にも拡大されていった。[12]

そこでの改革は、具体的には、①学長の諮問に答える、学外者からなる諮問会議などの機関を設置したこと、②従来は個々の部局毎に科学研究大臣に要求していた予算を大学として統一的に要求し、学長が配分することとしたこと（包括的予算）、③大学固有の学則を制定したこと、④経営管理者として学長・学部長を位置づけたこと、⑤学部の教育問題について責任を負う教務部長職を設けたこと、⑥大学部局の評価制度を導入したこと、⑦長期在学者の増大により授業料制度が導入されたことなどがあげられる。

評価制度については、一九九七年に大学の研究・教育の評価の実施のための原則を定める評価に関する命令（EvalVO）が制定されている。まず、評価の目的は、大学の教育・研究や大学に関連する措置の効果と能率を審査することとされた。評価の方法は、①大学外の専門家による研究活動の評価、②専門家によるヒアリング・鑑定、③学生による教育制度の評価、④専門論文の引用数などによる。また、評価結果は、①教授・客員教授の採用、②講師としての教授権限資格の付与、③助手の採用、④非常勤講師の配分、⑤部局長への任命、⑥職務義務の確定、⑦昇進、⑧予算配分などの参考とされる。[13]

(4)　最近の改革の動き

一九九三年の大学組織法が各大学に適用されても、大学はこの法律によって与えられた自律性に限界を感じることになった。大学の資源を柔軟に管理することは、雇用、給与そして財政についての連邦政府の一般的規制が維持されている以上、依然として制限され続けたからであった。したがって、二〇〇〇年の政府綱領では、限定的なものである大学の自律性を、経営について私企業類似の「完全な権利能力」をもったものにするとして、大学に真の意味での自律性を与えるという高等教育における政策目的を採用した。[14]

その結果、大学の組織改革は第2段階に入り、二〇〇一年の大学教員についての公務員法の改正と、一九九三年大学組織法（以下、ＵＯＧ）に代わる二〇〇二年の大学法（Bundesgesetz über die Organisation der Universität und ihre Studien, 以下、ＵＧ）の制定（施行前）が行われている。まず、大学教員についての改正後の公務員法は、権利能力を有する大学による契約に基づく雇用関係へと改めるものである。改正の理由は、従来の公務員法における雇用関係では、①能力ある人材が大学教員になる可能性を拡大する必要があること、②大学に完全な権利能力を与えることが、現行の公務員法では困難であること、③大学教員の公法上の勤務関係は教員の移動性を妨げ、外国からの優れた教員の採用を困難にしていることなどがあげられる。これにより、従来の大学教授、助教授、助手、技官などといった教員構成は、任期のない教授、任期付き教授、大学助手、学術的雇員の四つに分類されることとなった。

次に、二〇〇二年ＵＧの組織面での改革は後述のように多岐に渡る。国家と大学の関係については、大学は公法人として完全な権利能力を有する。ただし、大学予算は国庫から支出される。大学の決定と責任という点では、大学の自律性により大学経営の効率と自己責任性が求められる。大学に法律を守らせるという行政上の管理に代えて、大学の評価が行われる。二〇〇二年ＵＧは、大枠だけを定め、それ以外の事項は大学自身に規律させる。一九七五年ＵＯＧによって導入された教授、助教授、大学職員、学生による共同決定原理は、経済・社会からの参加という形で修正される。大学財政については、大学は次年度以降実施する予定の計画とそれに必要な予算を連邦教育科学文化省に提示し、連邦教育科学文化省はそれを認めた場合に、それに必要な予算をつけることを合意する実施契約制度が導入される。

以上のようなオーストリアの大学改革の経緯において、このような大学改革は大学の自治という観念と衝突することになる。例えば、一九七五年のＵＯＧにおいては、大学における決定権が教授から、教授、助手、学生そして職員の代表に移ったことは、確かにそれまで大学の自治の主体を変更するという点で、大学の自治のあり方を変更するものであった。また、一九九三年ＵＯＧにおいて、大学運営に大学の外からの意見を反映させることは、それまでの教授、助手、学生そして職員の代表による大学における決定権の所在を変更するという点で、大学の自治のあり方を部分的に変更するものといえる。すなわち、大学改革は大学の自治との関係で問題となりうる契機を内在している。次章では、オーストリアにおける大学の自治の観念を検討することにする。

(4) 篠原康正「イギリス」本間政雄・高橋誠（編著）前掲書所収、一〇九頁以下参照。
(5) 坂井一成「フランス」本間政雄・高橋誠（編著）前掲書所収、一〇九頁以下参照。
(6) 丹生久美子「ドイツ」本間政雄・高橋誠（編著）前掲書所収、一五八頁以下参照。
(7) 高木英明『大学の法的地位と自治機構に関する研究』多賀出版（一九九八年）四三頁以下参照。
(8) 高木英明、前掲書五二頁以下参照。
(9) 例えば、一九七五年の大学組織法では、学長選挙を行う大学会議（Universitätsversammlung）において、教授代表、助手代表そして学生代表の数は同数とされ（同法一六条二項）、正教授の任用のために設置される委員会においては、教授代表、助手代表そして学生代表の数は二対一対一とされた（同法二六条三項）。
(10) 阿部照哉「学問の自由と大学の自治」ドイツ憲法判例研究会編『ドイツの憲法判例』信山社（一九九六年）一五五頁以下参照。
(11) Bundesminisiterum für Wissenschaft und Verkehr, Weißbuch zur Hochschulbildung in Österreich, 1998, S. 21.
(12) Bundesminisiterum für Bildung, Wissenschaft und Kultur, Universitätan und Hochschulen in Österreich: Reformen 2001 (http://www.bmbwk.gv.at/start.asp?bereich=7&OID=5055&l 1=1084&l 2=1085&l 3=1085).
(13) EvalVO (Verordnung des Bundesministers für Wissenschaft und Verkehr über Grundsätze für die Durchführung von Evaluierungen in Forschung und Lehre der Universitäten. BGBl. Nr. II 224/1997).
(14) A. a. O., Universitätan und Hochschulen in Österreich: Reformen 2001.

二　オーストリア憲法における大学の自治

1　学　説

(1)　学問・教授の自由

一九二九年に制定されたオーストリア連邦憲法には、七条の平等権に関する規定を除いては、基本的人権についての規定は存在しない。しかし、一九二〇年の連邦憲法がいくつかの基本的人権を保障する法律を憲法としての意義を有する憲法律として宣言し、後の一九二九年の連邦憲法も同様である。本稿との関連では、そのうちの一八六七年一二月二一日の「国民の一般的権利に関する国家基本法」(以下、ＳｔＧＧ)の一七条一項は、「学問とその教授は自由である」と定め、学問の自由と教授の自由を明文で保障している。

学問の自由の概念はドイツ法圏において発達したが、オーストリアでは、一八四八年にはじめて学問の自由が注目された。そして、学問とその教授の自由がＳｔＧＧ一七条一項に詳細な議論なしに導入されたのであった。その理由は、ドイツ語圏で発達した大学制度にあるといわれる。当時の自由主義的観念論的な思考は、国家と教会に対する学問の自由の保障を要求したからであった(15)。

学問とは、「内容と形式からして、真理の獲得のための真摯で計画的な追求とみなすことのできる」(16)すべての活動である。また、研究は学問の一部をなし、研究成果の教授も学問の他の一部をなす。ただ、学問の自由という基本権の中心は、研究ではなく、研究成果の公表にある(17)。従って、誰でも自由に学問研究を行い、その結果を発表することができる(VfSlg 3068/1956)。また、自己の学説を主張したことによって訴追を受けることはない(VfSlg 2823/1955)。なお、歴史的にみれば、学問の自由という基本権は大学制度と密接に関連してきたことが確認されるため、オーストリアでＳｔＧＧ一七条一項は大学の基本権ともいわれる。

学問の自由とその教授の自由には、法律の留保は付されていない。もちろん、それによってこの基本権が無制限なものとなるわけではなく、この権利に内在する制限が及ぶ。そのため、学問上の研究と教授についての外的秩序づけを行う法律を制定することは許される。しかし、大学教員の法的地位を規律する法律が特定の教員について、その学問上の見解を持続的にまたは一時的に抑圧することになる場合は許されない[18]。

学問・教授の自由の享有主体については争いがある。研究の自由については、精神科学のように本質上何らの物的設備を必要としない領域ではもちろん、何らかの物的設備を必要とする学問領域においても、研究を行うことのできるすべての者に研究の自由は保障される[19]と解される。他方、教授の自由については見解が対立する。伝統的な見解のよってたつ憲法の歴史的理解によれば、学問・教授の自由が大学制度との関係で成立・発展したことから、教授の自由は大学において教授資格をもつ者（Lehrbefugte）だけに保障される。具体的には、UOGにより、大学の特定の専門領域における教授資格を審査手続（Habilitationsverfahren）によって承認された者だけに認められる[20]とされる。

これに対して、学問の自由の享有主体は、学術上の、すなわち大学の教授と研究に参加している者だけでなく、大学の内外を問わず、すべての学問的な組織や学問的な研究と教授に関係するすべての者であり、学位または教授資格などによる形式的な資格は必要でないとする見解がある[21]。確かに、学問と教授の自由が大学との関係で発達してきたとしても、現代においてその享有主体を大学における教授資格を有する者に限定することは適当ではない。大学という閉ざされた場所での研究と教授を教授資格をもつ者の手に留保することは、現代の大学のもつ研究・教育の任務からいって適当ではない。

(2)　大学の自治

ＳｔＧＧ一七条一項は、学問・教授の自由という主観的権利の他に、学問・教授の自由が歴史的に大学において発達してきたという事実との関連で、行政機関をはじめとして国家機関から指示を受けることなく、実質的に研究と教育に関係する諸事項を大学が自由に処理することができるという大学の自治をも保障するかという点についても争いがある。このような憲法上の制度的保障として大学の自治を認める見解にあっては、大学の自律的な事項として、学長など大学の機関の選挙、教授の後継者の選出、学位の付与、大学での教育・試験などが含まれるが、何が個別的に大学の自治の本質的内容にあたるかの判断は、学問・教授の自由の歴史的解釈によることになる(22)。それによれば、大学の自治は、大学の固有の領域に国家が介入することを排除するだけでなく、大学の固有の領域が教授資格を有する者によって自律的に処理されることを要求する。従って、大学の固有の領域における決定権は教授資格を有する者に独占されることになる。また、大学の自治という制度を認めても、教授の自由の主体を教授以外にも認める立場にあっては、大学固有の領域である大学組織の構成に関し、合議機関の構成が教授の代表以外に助手や学生の代表が加わることも認められ、そのような構成である合議機関の決定も大学の自治の具体化として承認する(23)。

これに対して、ＳｔＧＧ一七条一項は大学の自治という制度的保障を定めていることを認めず、大学組織の形成にあたり、もっぱら学問とその教授の自由から制限が加えられるとする見解もある(24)。この立場は、後述する憲法裁判所の一九七七年の判決（VfSlg 8136/1977）によるものである。オーストリアにおいては、一九九九年にはじめて私立大学の設置が認められ、また、大学以外の高等教育機関の設置も行われているとはいえ、大学は国立大学がほとんどである。そのような状況の中で、学問とその教授は、依然として国家によって財政的に支えられている国立大学を中心として行われている。アカデミズムの歴史が国家との衝突にあったことを想起すれば、大学の自治を憲法上制度として保障することは承認されなければならない。

2 学問の自由と大学の自治をめぐる憲法裁判所の判決

(1) 教務委員会判決

本件手続は、一九七五年のUOG五九条の教務委員会の委員などに選出された複数の大学の教授により申し立てられた複数の異議を受理した行政裁判所が、異議の対象となっていた処分を基礎づけるUOG五九条の合憲性に対して疑念をもったため、憲法裁判所に事件を移送してUOG五七条の合憲性の判断を求めた具体的規範統制手続(連邦憲法一四〇条一項)である。(25)

行政裁判所は大学の自治を不変なものとみなさないにしても、その本質は立法者が法律により変更できないものであると考える。そして、その本質とは、学術的行政の枠内における決定が、自律的排他的にそれについて学術的に適切に資格づけられた大学教授に委ねられることだと考える。歴史的にも、一九二〇年の憲法立法者も、直接的な学術的行政をもっぱら自己責任を負った大学教授に移したとみなされる。これにより、大学の自治はもっぱら教授職の自治となる。従って、大学での自由な教授の保障を、助手や学生など教授資格を持った者以外に与えることは、StGG一七条の核心領域を侵害する。その理由として、StGG一七条一項には制度的側面もあり、その制度的側面は個々人が保持する基本権を防衛するために必要とされる。

このような行政裁判所の見解に対して、憲法裁判所は次のような見解を述べた。

大学が自律的な作用領域を有することに憲法上疑いがないということは、これまでの一連の判決で憲法裁判所は認めてきた。しかし、大学の自治が制度的保障として憲法上保障されているかどうかについては、否定せざるを得ない。(26) StGGの基本権カタログは、その制定時から明らかなように、国家権力の行使に対して個々人を保護するもので、伝統的な自由主義の観念によって保障される。従って、StGG一七条一項には学問とその教授の自由に関する制度的保障は認められない。教務委員会が教授、助手、学生がそれぞれ三分の一ずつ代表権をもつことは、大学における学術的行政において教授以外の者の意見を聞くことこそが重要であるので、正当化できる。(27)

以上のように、教務委員会判決によって、長い間、教授の自由の享有主体を教授資格をもつ大学教授に限定してきた判決が変更されることと共に、大学の自治という制度的保障の理解が明確に否定された。

(2)　教授資格授与委員会判決

本件手続のきっかけは憲法異議手続である。本件では、一九七五年のUOG一五条九項に基づいて組織された教授資格授与委員会の決定によって、教授資格審査手続が中止させられた者が、その決定により自己の憲法上の権利、すなわち連邦憲法七条の法の下の平等の権利などを侵害されたとして憲法裁判所に憲法異議（連邦憲法一四四条一項）を申し立てた。そして、憲法異議の審査において、憲法裁判所は審査手続の前提となるUOG一五条九項による教授資格授与委員会の構成規定について憲法上の疑念をもったため、職権（具体的規範統制）で当該規定の審査が開始された(28)（連邦憲法一四〇条一項）。なお、憲法裁判所は本件以前から、UOG一五条による教授資格授与委員会の構成を平等原則に適合させるように修正すべきことを論じていた。(29)

UOG三五条三項の教授資格授与審査には、第一段階の専門性の審査、第二段階の教授資格論文の方法論や学問研究上の新しさなどの審査、第三段階の会話能力、第四段階の口頭試問という四つの段階がある。これら四つの審査のために設置される教授資格授与委員会には、教授の他に助手と学生が同数で参加することになっている。

憲法裁判所は、四つの審査のうち、第二段階と第四段階の審査に大学の課程を終えていない学生を参加させることは、能力の十分にない者を能力の要求される教授資格授与に参加させることになる。すなわち、憲法裁判所は、教授資格授与委員会における意思決定を、決定が教授資格を有する構成員の過半数によって行われない可能性があり、そのような方法を教授資格授与審査に用いることは不適切で平等原則違反となるとして、[30] 廃止した。

この判決で問題となることは、一九七七年の教務委員会判決で教務委員会の構成について合憲とした判決との整合性をどう取るかである。というのも、教務委員会判決では教授の大学における決定権の独占を否定したが、本件では、事項においては教授の絶対的多数による決定権の必要性を承認したからである。本件判決で憲法裁判所は、教務委員会判決では大学の「学術的行政への参加」が問題となったが、本件では学術的「審査・決定」が問題となっているので、[31] 問題の対象が異なるとして正当化を試みている。しかし、そのように対象を厳格に区別することができるのかという点が問題である。また、区別できるとしても、かつてのような決定権の独占はないにせよ、大学における教授の絶対多数的な決定権を承認したことには変わりがない。本件での憲法裁判所の考え方によれば、教授、助手、学生の決定権への参加の割合が、一対一対一となる場合の許される場合を厳格に判断することになろう。

以上にあげた憲法裁判所の判決は、大学の自治における大学内部での自治権の配分を問題としたものである。しかし、大学の自治は、対国家権力との関係で問題となるのはもちろん、社会的権力との関係でも問題となりうる。次章では、オーストリアの現代における大学改革をめぐって、社会的権力との関係で大学の自治の侵害が問題となりうる状況を検討することにする。

(15) Vgl. Felix Ermacora, Handbuch der Grundfreiheiten und der Menschenrechte, 1963, S. 466.
(16) BvrefGE 35, 79 [113].
(17) Vgl. Ermacora, a. a. O., S. 469.
(18) Vgl. Theo Öhlinger, Verfassungsrecht, 4. Überarbeitete und erweiterte Aufl. Rz. 925.

(19) Vgl. Ermacora, a. a. O., S. 469.
(20) Vgl. R. Walter/H. Mayer, Grundriß des österreichischen Bundesverfassungsrechts, 9. durchgesehene und ergänzte Aufl., 2000. Rz. 1448.
(21) Bernd-Christian Funk, Einführung in das österreichische Verfassungsrecht, 10. ergänzte Aufl., 2000. Rz. 452.
(22) Vgl. R. Walter/H. Mayer, a. a. O., Rz. 1449.
(23) Vgl. Bernd-Christian Funk, a. a. O., Rz. 453.
(24) Vgl. Theo Öhlinger, a. a. O., Rz. 924.
(25) 古野豊秋『違憲の憲法解釈』尚学社（一九九〇年）二五〇頁以下参照。
(26) Vgl. VfSlg. 8136/1977（S.89）.
(27) Vgl. VfSlg. 8136/1977（S.93）.
(28) 古野前掲書二五〇頁以下参照。
(29) Vgl. VfSlg 10530/1985, 11069/1986.
(30) Vgl. VfSlg. 14362/1995.
(31) Vgl. VfSlg. 14362/1995.

三　一九九三年大学組織法と二〇〇二年大学法

1　一九九三年大学組織法（UOG）改正と大学の自治との関係

前述のように、他のヨーロッパ諸国における大学改革にみられたように、大学組織法の一九九三年の改正は学生の質を高め、国際的競争力を高めるために行われたものである。それは大学の自律性を高める根拠づけを与える。

余地を拡大した。

(1) 一九九三年UOG改正の内容

一九九三年のUOGの改正[32]は、大学の自治との関係では、次のようなものであった。

第一に、大学の権利能力を拡大するものである(九三年UOG三条一項)。一九七五年UOG[33]はすでに、公法人としての大学にUOGの定める事項について、部分的な権利能力を認めていた。一九九三年改正では、権利能力の及ぶ範囲を一層拡大している。具体的には、国際的共同研究などの領域で大学独自の判断で活動できる余地を拡大した。

第二に、従来の正教授とその地位をもたない教授に分けられていた大学教授の地位を統一化した(九三年UOG一九条二項一号b)。なお、一九九三年改正では、男女差別の排除を明確に示しており、文言上、教授をはじめとして男性教授、男性講師と女性教授、女性講師など両性を明記している。

第三に、大学の機関として、従来の評議会(Senat)と学長(Rektor/Rektorin)の他に、学長選出機関として大学会議(Universitätsversammlung)(九三年UOG五五条)、大学運営の諮問機関として運営諮問会議(Universitätsbeirat)(九三年UOG五六条)が設置された。大学会議は、学長の選出と解任、そして副学長の選出と解任を行う。構成は六〇〇人以下で、評議会の構成員の他に、それぞれ同数の大学教授の代表、大学助教授・学術的構成員の代表、学生の代表、一般の大学職員の代表からなる(九三年UOG五五条二項・三項)。大学会議は七五年UOG一六条二項でも規定されていたが、その構成は学部代表という意味が強かった。運営諮問会議は、大学の長期的必要予測、人的・物的資源の配分、教育・研究評価の実施、経済・社会との大学の協力について、学長や評議会に諮問を行う。地域団体あるいは国際団体の代表、経済(職業)の代表、卒業生の代表が同数で構成され、評議会が任命する(九三年UOG五六条三項)。

従来、大学の正教授の中から選出されていた学長は、「組織的および経営的な指導力」という能力をもつ大学教授だけでなく、同様な能力をもった大学外で活動する人物の中からも選出されることとなった（九三年UOG五三条五項）。学長の任期も再任可能な二年（最長四年）から再任可能な四年に延長された。また、学長の下に四人までの副学長をおくことができるようになった（九三年UOG五四条一項）。副学長も大学会議が選出するが、選出に際して学長が候補者の推薦を行う（九三年UOG五四条三項）。

第四に、一九七五年UOGと同様に、学部の機関として学部長（Dekan/Dekanin）と学部会議（Fakultätskollegium）がおかれる。学部長も従来同様に学部会議で選出されるが、学長が推薦した二名の候補者から選出される（九三年UOG四九条三項）。

第五に、大学における教育と研究についての評価の制度が導入された（九三年UOG一八条二項）。なお、この規定に基づいて、一九七七年一〇月から発効する評価令が具体的内容を定める。

第六に、大学予算の必要額算出に際して適正化を行うための手続が導入された（九三年UOG一七条）。それに加えて、大学内の教育と研究についての評価を通じて配分する仕組が導入された（九三年UOG一八条七項）。

(2)　一九九三年UOG改正の意義

一九九三年の大学組織法の改正は学生の質を高め、国際的競争力を高めるために行われたものである。それは、一方で大学の自律性を高める根拠づけを与えるという点では、大学の自治を一層促進するものといえる。どんなに大学の自治を憲法上において承認しても、オーストリアにおける当時の大学がすべて国立大学である以上、大学の財政基盤は国家財政に依拠せざるを得ない。国家はその財政的支出を通じて国立大学の運営に多大な影響力を及ぼすことができた。その影響力の中には、教職員が国家公務員であることによる間接的な影響も含まれる。これに対して、一九九三年のUOG改正法は端的にいって、大学組織につき規制緩和と非集中化を行うことを目的とした(34)。

改正の内容をみると、第一に従来の規制主体であった国家からの自律性が注目される。限定的にではあるが大学の権利能力が拡大し、大学独自の行動がとれるようになったこと、学術的な視点だけでなく、経営的視点からも学長が指導力をもって大学を牽引していく制度が導入されたことは、大学の自律性を拡大するものとして評価することができる。また、自律性には、自己責任が伴うことは当然であるので、評価制度が導入されたことも当然といえる。

これに対して、大学の自治のもう一つの側面では問題となりうる点がある。第一に、経営的視点が必要とされることから、大学人以外の者が大学を指揮する学長に就任する余地が生れたこと（九三年UOG五三条五項）が問題となる。しかし、学長の選出機関が依然として学内の教職員からなる大学会議（九三年UOG五五条三項）に留保されていることから、学術的視点と経営的視点との調和がはかられることが期待される。第二に、大学以外の意見や利益を大学内に取込むための運営諮問会議が設置されたこと（九三年UOG五六条）も問題となりうる。しかし、この点についても、大学の決定を直接拘束することのない諮問にとどまっている（九三年UOG五六条）限り問題はないと考えることができる。

2　二〇〇二年大学法の内容と問題性

(1)　二〇〇二年大学法（UG）の内容

一九九九年になると、限定的にしか与えられていない大学の権利能力を完全なものとし、大学にヨリ完全な自律性を与えることが、政府の大学政策の目的とされた。その結果、九三年UOGを全面的に改正し、二〇〇二年一〇月一日に施行を予定する二〇〇二年UG[35]は、九三年UOGの特徴との関連で、次のような内容をもつ。

第一に、九三年UOGが一二の大学を対象としていたのに対して、この法律は、それ以外の芸術大学を含め、二一の大学を対象としている（UG六条）。大学改革を総合大学だけでなく芸術大学までを含む普遍的なものとすることがみられる。

第二に、予算獲得の手段として、「実施契約（Leistungsvereinbarung）」という概念が導入される。これによれば、大学が教育・研究についての計画を、そのニーズや社会的貢献などを示して、それに必要な予算額を連邦教育科学文化省に提示する。連邦教育科学文化省は計画内容やその意義を判断し、実施することが必要と認めれば、それに必要な予算を大学につけることになる。大学と連邦教育科学文化省の間で、大学は計画の実現を約束し、連邦教育科学文化省は予算配分を約束する（UG一三条）。計画の成果についての評価・判断を基にして、大学と連邦教育科学文化省との間で新たな計画についての検討が行われることになる。この制度は、連邦教育科学文化省による資源配分の制御手段である。実施契約が締結されれば、大学は三年間にわたり使途を特定しない包括的予算を受取ることができる。この実施計画には評価制度が不可欠とされる（UG一四条）。

第三に、大学はその収入を自由に使用できる（UG一五条二項）。大学にはそれ自身の会計制度が設けられる（UG一六条一項）。

第四に、大学の最高機関として、大学管理会議（Universitätsrat）、学長室（Rektrat）、評議会（Senat）が設置される（UG二〇条一項）。これら三つの機関に同時に所属することはできない（UG二〇条二項）。まず、大学管理会議は監督機関として、将来構想の承認、組織計画の議決、副学長数の決定、評議会の構成の決定、実施契約案の承認、学長・副学長の選出と解任、カリキュラムについての意見表明、年度予算配分の承認、決算・起債の承認などを行う権限を有する（UG二一条一項）。大学管理会議の構成員の資格要件として、学外者であり、科学・文化・経済面で活動しており（あるいは、活動したことがあり）、その経験によって大学の目的や任務を達成することに貢献できる者で、連邦・ラント政府の構成員、議会の議員、政党の幹部でない者、あるいは最近の四年間にそれらの役割を果たしたことがない者であることが求められる（UG二一条四項）。大学管理会議は大学の規模により、五名、七名または九名の構成員からなり、うち二名、三名または四名は評議会から選出され、二名、三名または四名は連邦政府により選出され、一名がその他の四名、六名または八名によって選出される（UG二一条六項）。最後の一名を選出できないときには、連邦大臣が選出する（UG二一条七項）。

次に、評議会は大学の審議機関として、学則の制定と改正、将来構想・組織計画に対する意見表明、大学理事会理事の選出、副学長候補についての意見表明、教授資格手続への協力、カリキュラムの決定、学位制度の確立、仲裁委員会委員の指名などを権限とする（UG二五条一項）。定員は大学の規模によるが、一二名から二四名であり（UG二五条二項）、絶対的多数を占める教授代表、大学講師と研究・文化・教育機関の学術的構成員の代表、大学職員の代表、二五％を占める学生の代表からなる（UG二五条三項）。

最後に、大学管理会議と評議会以外の権限を有する学長室が設けられる。学長室は学長一名、四名以下の副学長からなる（UG二二条三項）。なかでも学長は任期が四年で、一度の再任は可能である。その資格要件は、国際的経験と組織的・経営的管理能力を有する者とされ（UG二三条二項）、副学長選挙へ候補者の推薦、大学行政の管理、連邦大臣との協議、大学職員の統制権などの権限を有する（UG二三条一項）。学長室は、学則案の作成、将来構想の作成、実施契約案の作成、財政・人事・資源管理案の作成、入学の許可、授業料の徴収、評価の奨励と結果の公表、教授資格の授与、カリキュラムについての意見表明、会計監査制度の樹立などをその権限とする（UG二二条一項）。

第五に、従来までのUOGに規定されていた学部に関する規定は存在しない。学部の組織や権限は、大学の学則で自由に定めることができるようになった。

第六に、従来のUOGに規定されていなかった、大学教育法の規定がUGに組み込まれた。これにより、学士、修士、博士課程とそれに対応する学位が認められた（UG五四条以下）。

(2)　二〇〇二年UGの意義と問題性

まず、二〇〇二年UGでは、国家との関係で大学の一層の自律性を実現する方向での改革がみられる。実施契約の制度の導入は、国家と大学との関係を保護から対等な契約関係へと変化させる点で、大学の自律性を促進するものである。同時に、国と大学との合意形成に伴う対話を通じて、透明性と結果への指向性を促進する。また、学位制度の改革を通じて、大学の国際化への対応がみられることも意味がある。

次に、大学内部における自律性についても、二〇〇二年UGは学部に関する規定を設けなかったように、大学内部に関する組織についての自律性が一層促進された。学部からみると、従来の制度的規律がなくなり、大学の判断で自由に改変が可能となることは、内部的な自律性を損なうものとみなすこともできる。従来の国家と大学、大学と学部といった二段階の自治関係は、国家と大学という一段階の自治関係に還元されることになった。このことは国際的な大学の競争力の獲得という観点からも必要なことである(36)。

問題は、大学の内部組織における大学管理会議の設置である。この大学管理会議は、学外からの意見を採り入れる組織としての従来の運営諮問会議と、学長を選任するための大学会議の両者の機能を統合した機関である。この制度については、オーストリア国内において批判がみられる。例えば、オーストリアの大学の学長会議は次のように指摘する(37)。評議会が大学管理会議の構成員の選出に関与できるとしても、一部にすぎず、大学管理会議の正当性に問題がある。確かに、大学管理会議の最後の一名の構成員の選出がうまくいかない場合には、連邦大臣が選出することになっており、結局過半数の構成員が政治的な観点から選出される可能性がある。評議会の選出する構成員はその歯止めにならない。また、このような機関に、学長の解任や大学の方向性の決定など、強大な権限をもたせるのは大きな危険性を伴う。少なくとも、このような構成をもった機関を設置し、強大な権限を与えることは、大学の自治を奪うものと考えられる。

おわりに

以上のように、最近のオーストリアにおける大学改革の現状を概観してきた。また、オーストリアにおける大学の自治の憲法上の意味内容についても、学説だけでなく憲法裁判所の判決についても検討してきた。そこでいえることは、大学の自治という観念は、多面的なものであり、国家権力との関係で大学の自律性を意味するだけでなく、大学内部における教授権限をもつ者の他者からの独立や、大学の社会からの独立といった側面を有するということである。オーストリアでは、学説・判例ではもっぱら学内における大学の自律性が論じられてきている。これに対して、最近の大学改革で問題となっている対社会、対国家権力という観点については、まだ学説は十分に対応していない状況である。二〇〇二年UGが現実に施行されてから、論じられることになるとは考えられるが、議論がまだ現実についていっていない状況である。

大学改革自体は、ヨーロッパにおいて、アジアにおいて、更には、わが国においても差し迫った重大なテーマとなっている。わが国も二〇〇四年に国立大学の国立法人化を控え、国立大学の組織のあり方がさまざまに検討されている。わが国においても、オーストリアと同様に、大学の自治という大学を基礎づけるテーマについては不十分なままに検討が進められているように感じられる。この点の検討を憲法論として一層進めていく必要があろう。(38)

(32) BGBl. Nr. 805/1993, zuletzt geändert durch BGBL, I Nr. 13/2001.

(33) Bundesgesetz vom 11. April 1975, BGBl. Nr. 258/1975.

(34) Weißbuch zur Hochschulbildung in Österreich, 1998, S. 21.

(35) 二〇〇二年ＵＧは、原則として二〇〇二年一〇月一日に施行される。九三年ＵＯＧ中の憲法的規定は効力を失わない（二〇〇二年ＵＧ一四三条）。

(36) Bundesminisiterium fur Bildung, Wissenschaft und Kultur, 5 gute Grunde fur die Autonomie der Universitaten, 2002, 1.

(37) Österreichische Rektorkonferenz, Stellungsnahme der Österichischen Rektorkonferenz und der Vorsitzenden der obersten Kollegialorgane, Entwürfe eines Universitätsgesetzes 2002.

(38) この点につき、わが国の調査検討会議の最終報告が、大学運営を「教員団による運営」から「管理者による運営」への根本的な転換を行うものだとの適切な評価もみられる。この場合、わが国における大学の自治が、教授会自治から新たな大学の自治へと転換することを意味する。蟻川恒正「国立大学法人論」ジュリスト一二二二号六一頁以下を参照。

21　経済的自由規制立法の違憲審査基準と最高裁判所
――小売判決と薬事法判決の再検証――

前田徹生

一　はじめに

最高裁判所は、①小売商業調整特別措置法判決（最大判昭四七年一一月二二日刑集二六巻九号五八六頁）（以下では小売判決という）および②薬事法違憲判決（最大判昭五〇年四月三〇日民集二九巻四号五七二頁）（以下では薬事法判決という）の二つの判決を通じて、少なくとも職業選択の自由の領域について、積極目的の規制立法には「合理性の基準」（「明白の原則」）を、消極目的の規制立法には「厳格な合理性の基準」（「必要性・合理性の原則」）を適用すべしとする、いわゆる「目的二分論」(1)を準則化した、と一般的に解されてきた。(2)しかし、最高裁は「目的二分論」を定式化したといえるのだろうか。両判決後の経済的自由にかかわる主な最高裁判決を時系列で挙げて見ると、③森林法違憲判決（最大判昭六二年四月二二日民集四一巻三号四〇八頁）（以下では森林法判決という）、④西陣ネクタイ訴訟判決（最三判平二年二月六日訟務月報三六巻一二号二二四二頁）、⑤公衆浴場距離制限第二小法廷判決（最二判平元年一月二〇日刑集四三巻一号一頁）、⑥公衆浴場の距離制限をめぐるもう一つの判決である公衆浴場距離制限第三小法廷判決（最三判平元年三月七日判時一三〇八号一一一頁）、⑦酒類販売免許制合憲判決（最三判平四年一二月一五日民集四六巻九号二八二九頁）（以下では酒販免許判決という）、⑧たばこ小売販売業の距離制限合憲判決（最二判平五年六月二五日判時一四七五号五九頁）、⑨特定石油製品輸入暫定措置法合憲判決（最一判平八年三月二八日訟務月報四三巻四号一二〇七頁）、⑩司法書士法違反事件（最三判平一二年二月八日刑集五四巻二号一頁）等がある。これらの中で、学説が、目的二分論に拠ったものとしてあげているのが、④⑤の判決である。[3] この点を最高裁の法理に即してみてみると、小売判決を先例として引用している判決としては右④⑤⑧⑨があるが、これらの判決は、小売判決の法理に拠ったことを明示するものの、その道筋がいかなる法理に拠ったものか明らかにせず、「著しく不合理であることの明白」の基準だけが適用され合憲の判断が下されている。また、他の③⑦⑩判決は、薬事法判決を先例として引用しているが、③⑦はいずれも「目的二分論」の法理からすると理解不能な判決であるし、学説でも、最高裁は少なくとも図式的な「目的二分論」を採用したものではないとする見解が大勢を占めている。⑩に至っては、薬事法判決を先例として引用しているが、いかなる法理を採用したものか、一切の説明は省かれ、「公共の福祉」適合性のみが語られている。「目的二分論」の視点から見ると、統一性に欠けるこうした判例の流れは、一体何を意味するのか。単純な「目的二分論」とは異なる修正「目的二分論」といった基準を採用したのか。あるいは、一度は定式化したものの、もはや最高裁は「目的二分論」を放棄したとみるべきなのか。[4] そもそも最高裁は、小売判決・薬事法判決の両判決で「目的二分論」を定式化したといえるのか。[5]「目的二分論」とは異なる法理を採用したのではないのか。

以下では、紙幅の関係もあり、小売判決・薬事法判決の法理に焦点をあてながら、右のような問題意識にたち、両判決を再検証していきたい。[6]

二　小売判決の法理

小売判決は、目的二分論の一角である積極目的規制に対しては「合理性の基準」ないし「明白の原則」が妥当するとする準則を打ち立てた、と解されているのであるが、ここで改めて小売判決の判例法理を再検証してみたい。

ところで小売判決が判例法理として確立したと学説により評価されている点を、さらに詳細に吟味するとつぎの三つに集約されるだろう。第一に、判例理論としては初めて「二重の基準」論を示唆する言及がなされたこと。第二に、個人の経済的自由に対する法的規制には「個人の自由な経済活動からもたらされる諸々の弊害」を除去するための消極的・警察的規制〔消極的規制〕と、福祉国家的理想の下における社会経済政策の実現を目的とする規制〔積極的規制〕の二類型があること、第三に、積極的規制に対する違憲審査基準として「合理性の基準」ないし「明白の原則」が適用されること明らかにしたこと。果たして、小売判決はこうした判例法理を展開したのか、ここでは特に第二と第三の問題が中心となる。

1　憲法二二条一項の守備範囲

判決は、「憲法二二条一項は、国民の基本的人権の一つとして、職業選択の自由を保障しており、そこで職業選択の自由を保障するというなかには、広く一般に、いわゆる営業の自由を保障する趣旨を包含しているものと解すべき」と述べた上で、「右条項に基づく個人の経済活動に対する法的規制……」に続いて規制類型論を展開している。ここでの「右条項」とは憲法二二条一項を指すことは明らかである。したがって、判決でいう「個人の経済活動」とは、「営業の自由」を含む「職業選択の自由」と観念されており、その根拠は、憲法二二条一項にあり、憲法二九条は含まれていない。

2 規制類型論

判決はつぎのようにいう。憲法二二条一項に基づく「個人の経済活動に対する法的規制は、個人の自由な経済活動からもたらされる諸々の弊害が社会公共の安全と秩序の維持の見地から看過することができないような場合に、消極的に、かような弊害を除去ないし緩和するために必要かつ合理的な規制である限りにおいて許されるべきことはいうまでもない。のみならず、(a) 憲法の他の条項をあわせ考察すると、憲法は、全体として、福祉国家的理想のもとに、社会経済の均衡のとれた調和的発展を企図しており、その見地から、すべての国民にいわゆる生存権を保障し、その一環として、国民の勤労権を保障する等、経済的劣位に立つ者に対する適切な保護政策を要請していることは明らかである。(b) このような点を総合的に考察すると、憲法は、国の責務として積極的な社会経済政策の実施を予定しているものということができ、個人の経済活動の自由に関する限り、個人の精神的自由等に関する場合と異なつて、右社会経済政策の実施の一手段として、これに一定の合理的規制措置を講ずることは、もともと、憲法が予定し、かつ、許容するところと解するのが相当であり、(c) 国は、積極的に、国民経済の健全な発達と国民生活の安定を期し、もつて社会経済全体の均衡のとれた調和的発展を図るために、立法により、個人の経済活動に対し、一定の規制措置を講ずることも、それが右目的達成のために必要かつ合理的な範囲にとどまる限り、許されるべきであつて、決して、憲法の禁ずるところではないと解すべきである」（傍線および符号・前田）という。

第一に、判決がいう消極的規制とは、「個人の自由な経済活動からもたらされる諸々の弊害が社会公共の安全と秩序の維持の見地から看過することができないような場合に」これらの弊害の除去・緩和のために必要かつ合理的な規制であるとする。ここでの消極的規制は学説でいう内在的制約と解することもできそうであるが、「右条項（憲法二二条一項）に基づく……」規制として、消極的規制と積極的規制を挙げていることから、憲法二二条、一三条の「公共の福祉」に基づく規制ではなく、憲法二二条一項がその規制根拠とされている。

第二に、つぎに積極的規制とは、右(c)の「国民経済の健全な発達と国民生活の安定を期し、もつて社会経済全体の均衡のとれた調和的発展を図るため」の個人の経済活動に対して加えられる規制措置をいうが、ここでいう「社会経済全体の均衡のとれた調和的発展を図るため」の規制措置とは、右(a)の「福祉国家的理想のもとに、社会経済全体の均衡のとれた調和的発展を企図する見地から……経済的劣位に立つ者に対する適切な保護政策」を行うべしとする憲法上の要請を意味すると解されるので、小売判決での積極的規制とは、社会的弱者保護たる社会権の実現というかなり限定された類型で捉えられているといえる。しかも、「憲法の他の条項をあわせ考察すると」との文言から、憲法二二条一項（公共の福祉）とあわせ「生存権」「勤労権」等の社会権も規制根拠とされており、これらの諸規定に根拠づけられた、憲法が予定し、許容するところの規制であることを明言している。(7)〔以下では、この意味での規制措置を「積極目的規制」という。〕

さらに、ここでは消極的規制と積極的規制の二類型が示されている。ただ、それが二類型にとどまるのか、それ以外の類型もありうるのか、小売判決の段階では判然としない。

第三に、(b)で展開されている小売判決における「二重の基準」論は、「個人の精神的自由等」と「個人の経済活動の自由」が対比されているが、消極的規制をも含めた「個人の経済活動の自由」一般ではなく（したがって、消極的規制との対比は不明）、積極的規制を受ける「個人の経済活動の自由」に限定され、「これに一定の合理的規制措置を講ずることは、もともと、憲法が予定し、かつ、許容するところ」と述べており、規制の許容性は認めているものの、精神的自由と比較しての規制の程度には言及しておらず、「二重の基準」を採用したのか明らかではない。

3 違憲審査基準

消極的規制に関しては、個人の自由な経済活動からもたらされる弊害の除去という規制の特質としての実体論から、「弊害を除去ないし緩和するために必要かつ合理的な規制である限りにおいて許される」と、規制に際して「必要かつ合理的な規制」であることが求められているが、裁判所が（訴訟手続的な要素を加味して）機能論的視点を踏まえて、消極的規制に対しいかなる審査基準に拠るべきかまでは明らかにされていない。

小売判決の核ともいうべき積極的規制につき、判決はつぎのように述べる。「国は、積極的に、国民経済の健全な発達と国民生活の安定を期し、もつて社会経済全体の均衡のとれた調和的発展を図るために、立法により、個人の経済活動に対し、一定の規制措置を講ずることも、それが右目的達成のために必要かつ合理的な範囲にとどまる限り、許されるべきであつて、決して、憲法の禁ずるところではないと解すべきである」とし、「必要性・合理性」の審査基準を示す。これは「立法府の活動の許容範囲を一般的に述べ[8]」たものと解されている。さらに「もつとも、個人の経済活動に対する法的規制は、決して無制限に許されるべきものではなく、その規制の対象、手段、態様等においても、自ら一定の限界が存するものと解するのが相当である」として、積極的規制が無制限に許されるものではないと、一応の歯止めに言及する。その上で、「社会経済の分野において、法的規制措置を講ずる必要があるかどうか、その必要があるとしても、どのような対象について、どのような手段・態様の規制措置が適切妥当であるかは、主として立法政策の問題として、立法府の裁量的判断にまつほかない。というのは、法的規制措置の必要の有無や法的規制措置の対象・手段・態様などを判断するにあたつては、その対象となる社会経済の実態についての正確な基礎資料が必要であり、具体的な法的規制措置が現実の社会経済にどのような影響を及ぼすか、その利害得失を洞察するとともに、広く社会経済政策全体との調和を考慮する等、相互に関連する諸条件についての適正な評価と判断が必要であつて、このような評価と判断の機能は、まさに立法府の使命とするところであり、立法府こそがその機能を果たす適格を具えた国家機関であるというべきであるからである。したがつて、右に述べたような個人の経済活動に対する法的規制措置については、立法府の政策的技術的な裁量に委ねるほかはなく、裁判所は、立法府の右裁量的判断を尊重するのを建前とし、ただ、立法府がその裁量権を逸脱し、当該法的規制措置が著しく不合理であることの明白である場合に限つて、これを違憲として、その効力を否定することができるものと解するのが相当である。(9)」

ここで「明白の原則」の基準が採られるべき理由をのべる。判決は、「社会経済の分野において、法的規制措置……」(以下では、「社会経済的規制措置」という。)について、規制の必要性の有無、どのような手段・態様の規制措置が適切かは、立法政策の問題であって、「立法府こそがその機能を果たす適格を具えた国家機関である」と述べ、機能論的根拠づけに基づく司法消極主義が採られ、かような社会経済的規制措置の領域では立法府の政策的判断が特に尊重されるべきであるとの認識に立っている。

続いて、「右に述べたような個人の経済活動に対する法的規制措置」とは、「社会経済的規制措置」ではなく、「個人の経済活動に対する」規制措置とあるから積極目的規制を意味すると考えられる。そして、積極目的規制に対しては、立法府の裁量的判断の尊重を原則とし、例外的に、立法府が裁量権を逸脱し、それが「著しく不合理であることの明白」な場合に限って違憲無効とする、「明白の原則」を打ち出す。(10)ここでいう「明白の原則」が目的審査に関わるものなのか、手段審査に関わるものなのか、判然としないが、各論部分で、「その目的において一応の合理性を認めることができないわけではない」として、目的審査については「一応の合理性」の基準を示し、手段審査についていては、同じく各論部分で「規制の手段・態様においても、それが著しく不合理であることが明白であるとは認められない」と述べているところから、目的審査に関しては「一応の合理性」の基準を、手段審査には、「明白の原則」の基準を採用したものといえよう。（ここでは両者を合わせてとりあえず「明白の原則」ということとする。）

小売判決の「明白の原則」がいかなる理由により導き出されたのか、それは既に明らかなように社会経済規制立法の領域に属する規制は立法府の政策的判断が特に尊重されるべきである、という規制領域の特質と結びついて導き出されている。この社会経済規制立法とは、本判決で提示された積極目的規制と同じといえるのか。もし同じものといえるとすれば、積極目的規制から「明白の原則」が導かれたこととなり、「目的区分に応じて審査基準を振り分けるという意味」(11)での目的二分論的手法は維持されているということになる。しかし、「社会経済の分野において、……」以下で展開されている社会経済規制立法は、論旨の流れから消極的規制は排除されていることは明らかであるにしても、福祉国家の理想の下における社会経済政策実施のための積極的規制という限定された意味でのそれよりは広義の概念である。とすると、「明白の原則」が積極目的規制以外の領域での社会経済的規制措置にも広く適用される可能性を排除するものではないといえる。（もっとも小売判決での積極目的規制は「憲法が予定し、かつ許容するところ」の規制であるから、それ以外の社会経済的規制措置には、ストレートに「明白の原則」が適用されるとは限らない。）かように、小売判決の法理は、「明白の原則」を積極目的規制より大概念である社会経済的規制措置という規制領域の特質から導き出している。したがって、小売判決の段階においても、積極・消極二分論に立ち、厳密な意味で「目的二分論」に基づく積極目的規制＝「明白の原則」のルールを打ち立てたというより、社会経済的規制措置（∨積極目的規制）＝「明白の原則」を明らかにした判決であったといえる。

三　薬事法判決

目的二分論のもう一つ柱を構成しているのが、薬事法判決である。学説が、薬事法判決の先例的意義として挙げるのは、第一に、小売判決の場合より鮮明に「二重の基準」論を打ち出したこと、(12)第二に、経済活動の規制には、消極的・警察目的による規制と積極的・社会経済政策目的による規制との区別があり、前者の場合の違憲審査基準として「厳格な合理性の基準」を打ち出し、この薬事法判決の消極目的規制＝「厳格な合理性の基準」と、小売判決の積極目的規制＝「明白の原則」と合わせて「目的二分論」を定式化したこと、(13)第三に、消極目的の規制に「厳格な合理性の基準」を適用したのと同時に、立法事実論のアプローチを採り、立法の必要性と合理性を、立法目的および目的達成のための手段という両面にわたって吟味したこと、の三点である。(14)しかし、他方で、薬事法判決の消極的・警察目的による規制に対する審査基準は、「許可制にかぎってのもので、「経済的自由の規制」一般についてのものではない」(15)として、消極目的規制＝「厳格な合理性の基準」は確立していないとする見解もある。こうした見解を考慮に入れながら、改めて薬事法最高裁判決の法理を確認してみたい。

1　憲法二二条一項の守備範囲

判決は、「憲法二二条一項は、何人も、公共の福祉に反しないかぎり、職業選択の自由を有すると規定している。職業は、人が自己の生計を維持するためにする継続的活動であるとともに、……各人が自己のもつ個性を全うすべき場として、個人の人格的価値とも不可分の関連を有するものである」とし、憲法二二条一項で保障される職業選択の自由には、「狭義における職業選択の自由のみならず、職業活動の自由の保障をも包含している」ことを明らかにし、「職業活動の自由」も含めて憲法二二条一項により保障されると捉えている。さらに、職業選択の自由が、「自己の生計の維持」といった個人の生活や「個人の人格的価値」と結びつけられており、後述の公権力による規制の度合いが強いとされる「二重の基準論」との関係でどのような位置づけがなされるのか、興味深いところである。また、小売判決では「営業の自由」を含む「個人の自由な経済活動」が、薬事法判決では「職業の自由一般」を守備範囲にしており、憲法二二条一項の守備範囲を異にしていることに注意する必要がある。

2　二重の基準論

「職業は、……本質的に社会的な、しかも主として経済的な活動であつて、その性質上、社会的相互関連性が大きいものであるから、職業の自由は、それ以外の憲法の保障する自由、殊にいわゆる精神的自由に比較して、公権力による規制の要請がつよく、憲法二二条一項が「公共の福祉に反しない限り」という留保のもとに職業選択の自由を認めたのも、特にこの点を強調する趣旨に出たものと考えられる」（傍線・前田）として、いわゆる「二重の基準」論を示唆する言及がなされている。小売判決の場合の「二重の基準」が積極目的規制により規制を受ける「個人の経済活動の自由」（営業の自由を含む）と「精神的自由等」の対比であった。この対比は、「二重の基準」における経済的自由＝合憲性推定原則を導く根拠が裁判所の審査能力にあるとする理由づけと一致する。これに対し、薬事法判決では、消極目的規制を含めた「職業の自由一般」（狭義の「職業選択の自由」と「職業活動の自由」を含む）と「精神的自由」が対比され、公権力による規制の要請が強いとされる。消極目的規制の場合には、強度の規制を受ける理由として、積極目的規制と同様に裁判所の審査能力論を根拠とすることには無理がある。ここで職業の自由がより強度の制約を受けるその理由として最高裁があげているのは、職業が「主として経済的活動であって」その性質も「社会的関連性が大きい」ことにあるとする。この「二重の基準」への言及が、職業の自由一般が合憲性推定原則を前提にした「合理性の基準」という単一の基準で審査されることを意味するものではないことは薬事法判決が「合理性の基準」に拠らなかったこと自体が明らかにしている。では、ここでの「二重の基準」への論及は何を意味するのか[16]。判決文を読んだ限りでは判然としない。判例が示す論理に照らし、あえて推測してみると、単純に職業の自由は精神的自由と比較してより緩和された合憲性判断が妥当し、それはすべからく立法裁量を前提とする趣旨というくらいの意味ではないかと思われる[17]。

3　規制類型論

判決は、「職業は、それ自身のうちになんらかの制約の必要性が内在する社会的活動であるが、その種類、性質、内容、社会的意義及び影響がきわめて多種多様であるため、その規制を要求する社会的理由ないし目的も、国民経済の円満な発展や社会公共の便宜の促進、経済的弱者の保護等の社会政策及び経済政策上の積極的なものから、社会生活における安全の保障や秩序の維持等の消極的なものに至るまで千差万別で、その重要性も区々にわたるのである。」（傍線・前田）と述べた上で、続けて現実の規制態様の多様なあり方を例示している。

職業への規制には「積極的なもの」から「消極的なもの」に至るまで正に千差万別の規制があり、その重要性もまちまちである、との叙述から目的二分論でいう二類型を読み取ることは可能だろうか。この判決文からみると、規制類型を二つに限っているというより、両極に典型としての積極目的規制と消極目的規制があり、その中間に多様なバリエーションがありうるとも読める。しかし、後述の審査基準を語る中に、「それが社会政策ないしは経済政策上の積極的な目的のための措置ではなく、自由な職業活動が社会公共に対してもたらす弊害を防止するための消極的、警察的措置である場合」として、二者択一的表現が存在することからみると、薬事法判決の段階では、規制目的としては、二類型が観念されていたと考えてもよいように思われる(18)。

また、ここで示された規制類型の内容を小売判決のそれと比較すると、小売判決でいう積極目的規制が、「国民経済の健全な発達と国民生活の安定を期し、もつて社会経済全体の均衡のとれた調和的発展を図るため」の規制措置であり、究極の目的としては「社会経済全体の均衡のとれた調和的発展」にあり、その内実は社会的弱者保護たる社会権の実現ための規制措置で、それは憲法の枠内にあるというかなり限定された類型で捉えられていたのに対し、薬事法判決では、「国民経済の円満な発展や社会公共の便宜の促進、経済的弱者の保護等の社会政策及び経済政策上の積極的なもの」と経済的弱者の保護等と並列して、「国民経済の円満な発展や社会公共の便宜の促進」が目的に掲げられ、積極目的の領域が拡げられている。これらの拡げられた積極的規制についても「明白の原則」が適用されるのか、判決文は明らかにしてはいないが、小売判決の「明白の原則」の理由づけが、司法の自制が求められる社会経済的規制措置あることに求められているので、この条件に合致するものであるかぎりで「明白の原則」が適用される可能性は否定できない(19)。

消極目的規制に関しても、微妙に変化してきている。小売判決では、「個人の自由な経済活動からもたらされる諸々の弊害が社会公共の安全と秩序の維持の見地から看過することができないような場合に、消極的に、かような弊害を除去ないし緩和するために必要かつ合理的な規制」として、個人の自由な経済活動からもたらされる結果としての「諸々の弊害」の除去が消極目的規制であったのに対し、薬事法判決では、「社会生活における安全の保障や秩序の維持等の消極的なもの」として、小売判決にあった「個人の自由な経済活動の結果としてもたらされる弊害」といった限定句が除かれて、「社会生活における安全の保障や秩序の維持」それ自体が消極的な意味での規制と捉えられ、ここでも微妙に消極目的規制の概念領域が拡大されているといえる。

4 違憲審査基準

薬事法判決では、許可制および消極的・警察的規制に関する審査基準を提示するにあたって、職業の自由一般の法的規制措置に対する審査基準のあり方につき、つぎのような一般論を展開しているのが注目される。

(a) 職業の自由に対する規制措置は多種多様の形をとるため、その憲法二二条一項適合性を一律に論ずることができず、「具体的な規制措置について、規制の目的、必要性、内容、これによつて制限される職業の自由の性質、内容及び制限の程度を検討し、これらを比較考量したうえで慎重に決定されなければならない。この場合、右のような検討と考量をするのは、第一次的には立法府の権限と責務であり、裁判所としては、規制の目的が公共の福祉に合致するものと認められる以上、そのための規制措置の具体的内容及びその必要性と合理性については、立法府の判断がその合理的裁量の範囲にとどまるかぎり、立法政策上の問題としてその判断を尊重すべきものである。しかし、右の合理的裁量の範囲については、事の性質上おのずから広狭がありうるのであつて、裁判所は、具体的な規制の目的、対象、方法等の性質と内容に照らして、これを決すべきものといわなければならない。」

(b) その上で、「職業の許可制は、法定の条件をみたし、許可を与えられた者のみにその職業の遂行を許し、それ以外の者に対してはこれを禁止するものであつて、右に述べたように職業の自由に対する公権力による制限の一態様である。このような許可制が設けられる理由は多種多様で、それが憲法上是認されるかどうかも一律の基準をもつて論じがたいことはさきに述べたとおりであるが、一般に許可制は、単なる職業活動の内容及び態様に対する規制を超えて、狭義における職業の選択の自由そのものに制約を課するもので、職業の自由に対する強力な制限であるから、その合憲性を肯定しうるためには、原則として、重要な公共の利益のために必要かつ合理的な措置であることを要し、また、それが社会政策ないしは経済政策上の積極的な目的のための措置ではなく、自由な職業活動が社会公共に対してもたらす弊害を防止するための消極的、警察的措置である場合には、許可制に比べて職業の自由に対するよりゆるやかな制限である職業活動の内容及び態様に対する規制によつては右の目的を十分に達成することができないと認められることを要するもの、というべきである。そして、この要件は、許可制そのものについてのみならず、その内容についても要求されるのであつて、許可制の採用自体が是認される場合であつても、個々の許可条件については、更に個別的に右の要件に照らしてその適否を判断しなければならないのである。」（符号、傍線・前田）

この薬事法判決で右記の(a)に該当する部分こそ、後に森林法判決、酒販免許判決等でも必ず引用され、最高裁が薬事法判決の先例として認識している主たる部分である。（ちなみに、許可制、警察的・消極的規制の審査基準を展開した(b)の部分は酒販免許判決で許可制の部分のみが引用されただけにとどまっている。）つまり、薬事法判決の先例としての意義を、学説は(b)を中心に捉えているが、最高裁は、(a)の部分を中心に捉えている。薬事法判決の法理を読み解く鍵は、(a)の部分をどのように読むか、さらに(a)と(b)の関係をどのように捉えるのかにかかっているといってもよいように思われる。

ところで、薬事法判決をもって、警察的・消極的規制の違憲審査基準に「厳格な合理性の基準」が採用されたものとする、通説的立場に立つ論者は、(a)の部分につき、(b)を導くための単なるレトリック捉え、さらに(a)と(b)を合わせて薬事法判決の「一般論」と捉えている節がある。しかし、そのような読み方は正確といえようか。そこで(a)の部分をもう一度読み直してみよう。

判旨は、職業の自由規制の憲法適合性につき、「規制の目的、必要性、内容、これによつて制限される職業の自由の性質、内容及び制限の程度」といった考量に必要な基本要素を挙げ、「これらを比較考量したうえで慎重に決定されなければならない」として実体論としての憲法適合性を展開し、右のような検討と考量をするのは、第一次的には立法府の権限と責務であるとする。

「裁判所としては、規制の目的が公共の福祉に合致するものと認められる以上、そのための規制措置の具体的内容及びその必要性と合理性については、立法府の判断がその合理的裁量の範囲にとどまるかぎり、立法政策上の問題としてその判断を尊重すべきものである」とし、ここでまず、規制目的の憲法適合性を前提に、[20]手段審査が基本的に立法政策の問題で立法裁量に委ねられると一端突き放した上で、「しかし、右の合理的裁量の範囲については、事の性質上おのずから広狭がありうるのであって、裁判所は、具体的な規制の目的、対象、方法等の性質と内容に照らして、これを決すべきものといわなければならない。」と述べ、裁判所としては、改めて具体的な規制の目的、対象、方法等の性質と内容に照らして立法裁量が「合理的裁量の範囲」にとどまっているかを決定する、と述べている。

「裁判所としては、……」以下で、(訴訟手続的要素を含めた)機能論的視点を加味しながら裁判所としての審査基準を明らかにしているが、そこで示された審査基準論は「具体的な規制の目的、対象、方法等の性質と内容に照らして」という「変数」が加味された判断基準であり、この変数のあり方次第では相当多様な審査基準が導き出されることが予想される審査基準論を展開している。つまりここで最高裁により提起された一般論とは、規制立法の特質を「規制の目的、必要性、内容、これによつて制限される職業の自由の性質、内容及び制限の程度」等の諸要素に照らして勘案し、審査基準を導くべしとする、審査基準ならぬ、審査基準導出論を導いたということになるのではないか。

こうした見方が正しいとすると、薬事法判決のこれ以下に続く許可制、警察的・消極的規制に関する記述の読み方も異なったものとなる。許可制、警察的・消極的規制に関する記述の(b)の部分につき、通説的理解の立場は(a)と同列の一般論として理解する。しかし、(a)の部分が右のように解されると、(b)は(a)の各論として読むべきではないのか。すなわち、(b)で検討されている許可制、警察的・消極的規制とは、審査基準を導くために規制立法の特質を検討するための、判決文に照らせば「具体的な規制の目的、対象、方法等の性質と内容」に相当するものと読むべきではなかったのか。本件に照らせば、「許可制」とは狭義の職業選択の自由への規制でその具体的な方法に関わるもの、「消極的・警察目的規制」とは具体的な規制の目的にかかわるものとして考量され、その特性から「許可制」の場合には「原則として、重要な公共の利益のために必要かつ合理的な措置であることを要」すること（重要な公益の原則）、加えて消極的・警察目的規制の場合には「許可制に比べて職業の自由に対するよりゆるやかな制限である職業活動の内容及び態様に対する規制によっては右の目的を十分に達成することができないと認められることを要する」（必要最小限度の原則）とする基準を示したもので、「許可制」・「消極的・警察目的規制」の審査基準は、一般的な審査基準としてではなく、本件あるいは本件類似の事例に限定された個別具体的な審査基準として提示されたものである。(21) したがって、これらの審査基準は多様な類型が予想される審査基準の中の限定されたかなり射程の短い一類型として示されたものということになる。

結局、薬事法判決の法理は、目的二分論がいうような目的類型（消極目的＝必要最小限度の原則）からのみ「必要性・合理性」の基準が引き出されたのではなく、規制を受ける人権の規制態様（許可制＝重要な公益の原則）からも「必要性・合理性」の基準が導かれた。言い換えれば、そこで採られている手法は、規制立法の諸要素から審査基準を導き出すものであり、「目的二分論」ならぬ、「多元的考量論」とでもいうべき審査基準導出論を採用したものといえる。

四　むすび

以上の論述から明らかなように、小売判決と薬事法判決の二つの判決を通じて最高裁判所がいわゆる「目的二分論」を定式化したとする通説的理解は、両判決の段階でもすでに肯定しうるものではなかった。小売判決は、積極目的規制に対し「明白の原則」が適用されることを明らかにしたが、「明白の原則」が導き出された理由は、積極目的規制だからではなく、もっと広く社会経済規制立法であることが理由となっている。したがって、それは正確な意味で積極目的・消極目的の類型論に対応するものではない。薬事法判決の場合は、より一層目的二分論的手法からは逸脱しているといえる。すなわち、薬事法判決の法理は、規制立法の特質を「規制の目的、必要性、内容、これによって制限される職業の自由の性質、内容及び制限の程度」といった諸要素を勘案して審査基準を導き出す「多元的考量論」の手法をとっており、いわゆる目的二分論を定式化したものではなかった。確かに、規制目的の類型は考慮されるが、一考量要素としての消極的・警察目的規制であり、一考量要素から総体としての審査基準を導くものではなかった。しかもそれは「区分論」ではありえても、「二分論」にとどまらない「多分論」でありえ、[22]さらに「許可制」といった規制の対象や方法も考慮される「多元論」でもある。換言すれば、最高裁判所は、右の諸要素を勘案しながら立法裁量とのスタンスを測る手法を採用しているものといえる。

最後に、こうした薬事法判決の多元的考量論が、小売判決の法理との関係でどのように位置づけられるのか、という点に言及しておきたい。薬事法判決の多元的考量論ともいうべき一般論が、小売判決の上位に位置づけられる一般論といえるのか、という問題である。

私自身は多元的考量論を前提に、積極目的規制＝「明白の原則」を導くことも法理的に整合性を有すると考えるが、最高裁は別のものと考えているようである。というのも、以後の判例には小売判決だけを引用した独自の判例の流れがあり、他方で、薬事法判決を引用した独自の流れがあることが、その何よりの証左である。また、「許可制」の扱い方においても、小売判決も薬事法判決と同様に小売市場開設の「許可制」が問題になった事例である。薬事法判決では「許可制」が審査基準の考慮要素として取り上げられているにもかかわらず、小売判決では、「許可制」であることが問題にされなかった。その理由を推測すると、社会経済政策の実施としての積極目的規制の場合には、機能論的根拠づけに基づく司法消極主義が強く作用し、「許可制」といった規制態様を含めて立法政策に委ねられ、裁判所は立法府の判断への介入を差し控えるべきだとする論法が取られたのではないか[23]。つまり、「許可制」といった規制態様を含めて広汎な立法裁量を認めるのが小売判決の法理であり、薬事法判決の一般論とは別次元のものと捉えられているのではないか。

以上、通説とはかけ離れた独自の小売判決・薬事法判決の法理の解釈を試みたわけであるが、こうした読み方が正しいのか否かは、その後の判例を検証することが不可欠である。さらに、多元的考量論が考量要素相互の関係のなかでどのようなルール化がなされているのか、これも判例の積み重ねの中で明らかにされるものといえよう。加えて、薬事法判決で展開された詳細な立法事実論は、審査基準論とどのような関係にあるのか、いずれも検討されるべき重要な課題であるが、別稿に譲りたい。

(1)「目的二分論」は、様々な呼称で呼ばれる。「積極目的・消極目的二分論」「規制目的二分論」、「二分論」、「経済立法二分論」「二段の基準」等々、ここではとりあえず「目的二分論」と称することにする。

(2) 主なものだけを挙げると、佐藤功「薬事法違憲判決について」判例時報七七七号三頁以下(一九七五)、芦部信喜「職業の自由の規制(五)・完」法学セミナー一九七九年一二月号三六頁(一九七九)、樋口陽一「「職業の自由」とその制限をめぐって」判例タイムズ三二五号二頁以下(一九七八)等がある。目的二分論については、「違憲判断の基準を準則化するための重要な一つの基本的枠組みを提供する」もの(芦部・前掲三五頁)と評価され、学説の大勢も肯定的にうけとめたし、また、多数の憲法教科書の中でも、両判決を通じて、最高裁がいわゆる「目的二分論」を定式化したとの言及がなされ、もはや講学上の常識となっている。

(3)　戸波江二「最高裁判所の憲法判例と違憲審査の活性化」(法曹時報五一巻五号九～一〇頁(一九九九))は、④⑤の判決が目的二分論の手法を用いたものと解している。

(4)　戸波教授(戸波・前掲注(3)九～一〇頁)は、目的二分論は、小売判決・薬事法判決の両判決で一度は定式化されたものの、のちに最高裁判例が意識的にその適用を回避したものと捉えている。

(5)　「目的二分論」は、「目的二分論の論者が説くほどには、理論的射程は広くはなく、また、内容は明確ではなかった」(矢島基美「経済的自由の違憲審査基準論」徳山大学論叢三六号三二四頁(一九九一))ということなのか。

(6)　最高裁判例に限定するのは、判例法理として最終的に「真の拘束力をもつのは最高裁判所の判例だけだといってよい」(中野次男「判例の拘束力についての一考察」判タ一五〇号二四二六頁(一九六三))との前提に立ってのことで、ここではその意味から最高裁判所の判例に限定したい。

(7)　「人権に対する制約の根拠はあくまでも人権の論理によって説明できるものでなければならない」(浦部法穂「財産権制限の法理」公法研究五一号九五頁(一九八九))とする考え方に合致するものといえる。ただし、小売判決型の積極的規制が憲法上の要請といえるのかについては、「社会的経済的弱者の保護イコール人権ではない」(松本哲治「経済的自由権を規制する立法の合憲性審査基準(二・完)民商法雑誌一一三巻六号五〇頁(一九九六))とする批判がある。

(8)　園部逸夫「経済規制立法に関する違憲審査覚書」芦部古稀・現代立憲主義の展開(下)一九二頁(一九九三)。

(9)　小売判決を後の判決との比較でみると、第一に、薬事法判決、森林法判決、酒税法判決に見られるような「比較考量」論への言及が見られない。第二に、小売市場事件は、薬事法事件と同様に「許可制」をめぐっての事件であるが、「許可制」が強度の規制であるという薬事法判決で展開された言及は未だ見られない、といった注目すべき相違がある。

(10)　ここで採用された「明白の原則」は、判例の流れの中では目新しいものではないとされている。古くは、砂川事件判決（最大判昭三四年一二月十六日刑集一三巻一三号三二二五頁）が、安保条約に関して、「明白に違憲無効であると認められないかぎりは、裁判所の司法審査権の範囲外のもの」と判断して「明白」の言葉を使っているが、これは「違憲審査基準としての「明白の原則」を採用したものではない」（今村成和「小売市場の許可制と営業の自由」ジュリスト五二四号一〇五頁（一九七三））と解されている。違憲審査基準として「明白の原則」を採用した先例としては、和教組事件判決（最大判昭四〇年七月十四日民集一九巻五号一一九八頁）が、労働基本権の制約に関して、比較考量の考え方を示した上で、「具体的に制限の程度を決定することは立法府の裁量権に属するものというべく、その制限の程度が著しく右の適正な均衡を破り、明らかに不合理であって、立法府がその裁量権の範囲を逸脱したと認められるものでないかぎり、その判断は、合憲、適法なものと解するのが相当である」として、「明白の原則」を採用した。

(11) 矢島・前掲注(5)二三八頁。

(12) 薬事法判決は、「判文上精神的自由の「優越的地位」を明確に認めている点で、四七年判決を一歩進めたものと評することが許されよう」と評されている（芦部信喜「薬局距離制限の違憲判決と憲法訴訟」ジュリスト五九二号一四頁（一九七五））。

(13) 小売判決と薬事法判決の二つの最高裁判決は、「論理的な枠組においては相補的な関係」（樋口・前掲・注（2）三頁）により、目的二分論を採用したものと解されている。

(14) 例えば、戸波教授は「本判決のとった立法事実の具体的な検証の方法は高く評価される」（戸波江二「最高裁判所民事判例研究」法学協会雑誌九四巻一号一二八頁（一九七七））と述べている。

(15) 小嶋和司「営業の自由」憲法学講話一八二頁（一九八二）。同様の趣旨は、高橋正俊「職業の自由規制の合憲基準」香川法学九巻四号四一頁（一九九〇）、綿引万里子「酒税法九条、一〇条一〇号と憲法二二条一項」法曹時報四六巻五号九八三～九八四頁（一九九四）がある。

(16) 芦部教授は、「職業の自由一般について「殊に精神的自由」よりも制約を受ける度合いが強いことを明示したもの」と解している（芦部・前掲注(2)一五頁）。樋口教授は、「精神的自由については、それ（薬事法判決・前田補注）より一層厳格な基準を厳格に適用しなければならなくなった」（樋口・前掲注(2)六頁）と、期待を込めた解釈を行っている。

(17)　薬事法判決の最高裁判所判例解説は、「二重の基準」の意味につき、何も語っていない。そればかりか、判決の引用の段階で、「憲法の保障する他の自由に比べて公権力……」（最高裁判所判例解説（富澤達）法曹時報三〇巻九号一四七頁）と、「精神的自由」の言葉すら使ってない。さらに、薬事法判決を引用したつぎの「森林法判決」では、判決自体が「二重の基準」への言及を避けている。最高裁が「二重の基準」の法理に本来の意味を与えまいとする意思の表れであるかもしれない。

(18)　この規制類型論への言及は、薬事法判決以降、同判決を引用した判決の中では、森林法判決まで引き継がれるが、酒販免許判決になると削除されている。

(19)　後の酒販免許判決が、規制立法の目的を「租税の適正かつ確実な賦課徴収を図るという国家財政目的」と捉えて「明白の原則」を適用しているが、酒販免許事件は目的類型からすると小売型の積極的規制類型からは外れるが、租税立法が「立法府の政策的、技術的な判断にゆだねる」べき性質の立法であることを理由に「明白の原則」を適用していることからすると、小売判決の論理が貫かれているといえる。

(20)　薬事法判決は目的審査のあり方について一般論としては何も語っていない。何も語ってはいないが本件薬局の適正配置規定の目的を確定する各論部分で立法事実を詳細に検討し、立法目的の認定を行っている。

(21)　薬事法判決の最高裁判所判例解説が、「本判決は、消極的、警察的目的のための規制措置であることが比較的明確なものに関する基準を示したものとみるべきであろう」（傍線・前田）（最高裁判所判例解説・前掲注(17)一六一頁）と述べているが、これも既述のように理解すれば納得がいくというものである。

(22)　前述のように（注18参照）、規制類型論は、酒販免許判決になると削除されることになる。酒販免許判決は、「財政目的」という新たな規制目的を登場させ、目的類型の「多分化」への転回を示した判決と言えるかもしれない。

(23)　小嶋和司『憲法学講話』一八四頁（一九八二）参照。

22 効果的弁護の懈怠とその判断基準
――米連邦最高裁ミッケンズ判決を契機に――

小早川義則

一　はじめに

合衆国最高裁は本年（二〇〇二年）三月二七日のミッケンズ判決[(1)]において、強制的男色（forcible sodomy）時に被害者を殺害した罪で起訴され州段階で死刑判決が確定した被告人の国選弁護人が別件で被害者の弁護人でもあったことが判明したため合衆国憲法修正六条の保障する効果的な弁護人の援助を受ける権利が否定されたことを理由に人身保護令状による救済が求められた事案につき、有罪判決を無効とするには、被告人との利害の衝突（conflict of interest）があり、その結果、被告人に不利な弁護活動が行われたとの立証を要すると判示したうえで、本件ではそのような認定はなされていないとして人身保護令状の救済を否定した原控訴審の判断を維持した。

他方、わが最高裁は一九九九年の大法廷判決において、(2)「捜査のため必要があるとき」捜査機関に接見指定権を認める刑事訴訟法三九条三項本文の合憲性を肯定した際に、憲法三四条の弁護人依頼権の規定は「単に被疑者が弁護人を選任することを官憲が妨害してはならないというにとどまるものではなく、被疑者に対し、弁護人を選任した上で、弁護人に相談し、その助言を受けるなど弁護人からの援助を受けることを実質的に保障しているもの」であるとの判断を示した。右判文は被疑者と弁護人との接見交通権の文脈下のものであるが、被疑者に対する弁護人依頼権を「実質的に保障」するのが憲法三四条の趣旨であるというのであるから、被疑者段階での公的弁護制度の導入も憲法の趣旨に適うものとして積極的に肯定されることとなり、大いに注目される。

ところで、わが憲法三七条三項は明文で「刑事被告人」に私選または国選の弁護人依頼権を保障するにとどまり、被疑者には国選弁護人の保障がないが、昨年（二〇〇一年）六月一二日公表の『司法制度改革審議会意見書』は、「被疑者に対する公的弁護制度を導入し、被疑者段階と被告人段階とを通じ、一貫した弁護体制を整備すべきである」との提言をおこなった。これを受けて同年一一月一六日に「司法制度改革推進法」が制定され、内閣に設置された「司法制度改革推進本部」を中心に平成一七年度（二〇〇五年度）の実現に向けての公的弁護制度の立法作業が進行中である。長年の懸案であった被疑者公選弁護制度の導入にあたり、とりわけ全国均一サービスを提供するうえでの弁護士偏在の解消ないし弁護士過疎対策、迅速な裁判の実現、集中審理への対応策とともに適正な弁護活動のあり方およびそれを担保する方策が主要な検討課題とされてきた。(3) いずれも法科大学院や裁判員制度など刑事手続全体の改革とも連動する大きな問題であるが、被疑者公選弁護制度は税金の支出を伴うものである以上、国民の理解が欠かせず、(4) 被疑者弁護の質の確保とともにいわゆる効果的弁護・不適切弁護の問題が浮上しているのである[5]。

本稿はこのようなわが国の問題状況を踏まえて、前出ミッケンズ判決を契機に、改めてアメリカにおける効果的な弁護人の援助を受ける権利の確立過程を略述した後[6]、右権利の侵害ないしその立証責任と救済方法に関する主要判例を紹介することによって、効果的な弁護権ないしその「実質的保障」の意味内容を明かにしつつ、弁護人の誠実義務ないし弁護活動の限界について考察しようとするものである。

二　弁護人依頼権の生成と展開

合衆国憲法修正六条は「すべての刑事上の訴追において、被告人（the accused）は、……自己を防御するため弁護人の援助を受ける（to have the assistance of counsel for his defense）権利を有する」と規定し、同修正一四条一項は「いかなる州も、……適法な手続によらなければ（without due process of law）、何人からも生命、自由または財産を奪うことができない」と規定している。これに対し、わが憲法三七条三項は「刑事被告人は、いかなる場合にも、資格を有する弁護人を依頼することができる。被告人が自らこれを依頼することができないときは、国でこれを附する」と規定し、同三一条は「何人も、法律の定める手続によらなければ、その生命若しくは自由を奪はれ、又はその他の刑罰を科せられない」と規定している。文言からも明らかなように、わが憲法三七条は合衆国憲法修正六条の「規定に由来[7]」し、同三一条も合衆国憲法修正一四条（ないし五条）のいわゆるデュー・プロセス条項の「影響下に成立[8]」したものである。他方、わが憲法三四条前段は「何人も、理由を直ちに告げられ、且つ、直ちに弁護人に依頼する権利を与へられなければ、抑留又は拘禁されない」と規定しており、この規定は外国の憲法にも「ほとんど見当たらない[9]」、その意味でわが憲法特有の規定であるが、被告人の弁護人依頼権については、憲法三七条三項が明文で規定しているため、被疑者に弁護人依頼権を保障したものとして重要な意義を有する。この規定は身柄を拘束された「何人」に対しても「直ちに弁護人に依頼する権利」を保障しているため、アメリカ法をいわば先取りした「弁護権保障の総括規定」と解し[10]、現在のアメリカにみられるような取調べへの弁護人立会権や被疑者の国選弁護人請求権を根拠づけることもあながち不可能ではないという意味でも重要な意義を有するのである[11]。

そこで以下、とりあえず憲法三七条三項の母法といえる合衆国憲法修正六条の弁護人の援助を受ける権利をめぐるアメリカ法の動向を明らかにしておく[12]。

1 適用範囲の拡大

(1) 合衆国憲法修正六条は「被告人（the accused）」に弁護人の援助を受ける権利を保障しているが、他のほとんどの憲法規定と同様、刑事手続のどの段階で付与されるのかについて沈黙しているばかりか、修正六条違反の救済方法についても一切言及していない。また市民（南北）戦争（一八六一―六五年）後の一八六八年に修正一四条のデュー・プロセス条項が追加されて「連邦政府と州政府との関係が根本的に変化した」にもかかわらず、合衆国最高裁は断固として、その後もほぼ六〇年にわたり従前の連邦主義の観念に固執し、州の刑事手続による個人の権利侵害の申立てをすべて退けてきた。このような米国の刑事手続の〝石器時代〟の幕引きの先駆けとなり、〝現代の憲法的刑事訴訟法〟の到来を告げたのが一九三二年のパウエル判決である。「合衆国最高裁は同判決で初めて修正一四条のデュー・プロセス条項は州の刑事手続における弁護人依頼権を含むと解し」、死刑事件に関してであるが、被告人に公判前に弁護人の援助を受ける憲法上の権利のあること（the existence of a constitutional right to pretrial assistance of counsel）を認めた。合衆国最高裁は一九四二年のベッツ判決（Betts v. Brady, 316 U.S. 455）でデュー・プロセスの命ずる国選弁護人の選任は死刑事件以外の重罪事件については特段の事情のある場合に限られるとしたが、一九六三年のギデオン判決でこれを変更してすべての重罪事件の被告人に国選弁護人選任権を保障することは修正一四条のデュー・プロセスの要求するところである旨判示した。そして一九七二年の判決（Argersinger v. Hamlin, 407 U.S. 25）で修正一四条を介し州に適用された弁護人の援助を受ける権利は、「軽犯罪であると、軽罪、重罪であるとを問わず（whether classified as petty, misdemeanor, or felony）」、熟知して権利を放棄した場合を除き、被告人に保障されるとの判断を示したのである。(13)

このように合衆国最高裁は一連の判例で修正六条の弁護人依頼権の適用範囲を次第に拡大し、今日では軽罪であると否とを問わずおよそ被告人（the accused）には公費による弁護人の援助を受ける権利が保障されている。(14)いずれも周知であるが、とりわけ重要なパウエル、ギデオンの両判決について詳しく紹介しておく。

(2)　パウエル判決（一九三二年）(15)　本判決は、アラバマ州スコッツボロ近辺を通過中の無蓋貨物列車内での黒人少年九名による白人二少女輪姦事件に関して裁判所はアレインメント時に地区弁護士会のすべての弁護士を選任したが、現実には公判当日の朝になって初めて一人の弁護士がこれを受諾し、わずか一日の裁判で一名を除き全員が有罪とされ死刑判決を言い渡された事案につき、修正一四条のデュー・プロセスに違反するとしたものである。すなわち、本件での弁護人選任はきわめて公判に接近してなされたという点において「効果的で実質的な援助の否定（a denial of effective and substantial aid）」に相当する。(16)いずれにせよ被告人らは「最も重要な時期、すなわちアレインメントから公判開始に至るまでの時期を通じて、公判自体におけると同様に弁護人の援助を受ける権利があったにもかかわらず、いかなる現実的意味においてもそのような援助を受けなかったという結論に至らざるを得ない。(17)」本件事実に照らして「公判裁判所が被告人らに弁護人を確保する合理的な時間および機会を提供しなかったのは明白なデュー・プロセス違反」であり、本件の状況下では

「弁護人の必要性はきわめて重要かつ不可欠であったから、公判裁判所が効果的な弁護人の選任（an effetive appointment of counsel）をしなかったのは同様に修正一四条の意味におけるデュー・プロセスを否定」したことになる。「デュー・プロセスの当然の要請として被告人に弁護人を選任するのは裁判所の義務」であり、事件の準備および公判での効果的な援助（effective aid）ができないような状況下での選任はかかる義務を果したことにはならず[18]、「弁護士は裁判所の構成員（officers of the court）であり、そのような選任を求められたときには職務に服する（render service）義務がある[19]」というのである。

右法廷意見はサザランド裁判官執筆のものであるが、「告知と聴聞（notice and hearing）は憲法上のデュー・プロセスの基本的要素」であるとしたうえで、弁護人の役割の重要性を強調した次の一文は今日においても繰り返し引用されている。

「この聴聞には弁護人の援助を受ける権利が含まれていないとすると、それは多くの場合、ほとんど無意味なものとなろう。知性と教養ある一般市民であっても、法律学の素養は余りなく、時には全くない。犯罪で起訴されても、彼は一般に、その起訴が正当か不当かを独力では判断できない。彼は証拠法に不案内である。弁護人の援助なしに放置されると、彼は十分な嫌疑なしに裁判にかけられ、証拠能力のない証拠、あるいは争点に関連性のない証拠その他の許容できない証拠に基づいて有罪とされるかもしれない。たとえ彼に完全な防御理由があるとしても、防御の準備に必要な技術も知識もない。彼は自己に不利な手続のあらゆる段階で弁護人の導きの手を必要としている。それがなければ、身に覚えがないにもかかわらず、自己の無罪を主張する術を知らないがために、有罪判決を受ける危険に直面することになる。このようなことが知性ある人々にとっても真実であるというのであれば、それは無知で文盲な人々あるいは知性に欠ける人々にとってはるかに真実であることになる[20]。」

(3)　ギデオン判決（一九六三年）[21]　本判決は、一九四二年の前出ベッツ判決の事案に酷似したためその再考が求められた事案につき、ベッツ判決を正面から変更し、すべての重罪事件の被告人への国選弁護権の保障は公正な裁判に不可欠な基本的権利として修正一四条のデュー・プロセスの要求するところであり、州に対しても保障されることを明示したものである。被告人ギデオン（X）は、軽罪（misdemeanor）を犯す目的で玉突き場（poolroom）に侵入した罪でフロリダ州裁判所に起訴されたが、州法上は裁判所が弁護人を国選できるのは死刑事件で起訴された被告人に限られていたため、素人として期待されうる限りの自己弁護を行い無罪を主張したものの懲役八年の刑に処せられ州段階で確定した。これに対し、合衆国最高裁は「パウエル判決が依拠した健全な叡智（the sound wisdom）から離脱した」ベッツ判決は「時代錯誤的であり、この際変更すべきである」との見解に同意し[22]、次のような判断を示し、原判決を破棄差し戻した。

〝公正な裁判にとって不可欠な基本的権利〟は修正一四条を介して州をも拘束するとしながら、修正六条の弁護人依頼権はこのような基本的権利でないとしたベッツ判決の判断は誤っていたと考えられる。パウエル判決は、その判示を特定の事実および状況に限定しているが、弁護人依頼権の基本的性格に関するその判断は明白であり、その後も繰り返し確認されている[23]。このような多くの先例に照らすと、〝弁護人の選任は基本的権利ではない〟と判断した点においてベッツ判決は十分に考慮された先例から突然離脱した（made an abrupt break with its own well-considered precedents）ことになる。理性的に熟考しても「わが当事者対抗的刑事裁判制度（our adversary system of criminal justice）の下においては、法廷に引きずり出されたいかなる人物であれ、貧困のため弁護人を雇うことができなければ、弁護人を彼のために提供しない限り、公正な裁判が保障されたことにはならない。このことは自明の真理（an obvious truth）である。政府が訴追のために法律家を雇い、資力のある被告人が自己を防御するために法律家を雇うということは、刑事裁判においては法律家は贅沢品ではなく、必要品であるという広汎な信念をなによりも強く示している。犯罪で訴追された人の弁護人依頼権は公正な裁判にとって不可欠な基本的権利であると認められていない国もあるが、わが国においてはそれはまさに不可欠な基本的権利である。(24)

被告人にとっての弁護人の必要性については、パウエル判決におけるサザランド裁判官のあの感動的な言葉におけるほど適切に表現されているものはない。すなわち、〝この聴聞を受ける権利には弁護人による聴聞を受ける権利が含まれていないとすれば、それは多くの場合、ほとんど無意味なものとなろう。知性と教養ある一般市民であっても、法律学の素養は余りなく、時には全くない。犯罪で起訴されても、彼は一般に、その起訴が正当か不当かを独力では判断できない。彼は証拠法に不案内である。弁護人の援助なしに放置されると、彼は十分な嫌疑なしに裁判にかけられ、証拠能力のない証拠、あるいは争点に関連性のない証拠その他の許容できない証拠に基づいて有罪とされるかもしれない。たとえ彼に完全な防御理由があるとしても、防御の準備に必要な技術も知識もない、彼は自己に不利な手続のあらゆる段階で弁護人の導きの手を必要としている。それがなければ、身に覚えがないにもかかわらず、自己の無罪を主張する術を知らないがために、有罪判決を受ける危険に直面することになる〟と適切に表現されているのである。(25)

2　効果的弁護権の確立

修正六条は単に「弁護人の援助を受ける権利」を保障するにとどまるが、前出パウエル判決でも明示されているように、修正六条の弁護人依頼権は効果的な弁護人の援助を受ける権利 (the right to counsel is the right to the effective assistance of counsel) であることが早くから認められていた。(26) 弁護人依頼権は最も基本的な憲法上の権利であるから、その権利侵害の主張が認められると原判決は破棄されるため、とりわけ効果的な弁護人の援助を受けることができたかの判断基準が問題となる。この点については一九八四年五月一四日に言い渡されたクロニック、ストリックランド両判決で、弁護人の弁護活動が合理性の客観的基準（objective standard of reasonableness）を満たしておらず、そのような不十分な弁護活動がなければ判決内容は異なっていたであろう合理的蓋然性（reasonable probability）の立証を要するとの判断が示された。

そこで以下、やや前後するが、とりあえず右二判決を事実関係を含め詳しく紹介しておく。

(1)　クロニック判決（一九八四年）[27]　被告人クロニックは二人の共犯者とともに一九七五年の四ヶ月間にわたり、フロリダ州甲銀行とオクラホマ州乙銀行間で、九四〇万ドルを超える小切手移転に関し郵便を用いた詐欺の罪（mail fraud charges）で起訴された。要するに二人の共犯者は被告人の指示に従って、いわゆる入金あてこみ小切手振出し（a "check kiting"）を行い、この小切手交換の過程で違法に郵便を用いたというのである。[28]第一回公判期日直前、Xの私選弁護人が辞任した。そこで裁判所は「不動産実務の経験ある若い弁護士を被告人の弁護人に選任したが、本件捜査に訴追側が四年半以上かけ、捜査中に数千もの書類を検討していたにもかかわらず、弁護人には二五日間だけを公判準備として認めた。[29]」訴追側は、関連文書を現に作成した共犯者との答弁取引のあと、二人の証言を通じてXが全体計画の立案者であること等を立証し、Xは有罪とされた。[30]被告人が控訴を申し立てたところ、控訴裁判所は、「効果的な弁護人の援助を受ける権利を侵害された」ことを理由に、有罪判決を破棄した。五つの判断基準、すなわち①訴追側の捜査と弁護人の公判準備に与えられた時間、②弁護人の経験、③起訴犯罪の重大性、④可能な弁護の複雑性、および⑤証人の弁護人への近接性（accessibility）を前提にして、このような弁護人の一定の準備活動を妨げるような状況下においては「たとえ弁護人の現実の活動が欠点のないもの（flawless）であったとしても、破棄が必要となる[31]」というのである。

これに対し、合衆国最高裁は、修正六条の解釈として「このような推論のアプローチ（inferential approach）を用いた控訴裁判所の判断は誤っている」[32]として、全員一致で原判決を破棄差し戻した。その要旨は、およそ次のとおりである。

A　弁護人依頼権は、わが刑事司法制度の基本的な構成要素である。弁護人は〝必要物であって、贅沢品ではない。〟〝弁護人依頼権は弁護人の効果的な援助を受ける権利であることが古くから認められてきたのは、弁護人の援助を受ける権利には特別の価値があることを示している。それ故、当裁判所は一連の判決で、被告人には〝合理的に適格ある弁護人〟の弁護を受ける権利があり、憲法は被告人に〝適切な法的助言（adequate legal assistance）を保障していると判示してきたのである。[33]

効果的な弁護人の援助を保障する憲法の本質（substance）は次のような一文によって明らかとなる。かつてエルドン卿（Lord Eldon）は、〝真実は、問題の両側面に関する力強い陳述（powerful statement）によって最もよく発見される〟と述べた。この傍論は、わが刑事裁判制度の独特の強みを示している。わが当事者対抗的刑事裁判制度のまさにその前提にあるのは（the very premise of our adversary system of criminal justice）、ある事件の両側面に関する党派的主張（partisan advocacy）こそが真の犯人を有罪とし、無辜の者を釈放するという究極の目的を最も良く達成できるという考えである。修正六条の根底にあるのは〝まさにこの前提〟であり、それは当事者対抗的刑事手続における公正さの確保を意図している。被告人が弁護人の効果的な援助を受けることができなければ、重大な不正義の危険が公判自体に及ぶことになる。[34]

それ故、修正六条によって保護された当事者対抗手続（adversarial process）は、被告人の〝擁護者として（in the role of an advocate）活動する弁護人〟を必要としている。それ故、効果的な弁護人の援助を受ける権利は、有意味な当事者の吟味という苦しい試練を訴追側が切り抜けることを要求する被告人の権利である。真に当事者対抗の刑事裁判（a true adversarial criminal trial）が行われたとき、修正六条の意図する吟味がなされたことになる。しかし、もしその過程で両当事者間の対決（a confrontation between adversaries）としての性格が失われると、憲法上の保障は侵害されたことになる。〝刑事裁判は、ほぼ同等の技術で各参加者がリングに入ることが予想されるゲームではないが、素手の囚人を剣闘士（gladiator）の犠牲にするものでもない〟のである。(35)

B　控訴裁判所は合理的適格性の基準（a standard of reasonable competence）を採用しようとしたが、本件裁判中に当事者対抗手続の崩壊が現にあった（an actual breakdown of the adversarial process）ことを指摘せず、被告人の弁護を取り巻く全体の状況から弁護人がその義務を果たさなかったことが推論できると結論した。(36)

効果的な弁護人の援助を受ける権利が被告人に認められているのは公正な裁判を受ける被告人の権利に影響を及ぼすからである。争われている弁護活動が裁判過程の信頼性に何らの影響を及ぼさない場合には、修正六条の保障は一般にかかわりがない、さらに、弁護人は被告人に必要な導きの手を提供できると考えられているので、「憲法違反を主張する挙証責任は被告人にある。しかしながら、被告人にきわめて不利になるため（so likely to prejudice the accused）、その影響を争うコストが特定の事案において理に合わない状況は存在する。」、きわめて明白なその一例は、弁護人の援助が完全に否定された場合である。被告人が公判の決定的段階で弁護人を否定された場合には、その公判は公正とはいえない。同様に、弁護人が訴追側の有罪主張に対する有意味な吟味をしなかった場合には、当事者対抗の手続自体が信頼できなくなり、修正六条の権利が否定されたことになる。「これらの場合には、被告人に不利であるとの特段の立証（specific showing of prejudice）は必要とされない。」(37)

このような重大な権利の侵害状況（circumstances of that magnitude）が認められるため、弁護人の現実の弁護活動を調査しなくとも、被告人への不利益推定（a presumption of prejudice）が相当と考えられる場合がある。パウエル判決はそのような事例であった。当裁判所は同判決で、きわめて公判に接した段階での弁護人の選任は、効果的で実質的な援助の否定に相当すると判示し、弁護人の実際の弁護活動を調査せずに、このような状況下においては、弁護人が効果的な対立当事者（an effective adversary）として活動し得る可能性はきわめて小さいため公判は内在的に不公正であると結論した。それ故、パウエル判決は事情を取り巻く諸状況の結果、いかなる弁護人であれ効果的な援助ができる可能性はほとんどないため、公判での現実の弁護活動を調査することなしに効果的な弁護人の援助を受ける権利の侵害（ineffectiveness）が正しく推定された事案であった。当該事件を取り巻く全体の状況が効果的な弁護人依頼権侵害の推定を正当化するときに限り、弁護人の実際の活動を調査することなしに、修正六条の主張は満たされうるのである。(38)

C　控訴裁判所は、訴追の決定的段階で被告人は弁護人依頼権を侵害されたと認定していないし、その有罪判決は信頼性がないとの推定を正当化する当事者対抗手続の崩壊のあったことをも認定していない。本件での決定的問題は、それ故、被告人の弁護を取り巻く全体の状況、とりわけ控訴裁判所によって明らかにされた五つの判断基準によって、そのような推定が正当化できるかである。(39)

控訴裁判所の提示する五要因は、特定の事案での弁護人の効果的活動を判断するには関連性があるが、個別的にも総合的にも、資格ある弁護人が憲法の保障する導きの手を被告人に提供できなかったとの結論の根拠となるものではない。訴追側の捜査に要した時間は、公判準備の時間とは関連がない。訴追側の合理的な疑いを容れない立証のための証拠収集と弁護人の準備活動とは全く異なる。本件での訴追側の活動の大半は甲、乙両銀行間の小切手の流れを解明する証拠の収集にあり、本件の争点は被告人に詐欺の意図があったかどうかであった。二五日間の準備期間は短かすぎるとはいえない。この結論は弁護人が若かったという事実によっても変わらない。不動産契約関連の経験がある弁護人は、例えば武器強盗事件を扱った経験のある弁護人よりも、経済的契約関係を含む刑事事件を担当するうえでより役立ちうる。他の三要素はいずれも、それ自体でXが効果的な弁護人の援助を受けることができなかったような状況を明かにしていない。(40)

D　本件は、被告人が効果的な弁護人の援助を受けることが期待できなかったような事案ではない。控訴裁判所によって用いられた判断基準は、弁護人が訴追側の対立当事者（the Government's adversary）として有意義に機能しなかったことを証明していない。それ故、弁護人による特定の瑕疵があることの存在を指摘することによって初めて被告人は効果的な弁護人の援助を受けなかったと主張することができる。新たに選任された弁護人は当裁判所において、かような攻撃をする記録上の裏付けがあると主張しているので、この点については差戻審の判断に委ねることとする。(41)

(2)　ストリックランド判決（一九八四年）(42)　被告人ワシントン（以下、Xともいう）は一九七六年九月の一〇日間で、三件の残虐な刺殺事件、誘拐、暴行等を含む三グループの犯罪を計画、実行した。Xは二人の共犯者が逮捕されたのち、警察署に出頭し、任意に三件目の犯罪について詳細な自白をした。フロリダ州はXを誘拐および殺人の罪で起訴し、経験豊かな刑事弁護人を選任した。弁護人は積極的に公判前の準備活動に従事したが、その助言に反してXが最初の二件の殺人についても自白したことを知り、本件につき絶望感を抱き、その努力を中断した。公判開始時には、Xは三件の第一級謀殺罪、数多くの強盗事件、身代金目的の誘拐罪等の訴因で起訴されていた。Xは再び弁護人の助言に反して、陪審裁判を放棄し、すべての訴因について有罪の答弁をした。Xは有罪答弁の際、公判裁判官に対し、一連の窃盗を犯したことはあるが重大犯罪の前科はない、一連の犯行時に家族を養う能力がないため極度のストレス状態にあったと述べ、さらに「犯罪に対する責任は甘受する」と告げた。これに対し、裁判官は「積極的に進み出て自己の責任を認める人々には大いに尊敬の念を抱いている」と告げたが、量刑判断については一切言及しなかった[43]。

弁護人はXに対し、州法に基づき死刑量刑審理手続で勧告陪審（advisory jury）の権利を行使するように助言したが、Xはこの助言を拒否して右権利を放棄し、陪審の勧告なしに公判裁判官によって量刑判断される方法を選択した。弁護人は量刑審理の準備の際、Xとその経歴について話合い、Xの妻および母とも電話で話し合ったが、二人に直接会うような努力はしなかった。弁護人はまたXに有利な性格証人を探そうとはせず、Xとの会話の結果、精神状態に問題があるとは認められなかったので、精神鑑定の申請もしなかった[44]。

弁護人はXの性格および精神状態に関する証拠を提出しないとの判断を下し、それ以上の証拠を探そうとしなかった。この判断は、Xの残虐な殺人に対する自白の証拠法上の圧倒的効果に関する絶望的な気持を反映していたが、Xの精神的ストレスに関する証拠としては有罪答弁時の裁判官との会話に依拠した方が賢明であるとの判断をも反映していた。すなわち、有罪答弁の際の会話時にこれらの問題に関する十分な情報が提供されているため、これらの問題に関する新しい情報を提出しないことによってXの主張に対する訴追側の反対尋問を阻止し、訴追側の精神鑑定の証拠の提出を阻止したのである。弁護人はまた、量刑審理で被告人に不利になりそうな他の証拠を排除し、Xの警察記録（rap sheet）を排除することに成功した。判決前調査（presentence report）も被告人の前科記録を含んでおり、さしたる前科なしとの被告人の主張をほり崩すので、被告人に役立つというよりむしろ不利な証拠になると判断し調査書の準備を求めなかった[45]。

量刑審理での弁護人の戦術は専ら、有罪答弁時の公判裁判官の発言、および被告人の責任甘受を重視する量刑裁判官としてのその評判に依拠したものであった。弁護人は、被告人の後悔と責任の甘受は死刑回避の正当化理由になると論じ、被告人にはさしたる前科がないし、極度の精神的ストレス下に犯罪を犯したのであるから、これらは制定法下の減刑事由に当たると論じた。弁護人はさらに、被告人は任意に出頭して自白し、他の共同被告人に不利な証言をしていること、そして被告人は基本的に善良な人間であり、極度のストレス下に一時的に悪事に走ったことを理由に死刑判決は回避されるべきであると主張した。訴追側は主として本件犯罪の詳細を明らかにする目的で、多くの証拠や証人を公判に提出した。弁護人は、被害者の死亡の様子について証言した医師に反対尋問しなかった。(46)

公判裁判官は三件の殺人にいくつかの加重理由のあることを認め、いずれも繰り返し被害者を刺し続けたきわめて残虐非道な犯罪であると認めた。減軽事由に関して、公判裁判官は三件の殺人につき同一の決定をした。要するに公判裁判官は、多くの加重理由があるのに対し、減軽事由はほとんど見当たらないと認め、被告人に三件の殺人につき、死刑判決を言い渡し、この判決は州段階で確定した。(47) Xはその後、「弁護人は量刑手続で効果的な援助をしなかった」等を理由に、州裁判所での副次的救済（collateral relief）を求めた。弁護人は量刑審理で準備の継続を怠り（途中で中断した）、精神鑑定を求めず、性格証人を探し出して提出せず、判決前調査を求めず、量刑裁判官に対し有意味な主張をせず、医師の報告書を調査しまたは医師を反対尋問しなかったこの六点で弁護人の援助を受けなかったというのである。Xは右主張の裏付けとして、もし要請があれば証言したであろうと述べている友人等の一四通の宣誓供述書を提出し、〝犯行時には経済的ジレンマのため慢性的な挫折感とうつ状態にあった〟旨の精神医学者と心理学者の各報告書を提出した。(48) 公判裁判所は救済の申立てを却下し、州最高裁もこれを維持した。

そこでXは、フロリダ州南部地区連邦控訴裁判所に人身保護令状の発付を求め、「準備中断をした点を除き、州裁判所において明らかにしたのと同一の過誤を理由に、弁護人の効果的な援助を受けなかった」として救済を求めた。地方裁判所は「制定法上の要求ではない減軽理由を調査しなかった点において公判裁判所に過誤はあった」が、Xの量刑に不当な影響はなかった（no prejudice）としてこれを却下した。ところが第五巡回区は全裁判官関与の判決で、効果的な弁護人の援助を受けなかったとの主張を分析する自らの判断枠組（its own framework）を展開し、その基準の下で新たに事実認定を行うよう地方裁判所に破棄差し戻した。[49]

これに対し、合衆国最高裁判所は、本件での課題は「弁護人の公判または量刑（審理）での援助が効果的でなかったことを理由に有罪判決または死刑判決が破棄されるのは憲法の要求である[50]との刑事被告人の主張を判断する適切な基準を検討すること[51]」であると指摘したうえで、まことに詳細な憲法判断を示し、控訴裁判所の判決を破棄した。その要旨は、およそ次のとおりである。

Ａ　当裁判所はパウエル、ギデオン両判決を含む一連の判例で、「修正六条の弁護人依頼権は公正な裁判を受ける基本的権利を保護するために存在し、かつ必要とされていることを認めた。憲法はデュー・プロセス条項を介して公正な裁判を保障しているが、公正な裁判の根本的要素を弁護人条項を含む修正六条のいくつかの規定を通じて明かにしている。それ故、公正な裁判とは、訴訟手続に先立ち明らかにされた争点を解決するために両当事者の吟味に服する証拠が公平な裁判所に提示される裁判である。[52]」

弁護人の援助の決定的重要性を理由に当裁判所は、連邦または州の犯罪で告発された被告人（a person accused）には、私選弁護人（retained counsel）を得ることができないというのであれば、国選弁護人を選任してもらう権利（the right to have counsel appointed）があると判示してきた。修正六条が弁護人の援助を受ける権利を認めているのは、当事者対抗手続によって正しい結果（just results）がもたらされるうえで弁護人の役割が決定的であると考えているからである。被告人には、私選であれ国選であれ、裁判が公正であることを保障するのに必要な役割を果たす弁護人の援助を受ける権利がある。このような理由で、当裁判所は、〃弁護人依頼権は効果的な弁護人の援助を受ける権利である〃ことを認めてきた。訴追側が弁護活動に関する弁護人の独立した判断権に介入すれば効果的な援助を受ける権利を侵害したことになる。しかしながら、弁護人も

〝適切な法的援助〟を懈怠すればそれだけで（simply by failing to render "adequate legal assistance"）効果的な援助を受ける権利を被告人から奪ったことになる。例えば、弁護人の活動に影響する利益の衝突が現にあれば（an actual conflict of interest）弁護人の援助は効果的ではない（ineffective）ことになる。(53)

当裁判所は〝今まで、後者の事例において、すなわち、実際上は効果的でなかった（actual ineffectiveness）〟との主張に示されている効果的援助に関する憲法上の要件の意味を詳論したことはなかった。しかしながら、右の要件の意味内容を検討する際には、その目的——すなわち公正な裁判を確保すること——を指針としなければならない。「不効果（ineffectiveness）の主張を判断する基準（benchmark）は、弁護人の行動が当事者対抗手続の本来の機能を大きくほり崩したため（so undermined proper functioning of the adversarial process）、裁判が正しい結果をもたらしたものとして信頼できないということでなければならない。(54)」同一の原理は死刑の量刑手続にも適用される。通常の量刑手続においては弁護人の役割を考える必要はない。そこでは非公式な手続や量刑判断者の基準のない裁量にかかわりがあるため、憲法上の効果的援助の定義とは異なるアプローチが必要とされるからである。しかしながら、本件に含まれているような死刑の量刑手続は、当事者対抗の形式（its adversarial format）で判断基準も存在する公判に十分類似しているので、そこでの弁護人の役割は公判での弁護人の役割に匹敵する。それ故、フロリダ州の死刑の量刑手続を通常の裁判と区別する必要はない。(55)

「弁護人の援助には大きな欠陥があるため、有罪判決または死刑判決の破棄が必要であるとの被告人の主張には二つの構成部分（components）がある。第一、被告人は弁護人の活動が不十分（deficient）であったことを立証しなければならない。このことは、弁護人はきわめて重大な過誤を犯したので修正六条によって被告人に保障された〝弁護人〟としての役割を果たさなかった（not functioning）との立証を必要とする。第二、被告人は不十分な弁護活動によって不利益を受けた（prejudiced）ことを立証しなければならない。このことは、弁護人の過誤はきわめて重大であるため被告人から公正な裁判、すなわちその結果が信頼できる裁判を受ける権利を奪ったことの立証を必要とする。被告人がこの二つの立証をしない限り、有罪判決または死刑判決は当事者対抗手続における崩壊（breakdown）によって生じたものであるから、その結果は信頼できないとはいえないのである。[56]」

Ｂ　弁護人活動に関する適正な判断基準は「合理的に効果的な援助（reasonably effective assistance）」があったかである。これ以上の詳細な指針は相当でない。弁護人の援助が効果的でなかったと主張する被告人は、弁護人の弁護が「合理性の客観的基準（an objective standard of reasonableness）」以下であったことを立証しなければならない。修正六条は単に〝弁護人〟に言及するにすぎず、効果的な弁護人の援助を受ける権利の要件を明示していない。弁護人の活動に関する適正な判断基準（proper measure）は、支配的な職業規範の下での合理性（reasonableness）であり「すべての事情を考慮して弁護人の援助が合理的であったか」に帰する。さらに修正六条の効果的な援助を保障する目的は、法的弁護の質を高めることではなく、単に刑事被告人が公正な裁判を受けることを確保することにある。[57]

それ故、現に不効果弁護があったとの主張（an actual ineffectiveness claim）に決着をつける裁判所は、弁護人の行動の合理性を判断しなければならない。効果的な弁護を受けなかったと主張する被告人は、合理的な専門的判断の結果ではなかったとするその弁護人の作為または不作為（acts or omissions）を明らかにしなければならない。次に裁判所は、明らかにされた作為または不作為が弁護士としての基準に達した援助（professionally competent assistance）の範囲外であるかをすべての事情に照らして判断しなければならない。それと同時に裁判所は、弁護人は適切な弁護をしており、重要な決定はすべて合理的な専門的判断に基づいたものであることが強く推定されていることを認識すべきである。[58]

C　たとえ弁護活動が専門家として不合理なものであったとしても、弁護人の過誤があったというだけでは、その過誤が判決に影響を及ぼさな限り、刑事判決を破棄できるということにはならない。憲法の下での効果的な援助でなかったとの主張が認められるには「弁護人の活動における欠陥が被告人の防御に不利益に作用した（be prejudicial to the defense）」ことが立証されなければならない。[59] この不利益作用は一定の文脈において推定されている（prejudice is presumed）。弁護人の援助の完全否定は法律上この不利益作用を生ずるものと推定されている。このような状況下での被告人の不利益はきわめて明白で（so likely）あり、各事案毎の不利益作用の調査はそのコストに値しないからである。実際に効果的な弁護を受けなかったとする主張の場合にも、同様に不利益作用が推定されることがある。例えば、当裁判所は一九八〇年のサリヴァン判決（Cuyler v. Sullivan, 446 U.S. 335）において、弁護人が現実の利益の衝突（an actual conflict of interest）に悩んでいたときは不利益作用が推定されると判示した。しかし、不利益作用が推定されるのは、弁護人が〝積極的に衝突する利益を弁護し〟、かつ利益の衝突が現にあり（an actual conflict of interest）、その結果、弁護人の活動が被告人に不利益に働いた（adversely affected）ことを被告人が立証した場合に限られる。[60]

弁護人の弁護活動の欠陥を理由に効果的な援助を受けられなかったと主張する被告人は、不利益作用の積極的立証を要求する一般的ルールに服する。「それ故、たとえ被告人が弁護人の特定の過誤が不合理なものであると主張しても、それらが実際に被告人の防御に不利益に作用した（an adverse effect on the defense）ことを被告人は立証しなければならない。」他方、被告人は、弁護人の欠陥ある行動がおそらく（more likely than not）事件の結果を変えていたであろうことまで立証する必要はない。したがって、「被告人は、弁護人の専門家としての基準に反した過誤（unprofessional errors）がなければ、訴訟手続の結果は異なっていたであろう合理的蓋然性（a reasonable probability）があることを立証しなければならない。合理的蓋然性とは、裁判の結果への信頼性の土台をほり崩すのに十分な蓋然性である。[61]」被告人が有罪判決を争うときの問題は、過誤がなければ事実認定者は有罪に関する合理的疑いを抱いたであろう合理的蓋然性があるかである。被告人が本件におけるように死刑判決を争っているときの問題は、弁護人の過誤がなければ、量刑判断者は、加重事由と減軽事由とを比較衡量して死刑を是認しなかったであろう合理的蓋然性があるかである。[62]

上述の諸原理は機械的なルールを明らかにしたものでないことに留意しなければならない。これらの基準は判断過程の指針とすべきものであるが、調査の最終的な焦点はその結果が現に争われている訴訟手続の基本的公正さでなければならないのである。[63]

D　上述の判断基準の適用は本件では難しくない。上述した事実によれば、被告人の量刑手続時およびそれ以前における弁護人の弁護活動がたとえ不合理なものであったとしても、被告人はその死刑判決の破棄を求めうるに足りるほどの不利益（insufficient prejudice）を受けていないことは明らかである。[64]

弁護活動の構成部分（performance component）に関しては、弁護人は減軽事由として極度のストレスを主張し、可能な限りXの本件犯罪に関する責任甘受の態度に依拠するという戦術を選択したことは記録上明らかである。被告人の将来（prospects）に希望を失った気持は理解できるが、その絶望感の余り、その専門的判断が歪められたことを示す証拠は一切ない。弁護人の戦術上の選択は優に弁護人としての合理的判断の枠内にあり、すでに入手していたそれ以上の性格や精神状態に関する証拠を求めなかった判断も同様に合理的であった。加重事由は完全に圧倒的であった。弁護人の防御活動は、成功しなかったとはいえ合理的な専門的判断の結果であったことはほとんど疑い得ないことである。[65]

不利益効果の構成部分（prejudice component）に関しては、被告人の主張には実質的理由（merits）のないのはより明白である。被告人の主張する証拠が量刑審理で提出されていたとしても、量刑裁判官に提出された量刑図面（sentensing profile）にほとんど変化はなかったであろう。提出されなかった証拠によって加重事由が減軽事由を圧倒するという結論を変える合理的蓋然性はない。[66]

弁護人の弁護活動には欠陥があり（deficient performance）、被告人は十分な不利益を受けた（sufficient prejudice）との立証がなければ不効果弁護の主張は無効となる。本件では右の二つとも立証されていない（double failure）。より一般的には、弁護人の援助に欠陥があることによって当事者対抗手続が崩壊したため、Xの量刑裁判は信頼できないものとなったことを被告人は立証しなかったことになる。Xの量刑手続は基本的に不公正ではなかった。それ故、人身保護令状の発付を許容した地方裁判所は正しかった。したがって、控訴裁判所の判決を破棄することとする。[67]

三　弁護人依頼権の侵害とその救済方法

合衆国憲法修正六条は「すべての刑事上の刑事訴追において、被告人」に弁護人の援助を受ける権利を保障する。右文言によれば、起訴後の被告人に弁護人依頼権が保障されているのであるから、「刑事被告人」に私選または国選の弁護人依頼権を保障しているわが憲法三七条三項と軌を一にした規定であるようにみえる。しかしながら、修正六条の弁護人依頼権の背景には当事者対抗主義（adversary system）のいわば貫徹という目的があるから、「当事者対抗の司法手続」が始まれば弁護人依頼権は保障される。すなわち、弁護人の援助を受ける権利は「〝公判自体が単なる形式と化する〟司法手続の〝決定的〟段階で」付される、そして少なくとも「何人も自己に対する司法手続が開始されたその時以降、弁護人の援助を受ける権利のあること」が確立している。「当事者対抗の刑事手続開始後は、〝政府（訴追側）が自ら訴追に関与することとなり、訴追側と被告人との相対立する立場（the adverse positions）が固定化〟し、いわば訴追側の宣戦布告に直面した被告人は

〃訴追側勢力に直面し、複雑な実体的手続的刑事法の中で動きがとれなくなる〃から弁護人の導きの手が必要であるというのである。(68)

より具体的には、起訴前の治安判事（magistrate）等による予備審問（preliminary hearing）手続も「決定的段階」（White v Maryland, 373 U.S. 59, at 60（1963））とされており、この段階で弁護人依頼権が保障されている。したがって、修正六条にいう「被告人（the accused)」は憲法三七条三項の「刑事被告人」より広い概念で起訴前の〃被疑者〃も含まれるが、それはあくまでも正式手続開始後の〃被疑者〃に限定されている。要するに、わが国の検察官による起訴以前の裁判官による勾留手続にほぼ相当する段階での保障にとどまり、例えば、逮捕直後の警察署での取調べに服している被疑者に弁護人依頼権が保障されているわけではない。もっとも、被疑事実のいかんを問わず（Berkemer v. McCarthy, 384 U.S. 420, at 434（1984））、身柄拘束中の被疑者取調べには修正五条の自己負罪拒否特権の実効性を確保するため一九六六年のミランダ判決によって創出された修正五条の弁護人依頼権（the fifth amendment right to counsel）が別途保障されていることに留意しておきたい。(69)

このように今日のアメリカでは、正式訴追ないし当事者対抗の司法手続開始以降——通常は逮捕後二四時間以内——いわゆる写真面割りを除く面通し手続を含め、(70)軽罪であると否とを問わず被告人に弁護人依頼権が保障されている。さらに被告人が権利内容と権利放棄の結果を熟知して理性的に放棄した場合を除き、(71)訴追側にはその権利行使を「尊重する積極的義務」があり、それに反して獲得された供述は原則として、すなわち〃毒樹の果実〃排除の例外等に該当しない限り、すべて排除されることが確立している。いずれにせよ、弁護人の有効な援助を受ける権利が広範に保障されているため、その権利侵害と救済方法をめぐる争いが絶えないのである。

1　先例の検討

有罪判決を言い渡された被告人が修正六条の弁護人依頼権侵害を理由として上級審で原判決破棄を求めた場合の一般的な判断基準については、先に詳論した一九八四年のクロニック、ストリックランド両判決で明らかにされている。すなわち、憲法違反を主張する被告人は、弁護人の弁護活動が当該事案の全事情を総合的に考慮して専門家としての「合理性の客観的基準」を満たしておらず、かつそのような専門家としての職業規範に反した弁護活動の過誤がなければ判決の結果は異なっていたであろうという「合理的蓋然性」を立証しなければならない。ただ、両判決はいずれも複数の被告人に対する共通弁護が問題とされた事案ではない。このいわゆる共通弁護に関してはそれ以前の判例で効果的な弁護人依頼権とのかかわりが問題となり、一定の判断が示されている。

以下、主として共通弁護と利害相反ないし不効果弁護をめぐる先例を紹介しておく。なお、とりわけ共通弁護については判旨を正確に理解するにはそれに至る経緯が重要であるため、冒頭に各判決の意義を簡単に説明したあと、事実関係についても必要と思われる範囲でその概要を明らかにしておく。

(1)　グラッサー判決（一九四二年）[72]　本判決はわが国ではほとんど紹介されていないが、被告人の異議申立てにもかかわらず裁判所が共同被告人の弁護人に被告人の国選弁護を命じた事案につき、被告人の有罪を裏付ける証拠が判断の微妙な状況証拠にとどまることなどを指摘したうえで、修正六条違反を理由にその有罪判決を破棄した指導的判例である。

［事実の概要］　被告人グラッサー（以下、Xともいう）、クレッツェ（以下、Yともいう）、Zの三名は、他の二名とともに合衆国欺罔のコンスピラシー（conspiracy to defraud the United States）の罪で起訴され、いずれも有罪とされた。Xは一九三五年から三九年にかけてイリノイ州北部地区で酒類事件（liquor cases）を担

当する検察官補だった。Yは一九三四年から三七年にかけてやはり同地区での検察官補としてXを補佐し、退官後はシカゴで弁護士をしていた。Zは弁護士であった。要するにX、Yは検察官であった当時「酒類に関する連邦内国税違反を訴追する立場にあり」、外部からの不当な影響を受けず誠実、忠実にその任務に当たる義務があったにもかかわらず、その職務の遂行に当たり金銭の提供を受けるなどの約束をしたとして合衆国を欺罔するコンスピラシーで起訴されたのである。(73)

一九四〇年一月二九日、S弁護士はXの弁護人として出廷した。同年二月六日、Yの弁護人として選任されていたM弁護士が、YはMの弁護を望んでいない旨裁判所に告げたところ、裁判所はSに「Yの弁護人として活動できるか」どうか尋ねた。その後の裁判所との若干のやりとりの中でXは被告人として異議申立てが許されるのであれば「異議を申し立てたい（I would like to enter an objection)」、共通弁護はYに有利になるのでSには私（X）の弁護に専念してもらいたいと述べ、Sも同旨の意見を述べた。しかし、裁判所が「SをYの弁護人として選任する」旨告げると、Xは沈黙した（remained silent）ため、Sはその後、XとYとを同時に弁護することとなり、公判終了時まで積極的な弁護活動を展開した。(74) Xら三名はいずれも有罪とされ、その有罪判決は控訴審で維持された。これに対し、合衆国最高裁判所は「重要な憲法問題が含まれている」として上告受理の申立てを容れ、三件を一括審理のうえ、証拠不十分の主張については判断を回避したまま、Xの有罪判決のみ破棄した。

［判旨］　Xに不利な証拠は強力でないことは認められる。訴追側もXに関する訴追側の有罪主張は専ら状況証拠に基づいていることを率直に認めている。「このことは修正六条に違反して弁護人の援助を否定されたとのXの主張との関係で重要である。すべての事件において憲法上の保護は被告人の利益のために保障されるべきであるが、このことは正義の秤が有罪と無罪との間で微妙に揺れ動きうる場合にはとりわけ真実である。

とすると、ある状況下においては（原判決）破棄の理由とはならない過誤であっても、それを重要でないとしてはねつける（brushed away）ことはできない。けだし、それが秤を有罪の方向に傾けるいかほどかの衝撃（the slight impetus which swang the scales toward guilt）を与える現実の可能性（a real chance）があるからである。[75]」

権利の章典の保障は、恣意的権力からの防波堤である。その中でも修正六条の弁護人依頼権は、人の生命、自由に関する基本的権利を確保するために必要とされてきたのであり、生命または自由がかかっている被告人から弁護人の援助を奪うことは憲法上できない。弁護人の援助を受ける権利はきわめて基本的であるから、合理的な時間内に被告人自身の選択で弁護人を選択することを州裁判所が認めず、同裁判所が効果的な弁護人の選任を懈怠すれば、それは公正な審理の基本的要素に関するわれわれの概念に反するから、修正一四条のデュー・プロセスの否定に相当する。われわれはこのように判示してきたが、それと同時に、修正六条によって保障されている〝弁護人の援助〟は一人の弁護士が同時に相反利益（conflicting interest）を弁護するよう裁判所から命ぜられたとしても、そのような弁護人の援助が必ずしも制約され弱体化するものではないことを明かにしている。[76]

権利の章典の保護を維持するために、基本的権利の放棄を認めないあらゆる合理的推定がなされる。公判裁判所がＳのＹへの選任を示唆したとき、Ｘは当初に主張した異議申立てを積極的に放棄しなかった。Ｘは経験ある法律家であるにもかかわらずＳの選任時に改めて激しい異議申立てをしなかったのであるから、その選任を黙認したことになると訴追側は主張する。むろん、Ｘが法律家であるという事実は、修正六条の弁護人依頼権を本当に放棄したかどうかを判断する際に一つの要素（a factor）たりうるが、それは決して決定的であること（conclusive）を意味しない。裁判が被告人の不可欠の権利を配慮して（with solicitude）行われていることを確認する義務が公判裁判所に課されている。〝公判裁判所には弁護人の援助を受ける被告人の権利を保護する義務がある。〟このような被告人の基本的権利に関する配慮は本件記録上明らかにされていない。「裁判所はXの態度ないしその希望を改めて確認する努力をしなかった。そのような状況下において、Xは黙示ではあるが自由にS弁護人の選任に同意したと判示するのは、被告人の基本的権利を保持する公判裁判所の義務履行時における現実を歪曲し、その重大な放縦(dangerous laxity)を許すことになる。[77]」

Xは、Yの弁護人として裁判所がS弁護士を選任したのは、Sの弁護活動を困惑させ、その妨げとなったと主張する。つまり、そのため「Sは証拠能力のない証拠を排除するXの権利を適切に擁護することができず、訴追側証人を十分に反対尋問できなかった」と主張するのである。[78]

Y周知の会計士Bは、Aなる人物の代理人としてYに三千ドル提供したと証言し、さらにXについては知らないと証言した。SはYの弁護人でもあるので反対尋問の用意ができていないとして反対尋問の延期の許可を得た。その直後にAが証人台に立って、起訴されそうだが、五千ドルで当局の誰かを〝買収(fix)できるかもしれないとBから聞いた旨証言した。A、Bが話し合ったとされるその当時、Xは違法な蒸留酒製造所の経営者で前科のあった人物を取り調べAとのかかわりを追求していた。Aは繰り返し証言でXに言及し、XとBとが結びついていることを示唆した。Bは三日後に再喚問された。Sは反対尋問を拒否した。この判断はYを保護したいとの考えによるものであったことは合理的に推測できる。Sがこのような反対尋問をしなかったのは、彼(S)が矛盾(cross-purposes)に直面していたからである。[79]

Xはまた、Yに不利(prejudice)になることを回避するためSが異議申立てをしなかったので、本来Xに不利な証拠として許容できない若干の証拠が許容されたと主張する。その証言というのは「Xのいないところで Yのした行為にXを巻き込む」供述を聞知した旨の四証人の証言であった。Xは赤毛であった。そして四証人がYから聞知した供述というのは、Yが〝もみ消し〟に関して赤毛の男と会わねばならず、金をその赤毛の男に渡さなければならないというものであった[80]。

このような供述はXに関しては憲法上許容できない伝聞であるにもかかわらずSが異議申立てをしなかったのは、Xのために異議の申立てをすれば、右証言はYに関しては真実であるという印象を陪審に与えかねないと考えたからであるとXは主張する。これに対し訴追側は、コンスピラシーの目的を推進するためになされた第三者に対するいわゆる共謀者の供述は他の共謀者に不利な証拠として許容されるとの原理に依拠して、右伝聞供述はXに不利な証拠として許容できるのであるから、Sが異議を唱えなかったとしてもXに不利益とはならず、Xの主張は不当であるとする。しかしながら、このような供述が現場にいなかったいわゆる共犯たる共謀者（co-conspirator）の異議にもかかわらず許容できるのは、その共謀者がコンスピラシーにかかわりがあることを示す他の証拠（proof aliunde）がある場合に限られる。そうでないと伝聞が勝手に昇格し（lift itself by its own bootstraps）許容性ある証拠になる危険があった[81]。

右伝聞供述は明らかにXに不利であった。Xとコンスピラシーとを結びつける他の証拠は、これと比較すると弱い（meager by comparison）。例えば、何もできなくて申訳ないとXが起訴後に謝罪した、そして一九三七年のクリスマスにウィスキーをXに贈った旨Hは証言している。このような証言がXのコンスピラシーへの関与を証明するのに十分であるかを判断する必要はない。このことは核心から外れている。重要な事実は、右伝聞供述に関してXのためにSが異議の申立てをしなかったことである。裁判所がXの選任の可能性を切り出したとき、Sが裁判所に対し、この種の供述はXを拘束するものではないと述べていたという事実があったにもかかわらず、異議の申立てはなされなかったのである。このことは明らかに二人の主人に仕えるSの葛藤（struggle to serve two masters）を示している[82]。

さらにXは自ら弁護人として選任したSの専念した援助を受けることを望んでいた。利益の衝突いかんにかかわらず、他の被告人をも弁護するという負担は弁護人の効果的な弁護を損なうと考えられる。裁判所がSをYの弁護人として選任した結果としてXのうけた不利益の程度を正確に判断することは困難であり、不必要でもある。弁護人の援助を受ける権利はきわめて基本的であり絶対的であるから、かかる援助の否定から生じた不利益（prejudice）の程度に関する難しい計算（nice calculations）を裁判所にさせることは認められない。被告人が弁護人の援助を受けていることを確認する裁判所の義務として同様に重要なのは、相反利益の可能性が裁判所に自覚されているとき、最初の依頼人の利益に反しうる利益の弁護を同時に強要し、あるいはたとえ示唆にすぎないにしても、そのことによって被告人を防御する弁護人を困惑させない裁判所の義務である。コンスピラシーの事案においては厳格でない証拠規則と広範な自由が訴追側に与えられているため、ときにはそれが個々の被告人に不利に作用することがありうるので、裁判所が弁護人の援助を妨害する当事者になるのではなく、弁護人の専念した援助を受ける権利を被告人に享受させることがとりわけ重要である。本件では、S弁護人のXへの有用性を減少させるような利益の衝突が生じうる可能性のあることが裁判所に告知されていた。記録を検討すると、Sのグラッサー弁護はかかる選任がなされなかったときと比べて効果的ではなかったとの結論が導かれる。裁判所はそのことによって、グラッサーに修正六条によって保障されている効果的な弁護人の援助を受ける権利を否定したことになる。かかる過誤があるためグラッサーの有罪判決を破棄し、新公判を命ずることとする。

しかし、この過誤は他の被告人Y、Zの有罪判決を破棄する理由にはならない。Yらが新公判を獲得するには、「グラッサーの憲法上の権利否定が何らかの方法でクレッツェらに不利となった（prejudiced）ことを立証しなければならない。」YはSの選任によって不利益を受けたとは主張していないし、本件記録上、このことを示すものはない。Ｚは不利益を主張しているが、終始自己の弁護人の援助を受けていた。Ｘの弁護人依頼権の侵害がＺに影響した（affected）とは考えられない[83]。

(2)　ホロウェイ判決（一九七八年）[84]　本判決は、強盗強姦事件の共犯者三名を一人で弁護した国選弁護人が公判前後に何度も利益の衝突の可能性があるとして他の弁護人の選任を求めたにもかかわらず、裁判所が利益の衝突のリスクを一度も調査することなくこの申出を拒否し被告人が有罪とされた事案につき、グラッサー判決を詳細に引用しつつ、修正六条の弁護人依頼権侵害を理由に原判決を破棄したものである。

〔事実の概要〕　一九七五年六月一日早朝、三人組の男がレストランに押し入り、従業員五名を脅し金品を強奪のうえ、女性従業員二名を強姦した。間もなく被告人ホロウェイ（以下、Ｘともいう）ら三名が逮捕された。同年七月二九日、Ｘらはいずれも強盗と強姦で起訴され、公判裁判所は八月五日、公設弁護人Ｈを三人の国選弁護人として選任した。次いでＸらは、罪状認否手続に付され、全員無罪の答弁をした。その二日後、Ｘらは併合審理されることとなり、第一回公判期日が九月四日に定められた[85]。

Ｈは八月一三日、弁護人は各被告人から利益の衝突の可能性があることを聞いたことを理由に各別の弁護人を選任して欲しい旨裁判所に申し出た。裁判所は、この申出および公判分離の申出に関する審理を開いた後、各別の弁護人を選任することを拒否した。公判開始前に同一の裁判官が被告人Ｙが逮捕時に二人の警察官にしたとされる自白の許容性を判断する審理を開いた。その自白は要するに、Ｘ、ＺとともにＹはライフルで武装しレストランに押し入ったことは認めつつ、強盗および強姦時にはその現場から少し離れた一段上の階段にいた、要するに見張りをしていたにすぎず、強姦には関与していないというものであった。公判裁判官はこの自白を許容したが、他の共犯者への言及部分については削除することを命じた。陪審が選定される前にＨは再び〝被告人の一人または二人は証人台に立って証言するかもしれない、もし証言すれば彼らから秘密情報（confidential information）を得ているので反対尋問できないことを理由に〃各別の弁護人の選任を求めたが、再び拒否された。[86]

公判二日目、訴追側弁論後にHは裁判所に対し、Hの助言に反して被告人三名全員が証言することを決意したと告げた後、利益の衝突の可能性を理由に何度も各別の弁護人の選任を求めてきたが、〃この衝突は現実のものとなりつつある〃と述べた。しかし結局、各別の弁護人の選任は認められなかった。Xら三名はいずれも証人台に立って、犯行とのかかわりを否定し当時家にいた旨類似の証言をし、Yは警察官に自白したことをも否定したが、陪審は全員有罪の評決をした。州段階でXらの有罪は確定した。[87]

これに対し、合衆国最高裁は、利益の衝突のリスクを理由に各別の弁護人選任の申出を否定されたことによってXらは「効果的な弁護人の援助を奪われたことになるかどうかを判断するために」上告受理の申立てを容れ、[88]原判決を破棄した。

〔判旨〕　「当裁判所は三五年余以前にグラッサー判決において、利益が衝突する二人の共同被告人の弁護を一人の弁護人に要求することによって地方裁判所は被告人の一人に修正六条の効果的な弁護人の援助を受ける権利を否定したと判示した。」同事件においてグラッサーら二被告人は当初各別の弁護人が選任されていたが、一人の弁護人が解任されたため、裁判所はグラッサーの弁護人Sに共通弁護を打診した。Sは利益の衝突の可能性があると答え、二人を弁護すれば陪審は二人を一緒に結びつけるおそれがあると述べ、グラッサーも共通弁護に異議を申し立てる意向を示した。しかし、地方裁判所は、グラッサーの私選弁護人であるSを共同被告人クレッツェの弁護人として選任し、二人はいずれも有罪とされた。[89]

グラッサーは当裁判所において二人の依頼人の利益の衝突があるため公判でのSの弁護は効果的でなかったと主張した。Sはグラッサーとコンスピラシーとを結びつける証言をした訴追側証人を反対尋問せず、許容性がないと考えられる証拠の提出に異議を申し出なかった。この二つの不作為は弁護人が共同被告人クレッツェの利益を保護したいと考えたことの結果であり、それ故「二人の主人に仕える弁護人の葛藤を示している」と判示した。当裁判所はこのような利益の衝突を認めた後、「このことから生ずる不利益（prejudice）が無害の手続的瑕疵（harmless）であるかの調査要求に応ずることなく」、グラッサーの有罪判決の破棄を命じたのである。(90)

本件で適用される一つの原理はグラッサー判決から明らかである。「同一の弁護人に共同被告人の弁護を要求したり、これを認めたりすることは、しばしば共通弁護（joint representation）といわれるが、そのこと自体で（per se）弁護人の効果的な援助を受ける憲法上の保障の侵害とはならない。」この原理は、多くの被告人が一人の弁護人によって適切に（appropriately）弁護しうる事案のあることを認めている。実際、共通弁護からある種の利益が生ずることはありうる。フランクファータ裁判官の見解によれば、〝共通弁護は相互非難の回避を確保する一つの方法（a means of insuring against reciprocal recrimination）である。共通の防御はしばしば共通の攻撃に対する抵抗力を付与する〟のである。(91)

グラッサー判決以降、本件とは異なり、弁護人が利益の衝突の可能性を一切指摘しなかった場合に共通弁護が争われたときに通常生ずる争点に関し裁判所は二つの相異なるアプローチをしてきた。しかし、本件ではこのような問題を解決する必要はない。本件で弁護人は裁判所の構成員として（as an officer of the court）繰り返し、利益の衝突のリスクの可能性に明確に焦点を合わせていた。ところが裁判所は、各別の弁護人を選任することも、そのリスクがわずかで各別の弁護人を必要としないものであるかを確かめることもしなかった。かかる不作為は、修正六条の保障する弁護人の援助を受ける権利を被告人から奪うものである。(92)

この結論は、グラッサー判決における当裁判所の次の一文によって裏付けられている。すなわち、〝被告人が弁護人の援助を受けていることを確認する裁判所の義務として同様に重要なのは、相反利益の可能性が裁判所に自覚されているとき、最初の依頼人の利益と反しうる利益の弁護を同時に強要し、あるいはたとえ示唆にすぎないとしても、そのことによって被告人を防御する弁護人を困惑させない裁判所の義務である。〟右の理由付けは、被告人らの相矛盾する利益の可能性が正式の異議申立て等によって裁判所に自覚されていた本件に直接適用される。本件では公判裁判所は、繰り返された申立てに対応する適切な手段を一切していない(93)。

このような裁判所の確認義務に関する過誤があれば被告人の有罪判決は当然破棄されるかの問題が残っている。この点については、たとえ共同被告人への不利益の立証が欠けている場合であっても、公判裁判所が不当に共通弁護を認めたり、あるいはそれを要求すれば原判決は当然破棄されるとする見解と、このような事案で自動的に破棄すべきではなく、被告人が不利益（prejudice）を立証しうる場合を除き、控訴裁判所は原判決を維持すべきであるとの見解が対立している(94)。

グラッサー判決の解釈をめぐる対立であるが、われわれは、異議申立てにもかかわらず公判裁判所が不当に共通弁護を要求したときには常に破棄が自動的となる（reversal is automatic）と解する。グラッサー判決は明示の異議申立てにもかかわらず裁判所が共通弁護を要求したのは被告人に不利益であったことを前提に〝被告人グラッサーの主張する不利益の程度を正確に判断することは困難であり不必要でもある。弁護人の援助を受ける権利はきわめて基本的であり絶対的であるから、かかる援助の否定から生じた不利益の程度に関する難しい計算を裁判所にさせることは認められない〟と判示しているからである(95)。

(3)　サリヴァン判決（一九八〇年）(96)　本判決は同一の殺人事件で起訴された三被告人を二人の私選弁護人が弁護したが共通弁護に対しては異議の申立てがなく、他の二人は分離公判で無罪とされたのに被告人のみが有罪とされ州段階で確定した事案につき、人身保護令状の発付が認められるには共通弁護による利益の衝突の可能性だけでは足りず、さらに現に利益の衝突があり、その結果、被告人に不利な弁護活動が行われたことの立証を要するとしたものである。ホロウェイ判決で留保されていた問題について判断した重要判例である。

［事実の概要］　被告人サリヴァン（以下、Xともいう）はY、ZとともにA、B殺害の第一級謀殺罪で起訴された。A、BはAの二階事務所で殺害されていた。守衛のMは事件直前に人待ち顔でビルの中にいた三人を目撃していた。三人はMに現場を離れるように言ったが、Mはこれを無視した。間もなくMが到着して事務所の方に向かった。次いで爆竹が続けて裂けるような音がした。Mが働いていた部屋にいたYがMに建物から立ち去って一切何もいわないように命じた。Mが一五分後に建物に戻ると、Xらはすでにいなかった。A、Bの死体は翌朝発見された[97]。

二人の弁護人D、Pが起訴後Xら三名を弁護した。Xには当初別の弁護人がいたが、弁護士費用を払う余裕がなかったのでY、Zが選任したD、Pの弁護を受けることにした。「Xも弁護人も共通弁護に異議を申し立てたことはなかった。」Xに不利な証拠は主としてMの証言から成るすべて状況証拠のみであった。訴追側の立証終了時に弁護人は何ら証拠を提示せず弁護を終えた。Xは有罪とされ終身刑を言い渡された。Xの共同被告人Y、Zは公判を分離され、いずれも無罪とされた。Xの有罪判決は州段階で確定した[98]。そこでXが合衆国地方裁判所に人身保護令状の救済を求めたところ、同地裁は共通弁護は認められず修正六条違反はないとしたが、第三巡回区控訴裁判所は複数弁護（multiple representation）は〝効果的な弁護人の援助の否定にはならない〟としたうえで〝わずかでも利益の衝突ないし不利益の可能性があれば刑事被告人には有罪判決の破棄を求める権利がある〟と判示し、これを破棄した[99]。

これに対し、合衆国最高裁は「ホロウェイ判決で未解決でなお繰り返されている争点を検討するために」上告受理の申立てを容れ、本件で提示されている問題は「州の受刑者はその私選弁護人が利益の衝突の可能性ある弁護をしたことを立証することによって人身保護令状の発付を求めることができるか」であると指摘したうえで、[100] 原判決を破棄差し戻した。

［判旨］　弁護人には利益の衝突があったので効果的な弁護人の援助を否定されたとのXの主張は「ホロウェイ判決で明示に留保された二つの論点を提起している。第一の論点は、たとえ当事者が異議の申立てをしなかったとしても、州の公判裁判官は共通弁護の相当性（propriety）を調査しなければならないかどうかである。第二の論点は、単に利益の衝突の可能性があるということだけで被告人は弁護人依頼権を奪われたと結論できるかである。[101]」

ホロウェイ判決では一人の公設弁護人が同一の裁判で三人の被告人を弁護した。繰り返し行われた被告側弁護人のタイムリーな依頼人の利益衝突の主張にもかかわらず公判裁判所は各別の弁護人の選任を検討することを拒否した。当裁判所は、利益の衝突のため修正六条の要求する適切な合法的援助ができない共同被告人の弁護を弁護人は強制されたことを認めた。しかしながら、当裁判所は、公判裁判所がタイムリーな異議申立てに対応しなかったことに照らし、そのいわゆる衝突が実際に存在したかどうかを検討せず、単に公判裁判所の過誤によって弁護人依頼権が危機にさらされたことになると判示したのである。[102]

ホロウェイ判決は、共通弁護に対するタイムリーな異議申立てを調査するよう公判裁判所に要求している。しかし、われわれの先例の中で、共通弁護の妥当性の調査をあらゆる事案において州裁判所が自ら開始するのは修正六条の要求であるとするものは一切ない。被告側弁護人には相反弁護を回避し、利益の衝突が公判過程で生じたときには直ちに裁判所に告知する倫理上の義務がある。それ故、特段の事情のない限り、共通弁護には利益の衝突が伴っていない、あるいは弁護人と依頼人の双方はそのような衝突のリスクを甘受しているものと公判裁判所は推測できる。「特定の利益の衝突が存在することを公判裁判所が知っているか、知っていて当然と思われる（reasonably should know）場合を除き、公判裁判所は調査を開始する必要はない。[103]」

本件では利益の衝突を調査する義務が裁判所にあったことを示すものは一切ない。Xと他の共同被告人との公判分離は、Xらの利益相反の可能性を大きく減じている。Xの公判への関与者は誰一人として共通弁護に異議を申し立てなかった。、また弁護人の弁護終了の判断は訴追側提出の状況証拠の弱さに応じた合理的戦術であった。これらの事実に基づき、われわれは、修正六条は複数弁護の妥当性を調査する積極的義務を裁判所に課すものではないと結論する。[104]

複数弁護それ自体は、それによって利益の衝突が生じない限り、修正六条に違反しないことをホロウェイ判決は再確認した。修正六条違反を立証するには、公判で異議を申し立てなかった被告人は、利益の衝突が現にあり、その結果、被告人に不利な弁護活動が行われた（an actual conflict of interest adversely affected）ことを立証しなければならない。例えば、グラッサー判決において、被告側弁護人はグラッサーと当該犯罪とを結びつける訴追側証人を反対尋問せず、グラッサーに不利な証拠として許容できない証拠の提示に抵抗しなかった。当裁判所は、このような二つの不作為は共同被告人の有罪に関する陪審の心証を軽減したいとの弁護人の欲求によって生じたものであると認めたうえで、かかる利益の衝突が現にあり、その結果グラッサーの弁護が妨げられたことになるとして、その有罪判決を破棄したのである。[105]

グラッサー判決は、憲法に違反する複数弁護は無害の手続的瑕疵（harmless error）の法理の適用を受けないことを確立した。当裁判所は、グラッサーの弁護人には利益の衝突があったと結論して、この衝突に起因する〝不利益の程度に関する難しい計算をすること〟を拒否した。利益の衝突それ自体で〝効果的な弁護人の援助を受ける権利〟の否定を立証したことになるというのである。それ故、利益の衝突があり、それが現に弁護の適切性に影響したことを立証する被告人には、救済を獲得するために不利益（prejudice）を立証する必要はない。しかし、弁護人が衝突する利益を積極的に弁護したことを立証するまで、被告人は不効果援助の主張をするための憲法上の要求（constitutional predicate）を立証したことにはならない[106]。

控訴裁判所は、X（サリヴァン）が本件での共通弁護は利益の衝突の可能性が含まれていることを理由にXの救済を認めた。われわれは、衝突の可能性だけでは刑事上の有罪判決を攻撃するには不十分であると判示する。修正六条の権利侵害を立証するには、現に利益の衝突があり、その結果、被告人に不利な弁護活動が行われた（an actual conflict of interest adversely affected his lawyer's performances）ことを被告人は立証しなければならないのである[107]。

(4) ウッド判決（一九八一年）[108]　本判決は、アダルト店従業員であった被告人らのわいせつ物の販売等にかかわる罰金刑未納を理由とする保護観察の取消審理において、雇用者の私選弁護人が被告人らを弁護していた事案につき、弁護人の誠実義務違反ないし利害相反弁護の可能性を理由に、保護観察を取り消して被告人らを収監したのは修正一四条のデュー・プロセス条項に違反するとしたものである。

［事実の概要］　アダルト映画館等の従業員であったウッド（以下、Xともいう）ら三名はいずれもわいせつ物譲渡の罪で科された罰金五千ドルを毎月五百ドルの割賦払いを条件として保護観察（probation）に付された。Xらは三ヶ月経過しても割賦金を支払わなかったので保護監察官は保護観察の取消を求めた。保護観察の取消審理においてXらは、割賦金の支払不能を示す説得力ある証拠を提出し、さらに雇用者が罰金刑を支払ってくれるものと考えていたと述べたが、裁判所は五日以内に延滞金を支払わない限り保護観察を取り消すと決定した。Xらは保護観察の前提条件の変更を申し立てたが、この申立ては退けられた[109]。この取消決定は州控訴裁判所で維持された。

これに対し、合衆国最高裁は「罰金の割賦払いができないという理由だけで保護観察者を投獄することは富を理由とする差別的取扱いを禁止する修正一四条の平等保護条項の下で合憲といえるかを判断するために」上告受理の申立てを容れたが、さらに事実を精査した結果、Xらが現在の窮地にあるのは弁護人の誠実義務違反(divided loyalties) によるものと考えられデュー・プロセス違反の可能性が明白であるとして、その可能性に関してさらに事実認定を尽くすよう命じて原決定を破棄差し戻した。[110]

〔判旨〕 Xらは逮捕以降、一人の弁護人による弁護を受けていた。Xらの証言によれば、弁護士費用を支払ったことは一度もなく、このような法的援助は雇用者によって提供されるものと考えていたという。事実、法的代理（弁護）は法的トラブルに直面した場合に約束されていた援助の一部にすぎなかったことは記録上明らかである。雇用者はまた、どのような罰金であれ、必要であれば保釈金も支払ってやると約束しており、これらの約束は大部分守られていた。本件でも、Xらの弁護人が口頭弁論で述べたように、保釈金は雇用者提供の資金で支払われており、さらにXらが二度目に逮捕されたときには、雇用者はその罰金刑を支払っていた。[111]

ところが、雇用者は何らかの理由で、本件での罰金刑支払いにあてる資金を提供しなくなった。「Xらを現在の苦境に陥れたのは雇用者によるかかる判断であり、そしてXらの弁護人が雇用者の代理人として行動しかつ雇用者によって費用の支払いを受けていたのであるから、このような状況下での利益の衝突のリスクは明白である。」犯罪者が資産を越えた罰金刑を収めなかったとしても平等保護条項との関係で収監できないのであれば、アダルト劇場の経営者は通常の仕事をして逮捕されたXらに科せられた罰金刑の支払い負担を免れることになる。しかしながら、このことを確保するには、Xらが資産を越える罰金刑を科せられ、かつ支払不能によって収監されるリスクを負担することが必要であった。[112]

雇用者およびXらの弁護人がこのようなことを考えていたかは確信できないが、利益の衝突の可能性 (a clear possibility of conflict of interest) は明らかである。Xらは量刑時に科せられた罰金刑の額については抗議しなかった。保護観察の取消に至る三ヶ月間、Xらは少しの罰金をも支払っていないのはその善意を示している。事実、この期間を通じてXらは、約束通り罰金は雇用者によって支払われるものと考えていた。取消審理においてでさえ、Xらは支払い可能な収入のないことを立証しようとし、支払い要件の修正の申立てに失敗したが、この修正が申し立てられたのはXらの収監予定日の前日のことである。このような事情を検討すると、Xらの弁護人が雇用者の利益を考えて行動していたため、かかる目的における利益の衝突（this conflict in goals）があり、それが多額の罰金刑を科した地方裁判所の決定に影響を及ぼし、Xらの保護観察の前提条件を修正せずに保護観察を取り消した地方裁判所の決定に影響を及ぼしたであろうことは十分に考えられうることである。(113)

刑事被告人は、第三者——とりわけその第三者がいわゆる犯罪企業（criminal enterprise）の経営者であるとき——が雇用し、その費用を負担している弁護人によって弁護されているときに生ずる内在的危険は認められている。本件の事実関係からすれば、このような特定の第三者の費用支払いの約束（fee arrangements）から生じうる不公正（potential unfairness）に注目する必要がある。Xらはほとんど日常的な義務を果たしていたにすぎないにもかかわらず、雇用者が支払うであろうという前提で多額の罰金刑を科せられた。Xらは収監の危険に直面しているが、それは専ら雇用者が罰金の支払いを怠ったからであり、その雇用者の私選弁護人によって一貫して弁護されてきたからである。このような状況下での不公正の可能性は十分に深刻であるから、Xらは修正一四条のデュー・プロセス条項の下で連邦上の権利を奪われたことになるかを検討することが必要となる。(114)

デュー・プロセスの保護は仮釈放（parole）や保護観察の取消にも適用されてきた。本件ではXらは私選弁護人とともに取消審理に出廷した。しかし、重要なのは、Xらが現在依拠している貧困を立証しておれば、X

らには国選弁護人を選任してもらう権利があることである。憲法上の弁護人依頼権がある場合には、利益の衝突のない弁護を受ける権利がある。このことは修正六条の諸判例、例えば、一九八〇年のサリヴァン判決や一九七八年のホロウェイ判決が明らかにしている。本件では、Xらの利益だけを誠実に（single-mindedly）追求できない弁護人によってXらは弁護されていた。当初は量刑審理において、後には取消審理において、裁判所に寛刑を求めるのは弁護人の義務であった。本件記録によれば、弁護人が彼を私選した雇用者の利益によってその基本的な戦術判断に影響を受けていたかどうかを確認することはできない。もし影響を受けていたというのであれば、Xらのデュー・プロセスの権利は、取消審理においても、それ以前の下級審での手続段階においても、尊重されなかったことになる。[115]

しかしながら、利益の衝突が現にあった（an actual conflict of interest）か否かを当裁判所が判断するのは、この問題に関する趣意書や口頭弁論がないので難しい。「それにもかかわらず、利益の衝突の可能性は取消審理時において十分に明らかであり、裁判所には調査する義務があった」のは記録上明白である。上述の事実は当時すべて知られていた。裁判所は、雇用者が罰金を支払うであろうことを前提にしていたため、不釣合いに多額な罰金刑を科したことを知っていたに違いない。Xらの弁護人はXらの雇用者によって提供されており、罰金刑の相当な減額をもたらしえた寛刑の申立てよりも、憲法上の平等条項違反の攻撃に集中したことを裁判所は確かに知っていた。このような事実は、裁判所には不適格な利益衝突の可能性（the possibility of a disqualifying conflict of interest）を認識すべき義務のあったことを示している。[116]

下級審での判断を無効とし、本件を指示付で州の郡裁判所に差し戻すこととする。同裁判所は本件記録が強く示している利益の衝突が取消審理時に、もしくはそれ以前に、現に存在したか否かを判断するための審理を開くべきである。当時、利益の衝突が現にあり、かつそれとは独立した弁護人依頼権の有効な放棄がなかった

(no valid waiver)と認定すれば、衝突した利益に奉仕する弁護人の弁護による汚れを除去した新しい取消審理を開くべきである。[117]

2 ミッケンズ判決(二〇〇二年)

このように合衆国最高裁は共通弁護とのかかわりで効果的弁護の侵害が争われた一連の判例で一定の判断基準を示し、原判決破棄を求める被告人の立証責任を明らかにした。すなわちグラッサー判決は、当初の被告人および弁護人の異議申立てにもかかわらず裁判所が共同被告人の私選同弁護人に被告人の弁護をも命じた事案につき、弁護人が被告人に不利な伝聞証拠に異議を申し立てず、被告人に不利な訴追側証人に対しても反対尋問しなかったのは共同被告人との利益の衝突を回避するためのもので「二人の主人に仕える葛藤」を示しているとしたうえで、コンスピラシー犯罪の特殊性をも指摘しつつ、利益の衝突の可能性が裁判所に告知されていたとして修正六条違反を理由に被告人の有罪判決を破棄した。そしてホロウェイ判決は、共犯者三名を一人で弁護した国選弁護人が数度にわたり利益の衝突の可能性を指摘して各別の弁護人の選任を求めたにもかかわらず拒否された事案につき、裁判所が相反利益の可能性を自覚していたことを指摘したうえで、裁判所が不当に複数弁護を要求したときは被告人の有罪判決は当然破棄される、このことはグラッサー判決で示されているとして修正六条違反を肯定したのである。

これに対し、サリバン判決は、二人の私選弁護人が何らの異議申立てなしに同時に三人の被告人を弁護し被告人のみ有罪とされた事案につき、裁判所は共通弁護の妥当性を自ら調査する積極的義務はないと指摘したうえで、グラッサーと異なり公判で異議を申し立てなかった被告人が修正六条違反を立証するには、現に利益の衝突があり、その結果、被告人に不利な弁護活動が行われたことを立証しなければならないと判示し、利益の衝突の可能性だけでは修正六条違反の立証として不十分であるとして被告人の有罪判決を維持した。そしてウッド判決は、アダルト店の従業員であった被告人らが罰金を支払うことができず保護観察処分が取り消された事案につき、被告人らは一貫して雇用者の私選弁護人の弁護を受けており、雇用者は罰金等の支払いを約束し、かつそれまでは約束を履行していたこと等を指摘したうえで、「利益の衝突の可能性は十分に明らかであり、裁判所に調査義務があったのは」明白であるから修正一四条のデュー・プロセスに違反するとして、利益の衝突が現に存在したか否かを判断させるために原判決を破棄差し戻したのである。

このような状況下に合衆国最高裁は二〇〇二年三月のミッケンズ判決において、殺人事件で被告人を弁護した国選弁護人が別件で被害者の弁護人でもあったことが死刑判決確定後に発覚した事案につき、前出ホロウェイ、サリヴァン、ウッド三判決と対比しつつ、人身保護令状手続で有罪判決の破棄を求めるには、利益の衝突が現にあり、その結果、被告人に不利な弁護活動が行われたとの立証が必要である旨判示したのである。

(1)　事実の概要　被害者H（当時一七歳）の死体は一九九二年三月三〇日、靴下を除き下半身全裸で両足を大きく広げた状態で廃屋ビルで発見された。検屍の結果、一四三ヶ所もの刺傷があり、そのうちの二五ヵ所が致命傷で失血死であることが判明した。被告人ミッケンズ（以下、Xともいう）は一九九三年、Hを強制的男色（an attempted forcible sodomy）の最中またはその直後に惨殺したとして死刑判決を言い渡され、この判決は州段階で確定した。Xは一九九八年、連邦地裁に人身保護令状請求のために新たな弁護人の選任を申し立てた。新たに選任された弁護人がXの事件記録を検討するため少年裁判所に出かけた際に、当直の書記官にHに関する記録の有無を尋ねたところ、少年事件の記録は裁判所の命令による以外は一般に公開されない（confidential）にもかかわらず、書記官は誤って暴行事件等に関するHの記録を見せた。このとき弁護人は初めて、被告人の弁護人であったS弁護士がその事件でHの弁護人であったことを知った。

そこでXは、Xの公判で国選弁護人の一人であったSには利益の衝突があり修正六条の効果的な弁護人の援助を否定された等を理由に、ヴァージニア州東部地区連邦地方裁判所に人身保護令状による救済を求めた。Sは九二年三月二〇日、暴行および武器隠匿で起訴されていたHの弁護人に選任され、間もなく一五分ないし二〇分、Hと接見した。Hの死体発見四日後の四月三日、少年裁判所の裁判官はH死亡を理由にHに対する公訴を棄却し、四月六日、SをXの弁護人に選任した。SはXらに対しHの弁護人であったことを一切明らかにしていなかったので、人身保護令状請求時の弁護人がHの事件記録を偶然入手するまで、このことを知らなかったというのである。なお、Hは母親に対する暴行等の容疑で九二年二月二一日に逮捕状が発付、その後、武器(ナイフ)隠匿の罪で告発され、両事件で少年裁判所への出頭命令が出されていた。

連邦地裁はXの令状請求の申立てを却下した。第四巡回区はこれを破棄したが、全裁判官関与の審理では七対三で、少年裁判所裁判官は利益の衝突の可能性を調査する義務を怠ったとしつつ、この懈怠によって原判決は当然破棄されるとのXの主張を退けた。一九八〇年のサリヴァン判決に依拠して、「利益の衝突が現にあり(an actual conflict of interest)、たとえ公判裁判所が知っていて当然と思われる利益の衝突の可能性を調査しなかったとしても、そのことによって不利益を受けた(an adverse effect)ことを被告人は立証しなければならない」と判示し、Xはこの不利益を立証していないとして地裁の令状発付拒否の判断を維持したのである。

これに対し、合衆国最高裁は、Xの死刑判決の執行停止を認めて上告受理の申立てを容れ、「本件で提示された問題は、公判裁判所が知っていたか知っていて当然と思われる(reasonably should have known)利益の衝突の可能性を調査しなかった場合、修正六条違反を立証するために被告人はどのようなことを証明しなければならないかである」とした上で、五対四で原判決を維持した。(118) なお、法廷意見の執筆はスカーリア裁判官である。

(2)　判旨　修正六条の弁護人の援助を受ける権利は〝被告人が公正な裁判を受けるうえで必要であるとの理由で付与された〟ものである。したがって「公正さを保持するのに効果的でない援助は憲法上の命令に合致しない」し、「裁判の結果に相当な影響を及ぼさない（have no probable effect）援助は、たとえ欠陥があるとしても、憲法違反にはならない。」一般的な事柄として、修正六条違反を主張する被告人（a defendant）は、〝弁護人の職業基準に反する過誤（counsel's unprofessional errors）がなければ訴訟の結果は異なっていたであろうという合理的蓋然性（a reasonable probability）〟を立証しなければならないのである。(119)

この一般的ルールには例外がある。弁護人の援助が完全にまたは手続の決定的段階で否定された場合、われわれはこのような相当の影響（probable effect）の立証を被告人に免除し、そのような効果があるものと推定してきた。このようなことが行われたとき、評決が信頼できない可能性はきわめて大きいので各事案毎の調査は不要である。しかし、このような重大な権利侵害の状況（circumstances of that magnitude）下においてのみ、われわれは弁護人の不適切な活動が評決の信頼性の土台をほり崩すかどうかの個々的調査を不要としてきたのである。われわれは被告人の弁護人が積極的に相反利益（conflicting interests）を弁護したとき、このような〝重大な権利侵害の状況〟が生じうると判示してきた。本件での問題の核心は、これらの判例によって確立された原理によって本件状況下での一般的ルールの例外が認められるかどうかである。この問題に答えるためには、これらの判例をやや詳細に検討しなければならない。(120)

一九七八年のホロウェイ判決で弁護人は、三人の共同被告人の相反利益（divergent interests）を適切に弁護できないとの異議を申し立てた。地方裁判所は何らの調査もせずに、各別の弁護人選任の申立てを退けた。当裁判所は同判決で、相反利益の存在に関する弁護人の判断に言及し、弁護人は利益の衝突が存在するかどうかを判断できる最上の立場にあり、裁判所に対し問題点を告知する倫理的義務のあることを認めたうえで、〝被告人と弁護人が共通弁護人へのタイムリーな異議申立てによって回避しようとした〃利益の衝突は当事者対抗手続の土台をほり崩したと推定した。「それ故、ホロウェイ判決は、公判裁判所が利益の衝突がないと判断した場合を除き、弁護人がそのタイムリーな異議申立てにもかかわらず共同被告人の弁護を強制された場合にのみ、原判決を自動的に破棄するルール（an automatic reversal rule）」を創設したことになる。(121)

一九八〇年のサリヴァン判決で殺人罪で起訴された被告人は、後に公判を分離された他の被告人とともに同一の弁護人によって弁護された。弁護人も被告人も、共通弁護に一切異議を申し立てなかった。われわれはホロウェイの自動的な破棄ルールをこのような状況に拡大することを拒否し、「異議申立てのなかった場合、利益の衝突が現実に弁護人の弁護の適切性に影響した」ことを被告人は立証しなければならないと判示した。さらにサリヴァン判決は、共通弁護の相当性への公判裁判所の調査義務に言及し、〃特定の衝突が存在することを公判裁判所が知っていたか、知っていて当然と考えられるときにのみ〃調査義務を肯定したものであるとホロウェイ判決を解釈した。そして一九八一年のウッド判決において、わいせつ物販売の罪で有罪とされた三人の被告人が毎月五〇〇ドルの割賦金を支払わなかったため保護観察を取り消された事案で、われわれは当初、平等条項に違反するかどうかを判断するために上告受理の申立てを容れた。しかしその後、被告人らは取消審理に至るまで一貫して、わいせつ物の提供を仕事とする雇用者の私選弁護人による弁護を受けていたことが判明し、また雇用者は被告人らに罰金刑の支払いを約束し、かつその約束を一般に履行していたが、今回その約束を果たさなかったことが判明した。さらに弁護人が雇用者と被告人との相反利益を積極的に弁護していた可能性が取消審理時に十分に明らかであった。しかし、雇用者の利益によって被告人らを弁護する弁護人の基本的な戦術上の判断が影響されたかどうか確証できなかったので、われわれは「本件記録が強く示している利益の衝突が現に存在していたかどうかを判断させるため」に公判裁判所に差し戻したのである。(122)

そこでXらは本件で、ウッド判決での差戻審への指針（the remand instruction）が疑う余地のないルール（unambiguous rule）を確立したと主張する。すなわち、公判裁判所が衝突の可能性の調査を懈怠した場合には、弁護人が利益の衝突に陥っていた（subject to a conflict of interest）ことを立証すれば被告人は判決の破棄を求めることができる。利益の衝突の結果、被告人に不利益な弁護活動が行われた（conflict adversely affected sounsel's performance）ことを立証する必要はない。〃利益の衝突が現に存在する〃と認められれば、新しい取消審理を行うべきであることを右指針は明示していると主張するのである。

しかしながら〃利益の現実の衝突〃とは、まさに弁護人の活動に影響した衝突を意味する。要するに、利益の衝突が弁護の適切性に現に影響したことを立証した被告人は救済を獲得するために別途不利益（prejudice）を立証する必要はない。これがウッド判決と一致した唯一の解釈である。ウッド判決はその前の一文で〃本件記録によれば、弁護人が彼を雇った雇用者の利益によって被告人らの弁護に関する基本的な戦術上の判断に影響を受けていたかどうか確信できない。もし影響を受けていたというのであれば、被告人らのデュー・プロセスの権利は尊重されなかったことになる〃と明示している。ウッド判決が新しいルールを黙示に（sub silentio）――しかも全く異なった理由で上告受理の申立てが容れられたため、両当事者が利益の衝突の問題を文書でも口頭でも一切論じなかった事案において――創設したとの見解は受け入れ難い(123)。公判裁判官がサリヴァン判決の命じた調査義務を懈怠しときにも当然破棄のルールが適用されるとのXの主張は、政策的にもほとんど意味がない（makes little policy sense）。裁判官が利益の衝突を知覚していない――それ故、調査義務がない――ときに適用されるルールは、前述のように、その衝突が大きく弁護人の活動に影響した――したがって、評決が信頼できないことになる――ときに限り、不利益性が推定される。公判裁判所が衝突の可能性を知覚していても弁護人の活動が大きく影響を受けるとか評決が信頼できなくなるというものではない(124)。

本件はホロウェイ判決におけるように、弁護人が多数の被告人を同時に弁護できないとして抗議した事案ではないし、サリヴァン判決の要求する調査義務を裁判所が懈怠したことによって被告人の立証責任が軽減されるものでもない。したがって、有罪判決を無効とするには少なくとも、利益の衝突の影響で被告人に不利な弁護活動が行われた（the conflict of interest adversely affected his counsel's performance）ことを立証する必要があった。公判裁判所はそのような影響を認定していないので、人身保護の救済の否定は維持されなければならない(125)。

四　むすびとして

以上、合衆国憲法修正六条の弁護人の援助を受ける権利の展開過程および権利侵害を主張する被告人の立証責任の程度に関する主要な合衆国最高裁判例を検討してきた。これからも明らかなように、今日では修正六条の弁護人依頼権の範囲はもちろん、憲法違反の判断基準もほぼ明らかにされている。これらを簡単に整理しつつ若干の問題点を指摘して、さしあたりのむすびとしたい。

第一、修正六条は「被告人（the accused）」に弁護人依頼権を保障するにとどまるが、この権利は次第に拡大適用され、重罪であると否とを問わず「被告人」には公費による効果的な弁護人の援助を受ける権利のあることが確立している。さらにこの修正六条の権利は「刑事被告人」に限定されず、それ以前の治安判事面前の予備審問手続に及ぶから通常は逮捕後二四時間以内に保障されていることになる。デュー・プロセスの要請でもある公正な裁判を保障するには事実上「被告人」の命運が決まる「決定的段階」での弁護人の効果的な援助が欠かせず、弁護人の導きの手がなければ、被告人はいわば宣戦布告をした訴追側勢力にとうてい対抗できない。事件の両側面に関するいわば一方的な党派的主張によって真犯人を処罰し無辜の者を釈放するという刑事手続の究極の目的が達成される。当事者対抗的刑事手続はこのことを前提にした公平さの確保を意図している。被告人が弁護人の効果的な援助を受けることができなければ、重大な不正義の危険が公判に存在することになる。修正六条はこのような意味で被告人の擁護者として活動する弁護人を必要とすることによって当事者対抗手続を保障しているというのである。もっとも、修正六条の弁護人依頼権の保障は正式手続開始後の「決定的段階」に限られているから、逮捕直後の被疑者には及ばないが、逮捕後の被疑者取調べにはミランダ法則が適用されるため修正五条の弁護人依頼権が保障されている。ただ、ミランダ法則はあくまでも自己帰罪拒否特権を実効的に保障するためのものであり、修正六条の目的とは異なることに注意する必要がある。

第二、いずれの弁護人依頼権についても訴追側はその権利行使を誠実に尊重する義務があるから、被疑者・被告人がその内容および結果を熟知して任意に放棄したことを訴追側が立証した場合を除き、弁護人依頼権を侵害して獲得された供述は、〝毒樹の果実〟の例外則等に該当しない限り、すべて排除される。

第三、有罪判決を受けた被告人が効果的な弁護人の援助を受けていなかったとして修正六条違反を理由にその破棄を求めるには、弁護人の弁護活動が全体の事情を総合的に判断して専門家としての「合理性の客観的基準」を逸脱した不十分なものであり、そのことによって不利益を受けたことを立証しなければならない。ただ、弁護人の援助が完全にまたは決定的段階で否定された場合には、その後の公判は公正とはいえず、当事者対抗の刑事手続の土台がほり崩されているため被告人への不利益の立証を要せず、弁護人依頼権は否定されたことになる。このような重大な権利侵害が認められる場合には、現実の弁護活動を調査しなくとも被告人への不利益は明白であるから、原判決は当然破棄される。パウエル判決がその典型例である。そして共通弁護の場合にもほぼ同一の基準が適用される。共通弁護の有用性は否定できないから、とりわけ公判で異議を申し立てなかった被告人は利益の衝突があり、その結果、被告人に不利な弁護活動が行われたことを立証しなければならない。もっとも、グラッサー判決やサリヴァン判決の事案で示されたように被告人の主張した利益の衝突が現にあったと認められる場合には、それ以上の調査は必要でなく、修正六条違反が肯定されるため、自動的に有罪判決は破棄されることとなる。

右の諸点で最も重要なのは、公正な裁判を保障する上での弁護人依頼権の不可欠性であり、貧者に対する国選弁護人の保障は憲法の要請であるという点である。ミランダの趣旨はやや異なるが、逮捕直後の被疑者に国選弁護人を保障する点において差異はない。権利放棄や効果的弁護の懈怠が争われるのは、あくまでもその前提としての国選を含めた弁護人の効果的な援助を受ける権利が確立しているからである。わが最高裁も平成一一年の大法廷判決において、憲法三四条の弁護人依頼権の規定は被疑者に対し「弁護人からの援助を実質的に保障しているもの」であることを明示している。被疑者段階での公的弁護制度の導入は被疑者への弁護人依頼権の「実質的」保障に外ならないから、わが最高裁が合衆国憲法にはないわが国独自の憲法三四条の実質的保障として被疑者への弁護人依頼権に言及したのは、いわば憲法上の御墨付をあたえたものとも解しうるのであり、いずれにせよ今後の立法作業が注目される。

本稿では当初、わが国における不適切弁護の問題点にも言及する予定でいたが、不適切、不効果弁護をめぐる日米の問題状況の差異は余りにも大きく、結局果たすことができなかった。この点を含めた弁護人依頼権の問題点については別途詳論したいと考えており、いずれも今後の課題としたい。

栗城壽夫先生には学部学生のころから文字通り公私ともにお世話になった。大阪市立大学法学部に学士入学して間もなく、友人の徳尾野昭二君らとともに自主ゼミに参加を許され『憲法演習』をテキストとして、その後はいわゆる大学紛争中も絶えることなく長年にわたりドイツ語の古典輪読などを通じてご指導を受けることになった。また今春までの数年間は形式的には名城大学の同僚として教授会では隣席に座るという栄に浴し学問的刺激を受け続けたのである。筆者なりの持続的な研究姿勢を今日まで堅持できたのは先生の学問に対する真摯な姿に直接触れることができたことに起因する。この度めでたく古稀を迎えられた栗城先生に、一層の精進をお約束しつつ、心からの祝意を捧げる次第である。

（1）　Mickens v. Taylor, 70 LW 4216 (2002).

（2）　最大判平成一一年三月二四日・民集五三巻三号五一四頁（安藤・斎藤事件）。

（3）　小早川義則「国選弁護人制度――制度の現状と被疑者国選弁護――」現代刑事法一三号五三頁、後藤昭「公的刑事弁護制度」刑事訴訟法の争点〔第３版〕三二頁等参照。

（4）　ちなみに、本稿執筆中の本年（二〇〇二年）八月八日のＡＢＣテレビ「ニュース・ステーション」で犯罪被害者への治療等給付金が総額ほぼ九億円（？）であるのに対し、犯罪の加害者である被告人の国選弁護人費用の年間出費がほぼ五〇億円であるのは余りにも不均衡である旨の指摘があった。全国ネットの著名番組であるだけにその影響は大きく、税金で賄う被疑者公選弁護制度の必要性および刑事弁護の質の確保についても国民の認知を得る必要があろう。

（5）　特集「刑事弁護の論理と倫理」季刊刑事弁護二二号（二〇〇〇年）、特集「刑事弁護の現代的在り方」現代刑事法三七号（二〇〇二年九月）所掲の各論文のほか、石井吉一「弁護人の責務」刑事訴訟法の争点〔第３版〕二八頁、後藤昭「公的刑事弁護制度」同三二頁等参照。

（6）　この問題に関する先駆的業績として、石川才顕『捜査における弁護の機能』（一九九三年、日本評論社）、椎橋隆幸『刑事弁護・捜査の理論』（一九九三年、信山社）があり、時宜を得た最近のものとして岡田悦典『被疑者弁護権の研究』（二〇〇一年、日本評論社）がある。なお、日本弁護士連合会刑事弁護センター（編）『アメリカの刑事弁護制度』（一九九八年、現代人文社）等参照。

（7）　法学協会『註解日本国憲法上巻』六四三頁（一九五三年、有斐閣）。

（8）　同五八四頁。

（9）　同六一四頁。

(10) 川崎英明「当番弁護士制度の成果と今後の課題」自由と正義四四巻七号二八頁（一九九三年）。
(11) 小早川義則『ミランダと被疑者取調べ』一九九五年、成文堂）三六〇頁参照。
(12) 修正六条は、被告人（the accused）に「自己の防御のために弁護人の援助を受ける権利」を保障し、わが憲法三七条三項は刑事被告人に「弁護人を依頼する」権利を保障している。わが国では憲法三四条前段の身柄の被拘束者への「弁護人に依頼する権利」の保障とともに、弁護人依頼権と呼称するのが一般的である。本稿では適宜使い分けるが、両者の意味内容に差異はない。アメリカでも「依頼権」という呼称がないわけではない。
(13) Cf. Comment (Martin Bahl), The Sixth Amendment as Constitutional Theory : Does Originalism Require that Massiah be Abandoned?, 82 J. Crim. L. & Criminology 424, at 425-428 (1991).
(14) 小早川義則「ニューヨーク日記（8）」名城法学五一巻三号二一〇頁（二〇〇二年）参照。
(15) Powell v. Alabama, 287 U.S. 45 (1932)。本判決につき、山川洋一郎「弁護人の援助を受ける権利（二）」英米判例百選［第三版］（別冊ジュリスト一三九号）一〇八頁以下等がある。なお、詳しくは、小早川義則「デュー・プロセスをめぐる合衆国最高裁判例の動向（4）」名城法学五一巻三号三六頁以下（二〇〇二年）参照。
(16) Id. at 53.
(17) Id. at 57.
(18) Id. at 71.
(19) Id. at 73.
(20) Id. at 69. 本件差戻審の再度の有罪判決に対し、合衆国最高裁は一九三五年、黒人排除の大陪審手続は修正一四条の平等保護条項に違反するとして再びこれを破棄差し戻した。Norris v. Alabama, 294 U.S. 587 (1935). Cf. Weems et al v. State, 141 So 215 (1932); Norris v. State, 156 So 556 (1935). なお、思いがけなくもスコッツボロ少年事件として知られるこのパウエル判決について、サッコバンゼッチ事件等と同様の「無根の事実」による「誤判、冤罪事件」であるとの記述に接した。西野喜一「陪審審理の諸問題（二）」判例時報一七一六号一二頁、小早川・前掲注(15)一〇七頁注(22)参照。しかし、差戻審判決を含めた判例文による限り、輪姦事件自体が存在したことを前提に憲法上の弁護人依頼権や平等条項違反が争われたにすぎず、果して「無根の事実」といえるのか疑問があるが、いずれ改めて検討してみたい。

(21) Gideon v. Wainwright, 372 U.S. 335 (1963). 本判決につき、山川洋一郎「弁護人の援助を受ける権利（2）」英米判例百選〔第三版〕（別冊ジュリスト一三九号）一一〇頁以下等がある。なお、詳しくは、小早川・前掲注(15)六二頁以下参照。

(22) Id. at 345.

(23) Id. at 342-343.

(24) Id. at 343-344.

(25) Id. at 344-345.

(26) McMann v. Richardson, 397 U.S. 759, at 771 n.14 (1970).

(27) United States v. Cronic, 466 U.S. 648 (1984). 本件につき、渥美東洋編『米国刑事判例の動向Ⅲ』九七頁以下〔椎橋隆幸〕がある。

(28) Id. at 649-651.

(29) Id. at 649.

(30) Id. at 651-652.

(31) Id. at 650-653.

(32) Id. at 653.

(33) Id. at 653-655.

(34) Id. at 655-656.

(35) Id. at 656-657.

(36) Id. at 657-658.

(37) Id. at 658-659.

(38) Id. at 659-662.

(39) Id. at 662.

(40) Id. at 663-666.
(41) Id. at 666-667.
(42) Strickland v. Washington, 466 U.S. 668 (1984). 本判決につき、宮城啓子「効果的な弁護を受ける権利」憲法訴訟研究会＝芦部信喜編『アメリカ憲法判例』三四二頁以下（一九九八年、有斐閣）、渥美東洋編『米国刑事判例の動向Ⅲ』九〇頁以下［椎橋隆幸］がある。
(43) Id. at 671-672.
(44) Id. at 672-673.
(45) Id. at 673.
(46) Id. at 673-674.
(47) Id. at 674-675.
(48) Id. at 675-676.
(49) Id. at 678-679.
(50) Id. at 683-684.
(51) Id. at 671.
(52) Id. at 684-685.
(53) Id. at 685-586.
(54) Id. at 686.
(55) Id. at 686-687.
(56) Id. at 687.
(57) Id. at 687-689.
(58) Id. at 690.
(59) Id. at 691-692.
(60) Id. at 692.

(61) Id. at 693-694.
(62) Id. at 695.
(63) Id. at 696.
(64) Id. at 698-699.
(65) Id. at 699.
(66) Id. at 699-700.
(67) Id. at 700-701.
(68) Maine v. Moulton, 474 U.S. 159, at 170 (1985).
(69) 小早川義則・前掲注(11)三一一頁以下参照。
(70) 小早川「犯人識別供述をめぐる米連邦最高裁判例の動向（一—三・完）」名城法学四七巻三号、四八巻三、四号、四九巻二号（一九九七—一九九九年）参照。
(71) 権利放棄の有効性は全体の状況から判断される。Johnson v. Zerbst, 304 U.S. 458, at 464. またアメリカでは同様の要件の下に自己を弁護（self-representation）する憲法上の権利があるとされている。Faretta v. California, 422 U.S. 806 (1975). なお、修正五条と修正六条の各弁護人依頼権の放棄に関しては、ほぼ類似の判断基準が適用されている。Cf. Patterson v. Illinois, 487 U.S. 285 (1988).
(72) Glasser v. United States, 315 U.S. 60 (1942).
(73) Id. at 3-64.
(74) Id. at 68-69.
(75) Id. at 67.
(76) Id. at 69-70.
(77) Id. at 71-72.
(78) Id. at 72.
(79) Id. at 72-73.

(80) Id. at 73.
(81) Id. at 73-75.
(82) Id. at 75.
(83) Id. at 75-76.
(84) Holloway v. Arkansas, 435 U.S. 475 (1978).
(85) Id. at 477.
(86) Id. at 477-478.
(87) Id. at 478-481.
(88) Id. at 477.
(89) Id. at 481-482.
(90) Id. at 482.
(91) Id. at 482-483.
(92) Id. at 483-484.
(93) Id. at 484-487.
(94) Id. at 487-488.
(95) Id. at 488-489.
(96) Cuyler v. Sullivan, 446 U.S. 335 (1980).
(97) Id. at 337.
(98) Id. at 338-339.
(99) Id. at 339-340.
(100) Id. at 341, 337.
(101) Id. at 345.
(102) Id. at 345.

(103)　Id. at 346-347.

(104)　Id. at 347-348.

(105)　Id. at 348-349.

(106)　Id. at 349-350.

(107)　Id. at 350.

(108)　Wood v. Georgia, 450 U.S. 261 (1981). 以上の三判決につき、渥美東洋編『米国刑事判例の動向Ⅲ』（中央大学出版部、一九九四年）一〇八頁以下［宮島里史］がある。

(109)　Id. at 263-264.

(110)　Id. at 262-265.

(111)　Id. at 266.

(112)　Id. at 267.

(113)　Id. at 267-268.

(114)　Id. at 268-271.

(115)　Id. at 271-272.

(116)　Id. at 272-273.

(117)　Id. at 273-274.

(118)　Mickens v. Taylor, 70 La 4216, at 4217 (2002). スカーリア裁判官の法廷意見にはレンキスト首席裁判官のほか、オコーナ、ケネディ、トーマスの各裁判官が同調している。これに対し、いずれも長文のスティヴンズ、スータ各裁判官の反対意見のほか、ブライアー裁判官の反対意見――ギンズバーグ裁判官同調――がある。なお、以上の事実関係についてはMickens v. Greene, 74 F. Supp. 2d 586 (E.D. Va., 1999), Mickens v. Taylor, 227 F. 3d 203 (4th Cir. 2000) で補足した。

(119)　Id. at 4217-4218.

(120)　Id. at 4218.

(121) Ibid.
(122) Id. at 4218-4219.
(123) Id. at 4219.
(124) Ibid.
(125) Id. at 4220.

〔追記〕本稿は二〇〇二年九月末に脱稿した。効果的弁護について詳しくは、小早川「デュープロセスをめぐる合衆国最高裁判例の動向(五)」名城法学五二巻四号(二〇〇三年)一一三頁以下を参照されたい。

23　人権論の現代的展開と保護義務論

戸波江二

はじめに

日本国憲法が制定されて以来、日本の憲法学は、公権力を統制して人権保障を確立することをねらいとする立憲主義憲法学が主流であった[1]。そこでは、人権保障のために権力を規制することが憲法の第一義的意味であるとされ、権力の憲法規範ないし憲法原理からの逸脱を批判することに主眼が置かれてきた。

これに対応して、人権論では「国家からの自由」を基礎に置く立憲主義的・個人主義的人権論が中心的地位を占めてきた。立憲主義人権論は、個人の自由な領域への公権力の干渉の排除、つまり防御権としての性格を人権の本質ととらえ、さらに、第二次世界大戦と戦前の国家体制への反省とを日本国憲法の重要な課題と位置づけ、権力の統制と自由の確保をめざす人権論を展開した。そして、実践的課題として、政府の施策に対して人権の保障を主張し、公安条例、公務員の労働基本権・政治的行為の制限、靖国公式参拝などの政教分離裁判、教科書検定訴訟などで、政府の施策を批判してきた。このような立憲主義憲法学および人権論の取り組みの背景には、与野党の政治対立、東西のイデオロギー対立があった。

しかし、このような「国家からの自由」、「個人の人権」を中心に据える人権理論に対して、最近の人権問題の実際は異なった様相を呈している。すなわち、「国家からの自由」にふさわしい問題もなお数多くみられるものの、たとえば、表現の自由と名誉・ブライバシー(2)、団体の政治活動と構成員の思想の自由(3)、情報公開と知る権利(4)、選挙権をはじめとする外国人の人権、科学技術の統制など、「国家からの自由」を超えた人権問題が数多く発生していることが注目される。

このような人権問題の変化と多様化に有効に対処していくためには、単に「国家からの自由」の論理のみでは不十分であり、より事案に即した綿密な人権理論を構築していくことが求められている。その際に大きな意味をもつのが、「国家による自由」ないし「国家による人権保障」の考え方であり、とくに注目されるのがドイツ基本権理論のいう「国の基本権保護義務」の理論である。ドイツの基本権理論においては、古典的な防御権を中心にとらえる旧派の人権思想と、人権の動態的把握に基づいて多様な意義を人権に見出す新派の人権思想との対抗関係がみられたが(5)、基本権保護義務論は後者の潮流から展開してきたものである。

もっとも、日本では、基本権保護義務論は(6)、「国家からの自由」に人権保障の中心的な意義を見出す立憲主義憲法学の流れなかで、概して消極的に評価されている(7)。また、人権保障の実務上の新しい試みでもある個人情報保護法、人権擁護法に対しては、これらの立法の基本的な考え方は保護義務論に通ずるものがあるが、学説から強い批判が加えられている。この批判論の根底には「国家による人権保障」という考え方に対する強い反発があり、それはとりもなおさず、保護義務論に対する消極的評価に連なるものである。

しかし、保護義務論は、基本的に日本の現在および将来の人権論に重要な理論的・実践的寄与をなしうる理論であると思われる。国家が人権の保護のためにさまざまの施策を行うこと、そしてまた、そのような人権保護のための施策の実施を国家に促す理論を構築していくことは、現代の人権問題を解明し、人権を実質的に保障していくという観点からはきわめて重要である。もっとも、保護義務論は、なお理論的に不明なところもあり、その意義と問題点についてさらに検討を必要としている。保護義務論の基本的思想、論理、意義を解明し、その具体的な展開と応用について検討することが求められている。

本稿は、このような問題意識から、まず日本の人権論の現状を概観したうえで（一）、ドイツの基本権保護義務論を素描し（二）、それを日本に導入することの意義および問題点について若干の考察を加える（三）こととする。

（1）　戦後の立憲主義憲法学は、宮沢俊義、小林直樹、芦部信喜といった戦中世代にはじまり、とくに奥平康弘、杉原泰雄、樋口陽一という世代が中心となって支えてきており、その後の世代でもきわめて隆盛である。ただし、同じ立憲主義憲法学といっても、立憲主義の理解のしかたや道具概念としての用い方などで、学説では微妙な違いがある。この点も含めて、立憲主義の意義と問題点について、戸波「戦後憲法学における立憲主義」全国憲法研究会編『憲法問題［14］』（三省堂、二〇〇三年）七五頁以下参照。

（2）　モデル小説と名誉・プライバシーの対立に関する「石に泳ぐ魚」事件（最三小判平一四・九・二四判時一八〇二号六〇頁）をはじめ多くの名誉・プライバシー訴訟がある。また、とくに少年の実名・写真報道を禁止する少年法六一条に関する訴訟が注目される。これについては、後出注(76)参照。

（3）　団体の政治活動と構成員の思想の自由の対立に関する南九州税理士会事件（最三小判平八・三・一九民集五〇巻三号六一五頁）、被災会員への援助のための強制カンパに関する群馬司法書士会事件（最一小判平一四・四・二五判時一七八五号三一頁）がある。

（4）　一連の情報公開訴訟のほか、県立美術館の非公開措置に関する富山美術館天皇コラージュ事件（最二小決平一二・一〇・二七判例集未登載）が注目される。

（5）　ドイツの基本権理論のなかでの二つ潮流を扱った古典的な論文が、栗城壽夫「西ドイツ公法理論の変遷」公法研究三八号（一九七六年）七六頁以下である。
（6）ドイツにおける国の基本権保護義務論に関する体系的研究として、とくに、小山剛『基本権保護の法理』（成文堂、一九九八年）、山本敬三『公序良俗論の再構成』（有斐閣、二〇〇〇年）とくに一九三頁以下、が注目される。
（7）芦部信喜「人権論五〇年を回想して」公法研究五九号（一九九七年）一二頁以下。

一　人権理論の現代的展開とその現況

1　現代的な人権問題の展開

（1）人権の主体の個別化と多様化　まず、日本の人権理論において近年議論されている問題を概観し、それによって、現代人権理論の特徴を考察することにしたい。

近代人権の思想では、人権はすべての人が享有する「人一般」の権利と理解され、人権の保障がすべての人に対する平等な保障であることが人権保障の基本的要素とされた。しかし、最近の人権論では、外国人、子ども、高齢者、女性、身障者、在監者、勤労者、公務員、生活困窮者、犯罪被害者、被差別者、先住民族、法人など、さまざまな人権主体の人権が問題となってきている。[(8)] これは、さまざまな人権問題がさまざまな局面で生ずるという現代の人権問題の多様化の下で、国家による「人一般の権利」の制限ではなく、特別のグループの人々に対する特別の人権制限ないし人権保障が問題となっていることを意味する。このような問題状況の下では、「人一般の権利」を前提とする人権論は問題解決に資する有効な理論とはなりえず、むしろ、人権の主体ごとに問題の解決を図っていくことが必要になる。[(9)]

とくに集団の人権については議論があり、法人の人権否定説[(10)]や集団の人権否定説[(11)]も有力である。しかし、集団の人権についても、現代社会で集団の権利保障の必要性が否定できない以上、集団にも人権の享有を認めていくべきであると解されるが、この議論の詳細は別稿に譲り、ここでは、これらの否定論が、人権が「個人」の有する権利であることを最大の根拠としていることに注目したい。つまり、ここでは人権の「個人」的性格が団体への権利の拡張を阻止する根拠として援用されているのである。

人権の主体の個別化と多様化の傾向は、社会権の保障に典型的にみられる。社会権の保障は、条文上は「すべて国民」の保障であっても、その実質は特定の個人またはグループに対する権利の保障である。たとえば、憲法二五条は「すべて国民は、……最低限度の生活を営む権利を有する」と定めるが、そこでの保障の主体とされる「国民」としては、とりわけ疾病・失業などによって生活に困難をかかえている人々が第一に考えられている。憲法二六条の教育を受ける権利の主体は主として「子ども」である。憲法二八条に至っては、条文上、「国民」ではなく「勤労者」の権利であることが明記されており、権利の主体を「労働者」に限定している。

(2)　強い個人から弱い個人へ　　憲法が前提する人間像について、「強い個人」か「弱い個人」かをめぐる論争が続いている(12)。近代的な個人の自由・自律を前提とし、「他人を害しないすべてのことをなしうる自由」(フランス人権宣言四条)を掲げる近代的個人の基礎にある人間観は、まさに「強い個人」であった。しかし、一九世紀の資本主義の発展のなかで、個人が自己の行動を自立的に決定することが困難になり、その結果、国家が社会に介入し、個人の生活の配慮を行うようになる。人権保障は、強い個人の自由な行動の保障に加えて、「弱い個人」の生活の配慮をも取り込むようになる。

人権の主体を人一般ではなく、特別のグループと把握する議論は、多くの場合、社会のなかでとくに虐げられている人々、差別されている人々、ハンディを負った人々について、とくに人権を厚く保障することを意図している。もっとも、子どもの人権に対するパターナリスティックな規制のように、一般の人々に比較して特別の人権制約の可能性が説かれることもあるが、概して、特別の人権制約を恒常的に受けている人々について、特別の人権の保護や優遇措置が与えられるべきであるとされる。障害者の人権論がその典型であり、女性の人権、こどもの人権、さらには犯罪被害者の人権でも保護の視点が重要になっている。

(3)　自由権から社会権へ、自由国家から社会国家へ　理性的で自律的な個人を前提として「国家からの自由」を説く近代的人権論が現代にかけて大きく変容しているが、その変容を如実に示しているのが、社会国家の登場であり、社会権の人権カタログへの導入である。現代国家は、個人の生活に配慮し、生存の前提を保障するために、社会保障や生活扶助などの福祉サービスを行うほか、さまざまの生活の場面で国は個人の生活の支援を行うべきものとされ、また、実際に行ってきている。社会国家の要請は、国家に対して、個人の社会生活の実質的保障を与えること、つまり、人権の実質的前提を保障すべきことを要求する。現代の社会国家では、近代国家の国家と社会との分離から、国家と社会の融合へと転換する。(13) 社会国家では、個人は国家のさまざまな給付によって生活の支援を受け、国家は個人の人権の保護者として立ち現れる。

自由権と対比した場合の社会権の法的性格としては、①社会的・経済的弱者の権利、②国家に対する請求権的性格、③一九世紀の社会矛盾を克服するために提唱された権利、④プログラム規定、などが挙げられる。社会権の保障は、国家の作為を前提としたうえで、とりわけ社会的経済的弱者に対して自由の実質的前提を保障することに特徴があり、まさに「国家による自由」ということができる。もっとも、社会権の権利性について、通説・判例は、とくに生存権に関して具体的権利性を否定してきた。そのため、生存権ないし社会保障の問題は議会の立法政策に委ねられ、憲法論として注目されないものとなった。しかし、社会権の権利性を憲法のレベルで認め、社会保障の立法の分野に対する憲法二五条の規範力を積極的に承認するとともに、「憲法政策論」をより具体的に展開して社会・経済政策の分野での社会権規範の拘束力を強めることが必要である。(14)

(4)　新しい人権論の展開　一九七〇年代から活発化した「新しい人権」論、つまり、憲法に列挙されていない権利の導出をめぐる議論は、人権保障のあり方にも新しい視点を提供している。憲法上列挙されていない人権として、憲法一三条の幸福追求権からは、環境権、プライバシー権、人格権、自己決定権などが導き出され、憲法二一条との関係では知る権利が憲法上の人権として承認されている。また、人格権との関係では、氏名権、肖像権、嫌煙権なども提唱されてきている。幸福追求権の解釈をめぐっては、いわゆる人格的利益説と一般的自由説との対立はあるものの、多かれ少なかれ憲法による保障が広げられてきている。(15)

これらの人権はいずれも現実の社会の進展とともに人権として保障されるべきことが強く意識されたものであるが、その法的特質として、①古典的な対国家的権利という側面とともに、社会の中での保障という側面がとくに重要であること、そしてまた、②自由権・社会権のどちらの要素ももった複合的な権利であり、その保護のために国家の作為が求められること、という諸点を指摘できる。つまり、これらの人権は、古典的な国家と個人との対抗関係のなかで国家からの自由として主張された人権保障の観念には収まり切れず、国家による保障、とくに法律によって権利の実質化と権利性の強化が図られる点に特徴がある。

これに対して、非列挙人権の一つとして広く承認されている自己決定権は、本来、個人の自己に関することがらを自由に決定する権利と定義され、その原型は一九世紀リベラリズムにある。したがって、自己決定権は自由権の核心をなす権利であって、「国家による自由」ないし国家による保護の思想とは原理的に対立する。とはいえ、現代における自己決定権の意義は、強い個人の自由な自己決定の尊重を要求するのみではなく、自己決定をすることが十分にできない人たちが自己決定することを支援する意味を持っていることに注意する必要がある。(16)たとえば、医師に対して患者がインフォームドコンセントを要求し、また、学校のなかで生徒が校則による規制に対して自由を主張するとき、そこでは、自己決定権は弱い立場にある個人を支援する効果をもつ。ここでは、国家権力による人権の抑圧に対して自由を主張する「国家からの自由」が問題となっているのではなく、構造的に弱い立場にある者が自己決定すべきことがらに干渉・統制（国家権力によるとは限らない）を受けたときに、それに対して異議申し立てをすることを支援するものとして、自己決定権が登場している。そのような場面では、国家は、立法者にせよ、裁判所にせよ、はては行政にせよ、むしろ自己決定を支援するために積極的行為をなすべきものと位置づけられる。その意味で、本来国家からの自由の本質に属する自己決定権もまた、自己決定の自由の行使を要求するという積極的側面を内包しており、かつまた、この個人の自己決定を保護すべき国家の任務を肯定する余地がある。

いずれにせよ、以上のような「新しい人権」論は、人権概念が社会の変化・進展とともに動態的に発展してきていることを如実に示している。人権の保障は、一九世紀の古典的な自由権にとどまるのではなく、さらに非列挙人権を人権カタログに追加していかなければならず、ここでも、人権の理論は拡張的・発展的であるべきである。

(5)　人権の実質的保障、具体的な生活のなかでの保障　人権保障のあり方に関して、一九世紀自由主義の下では、「国家からの自由」は国家が自由の領域に対して不干渉であれば人権保障が達成されると考えられた。しかし、現代では、人権の保障は、それが現実の社会生活のなかで実際に保障されるためには、国家の積極的活動に大きく依存している。むしろ、国家は、人権の実質的保障のためにさまざまな行為を行うことが要求されているとさえいうことができる。社会権がその例であるが、参政権についても同様である。たとえば、選挙権について、国家は単に普通選挙制の下で有権者を投票日に投票させる制度を設けるだけでは足りず、有権者が実際に選挙に参加し、投票することができるように配慮しなければならなくなっており、実際に、在外選挙の導入、長期洋上にある船員のファックス投票、不在者投票の延長、電子投票制度の一部導入など、選挙権を行使しやすくするためにさまざまな制度が導入されてきている。また、刑事手続での人権保障においても、弁護人依頼権を被疑者段階まで保障すること、裁判を受ける権利の実質化のために訴訟扶助制度を充実させること、外国人被告人に対して通訳者をつけることなど、さまざまな施策が要求され、一部実施されている。総じて、社会権・参政権・国務請求権の分野では、国家による人権保障の前提の確保、したがって、国家による人権の実質的保障の要請は強い。

「国家からの自由」の核心をなす自由権の領域でも、国家の積極的な活動が行われ、自由が実質的に保障されるという状況がしばしばみられる。(17) 自由権が国家によって保障されるという場合に、いくつかの局面が考えられる。第一は、市民が自由な活動を行うための条件設定を行う場合である。財産権の行使が法律に依存し、経済活動に関して私法上のルールを設定するなど、経済活動に関しては法律によるルール設定が権利保障の実質的領域を確定することになる。言論の分野でも、放送制度やインターネットなどは、放送・通信の規格や要件が定められることによって利用可能なものとなる。第二は、私人間効力論にみられるように、社会のなかでの自由の対立の調整を行うことによる自由の保障である。ルール設定と共通するものであるが、ルール設定はかなり一般的であるのに対して、個別的な紛争の調整のための規制という意味をもち、言論の自由と名誉・プライバシーの調整が典型例である。第三は、自由の前提の保障であり、市民の集会の自由のために公園や市民会館を設営・提供し、宗教活動のために宗教団体に宗教法人格を付与して便宜を図るなどがその例である。第四は、自由を直接に保護し、促進するための援助であり、個人情報保護、情報公開、科学技術振興、差別撤廃のための諸立法、ストーカー規制、児童虐待防止などの立法がそれにあたる。このように、人権の実質的保障というカテゴリーには、国家のさまざまな積極的活動や人権保障措置が含まれる。

また、このような傾向の背後には、人権問題の脱イデオロギー化学現象ともいえるものがあることにも注意が必要である。たとえば、科学技術の発展とその統制について例をとると、体外受精、遺伝子治療、人クローン規制などの研究の自由、施術の自由の規制が問題となっているが、そこでは決してイデオロギー的、思想統制的観点からではなく、人間存在の基底をなす生命・生殖・DNAの操作に対する不安や疑問に基づく規制であり、いわばイデオロギー中立的な観点から人権規制のあり方が論じられている。そこでは、「国家からの自由」という人権の基本的視角は背後に後退し、より根源的に、人権保障の意義、人権制約の根拠、人権行使の準則設定、人権の衝突の調整など、新しい視点からの問題解決が迫られているのである。

2 現代における「国家からの自由」の意義と限界

以上のような人権論の展開をみると、人権の概念は、防御権としての「国家からの自由」を離れて、国家の積極的な人権保障の活動を要請する積極的権利ないしは国家依存的権利へと変容しているようにみえる。しかし、それが重要な現代人権論の重要な課題であるにせよ、「国家からの自由」はなお人権の本質的指標として維持されなければならない。人権にとって最大の脅威は権力的な規制であり、国家のみが正統な暴力を行使しうる近代国家では、国家の権力行使を統制することこそが、なお人権の第一の任務というべきである(18)。とくに現代日本の政治状況との関連でも、国家の優位を前面に押し出す保守の思想がなお有力であり、団体中心思考や秩序維持思考も根強く残っており、「国家からの自由」を人権の基本思想とすることは不可欠である。

とはいえ、現代の複雑化・多様化した人権問題を解明するためには、古典的な「国家からの自由」を説くのみでは不十分であることも事実である。そこで、現代の人権の理論は、人権保障の基本的意義を防御権に置きつつも、それに加えて別の要素を人権保障のなかに見出していくことが必要になる。それは、人権の衝突を調整し、国家による人権の積極的保護を促すという要素であり、いわば「国家による自由」の要素である。このような積極的要素を承認することによってこそ、多様化する現代の人権問題に対して有効に対処することができることになる。現代の人権理論に求められていることは、人権保障の意義を、国家による個人の自由の領域の侵害に対する防御権に限定するのではなく、さまざまな人権の侵害状況において多様な法的意義をもったものと構成し、現実の人権侵害の状況に有効に対処していくことである。

このような積極的な人権理論は、ドイツでは、「基本権の二重の性格」、「客観的原則規定としての基本権」として登場し、その重要な理論的展開として「国の基本権保護義務」が議論されている。そこで、次では、ドイツの基本権論の展開過程を追い、保護義務論の意義について考察することにする。

（8）　一九九八年の日本公法学会では「人権の観念と主体」のテーマが選ばれ、そして、高齢者・障害者等の人権に関する高井裕之「自己決定能力と人権主体」（公法研究六一号七〇頁以下）をはじめ、森田明「子どもの『権利』」（同八二頁以下）、若尾典子「『女性の人権』をめぐって」（同九八頁以下）、大久保史郎「『法人の人権』論」（同一一一頁以下）、稲正樹「集団の人権」（同一二四頁以下）の報告があった。

（9）　なお、人権の主体をめぐる議論では、主体の意義を二つに分けて考える必要がある。つまり、伝統的な人権主体論では、人権の享有主体としてまず自然人である個人、とくに「国民」を挙げ、それとは異なった主体、たとえば外国人・法人に人権の享有が認められるかどうかが問題とされた。これに対して、近年論じられている身障者・女性・労働者・被差別者といった人々の人権論では、それらの人々が人権享有の主体であることを当然の前提として、他の人々とは異なった人権状況にあるが故に特別の人権制限ないし人権保障が認められるべきではないかが問題とされている。そして、その特定のグループは、多くの場合に、特別に不利な地位に置かれている人々であり、したがって、社会的な保護をとくに必要としている。この点は、人権保障の前提する人間像に関する議論にも関連する。

（10）　樋口陽一『憲法』（創文社、一九九二年）一七六頁。

（11）　横田耕一「集団と人権」公法研究六一号（一九九九年）四六頁以下、六三頁。

(12) さしあたり、辻村みよ子「近代人権論批判と憲法学」全国憲法研究会編『憲法問題［13］』(二〇〇二年) 一〇頁以下、およびシンポジウム討論同七〇頁以下参照。

(13) K. Hesse, Rechtsstaat im Verfassungssystem, in: Festgabe für Rudolf Smend zum 80. Geburtstag, 1962, S.79.

(14) 社会権の法的性格に関する研究として、大須賀明『生存権論』(日本評論社、一九八四年) 参照。また、憲法政策論については、小林直樹『憲法政策論』(日本評論社、一九九一年) 参照。生存権規定の規範性を高める解釈の試みとして、棟居快行「生存権の具体的権利性」長谷部編『リーディングス現代の憲法』(日本評論社、一九九五年) 一五五頁以下、藤井樹也『「権利」の発想転換』(成文堂、一九九八年) 三六七頁以下参照。また、社会保障法からの積極的提言として、菊池馨美『社会保障の法理念』(有斐閣、二〇〇〇年)、同「社会保障の権利」日本社会保障法学会編『講座社会保障法第一巻21世紀の社会保障法』五四頁以下があり、社会保障の権利を憲法二五条のみでなく、一三条、一四条など総合的に検討しており、注目される。

(15) 幸福追求権について、さしあたり、戸波「幸福追求権の構造」公法研究五八号 (一九九六年) 一頁以下、竹中勲「自己決定権の意義」公法研究五八号二八頁以下参照。

(16) 笹倉秀夫『法哲学講義』(東大出版会、二〇〇二年) 一五〇頁は、自己決定権のさまざまな形態を列挙するなかで、消費者や労働者の自己決定権に関して、「対等な市民間の関係ではなく、社会的な力関係に差のある当事者間」において、「従属的な地位におかれている側を国家が援助することによって、自己決定権を実質化することが課題になっている」と指摘する。

(17) 長谷部恭男「国家による自由」ジュリスト一二四四号 (二〇〇三年) 三一頁以下参照。また、樋口陽一『権力・国家・憲法学』(学陽書房、一九八九年) 一二六頁以下、同『近代国民国家の憲法構造』(東京大学出版会、一九九四年) 一〇一頁以下参照。

(18) 芦部信喜『憲法学Ⅱ人権総論』(有斐閣、一九九四年) 二八九頁。しかし、芦部は、「国家からの自由」を重視し、ドイツの保護義務論を否定する (同・五九頁)。

二　ドイツでの保護義務論の展開

1　ドイツの基本権論の積極的傾向

一九四九年のドイツ連邦共和国基本法（西ドイツ・ボン基本法）は、第二次世界大戦前のナチス支配を排して、さまざまの装置を取り入れた。「自由で民主的な基本秩序」を憲法の核心に据えたこと、憲法問題に関して最終的解釈権をもつ憲法裁判所を憲法の番人として設置したことなどがその表れである。そして、人権の分野では、基本法一条一項が「人間の尊厳は不可侵である」と宣言し、一条三項が「この基本権は、立法権、行政権、司法権を直接に拘束する」（一九五五年改正前）と定めて基本権の拘束性を高めたことが特筆される。その一方で、ワイマール憲法で規定されていた社会権を基本的に採用せず、それに代えて「社会国家」原理を取り入れた。

ドイツの基本権論は、憲法裁判所の判例とともに大きく発展した。理論的な論争になったのは、まず、社会国家をめぐる議論である。社会国家論は、防御権中心に構成された基本法の基本権カタログから積極解釈を導き出す憲法上の根拠として機能してきた。もっとも、学説では、一九五四年の「社会的法治国家の概念と本質」をテーマとする国法学者大会で、フォルストホフは、憲法上の観念としては法治国家があり、社会国家は憲法上の原理ではなく、法律レベルの原理にすぎないと論じた。[19] これに対して、バッホフは、社会国家原理を憲法原理として承認し、国家が社会国家活動を行うべきことを説いた。[20][21] その後の学説では一般にバッホフの見解が支持されたが、社会国家原理の解釈論のレベルでは「抑制的な解釈」[22]が好ましいとする説が多数を占め、その後の判例でも社会国家条項に依拠した積極解釈の展開はそれほど活発ではない。

一九七〇年代に入ると、基本権解釈において、防御権としての基本権を重視する立場に対して、基本権の動態的解釈を取り入れた新しい解釈が有力に主張されるようになった。[23] そのうちでも最も先鋭に理論的な考察を行い、基本権の給付権としての側面、法律による基本権の形成の理論を展開したのが、ヘーベルレである。ヘーベルレは、基本権と法律との関係について多面的で新しい考察を行い、「制度的自由」の観念を説いて、基本権のなかに防御権以外の形成的側面のあることを指摘した。[24] また、ヘッセは、標準的教科書『ドイツ連邦共和国憲法綱要』[25]のなかで「基本権の二重の性格」(Doppelcharakter der Grundrechte) を説き、基本権が(主観的) 権利の側面の他に、客観的要素 (objektive Elemente der Grundrechte)[26] のあることを体系的に論じた。基本権の客観的要素の理論は、さまざまな基本権解釈の展開を可能とし、実際にさまざまな解釈と論理を生み出している。そのなかでも最も重要なものが、国の基本権保護義務の理論である。以下では、基本権の二重の性格の議論に基づく客観的原則規範としての基本権、および、その展開としての基本権保護義務論について、その概要を検討することにしたい。

2 客観的原則規範としての基本権

(1) 客観的原則規範としての基本権　国の基本権保護義務論は、ドイツの連邦憲法裁判所判例によって発展してきた基本権解釈理論であるが、それを生み出した基礎的思考が「客観的原則規範」としての基本権の理論である。ヤーラスによれば、「連邦憲法裁判所はこれまで多くの点で基本権の意義を構築し強化させてきたが、その発展に最も大きな寄与をなしたドグマーティク上の道具概念が、いわゆる『客観的原則規範』としての基本権理解であった。[27]」以下では、ヤーラスの最近の論稿[28]に依拠しながら、「客観的原則規範」の意義を検討することにしたい。

(2) 連邦憲法裁判所と基本権の「二重の性格」　ドイツの学説・判例上、基本権が二重の性格をもつことは、リュート判決[29]が基本権に「客観的価値秩序」の要素を認めて以来、連邦憲法裁判所判例が繰り返し承認してきている。たとえば、最近でも「一方では、基本権から導き出される国家の介入に対する防御権と、他方で、基本権の客観的意味から生ずる保護義務」の区別を指摘し[30]、また、たとえば「自由権的基本権は、個人に認められた自由の領域への国家権力による介入から保障するばかりではない。それはまた、個人の自由の領域を保護し保障することをも国家に義務づけている[31]」と説いている。「二重の性格」論は、その性質上、とくに自由権に関して問題となるが、二重の性格をどの基本権に認めるかについては、学説では議論があるものの、連邦憲法裁判所はほぼすべての自由権的基本権について認めてきている。もっとも、そこでの客観的原則規範の法的帰結については、個別の基本権によっても異なり、また、問題状況によってもさまざまであるが、いずれにせよ基本権が「客観的原則規範」としての性格をもつと論ずることによって、本来の国家の自由の領域への介入禁止の要請のほかに、基本権を積極的に保障すべき国の義務を基本権保障のなかに読み取ろうとするのである。

基本権の客観的要素から具体的にいかなる法的帰結が導き出されるか。ヤーラスによれば、主要なものとして、①第三者からの保護、②私法への照射、③給付と参加、がある。

(3)　第三者からの保護（Schutz gegenüber Dritten）　第一の客観的要素は、基本権行使を制限しようとする第三者に対して基本権を保護すべき国家の義務であり、いわゆる基本権保護義務である。連邦憲法裁判所判決は、たとえば生命の権利を保障する基本法二条二項から、「生命を保護し促進すべき義務、つまり、とりわけ第三者からの違法な介入から保護すべき義務[32]」を国家に認めている。ここでの特徴は、①基本権は、ここでは国家の不作為を要求するのではなく、積極的な国家の作為を要求する。そして、②この保護義務は三極関係において作用し、つまり、国家は市民Bによる基本権侵害に対して市民Aの基本権を保護する。さらに、

③保護は刑罰法規、または行政基準および統制によってなされるが、私法によっても規制されうる。たとえば、連邦憲法裁判所は、一般的人格権から反論権法を制定すべき義務を導き出し[33]、基本法二条二項一文の客観的内容から深夜労働を法律で制限すべき義務を導出している[34]。

このような保護義務は、国家に義務を課すのみではなく、それと結びついた基本権制限の正当化をも含んでいる。つまり、国家が基本権保持者のために他者を制限する場合には、通常それによって他者の基本権に介入することになるが、ここでは、保護のための介入は基本権上の保護義務によって正当化される。こうして、保護義務は保護の「授権」と結びつくことになる。保護義務論が保護のための基本権制限の正当化根拠となることは、実際にはきわめて重要である。なぜならば、保護義務が通常さまざまな活動と対応しうるものであるために保護義務違反の問題はまれにしか生じないのに対して、保護の授権という正当化は保護義務が論じられるあらゆる具体的な場面で役立つからである。

(4)　私法への照射（Ausstrahlung auf Privatrecht）　第二の要素は、私法への照射である。日本の議論では、人権規定の私人間効力と呼ばれる問題である。これは第一の保護義務の一内容をなす。すべての基本権は、「客観的規範として、私法においても法的実質を有し、その特質のために私法規定の解釈・適用に対して照射する。裁判官は、憲法上の要請として、個々の事件での民事法規の適用にあたって、基本権が関連しているかどうかを審査しなければならない。もし、関連しているのであれば、裁判官は、当該規定を基本権に照らして解釈・適用しなければならない[35]」ことになる[36][37]。

私法関係では、基本権の多様な機能は、公法関係におけるほどには生じない。立法者には、基本権領域に対する介入（Eingriff）の場合でさえ広い形成の自由が認められる。私法規定は、基本権に、公法規定よりも厳しい制限を設けることが許される。また、問題が例外なく三極関係で生じるので、介入が通常他者の基本権行使の利益となるということもある。さらに、私法法規は、行政機関によってではなく、独立した裁判所によって執行されるので、そこでは傾向的に基本権への危険は少ない。このような私法の特質のために、連邦憲法裁判所は、私法の解釈・適用の領域での防御と保護の区別の基準の提示を放棄している。(38)

(5)　給付（Leistung）と参加（Teilhabe）　第三の領域は、客観的原則規範の独自の部分領域としてあまり承認されていないが、市民への国家の給付、ないし、国家の制度への参加に関する領域である。学説では、この基本権の給付内容は、一部は、客観的基本権内容から完全に分離され、あるいは保護のカテゴリーに含められることもある。この部分領域では、第三者からの国家の保護が問題になるのではなく、第三者の関与とは切り離されて、国家の給付による基本権行使の促進が問題になっている。国家制度への参加（Teilhabe）もまたこの領域に含められる。

連邦憲法裁判所の判例はこの領域では乏しい。このことは結局、自由権的基本権から生ずる給付請求権への判決がきわめて少ないことに関連する。おそらく、この基本権の客観的内容は、自由権的基本権の一部においてのみ意味をもつ。たとえば学問の自由の基本権は、裁判所の見解によれば、「人的、財政的、組織的手段を準備することによって、自由な学問に配慮してそれを次世代へと媒介することを可能にし促進するように、国家に義務づける客観的価値決定」を含んでいる。(39)これが分与権（Teilhabeberechtigung）に至るのであり、基本権の個々の保持者に「基本権によって保障された自由の領域の保護のために不可欠な、組織的形態でもある国家の措置を求める権利が生ずる」(40)。国家給付への配分請求（Teilhabe）は、基本法一二条一項の職業教育の自由(41)、および、基本法七条四項(42)でも語られている。(43)

(6)　客観的原則規範の権利性と活動余地　以上のような三つの領域から成り立つ客観的基本権要素が、権利を保障しているかどうかが問題となる。学説では消極説が有力であるが(44)、他方、一般的に客観的基本権要素が権利と対応しているとする学説が近時登場している。(45) ヤーラスによれば、連邦憲法裁判所の態度も消極的といわれるが、必ずしもそうとはいえず、むしろ、連邦憲法裁判所が基本権保持者の客観的要素の侵害の主張を裁判で争うことを認めていることが注目される。たとえば、私法の照射効の領域ではリュート判決以来これを肯定してきており、第三者からの保護の領域でも基本権保持者が保護義務違反に対して憲法異議で争うことができるとしており、さらに、給付領域でも学問の自由について権利の要素を肯定している。全体として、連邦憲法裁判所判例は、客観的原則規範に権利性を認めるという立場を示している。

ヤーラスは、権利性を肯定する理由として、国家活動を制限する客観的な法規範にとどまるとすると、紙のうえの保障にすぎなくなるおそれがあり、権利性が認められてこそ保護機能を発揮できることを指摘する。連邦憲法裁判所も、学問の自由、(46) 放送の自由(47)で権利性を認める判断を示しており、このことはすべての客観的原則規範に妥当するとする。

客観的原則規範が基本権の名宛人に広い判断余地を認めていることは、客観的原則規範の権利性を否定する理由になりうるか。連邦憲法裁判所は、国家機関が保護義務をどのように満たすかは、その自己の責任において決定すべきものとしているが、(48) しかし、裁量の限界を超えた場合には、法的拘束力が生ずるのであって、そこに権利性を見てとることができる。基本権義務者に広汎な裁量があるとしても、権利性は認められる。もっとも、客観的原則規範からは、まれにしか特定の法律上の措置を求める権利は導入されないが、しかし、このことは立法者の活動の最小限度を求める権利とは矛盾しない。

(7) 基本権の「客観的側面」と保護義務との関係　ヤーラスは、基本権の客観的側面として、保護義務、私人間効力（私法への照射）、給付と参加の三つを挙げた。このうち、私法への照射効を保護義務論の一つの応用場面と理解すれば、給付と参加が保護義務論とはやや性質の異なったものと考えられる。すなわち、ヤーラスも指摘するように、給付と参加は三極構造をとらず、国家に対する個人の給付・参加請求権という二極対立構造をとるからである。いずれにせよ、基本権の客観的原則規範の解釈論は、保護義務をも含めて、国家が基本権を保護するための積極的措置をとることを義務づける。この意味での基本権の客観的要素とは、いわば、基本権の防御権的性格を超えた積極的な要素を総称するものともいえ、その内容は多様でありうる。(49) そして、そのうちの主要な機能として基本権保護があり、基本権を保護すべき国家の義務が基本権保障から導き出されるのである。

このように考えると、日本で保護義務の考え方を導入する場合には、むしろドイツの本来の意味での保護義務の理論ではなく、「基本権の客観的原則規範」の理論を導入することが妥当であるように思われる。この点についてはさらにのちに検討することとし、次にドイツの基本権保護義務論の内容についてみることにしたい。

3　国の基本権保護義務論の理論構成

(1)　ドイツの基本権保護義務論の特質と問題点　国の基本権保護義務論は、連邦憲法裁判所の判例によって発展してきた理論である。一九七五年の第一次堕胎罪判決で、胎児の生命を保護すべき国家の義務が説かれ、刑罰の発動によっても保護すべき義務があるとして、妊娠中絶の合法化を図る法律が違憲とされた。それ以来、適用領域の点でも理論的深化の点でも、議論は大きく発展してきている。その保護義務論の特質として、以下の諸点を挙げることができる。

第一に、基本権保護義務の根拠について、ドイツの学説では、①基本法一条一項の「人間の尊厳の不可侵」条項、②基本権の客観的側面、③国家任務を挙げるのが一般的である。通説は、②の基本権の客観的側面のなかに保護義務の主たる根拠を見出し、副次的に、③の国民の安全を確保すべき国家任務を挙げて保護義務論を補強する。つまり、ドイツ保護義務論は、基本権の二重の性格論および客観的原則規範の議論に大きく依存している。これに対して、基本法一条一項の人間の尊厳条項を保護義務論の根拠として援用する学説[50]も有力であるが、この説は、人間の尊厳条項との結びつきを強調することによって保護義務論の射程範囲を人間の尊厳ないし生命権へと限定することに特徴がある。それは、つまり、基本権保護義務論が内容的に抽象的であることを率直に認め、そのために保護義務論の根拠および射程を明確に画定しようとするものである。保護義務論の拡大を疑うこの説にも理由があるが、しかし、基本権保護義務論は基本的に基本権すべてに認められると解すべきであろう。もっとも、基本権保護義務論がさまざまな人権についてさまざまな形態の積極的機能を認める理論である以上、その理論的根拠は多様でありうるのであり、この意味で、日本で保護義務論の導入を図る場合に、その根拠として「人間の尊厳」を援用することは許されよう。

国家任務から基本権保護義務を導き出す学説はイーゼンゼー[51]によって主張され、当初は学説上の影響力は大きかったが、その後、基本権の客観的側面から保護義務論を根拠づける学説が優勢になっている。保護義務論の根拠に国家任務をもち出す説に対しては、基本権保護と古典的な国家任務との結合が理論レベルを異にすることを理由に消極的にとらえる学説も日本では有力である[52]。しかし、国家が正当な暴力行使を独占している近代国家では、個人の基本権の保護、とくに犯罪行為からの生命・身体・財産の保護は、国家にとって重要な義務と考えることができる。また、基本権保護の内容や国家の保護の態様を考える際にも、たとえばストーカー行為からの被害者の保護の理論として国家任務としての人権保護をもちだすことは、ストーカー行為の規制立法の必要性およびその規制内容の設定のために有用である。保護義務論の憲法上の根拠づけのためにはさまざまな論拠を複合的に挙げることが適切であり、国家任務の観点からの保護義務の根拠づけの議論もまた、保護義務の副次的な理由として支持されるべきである。総じて、犯罪行為からの生命・身体の安全の保護が問題となるところでは、国家任務に基づく保護義務の理由づけが妥当であろう。

第二に、基本権と国家との論理構造に関して、「国家━基本権侵害者━基本権被侵害者」の三極構造を前提として、国家の保護義務の意義と効果を説明することにある。すなわち、人権の保護を必要としている個人Aをまず前提し、基本権保護義務論によってAの基本権を保護すべき国家の義務を認める。そして、国はAの基本権保護義務を果たすために、Aの基本権を脅かしている侵害者Bの行為を規制する、というものである。その際に、その特徴として、①侵害者による基本権侵害行為もまたしばしば基本権の行使でもあるので、国の規制は基本権を制限するものとなり、したがって、そこでの基本権保護義務論は、基本権制約の正当化として機能する。また、②三極構造の下で、被侵害者Aの基本権がBの加害行為によって侵害されているとしても、Aの基本権保護の名宛人は国家であるとされ、国家が保護義務を果たすべきこととされる。このかぎりで、伝統的な国家との関係での基本権保障という基本権保障の特質が維持されることになる。さらに、③国家のAに対する保護との関係では過少保護禁止（Untermaßverbot）の原則が働き、Aの基本権の保護のために最小限度の措置がとられなければならず、他方で、Bに対する規制に関しては一般の比例原則が妥当し、規制は過剰侵害禁止（Übermaßverbot）の原則によって、必要な限度を超えてなされてはならないことになる。国の保護のための規制措置は、保護の過少禁止と規制の過剰禁止の間で選択されることになるので、国の規制行為が妥当なものかどうかを判断する基準が明確に示される。

このように、三極構造では、国の基本権保護のための規制措置は、過少保護禁止と過剰侵害禁止の間でなされなければならず、したがって、保護のための規制措置の合憲性について明確に判定されることとなる。また、とりわけ、私人間での人権制限の許容性について、侵害者と被侵害者との間の調整がより客観的になされうる。

しかし、他方で、三極構造が前提とされるために、侵害者の侵害行為によらない基本権欠乏状況に対する国の積極的関与は、保護義務の範囲から除外されがちである。貧困・疾病等のために困窮状況にある人たちの救済や、災害の被災者の救済が保護義務論の射程からはずされるのが、その例である。日本では、国家による人権の保護について論ずる場合、これらの状況をも含めて理論構成を図るべきであろう。

第三に、国の採るべき保護のための措置の内容はさまざまであり、保護義務論から一義的には導き出されず、個々の基本権の解釈と問題となった基本権条項とによって定まる。そして、その際に、基本権保護義務の名宛人は、本来すべての国家権力であるが、とりわけ立法者は保護義務の実現について第一次的に責任を負う。保護義務の実現のための措置は多様であり、保護義務の内容も明確ではないため、立法者は具体化にあたって広汎な形成の自由をもつ。とはいえ、立法者が保護義務を具体化する法律を制定しない場合、また、法律の内容が不備の場合、あるいは、規制法律が過少禁止と過剰禁止の間を超えた場合には保護義務違反となる。その際に、胎児の生命保護のために刑罰による規制が必要と判示した第一次堕胎判決のように、立法者の裁量がいわばゼロ収縮して刑罰法規の制定という特定の立法義務が導出される場合もある。また、保護義務による立法が「保護のための規制」である以上、法律の留保の原則が妥当し、保護義務の実現は法律によることを必要とする。しかし、連邦憲法裁判所は、迷惑電話の発信者の教示が争われた事件(53)、ジエチレングリコール混入ワインのリストの公表が争われた事件(54)などで、例外的に法律に基づかずに保護義務の実現のための規制を許容している。これらの判決が保護義務の実施措置に法律の根拠を要求しなかったことについて、学説では批判が強く、日本の学説でも保護義務論の一つ欠陥として法律の留保を弱めるおそれがあることが指摘されている(55)。基本権保護のための措置であっても、それが規制である以上、法律の留保に服すると解すべきである。ただし、先の二つの例は、事例の特殊性から法律の根拠の不要な場合とみることができ、保護義務論の効果として法律の根拠を不要としたものと解すべきではない。

第四に、保護義務の名宛人として、裁判所の役割が重要なものになる。裁判所は、立法者の基本権保護のための立法について、とくに過少禁止と過剰措置禁止との間にとどまっているかどうかを審査するほか、行政の保護義務のための措置についても審査する。裁判所は、刑法や行政法の解釈にあたっても基本権の保護に配慮しなければならないが、私人間の関係を規律する私法法規の解釈でも同様である。また、私人間での基本権の侵害の有無の審査では、私法の一般条項の解釈にあたって基本権に配慮して、基本権適合的な解釈がなされなければならない(56)。

裁判所の私人間での人権侵害の審査にあたって、保護義務論との関係で重要なのが、私人間で保護と規制とが必ずしも明確ではないことである。たとえば、報道の自由と人格権の対立が問題となった場合に、どちらの基本権を保護し、どちらを規制するかは、かなり相対的である。とりわけ、社会的弱者・強者の関係がみてとれる場合には、基本権の侵害と保護との対比は比較的容易であるが、たとえば人格権と表現の自由との調整のレベルでは保護と規制の関係は微妙である。

(2)　ドイツにおける保護義務論の通説化　連邦憲法裁判所の判例によって展開されてきた保護義務論は、学説でも広く受け入れられている。このことを示す学説として、H・H・クラインと、ベッケンフェルデの見解が参照に値する。

クラインは、従来は伝統的な自由主義的基本権理論の強力な支援者であった。クラインは、一九七二年の論文「民主主義国家における自由」で、基本権はあくまでも国家からの自由であると主張し、ヘーベルレの制度的基本権論をはじめとする基本権の積極的な解釈を批判した(57)。そこでのクラインの見解は、基本権は国家権力に対する自由の保障としてその本質的意義があり、制度的自由のように法律による関与を認めることは自由の本質を失わせるというものであった。これに対して、一九九四年の論文「基本権の保護義務(58)」では、以前の立場を修正すると明言して基本権保護義務論を肯定する立場を明確にし、保護義務論の意義と内容を詳細に分析している。

同様に、ベッケンフェルデは、基本権理論を分析した一九七四年の論文「基本権理論と基本権解釈」[59]で、自由主義的基本権理論、制度的基本権理論、基本権の価値理論、民主主義的・機能的基本権理論、社会国家的基本権理論を挙げてそれぞれ分析し、自由主義的基本権理論が基本法に適合的であると論じた。これに対して、一九八九年の論文「基本法四〇年を経た基本権ドグマーティクの現状について」では、連邦憲法裁判所判例の客観的原則規範論の展開を分析し、基本権の客観的側面を重視する場合には必然的に憲法裁判所が前面に登場し、立法者は背後に退くと説いている。ここでのベッケンフェルデの論述は、客観的規範内容に対してなお慎重ではあるが、一つの取りうる選択であることを肯定しており、この意味で、基本権の二重の性格それ自体は前提されている[60]。そして、胎児の生命の保護が問題となった第二次堕胎罪判決では、保護義務を肯定した判決の多数説に与しているのである。

(3) ドイツ保護義務論の特質とその再構成　以上のように、ドイツの基本権保護義務論の解釈論的特徴は、三極関係の下で、国の義務として基本権保護を導き出し、それによって立法者および裁判所に基本権保護の具体化と配慮を命ずることにある。その理論化にあたって、基本権保護義務という防御権以上のものを基本権保障の内部に見出すがゆえに、学説・判例ともに、保護義務論の根拠、射程を限定していることが注目される。

ドイツの保護義務論は、基本権の保護という積極的な任務を国家に課すことによって基本権保障を強化している点、国家の基本権尊重義務を具体的に展開している点、裁判所や立法府に基本権保護のための積極的措置を要求している点、さらに、現代の人権問題を適切に分析・解明する理論たりうる点で、基本的に優れた理論ということができる。

　ただし、ドイツでの保護義務論は、前述のように、ドイツの特殊な基本権理論の状況に基づいた、射程の限定された理論である。そこで、日本で保護義務論の解釈論的構成を考える際には、ドイツの保護義務論に固執するには及ばず、むしろより広い概念として保護義務論を構成していく必要があると思われる。すなわち、日本で国家の人権保護義務を語る場合、保護義務論は、より一般に、社会のさまざまの分野で人権侵害を受け、人権の欠如に苦しみ、その救済を求めている人たちに対して、国家が積極的に保護のための措置をとる義務、すなわち、「国家が人権の保護のために積極的な措置をとる義務」と構成することが妥当である。このことは、換言すれば、ドイツの本来の基本権保護義務論ではなく、その論拠として援用される基本権の「客観的原則規範」の要素を、日本の人権解釈のなかに取り入れるということを意味する。つまり、ドイツの基本権保護義務論のほかに、基本権の給付請求権の要素や国の積極的な基本権保障義務の要素をも含めて、「広義の保護義務論」ないし「積極的義務」の理論として、日本の人権論に導入すべきである。

　保護義務論の日本の人権論への導入を有力に提唱している小山剛、山本浩三ともに、ドイツの本来の保護義務論の導入を主張し、客観的要素の導入については否定的である[61]。その理由として、保護義務論を確実に日本の法解釈論に位置づけるべきことが指摘されている。それにも理由はあるが、しかし、日本の人権状況に適した理論としては、ドイツの保護義務論よりも広く、「人権を積極的に保障すべき国家の義務」ないし「国の積極的人権保障義務」と構成するのが妥当である。それは、国家に対して人権を積極的に保護することを要求し、基本権のもつ本来の防御権としての機能を超えて、基本権が客観的原則規範として機能するように積極的に人権保障の意義を解釈するものである。そのような人権解釈論の日本での可能性について、さらに考えてみることとしたい。

(19)　E. Forsthoff, Begriff und Wesen des sozialen Rechtsstaates, in: VVDStRL 12 (1954) S. 8 ff.

(20) O. Bachof, Begriff und Wesen des sozialen Rechtsstaates, in: VVDStRL 12 (1954) S. 37 ff.

(21) フォルストホフ・バッホフ論争については、高田敏『社会的法治国の構成』（信山社、一九九三年）二〇頁参照。

(22) R. Herzog in Maunz/Dürig/Herzog, Grundgesetz, Art. 20, Rdnr 153.

(23) 新しい基本権解釈論の展開について、とくに、戸波「西ドイツにおける基本権解釈の新傾向（一）～（五）」自治研究五四巻（一九七八年）七号八三頁、八号九一頁、九号六七頁、一〇号七一頁、一一号一一一頁、青柳幸一「基本権の多次元的機能」同『個人の尊重と人間の尊厳』（尚学社、一九九六年）七六頁以下参照。

(24) P. Häberle, Die Wesensgehaltgarantie des Art. 19 Abs. 2 Grundgesetz, 3. Aufl., 1983; ders., Grundrechte im Leistungsstaat, VVDStRL 30 (1972), S. 43 ff. 井上典之編訳『ヘーベルレ基本権論』（信山社、一九九三年）五頁以下。ヘーベルレの制度的自由論に対して、それが自由と制度とを混在させ、基本権の防御権の意義をあいまいにして自由と制度とを混在させたこと、制度的自由のなかに法律による形成を大幅に取り込んで憲法上の基本権の意義を希薄化させたことなどの批判がある（小山・前出注(6)三〇二頁）。たしかに、人権の「客観的側面」を説得的に論ずる場合には、防御権と客観的原則規範との区別は有用であることは否定できないが、しかし、人権保障の論理化にあたって自由を制度的にとらえることや、人権の法律依存性を重視することにも理由がある。制度的自由は、広義の保護義務論を考えるうえで、なお有用な理論というべきである。

(25) K. Hesse, Grundzüge des Verfassungsrechts der Bundesrepublik Deutschland. 阿部照哉ほか『西ドイツ憲法綱要』（13版）（日本評論社、一九八三年）一四三頁以下参照。

(26) 基本権の客観的要素については、基本権の客観的内容（objektiver Gehalt）、客観的要素（objektive Elemente）、客観的側面（objektive Seite）、客観的原則規範（objektive Grundsatznorm）、客観的基本権内容（objektive Grundrechtsgehalte）などさまざまの呼称がある。本稿では、原則として客観的原則規範と呼び、場合に応じて他の呼称を用いることにする。なお、松本和彦「ドイツ基本権論の現状と課題」ジュリスト一二四四号一九三頁以下参照。客観的側面に関する日本の研究として、栗城壽夫「最近のドイツの基本権論について」憲法理論研究会編『人権理論の新展開』（敬文堂、一九九四年）九三頁以下、井上典之「基本権の客観法的機能と主観的権利性」

覚道古稀記念『現代違憲審査論』（法律文化社、一九九六年）二六七頁以下などを参照。

（27）　H. Jarass, Die Grundrechte: Abwehrrechte und objekive Grundsatznormen, in: P. Badura und H. Dreier (Hrsg.), Festschrift 50 Jahre Bundesverfassungsgericht Zweiter Band, 2001, S. 35. 同様の見解として、R. Alexy, Grundrechte als subjektive Rechte und als objective Normem, DSt 29（1990）, S. 49. 小山剛訳「主観的権利及び客観規範としての基本権(一)」名城法学四三巻四号（一九九四年）一七九頁。

（28）　Jarass, ebenda.

（29）　BVerfGE 7, 198. リュート判決については、木村俊夫「言論の自由と基本権の第三者効力」ドイツ憲法判例研究会編『ドイツの憲法判例』（信山社、一九九六年）一二六頁以下参照。

（30）　BVerfGE 96, 56. 婚外子が実の父を明らかにすることを求めた訴訟で、人格権の保護義務論を展開して、請求を斥けた地方裁判所の判決を違憲とした。この判決については、押久保倫夫・自治研究七四巻四号一一八頁参照。

（31）　BVerfGE 92, 26（46）.

（32）　BVwefGE 46, 160（164）.（シュライヤー決定）この判決については、青柳幸一「人間の尊厳と国家の保護義務」『ドイツの憲法判例』一二二頁以下参照。

（33）　BVwefGE 73, 118.（第四次放送判決）この判決については、鈴木秀美『放送の自由』（信山社、一九九六年）七一頁以下参照。

（34）　BVerfGE 85, 191.（夜間労働禁止判決）この判決については、青柳幸一「女性労働者の深夜労働を禁止する規定の合憲性」ドイツ憲法判例研究会編『ドイツの最新憲法判例』（信山社、一九九九年）八一頁以下参照。

（35）　リュート判決を援用してのBVerfGE 84, 192（194 f.）.

（36）　基本権の照射効は、従来のドイツの学説では、「間接的第三者効」（mittelbare Drittwirkung）と呼ばれてきたが、それは私人を基本権の名宛人とすると解してはならない。ここでの問題は、基本権の名宛人の問題ではなく、基本権の影響力の問題であるからである。つまり、基本権は「裁判官の拘束」に向けられているのであって、私人に向けられているのではない（Jarass, ebenda, S. 41）。

（37）　私法上の対立では、多くの場合、一方の当事者には防御機能が、他の当事者には保護機能が妥当する。たとえば、解雇制限規定が労働者にとっては保護規定であるので、労働者の権利保護領域への介入ではなく、他方、使用者は解雇保護法が自己の職業の自由への介入であると主張できる（Jarass, ebenda, S. 42)。

(38) リュート判決は本来人権制限的判決に対する防御が問題であったが、連邦憲法裁判所は客観的基本権内容を援用した。同様に、本来保護が問題であったブリンクフュアー判決（BVerfGE 25, 256）でも、防御の問題として論議された（Jarass, ebenda, S. 42 f.)。

(39) 大学判決（BVerfGE 35, 79）を援用してのBVerfGE 94, 268 (285). 大学判決については、阿部照哉「学問の自由と大学の自治」『ドイツの憲法判例』一五五頁以下参照。

(40) 大学判決を援用してのBVerfGE 88, 129 (137).

(41) BVerfGE 33, 303.（定数制判決）「基本権は国家給付への参加（Teilhabe）をも含んでいる」と述べる。この判決については、戸波江二「教育場所選択の自由と大学入学請求」『ドイツの憲法判例』二三四頁以下参照。

(42) BVerfGE 90, 107.（ヴァルドルフ決定）「防御的性格を超えて、国家の促進を求める請求権」を導き出した。ただし、補助金の給付については、保護義務によるべきではなく、社会国家原理から導き出すべきではなかったかという批判がある。この点について、井上典之「市立学校の自由と国家の保護・助成義務」『ドイツの最新憲法判例』二〇三頁以下参照。

(43) 学説では、集会の自由（Manssen, Staatsrecht I, 1995, Rn. 69）や言論の自由（Jarass in Jarass/Pieroth, Grundgesetz Kommentar, 8. Aufl. 2002, Art. 5 Rn. 10）でも自由権の給付権的要素が指摘されている。

(44) Stern/Sachs, Staatsrecht III/1, 1988, S. 989; H. Dreier in ders (Hrsg.), Grundgesetz Kommentar, Bd. I, 1996, Vorb. Rn. 56.; J. Ipsen, Staatsrecht II, 2. Aufl. 1998, Rn. 96 f.

(45) Pieroth/Schlink, Grundrechte, 15. Aufl. 1988, Rn. 84. ピエロート／シュリンク（永田＝松本＝倉田訳）『現代ドイツ基本権』（15版）（法律文化社、二〇〇一年）三一頁。

(46) BVerfGE 35, 79.（大学判決）「権利なくしては、価値決定的原則規範はその保護機能を広汎に奪われることになろう」（S. 116）と述べる。

(47) ヘッセンドライ決定（第七次放送判決 BVerfGE 87, 181）を援用しての）BVerfGE 97, 298.「関係者が義務違反の主張をする可能性をもたないならば、基本権の客観法的内容の確実化はおびやかされることになろう」（S. 313）と論ずる。ヘッセンドライ決定については、高橋洋「公共放送に対するコマーシャル禁止の合憲性」『ドイツの最新憲法判例』一二七頁以下参照。

(48) BVerfGE 96, 56 (64).

(49) 客観的原則規範とは、要するに、基本権の要素のうちで防御権を超えた積極的要素をすべて含む概括的な概念といえる。Vgl. H. Jarass, Grundrechte als Wertentscheidungen bzw. Objektiv-rechtliche Prinzipien in der Rechtsprechung des Bundesverfassungsgerichts, AöR Bd. 110 (1985), S. 365. なお、小山・前出注(6)一七六頁参照。

(50) C. Starck, Grundrechtliche Schutzpflichten, in: ders., Praxis der Verfassungsauslegung, 1994, S. 46 ff.（小山剛訳「基本権保護義務」名城法学四九巻一号一八五頁以下、とくに二一一頁以下）

(51) J. Isensee, Recht auf Sicherheit 1983; ders., Das Grundrecht als Abwehrrecht und staatliche Schutzpflicht, in Isensee/Kirchhof (Hrsg.), Handbuch des Staatsrechts V, S. 143 ff., bes. 218 ff. ドイツ憲法判例研究会編訳『イーゼンゼー保護義務としての基本権』（信山社、二〇〇三年）五一頁以下、とくに一七七頁以下参照。

(52) 小山・前出注(6)一九三頁参照。また、栗城・前出注(26)一〇〇頁参照。

(53) 迷惑電話の被害者の要求に応じてドイツ連邦郵便が法律の根拠なしに発信者名を教え、それが被害者と加害者の民事訴訟で証拠として採用されたことの合憲性について、連邦憲法裁判所は、受信者の一般的人格権の保護のための暫定的に甘受されなければならないと判示した（BVerfGE 85, 386）。小出・前出注(6)六二八頁参照。

(54) ジエチレングリコール混入ワインのリストを連邦青年家庭保健省が公表した事件で、連邦行政裁判所は、ワインリストの公表が消費者の身体の保護のための措置であるとして保護義務論を援用しつつ、他の理由とともに公表には法律の根拠は不要であると判示した（BVerwGE 87, 36）小出・前出注(6)六七頁参照。

(55) 西原博史「政府の情報提供活動における〈警告〉と信教の自由の保障」自治研究七九巻七号（二〇〇三年）一四四頁以下参照。

(56) ドイツでは、通常裁判権と憲法裁判権が分かれており、また、判決に対する憲法異議を認めているので、憲法裁判所が通常裁判所（および他の裁判権の裁判所）の判決の合憲性を審査することが起こりうる。そこでは、通常裁判所の判決が基本権を適切に解釈したかどうかが審査の対象となる。

(57) H. H. Klein, Grundrechte im demokratischen Staat, 1972.

(58) H. H. Klein, Die grundrechtliche Schutzpflicht, DVBl 1994, S. 489 ff.

(59) E.-W. Böckenförde, Grundrechtstheorie und Grundrechtsinterpretation, NJW 1974, S. 1538 ff.（森英樹訳「基本権理論と基本権解釈」名古屋大学法制論集一一九号（一九九〇年）三六七頁以下、小出剛訳「基本権理論と基本権解釈」ベッケンフェルデ（初宿正典編訳）『現代国家と憲法・自由・民主制』（風行社、一九九九年）二七九頁以下）

(60) E.-W. Bockenforde, Zur Lage der Grundrechtsdogmatik nach 40 Jahren Grundgesetz, 1989.（鈴木秀美訳「基本法制定四〇周年を経た基本権解釈の現在」ベッケンフェルデ（初宿正典編訳）『現代国家と憲法・自由・民主制』前出注(59)三四五頁以下）なお、ベッケンフェルデの注(59)論文と注(60)論文との間にはかなりの隔たりがある。その関係に関する疑問に答えて、ベッケンフェルデはいくつかのテーゼを掲げている（「基本権の規範的内容をめぐる諸問題」『現代国家と憲法・自由・民主制』前出三九八頁以下）。そこでは、基本権に二重の性格のあることが認められ、対国家的自由としては基本権の内容確定のための基本権理論があるが、他方、客観的原則規範としては客観的自由の内容形成と衡量・調整がめざされる、と説かれる。この論理によって、二つの論文の間の矛盾について説明がついたかどうかなお不明であるが、いずれにせよ、ベッケンフェルデが基本権の二重の性格および保護義務論を原理的に受け入れたとみることができよう。

(61) 小山剛・前出注(6)一五九頁は、自由権と社会権との区別について、「基本権保護義務は、自由権から生ずる積極的地位の法関係ではあるが、社会権的ではない」として、保護義務と社会権との関係を遮断する。より明確には、山本敬三・前出注(6)二〇一頁は、「基本権保護義務の内容は、けっして漠然としたものではない……。ここでいう『保護』とは、あくまでも侵害からの保護という限定された意味にとどまる。したがって、このような内容の基本権保護義務を認めるとしても、それによってただちにドイツ法でいわれる基本権の客観法的側面のすべてをそのまま認めることを意味しない。むしろ、この両者ははっきり区別すべきだろう」と説く。

三　日本での保護義務論の可能性

1　基本権保護義務論を日本の人権論に導入するにあたっての再構成の必要性

上述のように、ドイツの保護義務論を日本の人権理論に導入するにあたって、保護義務の論理をドイツでの保護義務論よりも広くとらえることが有用であると考える。その理由として、とくに二点を指摘しておきたい。

第一は、日本の人権理論では、保護義務論に類似した「国家による自由」の観念は、より広くとらえられていることである。すなわち、日本の「国家による自由」論では、ドイツ保護義務論のように三極構造は前提とされておらず、国家と個人の二極構造における人権の保護を含めて議論されており、また、国家による人権の積極的保障という視点も広く射程に入れられている。(62) そこで、ドイツの本来の意味での保護義務論、つまりいわば狭義の保護義務論にこだわらず、むしろ、「国家からの自由」＝防御権を超えた基本権保障の積極的機能を是認する「基本権の客観的原則規範」の議論を参考にして、国家が人権を侵害しないために国家の不作為を要求するという本来の人権の機能を超えた作用、つまり、国家が人権保障のために積極的活動を行うことを要求するという論理として、保護義務論を導入すべきである。(63)

たとえば、阪神大震災の被災者に対する国の救済措置に関して、保護義務論は本来三極構造に基づくため、被災者の救済を含むことができないという見解がある。(64) しかし、ドイツの保護義務論に固執する必要はまったくなく、むしろ、被災者の生活のために国家が配慮すべき義務を導出する根拠として、保護義務論を積極的に活用すべきである。この意味で、保護義務論の射程を狭く限定するのではなく、たとえば第三者からの人権侵害や差別を受けている人たちばかりでなく、貧困・災害・事故などで人権の欠欲状況に陥っている人たちに対する国の人権配慮義務をも取り込むように、保護義務論を構成すべきである。

このように広くとらえられた保護義務論ないし積極的保障義務論の内容としては、後述する保護義務論の根拠の論証とも重複するが、①国家が社会権の保障のための措置をとること、②国家が私人間での人権保障のための措置をとること、③国家が人権の衝突の調整を行うこと、④国家が人権（自由）の行使の前提となる制度を設け、提供すること、⑤国家が人権の実効的保障のための諸施策を講ずること、などが含まれる。

第二は、日本国憲法の人権カタログに社会権が規定されていることである。社会権は、国家に対する作為請求権であり、国家に対して生活の配慮を請求し、それに対して国家は国民の生存・教育・労働について配慮する義務を負う。それはまさに「国家による自由」、「自由の前提の保障」であり、国家に対して積極的保護・配慮義務を課すものである。憲法上このような人権が人権カタログに掲げられている以上、それと結びつけて「保護義務」の観念を形成すべきである。したがって、二極関係の給付請求権をも含んだ基本権の「客観的原則規範」の理論に基づいて、「広義の人権保護義務」ないし「国の人権積極保障義務」と構成することこそが「国家による人権保障ないし人権保護」の観念に適合する。

ドイツでは、社会権と保護義務論にいう保護請求権とは、厳密に区別されるべきことが強調されている。[65] それは、ドイツでは憲法上社会権に関する規定がなく、また、社会権のプログラム規定性が強調される結果、社会権の意義が相対的に消極的にとらえられていることに由来する。そこで、ドイツでは保護義務論の憲法上の根拠として、基本法に列挙された基本権（自由権）のなかには防御権の要素とともに「客観的要素」がある、と説いたのであり、保護義務論は防御権の一側面であることが強調される。ドイツでは、憲法上の根拠をもたない社会権を援用することは、むしろ不適切なのである。[66]

以上のような「国の人権保護義務」ないし「国の人権積極義務」の理論を日本の人権論に導入する場合に、まずその憲法上の論拠が問題になる。

2 日本での保護義務論ないし積極義務論の理論的根拠

(1) 人間の尊厳の保障　憲法上の論拠としては、まず、憲法一三条前段の「個人の尊重」の原理が挙げられる。個人の尊重の原理について、それをドイツ基本法一条一項の「人間の尊厳」と同様に解するかどうかについて議論がある。(67) 個人の尊重は、まず、全体主義に対する個人主義の原理を確認したものであり、一人ひとりの個人に究極の価値を置く。個人の尊重は個性の尊重でもあり、個人の多様性を前提とする。しかし、他方で、そこでの個人はかけがえのない人間存在として尊厳をもって扱われることも要請されている。つまり、個人の尊重は、「人間の尊厳」の意味をも含み、それは個人を人間としての誇りと尊重をもったものとして扱うことを要求している。「人間の尊厳」が独自の人権かどうかについても議論があるが、たとえば、公権力が非人間的な処遇をした場合には、それは人間の尊厳を傷つけるものとして「人間の尊厳」に違反すると考えられる。(68)

このように考えると、保護義務論の根拠として、基本法一条一項を援用するドイツと同様に、憲法一三条のうちに人権を保護する義務を見出すことが可能であり、また、「個人の尊重」=「人間の尊厳」が人権の基礎にある基本原理であることを踏まえれば、それは必要なことでもある。一般に、国は個人を尊重し、個人を人間として扱うことが義務づけられる以上、人間の尊厳を保持するために人権を積極的に保護することもまた、国家に対して義務として課せられていると解することができる。

また、日本国憲法二五条の生存権保障にいう「最低限度の保障」が「人間の尊厳」と結びつき、人間に値する生活の保障をめざしていることは、二五条解釈でも認められている。この点で、人間の尊厳の原理は、国による積極的な人権保障を要求していることは、憲法二五条にも表れているといえよう。

(2) 社会権の採用、および、社会国家原理の導入　日本国憲法が社会権規定を人権カタログに取り入れていることが保護義務論の重要な論拠となることは、前述の通りである。社会権の保障は、国民とくに社会的・経済的弱者の生活の保障のための積極的措置をとることを国に対して要求しており、また、社会権はその権利の性質上国家の積極的行為に依存した後国家的権利であるので、「保護義務」の範疇に含めることが適当である。憲法二五条の生存権保障のために、国は市民の生活を実質的に配慮する義務を負い、憲法二六条の教育を受ける権利の保障のために、国はとりわけ学校教育制度を整備して子どもたちの成長発達を支援する義務を負い。さらに、憲法二七条によって、国は労働者が労働の機会をもつように職業斡旋等の施策を講ずる義務を負う。憲法二八条に至っては、それはまさに使用者との関係で労働者に労働基本権を保障しており、国は立法措置・行政措置を通じて、使用者から労働者を保護すべきことを義務づけられているのであって、そこには本来の保護義務論の現れをみることができる。このような社会権保障のための国の施策は、国の人権保護・配慮の思想によるものであり、広い意味の保護義務ないし積極的保障義務と結びつく。

また、日本国憲法が社会国家原理を取り入れ（とりわけ憲法二五条二項）、国民の生活に配慮すべき義務を国家に課していることもまた、国が国民の生存や生活に関する人権に対して積極的に配慮すべきことを要求するものであり、この点にも保護義務の思想をみることができる。

(3)　私人間効力論の展開　学説・判例での私人間効力論の展開もまた、保護義務論の一つの有力な根拠たりうる。私人間の人権侵害に対して、学説・判例は、基本的に私人間にも人権規定が妥当するという前提に立ち、「立法措置によってその是正を図ることが可能であるし、また、場合によっては、私的自治に対する一般的制限規定である民法一条、九〇条や不法行為に関する諸規定等の適正な運用によって……適切な調整を図る方途も存する」と説いている。[69] つまり、私人間の人権侵害に対しては、立法者が法律を制定することによって被侵害者の人権を保護していくこと、そして、裁判所が私法法規の解釈・適用によって救済を図っていくことが考慮されている。この構造は、保護義務論の基本構造に類似する。

もっとも、私人間効力論は日本ではこれまで独自の理論的展開を経てきているので、理論的に間接適用説による説明で足り、保護義務論を持ち込むに必要はないという意見もあると思われる。しかし、私人間効力論の根拠に関して、なぜ対国家的な人権規定が私人に対しても効力をもつのかということをつきつめると、国家権力に対する防御権の機能を超えた要素、すなわち、人権の客観的原則規範ないし保護義務論が登場する。また、私人間での人権の衝突の調整の方法として、保護義務論で用いられる過剰規制の禁止と過少保護の禁止の組み合わせを用いることができれば、より精密に私人間での人権侵害の調整が可能になる。

(4)　「公共の福祉」論　　人権の限界の一つとして「公共の福祉」が憲法一三条で挙げられ、人権が公共の福祉によって制限されることが憲法上明記されている。そして、周知のように、一九五〇年代の公共の福祉をめぐる議論の末に、宮沢俊義の学説、つまり、人権の限界として、「他人の権利を侵害してはならない」とする他者加害の原理が人権制約の根拠とされ、「人権の衝突を調整する実質的公平の原理」という意味での「公共の福祉」は人権一般の制約原理となるという説が通説を占めて、今日に至っている。(70) もっとも、人権の制約原理として、他者加害の禁止のほかにも、国家・社会的利益による制約がありうるとする説が有力に唱えられている。(71) 他者加害の禁止に還元されない人権制約の根拠がありうることは否定できないが、その場合には制約根拠を具体的に考えていくとともに、やはり他者加害の禁止を一般的な人権制約根拠とすべきであろう。

人権の限界を他者加害の禁止に求めるという論理は、まさに保護義務論の論理に他ならない。つまり、人権の制約根拠は他人の権利を侵害してはならないというところにあり、したがって、他人の人権を保護するという「公共の福祉」のために、人権は制約を受けることになる。そこでは、人権規制の根拠として、「人権の保護」＝「他者加害の禁止」が持ち出されるのである。公共の福祉の内容については、具体的な人権規制の場面ごとに個別的にとらえるべきであるが、そうすればするほど、「他人の権利を侵害してはならない」という場合の「他人の権利」の内容が具体的に明らかになり、それを保護するために加害者の人権を制限するという論理の妥当性が明らかになろう(72)。

ただ、注意しなければならないことは、公共の福祉論が基本的に人権制限の正当化論であることである。これを保護義務論の観点からいえば、保護義務にも、人権侵害者に対する人権制限を正当化する機能が見出されることを意味する。この意味で、公共の福祉論と保護義務論との類似性(73)は、人権保障の強化という観点からは、必ずしも積極的に評価できるわけではない。しかし、人権規制立法が保護法益として第三者の人権保護をうたっている場合に、規制の合憲性の審査のにあたって、保護義務論の論理の導入によって人権規制立法の違憲審査の方法がより論理的・説得的なものになる。

(5) 人権保障の多様化、実質化、社会的弱者保護の思想　現代人権の保障が強い個人の自由を保障することから、社会のなかで差別され、不利な立場に置かれている人たちの保障へ、つまり「弱い個人」の保障へと重点を移しつつあること、とりわけ社会構造的に差別や人権侵害状況に置かれている人たちは積極的な救済を必要としていること、多くの人権侵害が国家によって引き起こされるというよりも、社会のなかで私人によって引き起こされていること、現代の複雑化した社会のなかで人権問題も多様化しており、それを調整的な見地から解決を図るという視点が必要なこと、については、一で述べた。そのような状況の下で人権問題を考えていくためには、人権保障における国家の役割を再検討し、積極的に人権を保障していく義務を国家に課す人権解釈が必要になっている。現代では、雇用、福祉、医療、教育、交通、居住、情報提供、学問研究、文化振興など、市民生活のすべてに配慮し、それを安定させることが重要な国家任務となっており、人権理論にもこの状況に見合った理論を取り入れることは不可避である。

社会的に不利な立場にある人たちに対する国家の保護の典型が、アファーマティブ・アクションである。アファーマティブ・アクションは、日本では政策的に正面から実施されているとはいえないが、勤労女性や少数者の保護において有用な手段と位置づけることができる。アファーマティブ・アクションを肯定する学説は数多いが[74]、それらの学説が国の人権保護義務ないし積極的人権保障義務を否定的にとらえるとすれば、それは矛盾である。アファーマティブ・アクションは、まさに人権の阻害状況にある人々を特別に救済する国の政策を肯定する論理であるからである。ただし、アファーマティブ・アクション論は、国が優遇措置をとった場合に、それが平等違反にならないことを正当化する論理であるにとどまり、国に積極的に優遇措置をとるべきことを要求するまでには至っていない。この点では、国に人権を保護すべき「義務」を認める保護義務論のほうがより強力である。

以上のように、現代日本の人権論では、国が人権を実質的に保障するために、人権を保護し、他者の侵害を排除し、人権の抑圧状況を除去し、人権の困窮・欠如に陥っている人を救済するなど、人権保障のために積極的な措置をも要求する解釈論が求められているのである。「人権の本質は国家からの自由にある」と主張して保護義務を批判する学説は、以上のような現代的な人権問題や人権の課題を「国家からの自由」の観点からどのように解決していくのか、説明する義務があろう。

3　人権の保護義務論の実際上の根拠

(1)　人権保障立法の制定　保護義務論の考え方は、これまで、すでに日本の法実務でも進展している。まず、人権を保護し促進し、または人権の衝突の調整を図る立法は数多くつくられてきた。最近とくにさかんであり、この数年にかぎっても、情報公開法、男女雇用機会均等法・労働基準法の改正、NPO法、男女共同参画社会基本法、ストーカー行為規制法、児童虐待防止法、児童買春・ポルノ禁止法、ドメスティックバイオレンス法、犯罪被害者保護法、ヒトクローン規制法、プロバイダー責任制限法、出会い系サイト規制法などがある。もっとも、人権擁護法案のように、学説からかなりの批判を受けている法律もあり、それぞれの法内容を批判的に検討することが必要ではあるが、それらの立法の必要性そのものは否定されるべきではない。現代社会では、法律による人権保障の強化が不可避となっており、事実、人権保護立法が質量ともに増大してきているのであって、保護義務の思想は事実のレベルですでに浸透してきているのである。

法律による人権保障という考え方は、「国家からの自由」の人権観からは支持しがたいものがある。しかし、議会による行政の統制とそれによる国民の権利保護をめざした一九世紀議会制の下では、国民を代表する議会の制定する法律は国民の権利保護をめざすものであった。また、現代国家においても、法律の規律すべき事項は、権利制限的な法律のみでなく、利益付与の法律も含めて広汎にわたっており、法律によって国民の権利を保障していくという体制は広汎に調えられている。保護義務論は、人権保護の義務の名宛人を第一次的には立法者にあるとし、人権保護のための法律の制定を立法者に義務づけるものであるので、人権保護立法の制定を立法府に促す論理として有用である。

(2)　判例での保護義務の論理の採用　　判例においても、国の人権保護義務ないし積極保障義務の論理によって説明することが妥当な判決が実際にみられるようになっている。私人間効力に関する一連の判決、労働法関係での労働者の立場を擁護した判決などが一つの典型であるが、その他にもいくつかの判例で保護義務ないし積極保障義務の論理が展開されている。

狭義の保護義務については、名誉・プライバシー訴訟がその例となる。報道・表現の自由と名誉・プライバシー・人格権とが対立しており、ともに人権であるので、衡量による調整が図られることになる。ここに保護義務論を導入した場合には、人権の侵害的側面と保護の側面とが調整されるべきこととなり、かつ過少保護禁止と過剰侵害禁止の枠内での衡量がなされる。もっとも、保護義務論を採用するか否かによって実際の結論がそれほど変わるとは思われない。しかし、名誉・プライバシーの人権性、侵害を受けた者の救済の必要性（とくに政治家などの著名人でない場合）、表現メディアの取材・表現における権力的要素などが考慮される結果、概して名誉・プライバシーの側に有利な判断が導き出されると推測される[75]。

とくに犯罪少年の推知報道を禁止する少年法六一条について、保護義務論を導入することが有用であると思われる。少年法六一条の規定に反して触法少年の犯罪を実名・写真報道で伝える記事を掲載したマスメディアに対して、報道された少年が損害賠償を請求した事件で、六一条の趣旨の理解の対立を前提に、推知報道を違法とするか適法とするかで判決が分かれている[76]。少年法の構造および六一条の趣旨の背後には少年の成長発達権があり、少年法六一条はそれを保護するための規定であると解するのが、少年法六一条の法構造の理解として最も適切である。そして、この論理はまさに保護義務論そのものであり、少年法六一条は少年の成長発達権を保護するために推知報道を禁止している理解するものである[77]。この論理によって、六一条の趣旨が明確になるとともに、少年の身分等を推知する報道の禁止が徹底するとともに、それに抵触する言論を違法と評価することに資することになる。

狭義の保護義務論を離れて、参加ないし給付請求権の側面に関しては、すでに最高裁判決が、人権に基づく請求権的ないしはアクセス権的解釈を示していることが注目される。たとえば、市民会館の利用と集会の自由が問題となった泉佐野市市民会館事件最高裁判決[78]は、市民会館の利用申請の拒否にあたっては、集会の開催によって「明らかな差し迫った危険の発生が具体的に予見されることが必要」であるとして、そのような危険が予見されない場合には拒否処分は違法となると説いた。この判示は、人権論からすれば、そのような危険が予見されないのに利用申請を拒否すれば集会の自由を侵害するというものであって、まさに集会の自由のなかに市民会館利用請求権ないしは市民会館利用アクセス権を読み込んだ解釈となっており、[79]「国家からの自由」を超えた積極的保障を人権のなかに見出したものと評価することができる。人権保障を実質化、多様化、豊富化するためには、保護義務をも含む積極的な義務を人権規定に見出すことが不可欠である。

憲法二五条の生存権に関する判例でも、近年注目される展開がある。生活保護の給付に関する福祉事務所の給付制限措置が争われた訴訟で、福祉事務所の規制措置を違法とする下級審判決が数多く登場し、そのうちで、最近は、月額二万円の共済年金を「収入」と認定して生活保護費から減額した金沢市社会福祉事務所長の減額処分を取り消した下級審判決について、最高裁判所は上告不受理の決定をしている(最判平一五・七・一八)。これは、いずれも、生活保護受給者の生活実態に関して、自動車の使用、貯金、年金の支払いなどを「収入」などと認定して、給付額の減額を行った行政の措置を取り消したものであり、その背後には、生活保護受給者の尊厳と生活への配慮、自己決定の尊重という思考をみてとることができる。

以上の諸例において、人権の積極的保障を是認する判例の傾向をみてとることができる。もっとも、これについては、これらの判例は単に法律解釈を展開したにすぎず、人権解釈という憲法レベルの判決をとったとはいえないという議論もありえよう。しかし、これらの事件は、人権解釈を基礎とするものであり、人権問題が前提となっているというべきである。[80]人権の積極解釈は、人権保障を現実の生活のなかで具体的に保障するためのものであって、すこぶる実践的なものである。

4　保護義務論ないし積極的保障義務論を取り入れることの意義

以上さまざまな観点から日本国憲法の人権理論としての保護義務論の可能性を述べてきたが、ここで、保護義務論の実践的意義を、重複をいとわずまとめておきたい。

第一に、理論的にみて、現代の人権問題の構造を明快に分析し説明しうる論理となり、人権保障の特質、多様な人権保障のあり方を説明することができる。国家からの自由というだけでは説くことのできない問題、私人間効力、名誉・プライバシーと表現の自由、ドメスティックバイオレンス、児童虐待など、現代生じている人権の衝突と調整の問題について、その分析と解決にとって有用な分析道具となりうる。

第二に、実際上の意義として、人権保障の実質化のための理論的支援を送ることができる。個々の人権規定について、その実質化を図るような積極的保障に道を開くことが可能となる。また、特別のグループの人々に対する特別の保護を導き出すことも可能となる。給付請求権、アクセス権の論拠としての保護義務、前述の判例で示されているような積極解釈の論拠の一つとして、積極解釈を正当化し、支援するものとなる。(81) この意味で、保護義務論は、環境権訴訟、人格権訴訟など、幅広く応用することができる。

第三に、人権制限の合憲性審査について、とくに人権の保護と人権制限という三極構造をとる人権規制の合憲性の審査において、より明快な判断の論理を提供する。過剰規制の禁止と過少保護禁止の尺度を使い分けることによって、適切な規制立法を測定することができる。その際に、「人権の保護のための規制」というかたちで人権規制の正当化として機能することも否定できないが、しかし、その場合でも、正当化根拠が明示され、規制が過剰なものではないかどうかが実効的に測定できるという長所が認められる。

第四は、人権を積極的に保障すべき義務が第一次的に立法者に向けられることによって、人権保障立法の制定が促進される。また、必要な人権保障立法をしない立法者に対して保護法律の制定を要求する根拠を提供する。ひいては、立法者が十分な義務を果たしていないことを保護義務違反として論難し、立法不作為の違憲性を根拠づけるものとなりうる。

5　保護義務論の導入にあたっての問題点

(1)　「国家からの自由」という人権の本質に矛盾しないか

人権とは「国家からの自由」であり、公権力に対して人権への侵害の禁止を要求することが人権保障の根本的意義であると解するならば、国家による人権保護という思想は人権の本質に矛盾抵触するものと理解される。しかし、保護義務論の意義および人権保障上の効果という観点から、以下の諸点を指摘することができる。

第一に、保護義務論ないし積極的保障義務論は、「国家による自由」を否定するものではない。「国家からの自由」を本質的指標として維持しつつ、「保護義務」「積極的保障義務」「国家による自由」を認めるという理論である。ドイツ連邦憲法裁判所の判例が繰り返し述べているように、基本権の意義は「防御権としての意義」にとどまらず、「客観的要素がある」のであって、基本権の防御権の性格を否定して基本権を保護義務へと全面的に読み替えるというものではない。保護義務論は、国家からの自由を人権の本質的指標として維持したうえで、さらにそれに加えて、積極的な人権保護義務を国家に課するという理論なのである。したがって、保護義務論を肯定するかどうかという問いは、正確には、人権保障の意義ないし効果を、「国家からの自由」＝防御権に限定するか、「国家による自由」＝保護義務ないし積極的人権保障義務の要素をつけ加えるか、という対立なのである。保護義務論は、人権保障の核心を自由の保障に据えつつも、それにとどまらず、それとともに国家に対して人権保護のための積極的義務を課し、人権の社会生活での現実の保障をめざす実践的な理論なのである。

第二に、現実の社会のなかでの人権侵害や差別を是正し、人権を実効的に保障していくために、保護義務ないし積極的保障義務の論理が必要かつ有効である。保護義務論ないし積極的保障義務論を支える最大の論拠は、人権保護の必要性である。差別や権利の侵害が生じており、人権の欠缺に苦しんでいる人たちがいるのに、それを放置しておいてよいのか、ということである。そして、その人たちの人権の救済を誰が担うべきかといえば、法的手段の点でも財政権限の点でも、また、本来国民の生活を配慮することを任務としているという点でも、まず国家が人権の保護を引き受けるべきである。その義務は、人権保障規定の防御権的性格を超えた客観的要素のなかに、人権を積極的に保障すべき義務を見出すことによって根拠づけられる。「国家からの自由」にのみ人権保障の意義を認める場合、それでは、人権保障のうちで、それを超えた部分はどこから導き出されることになるのか。積極解釈のための理論的な手がかりはなくなるのではないか。

第三に、日本の学説は、国家からの自由を原理的に支持しながらも、個別的な解釈としては防御権を超えた作用を実際に認めてきている。たとえば、知る権利の請求権的側面について、情報公開請求を認めており、また、自己情報コントロール権としてのプライバシー権から自己情報開示請求権を導き出している。それでは、それらの請求権がどこから出でくるかといえば、「知る権利」や「プライバシー権」という人権規定から導き出されるのである。人権の積極的保障義務という解釈手法は、すでに日本でも採用されているといえる。

(2)　内容・帰結が不明確ではないか　　保護義務論が具体的にどのような内容・論理をもち、どのような帰結をもたらすのか、どのような人権規定からどのような積極的な保障義務が導き出されるのかが必ずしも明確ではない、という問題もある。たしかに、保護義務として導き出される内容は定まったものではなく、どのような場合にどのような積極的保障義務が導き出されるかは、個別的人権規定の意義と効果、問題となった人権状況に依存しており、あらかじめ確定することは難しい。また、保護のために国がとるべき措置についても、立法者に対する刑罰規定の制定の要求から、契約の無効、はては政府の調査結果の公表・報道の要求まで、その法的帰結はさまざまである。結局は、個々の人権について保護義務論の成否について、保護の必要性、保護の内容、保護の対象について個別的に検討していくほかはない。ただ、その際に、個々の人権解釈の前提として、「人権規定には、防御権の機能のほかに、人権保障を実質的に保障すべき国の積極的義務が含まれる」という基本的解釈が確立していることは、そのような観念が成立していない場合と比較して、個別人権の積極的解釈にとって決定的に有利に働く。人権の積極解釈のために、保護義務論を基本的に肯定することが重要なのである。

(3) 国の人権保護義務の履行が人権侵害をもたらさないか　国家による積極的な人権保護措置に際して、かえって人権侵害がもたらされないか、あるいは、人権保護措置に付随して人権侵害の生ずるおそれがないか、ということも問題となる。国家による積極的な人権保護措置に際して、過剰な規制がなされたり、不必要な規制がなされたり、国家の恣意的な意思が混在することはありうるところである。たとえば、個人情報保護法の制定過程でメディア規制が批判され、人権擁護法案に関して人権委員会が法務省の下に設置されたのが批判されたのがその例である。また人権保護の措置にも原則として法律の留保が妥当し、それが法律に基づいていない場合には、違憲・違法とされなければならない。この意味で、国家の保護活動の過程で人権侵害がもたらされないように、国家の活動をしっかりと枠づけることはきわめて重要である。しかし、このことは保護義務論自体を否定するものであってはならない。個人情報保護法も人権擁護法も、人権保障とその強化のために必要な立法である。法律の内容の不備は大いに批判されなければならないが、法律そのものの必要性まで否定されることがあってはならない。

(4) 日本の政治社会の下で保護義務論の採用が実際に妥当か　保護義務論は、人権の保護のための国家の積極的行為を要請するが、その際には、とくに立法者と裁判所とが、人権保護立法および人権保護の解釈によって重要な役割を果たす。ドイツでは、強力な政党組織を媒介に、民意に沿った議会運営が行われ、審議・討論を経て立法がなされており、総じて議会制は有効に機能している。また、裁判所も人権保護に十分配慮しており、とりわけ連邦憲法裁判所は憲法問題を集中的に扱う裁判所として人権の救済に熱心である。これに対して、日本の政治状況は大きく異なり、国会は人権保護立法に熱心ではなく、裁判所もまた違憲審査権の行使に消極的であって人権保護判決を積極的に示すという状況にはほとんどない。このような日本の政治風土の下で、保護義務論を展開することが実際に妥当かどうか、問題になる。(82)

たしかに、日本の国会は、人権問題に熱心に取り組むようにはみえず、また、裁判所も人権訴訟に積極的であるとはとうていいえない。しかし、それでもなお、前述のように、人権保護立法はまがりなりにも相当数制定されてきており、裁判所の人権保護に向けた判決もますます数下されてきている。学説としては、積極的人権保障のための立法を促し、人権保障の積極解釈をとるように裁判所に要求し、そのような方向に向けるべく理論を研ぎすませていくことが重要である。

(5)　保護義務論に対する批判論の問題点　　保護義務論に対する批判のうち、保護義務論を誤解しているものも少なくない。たとえば、三並敏克は、「企業からの自由」という人権を導入することを提言して、その「立法的・行政的・裁判的実現」を説く一方で、ドイツの基本権保護義務論が「国家論・憲法論・人権論」の過剰の例とし、「国の基本権保護義務の名の下とに企業本位の政治・行政の推進が図られ、その程度・範囲が限定困難な基本権保護義務を裁判官の裁量に委ねることになりはしないか」と批判する。(83) しかし、まず、ここで提示された「企業からの自由」はまさに保護義務論の論理と同じものではないかという疑問が生ずる。そして、保護義務を果たす立法が企業本位の立法を行うと批判するのであれば、なぜ「企業からの自由」を実現する立法は企業本位の立法を行わないことになるのか、保護義務の内容を裁判官の裁量に委ねることが危険であるならば、なぜ「『企業権力からの自由』は、終局的には、裁判にその実現の拠りどころを求める」ことができるのか、まったく不明である。「企業からの自由」は誰によってどのように守られるのか、その論理構造はドイツ保護義務論と同じものではないか、それにもかかわらずなぜ保護義務論が否定されるのか、理解しがたいところである。(84)

この点に関連して、西谷敏は、ドイツ判例の基本権保護義務の判例を分析し、「契約当事者の間に勢力不均衡が存在するとき、私的自治を通じて一方当事者の基本権が侵害されるおそれがあるので、国家（立法者、裁判所）がそこに調整的に介入して私的領域における基本権の現実的実現をはかる義務を負うということにある」と説き、この発想は労働法にとって目新しいものではないが、「労働関係における効果的な基本権保護を国家の義務と宣言したことは、重要な意味がある」と説いている。(85) この西谷敏の保護義務論の理解こそが支持されなければならない。

(62) 「国家による自由」に関する前出注(17)掲記の論文参照。

(63) したがって、用語としては、「保護義務論」というよりも、「人権の積極的保障義務」と呼ぶことが正確であろう。とりわけ、国家による「保護」という語感は人権の国家への依存性を連想させるので避けたほうがよく、むしろ、国家に人権を保障するための積極的措置をとることを義務づけるという意味で、「積極的保障義務」の用語が適切である。以下の叙述では、「保護義務ないし積極的保障義務」と記すことにするが、「保護義務」とのみ書いている場合でも、積極的保障義務という広い意味で使うことにする。

(64) 小山剛「震災と国家の責務」公法研究六一号二〇三頁（一九九九年）。もっとも、小山は、自然災害について保護義務論を類推適用すると論じている。しかし、そうであれば、「類推適用」するよりも、むしろ保護義務論のなかに自然災害の被災者の保護をも直接に取り込むことがはるかに論理的に妥当である。

(65) 小山・前出(6)一三六頁以下参照。基本法における社会権の消極的評価について、たとえば、Vgl. D. Murswiek, Grundrechte als Teilhaberechte, soziale Grundrechte, in: Isensee/kirchhot (Hrsg.), Handbuch des Staatsrechts. S. 260 ff.

(66) ベッケンフェルデは、基本権理論の選択に際して、「憲法適合的な基本権理論」があると説き、基本法の基本権理論は自由主義的法治国家を基本とし、社会国家原理および民主制原理に補完されたものと解すべきであるとする。ベッケンフェルデ（小山訳）・前出注(59)二九八頁以下参照。ベッケンフェルデの基本権理論のとらえ方の当否はさておくとしても、日本国憲法が人権カタログに社会権を取り入れている以上、日本国憲法の基本権理論は社会権をも取り込むものでなければならない。

(67) 人間の尊厳の原理について、とくに、田口精一『基本権の理論』（信山社、一九九六年）一頁以下、青柳幸一『個人の尊重と人間の尊厳』（尚学社、一九九六年）五頁以下参照。

(68) たとえば、ヨーロッパ人権裁判所は、ロシア刑務所内で、受刑者Xが、四年余にわたって、二〇m²程度の八人定員の収容室に二〇人と同居させられてきたことについて、Xの人間の尊厳を傷つけたとして、「非人道的なもしくは品位を傷つける取扱い」（条約三条）に違反すると判示している（Kalashnikov v. Russia, no. 47095/99, 15 July 2002)。

(69) 三菱樹脂事件最高裁判決（最大判昭四八・一二・一二民集二七巻一一号一五三六頁）の引用。

(70) 長谷部恭男「国家権力の限界と人権」樋口編『講座憲法学3権利の保障』（日本評論社、一九九四年）四六頁、内野正幸「国益は人権の制約を正当化する」『リーディングス現代の憲法』前出注(14)四六頁以下参照。

(71) 宮澤俊義『憲法（新版）』（有斐閣、一九七二年）二三三頁、佐藤幸治『憲法（第三版）』（青林書院、一九九五年）四〇二頁参照。

(72) 公共の福祉の概念から国家の基本権保護義務を導き出すことができると積極的に説く見解として、工藤達朗「自然災害からの保護を求める憲法上の権利」公法研究六一号二一四頁参照。

(73) ただし、第三者の権利保護のための人権制約を正当化する「公共の福祉」論に対比して、保護義務論は、第三者の権利保護のために人権制約をも含めた積極的措置を命ずる規範的意味をもっており、それだけ人権規範に基づく国家への義務づけの度合いが強いことに注意する必要がある。

(74) アファーマティブ・アクションについて、横田耕一「平等原理の現代的展開」小林還暦記念『現代国家と憲法の原理』（有斐閣、一九八三年）六四四頁以下、阪本昌成「優先処遇と平等権」公法研究四五号（一九八三年）九九頁以下、松田聡子「男女平等アファーマティブ・アクション」佐藤功喜寿記念『現代憲法の理論と現実』（青林書院、一九九三年）三三頁以下、大沢秀介「性差別とアファーマティブ・アクション」法学教室一九八号（一九九七年）五三頁以下、植野妙実子「アファーマティブ・アクションと平等原則」法学セミナー五四六号（二〇〇〇年）八二頁以下、君塚正臣「欧米各国における積極的差別是正とその示唆するもの」関西大学法学論集五一巻四号（二〇〇一年）五八頁以下参照。

(75) 言論の自由と人格権について、Vgl. D. Grimm, Die Meinungsfreiheit in der Rechtsprechung des Bundesverfassungsgerichts, NJW 1995, 1697 ff.（上村都訳「連邦憲法裁判所判決における意見表明の自由」名城法学四九巻四号（二〇〇〇年）一五九頁以下）また、小山・前出注(6)六二頁参照。ただし、連邦憲法裁判所の判例は表現の側に優位を置きすぎているという学説の有力な批判がある。小山・前出注(6)六二頁参照。ただし、連邦憲法裁判所の判例は表現の側に優位を置きすぎているという学説の有力な批判がある。

(76) 堺通り魔事件大阪高裁判決（大阪高判平一二・二・二九判時一七一〇号一二一頁）は少年法六一条を少年保護の刑事政策的規定と解するとともに、社会公共の関心の高い重大事件について実名報道を容認したが、長良川リンチ事件名古屋高裁判決（名古屋高判平一二・六・二九判時一七三六号三五頁）は六一条の背後には少年の成長発達権があり、それは基本的に例外を許さないと解して、名誉毀損の成立を認めた。なお、長良川事件最高裁判決（最判平一五・三・一四裁判所時報一三三六号二頁）は六一条と成長発達権に関して判断を示さなかった。

(77) 成長発達権については、子どもの人権と少年法に関する特別委員会／子どもの権利に関する委員会編『少年事件と子どもの成長発達権』（現代人文社、二〇〇二年）、とくに、戸波「人権論としての子どもの『成長発達権』」同二〇四頁以下参照。

(78) 最三小判平七・三・七民集四九巻三号六八七頁。また、上尾市福祉会館事件最高裁判決（最二小判平八・三・一五民集五〇巻三号五四九頁）は拒否処分を違法と判示した。

(79) 自由権に請求権を付与する解釈が可能となるのは、その前提として、個別人権の保障のために国家が特定の制度を設けている場合（学校制度、社会保障制度、職業紹介斡旋制度、宗教法人法による宗教団体の法人格の付与、放送制度、裁判へのアクセス）、特別に請求権を付与する立法によって人権保障が強化されている場合（情報公開法、個人情報保護法）、公共施設の利用関係において公共施設が市民の利用に供する目的で設置されている場合（市民会館、図書館、美術館）など、特別の制度的環境が整備されている必要があろう。

(80) ドイツでは、客観的原則規範ないし保護義務に関する事件が基本権訴訟として連邦憲法裁判所で審理判断されている。前出注(45)に対応する本文参照。

(81) 人権解釈論のなかには、判例・学説上確定した内容をもった人権解釈論もある。たとえば、政教分離原則、信教の自由などがその例である。これに対して、知る権利や自己情報コントロール権となると、その内容は必ずしも確定的とはいえない。しかし、これらの権利は、情報公開や自己情報開示のような具体的な請求権の主張を支援するように働く。保護義務ないし積極保障義務の論理もまた、各人権規定に横断的に、各人権条項の適用場面において、個別の具体的な積極的効果を個別的人権から導き出す積極解釈を支援し、根拠づける作用を果たすのである。

(82) 西原博史「『国家による人権保護』の困惑」法律時報七五巻三号（二〇〇三年）八〇頁参照。

(83) 三並敏克「企業と人権」ジュリスト一二四四号（二〇〇三年）一一九頁。

(84) もっとも、ここでの三並敏克への批判の意図は、「企業からの自由」を保護義務論によって根拠づけることにあるのではない。そもそも「企業からの自由」がどのような人権であり、どの憲法条項から導き出されるかは、三並の論述からは不明である。保護義務論は、何らかの人権規定について、国家の保護義務ないし積極的保障義務を導き出す論理であって、何らかの憲法上の人権が前提されないところには出番がない。「企業からの自由」が憲法上の人権として成立するかどうかは、三並の提言にもかかわらずなお未解決のままである。

(85) 西谷敏「勤労権と立法者の労働条件基準法定義務」ジュリスト一二四四号一二二頁以下。

おわりに

保護義務論をめぐる論争は、基本的な人権観にかかわる問題である。「国家からの自由」か「国家による自由」かは、人権理論にとって決定的な分かれ目となる。保護義務論が日本ではなかなか支持されないことにも理由がある。

しかし、保護義務論は、「国家からの自由」を否定して「国家による自由」を説く理論ではなく、人権保障のなかに「国家からの自由」と「国家による自由」の共存を認める理論である。人権の本質は依然として「国家からの自由」にあるが、それは同時に、現代の人権保障の強化のために、「国家による自由」を含むと解釈すべきである。「国家からの自由」に固執して、現代社会で必要となっている人権の保護ないし積極的保障の論理を否定することになると、現代の人権問題のかなりの部分は解明困難になる。複雑化した社会のなかに生ずるさまざまな人権問題を解決するためには、「国家からの自由」と「国家による自由」の思考の双方がともに必要である。ここでは、「あれかこれか（entweder-oder）」ではなく、「あれもこれも（sowohl-als-auch）」でなければならない。

このような異質で背反する概念の共存を認めることは、論理として自己矛盾であるようにみえる。この点で、人権の本質を「国家からの自由」に置き、保護義務論を否定する論理は、理論的には一貫している。しかし、理論的一貫性を追求するあまりに、結果として、人権保障の積極化を抑制する帰結に至り、しかも、それが論理的な帰結であってやむをえないものと甘受するという解釈態度がとられるとすれば、そのような人権論は現代に適合しない理論倒れの学説とならざるをえない。人権の理論は、理論的な体系性を維持すべきであるとしても、何よりも現実の人権問題を解決する実践的な理論でなければならない。その意味で、人権解釈論は、現実の問題解決を志向し、人権の保障に積極的な支援を与えるものでなければならない。

それでも、国家からの自由と国家による自由はそもそも原理的に対立するものであって、両立共存はありえないという見解もあろう。この見解に対しては、日本の人権状況において、人権の保護の必要性を説き、「国家による自由」のための措置がすでに多くのところで採用されていることを指摘し、人権の理論および解釈学説として、国家からの自由と国家による自由とは両立可能かつ必要であることを繰り返し主張するほかはない。

両立が可能か不可能かは、最終的には、解釈者の決断に委ねられる。どちらの学説が優位を占めるかは、現代日本の政治・社会状況のなかでの人権問題の解決にあたって、どちらの学説が現実に適合し、有効な議論を提供するかによって定まるであろう。

伝説の人・恩師栗城壽夫先生

上村貞美

恩師栗城壽夫先生は、知る人ぞ知る勉強家である。いや、むしろ知らない人はいないほど勉強家として有名である、といった方が正確であろう。先日も、日本で指折りの憲法学者と話をしていたら、「栗城さんは学者だから」と言われた。憲法学界の大御所的存在ともいうべきあれほどの大家でも、栗城先生には一目置いておられることが分かり、今さらながら先生の勉強家ぶりが有名であることを知った次第である。とはいえ、他人の評価と自己の評価とは時として異なるもので、先生自身は自分が他人から言われるほど勉強家であるとは思っておられないのではないかという気がしている。

大阪市大に在職しておられた頃、先生は大学の研究室で毎日勉強されていた。私のように地方の大学に勤務している教員は、職場と住居が近い距離にあるので、大学の研究室に来て勉強する者が多い。大都会の大学に勤務している教員は、それとは逆に職場と住居が遠く離れている場合が多いので、授業も特定の曜日に集中してもらい、大学には週のうち二、三日来て、残りは自宅で勉強するというパターンが多いようである。

大阪市立大学の法学部は大阪市の南の端にあり、大学のグランドの南側を流れている大和川を渡れば、そこは堺市である。栗城先生はその堺市にある新興住宅地に住んでおられ、自転車に乗って大学に通っておられた。先生の勉強ぶりは驚くほどで、正月の三箇日にも大学へ来て研究室で勉強されていた。ある時、奥様がせめて三箇日ぐらいは自宅にいて欲しいと言われてからは、自宅で過ごされるようになったと聞いている。私も大学院の学生だった頃、先生から、「上村君は正月は大学へ来ましたか」と尋ねられ、返事に窮したことを今でもよく憶えている。

先生が勉強家であることは、大阪市大の他の学部の先生方もよく知っておられたようである。私と親しくしていただいていた文学部のある教授は、栗城先生と全学の委員会で一緒になったとき、会議が始まる直前まで、栗城先生がいつもドイツ語の本を読んでおられる姿を見て感心したと言っておられた。

私が香川大学の教員になってはじめて公法学会に出席したとき、プロ野球ファンだった私と先輩は、ペナント・レースの行方についてスポーツ新聞を広げながら雑談していた。そこへ栗城先生が来られ挨拶されるや否や、私の横に坐られ、そして鞄の中からドイツ語の本を出して読み始められるのを見て恐れ入ったものである。「少年老い易く学成り難し、一寸の光陰軽んずべからず」とはよく言ったものだと思うが、栗城先生はこれを身をもって実践してこられた数少ない人物であろう。

私は西日本にある大学に勤務している関係で、九州大学の出身の教員と会う機会が少なくない。憲法を専門にしていない教員でも、また栗城先生と世代が違っている教員でも、栗城先生のことを知っている九州大学出身の教員は多い。私が栗城先生の教え子であると自己紹介すると、一瞬、なんとも表現しにくいような雰囲気がただよう。そのことを長い間奇妙に思っていた。数年前、私と同世代で、栗城先生と同じ水波朗先生の門下のある教員から、栗城先生は九州大学法学部では「伝説の人」であることを教えてもらって納得したのである。

先生は、九州大学で任期付きの助手をしていた時代に一番勉強したと、私に言われたことがある。また先生の修士論文のボリュームは、四〇〇字詰原稿用紙で四〇〇枚の大作で、清書するだけでも一ヶ月かかったと、先生からお聞きしたことがある。九州大学時代の先生の勉強ぶりは、おそらく凡人の想像を絶するものがあったのだろう。だからこそ、先生は「伝説の人」として九州大学の後輩たちに永く伝えられているのであろう。

栗城先生は教育にも熱心であった。大阪市大には「栗城特訓組」と呼ばれているグループがあった。土曜日の午後などの正規の授業時間帯以外に、ドイツ語の原書の読書会を主催されていた。大阪市大大学院法学研究科の修士課程の入学試験には、ある一時期、二ヶ国語の外国語が課されていた。博士課程の入学試験には当然二ヶ国語が課されていた。大学院の受験を希望する学生は、憲法を専攻しない学生がほとんどであったが、栗城研究室に集まってドイツ語を教えてもらっていた。

現在の大阪市大の法学部の建物は、十一階建ての素晴らしい高層建築であるが、当時は図書館の建物の一部が研究室に充てられていた。アメリカ進駐軍に収用されていた古い建物で、冬は異常に寒く、風通しが悪いせいか夏も耐えがたいほど暑かった。当時のことだから、もちろんルーム・クーラーなどあるはずがない。それに加えて栗城先生の研究室は西日が当たって異常に暑かった。あのような条件の悪いところで、かなりの数の学生が先生から個別指導に近い形で教えを受け、大学院に入学し、現在大学の教員になっているのである。

栗城先生も『大阪市立大学法学部四十年誌』にエッセイを寄稿され、その中で当時の大阪市大の法学部の学生はよく勉強したものであると回顧されていた。

栗城先生はスポーツや体を動かすことが大好きである。ほとんど知られていないことであるが、先生は十代の頃、器械体操をしておられたそうである。大阪市大に在職しておられた頃は軟式野球に熱を入れておられた。関西には四大学法学部野球大会というのがあり、大阪市大、神戸大、大阪大、同志社大の四大学が持ち回りで開催していた。教員だけでは九人のメンバーが揃わない場合もあるので、三人まで助っ人を認めるというルールがあった。大阪市大法学部チームの監督は、知る人ぞ知る政治思想史の山崎時彦先生であった。私も山崎先生から呼び出されて、大学院の学生のときも、香川大学へ就職してからも、何度か助っ人としてキャッチャーや外野手をやったことがある。大阪市大チームのエースは、もちろん栗城先生である。先生のお人柄からして直球しか投げないと思う人もいるかもしれないが、少し曲がるカーブも投げられる。私がキャッチャーをしたときはコントロールも良く、余り四球は出さなかったように記憶している。驚くべきは先生のスタミナである。この野球大会は一回戦で勝ったチームが優勝決定戦を、負けたチームが三位決定戦を行うのだが、先生は二試合とも完投されたのである。しかも試合の後にさして疲れた様子をされていなかったのには本当に驚いたものである。あの頃、すでに先生は四十歳前後の年齢だったと思う。七十歳に手が届く昨今でも、ドイツ憲法判例研究会の野球チームでなおピッチャーをされていると聞いている。

上智大学の法学部には野球チームがないようなので、先生はジョギングというよりはランニングに精を出しておられたようである。お決まりのコースは神宮外苑の周回路か、迎賓館の周辺で、いわゆる短パン姿の先生は上智大学では有名になり、このことでも「伝説の人」になっていると聞かされたことがある。

栗城先生は大らかな人柄で、教え子に対しても非常に寛容であられた。細かいことなどほとんど口にされることがなく、自分で身をもって実践されるタイプであった。その方が教えを受ける者にとって教育力を発揮したことはいうまでもない。

今を去ること十八年前、大阪市立大学を去られる折、「栗城特訓組」の教員や私達がささやかな送別会を催した。席上、先生は東京へ行くことは自分にとって冒険であると言われた。東京へ移られてからの先生は活躍の場を拡げられた。司法試験委員をやり、憲法記念日に講演をされ、ドイツ憲法判例研究会を立ち上げられ、ドイツの公法学者との学術交流を一層推進されるなど目覚ましい活躍をされ、今日に至っている。

十年前に還暦を迎えられた先生を囲んで、文字通りささやかなお祝いの会を催したことがある。挨拶の中で先生は六十歳になったからといって特別な感慨はないと言われた。古稀を迎えられた先生が、これからも健康に留意され、ますます日本とドイツの憲法学界の発展のためにご活躍されることをただ願うばかりである。

二〇〇二（平成一四）年一二月二二日

門下生の一人として

Die schöpferische Kraft
der Japanischen und Deutschen Verfassungslehre

Festschrift für Hisao Kuriki zum 70. Geburtstag

日独憲法学の創造力　上巻
——栗城壽夫先生古稀記念——

2003年（平成15年）10月10日　第1版第1刷発行
3073-0101

編集代表　樋口陽一
上村貞美
戸波江二

発行者　今井　貴

発行所　株式会社 信山社
〒113-0033　東京都文京区本郷6-2-9-102
電　話 03（3818）1019
FAX 03（3818）0344
henshu@shinzansha.co.jp

Printed in Japan

印刷・製本／松澤印刷・大三製本

ISBN4-7972-3073-8 C3332

3073-0101-02-040-010

NDC分類 323.001

日独憲法学の創造力 下巻 目次

栗城壽夫先生古稀記念

信山社

日独憲法学の創造力 下巻　目次

信山社

日独憲法学の創造力 下巻　目次

第三部　特別寄稿

信山社